HUNAN MUSEUM
湖南省博物馆

陈建明　主编

中国博物馆学历史文献选编 第一辑

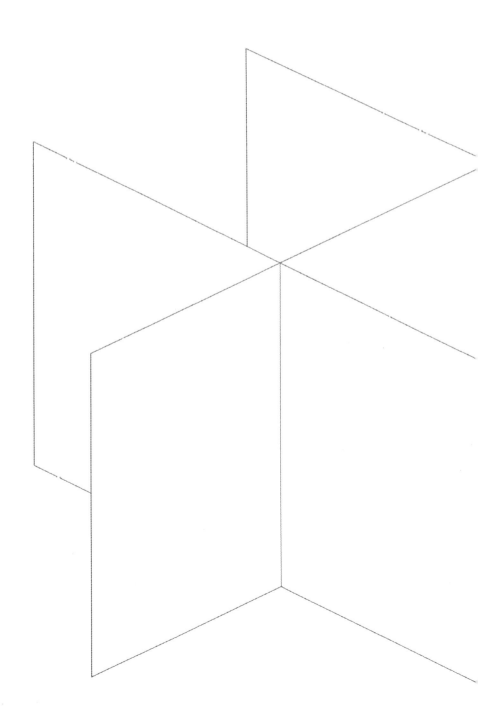

文物出版社

图书在版编目（CIP）数据

中国博物馆学历史文献选编·第一辑／陈建明主编．
—北京：文物出版社，2018.7
ISBN 978 - 7 - 5010 - 5459 - 6

Ⅰ. ①中…　Ⅱ. ①陈…　Ⅲ. ①博物馆学 - 专题文献 -
选编 - 中国　Ⅳ. ①G269.2

中国版本图书馆 CIP 数据核字（2017）第 285306 号

中国博物馆学历史文献选编　第一辑

主　　编：陈建明

责任编辑：李缙云　刘永海
封面设计：程星涛
责任印制：梁秋卉

出版发行：文物出版社
社　　址：北京市东直门内北小街 2 号楼
邮　　编：100007
网　　址：http://www.wenwu.com
邮　　箱：web@wenwu.com
经　　销：新华书店
印　　刷：北京京都六环印刷厂
开　　本：889×1194　1/16
印　　张：30
版　　次：2018 年 7 月第 1 版
印　　次：2018 年 7 月第 1 次印刷
书　　号：ISBN 978 - 7 - 5010 - 5459 - 6
定　　价：240.00 元

前　言

　　中国博物馆学文献选编的计划缘起于十多年前的中国博物馆学史研究课题。经国家文物局于 2002 年 3 月批准专项，湖南省博物馆组织课题组开展了为期三年的中国博物馆学史研究的工作。其主要成果，一是编辑了《中国博物馆学文献目录》，二是编写了《中国博物馆学大事记》，三是撰写了《中国博物馆学史研究报告》。在课题结题报告中，将计划开展《中国博物馆学文献选编》工作作为后续成果之一。

　　当年课题组为广泛收集中国博物馆学史料，全面反映中国博物馆学研究成果，曾赴全国各地查找资料，对全国知名博物馆专家和博物馆学学者、博物馆机构和教育科研机构进行了采访和调研，收集到上万份文献资料。特别是得到了吕济民、苏东海、王宏钧、沈庆林、罗哲文、于坚、甄朔南、朱凤翰、李象益、齐钟久、胡骏、周宝中、马希桂、齐吉祥、郑广荣、安来顺、秦贝叶、牛燕、张承志、李保国、许治平、宋惕冰、杜耀西、刘超英、周士琦、史树青、齐秀梅、刘恩迪、任廷芳、杜娜希、李静茹、张连娟、孙果云、马承源、费钦生、杨嘉褚、徐湖平、宋伯胤、奚三彩、梁白泉、张文军、王学敏、汤伟康、张礼智、陈全方、杨嘉祐、侯良、高至喜、孙景云、梁吉生、冯承伯、傅玫、傅同钦、刘毅、郭长虹、黄春雨、朱彦民、宋向光、高崇文、史吉祥、昝淑芹、杨志刚、刘朝辉、霍巍、陈德富、马继贤、吴洁坤、高荣斌、吕军、严建强、朱戢、刘卫东等诸位先生的大力支持和帮助，许多珍贵史料就是他们无私提供的。当我们重新翻检开始选编之时，感激之情无以言表。尤其令人遗憾的是，其中几位已经永远离开了我们。愿这迟来的感谢能通达天庭。

　　尽管中国博物馆学是不是一门学科的争论至今不绝于耳，但我们收集到的成千上万篇文献已经证明，关于博物馆的实践总结和理论探索在中国早已开始并从未停止。中国博物馆学文献选编的任务，就是力图将在中国博物馆学发展史上具有重大意义的文献收录进来，在一定程度上勾勒出中国博物馆学的发展脉络，也为进一步开展学术研究提供便利，免于翻检之功。本次先期出版的四辑，收录了中国博物馆学早期的著作、译著和文集；博物馆学文章、论文和论文集的选编工作将随后展开。

　　曾有人说，中国博物馆事业就像一艘巨轮高速航行在没有航标的河流上，未免言过其实。但难以否认的是，与近年中国博物馆专业史无前例的大发展、大繁荣相比较，中国博物馆学理论研究的相对滞后是不争的事实。无论是基础理论的研究，即揭示博物馆的核心价值、基本功能、职业伦理，解决博物馆为何的问题；还是应用理论的研究，探讨博物馆收藏、科研、教育、传播，解决博物馆何为的问题，均为实践对理论的急切呼唤。愿《中国博物馆学历史文献选编》能借博物馆学先辈们的智慧，为我们前行的道路增添一缕光芒。

湖南省博物馆《中国博物馆学史研究》课题由陈建明策划提出并任责任人，聂菲、熊建华、游振群、张曼西、喻燕姣、间四秋、翁金灿、廖丹、李易志、唐微、张锋、吴彦波、李丽辉、舒丽丽、李慧君、刘平等人员做了大量的资料搜集整理和录入工作。

《中国博物馆学文献选编》第一至四辑由刘平、李慧君组织汇编，张艳华、李燕、赵月、赵抒清、许艳艳等人员编辑、校对。再次一并致谢。

最后，向出版本书的文物出版社各位有关人员，特别是责任编辑李缙云、刘永海致以我们最衷心的谢意。

陈建明
2016 年 11 月

凡　例

一、《中国博物馆学历史文献选编》收集博物馆学各个时期的基本文献分辑出版，为中国博物馆学系统留存历史资料。

二、考虑到著作权年限的相关规定，丛书选编的时间范围暂定为 1840～1966 年。

三、丛书选编首期出版四辑，收录 20 世纪 30 至 60 年代的单行本著作和文集。

四、丛书所收文献按现代汉语规范重新编排，原文中的明显错误或印刷失误，以及因排版方式不同方位词有异等作了修订，其余一仍其旧。

五、原文中漫漶莫辩的字词用"□"符号代替，部分配图亦存在模糊不清的情况，敬请谅解。

六、丛书对原文作者加以简介，附于文题之后；对博物馆机构和博物馆人物，以及相关的人名、地名进行了注释，详略不等；考辨不清的博物馆名称则未加注释，新识者教之。

七、注释统一采用脚注形式。原作者或原编者的注释在其后标明为"原文注"，译者的注释在其后标明为"译者注"，丛书编者的注释不另作说明。

八、错误及未尽之处，敬请专家和读者不吝赐教。

总　目　录

中 华 文 库

民众教育第一集

博 物 馆 学 概 论

费㫰雨·费鸿年编

中华书局印行

1936 年版

作者简介

费畊雨（1896~1932），原名费毂祥，浙江峡石人，专攻昆虫学及博物馆学。曾负笈日本名和昆虫研究所研修昆虫。费畊雨精通英、德、日文，出版有多种中外文专著。生前著有以"博物馆学"为题的未竟稿，奠定了《博物馆学概论》一书的基础。

费鸿年（1900~1993），浙江海宁人，中国生物科学教育家、水产科学家。1916年赴日本留学，1921~1923年在日本东京帝国大学深造。回国后先后在北京大学、广东大学（现中山大学）、武昌大学（现武汉大学）、广西大学等院校任教。费鸿年先生增补病中胞兄费畊雨以"博物馆学"为题的未竟稿，1931年稿成，书名为《博物馆学概论》，1936年出版，1948年再次刊行。该书作为我国首部博物馆学著作，开启了中国博物馆学研究的先河。

目　录

第一章　绪论

一、博物馆与社会教育　博物馆由来甚久，但为教育界所重视，则实开始于最近数十年。从前欧、美的博物馆，类乎搜集保存珍品异物的仓库，除供少数专家研究学艺或贵族富豪赏鉴美术以外，对于一般民众，几不相涉。今则完全公开，为民众教育娱乐之所，与图书馆并重。故现在的博物馆，对于陈列品的选择，陈列的式样，说明的方法，莫不详细斟酌，求合民众的需要；同时附设参考图书阅览室及讲演室，更物色有专门学识而富于教育经验者，担任指导说明，以培养民众的常识。在各种社会教育的设施中，能如博物馆的易为公众利用而得显著的效果者，诚不可多得。

二、博物馆与学校教育　博物馆在学校教育上具有实物教学的性质。惟以前所谓实物教学，大都仅施于初级学童，其材料亦仅限于学童日常接触的简单事物。博物馆更扩而充之，所采材料，范围极广，横亘世界各国，远至数千百年前，凡可以表示文化增进知识的，莫不俱收并蓄，既补学校设备的不足，符合高级学生的应用，学校如有需要，皆得率领学生到馆观察教导，或向馆借用标本、模型、图画、幻灯、影片等类，以助讲解，在施教及学习方面，俱极便利，故效果的伟大，亦非寻常学校教育所能企及。

三、博物馆与专门研究　博物馆搜集的材料，范围甚广，包罗一切，除普通设备和陈列品，专供观览助教育之外，又多罗致研究材料，设置特别室应各科专家的希望，许其随时使用，以资研究。此外并备实验材料，供给专家；或聘请专家分司研究，披道后进，亦无非谋研究上的便利。故各国科学家，凡欲参考先辈的成绩，以为发明的张本者，恒视博物馆为唯一的宝库。

四、外国博物馆①现况　博物馆事业已成现在教育界及学术研究上必不可缺的设施。在欧、美各国，莫不锐意经营，期其扩张进步。例如欧战②以前，美国境内，有博物馆约五百三四十所，德国大小博物馆共有一千五百余所之多，法国除科学博物馆不计外，尚有博物馆约六百所。论其内容，则各大都市的国立博物馆及中央博物馆，均已渐臻完备，现在更致力于地方小博物馆的推广建设，以期普及。所以赴欧、美各国旅行，欲明一地方的风土人情，可以一往博物馆而知概略。几乎无一大都市而无一博物馆以供参观者。其发达之甚，一方面固在人民知识的向上，作此种的需要，而政府及人民团体的热心公益，善为民众设想，亦为重大原因。

五、中国博物馆的缺乏　回顾我国，所谓博物馆，实寥寥无几，且多为人所经营。如上海徐家汇的博物馆③，为法国天主教所立；上海文会博物馆④，则为英国亚细亚学会⑤所立，虽在当初有人主持，略

---

① 1948 年版此处为"欧美"。
② 1948 年版此处为"第二次世界大战"。
③ 1948 年版此处为"上海震旦博物院"，1868 年创立，原名上海自然历史博物院，是外国人在中国建立的第一个博物馆，也是中国最早出现的一座博物馆。1883 年改名徐家汇博物院。1930 年迁入震旦大学改称震旦博物院。下同。
④ 1948 年版此处为"上海博物院"，1874 年创立，又名"亚洲文会博物院"。
⑤ 1948 年版次处为"英国皇家亚洲文会"，下同。

有收集；但后来因创办者中途回国或年老去世，继起乏人，物品陈列已多残缺，作为民众教育或专门研究用的博物馆，相去尚远。最近数年，始有中央研究院的自然历史博物馆①，以及北平研究院的博物馆②，只可说是博物馆事业的萌芽，而与世界各国的博物馆相比较，当然尚去水平线遥远。当此科学发展民智上进时代，博物馆是与学校图书馆并重，所不可缺少的重要文化机关，甚望中国早日有国立博物馆及各都市博物馆的成立；同时将已有各馆发挥而充大之，庶几人民多得一种的知识的宝库，而学术前途亦裨益不浅。

六、博物馆与动植物园 就狭义而论，博物馆的收藏品，以死物为主。此外展览各种生活动物的，有**动物园**（Zoological Garden）；罗列生活植物的有**植物园**（Botanical Garden）；表示各种水族生活实况的，有**水族馆**（Aquarium）。这种机关，在习惯上虽若与博物馆相并立，实则均可视为博物馆的一种。动物园、植物园虽多设在室外；但博物馆亦非一定限于室内的陈列，凡博物馆中不能纳入陈列室的物品，多陈列于空场，即所谓户外陈列，而称为**户外博物馆**（Out - door Museum）或**露天博物馆**（Open - door Museum）。所以这种名称，若为适当，则古建筑物以及古迹名胜，亦可称为户外陈列，或户外博物馆。

七、动植物园的新倾向 至于动植物园亦常备多数饲育室及培养室，或竟附设陈列室，陈列标本、图画、照片之类。又往往配置适当背景，表现动植物生活的真相，以资参考。而博物馆中复多陈列蜜蜂及其他生活昆虫，以示生态的。或在馆中设置水族器，饲养各种水生动物以供众览的，其间实无明确的界限。而追溯博物馆及动物园、植物园的历史，则最初原多混同，仅总称为**博物院**（Musee）。后来逐渐发达，乃次第分化而各具特色。本书所称的博物馆亦采取广义，期较普遍。

第一章问题

1. 博物馆与社会教育有何关系？
2. 博物馆与学校教育有何关系？
3. 博物馆与专门研究有何关系？
4. 博物馆与动物园、植物园、水族馆有何异同？
5. 中国设立博物馆有何必要？

---

① 1930 年 1 月成立于南京，1934 年 7 月改为中央研究院动植物研究所。1944 年分化为动物研究所，植物研究所。现已分别发展为位于武汉的中国科学院水生生物研究所和位于南京的江苏省中科院植物研究所。
② 1930 年筹备成立，1931 年对外开放，抗日战争期间停办。

第二章　博物馆发达史略

一、最古的博物馆　博物馆的本义，约有两解：一为供奉艺术女神缪西①（Musee）的场所，一为探究学艺的场所。在公历纪元前三百年左右费拉台福大帝②（Philadelphos）建缪西馆③于亚历山大宫（Alexandria）为古代博物馆的最著名者。该馆占宫殿的一部分，与修道院、讲演厅、动物园、植物园并峙。维持费用，支自国库，初任修道士为监督，由皇帝亲自管理之。迨埃及改隶于罗马，此馆亦逐渐衰微，至第四世纪末叶，竟完全停闭。

二、罗马的博物馆　罗马在共和时代之终，私家搜集陈列品之风渐盛。豪富之家，多特辟专室，为会客及陈列美术品，与珍奇天产物之所，渐具博物馆的规模。或自远方罗致狮、虎、猿、豹等异兽，孔雀、鹦鹉等珍禽，设槛置笼，饲供观览。或广征奇花异卉，移植珍果美木，以资玩赏，亦各成为动植物园的雏形。

三、中世纪博物馆　欧罗巴的中世纪，教会寺院，多藏珍奇物品及稀有宝物，凡教祖的遗迹，古代的文物，以及远行巡礼者沿途所得的珍品皆属之。其中如驼鸟卵、鲸骨等，常足引起民众的惊羡。盖教会寺院的宝藏此等搜集品，原为哄动民众，刺激其迷信以坚敬神的心，并非以教育研究为目的，与现在的目标，固绝然不同。然由此鼓吹，一般人民，对于搜集的趣味，得渐增进。而这种藏品在考古及美术上，每占重要位置。现在各大博物馆所藏高贵物品，又多曾经寺院的收藏。其对于博物馆的发达，亦未始无功。

四、文艺复兴时代博物馆　十五世纪，文艺复兴，对于古典的物品，每多热烈赏赞，以是对于这种物品的搜集保存，更为热心。这种结果，到了十六世纪，就引起意、法、德诸国的关于古钱、古书、奖牌、数学、理学、机械以及化石等类的搜集和陈列，而各方面的陈列所亦相继成立。且在十六、七世纪，关于古钱及古工艺品，有多数学者，详细研究整理，开始古物的系统研究，遂成今日考古学博物馆的基础。且在意大利复发现多数美术品，渐次被各地专门博物馆所吸收，而造成今日白起更④、费洛能司⑤（Florence）、维也纳（wien）、独莱斯登⑥（Dresden）、明兴⑦（München）、巴黎、列宁格拉特（Linninglad）⑧及伦敦等地的博物馆搜集品的基础。

五、科学发达与自然物　人文发达的结果，文艺普及于各国，同时对于自然物及自然现象的科学兴

---

① 现多称"缪斯"。
② 即托勒密二世（公元前308～公元前246），公元前282年即位。
③ 现多称"缪斯神庙"。
④ 1948年版此处为"罗马"。
⑤ 1948年版此处为"费洛伦司"，现多称"佛罗伦萨"。
⑥ 现多称"德累斯顿"，下同。
⑦ 现多称"慕尼黑"，下同。
⑧ 1948年版此处名为"列宁格勒"，英文为"Leningrad"。

趣，亦渐增加，以是而对于自然物的搜集，又渐发达。自印度航路开通，新世界发现，传道事业进步以后，则欧洲人士得接触于远隔地域的机会，凡关于新到土地的天然物工业品，以及住民的衣服器具及武器等，无不广为收集，送回本国，供国人的观览，遂有亚洲珍品古玩贸易的开始。自此以来，学者的从事动植矿自然物的搜集渐盛，而与古物的发掘集采，遂成为两种对立的倾向，故同一博物馆中，往往陈列两方面所搜集的物品，而博物馆遂脱单独为收藏古物的范围了。

六、早期的博物馆　博物馆的名称，在英文最初称为 Repository（贮藏所之意），法文称为 Cabinet（私室或小室之意）、Chambre（室）、Galerie（走廊）。其后对于美术品、遗物、动植矿物标本等一般的珍品稀物的搜集，改用"Museum"一字，此字不独用作对于搜集品的收集，且含有保存所之意。最初用这博物馆的名称的，在文艺复兴时代有罗马、法洛能可①、维也纳、独莱斯登、明兴、柏林、巴黎等国立博物馆及美术馆，以及搜集银货宝石或解剖病理资料的博物馆。其中所陈列物品中，有独角兽的角、巨人的骨以及毒菌的化石等。独角兽的角，当时用作药品，颇为珍贵；而所谓巨人骨者，实即称为巨象（Mammoth）的一种栖息于旧世界的动物骨，此外则尚有种种奇异药品或贝类化石，古人所用的石槌、石簇之类；但因科学尚未发达，所以每附迷信说明，人工品与自然品尚不分类别陈，其内容的未完善，亦可想见。而在十七、八世纪所成立的重要博物馆，则有薄洛古那②科学博物馆以及费洛那③古物博物馆、奈泊尔（Naeple）④科学博物馆、维也纳历史及美术博物馆、米能⑤（Milan）人造珍稀品博物馆、巴黎历史博物馆、奥来安天然物博物馆等。

和兰⑥彼罗那巴尔他那斯氏珍品博物馆，亦为当时著名博物馆之一，其所搜集各品，后被圣彼得⑦（St. Petersburg）博物馆所购，以植物学家著名的白希尔培斯拉氏在纽能培尔格（Nurenburg）⑧建一科学博物馆，罗特魏希侯亦于哈尔台培尔希（Heiderburg）⑨建设历史博物馆，其后罗氏的孙，更由意大利收集古钱及其他珍品不少，惟最后则归于柏林及独莱斯登两博物馆所有。

七、十七八世纪的博物馆　至十七世纪以后，科学研究，日益发达，各国成立学会，发刊杂志，其结果促进各地博物馆的进步不少。克立斯卿（Christiana）五世⑩皇所创立的可本哈根⑪（Copenhagen）博物馆，后年曾对于考古学上有一大贡献者，亦开始于此时。十七世纪最重要的搜集之中，和兰医师奥耳氏⑫实为其一，彼所收集，可视为建设先史代⑬（Prehistorical）考古学上有最大的贡献。罗马遂斯意脱宗大学⑭的历史品及哲学用具等参考品的博物馆，亦颇著名。当时英国约翰独拉台斯加脱所创设的科学博物馆，亦颇引世人的注意。而在十七世纪的私立博物馆中，最有名的，当推和兰人亚尔培尔脱绥白氏

---

①　现多称"佛罗伦萨"。
②　疑为意大利城市"博洛尼亚（Bologna）"。
③　疑为意大利城市"维罗纳（Verona）"。
④　现多称"那不勒斯（Naples）"，下同。
⑤　1948 年版此处为"米兰"。
⑥　1948 年版此处为"荷兰"，下同。
⑦　1948 年版此处为"圣彼得堡"。
⑧　1948 年版此处为"纽仑堡"，现多称"纽伦堡（Nuremberg）"。
⑨　1948 年版此处为"汉得尔堡"，现多称"海德堡（Heidelberg）"，下同。
⑩　现多称"克里斯蒂安五世"。
⑪　现多称"哥本哈根"，下同。
⑫　疑为"欧文（Owen）"。
⑬　现多称"史前"，下同。
⑭　疑为"罗马第一大学（Sapienza University of Rome）"。

在安斯登①（Amsterdem）所创立的博物馆。彼与和兰的东印度公司有关系，曾获利甚富，接触该地天然物而从事研究，引起其搜集标本的兴趣，遂得此巨量的收罗。后年适遇俄国彼得大帝游和兰，遂以所搜售于俄国，将售价复作第二次搜集的计划，遂成当时欧洲第一私人博物馆。在安斯登更有一博物馆为大解剖学家弗立特立克拉希（Freidlich）氏②所搜集，其后亦以三万和币③，售于彼得大帝。英国有约翰吴特垣特④（John Woodward）氏的矿物化石及介贝类的博物馆，亦颇著名，其后则赠于剑桥大学。

由此可知，当时欧洲私人对于古品及天然物的搜集，颇盛一时。十八世纪时代，甚至伦敦酒馆，往往亦辟一室，专陈珍品，以引观者的注意，而同时用以佐顾客的雅趣。惟私人搜集品，除一部分日后收容于公开博物馆之外，大都散逸各方。苦心经营结果，徒供后人或子孙饿口之资，亦殊可惜。

八、古代旧式博物馆　十七、八世纪的博物馆，虽广为收罗，所藏甚富，但其陈列精神，未合科学，所以尚不能发挥其真正博物馆的价值。且当时重视哲学神学，甚于有形科学，所以博物学的搜集品，亦多用自然哲学及神学的说明。当时凡有自然界的奇形奇物，无不引起科学界的注意，而普通物品，每少顾及，所以与常物相歧异远者，则愈见珍贵。而博物馆亦自然有尊重珍奇物品甚于普通物品的倾向。或收集自驼鸟以至山雀的各种鸟卵，或陈列各种风土参考品；但其目的，无宁注重在引起观众的好奇心，而不在纯粹科学的宣传。甚者则陈列品中，有当作上帝奇迹的种种不可思议的物品，混杂其间。例如木化石等，以及钉耶稣于十字架上所用的钉，基督在列席婚礼以水变酒所用的箬，以及犹大出卖基督时所用的灯笼等，其荒唐无稽，实堪一笑。更极端的，则在传说所视为珍奇而为自然界中所没有的物品，故意人工制造想像的模型，以博民众的欢迎，例如称为"白雪立斯克"⑤（Basilisk）的动物，即为一例。

九、旧博物馆的陈列法　旧式博物馆的缺点，在于陈列面积的缺乏，排列顺序的不当，以及陈列方法的简陋等。当时无长期到馆的管理员，所以搜集品多不加以充分的整理，使观者可以一目了然。即相当有名的博物馆，其经费预算中，亦无薪修的一项，管理员的用途，由入场费维持之，其结果遂使入场券的定价增高。德国著名独莱斯登市的王室博物馆中的一部，称为青色馆（Das Grüne Gewölbe），在一七三〇年时，每入场券售四乃至六德辅币，约合英金九仙令⑥至十四仙令，所以博物馆不注重于供学者的研究，而徒供俗人的游玩。至于所附说明，每多细字，观者不用扩大镜，不易辨别，其陈列方法的不得其当，于此亦可想见。

陈列品的排列，大多以物品的大小为标准；且室中两侧的陈列，重在物品的相称，对于自然的关系连络，反不顾及。所以放驼鸟卵于犰狳的旁边，放石造白鸟模型于可可果实的一侧，或将鲨鱼与极乐鸟并列等等，其例均屡见不鲜。这种陈列的方法，可以见其对于观众的实际教育，未加努力，而对于引起观众的好奇心，则确有相当效果。例如赖登⑦（Leiden）博物馆将杀女的母的遗骸乘于驴马骨骼的背上，将盗牛处刑的男骸放于牛骨的背上，即其证明。和兰的海牙（Hague）博物馆，将珊瑚配合成树木或灌木的形状，以资装饰。至于分类方法，德国的斯托拉斯堡⑧（Strassburger）的博物馆，将一切陈列品分

---

① 现多称"阿姆斯特丹"。
② 1948 年版此处为"弗立特立希"。
③ 现多称"荷兰盾"。
④ 现多称"约翰·伍德沃德"。
⑤ 1948 年版此处为"怪蛇"。
⑥ 现多称先令，下同。
⑦ 现多称"莱顿"。
⑧ 现多称"斯特拉斯堡"。

为化石、植物、动物及人工品四部分而排列。丹麦的可本哈根博物馆，则分为天然物与人工品的两部，两部中更作下列的分类：

天然物部　1、人类　2、鸟类　3、鱼类　4、贝类　5、爬虫类及昆虫类　6、植物　7、金属矿物岩石及土壤。

人工品部　1、金属制品、木制品、角骨及琥珀制品　2、中国、印度等的武器衣服及器具　3、古物　4、科学的及机械学的装置（亦有幻灯）　5、货币纪念牌及印。

一〇、近世博物馆　十九世纪以来，随科学研究的进步，在研究补助机关上，图书馆中有专门图书馆的必要，而博物馆中亦感有专门博物馆的需要。其结果在综合的普通博物馆之外，又需有限于一学科或数学科的专门的博物馆，遂见多数**博物学博物馆**[①]（Museum of Natural History）、**地质学矿物博物馆**（Geological and Mineralogical Museum）、**产业博物馆**（Industrial Museum）、**商业博物馆**（Commercial Museum）、**农业博物馆**（Agricultural Museum）、**化学博物馆**（Chemical Museum）、**教育博物馆**（Educational Museum）、**军事博物馆**（Military Museum）、**考古学博物馆**（Archaeological Museum）、**美术博物馆**（Art Museum）的出现。

在十九世纪的前半，有神学的博物馆，非常发达，为当时的一种特色。当时神学研究上，认为有研究自然的必要，以是各大学竞起努力于参考品的搜集；但后来则因神学的学风变化，而关于博物的研究，亦渐为神学家所放弃。

考古学博物馆变成真正科学的博物馆，得于克立司卿汤姆逊[②]（Christian Thomsen）的努力为最多。汤姆逊在可本哈根博物馆中，将考古学的材料，加以研究整理，应用石器时代、青铜器时代及铁器时代所谓**三纪式**（Three Age System）的科学分类法，将从来紊乱无序的陈列，一变而为条理整然的配置。一八三六年，汤姆逊氏出版一**汤氏分类法**书籍，以是而法国巴黎郊外的国立生究尔孟[③]博物馆，以及各国的博物馆，多盛用这科学的分类。考古学研究一近新的时代，即变为古物学的研究，而入于历史学的范围。考古学一方面又接近于土俗（Ethnology）及人类学，所以亦有若干博物馆，将考古学的一部分归入历史部，此外则归入土俗学及人类学部。

德国的纽仑培尔希[④]（Nuremburg）的**日耳曼博物馆**（Das Germanisches Museum），为一八五二年所创立，一九〇三年时已进步为世界第一流的博物馆。这个博物馆分为有史前、罗马时代及德国时代的三部分，各种陈列品又分为法治生活、教会生活、战争、农业、手艺、劝业、美术及科学，所以整齐甚佳。因为这个博物馆的陈列的顺序及方法，均极进步，故自此博物馆出现以来，一般旧式博物馆的价值，完全消失。又汤姆逊在可本哈根博物馆中，将考古学陈列品选出土俗学的参考品，另设一独立的部类，后来巴黎、柏林、华盛顿、芝加哥等，则仿可本哈根博物馆的办法，而另建伟大的土俗博物馆，以是专门博物馆中，又放一异彩。

法国革命的结果，将巴黎市绥恩河[⑤]（Seine）畔的鲁培尔大宫殿[⑥]，改为绘画雕塑的陈列馆，公开观览，使美术变为民众化，在促进美术博物馆的发达上，实大有力量。宫殿及宫廷美术馆开放的结果，王公贵族的庭园，珍奇鸟兽的搜集品，以及美丽的花坛，亦次第公开，对于动植物园及水族馆等的发达

---

①　现多称"自然历史博物馆"，下同。

②　现多称"克里斯蒂安·汤姆逊"，下同。

③　1948 年版此处为"圣日尔曼"，现多称"圣日耳曼"，下同。

④　现多称"纽伦堡"。

⑤　现多称"塞纳河"。

⑥　疑为"卢浮宫（Louvre）"。

上，又有重大贡献。例如法国巴黎的植物园（Jarden Botanique）、柏林的植物园（Botanische Garden）、伦敦的植物园①（Kew Garden）均为宫廷附属的庭园所开放而成，即其适例。这不独外国为然，即我国北平的天然博物院，为三贝子私人花园所开放而成，亦属同一的来源。

此外如各大学专门学校的博物馆及植物园等，因搜集品增多规模扩张的结果，已不单独为学生教育的机关，同时更开放于民众，对于博物馆及植物园发达上，亦有重大关系。

在科学博物馆方面，近年大英博物馆又将与博物学有关系的搜集品，与本馆分离，而在西金郡格东②（South Kinsington），另建进步的博物学博物馆。又世界各国，亦建立与英国同样的独立博物学博物馆。一方面在巴黎则又有**科学工业博物馆**③（Conservatoire National des Arts et Métiers），伦敦则有**科学博物馆**④（The Science Museum），多是自然科学而特别注重于理化学及其应用的进步的特殊博物馆，颇引起世人的注目。受此种刺激的结果，德国在明兴效法英、法而创立**德国博物馆**⑤（Des Deutsches Museum），奥国在维也纳亦创立**工业博物馆**⑥。以此为动机，最近美国芝加哥有芝加哥产业博物馆（The Chicago Industrial Museum），纽约有和平工业博物馆⑦（The Museum of Peaceful Arts）的大规模科学工业博物馆的建设计划。

一一、博物馆陈列法的改良　在近世博物馆中，除工业品及历史考古学的资料，作科学的系统排列之外，同时复有依开化史而陈列的新法。最初实行这种方法的，为德国的日耳曼博物馆，及明兴一八五四年所创立的巴意希自然博物馆（Bayerche Natural Museum）。在这种博物馆中，设置古代教会堂或僧院及住宅的一室，将该时代所制的实在天花板壁板之类，装于室中，并将同一时代的家具及工艺品作适当的配置及装饰，更配以穿该时代服装的实物大的偶像，而陈列品全体，保持彼此的关系，即所谓**配合陈列法**（Combination method）。这种陈列的优点，渐为一般所认识，故不出数年，普及于各地的历史博物馆，并波及于科学博物馆的陈列法。例如伦敦的大英博物馆的博物学部，以及美国华盛顿的**国立博物馆**⑧（Smithsonian Institution），对于动物标本的陈列上，现均采用配合陈列的方法。同时应用于土俗参考品，更可以明各民族的生活状态，法至尽善。

配合陈列法以外，对于博物馆陈列方法上，更进一步的，为应用动力的陈列法，即运搬用制造工业用或实验用的器械模型，不单求陈列以供观览，更应用动力的机关，观者可用手触机，而使其转动。这种设备，实施最早的，为巴黎的国立科学工业博物馆，以及伦敦的国立科学工业博物馆等。博物馆应用此种陈列法的结果，从来专为学者及专门家所利用的博物馆，一变而为民众唯一的求知场所，能吸引民众，而施予教育，博物馆在社会教育上价值，藉此而益加光大。美国斯密松林研究所⑨的古特（Goode）氏⑩，在一八八九年，该所年报中，发表两文，题为《将来的博物馆》（Museum of Future）及《博物馆经营的原则》（Principles of Museum Administration），对于革新教育的方面，博物馆有积极活动的必要，曾极力鼓吹。英国格拉斯哥（Glasgow）博物馆的考古学者麦克马来（Macmaley），在一九〇四年，发表

---

① 现多称"邱园"，全称"邱园-皇家植物园"，建于 1759 年，下同。
② 1948 年版此处为"南金郡格东"，现多称"南肯辛顿"。
③ 现多称"法国国立工艺学院"，成立于 1794 年，下同。
④ 成立于 1857 年，最初为南肯辛顿博物馆的一部分，1919 年独立。
⑤ 现多称"德意志博物馆"，成立于 1903 年，下同。
⑥ 疑为"维也纳科技博物馆（Vienna Technical Museum）"，1918 年对外开放。
⑦ 现多称"和平艺术博物馆"。
⑧ 现多称"史密森博物学院"，始建于 1848 年，世界上最大的博物馆与研究体系。下同。
⑨ 现多称"史密森博物学院"，下同。
⑩ 现多称"古德"，全名乔治·布朗·古德（1851～1896）。

博物馆的《历史及其利用》①（Museums Their History and Their Use）一书，亦有同样的见解。

　　博物馆既不单为学者及专门家的研究机关，更进而作民众教育机关及学校教育的补充设备的这种所谓博物馆扩张（Museum Extention）运动，至最近而更加紧张，以是博物馆方面，不独改良陈列方法及说明可以了事，更进而博物馆内，专任特别说明员，以事参观团体及各个人的观察上的说明。采行这种制度，最初为巴斯登②（Boston）美术馆，设称技术员（Docent）③的名目，自一九〇六年起，已见实行，颇著成效。

　　一二、博物馆建筑的改良　博物馆的改革，除内部陈列方法之外，更对于博物馆的建筑以及内部的设备，亦已渐次着手改良。一九〇五年德国梅袞（B. Mayer）氏④视察美国及欧洲主要博物馆之后，发表一报告书，其英文译文，登载于斯密松林研究所年报。据其所述，从来博物馆的建筑，每注重于外观装饰，而对于教育上及实用上的事项，反多轻视。所以主张博物馆为发挥其任务起见，务重内部的设计，而后及于外部的形式，故博物馆的建筑式样，应一摈从来殿堂式的古风建筑，而采实用本位的简单式样。这个论调，颇值开始设计博物馆建筑者的考虑。

　　一三、中国博物馆的沿革　中国古来古董和字画的收藏，为文人雅士的嗜好，每密藏斗室，拒公同好，其结果亦不过一代或数代之后，为子孙所散失，固无所谓博物馆。至于有博物馆的模型的，则开始于一八六八年的上海徐家汇博物馆。此馆为法国神父休特⑤（Pierre Heude）所创。休特之前，有法国神父亚培达维特⑥（Abbé Armand David），曾赴中国北方各省收集动植物甚富，休特可说是第二位神父，从事了中国博物学研究而有重大贡献的。但其规模甚小，不足多述。中国第二个博物馆，则为英国业细亚协会（The Royal Asiatic Society，North China Branch）所附设的博物院，成立于一九零七年左右，以鸟类居多。而华人自创的博物馆，则在最近数年，始告成立者，有中央研究院的自然历史博物馆、北平天然博物院⑦、广州市立博物馆⑧、天津的河北省立博物馆⑨、湖南博物馆⑩、西湖博物馆⑪等。而规模较大的，则为北平故宫博物馆及古物陈列所等，以清宫所收藏物品为主体而陈列的。其物品虽多古物，而为一般好古董者所垂涎、叹羡，但其陈列的方式，以及对于民众教育上的价值，则尚待相当的考虑。惟规模粗具，发挥自易，努力前进，将来自有相当的效果。

---

① 1948 年版此处为《博物馆的历史及其利用》。
② 1948 年版此处为"波斯顿"，现多称"波士顿"，下同。
③ 1948 年版此处为"说明员"，现多称"讲解员"，下同。
④ 现多称"迈尔"。
⑤ 现多称"韩伯禄"，下同。
⑥ 现多称"阿尔芒·戴维德"。
⑦ 1929 年成立，北京动物园的前身。
⑧ 1929 年对外开放，1941～1945 年更名为广州市立图书博物馆，1946～1949 年更名为广州市立博物馆，1950 年至现在更名为广州博物馆。
⑨ 1918 年建成，1928 年更名为河北第一博物院（当时天津市尚属河北省管辖），1941 年更名为天津特别市市立博物馆，抗日战争结束后更名为河北省立天津博物馆，1949 年更名为天津市立第一博物馆，1950 年更名为天津市立第一博物馆，1952 年与天津市立第二博物馆合并组建成天津市历史博物馆，2004 与天津市艺术博物馆合并成为天津博物馆。
⑩ 1924 年湖南省教育会博物馆开馆，1927 年定名为"湖南省立博物馆"，1930 年毁于战火，此后再未恢复。
⑪ 1929 年筹备成立，1931 年更名为"浙江省立西湖博物馆"，现为浙江省博物馆。

第二章问题

1. 博物馆的名称最初从何而来？
2. 旧式博物馆有何缺点？
3. 什么叫做三纪式分类法？
4. 配合陈列法在博物馆方面如何应用，有何利益？
5. 动力在博物馆如何应用？

第三章　博物馆的种类及效能

一、博物馆的分化　博物馆依其内容，而分为**普通博物馆**（General museum）及**专门博物馆**（Special museum）的两大类，专门博物馆大体上又分为历史、科学及美术三类。现在一般的地方小博物馆，多是综合科学、历史、美术三方面而为普通博物馆居多；大都会的博物馆，则属于专门的亦颇不少。博物馆规模太大，则于管理及经营上，均感不便，且因地基的关系，往往因不能扩张增筑，而不能收容全部的搜集品于一所，遂不能不起分馆问题。观乎世界博物馆的发达史，大概博物馆在成立之初，多为综合各分科的普通博物馆，殆乎搜集品的增加，势不能不行几次的扩张增筑，最后则仍以不能收纳而不得不设立分馆。例如大英博物馆的建设博物馆学分馆十南金郡格东，即为明证。

科学博物馆，亦往往因搜集品的增加，而自然不得不分化为博物学博物馆与产业博物馆，且其产业博物馆又分化为工业博物馆、农业博物馆、商业博物馆等，而博物学的博物馆又分化为土产博物馆、地质矿物博物馆、动物博物馆、植物学博物馆等。又依都市的事情，而补充以独立的交通博物馆、卫生博物馆、安全博物馆、殖民博物馆等。由美术博物馆可分化工艺博物馆（Museum of Industrial Arts），由历史博物馆而分化都市博物馆（Municipal Museum）及军事博物馆等。

二、博物馆的种类　关于博物馆的种类及定义，在亚特瓦特福尔斯氏[①]（Edward J. Forbes）指导之下，所开创的美国劳起斯脱（Rochester）大学[②]的博物馆经营法讲习会（一九二八年至一九二九年班）所定的成案，大体颇为适当。博物馆本来依各人观察点的不同，任意均可分类，但其主要之处，则在于其本质问题。自然物原各有其特质，所以亦应依此为分类。动物依其产地的分类，不若依其性质而分类。故博物馆的分类，当然亦须依其内容而分类，然后再下定义。在其他的分类，则不能分明博物馆的根本性质，故只能作为次要，而附加之。今将博物馆的种类表，先由美术而至历史，再及于科学列举于下。惟除这种分类之外，当然尚有所谓普通博物馆的科学、历史、美术三者综合的博物馆。且普通博物馆中更有将搜集品限于乡土的所谓**乡土博物馆**（Local museum），以及观览者限于儿童的**儿童博物馆**（Children museum）。以上专就搜集品的种类内容而分类的，至于依博物馆的关系区域及维持方法而分类，亦无不可。

I. 由内容上而分的博物馆种类：

美术博物馆——描写博物馆、雕型博物馆、手艺博物馆、印刷博物馆、工艺博物馆、建筑博物馆、演剧博物馆、音乐博物馆、考古博物馆、美术史博物馆。

历史博物馆——考古博物馆、乡土史博物馆、传记博物馆、民俗博物馆、建筑博物馆、宗教博物馆、刑事博物馆、古钱博物馆、印纸博物馆、印刷博物馆、海军博物馆、军事博物馆、运输博物馆。

---

① 1948 年版此处为"爱德华福尔斯氏"，现多称"爱德华·福布斯"。

② 现多称"罗彻斯特大学"。

科学博物馆——天文学博物馆、地质学博物馆（矿物学博物馆、岩石学博物馆）、化石学博物馆、海洋学博物馆、生物学博物馆、植物学博物馆（植叶博物馆、应用植物学博物馆）、动物学博物馆、古生物学博物馆、人类学博物馆、人种学博物馆、考古学博物馆、医学博物馆（解剖学博物馆、齿科学博物馆、病理学博物馆）、卫生学博物馆、兽医学博物馆、化学博物馆、物理学博物馆、产业博物馆（工业博物馆、建筑博物馆、印刷博物馆、商业博物馆、农业博物馆、水产博物馆）、运输博物馆、交通博物馆、社会博物馆、灾害防止博物馆、教育博物馆、海军博物馆、陆军博物馆。

Ⅱ. 依关系区域而分的博物馆的种类

中央博物馆、地方博物馆、大学博物博物馆、学校博物馆。

Ⅲ. 依维持方法而分的博物馆的种类：

国际博物馆、国立博物馆、公立博物馆、私立博物馆。

三、博物馆的定义　斯密松林研究所的古特氏，对于博物馆下一定义以来，虽曾屡次学者设法修改，但至今尚未得一最合理的改订。我们将博物馆作为一种的"设施"、"建筑"或"搜集"亦无不可，然三词之中，所谓建筑，所谓搜集，仍包含于设施之内，所以二者不能放入于定义之中，结果还是古特氏所说"博物馆为保存最易说明自然现象及人类业绩的物品，供民众知识的向上，及发展文化所利用的一种设施"。至于各种博物馆的任务如下：

美术博物馆　收容人类审美的文化的业绩。

历史博物馆　保存关于个人、国民、民族历史上的各时代生活状态的资料。

科学博物馆　陈列说明研究自然现象的法则及理论的资料。

四、博物馆的配置　博物馆的种类及性质，既已如上述，然以一国博物馆的全体而论，则应其性质，配置于全国适当区域，以收分工合作之效，亦颇重要。我国尚无施设将来博物馆的方针，所以目前正应当考察海外先进诸国的过去经验，免再踏其覆辙，而可经济设立完美的博物馆，亦为后进国所应当取巧的地方。惟欧、美诸国国立博物馆及地方博物馆的配置，因各国而不同，大体上英、法两国与德、美两国各互有相似之处。

英国自大英博物馆以外，尚有国立美术馆[①]、维多利亚亚尔培尔脱（Victoria Albert）纪念博物馆[②]、科学博物馆等国立博物馆。又魏尔斯[③]（Wales）的加起泼[④]亦有一国立博物馆[⑤]。苏格兰则于爱丁堡（Edinbeurg）[⑥]亦有一国立博物馆。又爱尔兰则于达勃林[⑦]（Dublin）亦有一国立博物馆[⑧]及美术馆[⑨]。此外全英国大小地方博物馆，则有五百四、五十所，尚嫌各地方博物馆的不足，以是而各地的住民咸感不能受博物馆的恩惠，而正在从事努力增设。

法国大体与英国相似，巴黎的国立博物馆有鲁走尔的美术馆[⑩]、克立山步尔（Crisanboule）美术馆、

---

① 现多称"英国国家美术馆"，成立于 1824 年。
② 现多称"维多利亚与阿尔伯特博物馆（Victoria & Albert Museum）"，成立于 1852 年。
③ 现多称"威尔士"，下同。
④ 现多称"加的夫"。
⑤ 现多称"加的夫国家博物馆（National Museum Cardiff）"，始建于 1905 年，威尔士国家博物馆的一部分，下同。
⑥ 现多用"Edinburgh"。
⑦ 1948 年版此处为"杜勃林"，现多称"都柏林"。
⑧ 疑为"爱尔兰国家博物馆（National Museum of Ireland）"，建于 1880 年。
⑨ 疑为"爱尔兰国家美术馆（National Gallery of Ireland）"，建于 1854 年。
⑩ 现多称"卢浮宫博物馆"，1793 年对外开放。

库路尼①（Cologne）的博物馆，以及科学工业博物馆之外，尚有二、三博物馆，此外则更于郊外的佛尔塞（Versaille）美术馆②，生究尔孟的考古学博物馆，又在梅沙发爱脱（Mesofaite）有建筑工艺博物馆。此外各地的地方博物馆，亦与英国相同，为数颇多。最近调查除自然科学博物馆之外，美术、考古、历史及通俗艺术博物馆，多达六百余所。

美国只在华盛顿首都有一、二国立博物馆，其他则可视为国立中央博物馆的，尚付阙如。盖美国地域太广，欲如英、法的利用中央博物馆，较为困难。且以美国为联邦制，所以各州多各有州立及市立的大博物馆。而数州中又各有一类于中央博物馆的博物馆。所以美国国立博物馆虽少，而全国大小博物馆数，则多达九百余所。如此，尚嫌其不足，而目下各地方均在从事地方小博物馆建设的普及运动。

德国与美国相似，从前亦为联邦制，且其成立比美国更新，故属于中央政府直接管理的博物馆甚少，不过二、三小博物馆而已。当然明兴的德国博物馆（德国科学工业博物馆）及最近成立的独莱斯登的德国卫生博物馆③，其建设地由市府所拨，而建设费则不独由联邦所出，中央政府亦出支一部分的经费。一般则政府博物馆多各由各联邦的教育部管理之。所以柏林虽有费拉台尔飞皇（Keiser Freidelsch）博物馆，及自然科学博物馆④等相当大规模的博物馆，又在汉堡（Hamburg）、明兴、赖勃齐⑤（Leipzig）等都市的伟大美术、历史及科学博物馆，但均为联邦或市所管理。这种博物馆当然行使各联邦的中央博物馆的任务，且明兴的科学工业博物馆，则有全德国中央博物馆的作用。此外小地方博物馆甚多，共达一千五百所以上。

我国地十广大，且为一统一的国家，所以应当有若干完备的国立中央博物馆，此外则至少各省亦当有一、二博物馆的设置。其配置则属于中央的，以南京、广东设立两所的科学博物馆，而北平设立一美术博物馆及历史博物馆为宜。至于故宫博物馆等，则可作为特种历史博物馆或改为历史博物馆较为适宜。

五、博物馆的效能　博物馆对于社会教育及学校教育上的效果，前已述及之，兹再略加补充。查博物馆与图书馆为社会教育上最有力的机关，已为一般所公认。地方博物馆，务需地方的色彩浓厚，陈列品中，对于该市的历史考古学，地方的动物、植物、地质的资料，以及地方的工艺美术品的代表，应广为网罗，务使市民从历史科学及艺术的见地，以知自己所住的城市及附近为何如。如此则一般民众或劳动者，于休息日率领家族，巡览条理整然的博物馆，见精选的动植物化石等，不独可以倍觉愉快，且于不知不觉之中，可给于彼等生活的安慰，同时又可增加其常识。若在工商业发达之地，则备种种机械的雏形，及其运转的情形，以及制造工程上种种发达及改良的经过的陈列品，使多数职工，多获实际的知识。一方面则收集地方名人的美术制作品，养成民众美的鉴赏的能力，并可影响于个人及家庭社会的生活。所以地方博物馆，可以使人人理解人类过去的生活，引起爱乡的观念，并作以养其国民的精神。而理解周围的自然得关于天产资源的知识，唤起其应用于产业的兴味，大为博物馆重要的效能。

至于对于学校教育方面，各国素来均有儿童博物馆的设置，放课后或休息日，召集儿童，从事实物的观察，使用幻灯的说明，以及野外采集，采集标本的加工整理等，可使儿童于博物馆，补充学校教育

———————————————

① 现名称"科隆"。
② 1948 年版此处为"凡尔赛"，现多用"凡尔赛宫"。
③ 成立于 1912 年，德国最著名的健康博物馆之一。
④ 现多称"柏林自然博物馆"，是德国最大的自然博物馆。前身可追溯到 1810 年柏林大学建校之初先后建立的三家博物馆：解剖学 - 动物解剖学博物馆、矿物学博物馆和动物学博物馆。1889 年，新落成的博物馆对外开放。
⑤ 现多称"莱比锡"。

的不足。所以博物馆对于学生的学业，实有重大的影响。

此外博物馆在学术机关中亦占一极重要位置。博物馆中特设研究室，专供专门学者的研究，其贡献于学术界的先例，不知凡几。英国博物馆及美国国立博物馆，已成为世界学术的一重要机关，已为一般所公认，毋庸赘述，博物馆促进学术的进步，亦为其效能的一种。

第三章问题

1. 博物馆大体上分几类？

2. 博物馆如何分类？

3. 什么叫做博物馆？

4. 中央博物馆与地方博物馆的分配上在英、美、德、法四国各有何特征？

5. 博物馆有何效能？

第四章　地方博物馆

一、地方博物馆普及运动　博物馆既为启发民众及补充学校教育的补充，以及学艺研究机关，故欲对于全体国民，发挥其真实效果，单在大都市设立二、三大博物馆，仍无济于事，必须全国各大小都市，均有博物馆的存在，方可居住各该地的住民，均能充分利用。因此美国虽有大小九百以上的博物馆，而尚嫌太少，更想于较小都市，各建博物院。此种博物馆普及运动，现在弥漫于各国，我人闻之，能不有感。

先讲英国的普及运动：英国的各地，除国立博物馆之外，所谓县立博物馆（Provincial Museum）亦有五百四、五十所，然尚嫌其不足而有剧烈的地方博物馆普及运动。苏格兰的他温博物馆[1]至最近博物馆的距离间，只十七哩，而需利用此博物馆的住民有二十五万人，所以一般均谓博物馆的分布不均，而热烈提倡非于该处增设三、四博物馆不可。

美国为地方小博物馆的普及起见，美国博物馆协会的理事长高尔孟氏[2]（Bell Coleman），曾著一书题名《小博物馆指南》（Manual for Small Museum）。此书将调查美国各地方的情形所得，而对于小博物馆的建筑以及内部设备经营法等，均有极浅近的解释，为关于博物馆著作中最近的一本良好书籍。这种运动的发展，于此著作中可以见之。总之，地方小博物馆的增设，已成为世界各文明国的急务。中国地大物博，人民知识低陋，如能仿效外国的最简单方法，于各都市都设立小博物馆，信其对于中国人民常识的提高上，必有相当成效。

二、麦克马来氏的意见　麦克马来氏对于建设地方博物馆的必要，有下列的意见。他说："建设及维持博物馆，为利用金钱与时间的惟一有效方法。今日应设立的博物馆甚多，无须再事踌躇，而急宜着手从事。盖供博物馆可以陈列的材料，若不从速搜集，将来一日困难一日，此种的例，在博物标本方面，为数尤多，土俗学的资材更属如此。因材料均在次第消失，所以今日建设一历史博物馆，征求陈列材料的困难，远非五十年前可比；既已如此，若再迟延三十年，而着手建设，则其困难更可推想。考古学上有价值的参考品，时能发现，只要有博物馆的存在，则对于不足的考古学搜集品的补充，亦非至难。惟此种参考品，多是偶然发现，所以参考品搜集的困难，逐年增加。且此种偶然发现的参考品，因无适当的博物馆而被散失的，亦颇不少，往往某种参考品在普通博物馆未见若何价值，而保存于发现的地方博物馆，则反生特种的价值。地方博物馆的效能，实在于此。各地方若均有地方博物馆，则于地方上所发现的有益资料，而尤以足供考古学、历史学、地理及产业上的参考者，均可搜集于一处而保存之。"

三、建设及维持费　地方博物馆的建设费及维持方法，亦颇有考究的价值，关于这个问题，英、美

---

① 1948 年版此处为"达尔文博物馆"。
② 现多称"贝尔·科尔曼"，下同。

各有不同。英国自大英博物馆（British Museum）以下，更有伦敦市及其他各处所设的国立博物馆，已如上述，而美国则几乎无一国立的博物馆。华盛顿的国立博物馆（National Museum of United State），亦为民间所捐助，而政府所支出的费用甚少。

至于地方博物馆的建设及维持方法，英、美两国间亦有显著的差异。英国博物馆虽亦有民间所创设的，但一经成立，立即捐助于市政府，以后即用公费维持之。英国只限于有一万人口以上的市邑，得用公费建设及维持博物馆，因该国各市的课税，本已极重，所以对于博物馆的捐款，每一金镑不得过一辨士①，其结果使地方博物馆不能得充分的经费，所以馆员等亦不免人数及待遇较劣，为其缺憾，同时对于设备及经营上不能锐意改进，亦属当然。且博物馆在市府直接管理之下，博物馆由市参政会所任命，难免任用缺少博物馆知识的人，而使博物馆的经营上益增困难。所以若无一具专门知识而有手腕的馆长能操纵参事会以使博物馆事业日益发达，则欲举优良成绩，殆不可能。然在美国则地方博物馆的归于市政府所有者极少，大多为财团法人而维持之。此财团法人乃一独立而有势力且富于奉公精神的若干人所组织而成。美国未闻由市而建设一博物馆，一般均先成立财团管理人，然后于财团之下建设博物馆，即由一个人或数人的热心发起人向富豪捐款或募维持会员、赞助会员而征集会费以资建设费之用，即所谓财团管理人（Trustee）制度。

今将财团管理人制度略加解释。设有有志者欲建一博物馆，先由其中选出普通十二、三人为财团管理人，付以全权。此十二、三人中又彼此互选会长及副会长、干事、会计等职员，任期均为二、三年。财团管理人，大多不自行从事而另于有志者中选举执行委员若干人，会长及其他职员，亦加入于执行委员中以从事一切进行事务。财团管理人，每年开会三、四次。执行委员决定大体进行的方针后，然后再设筹备委员会以决定博物馆的内容性质。然此种筹备委员仅决定博物馆大体的轮廓内容，财团管理人于委员之外，若任命馆长，详细的事项一任馆长的处理，而执行委员不再涉及于馆长权限内的事务。财团管理人在博物馆馆长之外更任命博物馆的技师（Curater）②。财团管理人更为维持博物馆起见而募集维持会员，求其捐助资金。最有兴味的，则在会员之中，往往小学学生亦有加入。现在纽约市的市立美术馆③（Metropolitan Arts Museum），在一九二六年，维持会员一万二千六百四十九人，会费得二万五千七百四十镑。又芝加哥市的美术馆有一万四千五百四十六人的维持会员，所得会费达四万五千三百镑。当然博物馆所在地亦有相当的补助，惟虽受市的补助，而财团管理人并不受市的支配。美国博物馆尚有一财源，为地方教育局的补助金，而博物馆方面对此则给予学校学生特别的便利。所以一言以蔽之，美国地方博物馆的经费，由捐款及维持会员会费以及州或市的补助金三方面支出之。所以美国的博物馆，比英国博物馆多三倍的财源，更于博物馆职员中设多数宣传部员，奔走于捐款及维持会员的募集，并注意于其他经济方面的问题。因此美国博物馆的馆长及技师各能注力于专门技术方面的问题，不必再顾虑于经济，为美国博物馆所以能急速发达的一大原因。

关于博物馆而尤以对于地方博物馆维持的方法，英国博物学家麦克马来氏曾述其意见如下：

"博物馆设置必要的陈列品，需要巨额的经费。博物馆的最弱点，即为经理问题。这个弱点，在原则上实在不难挽救。当局者的对于博物馆经费的支出，每多留难，其原因实在于缺乏理解之故。美术馆为购一名画而不惜支出巨款，独对于普通物品的陈列，反又踌躇，盖府县市各参事会对于博物馆的价值及其维持的必要，尚未认识清楚，他们以为只要收得物品，已达博物馆的目的，故开馆以后，以为只要

---

① 现多称"便士"。

② 应为"curator"，指业务主管，下同。

③ 现多称"大都会艺术博物馆"（Metropolitan Museum of Art），1870 年成立，下同。

有人管理，事已成就。其实博物馆的暖房及电灯均需相当经费，而聘请有专门技术的人才，亦需给相当的薪俸。因博物馆的技师，需相当有学识经验的人物，而其助手亦非有若干科学训练者不可。且陈列用的标本，购买既需费用，而加工陈列所费尤多，这都是不能专赖一般捐款所能维持。至于野外采集或组织远征队，则对于经费更感必要。此外如设置研究室以供专门学者的研究，必须备相当设备，凡此种种均赖经费，非当局者认为必要而批准之，即无从着手。惟博物馆欲得一适当经营者，本非易事，所以多数博物馆均支配于大学及研究所，此外则亦有属于市参事会及其他团体的。但属于市参事会及地方团体管理的，非交于能充分理解博物馆的专门委员不可。若将今日的博物馆及图书馆而置于缺乏理解的市参事会，实为一大浪费。博物馆的建设管理，应随社会的进步，而合时代的要求，在民众教育及国运的发展上，极为重要。所以博物馆的管理，应以与政党全无关系的稳妥团体任之；这个团体以能对于博物馆发生同情，明了其目的及效能，进而随其经验及熟练而援助博物馆的管理的有科学教养的人物组织，为最宜。如此则博物馆前途，方有进境。"麦氏这种意见，虽对英国博物馆现状而发，但亦值得讨论。

四、德国地方博物馆一例　德国地方博物馆中可举亚尔托那①（Altona）博物馆说明之。亚尔托那市在汉堡的西方，可说就是汉堡市的一部，亦无不可。人口有十八万，为休来司魏喜忽尔斯坦②（Schleswig Holstein）州的第一都市③。该市的博物馆为该州的地学博物馆，使社会各阶级的民众，对于乡土有明了的理解，为其主要目的。又亚尔托那为深海渔业的根据地，所以介绍深海渔业及其有关联的各种工业，亦为其目的之一。同时每日劳动的工人，于夜间召集于博物馆，施补习教育，亦为其任务的一种。此馆的主要部分如下：

1. 图书馆　由正门入地下室内，其左右即为图书馆及物品的仓库。图书馆中备各种新闻杂志及为一般知识补助所必要的通俗图书。此外关于渔业及地理学的通俗图书亦颇不少。

2. 渔业室　楼下陈列关于北海、东海、内河及养鱼池等的关于渔业的各种参考品，对于该地住民的渔业改善及发达上颇有利益。陈列品中有现在渔业所使用的渔船用具及模型标本，此外则更有关于船舶构造上及渔获物用途上的各种参考品。船舶模型中亦有示其纵断面的，更有应用玻璃板以代水面，玻璃板之下，用蓝色布，上面用碧色布的布景，使与白色的帆相对照，亦与自然的状态无异。

3. 水族馆　休来司魏喜忽尔斯坦州的淡水渔业，非常发达，所以地下室一部设水族馆，不独有咸水鱼的水槽，且饲养淡水鱼甚多。水槽的配置均沿室的三壁作一列，而中央又有一列，所以观者可在水槽四周巡览。

第一图　渔业陈列室

---

① 现多称"阿尔托纳"，下同。
② 现多称"什列斯威－霍尔斯坦"。
③ 1948 年版此处为"第二都市"。

4. 地质室　关于该州的土壤学及地质学的资料标本模型、地图、绘画、照相之类，均用系统的表示。地质室最引我们的注目的，即为该市附近的石砾地层断面标本。这个标本，高约一丈，宽约五尺，上端厚约为七寸，下端为一尺五寸。里面用三和土胶着，使其不致崩坏，各地层所含的石砾，均附以号数，再将各层的石砾整个的取出数粒，将一面磨平，以示石砾的内部构造，这种石砾陈列于大标本前面的台箱（Table case）中。此外则更有与断面有关系的照相及附近地图。此外则州内一地方的泥炭及其他种种化石而成的地层，亦用同样方法的标本陈列。易陷于干燥无味的地质矿物标本，而作这种的陈列法，确是一种巧妙的方法。

5. 民俗室（文明史室）关于州内的各地农民的住宅及式样，均有小模型陈列于民俗室。其中关于大农小作及渔民等的住宅模型的屋顶，均取去一半，以示其内部构造。住家所贮的干草以及畜舍所饲养的牛、马，或用风车挽水等的情况，均用缩小模型表示之。其他则住宅模型中更示农民的寝室厨房，以及厨房用具等，渔民的住宅则附有晒网及小船。以上均用历史的发达顺序陈列，为一六八〇年所筑。此外则地方人民自古以来的衣服变化，约有百余套，均用实物大的偶像穿之，亦作历史顺序的排列。古住宅内的诸种设备及家具模型标品，及地方的工艺品标本等，亦颇完备。

6. 博物室　关于该地的禽兽、鱼介、昆虫的标本，均作系统的或配合式的生态的排列。例如蜜蜂则养活蜂于蜂巢内，将蜂的出入口对着陈列室的窗口，所以蜂常出入采蜜。此外则州内的植物压制标本，亦收集甚富。夏季则更将地方所产的植物标本的盆栽，陈列一室，以佐清凉。二层楼则有吃茶及兼食堂的休憩室。以上所述，凡关于动植物天然产以至于产业、民俗、历史为止，各方面无不有极浓厚的地方的色彩，这种地方色彩浓厚一点，即为地方博物馆的特色。

五、英国地方博物馆一例　爱尔兰的培尔发斯脱①（Belfast）市的植物园公园②（Botanic Garden Park）中，曾开始新筑培尔发斯脱市博物馆③，至一九二九年十月二十二日始告成立，在海外新式的地方博物馆中，颇多足于参考之点，特记其概略。亚尔发斯脱④人口约三十八万七千，为相当大的都市。新建筑的博物馆，为长一〇二英尺，将来可以扩充至二三八英尺，全体为铁筋三和土所造的三层楼房，总面积为一万一千平方英尺。各层均附有火灾报告机及消火栓。馆内外所用动力及灯光均为电气。地板铺无声的避声木（Corktie），走廊用橡皮板，惟讲堂则仍用楢木，此外内部一切木材多用楢木。有两升降机，一为搬运货物用，一为人的升降用，此外各室均备低压暖房用汽管。

该馆的配置，地下室为事务室，有影戏设备的讲堂、参考图书室、解货包室、工作室、照相室、机关室等。楼下为陈列室六，准备室一，各室间的门多用耐火门。二楼则为绘画及雕塑的陈列室。绘画室的墙壁均用板壁，上面更加以厚布。陈列于壁面的绘画均用屋顶上光线照下，所以观览者由画面不受到光线的反射。陈列雕塑的廊下，则设高窗。现代雕塑品的陈列室，长约一一一英尺，幅一七英尺，高一七英尺，为圆屋顶，由顶上采光线。

楼下的六间陈列室，均由侧面的大窗采光，用壁柜的房间，则一面有窗，不然则两面有窗。中间柜则为横置，即在窗与窗之间，而与壁成直角。用电灯的多用日光灯（Daylight lamp）。陈列柜均为英国伦敦绥其公司（E. Sage Co.）所制。构造为青铜框而用玻璃板嵌入，框的所占面积极小，使展览的面积可以扩大。

---

① 现多称"贝尔法斯特"，下同。
② 现多称"贝尔法斯特植物园"，于1828年对外开放，最初为私人植物园，于1895年成为公共公园。
③ 现多称"阿尔斯特博物馆"，建于1929年，是北爱尔兰国家博物馆的一部分。
④ 现多称"贝尔法斯特"，下文同。

第二图　油画陈列室的内景（二楼）

陈列品内容，大体在楼下一室中，陈列该市的历史画一百三十枚。博物标本在北侧一室，以免直射光线的被害，虽面积稍嫌小，惟对于教育上已颇合理陈列。陈列品中为爱尔兰产的过去及现在的动植物标本。地质室为该地的岩石系统说明用的标本及矿物学入门标本，以及应用地质学材料等均陈列于一处。

亚尔发斯脱地方的考古品、历史资料，亦极丰富，陈列爱尔兰特产的灯类、玻璃雕刻品，以及假牙①的细工、麻布的参考品等。美术室中则为该市出身的画家，特辟一室，仅其他爱尔兰画家的油画，亦陈列甚多。雕刻品亦以地方所出者作品为主。

六、乡土博物馆　乡土博物馆，实在就是地方博物馆，上面已经讲过，英、德二个地方博物馆的情形，无一不注重于本地的历史及其科学产业及美术等，不过如德国的亚意斯奈哈②（Eisenach）市的丘立根古物博物馆③（Thüringgen Altertüm Museum），以及麦哈意姆④（Mannheim）市的市历史博物馆（Stadtgeschichtliches Museum）或哈意登堡⑤（Heidelberg）的市立美术及古物博物馆（Stadt. Kunst und Altertümer Sammlung），以及纽约的纽约市博物馆（New - York City Museum），多无一不可以算是一个乡土博物馆。或以地方博物馆中的较小博物馆，而注重该地的历史风俗的变迁以及该地物产的，归入乡土博物馆，更为合宜。乡土博物馆在各地小学的乡土科教授上，最为必要，所以像德国哈拿佛⑥（Hanova）市的市立教育博物馆（Städtisches Schulmuseum）中，特备一小乡土博物馆，将该地方的动物均作剥制，而行分类的陈列。此外则关于生态陈列中的各种生物生活状况，均极有序，附近各学校与乡土有关的教学，均率领学生至馆内授课，并用幻灯以教授。这种办法可使学生得乡土明确的观念，效果甚大。

---

① 1948 年版此处为"假象牙"。

② 现多称"爱森纳赫"。

③ 疑为"图灵根考古博物馆（Thüringen Altertum Museum）"。

④ 现多称"曼海姆"。

⑤ 1948 年版此处为"汉得尔堡"，现多称"海德堡"。

⑥ 现多称"汉诺威"（Hannover）。

第四章问题

1. 试述各国地方博物馆发达的现状！

2. 地方博物馆急需设立的理由何在？

3. 论述美国地方博物馆的财团管理人制度概略！

4. 试举一例以明地方博物馆的内容！

5. 什么叫做乡土博物馆？

第五章　教育博物馆

一、教育博物馆的意义　教育博物馆在德文称为 Schulmuseum，英文称为 Pedagogical Museum 或 Educational Museum，法文称为 Musée Pédagogique，乃系搜集教育上所应用的校舍校庭及学校卫生的资料，台、椅、黑板等校具，理化学实验器械、地球仪、博物标本、模型、挂图等，以及关于教育上的参考书，以资教育家参考的博物馆。在德国这种教育博物馆全国共有四十所左右，其中有独立建筑的，有附于小学校而只有二、三教室的小规模的。这种附设于学校中者，大多为学校管理法及教授法研究时，校长及其他教员自己所用，所以没有外人的参观。和兰及奥国等亦有称为教育博物馆，而其内容完全像德国的，亦颇不少。南美乌鲁伽①（Uruguay）共和国在马台皮台澳②（Montevideo）亦有称为教育博物馆（Muses Pedagogico）的，大体与德国的性质相似，馆内的地下室中，陈列关于学校校舍及校具的模型、标本、绘画等，均作历史的顺序排列，以示其进化的情形。此外则博物学解剖生理教授用标本、模型、挂图，亦收罗颇富，专为教员研究教授法的参考。这个博物馆中附设教员补习科，分为六组。此外则对于各学校必须用品，亦随时可由馆借给之。

二、德国式与美国式　德国汉拿佛③的教育博物馆，则与其他德国教育博物馆虽无大差异，但其中另有一室，搜集关于乡土资料的陈列，并有装置幻灯的教室，所以以博物馆而兼教员及学生两方之用。法国教育博物馆，在巴黎有一所，备有教育用幻灯及影片机，随时借于各学校，有时在馆内亦举行映画，给儿童阅览，此外并备教育用参考书兼行图书馆事业。

美国的教育博物馆，大多以直接教育儿童为主体，与德国的专为教员用的性质，适为相反。例如圣路衣④（St. Louis）市的教育博物馆，即其一例。此馆建筑甚为宏大，正如其名称（The Educational Museum of the St. Louis Public Schools），是专以学校儿童教育为本位的博物馆。此馆的起源，以先年在该市开万国博览会时各国所出品的品物为基础，而搜集教育上所必需的动植矿物标本、模型、挂图、映画及留声机片等，以供全市各小学公共之用。其贷借部备有汽车，以运搬物件至各校，除星期⑤及星期六外，其余每日应各校的通知，而运搬借品于各校，所以各学校得种种的便利。此外英国沙莱州亦有称为教育博物馆的设施，大体与美国相似。

三、欧洲主要的教育博物馆　欧洲的教育博物馆中，今以德国规模较大的二、三所加以说明：

勃来司劳⑥市立教育博物馆（Das Stadtische Schulmuseum in Breslau），此馆在一九一二年，曾投资三十万马克建筑而成。规模宏大，全体为三层楼的建筑物。地下室中陈列学校建筑、学校装饰的参考品，

---

① 现多称"乌拉圭"。

② 现多称"蒙得维的亚"。

③ 现多称"汉诺威"。

④ 1948 年版此处为"圣路易"，现多称"圣路易斯"，下同。

⑤ 现多称"星期日"，下同。

⑥ 现多称"布雷斯劳"。

校具、学校卫生及教育统计之类。另有设备理化学实验装置的实验室及备幻灯的阶级讲堂，楼下陈列教育史资料、宗教科、历史科、理科、地理科等教具及教育参考书籍的书库，楼上则为手工科及家事科的教授用品，补助学校幼稚园及盲人学校的校具教具，以及其他一切参考品。外国儿童的图画成绩，亦陈列于此。

明兴教育博物馆（Das Kgl. Kreismagazin von Oberbayern）陈列品分校具、学校卫生、各科教具及学校装饰四门。制造业者如有出品时，则经过十数人专门委员的审查许可，方得陈列。审查合格的物品，至少须陈列三年，不得撤去。各陈列品均附有价格，且有目录发行，所以各地学校向博物馆定货者，每年达数万马克，博物馆代执介绍之劳，不另收费。

和兰教育博物馆（Nederlandesch School Museum）在和京安斯坦姆市①，亦有独立的建筑物，其内容大体与德国相似。此外瑞士的志立希②（Zurich）有称培司他劳钦③（Pestalozianum）的教育博物馆。又在柏林亦有独立的教育博物馆，惟规模较小。英国亦有三、四教育博物馆，但均不甚发展。

四、其他的教育博物馆 南美阿瑞庭④共和国的首府培纳司亚意来司⑤（Buenos Ayres），有一砂明脱教育博物馆⑥（Muses Escolar Sarmiento），为教育部直辖，而专指导学校的教育法，且以供给国民学校的教具为目的，规模较大，且颇活动。其搜集品中有版画、照片、幻灯及影画片、植物标本、动物标本，共有九万种。每日备汽车及送件人，专事供给各校教材。此外则每日开馆，为来馆参观的学生所用。馆员共三十一人，除正副馆长外，更有专门教员八人，补助教员三人，制图摄影、制作标本、映画的技师七人，事务员及看守人等十一人，每年经费四万七千美金。日本则除东京外，其他外县亦有若干。

第五章问题

1. 什么叫做教育博物馆？
2. 美国式与德国式教育博物馆有何不同？
3. 欧洲有何主要的教育博物馆？
4. 试述教育博物馆应有的设备！
5. 教育博物馆与学校教育有何联络？

---

① 1948 年版此处为"荷京安斯登市"，现多称"荷兰首都阿姆斯特丹"。
② 现多称"苏黎世"。
③ 现多称"裴斯泰洛齐"。
④ 1948 年版此处为"阿根庭"，现多称"阿根廷"。
⑤ 现多称"布宜诺斯艾利斯"。
⑥ 疑为"萨米恩托教育博物馆"。

第六章　学校博物馆

一、学校博物馆的意义　学校博物馆英文称为 School Museum, College Museum, University Museum。即为小学以至大学各级学校在学校内部施行实物教育的一种最重要的设施。现在一般学校对于儿童及学生的教育上，莫不有图书馆或图书室的设备，而独对于博物馆的设备，则尚极幼稚，虽专门学校及大学亦尚有无此种重要的设备的。本来就学习与研究机关而论，图书馆与博物馆，正如车的两轮，二者缺一不可，今一般学校独有图书馆，而无博物馆，未始非我国教育上的缺陷。

原来我国教育，素重书本，治学仅知读书，书籍以外，不复措意，遗风所被，积重难返。轻视实物实验，也是传统的积弊。一方面则因学校经费的支拙，亦为其一大原因。惟为教育前途着想，则实物教育机关的充实，亦为当今的急务。惟所谓学校博物馆，又当依学生的年龄、学校的程度，而作相当的设备，今分为初等教育、中等教育及专门教育三级论之。

二、初等教育博物馆　我国较优秀的小学校，亦有将教室的一部分，将儿童的成绩品，以及标本模型，放置一室，加以相当的标签，作有秩序的排列，以供儿童的观览的，一般称为成绩室等，就可算是学校博物馆的雏形。海外小学大多专辟一、二室，收集教授上所必需的物品，以及有关该地方的地理、历史、产业、风俗的参考品，而作有秩序的陈列的。这种陈列室，在海外小学甚多，但亦有加以反对者。例如美国教育界中，亦有一部分的舆论，谓学校设的博物馆，由其过去的经验，未得善果。其理由在于学校所保管的各种教授用品，必须于必要时取出，以示儿童，方可以引起儿童的兴趣，而助教育的效果，若学校备有博物馆而终日开放，学生每日看同一物品，一至讲到该物品的时候，必减杀儿童的兴味，而使儿童的研究心，不能灵敏。这个意见确有相当理由，但一方面有若干教育家则谓由教师的手所收集的物品陈列一处，以示儿童，这种静的学校博物馆，其价值本属可疑，但如将静的学校博物馆，变为动的学校博物馆，使儿童自行收集，并自行加工及陈列及保管，则从作业主义上看起来，已有相当的教育意义，所以学校博物馆是一方面在使儿童作业，一方面则备教授之用，有两种作用的。

英国的某小学，有一博物馆，其组织备一大玻璃箱，将儿童所采集的物品（例如植物、动物等）放入箱中，每物均由儿童附以日期及地点及采集人，然后经数日后，由学生代表与博物馆员协议，将所集多数物品中，选择有用者，加以整理，其余则发还儿童。整理后的标本，登于总目录，然后陈列。惟学生所采集者，不限于死物，如有生活的，则放于**昆虫饲养箱**（Insect box）或**动物箱**（Breeding case）或**水族箱**（Aquarium）饲养，以便观察其生活的状态及变化。这种陈列，亦须学生随时加以保护，至秋季如各种果类成熟，则使学生收集而粘贴于厚纸板，并附名笺。至于上级学生，则又随时使其描画大体形态等等。惟学校博物馆既为学生所搜集及制作品为主，因与学业常保持一定的关系及联络，所以学生年级上升时，则其下级学生，又回复作同样的收集与制作，这样的学校博物馆的陈列品，次第新旧交替，年年换过新品，为其特色。而与一般普开博物馆所不同之点，亦即在此。这种方法，实与理科教授上，有极大利益。

所以初等教育学校博物馆，系博物馆与动植物园及水族馆三者综合为一的。昆虫箱等代表动物园，而水族箱代表水族馆，学校园及盆栽代表植物园。

三、教室内的水族器　教室内所备的水族器有极简单者用玻璃杯，盛以腐水，将蚊的幼虫孑孓放入杯内饲养之，亦可视为水族器的一种。又坊间出售的圆玻璃钵，一般所谓金鱼钵，亦可作为水族器。此外则用金属品框而加以厚玻璃，制成长方形箱。最适用者，长一尺八寸，横一尺二寸，高一尺二寸，此外则比此更大者亦无不可。金属以铁而染漆或以洋铅而涂镍亦可，但单用洋铅，遇水则生绿青，而足以杀死饲养的动物，不可不避去之。玻璃用二分至三分厚者为宜，玻璃与铁框间用普通胶玻璃用的水土门①胶之，但非俟其干燥后，不可盛水。为便于水的供给及器内水的新陈代谢起见，可于器底的中央一隅，穿一小孔，嵌以镀镍的铅管，直立器内，其长短约比器的高度稍低一、二寸，一方面如有自来水或溪水时，则用细管通自来水于器内近器底，则水由器底入而由水的水面出，如此则水可随时交换。

水族器造成后，在盛水之前，先于器底放砂砾，并置二、三小岩石并植绿色藻类于石砾间，则藻类的根部，附著于石面，而上部自能浮于器中而直立。此种水族器放于日光直射的南窗附近，则于氧气的供给，较为合宜，放蛙、水栖昆虫及螺类等的卵于水族器中，即可观察此种动物的发生状况，其他如小虾类等，亦可放入器内，以观察其习性。欧、美中学校则不独有淡水的水族器，且备咸水水族器。咸水除在近海的地方，可以直接掬取海水外，又可人工用化学药品配合制成之。可用以养海藻及珊瑚、海绵、海星等。

四、动物饲养箱及昆虫箱　动物及昆虫的饲养箱（Breeding case），为观察昆虫及小动物所不可缺少的器具，最简单的可用一直长方形的箱，两面用玻璃而其他两面及顶用铅丝网，底用板而做成小抽斗式，可以活动，箱底盛三、四寸的泥土或种昆虫的食物，则可观察昆虫各期的变化。已羽化的蛾、蝶可给砂糖汁饲育之。

又饲养水陆两方面的动物的，可用一水族器上加铅丝网所造成四方笼，器的底部一部分放泥土及石砾，一部分盛浅水，泥土上种以藓苔类或其他湿草，则动物可以荫于草中，用以饲养蛙、蝾螈、守宫以及蛇、蜗牛等类，最为相宜。欧、美各国水陆动物饲养器，已成为理科教授上所必须的校具，同时家庭方面，亦可使儿童用以饲养小动物。

五、植物的盆栽及学校园　教室内所可陈列的用具，不独陈列柜、水族器、动物及昆虫饲养箱等，而栽培生活的植物，尚须土器或磁器的花盆，所以花盆亦可视为小学学校博物馆的一个要素。花盆不独用作种植物的种子，以明萌芽及成长的情形，在其他实验上，亦为必要。一方面又可专为观赏及装饰之用。

水族器的玻璃盆，有时亦可作花盆用，盆中盛以浅土，栽培耐湿的水草。此外则如实验种子的萌芽，球根块茎的发芽等，可种于容湿润锯屑的浅木箱内，这个装置，可随时拔出种子及地下根茎，以使儿童观察其发育的程度及变化，最为便利。

教室内的盆栽，成长到一定程度，有移植于**学校园**的必要，所以与学校园常须保持密切的连络。学校园虽与学校博物馆的趣旨稍异，但同为校内实物教育的机关则一。所以学校园由高等专门学校而至大学，渐渐再发展而变为植物园。学校园不独供植物的发育及成长的实验及观察，此外更由接木插木而如何造成中间变种芽的种种实验观察上，亦有必要。又如实习如何栽培草、花、蔬菜、谷菽及果树的整理

---

①　1948 年版此处为"水门土"。

等，亦须学校园，而上课时所观察的实物材料，更非大部分仰给于学校园不可。

学校园在教育教授上既有如此多方面的利用，所以外国各小学以及中国较美善的小学，现在均有此种的设备。德国小学与中学的学校园，其结构视其所在地点为乡村抑为都市而稍异，大体上则多划分数区，而成果树园、蔬菜园、草花坛、工艺植物坛、植物生态坛、苗圃等，又往往以一部分堆积岩石，造成假山，在干燥的土隙间，种植高山植物（Alpine plant），在其向阴的一侧，种植羊齿、藓苔等隐花植物，又造小池而栽培水草湿草。

初级教育的博物馆，在上述各项之外，对于图画及手艺品以及古今图案等艺术方面的资料，亦当尽量收集，引起学生美的观念，亦极必要。

六、中学的博物馆　欧、美各国的中等学校而备学校博物馆的甚少，所以大多只有教具室所备的各种标本、模型、绘画、照相而已，普通多利用地方上的公开博物馆。至于有学校博物馆的中等学校，大多以离都会太远而不能利用公共博物馆者为多。例如英国伦敦郊外著名的哈洛公立中学校[①]（Hallow Public School）中，有一称为盘脱勒[②]博物馆（Butler Museum）的学校博物馆，又劳格培中学校[③]（Rugby School）中，亦有一艺术博物馆（The Art Museum），不独供学生的参考，且属公开性质。此外英国中学校的附设学校博物馆，尚有数校，但以学生为本位。对于公众则或限定一定日期，或限定特别希望参观者允许参观。中等学校博物馆的陈列室，大小约在普通教室的两倍乃至数倍，除理科、地理、历史的资料之外，对于名画及雕塑的优良复制品，亦搜集甚富。

七、大学的博物馆　欧、美各国的专门学校及大学，若无图书馆与博物馆的设备，则教学几乎视为不可能的。原来中小学校每学期能率领学生至公开的博物馆中二、三次或四、五次，或由公共博物馆借用参考品以供教授上的使用，已能济事，而专门学校及大学，则需要博物馆的各项物品频繁，由其学科的性质，往往非有自备的博物馆不可，专门以上学校的，在原则上必须设备学校博物馆亦正为此。大学博物馆苟使陈列品配置适当，则学生在理解科学上得重大的利益。美国意利诺大学（Illenoi）[④]博物馆的培加（Baker）氏[⑤]说："教室及实验室所得断片的知识，能看了博物馆良好的陈列，可以得一合理的全体综合的知识。例如生物的变异、形态的进化、成长的变态等，能利用博物馆的陈列品而教授，方能收善良效果。博物馆的陈列品，在教授适当的种种科目，绝对必要。故与各科目有关的各种标本，必须陈列于博物馆，博物馆的排列，必须暗示若干原理与原则，方为合理。"这种意见，就可代表大学博物馆的效能的所在。

八、大学博物馆的一例　现在将美国意利诺大学博物馆的情形，略为介绍以作大学博物馆的一例。意利诺大学动物学功课中的一般动物学（General Zoology），为教授动物学的初步，即动物分类及动物学序论的学科。为补助此科起见，博物馆有七柜的陈列品，以示无脊椎动物（Invertebrate）的梗概。其中所陈列的为近代及已绝迹的动物，并备三百以上的解说图，为老教授金格斯来（Kingsley）氏[⑥]所作。此外死灭动物的模型及模造品，共有二百。说明标签数十。陈列品中，更有为教授上级的无脊椎动物形态学所用的。陈列柜均用最新式的，且设置于最便于观览的位置。对于野外动物学课，则搜集地方的动物中的代表，以供鉴别之用。大部分则为淡水产贝类。此外更为补助此课程的教授起见采意利诺地方的淡

---

① 现多称"哈罗公学（Harrow School）"。
② 现多称"巴特勒"。
③ 现多称"拉格比公学"。
④ 现多称"伊利诺伊大学（Illinois）"，下同。
⑤ 现多称"贝克"。
⑥ 1948 年版此处为"金斯来"，现多称"金斯利"。

第三图　意利诺大学博物馆的无脊椎动物标本的陈列室

水贝类，表示其年龄及两性的变异。此外更用说明图及图解，以示此种贝类的经济的价值、发育的方法、生殖变态等。对于分类及分布学课程，亦用此种陈列品，以供参考。此外更备有真珠①工业的陈列品。

关于动物生态学即动物与自然环境的关系，这一学科，以纽约市的博物学博物馆所陈列的各种配合陈列品，摄取一种透视照相，而陈列于玻璃柜中。这种照相，非常精细，所以对于教授上，亦颇有益。又教授进化论及遗传学用标本中，则有马的进化标本，可算是说明进化论最完全的例。马的进化标本的陈列法，一方面标示各地质层中马的变化的经过，一方面又标示拇指②如何消灭以及体的增大齿的变化等等的经过情形。此外更有关于变异、变态、地理的分布及人类进化等种种标本，分列于博物馆二楼的二十三标本柜中。又关于鸟类学科，则备有地方性鸟类标本，在春季行鸟类鉴别时，每学生在一定时间内于博物馆中从事研究。

地质学本来需要多量的标本，所以博物馆对于此科亦最有效用，该校的博物馆，即有极完全的陈列品，其他关于商业、地理及人类学、昆虫学等，亦各有特别的陈列品和陈列法。

九、美术专门学校博物馆　在海外美术专门学校中，亦有若干学校，备有专门的博物馆。例如美国芝加哥美术学院③（The Art Institute of Chicago），在一八六六年私人团体所设立，最初为一美术学校性质，后来变更组织，兼行美术馆的事业。美术馆最初成立，亦不过借用一、二较大的教室充之，到一八八二年，始购一独立的建筑物。一八九三年，利用芝加哥的万国博览会的机会，与博览会合作，约定建筑一完备的美术馆，以备开会后保存各种美术方面的出品，遂成现在该校附属的美术馆。除公开之外，同时对于教授上亦裨益不浅。更如美国的劳能特图案学校④（The Rhode Island School of Design），创立于一八七七年，当初设立的目的专在栽培绘画雕刻建筑室内装饰图案染织，化学宝石及银细工等的专门家，同时经营美术及工艺的博物馆，并常开关于美术的一般讲演会，以启发一般的美术思想。这个学校的美术馆，亦是一方面公开，一方面为本校学生应用的。

此外如美国盆雪儿佛尼亚美术学院⑤（Pennsylvania Academy of Fine Arts）为一八○五年所创立的美

---

① 现多称"珍珠"。
② 1948 年版此处为"拇趾"。
③ 现多称"芝加哥艺术学院"。
④ 现多称"罗德岛设计学院"。
⑤ 现多称"宾夕法尼亚美术学院"。

国最古的美术研究所，盆雪儿佛尼亚博物馆及工艺学校①（The Pennsylvania Museum and School of Indus-trial Art）为一八七六年所创立，两校亦均有大美术馆的设备。又如哈佛大学则有福辩美术馆②（Fogg Art Museum），英国剑桥大学有专陈列绘画及考古历史品的费志魏林博物馆③（The Fitzwilliam Museum），牛津大学则有亚许莫伦美术考古博物馆（The Asmolean Museum of Art and Archaeology）④，伦敦皇家音乐学院则有陈列古音乐器械的独那儿特生⑤博物馆（Donaldson Museum），而德国柏林的国立农科专门学校（Die Landwirtschaftliche Hochschule）则有附属的农业博物馆（Das Landwirtschaftliches Museum）。多是专门学校博物馆中的最著名者。

第六章问题

1. 学校博物馆与教育博物馆有何不同？

2. 小学博物馆在教育上有何效果？

3. 小学博物馆有什么要素？

4. 试述外国著名的大学博物馆的例！

5. 试举各国专门学校的著名博物馆的例！

---

① 现多称"宾夕法尼亚博物馆及工艺美术学校"，1938 年，宾夕法尼亚博物馆更名为费城艺术博物馆，工艺美术学校更名为费城艺术博物馆工艺美术学院。1964 年，工艺美术学院独立，更名为费城艺术学院。现已并入费城艺术大学。
② 现多称"福格艺术博物馆"，创立于 1895 年。
③ 现多称"菲茨威廉博物馆"，创立于 1816 年。
④ 现多称"阿什莫林艺术和考古博物馆"，是英国最古老的艺术、考古学和博物学的公共博物馆。
⑤ 现多称"唐纳森"。

第七章　儿童博物馆

一、儿童博物馆的意义　儿童博物馆有两种不同的意义，一种的解释是搜集研究儿童学上所必须的资料的博物馆；一种是直接教育儿童而设的博物馆。为第一种意义而设立的博物馆较少，这种博物馆大概是搜集关于儿童身心发育上的种种研究资料，从事儿童比较研究上所需要的人类学的资料，关于儿童养育及教育上的参考资料为主，同时对于儿童由本能而造成的图画及手工品以及各民族的儿童服、儿童用具、学用品、教具、校具及家庭学校的儿童制作品等，亦无不广为搜罗。匈牙利首府盘他培斯脱①（Budapest）的儿童博物馆（Das Pädologisches Museum），就是这类博物馆的代表，其实类于此种性质的博物馆，在师范大学以及儿童学会等的学术机关中，亦应当有这种以儿童为研究对象的特殊博物馆。

至以为直接教育儿童起见所设立的博物馆，则备儿童教育上所使用的搜集品，并备幻灯及电影装置，专设特别的指导人以从事儿童的教育。这种的博物馆，有在普通的博物馆中，附设一儿童室（Children's Room）的，也有为独立的儿童博物馆（Children's Museum）或少年博物馆（Junior Museum）的。上述的两种不同性质的儿童博物馆的关系，正和教育博物馆的有两种不同意义的情形相似。即教育博物馆有专为教育家研究教育而设的德国式教育博物馆，有专为直接教育学生而设的美国式的博物馆，而儿童博物馆亦复如此。惟近年所增设的儿童博物馆，大多属于第二意义的儿童博物馆。

二、儿童教育与博物馆　儿童教育上利用博物馆的方法有两种，一种在学校正课时间内，教员率领一级的学生往博物馆或向博物馆借用需要的物品在上课时间中使用之。博物馆为应这种的要求起见，一方面须于博物馆中设专任的指导员，一方面则又须在博物馆中备使用幻灯或电影装置的教室、讲堂，以及专为贷借于学校的物品。有若干都市，则有专设的教育博物馆，以担任此种的工作。第二种方法，则在学校的放假日或星期日，以及课后接待来馆参观的儿童施与个别的或分组的教育。博物馆为应此种目的起见，亦须设专任的指导员及儿童室。而有若干都市则特设儿童博物馆专营这种的工作。

三、儿童博物馆的一例　海外各国而尤以美国对于儿童博物馆的施设，近来最为发达。这种博物馆当然在不易亲近自然的都市为多。其中最著名的为纽约的勃劳克林（Brooklyn）市的儿童博物馆②（Children's Museum，Bedford Park）。此馆系一八九九年勃劳克林美术及科学博物馆③（The Brooklyn Institute of Arts and Science）在倍特福公园④（Bedford Park）中将一大住宅加以改造而成，供市内儿童之用。在该馆的客厅中，陈列多数陈列柜，内盛鸟类的剥制标本，后来又将其余各室改为陈列蛾蝶、甲虫、蜻蛉等的昆虫室及矿物室、动物室、植物室等，最后则又成立一陈列爬虫类的陈列室。

---

① 现多称"布达佩斯"。
② 现多称"布鲁克林儿童博物馆"，为美国第一家儿童博物馆，下同。
③ 现多称"布鲁克林博物馆"，成立于1895年。
④ 现多称"贝德福德公园"。

第四图　勃劳克林儿童博物馆全景

　　除了自然科学方面以外，更有陈列美国历史上种种著名事实①模型的历史室及地理室。地理室的墙壁上，更悬起伏地图等。更用电气装置的模型，来标示地理上足以代表世界各重要地点的种种生活情形。例如爱斯其莫②（Eskimo）人在冰原采取食物的景况，及其家庭的生活状态；拉勃能特③（Lablander）人的逐水草而饲养家畜的露帐生活；南极冰山附近的鸟群；南太平洋各岛屿间的渔船往返情形；沙哈拉沙漠④的骆驼旅行；中央奥洲⑤的更格罗⑥的形态；柏拉齐儿森林中的猿猴类生活状态；英领非洲东海岸一部落的狩虎情形等，无不形容毕露，助地理上的兴趣不小。此外更备多数实体镜，使儿童观全世界种种的景况。每日自午后三时半起，开始参观。

　　勃劳克林儿童博物馆的特色，在于用种种有兴味的实物，以助学校的理科及历史的教授。但使儿童能得一确切的观念并免其知识的混乱起见，每一柜中的陈列，均极清楚简洁，所附说明标笺，亦用极简单的文句，印刷鲜明，陈列器具及高低亦均顾虑到儿童的身长，为其特色。该馆在一九二八年又复大加修缮，且连接于该建筑物，又增造一栋，以是而内部更加充实，后又得该馆后援会会长江许尔司夫人的捐款一万五千美金，于历史室中，加一称为"平和胜利⑦的历史"（The Stories of Peaceful Victory）一组的人类文化发展的模型，这组的模型与地理室的陈列法相同，亦应用电光的缩小模型，将人类的穴居时代，及埃及、亚许利亚⑧、希腊、罗马、谷雪克等文明，一一用模型标示之，其余则如印刷术的发明，戏剧的发展，航海学、蒸气及电气的应用，以及征服空中等等的景况，均足以引起儿童极浓厚的兴趣。

　　勃劳克林儿童博物馆在陈列室以外，更备有讲演室，每日开种种的儿童讲演会。讲演题目大体与该馆所陈列的理科及地理、历史的参考品，以及儿童每日在学校所授的学课有关联，且在讲演时，应用有天然色的幻灯及影画等。这种讲演，在土曜日⑨十午前十时半及午后二时半举行两次。平日则每日下午

---

①　1948 年版此处为"史实"。
②　现多称"爱斯基摩"。
③　现多称"拉普兰人"。
④　1948 年版此处为"撒哈拉沙漠"。
⑤　1948 年版此处为"澳洲"。
⑥　1948 年版此处为"袋鼠"。
⑦　1948 年版此处为"和平胜利"。
⑧　疑为"叙利亚（Syria）"。
⑨　现多称"星期六"。

四时举行一次。每学校的儿童至少每年轮到四次，至于附有电影的时候，则各学级学生同时听讲。每月中的讲演题目及时间的分配，以及听讲的儿童年级等，均在其机关杂志《儿童博物馆学校》（The Children's Museum and the School）上发表，并分配于各学校。

此馆除常设的陈列品之外，更备多数的借出品应学校及家庭的请求而贷予之。大多以动植矿的标本为最主要，并有鸟类及哺乳类的生活状态的配合标本。图书阅览室中，则备数千册的关于理科、地理、历史、旅行等的儿童用书籍，另有一妇人的司书，管理儿童读书上的事务。这个博物馆中，除馆长外更有技师一人，技佐二人，书记一人，说明员一人，大多为妇人。如父兄或师长等率领儿童来馆参观时，可自带食品，在馆午膳，内有膳堂，可以实费供给牛乳及其他饮料。夏季则分男女两组领赴野外观察采集，每周四次，冬季则于土曜及其他假日，领赴乡间参观。此外更举行儿童谈话会、儿童俱乐部、儿童博物馆竞技等种种事业，因此儿童来馆数逐年增加，最近每年来馆儿童总数达十万人，实一最有力的社会教育机关。

又如波斯顿[①]儿童博物馆（Children's Museum of Boston）设立于一九一四年，为助长波斯顿市郊外儿童的科学思想而设，亦与上述的勃劳克林儿童博物馆相同，除日曜日只午后开馆外，其余则每日开馆时间为午前九时至午后四时半。馆员中亦以妇人为多。

四、儿童博物馆的事业　除上述的一、二最著名的儿童博物馆之外，美国方面于博物馆中另辟一部分专供儿童用的，有耶鲁大学的博物学博物馆[②]，以及美国纽税尔希州[③]的博物馆以及克莱佛能特市的美术馆[④]，均各有馆内附设的儿童博物馆。又如前述的芝加哥美术馆中，亦有儿童博物馆，专陈列适于儿童观览的参考资料。至于此种博物馆所做的工作，往往选定于儿童最方便的时间，努力于儿童的教育。

第五图　昆虫俱乐部的蛾蝶展翅标本制作

---

①　现多称"波士顿"，下同。
②　疑为"皮博迪自然历史博物馆（Peabody Museum of Natural History）"，建于 1866 年，北美最大的自然科学博物馆之一。
③　现多称"新泽西州（New Jersey）"。
④　现多称"克利夫兰艺术博物馆（Cleveland Museum of Art）"，下同。

在博物馆施儿童教育的方法中，最足以值得我们注意的，就是所谓博物馆游戏。其方法分为两种：第一种是说明会（Group discussion），即博物馆所专设的女教师，召集儿童对于陈列品中的一个，约说明三十分钟，说明会完结后，引导儿童到陈列室，以事实物的观察，而行第二种所谓博物馆游戏（Museum Game）。其法使儿童详细观察之后，分给印有多数疑问的题目纸一张，使儿童各自记其回答于各题下，然后观其答案的优劣，而给予奖品。

除了此种方法之外，对于来儿童博物馆的儿童，组织学级，使其编入，施以种种教育。年长的儿童则组织俱乐部（Club），例如欢喜邮票的，加入邮票俱乐部；欢喜古钱的，加入古钱俱乐部；其余则更有美术俱乐部、历史俱乐部、鸟俱乐部、花俱乐部、矿石俱乐部、甲虫俱乐部、果实俱乐部等等。每一儿童可以任意加入一个以上的俱乐部，各俱乐部又各选举职员以处理种种事务，更受博物馆中的教师的指导，作种种研究。或领赴野外采集或野外观察。所采得的物品，或制标本，或将标品依一定次序而放入箱内。即博物馆对于这种幼年的儿童，经营一种类似日曜学校或土曜学校这种的事业，可以说就是博物馆对于自幼稚园程度起至小学校各年级儿童为止的一种博物馆事业的扩张。这种博物馆与学校及幼稚园的连络，确是博物馆设施中一种最新的倾向，不独美国为然，欧洲各国亦正在渐次波及。且不独科学及历史的博物馆为然，就是美术博物馆亦渐采用此种方法。

在勃劳克林儿童博物馆中的研究科目，即上面所讲的俱乐部数，共有八个，不论加入哪一俱乐部，均可随便，且无论卒业于哪一俱乐部，均给与奖章。每一科目给自十分至二十分，进数个俱乐部而总分数得五十分的，就给青铜牌，若达百分则奖一银牌。博物馆用了这种方法以引诱儿童多得实物上的知识，确是对于儿童教育上，得不少补助。

博物馆不独与小学校及幼稚园的儿童有相当连络，同时对于童子军以及其他少年少女的种种团体，亦均连络以施教，博物馆对于社会教育事业上，能扩张到这种地方，实可谓无微不至。其苦心值得我人的钦佩。中国近年所谓社会教育，亦渐有萌芽，但与海外的这种努力精神相比较，相去奚止天壤。社会教育的范围甚广，若彻底行之，至少对于儿童的社会教育，确系有效法此种方法的必要。

五、美术馆的儿童室　以上所讲，为关于理科及地理、历史、教育方面的情形，至于美术方面亦有同样的活动，今以克莱佛能特的美术馆（Cleaveland Museum of Art）的儿童室（The Children's Room）为例，略记其内容概略以供参考。

克莱佛能特美术馆的儿童室中有妇人指导员，以事指导儿童，其目的无非启发儿童美的思想，以养成其对于美术品的趣味。但儿童的知识，本来缺少分析的观念，所以美术、历史或理科各要素，往往不能区分而教授。所以美术馆的儿童室中，亦往往对于这种科目，同时教授。儿童所最欢喜的，为将蛾蝶放入于镜框，然后使儿童写生。儿童对于鸟类及动物的色彩，一方面可以说明是为保护身体而用的保护色，一方面又可使儿童知自然物的色彩及花纹之美。在儿童室中又陈列光彩鲜明的模型若干，其中关于人类学方面的，有两组模型：一组是标示远隔地的住民生活，例如爱司其马人[①]的攻击北极熊的景况，沙漠中亚拉伯人[②]与骆驼生活的状态，以及热带森林中的原始住宅的景况；其他一组则为标示史前时代人类的发达，经过的六个模型。从这两组的模型，可使儿童知美的冲动为人类进化的一大要素，同时更可使其知这种原始的美术如何发达到现在的美术的径路。

---

① 1948 年版此处为"爱斯基摩人"。
② 1948 年版此处为"阿拉伯人"。

儿童室中关于人类的历史方面，亦有相当的陈列品，使儿童知人类自猿人经石器时代、埃及王朝时代、希腊罗马时代及中世纪而至现代的经过。美术馆既陈列考古学的资料甚多，所以儿童亦自然可以得到这一方面的知识。又与地理模型有关联的美术工艺品，亦陈列甚多。而最主要的陈列品则为古今名画的复制品。这种的作品，往往作为小的照相，或石印，及其他印刷品，而贴于厚纸板上，依一定的顺序，而收藏于抽斗中，这种画片当然对于儿童的画图上，有重大的效果。这种精美的高尚作品，虽与儿童的绘画能力悬隔极甚，但未必使儿童沮丧意气，反能鼓舞其绘画的兴趣。因儿童并不一定要忠实描写古代作品，只要能得若干印象，已达到美术儿童室的目的。惟对于高年级的儿童，则使其描写名画，其目的有三种：第一使其能对于名画的各线及种种技术上，能渐次注意；第二养成其正确看取轮廓及形态的能力；第三养成其对于名画起一种爱好的心理，而能搜集及保护。所以儿童到美术馆儿童室的时候，常供给材料奖励其描写名画，描写后更经过批评而给与奖品。

这个儿童室中分为六组的年级，每土曜日集会一次，从事描画之外，更从事陈列品的研究。专门塑造的学级，亦有两组。对于这种儿童，不但注重描画及塑造的练习，尤注重于对于美术的理解。在规定的年级之外，在土曜日又有电影、讲演、木偶剧、活人画等，以引诱儿童，使其与博物馆发生关系，而与艺术及自然美术相接近，用意非常周到。对于五岁至七岁的儿童，则又选与博物馆陈列有关连的题目，而讲演童话。

六、英国的儿童博物馆　英国的儿童博物馆的施设，尚未及美国的发达，最近加南其财团所发表的"英国公开博物馆报告"中有亨利米野（Henry Milly）氏关于英国儿童博物馆设施的现状，曾说："关于种种形式的儿童博物馆，多尚有实地试验改良的余地。缺乏适合于儿童用的博物馆，实为英国现在博物馆施设中的一大缺陷。一九一四年奥伦比亚所开的儿童福利展览会，是表示动植物及博物馆陈列品，如何可以利用于儿童教育上的一个最有兴味的实例。"

英国博物馆协会的机关杂志《博物馆杂志》（The Museum Journal）在一九三〇年一月号指摘关于英国最近博物馆的运动，其第一项即为儿童博物馆。同年十一月二十一日伦敦泰晤士报（London Times）的文艺栏中，发表一篇《儿童的理想的博物馆》文章以来，就有多数的投稿讨论这个问题，以是遂设置一筹备委员会，欲设立一带国际性质的儿童博物馆，其目的注重于儿童的独创的教育。一方面则更养成儿童的美的趣味，并助长其崇拜伟人及学者的精神，打破破坏的意识。此外则预定搜集各国的玩具、儿童服及儿童用具，而另备童话室、民艺室、讲演室、娱乐室等。委员均为教育家、儿童心理学者及儿童爱护者中知名之士，将来成立的时候，定可作近代儿童博物馆的代表无疑。惟据博物馆杂志记者的意见，则与其设一大规模而完备的儿童博物馆，毋宁借这种有力团体的力量，而在伦敦各区，而尤以比较贫穷的区域，各设一较简单的儿童博物馆或儿童室，并各依其区域的特殊情形，而置相当的设备及教育，则其效果当在大规模的儿童博物馆之上，这个意见，亦确有充分理由的。

综观上述英、美儿童博物馆的状况，儿童博物馆在儿童课外教育上，有何等重大的效果，亦可推想。我国对于儿童教育，至最近始渐注意，但一般小学的设备均极简陋，且对于实物教育每少注意，其结果，遂于儿童时代就不能养成其对于自然或美术等发生兴趣。影响所及就使其入中学或大学后不能倾向科学或美术方面，而国家就不能多产生科学家或艺术家。所以儿童博物馆的设置，亦是中国各都市所当次第仿效的。

第七章问题

1. 什么叫做儿童博物馆？
2. 儿童博物馆与教育博物馆有何关系？
3. 说明美国勃劳克林儿童博物馆设施的大要！
4. 儿童博物馆的事业如何？
5. 儿童博物馆对于儿童有何利益？

第八章　室外博物馆

一、室外博物馆的由来　室外博物馆是与古庙、史迹、名胜以及天然纪念保存事业有关连的一种施设。就是较大的古建筑以及其他历史的遗物，或天然纪念物，而不能搬入室内陈列的，将其保存于室外以供众览。民俗、历史考古学的博物馆往往搜集古董陈列于馆内，但古时农民的住宅以及农舍、风车等较大的物件，不能运入馆内陈列，所以亦往往移筑于博物馆附近的空地，以资参考。这种的设施，也是室外博物馆的一种。移筑的建筑物之中，往往将原有的家具以及当时的特别服装，亦均用模型或偶像，装于屋内，使其观察家屋外部及内部的形状时，同时知其当时生活的状况。采行这种方法的，以瑞典斯托克忽能①市的诺尔台斯克（大北）博物馆②（Nordisk Museum）中的即所谓瑞典大北室外博物馆为最早。

此馆建设于一八七三年，其目的在于标示瑞典的古代文化，而其实则在描写司堪的那维亚③的过去四世纪中的文化。其中关于标示瑞典农民生活的状况的，往往有极完备的搜集品，且其陈列法的优秀，可称全欧首屈一指。

二、瑞典的室外博物馆④　瑞典室外博物馆建设于与本馆相离不远的公园之中，自一八九〇年起，该馆作为诺尔台斯克博物馆的分馆，共有一一四种的建筑物，以标示瑞典的历史民俗。其家屋大多由全国各地移筑于此，少数则为重新模造的。每一建筑物不独将农民的住宅及农舍移筑，同时凡与农民生活及农业上必需的一切附属物品，以及种种纪念牌、钟楼、尖塔之类，亦应有尽有，附设于适当之所。所以这种的博物馆，不但可以明悉当代的生活状态，并可以知各时代的种种建筑方法。此馆颇引起世界上各方面的注意，所以作为瑞典及其他各国的室外博物馆的模范。自此馆成立以来，各国闻风效尤，相继而起的，如和兰的安海（Achel）室外博物馆⑤，即其一例。

三、和兰的室外博物馆　和兰安海的室外博物馆计划之初，就不单以馆内陈列为限，同时更拟在庭园中设各种的古代住宅及其内部装饰，因此有广大地域的必要，遂受该市政府的捐助，而于一九一八年始告正式开放。但尚以地方不足之故，只能陈列其搜集品的一部分。室外博物馆又可说是一种博物馆公园，所以欢迎植物学会及药剂学会的在园内栽培植物及药草，更在公园中设露天剧场以及其他民众的设备。

四、英国的室外博物馆　英国近年的室外博物馆运动，亦极发达。所以最近在哈尔⑥（Hull）市建

---

① 现多称"斯德哥尔摩"。
② 现多称"北欧博物馆"，是瑞典斯德哥尔摩动物园岛上的博物馆，1873 年成立，下同。
③ 现多称"斯堪的纳维亚"。
④ 现多称"斯堪森露天博物馆"，1891 年成立，是全世界第一所露天博物馆，曾长期为北欧博物馆的一部份，1963 年开始独立管理，下同。
⑤ 疑为"荷兰露天博物馆"，以荷兰人日常生活及文化为重点，1918 年对外开放，下同。
⑥ 现多称"赫尔"，下同。

设一爱勤克东室外博物馆。哈尔市的博物馆，本来曾设一保存古迹的学会，从事该地方的种种古迹的保护，数年前则于忽尔他乃斯的爱勤克东地方，发现一古代的小舍，遂加修葺而公开为室外博物馆。这一栋的建筑，为十五世纪所建的木造草屋，未加防火的处理，而放任至三世纪之久，后来经该会发现之后，请所住的农民，迁居他处，以是可免发生火灾的危险，并用英国国教教务员的名义，向农夫贷借，而给与相当租费，其实该屋木材已全部腐蚀，所以木材部分悉用防腐剂涂刷，而屋顶的草类，亦悉行换过，重加修理。建筑物完成之后，遂将历史的遗品以及与田园生活有关的物件，陈列于该室的内外。并再由他处移筑若干古代小屋于其近傍。将来更拟添加农用风车及马车等较大的农具，惟舍内光线不佳。

英国除了这个室外博物馆之外，最近国立博物馆及美术馆委员会，更议决设立一中央民俗室外博物馆，现在正在进行中，将来预备设立于伦敦的来勤脱公园①（Regent Park）中以兼充人类学及民俗两方面博物馆之用。

第六图 美国纽约州立博物馆附近的路旁设施

五、美国的室外博物馆 美国室外博物馆运动，近颇活动美国博物馆学协会，专任此等运动的指导及普及。理事长高尔孟氏对于这种室外博物馆的设施方针及最近状况，曾有一种的意见。据他讲起来，室外博物馆的最主要的目的，在于使一般民众，对于室外的一切物品，均能加以保护，所以能在博物馆的附近的各种原有物品或天然物而加以标签或木牌等，就能实行室外博物馆的作用。例如美国纽约州立博物馆②，最近在其附近发现树木的化石数株，以是就在其所在地加一木牌，供众观览。化石的根部则用三和土固定之，使其不易拔出。此树的化石据研究结果，为二、三亿年前的一种羊齿植物。所以这种方法，实与保存天然物的性质相同。

六、室外博物馆的意义 现在讲了主要的几个室外博物馆的状况及各国对于这种博物馆大势之后，当再重说其意义。

原来博物馆是有过重搜集的倾向，所以无论那一国的博物馆，多有将世界上所有的物品的代表，移置于博物馆内的趋向，与这种思想，根本相反的，就是将保存物品于自然状态之下，即为室外博物馆。但如瑞典的室外博物馆，也并非完全保存或利用原有的状态，而另行建筑或陈列于室外的。从新的思想上讲起来，还是没有完全脱离旧有博物馆思想的范围。所以真正室外博物馆的由来，应当是以博物馆所不能收容的自然物而保存于原有自然的状态为最合理。

七、史迹保存事业 从这种意义上而言，各国的史迹保存及天然纪念物保存，就可说是室外博物馆的一种事业。最初着手天然纪念物的保存事业的，为德国普鲁士的教育部长。在一九○六年，设立一天然纪念物中央保存会，任命高本志（Kopentz）氏为会长，设事务所于柏林，其目的在使民众了解对于天

---

① 现多称"摄政公园"，下同。
② 1836年成立，是美国最古老、最大的州立博物馆。

然纪念物的意义，进而自动的设法保存。德国所谓天然纪念物者，指古代遗下的天然物，而未加人工的变化者而言。德国以外，如瑞士、奥大利①、那威②、瑞典等亦如德国作同样的保存事业。惟德国石克生州③则设乡土保存会，不独天然纪念物，即其他史迹名胜亦在保护之列。

美国建国较新，所以对于史迹保存，未见何等重要，所以他们的所谓名胜史迹保存会，除天然纪念物保存之外，大多注力于国立公园的建设。此外则美国更有野草保护会，亦一特别的机关。欧洲方面史迹保存最为重视，如伟人所住的住宅，以及曾演历史上重大事变之迹，无不设法保存其原有状态，而加以种种说明的标牌。此外更有建像立碑等，对于国民思想上，不无相当影响。

这种史迹及天然物的保存，大多为国家的事业，除资专门学者的学术上研究之外，对于国民教育上亦有相当意义。所以此种事业，现已普及全世界各国。中国史迹保存已有相当机关，独对于天然物的保存，则尚未举行，甚望学者及当局，能注意及之。

八、路旁博物馆　美国在数年前，为学生及民众教育上着想，而有所谓**路旁博物馆**，亦颇发达，在小学校的理科教授上，及少年团指导上，有相当参考的价值，特介绍于此。

美国最初的路旁博物馆，设立于纽约州的百里绥志国立公园④内。这个路旁博物馆，由纽约市得到一种自纽约市相离四十哩的国立公园内的森林及牧场约四十英亩的土地使用权，然后开始计划，一九二五年由纽约的博物学博物馆⑤中的技师李志氏最初着手试验，而于当年的夏季始告公开。这种新教育的设施，亦是室外博物馆的一种。

路旁博物馆系在森林中设约半哩的大道，大体作环状。环状路约有二条，一为练习用，一为检查用。练习路分为四区：第一区为给与普通植物学的观念的；第二区为羊齿类等的湿地植物及水栖小动物观察的；第三区为助昆虫的研究；第四区则为第三区所学习的事项而再加以概括的观念的。在这数区的路旁，就有种种的标牌，说明所陈列的及栽培的植物、动物。在一九二五年的夏季，共有二千枚的说明牌及揭示牌，吊于树木下，或直接钉于树上。但多文句非常简洁。昆虫则饲养于种种的器具，或用洋牙的圆筒中饲养之，并加种种注意的说明。例如："试取甲虫放于耳旁听其发声！""取出昆虫观察后仍放入原处！"等。

至于检查路者，则路旁各项物件，均不加说明，而只悬有种种号数及问题的纸片，儿童在练习路上所观察的事项，到检查路上，就作问题的答案，此时又可若干人为一组而作竞争，各儿童所写好的答案，交回于指导者，可给与分数，以决胜败，亦是一种新式的教育方法。

惟附于草木或土石上的说明牌，为预防雨湿，用特种的纸片，现在实验所得的结果，系用打字打于纸片之后，将纸片浸于假象牙（Celluloid）及丙酮（Acetone）的溶液中若干时，则纸片就可防湿，或用许京氏⑥防水墨水（Higgins Waterproof ink）写于台尼生氏麻布⑦（Dennisons linnen tages）上亦可。

除上述的路旁博物馆之外，美国各地均有同样的博物馆，现在已有二十五所，大多在夏季由中学校或女子青年会等建设之。北美共有四十余国立公园，认为此种方法对于教育上有相当效果，所有美国童

---

① 现多称"奥地利"。
② 现多称"挪威"。
③ 现多称"萨克森州"。
④ 现多称"州立公园"，下同。
⑤ 现多称"美国自然历史博物馆（American Museum of Natural History）"，位于美国纽约市，创建于1869年。是世界上规模最大的自然历史博物馆之一，美国主要自然史研究和教育中心之一。
⑥ 现多称"希金斯"。
⑦ 现多称"丹尼森亚麻标签"。

子军及妇人团体等近来亦陆续开始此种的教育。一九二六年得洛克弗洛（Rockfellow）① 财团特别的辅助金，着手建筑两个国立公园的路旁博物馆，最近则各处均有此种的建设，并备有小建筑物及必须用具，使民众可以利用其设备而求自然的知识。一九二九年奥尔特弗司否尔国立公园的路旁博物馆，在夏季中有七万五千人的参观者，其效果亦殊不小。

第八章问题

1. 那一个是最初的室外博物馆？
2. 室外博物馆与普通博物馆有何关系？
3. 现代天然纪念物保存事业的大势如何？
4. 什么叫做路旁博物馆？
5. 路旁博物馆实施教育的方法如何？

① 现多称"洛克菲勒（Rockfeller）"。

第九章　动植物园与水族馆

　　动植物园及水族馆可视为广义的博物馆，前已述之，就其事业而言，则饲养及栽培品的搜集陈列，以及对于教育上及学艺上的效能利用等，无一与博物馆有异，所以为避去与博物馆重复起见，仅就动植物园及水族馆的特异事项，列述其若干于下：

（A）动物园

　　一、世界著名的动物园　现在世界上的动物园数，据一九二八年生物学者及机关名录（Index Biologorum）为四十九园，而据一九一二年埃及动物园的调查，则有百三十五所。二者各有出入，全视其规模的大小标准而起这种的差异。其实真正可以称为动物园程度的，全世界约有七、八十所，而在这七、八十所之中，世界上最有名的，则为伦敦动物园等若干所。伦敦动物园（Gardens and Aquarium of the Zoological Scociety of London）① 为伦敦动物学会的附属机关，建筑于一八二七年，在来郡脱公园② （Regent Park）之内，最初倡设此园的，为会长拉否尔司③ （Stamford Raffles），此人为星嘉坡④港的建设者。其次为柏林的动物园⑤ （Zoologischer Garden），为现在世界上最美的动物园，对于动物的搜集，亦为世界各国之冠。此外则如汉堡郊外的司的林根⑥ （Stellingen）的加尔哈勤白克动物园⑦ （Carl Hagenbecks Tierpark），为天才动物饲育家哈勤白克氏⑧个人所经营的事业。此园完成于一九〇二年至一九〇七年之间，面积达五万五千方尺，以自然为背景，而作无栅式的放养动物，实起源于此。

　　其余如纽约市的动物学协会的动物园，以及比利时的安脱外丕⑨ （Antwarp）的王立动物学会的动物园⑩，和兰安斯登王立动物学会的动物园⑪等，亦颇著名。

　　巴黎虽亦有动物园，但在植物园之内，规模甚小。伦敦的动物园，虽远不及柏林，但为公开而不收入场费的。法国在国策上，对于公园的建设，非常尽力，所以各公园中多少均饲养若干动物，巴黎的大公园中，则于园内的大池中放多数水禽，并于小岛设孵化所，里昂公园中亦有若干的动物。

　　罗马在温盘脱一世⑫ （Villa Umberto I）公园的一隅，在一九一一年仿德国哈勤白克的办法，请哈勤

---

① 现更多为"London Zoo（伦敦动物园）"。
② 现多称"摄政公园"。
③ 现多称"斯坦福·莱佛士"。
④ 现多称"新加坡"，下同。
⑤ 现多称"柏林动物园"，始建于 1844 年。
⑥ 现多称"斯达林艮区"。
⑦ 1948 年版此处为"卡尔海京伯动物园"，现多称"卡尔·哈根贝克动物园"。
⑧ 现多称"哈根贝克"，下同。
⑨ 现多称"安特卫普"，下同。
⑩ 现多称"安特卫普动物园"，1943 年由安特卫普皇家动物学会主办。
⑪ 现多称"阿姆斯特丹动物园"，1838 年由荷兰皇家动物学会建立。
⑫ 现多称"翁贝托一世"。

白克代为设计，建一新式动物园，名为罗马动物园（Giardano Zoologico Comunale di Roma）[①]，利用起伏极多的土地，而作自然放养式的动物园，最初为公司性质，自一九一七年起，则改为罗马市所有。

这样看起来，就可知道伦敦、柏林、安脱外丕的动物园，多是创立于十九世纪的前半期，可算是动物园中的最古的。伦敦、安脱外丕及安斯登、纽约动物园均为动物学会的附属机关，而柏林动物园则为公司性质，哈勤白克动物园则为动物商人个人所经营。

二、维持的方法　上述世界有数的动物园虽属动物学会、公司或个人所经营，然大多得市政府的补助。例如纽约的动物园，其大部分经费得之于纽约市。柏林动物园虽为私人公司所经营，然其地面则为公有地而几乎完全由公家供给的，并由柏林市给与相当的补助，惟对于柏林市立小学的学生，则不收入场费。

又多数的动物园，用会员组织，收会费以供一部分维持费之用的，亦颇不少。例如伦敦动物园则动物学会入会费为五金镑，每年会费为三金镑，如为终身会员，则纳一次会费为四十五金镑。会员大概夫妇二人可以同享会员的权利，所以每日除可与二人以内的同伴同时入园之外，每年又得若干免费入园票。这样的会员数，各园均有数千人。此外如美国则更设种种的名义以募集维持基金及事业资金，以备维持及扩张之用。此外则以一般入园所收的入场券的收入充维持费的一部分。

至于动物园所消费的经费，据伦敦动物园而论，工资约需二万金镑，捐税及其他杂费二千六百金镑，畜舍费用七千金镑，建筑物的新造修缮及改换及道路修理等约一万三千金镑，图书馆及职员约四千金镑，水族室约六千金镑，这种种费用大体可以收支相抵。至于动物食料，则约需五千金镑。若列举其物品，则为马四百三十五头，山羊百七十六头，炼乳一万二千罐，香蕉二十三万八千个，苹果六吨，橘一万七千个，野菜二千一百九十三余担，葱五十四担，马铃薯三十三吨，卵二万五千，砂糖百二十九磅，蚁卵四百五十五磅，干蝇五百磅，米千三百六十石，饼干九吨，鱼四十六吨，胡桃百四十三石，草二百九十六吨，其中尤以爬虫类所费为最大，非给与鸡、兔及鼠不可。伦敦动物园中，单计鼠的价值，需要九百金镑，惟在园内用饵料使鼠繁殖的结果，得节省六百金镑。以上所举仅为伦敦动物园在一九二七年所报告的一例，由此亦可推想动物园所需经常费之一斑。

三、动物园的设备　动物园既以饲养动物为主体，所以当然饲养动物所需要的屋舍，以及栏杆、丘、池等为动物园所不可缺少的设备。此外则大概的动物园，多附设水族馆，例如柏林、纽约、安脱外丕、安斯登等均属如此。惟纽约的动物园，则水族馆设于动物园距离稍远的海岸，所以他的规模，亦可视为世界中的最大者。

动物园中又常备陈列室的，亦颇不少。例如安脱外丕的动物园及安斯登的动物园，均有枏当的宏大陈列室，陈列关于动物学上的种种参考品，此外动物园的附属设备中，更有图书馆，以便从事饲养的及有志者的参考。伦敦的动物园图书馆中，则更备有讲演室及其所兼用的会堂。

安脱外丕动物园中与陈列馆同一建筑物中设大礼堂，以供讲演会及宴会等使用。此外动物园所不可缺少的为饭店及喫茶店及音乐堂等，因动物园备有此种的设备，所以动物园常有娱乐场之感。

四、饲养动物的收集　伦敦动物园中除鱼类及无脊椎动物的小动物外，饲养陈列的动物总数为三千二百三十六个。柏林的动物园总计一千四百种，纽约动物园中哺乳类百九十七种，五百五十四头；鸟类八百零四种，二千二百四十六羽；爬虫类及两栖类七十八种，五百六十二匹；合计为一千零七十九种，三千三百六十二个。由此亦可以推测其他动物园所饲养的种数的大概。

---

①　现更名"Biopardo di Roma（罗马动物园）"。

这多数的动物，绝非旦夕所能收集，无论那一动物园，均有久长的历史，所以在园中所生的亦复不少。例如德国哈根培克动物园，为世界著名的动物商店，各地新设动物园，而购自此园的，实非少数。此外各园之间又彼此有无相通，而彼此交换或买卖，亦属常事。此外对于动物马戏团中，如有需要亦可供给园中重复的动物。动物园除此种来源之外，又常每年派远征队往各地采集珍奇的动物，并由原产地设法购买，因此特种动物的原产地，往往有专门的商人，以事此种的营业。此外又如美国的劳胜绥儿斯①（Los Angeles）则虽非原产地，而在郊外有营业鳄鱼及驼鸟的生产畜殖的这种事业，虽以供给工业原料为主，但亦同时可以供给动物园的需求的。

与中国相近的地方，如星嘉坡亦有数人从事动物的买卖，比较规模稍大的，为裕顺兴，为中国人所办理，其地址为星嘉坡小坡金榜大马路桂兰街口门牌五百三十二号（Joo Soon Hin, No. 532, North Bridge Road Singapore），这种商店，不独供给动物园的需要，且供给一般家庭娱乐用的鸟兽。此店以售热带产的猿类、孔雀、鹦鹉等为主，并在市外备有动物饲育所，以贮巨大的猛兽及蛇类，又依购求者的需要，可以随时赴野外采集，以应希望。这多是动物园动物的来源。

第七图 牧野生羊的岩石
（海京伯动物园）

五、动物饲育及陈列方法 各动物园中大多以动物学分类上同一种类的动物，饲养于一处，惟为暖房的关系上，热带产的动物，亦大多饲养于同一建筑物中。又动物因其习性的不同，而饲养方式亦起差异，例如有放养于池中的，有放养于高山岩石上的，以及饲养于畜舍的，实千差万别，种类极多。然在原则上，务使饲养的环境与该动物原来栖息的自然环境相近似，使其能发挥本能，而安然畜殖，为唯一要件。动物园中最易引起观众的注意的，为放养于高岩石上的野生羊、山羊及鹿类。此种岩石，往往高达百数十尺，正如图中所示由无数层的石壁连合而成，石壁的各处，设浅洞，动物最喜徘徊于险阻的石径，实一雄壮的景色。此种结构在哈勤白克动物园耸立在园中，颇呈壮观。伦敦动物园，则在园隅水族馆建筑物的背侧，利用其墙壁，而筑石山。又于岩石中作若干层，而放野生羊、山羊于高层，放熊于低层。此种岩石上又设一道路，避去动物栖息之所，以便管理人可自麓至山顶。岩石的筑造，除用少数天然石之外，大体则用木材的骨骼，而上加三和土造成之。

哺乳类以饲养于畜舍居多，畜舍正面可以在廊下观览外，其反对一侧，则通一广大的运动场，大小约为畜舍的二倍至三倍，气候良好时，可使动物送出运动场中，以观览其在日光及新鲜空气下的运动状况，改良的畜舍均有洗水的设备，可以时时用水洗涤地面，不致发生臭气。

哈勤白克动物园中，以高岩石山为背景，在其周围的广大平地，更用铁垣绕之，而其中放养斑马及野牛、骆驼等，又在岩石的断岩中，设洞穴，而放养狮子。惟与观览人的通路间则设深壕，以防危险。

哺乳类陈列所中，近来更有所谓猿丘，大体为圆形的小丘，丘的四周，则用铁栅围绕之，此丘种植多数枯木，并设洞穴若干，放养种种的猴类，至于海鲈及海狗等的海兽，则用平滑的岩石围成大池，内

---

① 现多称"洛杉矶"。

放清水，而饲养之。此种构造大体在各动物园中，均能见之，而尤以纽约的动物园中的海狸放养池结构，最为巧妙，该池的近旁有数十方尺的沼泽，种以树木，其间则导以小河，动物自己在河中造巢作家庭生活，其自然的景色，颇值观赏。

鸟类因栖息的地方不同，而习性亦异，因此而饲养鸟类亦须视其为陆上、水中或空中生活而不同。禽舍又因鸟的种类而异，小禽的饲育所，普通多为平屋，窗加金属网或玻璃，屋顶则用玻璃而自顶采光，又有如畜舍的构造，一面为鸟舍，一面为运动场。运动场则又因其习性或为砂地或为浅水，或种灌木或设草地。而各动物园中最引人注意的，大体均为饲育水禽及涉水鸟的大禽槛。构造用铁骨张细网，高约三、四丈至六、七丈，宽约十丈至二十丈，其规模的宏大，实堪惊叹。至于热带产的爬虫类，如大蛇、鳄鱼、大龟等，则特设爬虫馆的动物园，亦颇不少。又与热带产的兽类，同饲养于一建筑物中的亦有之。最近则动物园陈列方法上亦采用科学博物馆所用的配合陈列法，而于饲育舍中装置油画的背景，例如大蛇的背景为热带地方的景象，此外则更备蛇所攀登的人造岩石及树干等，亦为动物园陈列法上的一种进步。

至于说明牌，则大多列举通俗名与学名，有时则更附以地图，上加红色标记，以示此种动物的分布状况。此外更有一种的指导书，凡重要的动物，均附照相及通俗说明，以廉价出售于观览者，颇为便利。

又对于动物的健康问题，各动物园均颇注意，如使各动物能接触日光及新鲜空气，同时励行清洁撒布消毒药等，无不随时注意，而对于动物的饵食，尤为用心。此外更有动物医院，务使动物在轻症时即加以治疗，勿使其陷于重症。所以动物园的维持，实需要多方面的技术，并非易事。

六、动物园的教育事业 动物园的重大机能，在于关于野生动物的知识，普及于一般民众，所以动物园的策略，虽有多种，而用种种方法以吸收民众，为第一要件。所以动物园事业的成绩，由入园人数的多少，大体可以判断。有名的动物园，入园人数，据调查所得，纽约每年约二百五十七万人，伦敦为二百五十万人。

动物园在发挥其教育的效果上，最重要的问题，就是用什么方法，可使一般观览者得关于动物的知识。动物园的面积广大，既非博物馆可比，所以在动物园中，而设说明员，在事实上较为困难，不得已只能对于园中各动物舍，用什么方法使观览者，可以顺次观览，而不漏失，一方面更注意于各动物饲养所的适当配置，使主要的动物，可以易于触目。此外则如印发说明指导书，或发行动物的画片等，均对于参考上，有相当的效果。又如将动物园中陈列饲育的野生动物，制成电影片，或幻灯片，以供社会上的需要，亦为普及科学知识上一种重要的工作。

七、动物园与动物保护 动物园除一般的社会教育机能之外，在学术上亦颇有相当的贡献。例如珍奇动物的杂种试验，以及人工交配等，即为其一例。明兴动物园中，曾得一狮子与虎交配而生的杂种；伦敦动物园中，则饲养有斑马与驴马间的杂种；而柏林则有拟猴类的几种杂种，均在学术上颇有价值。

此外自然界中有若干动物，往往已陷于将近灭种或在种族的衰退期的，由人工的保护，而藉以维持其种族，以供后来学术的参考的，亦颇不少。例如一般称为四不像的达维持鹿[①]（David's deer），早已不能发现于自然界中。惟从前在北京的禁苑中饲育之，但后来则以中国多次内乱的结果，禁苑中所有的若干匹，亦完全死灭，以是这一种的动物，就近完全灭亡。但幸而以前曾送此鹿于英国，所以现在的伦敦动物学会长所有的，尚有若干，繁殖于动物园中。又如欧洲产的野牛，有欧洲产及美国产的两种，亦均

---

① 1948 年版此处为"达维特鹿"，现多称"麋鹿"。

将近灭亡，其后受动物园的保护，方渐恢复。凡此诸例，多是动物园对于学术贡献的著例。

（B）植物园

一、各国的植物园　植物园在世界各国几无处无此种的设置，与中国最近的，则如星嘉坡及香港植物园，亦均有相当的价值。星嘉坡植物园中有种种热带产的有用植物及兰科植物，以及其他装饰植物，搜罗甚富。又如和兰领爪哇①则有包伊登造尔辩②（Buitenzorg）的植物园，创立于一八一七年，总面积有百四十五英亩，其后又增加六十英亩，所以面积甚广，树木的种类极多，而成天然的森林。其中和兰的温室，著名于全世界。此外则如印度的加尔加他③（Calcutta）及哥伦布亦均有宏大的植物园。

欧、美各国，则凡有大学或专门学校的都会，无不有植物园。世界上植物园中成立最早的，为意大利及德国，或为大学所附设，或为有名植物学家的所在地。例如意大利的白维亚④（Pavia）的植物园（Hortus Botanico），创立于一五三三年，此外则于比沙⑤（Pisa）及其诺亚⑥（Genoa），亦均有极古的植物园。次于意大利的，则为德国，如赖勃切喜⑦（Leipzig）及勃莱斯劳⑧（Breslau）的植物园，均设立于十六世纪。

欧洲的植物园以原有宫廷的附属庭园或大学为研究而设的附属园，而公开开放于民众的，占其多数。所以植物园及温室属于市或政府的管理，而园内的植物学教室或植物学博物馆，则仍隶属于大学的所有的，亦颇不少。

欧、美的植物园，而兼备植物学博物馆的为柏林的大能（Dahlem）即柏林大学的植物园⑨，及伦敦的丘（Kew）⑩植物园、汉堡的植物园、维也纳的植物园，以及立宁格拉特（Leningrad）⑪的植物园等等。其中以大能植物园的博物馆为最完备，瑞典的乌勃沙那（Upsala）的植物园⑫，因该市为著名博物馆学家林挪⑬（Linne）所久住之地，所以植物园中，有一林挪纪念馆，陈列种种的纪念品。明兴植物园为二十年前所新设，其规模虽小，但有新的植物学教室，及标本室、温室等的设备，非常完备。然就全体而论，则柏林的大能植物园，及伦敦的丘植物园二所，当为世界植物园的代表。

二、大能植物园　大能植物园在柏林的郊外，系一六七九年所创立，最初为政府所经营，其后则归于柏林大学，然政府仍有管理权。该园地面约十二万七千方尺，凡在植物学上认为重要的代表种类，无不收罗殆尽。同时为民众教育上，认为与植物常识及兴味有关的种类，亦广为栽培。惟柏林气候寒冷，所以该园备宏大的温室，经费亦殊不小。

植物园在南北均有入口，通于两门间，有一大道，道路的北侧，为温室、教室、培养室及其他建筑物，其南约五分之四，则为树木园、形态学园、植物地理园、药用植物园、有用植物园、分科花坛等，

---

① 即现在印度尼西亚爪哇岛，曾为荷兰殖民地。
② 现多称"茂物"，是印度尼西亚的一座城市，Buitenzorg 为荷兰语 Bogor 的旧称。
③ 1948 年版此处为"加尔加答"，现多称"加尔各答"。
④ 现多称"帕维亚"。
⑤ 现多称"比萨"。
⑥ 1948 年版此处为"热那亚"。
⑦ 1948 年版此处为"利比喜"，现多称"莱比锡"。
⑧ 现多称"布雷斯劳"。
⑨ 现多称"柏林大莱植物园"，下同。
⑩ 现多称"邱园皇家植物园"，下同。
⑪ 1948 年版此处翻译为"立宁格勒"，现多称"列宁格勒"。
⑫ 现多称"乌普萨拉植物园"，建于 17 世纪中期。1787 年，国王古斯塔夫三世将公园捐给乌普萨拉大学作为学校的植物园。
⑬ 现多称"林奈"，下同。卡尔·林奈（1707～1778），瑞典著名博物学家，现代生物学"分类学之父"。

而此园的特色，则在植物地理园。由西门而入，即为德国、亚尔布斯①、北欧、东南欧洲、地中海地方、高加索、喜马拉耶②、中国、日本、美国等的顺序，而分培各地的代表植物。且自乔木以至草木，均有齐备。其中多数植物在冬季，必须放入温室，所以经费极大。

三、丘植物园 此植物园在伦敦郊外泰晤士河的沿岸，为十七世纪的古庭园，经种种变迁，于一八四〇年由英国皇室而交于政府，改为公开植物园的。园的总面积为三十五万平方尺，约有柏林大能植物园的三倍。其大部分为植物园，园的东北部分，则为古来存在的草木园及岩石园，以及数栋的玻璃温室、棕榈室、睡莲室等。其中以棕榈室为最雄大，长径达三丈二尺，南西部分则所谓女皇小家的庭园（Queens Cottage Ground），为一自然林。各所均有美丽的草地及池，此外更有植物学博物馆，陈列经济的及关于植物应用方面的各种参考品。

这个植物园的唯一目的，为造成全英国植物学研究所的中心，故关于各领土的植物调查的出版物甚多，此外则对于农林、水产、殖民、外交各部，有特别的关系，而受种种的咨问；第二种作用，在于输入新有用植物的种类于各殖民地，例如橡皮、椰子之类；第三则为供民众的娱乐，现在该园有二万四千种的植物，除单供园内的观赏外，对于观览者家庭的庭园改善上，亦颇资参考；第四则为园艺家的养成，该园至今已养成数百人的园艺家。

至丘植物园的植物排列方法，大体依照自然的分类法，惟在温室中的若干植物则依产地而排列。

四、勃劳克林植物园 植物园在教育上利用最多的，当推美国勃劳克林的植物园。该植物园的规模虽远不如上述两园，但有其特别的方法，颇足以供我人的参考。凡参观者到该园时，园中派说明员，对于植物加予种种的说明。又植物的排列，除分类的排列之外，更有高山植物园及东方庭园等，而其公开温室中，则收罗各地的有用植物，如茶、咖啡、椰子、无花果以及甘蔗等的热带植物，另有生态园由生活的植物说明其与引力、光线、水、昆虫、土壤等的关系，同时更对于种子的散布，生存竞争，以及沙漠植物等，均对于教授上，有充分的裨益。又植物园中，关于植物的生活，用幻灯及电影片开演讲会，以说明之。惟对于儿童认为多数儿童同时听讲，不能收充分之益，所以改为招集四五十人的儿童为一组，用问答的方法，从事种种的说明。此时更用幻灯说明之后，再引导至栽培地及温园。各校学生团体来园参观时，常赠以盆栽，而对于个人亦时时分送植物的种子。据一九二三年一年间所赠去的盆栽，达五千盆；而种子达二十万袋；而往该园听讲的学生数约十万人。

又该园中设有少年园艺科，以从事儿童的园艺教育。学童在一定期间内，在教室及儿童用温室中学习植物及土壤的若干预备知识之后，又在区划为二百区的儿童庭园中，分配各儿童，以事实地试验。这种方法的目的，并不在于培成植物，而全在于陶冶儿童的品性。此外则又有植物问答部，备一般家庭及庭园的种种问题的质疑。又与各机关官厅亦有相当的连络，例如对于卫生局方面，代为查明市内有毒植物及某种热病原因的植物；对于教育局则供给植物标本；对于水道局则检查饮料水中的有机物；对于交通局，供给遮阳树木的种子等等，其对于各方面的活动，实为世界各植物园中一杰出者。至其经费大部分由公众捐款而来。

（C）水族馆

一、世界的水族馆 据纽约动物学会的调查，世界上水族馆中，建设最早的，为伦敦的动物园中的水族馆，开馆于一八五三年，惟现在的该水族馆，实于一九二四年改筑而成。至于世界上水族馆的内

---

① 现多称"阿尔卑斯"。
② 现多称"喜马拉雅"。

容，最充实的，则推纽约的水族馆及柏林、伦敦、安斯登及安脱外丕动物园内的水族馆。奈泊尔（Naeple）的水族馆，附属于奈泊尔市的世界最著名的动物学研究所中，陈列奈泊尔湾的海产、美丽的鱼介，及植物甚富。此所为德人安东独恩（Anton Dohrn）氏私人所创立，为世界上研究海产生物的最主要机关。各国科学家常聚集于此。

世界上水族馆中，就饲养生物的种类而言，则以美国旧金山的斯带因哈尔脱水族馆[①]占第一位，除柏林、纽约、芝加哥各水族馆以外，无一能与匹敌。斯带因哈尔脱及柏林水族馆，均有多数水族昆虫的饲育室，而柏林则又以人工咸水培养海产著名于世。

除以上最著名的数馆以外，其他如巴黎、美国的芝加哥、英国的勃来姆斯[②]（Plymouth）等等为数甚多，不能尽举。中国则最近青岛有海洋研究所的水族馆，但尚未完成。今举其可视为水族馆的模范者，略述一、二所于下：

二、安脱外丕水族馆　安脱外丕水族馆，亦颇著名。于一九一一年改筑之后，更为完备，水族馆为动物学会所经营，附设于动物园内。其建筑物为二层楼，长七十公尺，宽十八公尺，楼上陈列爬虫及两栖类，而楼下则完全为纯粹的水族馆。其咸水水族馆，为细长而稍暗的室。室的两侧设置水槽两列，其采光用天然太阳光，而由水槽上面的圆玻璃窗射入，室内水槽全容积为一万七千立方公尺，此外尚有三个大水池，及十二个预备水槽。淡水室较前者为狭小，配置四十九个长方形及多角形的小水族室，以陈列饲养的淡水鱼，水藻中的小鱼，尤为美丽，楼上的爬虫室，则用大玻璃柜，或小动物饲育箱，以饲养蛇类等。

三、柏林的水族馆　柏林的水族馆，于一九一三年，创于动物园内。建筑物为长五十三公尺、宽三十五公尺的三层楼，建筑费达百万马克。楼下为真水族室，而二楼、三楼则为昆虫室及爬虫室。水族室又分咸水与淡水两部分。水槽总数合计为百余个，水槽内的背景，多用实在岩石，大多各由所饲养的动物原有栖息所采集而得。二楼为爬虫馆，饲育爬虫类及两栖类。此处亦有大饲育箱十九个，小饲养器六十九个，更于室的中央，设二十七公尺至十公尺的大水槽。顶上用玻璃围绕，四面则绕以木栅，中间模仿热带的天然森林，用以饲养鳄鱼。三楼为昆虫饲育室，于多数箱中饲育昆虫，其背景亦用天然的土石，而配以植物，以示各昆虫的生活状态及发育情形。又地下室中，则有附发动机的唧筒，送压榨空气于各水槽，一方面又送水于各水槽。又此馆共饲养鱼类二千种，爬虫类三百，两栖类百六十，无脊椎动物二千。因受市政府经费的补助，所以市立各学校学生，可无券入馆参观。除学生外每年入馆参观人数达二十五万人。

四、伦敦的水族馆　伦敦的水族馆，为伦敦动物学会所经营，改筑于一九二四年。该馆的前身，在一八五三年为世界最初成立的水族馆，然其构造不完备，故不久即已不适用而废去。然其建筑物，至今仍保存之，以作动物园饲养水禽之用。新设的水族馆，于一九二二年着手改筑，一年后始告落成，建筑费共为五万五千金镑。全体为全长四五〇英尺的三日月形式而向北，在放养大哺乳动物的高岩石山的背面。岩石的内面，充水族馆的仓库、滤水场及汽罐室等。

此馆的设计，在现在世界上各水族馆中，当算最新式，实由种种方面的研究结果而设计的。所以关于水的循环配给方法，电气装置，以及加热、采光、通气等的设备，均为最新式的式样。水族馆的内部成月形状的弯曲细长走廊，其两侧则设水槽。外侧的水槽的采光，利用天然日光，而内侧的水槽则用电

---

① 现多称"斯坦哈特水族馆（Steinhart Aquarium）"，1923 年建成于加利福尼亚州科学馆，下同。
② 现多称"普利茅斯"。

第八图　柏林动物园水族馆中的鳄鱼水槽

气。电灯球用与日光无分别的日光球。水族馆的内部，分淡水室、咸水室、热带室三部分，淡水室有二十五水槽，各水槽大六英尺乃至三十英尺。热带室则有四十水槽均为小水槽，饲养淡水鱼；而咸水槽则最大。

各水槽最重要条件，为使其与自然状态相似，所以常须交换新鲜的水，并时时用压榨空气送入水中，用过的水则经过滤过之后由地下室的贮水槽而再由水唧筒送至岩石顶上的给水池。再由其水的自然重力作用而送入于各水槽。所以应用这样方法，水可久用而不坏，如咸水可用至五年以上。至于水槽内，亦与其他水族馆相同，敷有种种的岩石、海草等。

五、纽约的水族馆　此馆创立于一八九六年，为纽约动物学会所设，附属于动物园内。地点在于离纽约稍远的海滨，最近改筑的结果，成世界最大的水族馆。每年经费为五万八千美金，而每年入馆参观人达二百万人。

该馆供公众参观的动物数，于一九二五年度鱼类为百十四种，二千九百三十六尾；爬虫类十六种，百零七匹；两栖类六种，九十二匹；鸟类二种二羽；哺乳类一种一头；无脊椎动物十一种，二千零八十三个。但如增筑之后，则已增加二成以上。

馆内设有鱼类的孵化所，以供众览。其陈列品，由各公市的孵化所所赠。

此馆尚有一采集船，每年夏季赴各地采集，以补充馆内的陈列品，并与各地的水族馆交换标本。其使用所剩余的，则出售于民间，每年得千余美金。

第九章问题

1. 各国动物园经费的来源如何？

2. 动物园在学术上有何贡献？

3. 世界上有何著名的植物园？

4. 美国勃劳克林植物园对于教育上有何事业？

5. 略述世界上最著名的水族馆概要！

第十章　物品的收集与保存

一、搜集的方法　博物馆需要物品的搜集，应视其种类而方法不一，或用狩猎以捕获鸟兽，或用网、曳网（Dredge）等以采取无脊椎动物，或由搜索以采植物，或由掘取而采化石矿物等，或由巡视商店以探求历史参考品，或由发掘古坟以搜集古代遗物，其法固不可一概而论，惟各国对于动植物等的采集，均常投巨大经费，组织大远征队，以期得多量珍贵的物品，几乎世界各地，无不有彼辈的足迹，其努力的程度，可想而知。近数年来，瑞典、美、法各国，相继组织大探险队来我中国各地采集，无不满载而归，供彼国的博物馆陈列，独我中国自己反无财力从事此种工作，亦属学术界的耻辱。

至于美术品的收罗，则不独可由商人间接得之，同时富豪或其他收藏家有拍卖时，亦可得相当的物品，所以近年欧、美各大博物馆，均派有特派员常驻东方各地，以资采访，其活动亦殊可观。

据英国马克马莱氏[①]的意见，无论哪一博物馆，均应各有其特色。此种的事情，在专门的博物馆固极易行，然其特色尤非显著不可。至于地方博物馆，则尤宜察各该地的情势而选择适当的材料。因地方博物馆注重与本地有关的各种参考品，所以往往有多数物品，由各方捐赠于馆，此种物品，只要陈列适当，无不有充分的价值。例如上述的瑞士博物馆以及巴黎市的历史博物馆（Le Musée Carnavalet, Paris）的陈列品，若零星计之，无一非普通之物，惟其能适当配合于一处，而使人能唤引当时生活状况的情绪，所以才有价值与兴味。

地方博物馆以及其他的博物馆，往往不论物品的适否，凡可以收得的尽量收入博物馆。这种方法，不能视为正当，所以博物馆收集物品，必须有一定的见解。在原则上不完全的标本，有胜于无，但如以后有同样的优良物品时，就急应替换，因博物馆以收集最适合于一定目标的标本，实为其目的的一种。反之博物馆中又往往对于某种标本，视为陈腐，或因其立于陈腐的学说，而必须放弃陈列的，亦有另行保存的价值，陈腐标本及旧时陈列法的保存，就可以为旧时思想的一种例证，并可示博物馆文化的发达及艺术的进步。这多是在收集资料上所当注意的。

二、门外汉搜集的弊病　博物馆搜集各种标本及资料，有时须借助于非专门于此道的同志，固属必要，但同时就应预知因此而惹起的种种危险，即鉴识的易于差误，及物品的易于破坏是也。例如生物采集及发掘考古品时，就有此种的弊病，所以若发现有特种生物或古坟等，与其由非专门家采集或发掘，不如暂行保存，以待适当时期的采集或发掘。而无限制的采集，尤在严禁之列。国内若干学校，往往采集生物标本，以数量愈多愈妙，致使稀少生物，因此而易于绝种，这种态度，均为博物馆收采标本时，所当极力避去的。

非专门家搜集标本，尚有一种弊病，即为易于缺少正确的记录。这种无记录的物品，在博物馆搜集品上，毫无价值的。所以多数博物馆，均预印成一定式样的搜集记录笺（Collection record），将必须记录

---

① 1948 年版此处为"马克马来氏"，同文中的"麦克马来氏"，下同。

的事项，标明于笺上，使收集者可以随时于采得标本时，记载其必要的事项。例如英国哈尔（Hull）市博物馆，则以此种记录笺，分发于赴海外的各轮船的船员，托其随时采集生物标本等，同时记载其必要事项。这种方法，大英博物馆及其他博物馆，亦多采用之。多数旧家往往藏有与历史上重要的遗物文书之类，这种遗物，非待有识者偶然发现，而可供博物馆保存之外，大多视为废物而舍弃者，亦复不少。博物馆的搜集，对于这种方面，亦当留意。

三、古董的散逸 一般所谓古董，范围甚广，多数均为古代的遗物，而与文化历史等，有密切的关系。我国历代官宦，大多收藏古董，后来则因家道中衰，而古董及名人书画等，就不得不随时出售，转辗流散，而其较贵重者，每多流出海外，甚为可惜。为防止此种流弊，博物馆就应集资尽量收集，并须使一般人民明了博物馆为宝物的保存所，即私人物品，亦可寄存于馆中，以防盗失，则对于保存国粹上，亦有不少效果。至于博物馆本身的必须严格保护，无待赘述。意大利为保存国粹起见，派对于古董有充分学识者，为税关员，对于认为国宝的工艺品或美术品，禁止出口，以防外溢，这种方法，在我国目前，亦当适法效尤的。

四、考古品的处分与保管 对于物品的处理与保管问题，在自然科学的参考品，无关重要，而对于可视为国宝的美术品、工艺品以及历史考古品，则颇有考虑的价值。今以日本为例，则对于埋藏物的发掘及国宝的保存，均有政府一定的法规，规定其手续。据日本法规的规定，凡与艺术考古有关的参考品，而经人民发掘者，均应归于国有，所以这种物品，须先交还国库，然后由国库转交国立博物馆保管及陈列。如发掘物品，须相当代价者，则先由宫务部调查其是否属于御陵的物品，然后再问明博物馆有无此种物品的必要，然后再由政府指令地方政府，将物品提出于国立博物馆，经过鉴查会议，决定其需要与否，及收买时的价值，然后再通知地方政府，由地方政府与发掘者及土地所有者相商议，或由该关系人送赠于国库，或由国库给价购买之，其价格归土地所有者及发掘者两方面平分。

又对于古美术品及国宝的保管，在原则上其代表的优秀品，当然应归中央博物馆保存，而其余则可归地方博物馆保存。中国各寺院，往往亦有种种的古物，为寺院的一种财产，但每易为住僧所私售，所以对于这种物品的处理，国家应有一定的规定，最好能由国库出资收买其主要物品，而陈列保存于博物馆，则一方面可免遗失，一方面对于寺院的财产上，亦能维持。至于寺院本身，往往亦有保存的价值，所以寺院亦不宜横加摧残的。

五、搜集品的整理 博物馆所收集的物品，每件必须附以号码，同时登记于账簿或卡片（Card），记明其所属及出入，在整理上最为必要。此种整理，无论馆的大小，均为必要。普通属于物品会计课，及技师的职务。但只有一馆长的小博物馆，则由馆长兼任之。

物品送入博物馆的时候，无论其为采集的、制作的，或购入、捐赠的，均先交于物品会计课，决定其**收件号码**，直接贴于物品上或其包里容器等。但收件号码，不可与**目录号码**（Catalogue number）相混杂，所以收件号码的第一字，应加一"收"字，例如**收一〇二五号**等，而其物品，如为借来的，则下加（借）字，例如**收一〇二五（借）**。而暂存品，则加一（暂）字，例如**收一〇二五（暂）**。如此物品编号之后，即登记于**收件簿**，惟收件号码，在同一发送人而又同时收到的物件，则不论其物品若干，均须用同一号码，如在一次收件中，含有借用品及暂存品的，则仍照上述，于号码下，加（借）及（暂）字。收件号码，于开馆起为连续号数，惟博物馆较大而收件太多的，则可每年换一新号码，而上加年号。例如民国二十年，则为**二十、一〇五**①。

---

① 1948 年版此处为"一〇二五"。

物品收件记录，使用上以账簿较卡片为便利，账簿横书直书均无不可，但为记事易于醒目起见，则以横书为宜，且其记事栏应辟至左右两页为宜，其普通格式如下：

收件号码

收件日期

摘要（品物的安否状态、个数、包里记号等）

发送处

收件的性质（暂存或捐赠、购入、交换、借用等）

价格

搜集者

搜集地

搜集年月日

备考

所属部门

目录号数

物品到馆时，未必以上各项均能判明，则可暂记其概略，以待日后技师的详细报告，而再补加。例如摘要项下，暂记"陶器两箱"等。至于所收各件的运送通知书、品件表，以及赠送函及其他信件，均附该件的登记号数，而放入封袋中而保存之。至于借用或暂存品而已交还的，或有损伤等，则均须一一详载于备考项下，以供日后的参考。

六、搜集品的编目　收件登记完结之后，由物品会计课交于技师，技师考究其性质，而认为适合于博物馆的陈列或研究用品的，即加入博物馆的搜集品中，而正式登记于**搜集品目录**（Catalogue of collection），海外各博物馆的目录号数，均用全体连续式，取其较为便利，如搜集品分为数部类的，则各部类预先空存若干号数，以待填补。例如美术品由一号至五千号，而动物由五千零一号至若干号等等。各部类的物品中，科学的标本比历史、美术的标本较多，所以科学标本方面的号数，亦应比历史品等预备稍多。用这样的方法，可以以后该标本更改所属部类时，而不必改变其号数。亦有各部门用独立的号数而上加部门的头一字的，例如美三二五号或动一〇二号等，然总不及全体共通连续号码的方便。

搜集品目录号数，以一件为一号，惟如昆虫、贝壳、货币之类，则以同时同一地点所采得，而具同一条件号数重复品则属例外，而可用同一号数。但须于目录中，注明个数。日后如于其中发现有特征不同的物品时，则又给与新号码。目录号数，既因每件一号，所以为避号数太大起见，多每年改换新号码，而于头上加年号。

搜集品号码确定之后，即用搜集品号码，以代收件号码，作为该物品的永久号数，而弃去收件号码。目录号码的附系方法，视物品而异，如直接写于物品上的，可用中国朱粉混以干燥剂而用之，最为便利。淡色的物品，可用防水墨水（Water－proof ink）写于表面的，则用防水墨水亦佳。写号码的位置亦须选择，较大的物品，以写于物品的底部或背面为佳，若不易转动的物品，则以写于易见而不注目的地方为宜。不能写于物品的，则用标签。但不可用浆糊粘贴，有易于剥落之弊。酒浸标本，则写号码于纸片，而放入坛内，或写于布片而用线系之亦可，号数须用防水墨水写之。昆虫号码，则写号数于附于昆虫针下的小纸片上。鸟兽的剥制标本，则除号数外，更附印有名称、产地、采集年月的纸片。木制或有木制台的物品，则用钢铁的戳印所押出号码的小金属板，钉于木上。贝壳及货币等小物，则普通放入硬纸匣，而再附号码于纸匣，但有变更位置的危险，故总以直接附号码于物品上为最稳当。

编目用的目录，或为簿记式，或为活叶式，或为卡片式的三种。簿记式虽无散逸之弊，但亦有种种不便。所以现代博物馆，大多用卡片式。卡片大小，外国为六英寸与四英寸的长方形，或为八对五英寸亦可。纸为厚纸，而依物品所属的部类，各用不同的色泽，以资辨别。目录为技师所保管，凡收件号码改为永久性目录号码时，同时即登记于此种卡片或簿记上，卡片每件为三份，一份保管于物品会计课，一份为部类目录，一份则为索引用（Index card）。目录上所应记载的事项如下：

1. 目录号数　2. 收件号码　3. 摘要　4. 搜集者　5. 搜集地　6. 搜集年月日　7. 状态（安全否）　8. 原有号数（野外采集时号数或以前所有者所附的号数）　9. 鉴定者　10. 备考

摘要栏中，应详记各种事项，惟依所属部类而异，例如历史部则记其名称、原料、来历、用途；自然科学部的标本，则记其名称、雌雄区别及生长程度等；美术部的则记其名称、作者流派、绘具及其他材料、时代、大小、印刷、价格等。目录中的物品，如因赠送或交换卖却废弃等原因，而由博物馆除外时，则仅于目录上加一红叉线，在卡片或簿记上并不取消，而其数码亦决不能再附于其他物品。由其他借用的物品而交还于物主时，其法亦同。

七、补记的记录　博物馆藏品的整理上，除收件簿及目录之外，更须备索引卡片、**捐赠卡片**（Presenting card）、**贷借卡片**（Lend card）以及**处分卡片**（Cancel card）等。

索引卡片，以利用上述编目时所制作的三份卡片中，将其中的一份，作为索引卡片，作适当分类的排列，而保管于各担任的技师，使博物馆的物品，可以一目了然。有时博物馆中更于索引卡片的背面，绘以物品的图画，有时则以贵重品的照相，粘贴于卡片的背面，而馆员中有照相技师者，则更于卡片背面，涂感光剂，而直接晒照相于卡片。这种卡片，如有发现新事项时，则更记载于卡片上，而注明记载者的姓名及日期，以供以后的参考。如该品陈列于陈列室或借出于某处研究，亦须记明。惟临时性质的，则用铅笔记载，以便日后可以抹消。如非博物馆所有，而为借入或技师个人所有的，则用特别色泽的卡片，以资识别。

捐赠品卡片，为记载由捐助而来的物品的捐赠人姓名、住所及品名，便宜上购入的物品，及交换的物品，亦可用相似的卡片，记其姓名、住所等而同入一箱中。捐赠品卡片，在外国博物馆，用五英寸对三英寸的长方小纸片，对第一卡片详记姓名及住所之外，其他同一人所赠的物品，则不必详记其住所，且为便于查考起见，附注其收件号数及价、月日。卡片的排列，以姓名笔划为顺序。

贷借卡片为记载借出或借入物品的事项。惟博物馆原本为贷出目的而备的，巡回贷出品，则另备卡片，而不与此种贷借卡片相混，贷出与借入，纸色有区别，其所备项目如下：

1. 姓名（贷出或借入者）　2. 住所　3. 收件号数　4. 目录号数　5. 摘要　6. 部类　7. 备考　8. 还来年月日　9. 贷借年月日　10. 应还去年月日。

一次所借或贷出物品，为数件时，可用一张的卡片已足，惟其中还回日期不同的，则不得不用分别卡片。卡片的排列，应以日期先后为顺序。此种贷借卡片，应保管于物品会计课。

至于处分卡片，则为记载交换卖却或其他原因而消失的物品的各种事项，除于目录上加一红叉线以外，卡片上则应记入下列诸项：

1. 年月日　2. 目录号数　3. 摘要　4. 交换、捐赠、卖却或废弃（交换时应记其所换物品的品名及价格）　5. 受取人姓氏（交换、捐赠或卖却时）　6. 同上住所。

以上所述种种的整理保管记录手续，均依据博物馆运用上的便利而确定的。此外如依特别的情形，而必须斟酌修改者，则不在其列。

八、搜集品的加工制造　无论何种的物品，欲其适合于博物馆的研究材料及陈列之用，多少均须加以若干的修理或制作。此种工作或于野外采集的当地行之，或搬运至工场行之。又视品物的性质，有时更须制作模型或塑造、着色等其他种种机械的技术。

动物与植物，易于腐败，所以这种加工的需要，更甚于无生物，所以加工制造法的大部分，多应用于科学的材料。而关于洗涤、修缮及保存等的技术，则科学以外的美术品等，反应用更多。

小博物馆所需要的制造工作技术，往往由大博物馆的专门家于短期讲习会等中习得之。海外博物馆中有于每星期中的一定日期，雇用对于此种技术用趣味而资质较好者，作同种的工作，如此经相当期间的训练，而能变成一熟练的技工，亦一便利的方法。至于博物馆有此种工人的必要，而为经济所不许的，又可二、三博物馆合雇一技术员，分担其薪金。又博物馆对于陈列品制作上，所用图案及照相尺寸等，均须妥为保存，以便其他博物馆请求复制时，可以应用。

第九图　纽约博物学博物馆
大龟化石加工时之状

海外博物馆对于此种工作，非常注意。例如明兴博物馆的工作室，在地下室中，占有六间，其中有职工及监督等，内分金属工作场、木工室、石膏类模型室、绘画图表室、照相室、钉书室等。而最大的莫如纽约市立博物学博物馆。

纽约博物学博物馆，每年增筑三、四百万元美金的建筑物，所以陈列品急进的增加，亦在世界博物馆中，首屈一指。每分科各设研究室各有多数专门家与制作室及其他保持相当的连络。制作室分动物剥制室、造花室、玻璃细工室、腊工室、石膏工室、动物生态陈列室、照相室、钉书室、金木室、木工室等，每室均由一室至二、三室不等。其间各有专门技术家及职工，所以该馆有优美的陈列品，亦非偶然。

九、博物馆员养成的必要　近代博物馆事业，可说是各种专门家的结晶，所以想要完成一个完备的博物馆，一方面需要从事博物馆宣传的人物，一方面需要建筑的人物，一方面需要制作标本模型、图画、照相等的人物，一方面更须从事陈列品的说明及研究的技师（Curator），以及总揽全体的博物馆馆长。欧、美博物馆已如此发达，而尚有大学及专门学校等，努力于博物馆馆员的养成，例如明兴大学有博物馆学（Museumskunde）的学科，巴黎的路布儿美术馆[①]内，亦有养成博物馆员的机关。美国则博物馆学（Museology）已成一学科，而哥仑比亚[②]及哈佛大学，亦多设博物馆员的养成科，教授关于博物馆的理论与实习。中国目下尚无一可以称为完全博物馆的博物馆，而关于博物馆的人材，更为缺乏。所以将来不言博物馆建设则已，如言博物馆建设，则此种人材的养成，亦为必要。

一〇、搜集品的修理　博物馆的搜集品，常须留意保存，以防损坏。如有损坏时，务须从早修理，恢复其原形，方可耐久保存。修理方法，视物品而异，且不可墨守从来的旧法，而常须努力于应用科学的新法的发明不可。例如洗涤用苛性钠石碱之外，更可使用酒精、挥发油、苯（Benzene）等的溶剂，而粘着剂及油漆剂，亦须应用有效的药品，此外加热、冷却、干燥、压榨、喷雾等，亦务须应用各种器械。

---

① 现多称"卢浮宫"。
② 现多称"哥伦比亚"。

第十图　同上动物剥制室

　　德国柏林国立博物馆[①]，为调查美术品的变质原因起见，更备有实验室，有专门的技师，从事研究美术品的分析，以及因微生物而起变质的研究等，为修理美术品及其他鉴定上的参考。所以将来博物馆的修理术，有待于化学的研究者正复不少。

　　惟历史考古品的修理上，其新修的部分与原有的部分，必须加以明了的标识，并注明修理的年月日，以便供后人研究时不致有误，亦是修理上所必要的。

第十章问题

1. 非专门家收集博物馆标本有何流弊，及其防止法如何？
2. 收件登记与目录登记有何区别？
3. 什么叫做索引卡片、贷借卡片，并应记载何种事项？
4. 试述博物馆员养成的必要！
5. 古物修理上有何注意？

---

　　① 现多称"柏林国家博物馆"（德语：Staatliche Museen zu Berlin），由 15 个收藏馆、3 个研究机构和石膏雕像展馆组成，前身是由普鲁士国王腓特烈·威廉三世兴建的"皇家博物馆"，1918 年改为国立博物馆。

第十一章　博物馆的陈列

一、陈列法的变迁　博物馆陈列方法，渐由专门而趋民众化，为博物馆近来的一种进步。所以由从来所陈列的多数标本中，而选择其可以代表若干种类的标准标本，以供阅览，其他则悉数收藏于贮藏室，以供专门家研究之用，为近来各国博物馆的普遍现象。例如大英博物馆的分馆，单就动物学标本而论，已搜藏至六百万件以上，若再合算其化石标本，为数当更可观，但其陈列于陈列室的，则不过其极小一部分。因民众无观览此多数标本的必要，所以今日博物馆的陈列，多是以无教养的民众为标准而陈列，务使一般人能见之而愉快，在其愉快中，而得学术上的知识。

博物馆的陈列，而尤以入口的大厅，大多陈列带序论性质的标本，换言之，即陈列对于一般民众最有兴趣的标本。例如上述的大英博物馆的中央大厅，将进化论的变异，进化的原理，用最易解的标本表示之。所以陈列种种的家鸽及野鸽的比较，用以表示动物形态，如何由人工淘汰而变化，即其一例。此外则又陈列家庭卫生的标本，例如蝇、蚊、虱、臭虫等，以示此种昆虫如何传播疾病的状态。其他则如动物学研究，对于产业上及经济发生如何关系的标本，亦多陈列于此，例如微生物栖息于水管中的状态，穿孔虫侵蚀海中木材及大石的状态，农业上有效禽类的生活状态等。

不独自然科学方面的陈列如此，就是美术品方面，从前每多以古代珍品陈列的，近来亦多改为注重近世绘画及现代艺术。

因陈列方法的精神，渐趋于民众方面，故其结果在科学博物馆方面，为表示机械的模型或本物构造及原理起见，往往加发动的装置，可以随时使其运转。例如明兴的德国科学工业博物馆中，有一七八八年瓦特（Watt）所制的原始蒸汽机关的模型，以及其他历史上有名的若干蒸汽机关，亦对于民众颇能唤起无穷的兴趣。在瓦特蒸汽机关中用电气发动机可以使其转动，其他种种机器，亦多用一定机关，可使其运转。更有将构造图及其机器的断面，表示于观览者之前的，所以观览这样的博物馆，可于短时间内得丰富的知识。

二、配合陈列法　博物馆陈列上，还有一个进步，就是采用一种配合的陈列法（Group exhibition）。所谓配合陈列法，将多数有关系的标本或模型，配合陈列成自然的状态。其最进步的，应用舞台装置的特别配光法，使各种物品，陈列于大玻璃柜内，而由窗外以观察其内景。这种方法，小者为一呎四方的小箱；大者则为一室大的广阔面积，能使陈列的动物或偶像，与周围物件及背景相反映，宛如生时的状态，毫无不自然之弊。这种方法，虽为古来杂列物品于柜内的旧陈列法的反动，然确能引起民众的兴趣，而留深刻的印象，在博物馆效果上，实有重大功绩。

科学方面的配合陈列，大多以剥制的鸟兽，而配以蜡制的植物，或其他人工的补助物，天然景色的背景等。其配合品的大小，以所陈列的主要标本为标准，普通每一组的配合陈列以三、四主要陈列物为中心。历史及民族人类学的配合，以与人体同一高大的偶像为主，然这样的大配合陈列，费用甚大，所以不免有用缩小模型的倾向。

第十一图　瓦特氏的最初发明的蒸汽机模型（明兴博物馆）

小蜡制模型，为每呎缩为一时至半时的小的配合陈列，而尤以小博物馆中应用最多。此种小规模的配合陈列标本，将来当推广更甚。

配合陈列法，除实际的表示其物品之外，同时又须配合华美，所以在配合陈列之后，先应用种种色彩，画一描画或用粘土而照所画作一粗制模型，以研究其配合的是否适宜，然后始正式开始陈列。所以对于这种的配合，须有相当的经验及艺术的眼光。普通装置于中央的玻璃柜的，则由四周可以观察，而亦有补助物较坚固的，以及不易附着尘埃的，则不用玻璃柜，而露出于室内亦可。

陈列的物品与背景之间，须利用我人的错觉，勿使观览人感觉立体与平面的分别。所以立体的物品的后面置平面的布景，第一应以置立体的地平面与背景布，作倾斜的连接，换言之，即地平面与背景相连处，不为直角，而为半圆的倾斜面，则一若后面的背景，与前面的物体立于同一面上，就能起距离的感觉。如欲使观览者见水面直达于背景的，则可用假象牙（Celluloid）板弯曲代之，又如陈列为一大室，则室的地板就应有倾斜。

至于配合陈列所用的补助物，除物体、人体等物体以外，则用蜡、假象牙、石膏、纸板等制造之，惟不宜太精细，徒耗金钱与时间，反有缺点，这正如绘画一样，巧拙实非言语所能形容，全由经验，方可判断之。

补助物中，如用造花，则其技术最难，除购已成者外，博物馆宜自行制造。缩小的草花模型，用种种的草的叶，晒干而着色，可以造成极好的草花。

配合陈列所用的背景有两种，或为透明的，或为不透明的。透明的用透明照相，而不透明的则用油画及普通色彩画等。普通可用不透明的背景，可省特种的采光装置，而尤以油画应用最广。背景用布，美国用毛毡（Congoleum cark carpet）或帆布，最好背面均作圆筒形弯曲，则观览上最为合宜。

配合陈列，应避尘埃的附着，所以须用不易透入尘埃的玻璃柜。欲免此弊，可用填棉花的换气筒，装柜侧于不易着眼的地方，则温度降低时，空气由棉花筒而入柜内，空气均已滤过。至于圆筒的直径，大柜以二英寸以上，小柜以半英寸为宜。

至于采光方法，则多用电灯。且欲使配合陈列，引人注目，全赖色彩光线的应用，可用有色玻璃为之。为节省经费起见，则可用开关，只于观览时开灯亦可。

三、配合陈列与系统陈列　配合陈列，虽已为一般大博物馆所采用，但并非生物学上及民族学上的陈列，一定非配合陈列不可。学者中亦有过信配合陈列的结果，遂以为系统陈列全无价值，这实为一种的误解。其实配合陈列与系统陈列，二者各有其利益，而二者互有相助之处。系统陈列，不限于专供研究及贮藏，即对于民众的观览，选择代表的标本模型，作适当的系统排列，亦颇有兴味与利益。英国博物馆及其他博物馆，一方面用配合陈列，以示动物的生态；一面又用系统陈列，以示动物的分类。此外则对于诸民族的生活状态，用配合陈列；而民族所用的服装、武具、狩具、乐器、家具等，则又常作分类的陈列。观览者于民族室中的配合陈列的偶像，见其所穿的服装、武具之类，而又于分类柜中，观察其同样的物品，两相对照，每得种种的知识而饶兴趣。

四、工艺品陈列法　美术工艺品的陈列法，约有三种：第一为工艺品依其原料及加工法而分类陈列的。例如某一室为家具，某一室为陶瓷器，其次为金属制品等。这种陈列法，自欧洲十九世纪中顷，至最近尚多用之，伦敦的亚尔培尔脱纪念博物馆，至今仍袭用之。其利益在于可节省陈列的面积，而便于专家的研究，但其缺点，对于民众则太多不能引起兴趣。

第十二图　巴黎美术工艺博物馆依时代陈列的一室

第二种方法为依开化史而陈列的方法。即将各时代的工艺品，依当时的情况之下，而作有关联的陈列，以示各时代的特色。用此种陈列法的，例如于博物馆内，设一古代的教堂或僧院、住宅等而以当代的实在板壁及其他装饰工艺品等列入其内，可以唤起当时的情况于眼前，即为配合陈列法的一种。但因多数材料，不易入手，所以不免有用模拟品代用的倾向，而发生不良的印象。

第三种方法，则为补第二法的缺点，不设当代的房屋，而只以普通采光完全的室中，安放当时代表的工艺品，注意于全体的调和而作适当的陈列，或有挂于壁面的，或有露出于适当地方的，或放于小陈列箱中的。即所谓时代陈列法。第二、第三法相同，而第一法则在专门研究上为最便利。

五、陈列室的配置　博物馆的陈列上最宜注意的，第一是分配问题。例如雕刻品，一般需要较大的面积，而油画及版画亦然。此外则各有各的要求，所以在陈列物品之先，当有通盘的划算，为最紧要。第二则为观览路径的决定。所谓观览路径，即观览者一直博物馆不宜作二次重过同一的地点，以作重复的观览，所以应先决定一路径。观览路径，有自左而右，与自右而左的两类，在欧、美多为自左而右，而日本及我国则以自右而左的亦颇不少。就与文字有关系，惟为保持全馆的统一起见，则以自左而右为妥当，因有种种图表及说明，而必须记录西历的，则以自左而右为顺。

陈列上如有凹凸的必要时，则可用隔壁，或二个墙柜（Wall case）相合而造成之。又室的中央，则宜制中央柜（Centre case）或大陈列品，以便观览者可以回绕于其周围。惟太高的柜，不宜置于中间，免阻观览者的视线。

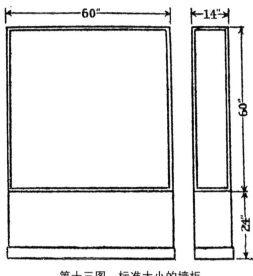

第十三图   标准大小的墙柜

六、陈列柜及其式样   博物馆为避免贵重品的遗失及污损，大多必须用柜。柜的构造上第一条件，为不可使框太粗，而阻面积。普通框用木制或用铁制，现在一般所用的陈列柜有两类，即纵柜与水平柜。纵柜的玻璃为垂直的，观览人立于玻璃的前面，而观察柜内的物品；水平柜则玻璃平镶于柜面，由上面以窥柜内的物品。又依其所置的位置而分为三类：

1. **墙柜**   为沿墙安置的纵柜，普通贴墙的一面用木板，其他三面及顶上用玻璃，大小为高八四英寸，幅六〇英寸，深一四英寸为标准，其下部可作成木台。

2. **中央柜**   又名独立柜（Free – stand case），为四面用玻璃而顶亦用普通毛玻璃所成，其标准大小为高六六英寸（脚台三〇英寸），幅六〇英寸，深三四英寸，惟陈列较大物品时则宜改用一八英寸的台箱代台脚。又有前后两面作倾斜的，称为 A 字柜。

3. **台柜**   为一种水平柜，所以顶面最宽大，四周亦用玻璃，其标准大小高为三八英寸（脚台高三〇英寸），幅六〇英寸，深二四英寸。又有所谓斜台柜的，则顶面的玻璃稍作倾斜，可视为墙柜的一种。

无论哪一种的陈列柜，均可分为两部分：一为收容陈列品的箱，一为载箱的台。台有两种形式，即为台箱式及台脚式。墙柜大多用台箱，而台柜则以用台脚为多。

七、陈列柜的构造   三十年前以来，陈列柜多主张改用金属制，其理由在于1. 金属制在火灾时可较安全；2. 尘埃难入；3. 框细而观览愉快。但后来对于这个问题，起种种的议论，即金属制费用较大，但在气候多变化的地方，则不若木材的易起弯曲。但木制费用可以减少，且近来受铁制的影响，木框亦已减细，形式亦颇雅观。惟一般以金属框而木台为最合理想。

至于玻璃柜的制法，普通可用螺旋而不必用三和土以固定玻璃。至其开门的方法则在墙柜以左右开或推开为宜。惟其隙间，为防虫的侵入及尘埃，须用消毒剂浸过的棉花嵌入隙间。至于木制柜的油漆用淡鼠色、青鼠色为最普通。小玻璃台柜亦有不用框而完全为玻璃的。此外对于陈列柜的锁，亦宜十分考究。

八、陈列柜的配置   陈列柜随时有变更，不可固定于地板上。陈列柜排列的方法，应以采光及光的

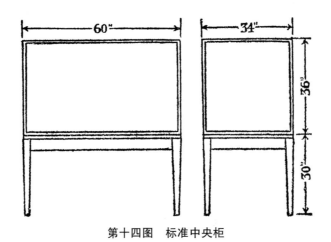

第十四图　标准中央柜

反射、外观三条件决定之。采光与反射为连带的问题，非实地试放后不易明了。陈列柜的玻璃面上，欲免去光线的反射，一方面应调节采光窗的位置，所以博物馆建筑上，应特别留意于此。

墙柜欲避去由窗而来的光线的反射，宜与室的长边作直角的位不塞其中央的地方，而以背接近室的短边的墙。中央柜则亦以与室的长边，作垂直的安置，而四面不接着任何墙壁。惟以室的大小及形状，而安置方法可能随时斟酌，不必拘泥。台柜亦与室的长边作垂直的安置，惟须接近于室的中央线，而避窗来光线的反射。若用屏风以挂绘图等时，则其屏风，亦当与室的长边作直角的配置。

第十五图　无框的柜

九、物品性质与陈列式样　博物馆中陈列物品的目的，第一须将物品映于观者的眼前，而觉愉快；第二便于利用物而传达知识。艺术的物品，物品自身即能诉诸于观览者的眼，所以美术馆陈列，大多以合上述第一种目的而行之。故能配置优雅而注意于采光的调和、色彩的配合，并避去用太触目的说明为最要。反之历史及科学的陈列品，只能代表表示一部分的事实，所以当然以适合第二种目标而陈列为多。即系统的排列时，除加充分的说明之外，更须应用其他图表、挂图等各种补助品，以助观者的易于理解。

今以各哺乳类头盖骨的陈列为例，略述其概略。为增加教育上的效果起见，将一头盖骨切断，而示其断面的构造，其他一个，则作系统的陈列，以示其分类学上的位置。两者各用说明笺，表明其性质。又用台柜，陈列其进化的径路，旁边则更挂地质图，以明与各地质时代的连络。如此尚未完备，而尤须注意于柜内的采光，背景用黑布，使物品可以显明表露。所以科学资料的陈设，亦须顾及审美的装饰。此外如历史材料等的陈列，亦无一不然。

一〇、**物品的排列**　物品能安放适当，使观者不必伸颈屈腰，得以极舒适极自然的姿势，以观察物品，可减观览人的疲劳，在博物馆的技术上，亦为一极重要之事。所以墙柜的底太低，或柜太高，以台柜的底太高、太深等均为陈列上所当避去。又陈列柜构造虽无缺点，而陈列法不适当时，其结果亦同。普通成人的眼，平均离地约高五尺，而眼与物体的距离，不得超过一尺五寸以上。根据这个条件，陈列小物品，以离地三尺五寸乃至六尺五寸间为适当的陈列范围。但这个尺寸，对于儿童尚嫌太高，所以最适当的，应在三尺三寸至五尺间。惟较大的物品，则较此区域，或高或低，均可无碍。

一一、**陈列的背景及阶段**　陈列柜中，由木板所成的部分，普通均宜用布被覆之。被布后可使陈列品更增美观，且可减少螺旋钉及图画钉的钉痕，而伤陈列柜。为避免伤及柜面起见，以用粗布为宜，即粗眼的棉布等，惟陈列小物品时，则不可太粗。布色以淡卵色或淡灰色为最普通，总须与室内墙壁的色泽不同。陈列宝石类时则用带黑色的丝绒。

墙柜往往在陈列小物品时，底分为若干梯式阶级。此外如中央柜则有时用尖角塔式的阶级，但中央柜本来的目的，以陈列大物为主，所以分级法不甚美观。

至于墙柜又往往分为数段，中间放置隔板，以便分段陈列的，亦颇不少。在用这种分格的隔板时，其隔板的深度不可一律，在下面的较阔，而上层的较狭，而全体均以较柜身的深度稍狭为宜。板有两种，或用玻璃，或用木板，二者各有利弊。玻璃的利处，可以光线不充足的室内不致阻下层的光线，但观时上下透视，每多不快，且对于陈列品缺少摩擦，易使物品滑落，而又须在中央设支持玻璃的物品，以防陈物太过。木板则太厚，但能上覆底布使物品更显明，所以现在大多以用木板为多。且木板在前缘稍切成斜面，则外观上不苦原来之厚，亦颇美观的。

至于柜外的陈列，以绘画及雕刻以及其他大物品为限，因易于遗失，所以小物品均少用柜外陈列的方法。

一二、**说明笺的问题**　陈列品大多均须加以说明。说明片（Exhibit label）的大小，应视物品及柜的情形而定，例如科学的陈列无说明片，则博物馆失其意义，而美术品则近来多改用号码而另备参考说明书以代说明片，足见说明片的作用与用法，实随物品而异的。说明片的纸，普通用浅黄色或灰色等应与陈列品有调和。例如陈列品为黑色，而陈列于白的背景时，则说明片用无光的黑色而加淡黄字，其余类推。说明片所用的文字在外国多用印刷，而中国则印刷固好，但为节省起见，用笔写亦无不可。字体以明了优美为主，不尚华丽。写法有横写直写及自左而右或自右而左的种种问题。惟以保馆内全体调和及观览顺序等起见，以自左而右横写为较便。文句以简洁明白为主。大体包括题目、本文及备考三部分。题目为标示物品的名称及最主要事项，而本文则为对于观览者最易起的疑问的解释。本文为说明片的最主要部分，其文句的选择当否，影响于博物馆的效能甚大，所以最当留意。

说明片分各个的与综合的两种，各个的为说明每一标品的说明片，而综合的则说明若干标品而有连带关系的说明片。就一般观览的心理而论，多先观览而后看说明，所以多先看各个的说明片而后及于综括的说明片。因此综括的说明片的文句，应为结论的性质，使观者得一总括的印象为宜。此种说明片的安放方法，或直接贴于陈列品或斜立于物品前旁的板上为宜，当视物品的性质等而定。

第十一章问题

1. 什么叫做配合陈列法？
2. 配合陈列与系统陈列各有何利弊？
3. 陈列柜的种类有几，其构造如何？
4. 工艺品的陈列法有几种？
5. 说明片有何效用？

第十二章　博物馆的社会事业

一、博物馆与学校教育　最近学校教育的利用博物馆，为教育上的一种新倾向，前已屡次述及之，所以博物馆的事业中，学校教育与民众教育及专门研究相并重。美国政府的教育局所出版的机关杂志《学校生活》（School Life）曾征求博物馆长及日常从事教育事业的代表者，关于博物馆与学校如何合作的意见，所得结论，大体如下：

在现代的教育上而不用任何实物补助，以教授地理、历史、美术及理科，实为不可能之事。一般学校，因绘画较为廉价，所以还能易于利用，其他实物标本，在教育上效果更大，而反不利用的，亦颇不少，其理由无非由于价值较大，不易措置。若博物馆能多备实物标本，随时借给于各学校，则不独博物馆有保藏的便利，且可购备一般学校财力不及购置的物件，随时由专门家指示于来馆的学生，其效果更非学校教育所能步其后尘。

此种意见，为根据多年教育博物馆的经验而得。惟教育博物馆现在尚不能遍设于各都市，所以普通博物馆自然不能不代行其职务，所以美国一般专家的意见，不独希望各博物馆能随时借各种必需品于学校，且须使各儿童均能观看，并宜备说明此种标本所必需的附属挂图、幻灯、影片、照相等。且不独一般综合博物馆应有此种的设备，其他美术、科学、历史等专门博物馆，亦当准备小而便于运搬的物品，以备借给于各学校。

博物馆对于来馆参观的各学级的说明演讲，应为学校教育的补充的性质，而不可用以代替学校的正课，不然必招失败。从来博物馆对于参观者设有领导人（Guides）及说明者（Docents），但在现在则已不能满足此种的制度，而必须有新式的说明者即一般所谓博物馆教师（Museum instructor）。所以多数都市，已由市教育局聘请此种教师，而分配于博物馆，成绩非常圆满。又有若干博物馆，则将学级参观者，分为两半日，上半日用幻灯或对于陈列的实物作准备的说明，其后半日则充学生随意的参观或博物馆游戏。此种方法的长处，在于能与学校的正课作有规则的连络，且可由博物馆教师所教之外，更得学生自动的新知识。

总之，小学校在八学年间，依学生学业的进步，随时领往博物馆参观，且使其趣味不偏于一种，而作均齐的发达。一方面更于博物馆教授的延长上，由专门家的馆员率领学生团体，赴郊外观察自然或工厂、农场等的产业的设施，以及考察史迹及著名作品等，均属颇有意义之举。

由此观之，足见学校教员对于博物馆利用上的理论与实际，应有充分的理解，实为目前教育潮流上的自然要求。师范教育不可缺博物馆教育法，其理亦同。

二、欧洲学校利用博物馆的情形　欧、美学校利用博物馆的情形，暂举一、二例以证明之。德国明兴市公立学校的学生，凡在十岁以上每年必由教员领赴国立科学工业博物馆参观一次，定在学校规程。英国国立博物馆外的五百三、四十地方博物馆的参观人中，约有二成为小学校正课时间由教员率领学生来馆参观的，此种参观亦常由率领教员及博物馆员说明指导，并为地方学务部长所认可的。其中有三个地方博物馆，则有专门为小学学生说明而设专员的。例如孟起斯忒①市全市小学学生常送于博物馆参观，应所参观的性质，而每周由市内教员中选定一适当的教员，前往担任说明。各小学每周约一小时，以二十人乃至二十五人为一级，送至博物馆，其结果博物馆每周约有二千五百人的小学生，到馆参观。护送各小学学生的教员，到馆后将学生交给专门教师，由其指导说明。沙尔福特②市每年市学务部长、市视学教员及博物馆员协合开协议会一次，各选定两个的题目，由教员中的专门家分担制作幻灯及说明书，然后召集全市有关系的各小学教员，行对于此项问题的讲演，受讲习后的教员，各自在自己学校行幻灯讲演，然后再率领本校的学生赴博物馆观察实物标本，并从事说明。该市为制作此种幻灯及印刷品，每年支出二百五十镑。学校利用博物馆的情形，于此可见一斑。

　　三、美国学校与博物馆　美国有九百余的博物馆，各小学均充分利用之。美国最著名的为学生所利用的博物馆，为费拉台尔飞亚③的商业博物馆。该馆创立者为著名植物生理学家魏尔生④（Wilson）博士，彼因创办此馆辞退盆雪尔佛尼亚大学校长的荣职，如自以来，凡三十年，其功绩颇为不小。此馆乃以在芝加哥所开世界博览会所余的物品而成，对于世界各地的商品及原料标本，收集颇富，且作系统的整理，亦颇优良。此外更有标示原料及商品生产工程，以及海外诸名族的风俗习惯的。例如制造椰子的各村的生活状态，伯拉齐儿的采取金刚石的景况，以及智利硝石工场的状况等，亦均有极精巧的模型。该馆对于学生教育事业，有专任的女教员三人及助手一人。一九二七年九月至翌年二月间，据该馆的统计，到馆参观的学校共百二十五校，而学生总数达四万余人。该馆为来馆参观的学生团体每日均有特别讲演，已有二十余年的历史，到了现在，教授上亦颇有系统而娴熟。

　　该校的讲演，每周定月、火、水、木、金的五日，均在午前十时半及午后二时，每日两次，每次约一小时。讲演题目及时间的分配，每年学年之始，均有预定表而分配于各学校。讲演题目共五十四种，小学四年以上，每年均有分配，大体多属关于重要商品的生产，各民族的风俗习惯，及地文学上通商上诸问题，且与盆雪尔佛尼亚州教育局所制定的教案相一致，而与各学校协议所决定的。

　　今试以该馆所定小学第五年级的题目及时日的分配情形的例，列表于下。表中所谓秋级者系秋季始业的学级，而春级则为春季始业的学级。

小学校第五年级博物馆教授时间分配表

题　目	秋　级		春　级	
纽西兰的地理	九月二十八日 九月二十九日	午前 午后	二月十七日 二月十八日	午前 午后
棉花的生产业	十月一日 十月二日	午前 午后	二月二十五日 二月二十六日	午前 午后
美国南部诸州的地理	十月十九日	午后	三月十二日	午后
美国的谷类农作地	十一月四日 十一月五日	午前 午后	四月七日 四月八日	午前 午后

---

①　现多称"曼彻斯特"。

②　疑为"盐湖城（saltr lake）"。

③　1948 年版此处为"费拉特费亚"，现多称"费城"，下同。

④　现多称"威尔逊"。

续表

题　目	秋　级	春　级
五大湖及南伊亚瀑布	十一月六日　　午后 十一月九日　　午后	四月十二日　　午后 四月十六日　　午前
家畜的生产业	十一月十七日　　午后	四月十五日　　午后
中州诸部的地理	十二月二日　　午后	四月二十七日　　午后
灌溉	十二月八日　　午后	五月十四日　　午后
鲑的生产及北西部地理	一月十三日　　午后	五月二十四日　　午后

　　至于学级讲演的原则，以同一程度的学级数组，收容于同一的讲演室，惟希望听讲的学级为费拉台尔飞亚市及其附近十哩内的各学校，所以往往不能同时收容于一时而且行演讲，所以同一题目往往重复演讲至三、四次的亦颇不少。讲演之后则又分几组，由女教师领至陈列室，再就听讲的题目加以观察及说明，所以博物馆的价值，能如此于学生听讲或读教科书以外而再由实地的观察以使其知识更为切实，在以一时间的博物馆教授实胜于十倍的学校教育，其效果实堪惊叹，至于该馆对于中等学校以上的学生则不另设讲演题目，惟依该馆所规定的各题目，作高深程度的讲演以适合其程度而已。

第十六图　　儿童在博物馆教师指导下参观陈列室的情形（美国费府商业博物馆）

　　美国澳哈奥（Ohio）州①的克立勃能特市有市立的美术与博物学的两个博物馆，对于学生的教育事业，由市学务局经营之。即市政府为博物馆从事指导学生学习起见，另派博物馆教育的专任教师于博物馆，其监督与薪俸亦直接由市政府支配。该市的美术馆中有专任教育的技师一人，副技师一人及助手五人，博物馆教师二人。在一九二五年至六年间，全市学生的受该馆指导的，共计达小学生九〇一级，初中学生一六九级，又博物学博物馆中，则有教育技师一人，助手一人，博物馆教师三人。该馆有可以收容五十人的教室两间，所以每年各校学生赴该馆参观而受指导者，达二万八千余人。其中以小学第五、六年为最多，第四学年次之，至于下级的学级及中学则较少。该馆每学期先规定讲演时间表，而送于各校，每校每级每学期规定参观听讲时间为三次，除规定分配时间之外，尚有一百五十次预备时间，以供因气候或儿童疾病等而临时变更或补充之用。每次讲演时间为一小时十五分，一半为幻灯说明，一半为用研究纸，在教师指导之下，而从事实际的观察记载。

_____

　　①　现多称"俄亥俄州"。

今以博物馆的教师如何指导学生从事实地观察陈列标本的教案，举一例以明之：

胄甲室参观指导案

为唤起学生的基本观念起见，先作简单的问答。

1. 学生在参观之前，先用幻灯示中世纪的生活状态；

2. 然后引导至胄甲陈列室而使其参观陈列品；

3. 再依下列的方法使学生工作：

甲、使其绘陈列品的略图；

乙、分给印有问题的纸片于学生使其回答；

丙、使其记载制造弩所用的材料及构造；

丁、记载实物，依学生的程度，而在可能范围内，详记其明确的各部名称。最后则博物馆教师为补充各儿童的要求起见，而更给与种种资料。

这样的设备，既非各小学所能办到，所以为补助学校教育的不足以及贯彻儿童教育的真正目的起见，就不得不借助于博物馆。美国以财政丰富的国家，而各学校尚不能仿效博物馆于万一，不能不利用博物馆，以中国目下的经济状况及各小学的设备简陋而论，博物馆的设备尤为必要，且为最经济的办法，愿国内教育界稍注意及之。

四、博物馆教授资料的贷借　博物馆对于儿童教育或全体学校教育上的第二种工作，就是将搜集品借出于馆外。这种馆外借出事业，或由中央博物馆借物品与地方小博物馆及各地的展览会，或由大小各博物馆借贷物品于学校，我人所当重视者，即为后一种的借贷事业。

原来上面所讲的率领儿童或学生赴博物馆听讲，对于教育效果上，虽极显著，但究以来往费时，易于影响全体的学程，所以只能每学期中举行数次，且学校距博物馆较远者，更不易利用博物馆，贷借教授资料的事业，就是为补此种的弊病而起的。凡地方博物馆而行此种贷借事业的，必专备一室，将可以贷借于学校的资料及标本模型等，作有秩序的排列，并对于各物品作详细的目录，分送于附近各学校的校长，使其可以选择而借用。

例如美国圣路衣教育博物馆，贷借于各学校的物品，每隔二星期更换一次，使其可以依学业的进展，而各得适当的教材。分配此种物品，由博物馆的汽车，将物品送给学校时，同时即搬回上次所贷借的物品。每一汽车可以分送物品至四十校。物品既须与教授课目相一致，所以关于这一点，博物馆预先须与学务的官吏及学校校长协商。一切设备以美国勃劳克林市及圣路衣市的博物馆的设施最足以供一般的效法。圣路衣市教育博物馆，随时分配物品于各校，络绎不绝，每年所处理的物品，计达七万二千箱，各小学如在同一时间内教授同一的课目，则博物馆亦必须备重复的物品，以供需求。

美国费拉台尔飞亚的商业博物馆，在一千九百零五年以来，得盆雪尔佛尼亚州的补助金，制作关于地理、理科上所需要的教授用品，免费贷借于州内各学校，一九二七年时，共达三千余组，而所贷借的物品中，以学校讲演用幻灯片占其大宗，因该馆对于各项着色幻灯的重复影片，收备最多，足以应各校的需要的。惟为免时间上的冲突起见，凡欲借幻灯及影画者，必须在二星期前通知该馆。学校学生受其赐者每年不下十万人。借给于农村各小学者，则听众中更含有学生的父兄及其亲戚，故其结果不独对于学生有益，同时对于地方的民众，亦有启起知识之效。

纽约的博物学博物馆，自一九一五年以来，亦开始贷借事业，一九二六年中，该馆对于小学校的博物标本巡回贷出，达四百四十三校，计物品达七十六万五千七百余件，幻灯映画的贷出，在该年亦达三百二十校，七十二万六千件，且其幻灯片多为着色的，可与影戏配合而用，故其效果反在影戏菲林以上。该市的影戏片的贷借事业，由该市的教育局行之，不在博物馆范围之内。

博物馆贷借事业中，尚有以各项物品运往各地而作巡回陈列的，亦颇不少。尤以欧洲此风为最盛。伦敦的维多利亚亚尔培脱纪念博物馆，备有大宗物品，专作地方巡回陈列之用，例如关于陶器的或金属制品、织物参考品等。此外关于科学产业的参考品，以及美术品，亦有贷借于馆外或地方的，所以从前以为博物馆物品绝对不能出博物馆门外，而现在则贷借事业，反成了博物馆的一重要事业，博物馆思想的变迁，于此亦可见一斑。

博物馆的教育事业中，尚有一事，不能不补述的，就是对于盲人教育的设施。多数博物馆为盲人而往往另备专室。例如纽约的博物学博物馆，则为盲人应用起见，而备特别的地球仪及动物剥制标本之类。全市公立盲人学校，每月二回，其他各地的盲人学校，则亦屡次率领儿童来该馆施行教育。近年更于馆内，专设一盲人女教师从事指导。博物馆对于各项教育上的注意，真可谓无微不至。

第十七图　盲人在博物馆中受指导的情形（纽约博物学博物馆）

五、博物馆的研究工作　博物馆最初以研究工作为主体，但以时代的迁移结果，在现代已视为民众教育与学校教育机关的一种。惟从来的对于学术方面的工作，并不因此而稍减，这种工作，尤以中央博物馆为然。就大体而论，馆长有种种的事务，虽不能终日孜孜于学术的推理，但技师则以整理保管各种搜集品为专责，此种工作如鉴定标本等，即为一种高深的研究，所以技师可说是博物馆研究上的主要分子。惟研究所需的资料，即非专门家亦可注意搜集，尤以易于消失的资料，尊重与保护之，实为从事博物馆各职员的重要义务。各国奖励学校的乡土资料研究，一方面亦为宣扬保存国粹的一端。

博物馆对于研究，既应重视，所以博物馆若忘其研究的意志，则谓其已失去博物馆机能的一半，亦非过言。

欧、美各国的博物馆，对于学术研究及发明创作上，颇多贡献，所以欲从事博物学上或其他考古学上等新的发明，无不先往博物馆以求其暗示。例如对于陶器，有多少不满的感觉而欲改良时，则以赴博物馆调查为最捷径。博物馆既备有自古以来各种的陶器，且作有系统的陈列，所以陶器的硬度如何，结晶的情形如何，以及釉药的用法等等，均可于博物馆所搜集的标本中而得种种的暗示。且由博物馆可以索得试验的材料而事实验，更可以作改良上的参考。以上所述，不过举陶器一例以示一般，其他各物亦何独不然。博物馆既搜集保存学者及专门家研究的结晶以及艺术家的作品，甚至各种器械的进步途径，亦无不于博物馆中可以见之，则在制造上及工艺美术研究上的不可不利用博物馆，已颇显明。

至于对于天然物的研究，则博物馆的发挥其效能为更大。所以一般博物馆为民众观览用而精选代表的物品，陈列于陈列室之外，其他搜集品，亦必贮藏于适当的场所，而作极有秩序的排列，以便学者可以自由出入，而利用之。博物馆的所在地，往往有史学会、考古学会、博物学会、美术协会等等的学术研究团体，博物馆与此种团体，就应当有密切的连络，对于专门家须随时给予种种的便利，并进而助学者赴博物馆从事专门的研究，如此而博物馆的对于学术的效能，方能充分发挥。若以博物馆视为一种政府的机关，而以教育行政的当局执行博物馆的事务，甚或以一般官吏掌博物馆的经营或管理，则此种学术的工作万难进行，而博物馆的事业，不得不受影响。所以欲博物馆对于社会有贡献，馆内用人的当否，亦有重大影响。

六、博物馆的研究设备　英国麦克马来氏，感觉现代的科学博物馆，渐成学生及专门家的研究机关，故其结果，各博物馆自有对于这种研究上相当设备的必要，其意见如下：

现代博物馆的倾向，又有回复于勃来托米最初创立博物馆于亚立山达利亚当时的情形，而又成为一种研究的场所。所以今日各大都会的博物馆，一方面无不有供系统的研究及专门的考查的设备，因此而参考图书室、实验室及工作室，已成为现代博物馆所不可缺少的必要设备，正与科学教室不能缺少幻灯及发电机的情形相同。科学各分科教授，亦因此而有实验室及博物馆两方面设备的必要。以前的大学以有一个综合的博物馆为已足，而到了现在则各科均须各有其博物馆。

所以从麦克马来的意见看起来，就可知现代博物馆的成立要素，除了陈列室以外，研究室及图书室、实验室的附带设备，渐占重要，此种情形，在各国博物馆，现在已确系如此。上海徐家汇博物院于一九三〇年三月起改建新馆于震旦大学，建筑费十五万元，改名为休特博物院①（Musee Heude），其设备即悉照此种性质。全馆为三层楼，每层各有图书室、实验室及研究室，我人希望国人自身，亦能有此种博物馆的早日实现。

七、博物馆的贮藏室　博物馆研究及收集物品既多，所以保存的时候，不得不求所占地位的经济，同时又须顾及物品出纳的便利。合于此种目的的保存方法，不外用抽斗式的贮藏箱或排列于架上。例如绘图、照相或图表之类，则于架上分为无数纵格或横格，或用可以出入的浅抽斗及板亦便。如未经裱装的薄纸则宜夹于纸板中而保存之。无论绘画、照相及标本模型等，均须有防尘埃侵入及昆虫的蚀害的设备。所以此种的贮藏柜的四缘及门的四边，均须贴白绒布。如在中国南方潮湿地方，则保存动植物标本的柜门，均须非常密切，且内部最下面应加吸收水分的药品。

这种的研究资料及陈列以外重复品的保管设备为博物馆中一最主部要素，所以贮藏室实为博物馆内部最占重要的一部分。在各国博物馆中，此种设备最为完美者，英国大英博物馆的博物学部的贮藏室，即为其一。英国博物馆以成立年月最久，所以贮藏品亦最丰富，而其设备亦最周到。该馆在本馆的，亦有一部分的动植矿物标本贮藏室，但贮藏室最完备的，则为独立的约宽三、四丈而长约二十丈的一栋四层楼房屋。该处即为动物液浸标本以及其他研究材料的保存所。楼下隔一走廊，与一平屋的研究室相连，二楼以上，则四壁均置贮藏柜，其中央亦有背与背相并的两列标本柜。标本柜每层多是铁制而相连，所以除标本柜的前面，每层有一狭的铁板，造成的走廊之外，其他完全各层相通，无天板与地板。走廊的铁板，均为格子式，以便采光。走廊的外侧有一铁栏杆，栏杆的上面与走廊平行突出一长条的铁板代台子之用，检查标本时，即可由柜中取出标本而放于板上。惟贮藏室完全无窗户，所以多用电灯以采光线。防火甚周到，故其所用之梯，亦均为铁制。这种的贮藏室，可以为一般博物馆的模范。

八、博物馆对于研究者态度　博物馆当局对于一般欲利用博物馆以从事研究的学者，亦宜有相当的认识。例如曾任美国博物馆协会理事的李查特②（Richard），曾作一《图案家对于博物馆有什么要求》，有下列的一文，他说："图案家对于博物馆第一种的要求，即为得博物馆的欢迎。且图案家与博物馆的关系，应认明其有特别的关系，而给予一般参观者不同的待遇。所以博物馆员能引导此种参观人于图案室之外，更须给与种种的便利，例如欲研究陈列于陈列箱中的物品时，则博物馆员应将此种物品移至研究室，以便研究者可以充分观察研究，又如有较大的物品例如家具等，则图案家亦宜得一充分照相或描

---

①　1948 年版此处为"震旦博物院"。

②　现多称"理查德"。

写的机会，如此而博物馆方可充分供研究者的利用。"这种意见虽仅指图案一方面而论，其他亦何独不然。

九、博物馆的研究报告　博物馆为宣传及图观览者的便利起见而有种种的出版品之外，同时为发表其研究的结果起见，亦有多数的报告书。同时为采集种种研究材料起见，往往组织大规模的探险家，将此种采集所得，制成巨著，贡献于世界学界。例如英国博物馆中的种种藏品目录，不啻一种主要的著作，其价值非常宝贵，且均为各科专家所著。其中例如动物方面的各种分类目录尤为研究动物者所视为不可缺少的资料。印度博物馆[①]（Indian Museum）亦有多数巨著为中国研究生物学者所常用的参考书籍。此外美国博物馆亦有报告（Proceedings）及汇刊（Bulletin）两类的出版品，至今所出册数为数甚巨。可见博物馆对于科学的贡献实非浅鲜。

一〇、博物馆的宣传工作　以上所述的关于研究的发表，虽为博物馆的宣传的一种，但欲使博物馆民众教育上的效果增加起见，更不得不采取其他种种积极的对于民众的宣传，这种宣传就可说博物馆事业的扩张，亦即为现代博物馆的一新特征。宣传的目的有两种：一种在使人民知博物馆对于彼等的利益而吸收观览人，正如商品的登广告性质相同；一种则宣传与博物馆有关联的各项美术、历史、科学的知识。这种宣传工作的良否，影响于博物馆的效能甚大，而其方法不外为利用报纸或贴标语，或发行博物馆杂志等，此种宣传方法的优劣，影响于观览人人数甚大。据美国七大都市的美术馆参观人数的统计以都市人口的百分比而论，多能脱市美术馆[②]为最高，即为六十八人，其次为芝加哥四十人，巴斯登三十二人，圣路依[③]二十四人，米乃亚不利司[④]十九人，英弟奈泊里司[⑤]十五人，纽约十四人，而多能脱市美术馆的所以参观人数特多者即为宣传的效力。所以英弟奈泊里司美术馆[⑥]对于人口百人中每年只十五人到馆参观，假定此市全体人口为百万人，则每年到馆参观人只十五万人，然多能脱市人口假定为百万人，则参观人每年达六十八万，其相去在数倍以上，所以宣传可以增加博物馆的效能，在统计上业已证明了。

一一、开馆时刻与参观费　与参观人数相关联的，为参观费的问题。就博物馆的本来性质上而论，以完全免费为最足以吸收参观人数，所以像意大利最近决意将博物馆收费停止，结果人数骤然增加。一九二八年九月中，博物馆参观人总数为二十一万六千八百五十五人，至一九二九年九月，则因免收参观费之故，而增至三十八万零六百六十八人，结果为每月增加十六万余人。所以欧、美各国政府或市府所经营的博物馆，大多为免费，德国因经费不甚充裕，所以虽以收费者居多，但美、法、英的国立及市立大博物馆均属免费。博物馆既以免费为原则，所以不影响于维持博物馆经费范围以内，务必免费，至少于星期日或放假日免费，使劳动者及收入甚少的各种职员，均能享博物馆教育的机会。

惟在免费范围以内，亦非完全无限制的。博物馆为发挥其效能起见，往往对于参观日及时间以及参观区域均有一定限制，而尤以美术馆更为必要。盖人数众多易染尘埃以及日光、湿气、热及振动等，均

---

①　印度最古老且最大的博物馆。1814 年由孟加拉亚洲学会设立于印度加尔各答。其创始馆长为丹麦著名植物学家纳萨尼尔·瓦立池。

②　现多称"托莱多艺术博物馆"，位于美国俄亥俄州托莱多市，始建立于 1901 年。下同。

③　现多称"圣路易"。

④　现多称"明尼阿波利斯"。

⑤　现多称"印第安纳波利斯"。

⑥　现多称"印第安纳波利斯艺术博物馆"，成立于 1883 年，为美国第九大古老的博物馆，同时也是美国第八大百科全书式的艺术博物馆。

足以损害陈列品。为防止此种弊害起见，往往大博物馆每日开放其一半或一部分，而于二、三日间轮流开放。最近则为便于劳动者的参观起见，星期日的夜间，亦渐开放，美国博物馆协会，曾议决至少每星期中有一日必须晚上开放。巴黎国际联盟中博物馆国际事务局，曾于一九二七年召集开博物馆专门委员会，亦议决为便于劳动工人起见，务必设法于晚上开放博物馆。现在英国国立博物馆中的科学博物馆及亚尔培脱纪念博物馆①等，自一九三〇年起，已决定在放假日开放至晚十时。这种开馆时间的延长，也是博物馆最近的一种新倾向。

　　一二、特别展览会与音乐会　　博物馆尚有一种事业，为**特别展览会**。特别展览会除了展览会本身有相当价值之外，又可助博物馆的宣传。博物馆常年作同样的陈列，每有减少兴趣之感，而尤以小博物馆为然，所以能于适当机会，重新陈列，一新眼目，亦可补助常年陈列的缺陷。

　　欧、美大博物馆，每月必有七、八次至十次以上的特别展览会，纽约市立美术馆以及附属于芝加哥美术学院的美术馆，即其一例。开会期间或二、三日或四、五日不等，几乎终年有此种特别展览会，连续不息，对于吸收参观人上，颇有效果。所以特别展览会亦为博物馆事业上所不可不重视的。从事博物馆建筑设计时，亦当预备可供临时展览用的房室。

　　又最近博物馆为谋民众的娱乐起见，往往开种种的**音乐会**。例如英国的魏尔斯国立博物馆最近备一音乐团，其他博物馆亦常与所在地的音乐团相连络而开音乐会。美国的克立佛能特市立美术馆②，在数年前设置音乐部，于该馆的讲堂上，开音乐会或儿童唱歌会，一方面更开关于音乐的讲演会等。其目的即以音乐亦为艺术的一种，所以美术馆在陈列绘画、雕塑等等艺术品之外，再演奏属于艺术品的一种的音乐的优美作品，以谋音乐趣味的普及上进，即所以助艺术的进步。为音乐而到该馆的人数，每年约有二万一千余人，对于宣传博物馆效果上，亦颇不小。

　　一三、博物馆与无线电话　　无线电话为一种有声的报纸，所以博物馆经营上，亦不可忘记与此有力机关相连络。

　　原来无线电话的讲演，而尤以关于实物的说明，每以缺乏实物标本而难引起听者的兴味为憾，但如无线电讲演的题目内容，与博物馆陈列品作一定的连络，则此种弊病，可以免除。无线电得博物馆之助，而无线电讲演的效力更彰，博物馆得无线电的帮助，而博物馆的需要更广。例如播送《地球的发生》以及《生命的起源》等问题的科学讲演，讲演者必须使听讲者观察实物的证据，这种实物标本在各地博物馆陈列甚富，所以听讲者能至博物馆参观一次，即可明了讲演的内容。所以据无线电话局方面的意见，最好博物馆能依据该局预定讲演放送的题目及日期，作相当的陈列，则二者互相协力，可以增加市民的知识甚多。一方面更进而于博物馆的讲堂中，设置无线电话放音器③，而将物品陈列于该室，则参观者到讲堂听讲，同时参考陈列的标本及图画等，当得益更多。所以博物馆与无线电话合作，使博物馆的陈列品可以活用，也将成以后博物馆的一种新事业无疑。

---

① 现多称"维多利亚与阿尔伯特博物馆（Victoria & Albert Museum）"，成立于 1852 年，以维多利亚女王和阿尔伯特亲王的名字命名，下同。
② 现多称"克利夫兰艺术博物馆（Cleveland Museum of Art）"，下同。
③ 1948 年此处为"收音机"。

第十二章问题

1. 博物馆的事业有几种？
2. 外国博物馆对于学校教育有何补助？
3. 博物馆贮藏室应如何设备？
4. 博物馆宜宣传与博物馆事业有何影响？
5. 博物馆与无线电话有何关系？

第十三章　博物馆的建筑

一、建设的地点　建设博物馆，第一应选择地点，盖建设地点的适当与否，不独影响于建筑的费用，即对于竣工后的便利与否，亦有重大关系。第一所宜避去者，为低湿及排水不良的土地。其次则与土地的将来以及都市计划的发展方向等，亦当加以相当的考虑。因在此种都市发展所预定的区域，择地建筑，可以使土地的价格上升，同时即可使其四周早日繁茂。博物馆不宜与其他官厅房屋及其他建筑物同建于一所，在经验上已证明其有害无益。

一方面博物馆既为民众游览及娱乐之所，故其地点必须交通便利，而易于吸收民众的地点为宜。但过于扰杂，或交通要道或附近有烟突之处，则亦非所宜。所以博物馆大体上以在公园的附近或园内，而又交通便利者，为最合理想。

二、博物馆与建筑家　建筑博物馆地点选定之后，在博物馆计划，尚未完全确定之前，不宜遽行着手建筑。因博物馆设计，重内部组织而不重外观，所以在组织未充分准备而先事建筑，实为本末颠倒之举，不可不慎。

欧、美各国对于博物馆建筑的设计，均以由内部而及外部为原则，在决定建筑物如何美化，采取何种式样以及如何与周围环境相调和之前，均先注意于建筑内部的间隔，各室的大小、形状以及采光换气等的博物馆经营上所要求的各种问题。俟内部问题完全解决之后，然后再及于建筑物的外形美观等问题。因有此种理由，所以虽有充分的建筑费，亦不可专供修饰表面之用，应以此种经费充实博物馆的内容，所以浪费金钱，以建筑殿堂式的博物馆，实为不切实用之举。

欧、美各国，从前亦以政府当局对于博物馆建筑无充分的理解，且不采纳博物馆经营者的专门主张，而一任建筑家的设计，所以建筑家就随便设计而建筑，一经完成，再将建筑物交给于博物馆长，着手内部的布置，所以随时发生种种的不合，实为一般博物馆经营者所饱尝辛苦之事。因此而建筑家与博物馆经营者，于建筑完成后，发生争执，亦屡见不鲜。以上各事，到了现在，已成为欧、美过去的历史，最近博物馆的建筑，则多已注重于内部的结构，而后再及于外部的形式，且有博物馆建筑的专家，所以就无这种弊病了。

三、博物馆建筑设计的原则　高尔孟以美国图书馆协会所提出建筑小图书馆的建设设计方针，多可以适用于建筑博物馆，并于此种共通原则之外，更加下列若干条：

1. 博物馆建筑应根据博物馆事业的种类以及使用的建筑材料而设计。二者又因所在地的情形而异。

2. 博物馆建筑设计，应顾及预备将来的发展。

3. 在考虑博物馆外观之前，应先确定内部的设备。

4. 注重根据内部的设备，而使建筑物可在管理上最为经济，不可因建筑上的便利，而牺牲设备上的便利。

5. 公开的各室，务须便于监视，同时又须便于通行，而不妨碍观览人的出入。

6. 陈列室务必设于近于入口的地方。

7. 事务室及工作室，应直接与入口相通，而不必通过陈列室。

8. 讲演室宜另设出入大门，可以单独使用。

9. 陈列室的建筑上的处理及装饰，应依内部陈列品决定之。

10. 楼梯宜用直线阶段，而不宜用弯曲阶段。

四、博物馆各室的配置　博物馆建筑物中，分室的多少及种类配置等，应依馆员数而定，大体可分为公众用各室及馆员使用室的两种。公众用的各室，由管理的关系上，又可分为两类：第一种类为陈列室、图书阅览室及书库等，因须监视管理，所以以彼此接近为宜。陈列室数依陈列品大休分为几部而定，然在小博物馆，则一室中，可以陈列柜而分为若干部。室中不宜多设隔壁，有妨视线，且监视亦较困难，更换陈列品时尤多不便。公众用的第二种房间，为讲演室、教室及集会堂，此种房室只在使用时必须有人管理，故分设亦无妨碍。在小博物馆方面则集会堂可兼作教室用。

馆员室亦因工作上而分为两类：第一类为专门的工作室，即馆长室、技师室、研究室。在小博物馆方面，因为便于监视起见，应接近于陈列室及图书室。馆员用室第二类，为工作室、解包里室、仓库及汽罐室等，不必接近于公众用诸室，故另设于建筑物外，亦无不可。此外更宜备仆役室及便所等。

据一般欧、美先进国的经验，博物馆陈列室，大多设于近大门之处，所以大多以楼下前面的部分充之。至于陈列室、图书室、馆长室等，亦多设于楼下，其结果遂使讲演室、教室、工作室、解包里室、仓库、汽罐室等，不得不设于地下室，惟工作室设于地下，亦有一种困难，就是在工作室装好后的物品，不易运搬于陈列室。惟先搬出室外，再由大门搬入陈列室中，则就可挽救此种弊病，所以博物馆的出入口大门，务须宽大。楼梯的位置及级数，应依建筑物的大小而定，惟在博物馆，公众便利与馆员的需要，往往不相一致，所以近馆员室的附近，应另设楼梯为宜。

五、博物馆建筑的增筑　博物馆建设时，往往当初建筑费不足，而只能先建其一部分，或建筑后预备再行补筑者不少。在这种情形之下，就应及早顾及将来的建设，而有通盘设计的必要，以便日后扩张时，可以彼此适合兼顾。所以预备以后扩充的博物馆，其当初建筑应备下列诸条件：

1. 由小规模着手；

2. 建造的各部分可以永久适用；

3. 有继续从事各种增筑的可能性；

4. 需继续建筑时，其顺序可以通融；

5. 使便于改换更优美的建筑上的装饰及门墙等；

6. 无论扩张至任何程度，而均能完全实行博物馆的功能；

7. 无论扩张至任何程度，而不失外观上的美观。

建筑各部分的可以永久存在以及无论任何程度均能实行博物馆的功能两点，是与内部设备有关系；而外观上的美丽则为属于建筑工程上的问题。惟长方形建筑物的长边沿街路时，则欲解决其美观及其他各种问题，较为困难。

六、地方博物馆设计的一例　今以根据上述诸原则及各种条件之下，而举一地方博物馆建筑设计之例，以供参考。

今假定有一小都市，欲建筑一小博物馆，而单由一博物馆长经营管理。其性质为供陈列历史研究的资料以及自然科学陈列之用，同时又须对于美术方面，可以开一种的讲习会的。对于市内学校教育，以能使学校教员，可以利用并得相当的贡献为度。今假定市政府供给建筑地并支出建筑费三万圆，预备将来随都市的发达，而博物馆亦仍能随时增筑，而仍不失其为约十万人口的都市的适合的博物馆，则其建筑应分为三期设计：

第一期建筑虽依建筑地的状况，未可一概而论，但假定其土地为沿街道的土地，则以沿街道为长边，而先建一、二层楼的小长方形建筑物一栋，为最适当。以后在必要时，可向左右或后面增筑，为最便利。其建筑费除市政府补助三万圆外，能再募捐二万圆，则已足用。

第一期建筑物中的各室配置及其他设备，应先由管理上的便利及使用上的情形着眼而决定之。其次则在不妨碍内部设计范围以内，再渐次及于外部建筑上的设计。如平面图所示，公众出入诸室的设计，务须以少数管理人可以监视为要，同时又须便于公众的出入及观览。事务室及工作室不通过公众的房间，而另有门口，且讲演室亦有特别出入口，与陈列室及其他各室无关。可于闭馆后单独使用。

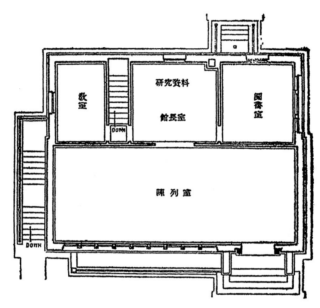

第十八图　小博物馆设计一例平面图（楼下）

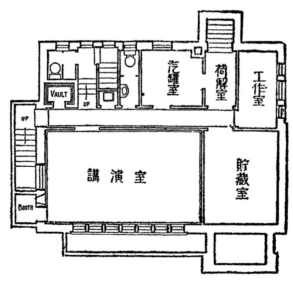

第十九图　同上（地下室）

陈列室在原则上应设于近于入口，以占全面积二分之一为最适当。在小博物馆，室内不设固定的隔壁，而用陈列柜等以区划之。且在馆长室中，而可望及陈列室全体，馆长室的背后，则充研究资料室为最便利。由馆长室应有通于地下室的楼梯，其楼梯口的位置，以靠近陈列室为最便。地下室的配置，为便利上不能不设中廊，讲演室须有通于屋外的特别门口，解包室亦须有搬物便利的特别后门。后门宜广阔，可使解包室或工作室、贮藏室中的较大物品，不能由楼梯而搬入陈列室者，可通过此门而由馆外正门搬入陈列室。

建筑的式样，应酌量该都市的气候、风土及地方的习惯、周围情形等而定。惟其构造则必须耐火，则无待论。

小博物馆无需乎用电灯采光，所以天窗小无必要，只须由窗户采取天然光线为已足。窗户宜高，以直达天花板顶为宜。窗的大小当然应室的面积大小而定，电灯只在不得已时用之，应用时则以间接散光为宜。陈列品的装饰，应陈列品性质而异。楼梯宜为直线形，以便人多时，易以升降，绝对须避去采用回旋式的楼梯。

小都市人口增加以后，则只此一栋的博物馆，已不能充分发挥其效能，以是就有扩充的必要；但亦以渐次扩充为宜。第二期的扩充，先由建筑物的右翼入手，新筑的右翼的楼下，可作历史资料的陈列室，其物品由原有陈列室中移入，而以原有中央的陈列室供自然科学材料的陈列，因此而科学陈列的面积扩充一倍，同时即可开始陈列美术品。新筑的地下室，作参考品的贮藏室，从来在楼下所做的事业的一部分，可移于地下室中。第二期扩充可向中央馆的后面扩张增筑，其楼上充研究资料及图书增加之用，地下室为工作室、解包室等扩充之用。第四期则增筑左翼于中央馆的左侧，楼下充科学及美术的陈列室，地下作讲演室，而原有讲演室则加隔壁，改作教室，以便参观学生的教育之用。这样扩充之后，则作为十万人口的都市的公开博物馆，已无遗憾。

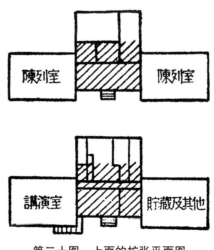

第二十图　上面的扩张平面图

七、建筑的构造与式样　以上所述为关于建筑小博物馆设计的例，今再就一般构造馆建筑上的诸问题，略加讨论。此种问题之中，第一即为构造与式样的问题。

本来博物馆建筑，不必束缚于从来传统的观念，而必须为纪念馆式或殿堂式不可，与其注重于外观，不如注重于实用，在发挥博物馆的职能上，更为有效。所以近来欧、美新建的博物馆，皆不尚庄严华丽，而在乎简繁愉快。这种倾向，亦可算是博物馆建筑上的一种革命。

惟建筑家为决定建筑物的样式上，当然不能不顾及周围的状况，使其得与环境相调和，亦理属当然。不过此种式样的决定，均须在采光及其内部实用上诸建筑问题解决以后而定之，亦为博物馆建筑上的一个特点。且其建筑材料最好能采用地方上的物品，使建筑材料与周围环境，亦有一种调和，尤为紧要。

一九二九年，举行开馆式的美国白佛洛①（Buffalo）市的科学博物馆的建筑，亦为最新式样之一，足供参考。其式样以古典式（Classic）的建筑而改为现代化，其中有大陈列室之外，更有科学各部分的陈列室十间。地面为教育部、野外俱乐部室、教室、照相室、绘画技艺的图书室、眼看的②教育部、图书阅览室、儿童博物馆、学校教育部，二楼为事务室、研究图书室、工作室、实验室、水族室、技师室，三楼有制作准备室。德国独来斯登③的国立卫生博物馆，为一九二七年起至三十年竣工的博物馆，其建筑式样，亦颇新式。

博物馆的建筑构造，在博物馆的性质上，为公众的安宁及搜集品的安全起见，当然有耐火的必要。西洋亦是以火灾、尘埃及窃盗，为博物馆的三敌，防火的必要，于此可以推想。惟博物馆的建筑，除用不燃性物料外，同时各室间，亦须设防火门。防火门在小博物馆中，则无必要。例如德国国立科学博物馆，其防火门可以推入厚壁中，所以平时在外观上亦不触目，且各门均有可熔性金属锁链，所以火灾时因热而熔锁链，司自动的关闭。博物馆的陈列柜，大多为金属性居多，即用木制柜的，亦必外涂防火漆料，所以大体陈列室均少起火灾。虽属如此，而博物馆在吃烟室外，仍严禁吃烟，且各层均有水管并备消火用的龙头，以备万一。

博物馆起火灾的可能性，以仓库及工作室、公众食堂、照相室、解包室等为最多，尤以多刨屑的木工室为然。所以在博物馆有点火的必要时，须先得馆长的许可。幸而现在一般已多用电热，故闭馆后可关闭电机，以防危险。且有发生火灾危险的各室，均有特别装置起火灾时因热而可熔解水栓，水管自动流水以消火。

博物馆备用化学的消火液的消火器，固为必要，但在美术馆等，使用时最宜留意，若使用不得其法，则往往贵重绘画及版画等，大变损害，反招不利。

八、博物馆的采光 博物馆采光问题，有种种的意见，主张不用天然光线的，则谓天然光线易使陈列品变色，且天气易于变化，因而调节极难。太阳光太弱时，往往不便观览，同时因采光窗的关系，而减少墙壁的陈列面积，又易尘埃侵入，故应防一切天然光线射入室内。反之，主张采用天然光线的，则谓天然光线可使观者得种种愉快感觉，且可由窗吹入微风，故宁可牺牲若干技术上的便利，而必须采用天然光线。二说各有理由，惟就现状而论，则多数博物馆还是以利用天然光线居多，惟在过强时用窗帘调节，过弱时，则用电灯补充之。采光窗位置稍高，即可免墙壁的浪费，同时对于通气上，亦有相当利益，惟在暑期极热的地方，则必须向夏季多风的方向，多开低通气窗，以缓和室内的暑热，亦为必要。

小博物馆采光的方法，据高尔孟所说，以沿建筑物的长边在天花板下开一列高窗，为最良的采光法，其窗的大小，固不可一概而论，窗台高度至少须在地板面十尺以上，不然则由窗而射入的光线，接触陈列柜的玻璃面，而起反射，不利观览。窗的位置及窗长，以室内所需光量而定，至少须在十三尺以上。所以用一般的建筑物，充博物馆时，窗高多在离地不过三、四尺，而窗顶与天花板尚离三、四尺，无怪采光不良，而起反射。

至于窗的式样，本有上下推窗式，及左右推窗式以及回转式或向内向外开各式，惟近来多以向外开

---

① 现多称"布法罗"。
② 1948年版此处为"民众的"。
③ 现多称"德累斯顿"。

而用铁条以调节其开窗度为最便利。且用窗帘等亦易调节。窗户关闭时，为防强风吹入尘埃起见，上加突出棒条，使其密闭。

太阳直射光线，可使陈列品褪色，其被害之大，为一般所公认，其原因无非在于太阳光中的紫外线的作用。惟普通窗玻璃板，则透紫外线力弱，所以用玻璃窗亦可缓和其被害程度。但欲完全防其作用，则宜用窗帘，以遮断之。窗帘用半透明者，不如用不透明品，不透明窗帘并不使光的性质起变化。窗帘最好用两重，外面者色浓而里面者色淡，其色以淡黄色为最适当，惟在我国太阳光线照射较强的地方，则对于光线的被害尤当注意。搜集品的贮藏室，固不待论，就是陈列室而有褪色之虑的美术品陈列室，每日闭馆后，即须将窗密闭，而使其不通光线为要。锡兰岛的哥仑布博物馆①中，在开馆时间内，而台柜的玻璃盖上，尚覆浓橄榄色布，而多数美术馆往往用日光电灯，以免太阳光线。对于光线的害处，无不极力避去。

九、博物馆的天窗　博物馆采光上使用天窗问题，海外博物馆经营者间，有种种的意见，而尤以在夏季暑热剧烈的地方，尤当考虑。欧、美采用天窗，以堆积尘埃如何洗扫以及除雪及雨漏等，为问题的中心，而热地则以防暑为第一问题。美国博物馆界的权威约克生（Jackson）所著《博物馆》一书中，述及现代博物馆对于采用天窗的思想，渐有变迁，除陈列现代画之外，渐有嫌弃天窗采光法之概。其理由在于古代绘画，均为悬于宫殿会堂及其他由侧窗采光的室中而作，所以美术品作品上，被照射的光线，与观画人的视线，作四十五度的倾斜为最佳，而由头上射入光线，则不甚适当。因这种的理由，所以若将意大利等处的古代名画，而陈列于用天窗采光的陈列室中，必致减损作品的价值，亦为一般美术观赏家所公认。屋外光线甚强的意大利，其美术馆的窗户特为缩小，使室内光线不致过强。教会堂中的窗户虽大，但多有画绘的玻璃，亦可减少光线的强度。英国则用窗帘以缓和光线，其理由亦大多与天窗相同。

至于天窗与雕塑问题的关系，则雕塑中如佛像等，均为装置于室内为多，所以陈列于天窗采光的室内，亦可减少美术品的价值，其情形与古名画相同。即如装置于庭园的装饰雕刻，亦多少受树木及灌木的荫，而非全然露出于日光中，所以大体上雕刻品均以陈列于侧窗的室内为宜，至于陈列于柜中的物品，更无天窗的必要，且如台柜，则观览人往往受下射光线的影响，映影于柜面，有碍观览。惟绘画及雕刻品陈列室的侧窗，必须开窗较高，或再用反射法而使光线柔软，然后照映于画面，更为美观。纽约的市立美术馆及柏林的费立特李许博物馆，即采用此法。

又最近美术馆中采用天窗采光者，大多于屋顶造小屋，而由屋顶的侧窗以采光，以防太阳的直射及暑热。同时以采光而兼通风的性质。此种天窗中，构造最完备的，当推檀香山所建造的美术馆，此外各国的美术馆的天窗，亦往往有机械的通风装置，并有冷水喷雾装置，用以洗涤通入室内的空气。

一〇、博物馆内部的粉刷　博物馆内部的壁墙，必须为不燃性原料之外，其陈列室为陈列的调和上，需要特种的处理。普通陈列室的墙壁中，亦有不加整理，而一任其原来的粗砂土的，大多则均用油漆或贴粗布。用布的目的，一方面在陈列室的美化，一方面可使墙壁不留钉及螺旋的痕迹。其方法即在墙上加贴厚纸，然后再于纸上覆布。布目以较粗者为宜，而其颜色，则以淡卵色为最佳。惟有易于褪色的缺点。如不需陈列物品于壁面的，则墙壁不必用布，可单于粉后，再涂一种油漆即可。在原则上以浅黄色、鼠色、青鼠色、淡青等吸收光线较少的颜色为佳。天花板的颜色，应比壁色稍淡。欲检查壁色的

---

① 现多称"哥伦布博物馆（Columbus Museum）"，成立于 1953 年，位于美国乔治亚州，是专门收集美国艺术，讲述哥伦布历史的博物馆。

适否，应于广大面积中，实视之，为最确实。

其次博物馆的地面，不宜用木板而用三和土，一方面可易于洗涤，一方面又可防火。惟三和土的缺点，在于步行时足声太高，故近来多在三和土面上，更加一种称为军舰用油胶（Battle – ship linoleum）铺之。若用木板时，则以使用坚实木材为佳，且板上应涂蜡。

博物馆对于尘埃，亦宜设法防止。因尘埃堆积陈列品上，能起化学的作用，或因光线的褪色而起斑影等，损害实质甚大。故窗户均须加纱窗外，陈列柜门户，均须十分密接，不生间隙。密接不独可防尘埃，兼可防虫害及湿气。博物馆中室内温度，亦不可太高太低，一般陈列室以六十五度至六十八度为最佳。若有温暖设备时，亦不可使空气过干，而致物品起龟裂，此为博物馆经营上所当注意的。

以上所述，仅为博物馆建筑上所当最注意之点，至于详细构造上诸问题，则涉及建筑学，当不能再于本书中详述。

第十三章问题

1. 博物馆建筑上应有何原则？
2. 博物馆内部房屋应如何分配最合理想？
3. 试举一例说明小博物馆的建筑设计法！
4. 天窗有何利弊？
5. 博物馆的墙壁及地板应如何构造？

上海市博物馆丛书

甲类第一种

博 物 馆 学 通 论

陈端志 编著

上海市博物馆发行

中国民国二十五年七月出版

作者简介

　　陈端志，生卒年月不详，一名陈光辉，上海金山人，日本庆应大学毕业。他是中国早期的博物馆学家，曾经在上海市博物馆任职，著有《博物馆学通论》和《博物馆》，其中《博物馆学通论》是中国第二部系统论述博物馆理论及工作方法的博物馆学专著。

序

胡肇椿

　　博物馆事业在欧美自发轫以来，于兹不过百余年，其间改进之亟锐，迈往之可惊，稍涉足于柏林、伦敦、巴黎、纽约各大都市以迄穷乡僻壤间，其博物馆无问规模之宏陋，靡不活跃于民众智识之普遍，与高深研究之策进；其影响于国家之隆替，民族之兴靡，夫岂偶然！建国以来，内患外侮，曾无宁岁，于国家百年之计，遂多疏略，而博物馆事业之运动，亦感蹉后。比岁之间，当轴诸公，奋斗于国家兴亡忧患之间，益事于生聚教训为民族复兴之算，而博物馆事业为普及教育、提高民族意识、增进研究精神之要途，提倡之责，要不容懈。肇椿既受命于市长吴公，为是途之努力，因感提倡研究，以诱发高深兴趣，亦为博物馆事业之安着，乃有上海巾博物馆丛刊之辑，内容性质暂分博物馆学、历史、艺术、考古四项。惟以编行伊始，谫陋谬误在所难免，是望海内明达，予以教正，曷胜厚幸！

自　序

　　研究博物馆的书籍，欧美各国，几于汗牛充栋。其在吾国，除若干种品目刊物及偶或散见于报章杂志的论文外，尚无较有系统的专书。端志有鉴于此，爰根据吾国实际的需求，更参考各国博物馆学名著，作成是书。在简略浅陋的一本通论中，原说不上什么贡献；惟在国内博物馆事业正在勃发的时候，而出版界又未有此种书籍刊印，则本书的出版，视为吾国博物馆学的一个前哨也可。

　　本书编辑时，承叶誉虎先生暨胡肇椿、徐蔚南[1]、郑师许[2]诸先生的指示；又承国立北平图书馆副馆长袁守和[3]上海市立动物园主任沈祥瑞[4]二先生供给不少参考资料，而制图设计，较样勘稿，又多出自刘平若、顾志刚、金道一、顾培懋诸先生和内人湘姚之力为多，都是使作者非常感激的。又本书出版之日，适值中国博物馆协会第一次年会与中华图书馆协会第三次年会在青岛举行开幕典礼，并记于此，以资纪念。

民国二十五年七月一日端志写于上海市博物馆

---

① 徐蔚南（1900～1952），江苏苏州人。现代作家、翻译家、方志学家。曾任上海市博物馆董事、历史部主任。
② 郑师许（1897～1952），广东东莞人。曾任上海市博物馆筹备委员兼艺术考古部主任。主要著作有《中国文化史》、《中国金石学概论》等。
③ 袁同礼（1895～1965），字守和，河北徐水人，生于北京。华裔美国图书馆学家，目录学家，中国现代图书馆事业的先驱。曾先后担任国立京师图书馆委员会（后改名北平图书馆）图书部主任、副馆长、馆长等职。抗日战争时期在西南从事图书资料的搜集整理工作。1949 年赴美，先后在美国国会图书馆和斯坦福大学研究所工作。
④ 沈祥瑞（约1900—?）字嘉徵，上海县人。辟建上海县立公共学校园和市立动物园的负责人。曾任上海县立（后改市立）公共学校园主任、上海市立动物园主任等职。

目　次

木刻画：

文艺美术之女神（参看第一章第一节）

铜版插图

中国博物馆协会成立会

南通博物苑南馆

上海市博物馆外景

西湖博物馆文澜阁

故宫博物院景山全景

故宫博物院乾清宫

美国圣路易市立博物馆

英国英伦博物馆雕刻部

美国纽约市立博物馆外景

美国芝加哥科学工业博物馆全景

德国工艺博物馆外景

罗马教皇博物馆之一角

美国费城商业博物馆外景

美国克里还拉美术馆外景

英国生物历史博物馆生物陈列室

英国生物历史博物馆昆虫陈列橱之一式

荷兰阿母斯达博物馆前门

新加坡拉忽丽博物馆外景

剑桥费士威廉博物馆中瓷器陈列室

剑桥费士威廉博物馆中央及靠壁陈列柜

比国皇家美术馆陈列室

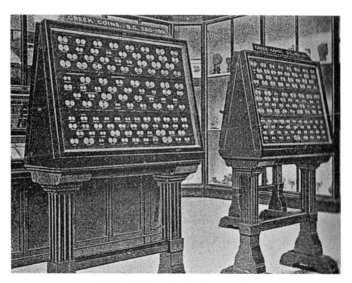

英伦博物馆钱币陈列室之一角

美国圣帝哥生物历史博物馆系统陈列

美国意利诺大学生物历史博物馆马之进化系统陈列

英伦博物馆中陶器陈列室

英伦博物馆中用屏风分成小间之印刷品陈列室

英伦博物馆雕刻陈列室

瑞典国立博物馆之十八世纪陈列室

英国生物历史博物馆陈列植物标本之壁橱及活叶架

英国博物馆中印刷品陈列室

英国皇家外科学院博物馆陈列室

英国大英博物馆图书馆

美国博物馆生物联合陈列橱附有总说明之一例

英国伯明汉美术馆之中央联合陈列橱

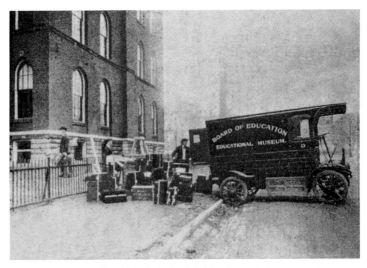

美国约翰鲁易斯教育博物馆巡回车

日本京都儿童佛教博物馆庆祝玩具节

英国大英博物馆铜工室

美国博物馆皮革制作展览中示范工作

美国奈瓦博物馆中关于皮革说明分组指导

美国奈瓦博物馆昆虫俱乐部

第一章　概论

一段最早的故事

博物馆（Museum）一词，原来是供奉专司文艺美术之女神（Muses）的神庙，后来即以之为研究学问之场所，学者交际之聚会室；换言之，即是文艺和哲学的研究所在地。在公元前三百年时，托勒弥（Ptolemy）皇帝①把亚历山大利亚②的宫殿划出一部分，建筑一馆，其中附设神龛、公开演讲室、植物园、动物园等，以为养成学生学问向上之用，这是古代博物馆的滥觞。神龛内供奉 Muses 的肖像，（见里封面）招请精通希腊文学、哲学、历史、艺术等专家，共同研究，其经费由国库支出，以国王所任命的僧侣为之监督。及后埃及移归罗马所领，该馆乃由皇帝亲自管理，亚历山大利亚在罗马支配之下，日渐衰落。到了第四世纪之末，这研究机关便完全停闭了，这是关于博物馆的一段最早的故事。

不论从博物馆的字义上讲，或是把这最早的故事分析起来，我们可以决定他是由政府经营事业之一；而其中极富学术的及教育的意义。至搜集古物，陈列展览，则为后来的事。及至今日，则分门别类，至为繁复：就范围大小分，有中央博物馆、地方博物馆等；就作用异同分，有学校博物馆、民众博物馆等；就内容偏全分，有历史博物馆、艺术博物馆等；其他如各部门产业的陈列，行政效能的展览，以及植物园、动物园等等，亦都在博物馆范围以内。不论为国际共立，为一国设立，或由政府公立，或由个人私立，其维持之方法虽然不同，而其目的则一。

从古物的仓库到科学的宝座

惟博物馆事业随时代而演进，其涵义亦因之而不同。譬如在十五世纪的时候，欧洲人发现了两个新天地：一个是久被蒙昧了的古希腊和罗马的文化，一个就是草莱初开的新大陆。这两个新的发现，藉着国家主义势力的膨胀，把久已入停顿状态的西欧人探讨知识的心灵，重复鼓动起来了。所以当时西欧的一般人，抱着十二分的热忱去找东西，以满足他们的欲望。于是王侯贵族们不但保护当时古物的发掘，并且也收藏古典的书籍及纯美的艺术品。古物的搜罗者和贸易的商人们，也从东西印度和新大陆不断的给他们运来些珍奇动植矿和其他的战胜纪念品。学者和富翁们也都争赛着他们的珍奇异宝，和一切选择出来关于艺术和自然历史的收藏和标本。古物保存的风气，几成了当时人们一致的观念，于是在当时博物馆的意义，无疑的就是古物的仓库了。

宗教改革之后，蒙昧主义之势力和宗教的权威，一落千丈，探讨科学的精神，因之而兴。到了十七世纪中叶，科学运动的力量就集中了，各国有名的学会，风起云涌的组织起来，这些学会的成立，不但对于科学发达上有无限的补益，就是对于科学的博物馆也树立一个很好的基础。在当时博物馆的涵义，

---

① 现多称"托勒弥一世"。
② 现多称"亚历山大港"，下同。

已从古物的仓库演变而为科学的宝座了。

至于博物馆从少数的贵族和学者手中移至大众的面前，还在十八世纪以后。各国公开的博物馆，到了十八世纪才有设立。在当时人们对于博物馆的观念，虽然还在鉴赏方面，可是博物馆应为"公共设立而设立"的认识确已立定了。

到了十九世纪以后，已经从草创时期——王宫的收集，贵族和学者们的收藏，和一切当时的贮藏所——发达到了一个现代化的时期。换言之，那时期对于博物馆的新的认识，犹之如实验室中受了古生物学与达尔文的原始学说一样。当时人们不但用科学的眼光去研究古物，也不像先前仅仅贮藏在馆里就算了，并且还要利用他们为教育工具。于是博物馆便成了一切事物都可当为博物馆的出品，一切事物都可从博物馆中学习得来。

十字形的发展及其定义

到现在博物馆事业仍然继续不断的迈进着：他在横的方面，趋于普遍化；在纵的方面，趋于深刻化。以其日趋于普遍，故教育的效率日益增；以其日趋深刻化，故文化的水平日益高。其合理的发展，乃如竖立的十字，而其定义则为：

> "博物馆乃保存最足以说明自然的现象，及人类的业绩等物品，利用之以为民众知识的向上，及文化事业的发展之一种设施。"

现代合理的博物馆，不像从前仅仅把陈列品贮藏在馆里就算了，并且还要利用他为教育的工具。教育展览品列入博物馆中，在十九世纪七十年代已有相当的地位。近来欧美各国的教育思潮中，所谓实验主义的教育和直接教学法等等，都是借重于博物馆的教育方法。尤其在美国，几乎学校教育和博物馆打成一片，他们在规模稍大的小学校里，大都附设着博物馆，政府方面亦在各地努力于儿童博物馆的设立，以辅助学校博物馆之不足。他们除在教室中授以书本知识外，还要率领儿童在博物馆中作实物的观察和试验，他们已成为没有博物馆不能上课的观念了。

现在欧美各国中等学校中，亦已不少设有博物馆，以为学习上的利用。专门以上学校，因为普通博物馆不够应用，故各校自身多有各种专门学科博物馆的设备。换句话说：他们自小学以至大学，均有设备。博物馆的趋势，博物馆在教育上的地位，和图书馆已经无分轩轾了。如果偏重书本智识而忽略实物教学，则其所得之结果，势必理论多于目验，空谈胜于事实，我国兴学数十年，所以功效仍未见大的原因，即坐此病。

由内而外由静而动的发展

博物馆既成了教育的工具，不但在馆内发生作用，同时也扩充其力量到馆外面去。他最早占领了学校的园地，然后又把握了全社会。博物馆所以把握着全社会的理由，因为从前欧美各国的博物馆，除了少数专家们外，与民众极少关涉的。虽在十八世纪以后，已渐趋于平民化，但最初的为公众开放，还甚勉强——如大英博物馆之规则，最初开放只允许每日三十人进馆观览，几经要求，限制仍严。这和我国过去的藏书楼演进而成图书馆，如出一辙。到后来眼看见各图书馆公开给一般民众阅览，成为社会教育的有力机关；于是各博物馆也不得不顺着潮流而完全开放了。博物馆开放以后，社会上各阶级以至年龄不同的人们，都可以共同欣赏，这在教育上的收效，比演讲、远足、表演等等来得实际，来得广大。所以博物馆开放以后，他的力量，立即寄托于每一个观览者的身上，满布于全社会中去了，近年来户外博物馆及路旁博物馆的这样风行，也是把博物馆扩充到全社会中的一种自然趋势。

博物馆所以继图书馆后，成为社会教育的第二种有力机关，还有其他的特色，因为博物馆对于观览者丝毫没有何等强制、压迫，以半娱乐的性质，全然出之于各人的自由意志，为民众最容易自己学习的一种动的教育。而又能使民众的常识提高其水平线，民众的志趣加强其向上性，为一种最健全的教育机关。所以博物馆大众化，在欧美已成为一致的要求，一致的需要了。于此，可知博物馆之所以成为社会教育的有力机关，较之图书馆有过之而无不及，因为他能把握着全社会，社会的各方面都有他的地位，都有他的价值。故在不久的将来，博物馆将成为教育的大本营，智慧的摇钱树。

博物馆的大众化是其合理的演进，也是终极的目标。不过在博物馆本身，还不失其为学术研究的最高学府，他和吾国流行的社会教育机关如民众教育馆，农民教育馆等，截然不同，因为他一面是民族文化的保管人，一面又是社会教育的良导师。

现阶段的博物馆

博物馆事业到了现阶段，虽不能说他已到登峰造极的境地，但是在欧美各国，已蔚为大观，大凡人口较密的地方，莫不有专为一学一业陈列的博物馆，据马可哈谟（Markham）[1] 的统计，现在全世界已有八千多博物馆，在这八千多个博物馆中，英美和欧洲大陆各国已占了六千五百余个。其中德国和美国最为发达，各占一千五百以上；尤以德国和其他条顿族[2]的国家，对于博物馆事业具有特别敏锐的感觉和兴趣，据说平均每四万条顿族人中，就有一个博物馆。美国的博物馆也有一种特征，他的最大使命便是发展教育，所以他们在教育上的活动力，可以说无微不至，儿童博物馆和户外博物馆[3]（Trailside Museums）都是美国首先创设的。

现阶段的博物馆，已成了一切文化产业的发动机，他不但可以保存文献，提高文化，还可以陶冶性情，培养志趣，又可以发展产业，充实财富。所以向称博物馆事业落后的日本，最近十年间，朝野上下，合作经营，亦已成立了三百余所。即以实行社会主义的苏联而论，他们也以博物馆为施政布教最有力量的工具，除设立许多科学博物馆和美术博物馆外，还有专门为宣传社会主义之理论和革命之意义的博物馆。博物馆事业对于人类生活关系的深切，于此可见。

吾国向来对于保存文献，仅藉方志的编辑，未曾注意到实物的保存。不知民族文化的表现，文献而外，尚有器物，文献所不能尽者，器物可以证实他。譬如殷周的铜器甲骨，两京的石刻画像，不但足以上窥当时礼俗，补苴史实，即就其制作精美而言，先民在艺术上的造诣，亦可使后人赞叹流连，精神奋发。因为仅在文字记述上用功夫，于是文献终不足以保存；虽汉魏以后，古物出土，代有所闻，然或收入内府，或沦于私家，大都深藏闷守，常人无从观赏。及至社稷倾覆，朝代推移，不旋踵而散佚殆尽。这都是为了吾国旧习，学归私门，而历代储存文物，迄无妥慎之法。到了清朝季年，西人考古西陲，于是敦煌的遗书，流沙的坠简，相继以出，捆载而去，三代两汉之物，流传海外，不复见于中土。国人研究本国文物的，反有材料缺乏之感，因有谋所以保存的方法，而博物馆事业，乃始移植于中土。

但是博物馆不只保存古物而已，吾国初期博物馆事业的不能进展，实缘对于博物馆职能犹未正确认识所致。最近十年间学术界憬然有感，急起直追，各种博物馆亦逐渐设立。惟规模虽具，设备未周，欲求事业的进展，功效的丕著，尚须有待于经营博物馆者的努力也可。

---

① 现多称"马卡姆"，全名富兰克·马卡姆（1897～1975），英国政治家。
② 亦称条顿诸民族（Teutonic Peoples），指使用印欧语系中日耳曼诸语言的任何一个民族，下同。
③ 应为"路旁博物馆"，属于户外博物馆的一种。

第二章 博物馆的演进

世界最古的博物馆

追溯博物馆发展的历史，虽然只能到十五世纪初叶，但是美术、宗教以及其他的收藏，要远在十五世纪以上。亚历山大时代就已有将他侵略别国时所得的东西，送给他的先生亚理斯多德①保存的记载，这要算世界博物馆史中最早的一段史料了。

在亚历山大的世界希腊化政策鼓励之下，托勒弥皇帝便在纪元前三百年顷，曾在亚历山大利亚创立一馆，以为当日讲学说道之所，这是一个可靠的证据。馆中部门甚多，实为世界最早的博物馆。亚历山大利亚图书馆被焚之后，文艺复兴之前，这个长时间内的一切罗马的战胜纪念品，和中世纪宗教的纪念品，因为没有地方去贮藏，大部分都送到那所博物馆中。馆中供奉文艺美术之女神 Muses，博物馆（Museum）的名称，就是借用女神的名籍以表示他是研究文艺和哲学的场所。

文艺复兴以前的博物馆

欧洲各种重大的文化事业，都在文艺复兴时兴起，或者是在文艺复兴时代完成，博物馆当然亦不能外此。自从亚历山大利亚的博物馆停闭以后，后起的罗马人，不像希腊人那样重视文化，便把此事忽略了，到了共和政治时代末年，私人家庭搜集陈列品之风，日渐开始，富贵之家，往往另辟专室，陈列美术品以招待宾客，视为风雅。此种搜集品之中，不仅为美术品，并有珍贵少见的自然物之类。

富豪贵族之邸第内辟设这种陈列室，实可视为动物园植物园的滥觞。因为他们所陈列的除了美术品外，也有把来自远方的猛兽美禽，特设槛笼以饲蓄之。同时，又栽植来自异方绝域的珍奇植物，搜集美丽的盆栽植物，以供观赏。不啻于私人邸第之内，设立小规模的博物馆，以至动植物园水族馆等等，从此逐渐分化发达，博物馆和动植物园的特色，就日益显著了。

欧洲中世代间，多数僧院，均藏有珍贵稀有的搜集品。而此种搜集品，大都是归自远方的旅行者所寄存之物。再如各教会中，亦均有所珍藏，其中有的是教主的遗物，有的是具有历史价值的古物，而由巡礼带回来的珍品，亦属不少。就中如驼鸟之卵与鲸骨等等珍奇之物，最足以使观览者为之惊叹留恋。此种搜集品，当时教会视为吸引民众最好的工具。然教会及寺院的获得此种搜集品，只是敬神观念与迷信刺戟的结果，决非以供教育研究为目的，所以和现代搜罗集古物的立场，完全不同。不过因此而启发一般的对于搜集品发生兴趣，效果却很显著。并且在寺院和教会所藏的实物之中，亦多为古代美术的"逸品"，即今日各国大博物馆中，多数富有历史价值的陈列品，还是当时各寺院和教会珍藏之物品。

---

① 现多称"亚里士多德"。

文艺复兴时代的博物馆

十五世纪的文艺复兴，对于古典性的古物，突见热烈的赞赏，因此，其搜集与保存，亦无微不至。结果乃致自十六世纪开始，以意大利为首，次及德法诸国各地，均前后出现了陈列古钱、古书、量尺、数学数理的机械及化石之类的陈列所。十六七世纪间，许多学者采古代工艺品作系统的研究整理，为研究古物所不可或缺的资料。于是，并为今日考古学博物馆奠定了坚固的基础。特别是意大利所发现的伟大的美术品，渐为各地专门博物馆所吸收，成为现今各国著名博物馆搜集品的核心。

其后由于人文的发达，文艺已经普及各国，对于自然物自然现象，亦均开始以科学的兴味，次第加以研究。印度航路的开通，新世界的发现，传教事业的发达，驱使多数欧洲人士，远涉重洋，遍游各地，因此而获知各地的天产物、工业品，住民的衣饰器具及武器等等，尤其对于两大文化古国所在的亚洲物产，亦于此时开始交换和研究。到了十七世纪中，学者搜集动植物的自然物盛极一时，遂与发掘采集古物，形成对抗之势，往往在同一博物馆中，恒有两种搜集品合并陈列，这是在文艺复兴以前所不经见的现象，亦是文艺复兴时代，由于科学的进步而博物馆的职能，亦从而扩大。

在此，关于博物馆的名词，亦有说明的必要。开始专用语有英语的 Repository（储藏所之意），法语的 Cabinet（私室及小室之意）Chambre（室、房间）Galerie（廊下）等，其后渐次认定美术品，古器古物，动植矿物之标本等一般的珍品稀物为搜集品，乃采用所谓 Museum 一语为专门语。然而 Museum 一语，不仅为搜集品之意，并有"保存搜集品的地方"之意。所以自十六世纪末叶以后，此语常以二种意义而被使用的。

当文艺复兴以前，博物馆的陈列品中，很多是不科学的，在文艺复兴时代，还免不了那种现象。令人惊奇之物，同时也是令人最爱好之物，如一角兽的角、巨人的骨等等。一角兽的角，当时为专供药物之用，颇属名贵，价值很高。巨人之骨，为十六世纪时代的博物馆中所到处陈列的物品，其实这是古代的巨象之骨，因为从地下发掘出来，不加研究，人都信为是巨人之骨。还有类似此种的陈列品，如木乃伊、人的头盖骨等。当时的头盖骨，都用作医治与头有关的病症的药品。其他药用品的陈列中，有人类的皮肤，牡鹿与麋的角蹄等类，都可作为药用。此外尚有化石类、石器类、介壳类等种种，关于他的成因来历，总是根据一种传说，有足令人捧腹绝倒者。而其分类，人工品与自然物，亦无区别。由此可以想象到当时科学发达的程度。

早期的博物馆

在文艺复兴时代，各国大规模博物馆次第成立。有罗马佛罗稜斯①维也纳特莱斯敦②弥攸汉③柏林巴黎等著名的国立博物馆及美术馆，以及搜集关于钱币、量尺、宝石、解剖学与病理学等资料的博物馆，同样的，再来观察十七八世纪时代之重要的各种博物馆，亦可知道博物馆事业进步之速，其中最先出现的是布洛戈那④之科学博物馆。其次是凡洛那⑤的古物博物馆，那朴里⑥的科学博物馆，维也纳的历史及美术博物馆，米兰的人造珍稀品博物馆，巴黎的历史博物馆，乌尔兰的天然博物馆等等。

---

① 现多称"佛罗伦萨（Florence）"，下同。
② 现多称"德累斯顿（Dresden）"，下同。
③ 现多称"慕尼黑（München）"。
④ 疑为"博洛尼亚（Bologna）"，下同。
⑤ 疑为"维罗纳（Verona）"，下同。
⑥ 现多称"那不勒斯（Naples）"。

荷兰潘尔纳德氏的珍稀品博物馆，当时亦很著名。其搜集品后来为圣都彼太斯布尔①的帝室博物馆所收买。以植物学闻名的巴希尔彼斯拉氏则在纽伦彼尔②建造科学的博物馆。选侯卡尔尔特窦希在哈依台尔比尔希③开始建设历史的博物馆。选侯之孙，并从意大利收买古钱及其他种种珍品大加补充，此种搜集品，后来分别收容在柏林和特莱斯敦的博物馆里。

十七世纪以后，科学的研究，日益进步，各国学会纷起，杂志亦开始行世。结果，各地博物馆亦更显著地进步。近古克里斯启央④五世所创立的柯蟠赫金的博物馆⑤，为后来考古学发达上的一大贡献，亦发端于此时。十七世纪最重要的搜集品之一，是荷兰医师乌尔氏⑥所搜集的，该氏实可视为先史时代考古学的建设者。此外如罗马材聚特宗大学⑦的历史品，哲学用具及其他参考品的博物馆，亦很著名。在英国，则以约翰特拉台斯卡脱氏所创设的科学博物馆，最为当世所注意。

在早期博物馆中，大部分是包括科学、美术及历史的普通博物馆，但同时亦有各种专门的博物馆出现。好像解剖病理的博物馆，风土民俗的博物馆，博物学的博物馆，哲学科学用具的博物馆，天文学的博物馆，数学物理的博物馆，外科用具的博物馆，美术工艺的博物馆等等，虽然搜集的出品，并没有达十分专门的地步，可是已渐渐地倾向到专门博物馆的时代了。

除了固定的博物馆外，临时展览的博物馆亦已风行，当时欧洲各国个人或团体搜集之风，非常流行，在十八世纪时，伦敦等处的咖啡店中，常有此种临时展览，藉以引起观览者的注意，往往由店主另辟一室，陈列珍品，以取悦主顾；亦有大事部署，特设至三四室之多的。其陈列品中，以自然物与人工品居多数，并备有售品目录，广为分赠，以期善价而沽，如果陈列品稍稍珍贵，则每家所送目录，再版至四五十次之多，亦可见当时社会上对于古物爱好之甚，而博物馆亦已完全入于大众化之时期了。

但是，爱好古物者虽若是其热烈，而古物的散逸仍无法防止。因私人搜集家每以一生心血，致力于此，及至死亡，大部份家产均已变为古物，其孤儿寡妇，遂不得不急于出售，藉以维持生活。于是苦心搜集的物品，常以人亡而物亡。

非科学的旧博物馆

十七八世纪的博物馆，诚已搜集了丰富的物品，然大都是非科学的搜集。因为当时哲学神学等，具有比"有形科学"更为重视的势力，博物馆的搜集品，自然亦仅以哲学的神学的见地为出发点。在那个时代，自然界的不可思议处以及一切形态上比普通物品不同的，特别容易引起科学研究者的注意，其变异的程度愈大，则愈被珍贵。所以当时的博物馆，自然以珍稀品较普通品更为尊重。从而自驼鸟之卵至山雀之卵，搜集所有种类，以博观览者的爱好。甚至在陈列品中，并有不少不可思议荒唐无稽的物品，例如用以钉死基督于十字架的钉哪，曾列于基督婚礼席上以水变成葡萄酒的钵哪，犹大背叛基督时的提灯哪等等。还有极端的物品，与自然界所没有的物品和由博物馆根据空想而制成的物品，每多随便陈列，以博惊异。

旧博物馆不特搜集的物品不合科学的，即其陈列方法，亦不甚合适，其最大的缺点是：陈列面积的

---

①　现多称"圣彼得堡（St. Peterburg）"。

②　现多称"纽伦堡（Nuremberg）"，下同。

③　疑为"海德堡（Heidelberg）"。

④　现多称"克里斯蒂安五世"。

⑤　现多称"哥本哈根博物馆（Museum of Copenhagen）"，建于 1891 年。

⑥　疑为"欧文（Owen）"。

⑦　疑为"罗马第一大学（Sapienza University of Rome）"，简称"罗马大学"。

狭小，排列程序的不当，陈列方法的欠佳等等。当时博物馆的馆员们，不能整理其搜集品以求参观者的满足。虽然有名的若干博物馆，亦不能外此。因此，博物馆与其说是供给学者研究的场所，不如说是迎合俗人趣味的陈设。而馆中的说明卡片，文字纤细，参观者又须于短时间通过馆内，即使携带扩大镜，亦恐不及看到一个大概。

陈列品的排列，一般的多依物品的大小而决定，恰如管风琴的管一般的排列，而将陈列物平均地重叠地置于室的两侧，是毫无何种连络的"百物杂呈"。因此，常可以看到在犰狳之邻，是驼鸟之卵，在造白鸟模型的旁边，列着可可果实的标本等等杂乱无章的状态。所以不但不能以事物真相去指导观览者，反使彼等见之徒为惊叹而有所迷感。例如拉依顿①博物馆中，以杀死姑娘的妇人之遗骸，置于驴马的骨骸之上，以偷牛而处刑的男人之遗骸，置于牛的骨骸之上。

荷兰海古②的博物馆，则以装饰的意义，以珊瑚组成树木及灌木之形而陈列。德国斯脱拉斯布尔③的安略土布备干霍凡尔博物馆，则将一切陈列品分为化石、植物、动物及人工品四部门而排列的。还有丹麦可贲赫盖④的博物馆，则分天然物人工品二部门，其中各分细目如次：

天然物部：（1）人类，（2）鸟类，（3）鱼类，（4）介类，（5）爬虫类及昆虫，（6）植物，（7）金属矿物岩石及土壤。

人工品部：（1）金属制品、木制品、骨角及琥珀的制品，（2）中国印度等的武器、衣类及器物，（3）科学的及机械学的装置（亦有幻灯），（4）货币纪念的牌及封印。

近世博物馆

到了十九世纪，博物馆随着科学研究而进步，正如作为研究补助机关的图书馆，发生专门图书馆的必要，而博物馆亦同时深感有专门博物馆的必要。结果乃有限于一学科或数学科的专门的博物馆，以代替原来所有综合的普通博物馆，如博物学博物馆，地质矿物博物馆，产业博物馆，商业博物馆，农业博物馆，化学博物馆，教育博物馆，军事博物馆，考古学博物馆，美术博物馆，古物博物馆等等继续出现。

在十九世纪初期，又有神学的科学博物馆的盛行，亦为其特色之一。即因当时在神学研究上认为非研究自然不可，故各大学均致力于参考品的搜集。然而跟着神学研究之学风的变化，不久亦就置之不顾了。

以考古学博物馆为真正的科学的事物的，是克里士启汤摩生氏⑤。该氏在可贲赫盖的博物馆中，适用石器时代、青铜器时代及铁器时代的所谓三纪式（Three Age Systerm）之科学的分类法，以研究整理考古学的材料，使历来庞杂无章的一变而为整然有序。一八三六年，汤摩生氏出版了一部《汤摩生分类法》，从法国巴黎郊外的国立圣日尔曼博物馆首先应用，各国博物馆都应用他的科学的分类法了。考古学的研究迫近一个新的、古物学的研究，亦在历史上起了转变。考古学一方面接近乡土学，人类学，而博物馆亦将考古学开始转向于历史部，同时用以补充乡土学部人类学部。

德国纽伦勃尔⑥的德国博物馆创立于一八五二年，在一九〇六年之际，为世界第一流的博物馆。该

---

① 现多称"莱顿（Leiden）"。
② 现多称"海牙（Hague）"。
③ 现多称"斯特拉斯堡（Strassburger）"。
④ 现多称"哥本哈根（Copenhagen）"，下同。
⑤ 现多称"克里斯蒂安·汤姆逊（Christian Thomson）"。
⑥ 现多称"纽伦堡（Nuremberg）"，下同。

馆共设有史前、罗马时代及德国时代三部门，其陈列品分类为法治生活，教会生活，战争，农业，手艺，勤业，美术及科学等项，可以一目了然，他们陈列的顺序与方法，为最进步的，故自该馆设立以后，遂使旧式的博物馆完全丧失其价值。汤摩生氏在可贲赫盖的博物馆从考古学的陈列品中，选出乡土学的参考品，另外设立独立的部类。近来巴黎、柏林、华盛顿、芝加哥等，均已仿效可贲赫盖的博物馆，建设起优美的乡土博物馆来了。

法国大革命后，即将巴黎市沿赛纳河建造的罗波尔大宫殿①，作为绘画雕塑之陈列馆而开放，为"美术大众化"发出第一胜利的呼号，在促进世界美术博物馆发达之机运上，尽了伟大的力量。随着便有宫殿及宫庭美术馆的开放，举凡王侯贵族的庭园，珍奇鸟兽的搜集，美丽的花卉等，都次第开放，在动植物园水族馆的发达上，予以不少的影响。如巴黎的加尔顿朴太尼克②，柏林的朴太尼谢士格尔顿③，伦敦的蔻格顿④，均将附属于宫廷的庭园公开了。即日本各藩的名园，亦日渐开放，这在促进各国公园及动植物园等发达的机运上，助力是不少的。

此外各大学专门学校的博物馆植物园等，一方面是搜集品的增大，规模的扩张，一方面不单为教育学生的机关，并公开给一般民众的欣赏，风气所致，普遍于各国，这在博物馆及动植物园的发达上，有极重要的关系。

在科学博物馆方面，近年来从大英博物馆的本馆中，将关系于博物学的搜集品，另行分出，在沙斯干琴古敦⑤建设了极进步的博物学博物馆。而世界各国，不久亦即与英国同样的建设独立的博物学博物馆了。一方面，又有如巴黎的科学工业博物馆，伦敦的科学博物馆等特殊的博物馆的发达，显示其在自然科学特别是理化学及其应用的进步，颇为世人所注意。此事影响各国，接着又有德国明海⑥的德国工业博物馆，奥国维也纳的工业博物馆等，追纵英法而建设起来了。且又以此为动机，近年在美国又出现了芝加哥的芝加哥产业博物馆、纽约的和平工业博物馆等极大规模的科学工业博物馆的建设计划。

博物馆陈列法的改进

在近世的博物馆中，工艺品、历史及考古学资料的排列，已悉依科学的系统；同时，所谓开化史的陈列法，亦已颇见发达。最先实现此开化史的陈列法的，是德国纽伦贝尔⑦的德国博物馆⑧（一八五二年设立），明海的毕里显国家博物馆⑨（一八五四年设立）等等。此等博物馆中，设有古时代之教会堂，僧院及住宅之一室，其中还有各该时代制成的天花板壁板等原物；并以适当的位置装配各该时代的家具、工艺品之类；并又配置适合于当时所用衣裳的人型，明白表示陈列品全体各部关系的连络，即所谓组合的陈列。此种组合的陈列法，不仅逐渐为各地历史博物馆试行而日益普及，更成为科学的博物馆所应用之法。即如伦敦沙斯干琴古敦大英博物馆的博物学部及美国华盛顿国立博物院⑩等等，都应用于动物标本的陈列法上。这种组合的陈列法，同时并可应用于风俗参考品的陈列上，以明示各民族之生活

---

① 现多称"卢浮宫（Louvre Museum）"，下同。
② 现多称"巴黎植物园（Jarden Botanique）"，下同。
③ 现多称"植物园（Botanische Garden）"，下同。
④ 现多称"丘园（Kew Garden）"。
⑤ 现多称"南肯辛顿（South Kensington）"，下同。
⑥ 现多称"慕尼黑（Munchen）"，下同。
⑦ 现多称"纽伦堡（Nuremberg）"。
⑧ 现多称"日耳曼国家博物馆"。
⑨ 现多称"巴伐利亚国家博物馆（Bayerisches National Museum）"。
⑩ 现多称"史密森博物学院（Smithsonian Institution）"。

状态。

　　组合的陈列法以外，为现代博物馆陈列法上一大改良的，是在陈列上之动力的应用。即对搬运制造工业或实验用的各种器械的模型，不仅为陈列而置备，并且为表示其动力而使之运转，或由观览者自己旋转其把手，又有压住其钮或键的使试用的。这是在教育上极有效的方法。最先实行这种设备的是巴黎国立科学工业博物馆及伦敦国立科学工业博物馆等。博物馆应用此种新发明陈列法的结果，有使从来主要为学者专门家利用以为研究的博物馆，日渐趋向于大众化，使广大的民众都趋向于博物馆，而成为社会教育之机关的价值。英国国立博物馆的古特氏在一八八九年及其以后的年报中发表了《将来的博物馆》（Museum of Future）及《经营博物馆之原则》（Principles of Museum Administration）等论文，极力鼓吹革新博物馆而向教育方面积极活动的必要。英国古拉土谷①博物馆的考古学者马克马莱氏，亦于一九〇四年公布其《博物馆之历史及其利用》（Museums：Their History and Their Use）一书，发表了同样的意见。

　　于是，博物馆已不仅为学者专门家之研究机关，应更进而为民众教育的机关，成为学校教育的补充设施，而所谓"扩张博物馆"（Museum Extention）运动乃日趋盛行。在博物馆方面，不单为陈列方法及说明卡片的改良，更进而在博物馆设置特别的说明者，使其对于前往观览的，就实地作详细的指导与说明。最先采用此项制度的，是波士顿的美术馆②，设置一种叫做"导生"（Docent）的亦有称之为"博物馆教授"的特别职员，从一九〇六年开始实施。

　　博物馆的改善，不止于此，接着对于博物馆之建筑及内部的设备亦有加以改良之必要。德国的勃马约氏③（B. Meyer）在一九〇五年发表其视察美国及欧洲主要博物馆的报告，载于国立博物馆年报上。该氏对于从来的博物馆建筑把握着外观装饰而不能符合实用上教育上的要求，加以非难，而主张博物馆的建筑，应发挥其新的职能，从必要的内部开始，以渐及于外部。因此对于博物馆建筑的样式，亦力排殿堂式的古风，主张以采用实用本位之单纯的样式为主。

---

① 现多称"格拉斯哥（Glasgow）"。

② 波士顿美术馆（Museum of Fine Arts，Boston），1876 年建成开放。

③ 现多称"迈尔"。

第三章　我国博物馆事业之发轫

我国最早的博物馆

博物馆在教育上的价值，原和图书馆相等，犹鸟之两翼，车之两轮，不可偏废的。近年来我国文化上的建设，图书馆方面规模粗有可观；而于博物馆方面之设施，至今尚在萌芽。影响所及，不但教育不易普遍，即民族文化亦蒙莫大之损失。

我国博物馆之发轫，尚在逊清光绪季年。张謇①《南通博物苑品目序》云：

清光绪乙巳以师范教授博物之须有所征也，始营苑于校河之西，徙荒冢千，并民居三十许为之，要于举物而已。而须征者广，集物亦赜，民国三年甲寅，乃粗成天然、历史、美术三部，品物凡二千九百有奇。设苑为教育也，间析历史之涉教育者，凡为部四，隶目若干，所以昭苑掌，示来者。南通昔一州耳，奚足以言博物？而苑自此始。盖尝请于清学部建国立博物苑，议者格焉。窃恫夫学之不可以无征也，商羊萍实，圣人知之，后世经师大儒，义析毫毛，而或不能辨黍稷，诗书所载，鸟兽草木播于当时里巷之口，乃其说亦千载而愈棼。古之作者正名，小学之教先名，名实既不符矣，学者乃习矣而不察其物。泰西诸国博物苑之制，举政府之力，倾一个人之输向营之，费桓数百万千万，如是其盛也！曾窦人子而不自量度，折胫折胁，而举乌获之所胜，夫亦谓不夸嵩华，而但为培塿，不移沧海而但为涔沚，岁益高之而亦将有峙焉，深之而亦将有潭焉者，无自小而惬矣。以是锲而不舍者，亦且十年。国所独有者，檗古今之名，同于他国者，胪中西之语，离合更辨，谘谀通人，亦有月日。凡以为学于斯者，睹器而失其名，考文而知其物，纵之千载，远之异国者，而昭然近列于耳目之前。抑闻公法：战所在地图书馆博物苑之属，不得侵损，损者得索偿于其敌。世变未有届也，缕缕此心，贯于一草一树之微，而悠悠者世，不能无虑于数十百年之后；辑是品目，播诸中外，明是辛苦一士所积，蕲得仁人君子，矜惜而珍存之。

光绪乙巳即公元一九零五年，这篇序文为甲寅中夏所作，即公元一九一四年，观其"尝请于清学部建国立博物苑，议者格焉"句，则前夫此者，未有大规模博物馆之设立，而距今三十一年前南通博物馆的经营，实为国人创办博物馆之发轫，虽当时规模狭小，仅供师范教授的简单设备，然经营十年，张氏以一人之力，搜罗物品至二千九百有奇，这在我国博物馆史上，乃是最先的一页。

外人在我国设立的博物馆

在南通馆物苑设立以前，外国人已有在我国设立博物馆者，其年代最久的要算震旦博物院，该院为

---

① 张謇（1853~1926），江苏南通人。民族实业家、教育家，中国人自办第一所近代公共博物馆——南通博物苑的创始人。1895 年起在南通兴办实业和文化事业。主要著述有《张謇函稿》、《南通博物馆苑品目序》等。

法人韩伯禄[1]司铎（P. Haude）所创办。当韩司铎未来中国之先，徐家汇天主堂中虽略已收藏生物标本，然还没有博物馆之陈设。公元一八六八年一月九日（同治七年），韩司钱抵沪后，即入吾国内地，随处考察，而于长江流域尤为注重。每次返沪必携带多量之珍奇标本，妥为保藏，初名自然历史博物院，继续不断凡三十余年。嗣后接任院务的各司铎，一如韩司铎之所为，而搜罗日益丰富。至一八八三年（光绪九年），始建院舍于徐家汇耶苏会总院的南面。积年累月，物品益富，乃于民国十九年另于震旦大学之旁兴建大厦，其中贮藏吾国所产植物标本之富，为远东第一。是则吾国博物馆事业之萌芽，远在五十余年以前，只以限于外人经营，不予公开陈列，其功效仅为文化保管人，不足以为社会之良道师，故年代虽久，搜罗虽多，绝未引起国人的注意。

震旦博物院外，尚有亚洲文会设立的上海博物院，当一八七四年（同治十三年）时，即在上海博物院路会址举行第一次建筑会议，设立筹备委员会，后经该会负责人不懈经营，始有今日之成就。外国人在吾国立博物馆，该会与震旦博物院为最早。该会陈列品虽不若震旦之丰富，而以与外界联络较多，且又有临时展览及公开演讲的举行，故国人所得的影响较震旦为大。

亚洲文会博物院后，越三十年而华北博物院成立。该馆亦为外人所设立，馆地天津法租界海大道七十八号新学中学校旁，成立于一九〇四年（光绪三十年），附属于新学中学校。因系私立性质，经费时告支绌，故收集物品，远逊于震旦及亚洲文会两博物院。又以完全私立性质，外界绝鲜注意。近年来更以经费无着，宣告暂行停办。

政府举办博物馆的开始

华北馆物院成立的明年，始有国人经营之南通博物院成立。因当时朝野上下，对于博物馆事业尚未注意，故南通博物院成立以后，终清之世，除河北省国货陈列所外，仍无一所公共私立的博物馆继起者。至民国三年，始有内政部长朱启钤氏的建议，将辽热行宫所藏各种彝器，辇而致之京师，设置于故宫外廷。是年十月正式成立北平古物陈列所，旋将文华、武英两殿改为陈列室，后又建宝蕴楼，作为存储物品之用。这是吾国由政府经营博物馆事业的最早者。

明年六月，江苏省政府设立南京古物保存所于南京午朝门，这是吾国地方政府设立博物馆之最早者。至民十七收归教育部直辖，至今仍之。

自北平古物陈列所及南京古物保存所先后设立后，国人对于博物馆事业，始稍稍注意；当时南通博物馆的成绩亦已渐著，益使知识分子对于博物馆的事业感到重要，于是直隶省公署教育科，天津劝学所联合各级学校，发起设立博物院，适严智怡[2]氏归自美国，搜集红种人及暹罗等处物品多种，亦拟创立博物馆，遂和直隶政学各界，联合进行，是为吾国政府与人民合作举办博物馆之始。该馆成立于七年六月，初名天津博物院，至十七年改名为河北第一博物院。

与河北博物院同时筹备的尚有保定教育博物院，该院成立于民国五年，为保定各学校和教育机关联合组织。嗣以中经兵燹，曾于十四年停办，至二十年十一月始集资复兴。

在民国三四年项，天津方面尚有博物馆两所，一为法教士桑志华[3]博士（Emile Licent）于民国三年

---

① 韩伯禄（1836~1902），字石贞，法国人。天主教耶稣会传教士、动物学家。1868年来华，负责在上海徐家汇筹建自然历史博物馆（后改名震旦博物馆），并从事东亚自然史研究。

② 严智怡（1882~1935），天津市人。中国近代博物馆事业的开拓者之一。曾组织筹建天津博物院并任院长。藏品收集、陈列、教育等现代博物馆学思想的践行者。

③ 桑志华（1876~1952），法国地质学家、古生物学家、考古学家。北疆博物馆（天津自然博物馆前身）的创建者。

开始筹备，成立于民国十二年，叫做北疆博物馆，至十四年大加扩充，又添辟一公共博物院，至十八年试验馆新厦落成，容积又扩大两倍。一为天津社会教育办事处于民国四年开始筹备，至十四年正式成立，至十七年社会教育事业具由教育局接办，该馆因为独立机关，名曰天津广智馆。

此外尚有山东金石保存所，其历史亦甚悠久，可与南通博物馆相伯仲，只以附设于山东省立图书馆内，故除少数专门学者外，不为一般人所注意。该所当宣统元年时，罗正钧为提调，对于金石搜集颇勤，后陈荣昌掌山东学务，特筑博物馆，将搜罗之标本、仪器等陈列其中。民国以来，以经费无着，未经发展，至民十八王献唐为馆长，锐意搜罗，规模大备。

国立故宫博物院于民国十四年双十节成立，为吾国中央政府经费博物院事业之始。该院所藏，皆为清故宫中物，在民国十三年清废帝出宫后，所有国宝移交于吾国人民之手，即设立清室善后委员会，开始点查故宫物品。明年成立故宫博物院，内分古物图书两馆，图书复分图书文献两部，并成立理事会以监督之。其收藏之富，实为吾国现有博物馆中首屈一指。

成立较早之专门博物馆

以上所述，皆为普通的博物馆，至于专门之博物馆，在吾国成立最早的要推北平之中央研究院天文陈列馆，肇始于金代建康之役（公元一一二六年），取宋室在汴法物，辇致于燕，海陵贞元二年（公元一一五四年）始置铜浑仪于太史局候台。元初治袭金旧，至元十六年（公元一二七九年）始建司天台，隶属于太司院。明朝称观星台，清朝称观象台，俱属十钦天监。民国肇兴，改名为中央观象台，隶属于教育部。十九年国都南迁，改为天文陈列馆。

其他如汉口商务公所成立于光绪二十五年，天津考工厂开设陈列馆于光绪二十八年，天津的河北省国货陈列馆成立于清光绪三十一年，江宁江南商品陈列所和北平市农事试验场均成立于光绪三十二年，北平市国货陈列馆成立于民国元年，北平市卫生陈列所和商品陈列所均成立于民国四年，南京的地质调查所矿产陈列馆成立于民国五年，皆为吾国专门博物馆中成立之较早者。

完全附属于学校的博物馆，首推交通大学的北平铁道管理学院博物馆，成立于民国二年。虽系国立性质，因附属于该校，又为限于交通模型之陈列，外界都不甚注意。

新文化运动者的误解

我国博物馆事业虽较欧美各国为落后，然在民国成立之初，一时曾有勃兴之象，尤其在北方平津各地，官厅与人民方面，已经渐渐注意及此。但是，此种风气，不但未曾普及全国，即在当时政治文化中心的平津一带，到民国五六年后，反而沉寂下去。从此吾国博物馆事业重行停顿，在国民革命军北伐以前，即旧有之博物馆亦几为国人所遗忘，论者皆归咎于政治不上轨道，实则被新文化运动者对于博物馆误解所致。

在欧洲方面，因为经过一次文艺复兴，博物馆事业和其他文化事业，同样的突飞猛进；就是文艺复兴以后，直到现在为止，每经一度文化运动，不问他的思想是前进或复古，也不问他的政制是君主或民主，对于博物馆事业总是一视同仁的爱护着，提倡着。在吾国适得其反，当民国七六年时，新文化运动已发轫于北方，按之常理，正在萌芽的博物馆事业，当可随新文化的怒潮而遍及全国，不致反因新文化运动的勃发，而欣欣向荣的博物馆事业随着夭折了。向来没有人注意到这一点，现在谈到博物馆事业时，大家当他是一种新兴事业，不知他在二十年前也曾轰动过，到了五四时代被新文化运动所遗弃而中断的。

但是，新文化运动的领导者，为何把文化上生命之源的博物馆事业瞧不起呢？这很简单的，五四的新文化运动者，对于旧有的不问皂白，务必扫除净尽，他们误认了博物馆是保存石器古物的古典仓库，他们便认为是新文化运动的障碍物，因之不但不去提倡，反把已经成立的几所博物馆，在新文化运动的前后十余年中，几乎不能维持下去。

论者以为民八前后的新文化运动家，或者如上所述而使博物馆事业因之中断。不过随着新文化运动而后，又有新教育运动的潮流，学制上的变更，尤为兴学以来不朽之业。博物馆原为新教育中重要之业务，而我国新文化运动以后为新教育运动的权威者，又多归自博物馆事业非常发达的美国留学生，其他制度与方法，一以美国为准则，独如博物馆亦如新文化运动者的误解而未曾提倡。这是我国从民国四五年后，直到民国十五六年以前，博物馆事业所以中断的所在。

博物馆事业的进展

自国民革命军奠定南京后，博物馆事业始为全国各界注意，民十八西湖博物馆承西湖博览会之后，正式成立，益使社会上对于博物馆有深切的认识。自是以后，各省公私立博物馆相继成立者为数亦多。至民国二十二年四月，教育部设立中央博物院筹备处，明年六月决议建筑费一百五十万元，并定中山门内近城路北旧旗一百亩为院址。故宫博物院等皆就宫中原有古器物加以保存，规模较大，陈列品不限于古器物之国立博物馆，首推该馆。现在建筑图案，亦已确定，建筑费之来源，又为管理中英庚款董事会补助，则最近数年中，我国必有一所内容充实，设备周全的国立中央博物馆成立。计自南通张氏上书清朝学部建立博物苑以来，越三十年而始有中央博物馆之筹设。

上海为外人在我国设立博物馆最早之处，又为全国首屈一指的大都市，向无一所国人经营的博物馆。至民国二十四年始由市长吴铁城拨款三十万元，在市中心区兴工建筑市立博物馆，并设立董事会，推举叶恭绰[①]、程演生[②]为正副董事长，十一月成立筹备处，李大超[③]、胡肇椿为正副主任，陈端志、徐蔚南、郑师许为筹备员，翌年四月成立，计自外人在上海最先经营的震旦博物馆，越六十八年而始有一所市博物馆成立，我国博物馆发展的迟缓，于此可见。

近年来我国博物馆事业，除在国内各地多有建设外，并有选运精品，举行国际展览之举。当民国二十三年十月，行政院决定选送本国艺术品。在英国伦敦举行国际展览，目的在使西方人士得以普遍地欣赏中国艺术的伟大与精美；乃组织筹备委员会以掌其事，又组专门委员会以司征选的事务。其出品自上古以迄近世，凡铜器、瓷器、书画、玉器、剔红、景泰蓝、织绣、折扇、古书等，莫不具备。出品人除故宫博物院占多数外，古物陈列所，中央研究院，北平图书馆，河南博物馆，安徽省立图书馆等亦有出品。二十四年五月先在上海举行预展，引起全国人士的注意，其盛况为普通展览会所鲜见。十一月在伦敦展览，参观人数的拥挤，亦为英国历来美术展览会所未有。二十五年五月运回后，又于六月在南京举行展览，参观者的踊跃，仍不减去年的预展。于此，可以证明国人对于博物馆已经普遍地认识，政府对于博物馆事务的重视，亦不若过去的仅以装饰品视之了。

博物馆协会的成立

因为年来各地设立的博物馆日多一日，于是联络研究的机关——中国博物馆协会，乃应运而生，这

---

① 叶恭绰（1881~1968），广东番禺人，书画家，收藏家，政治家。曾任北平故宫博物院理事会理事，上海市博物馆临时董事会董事长、中央古物保管委员会常委等职。主要著作有《历代藏经考略》等。
② 程演生（1888~1955），安徽怀宁人，现代教育家、考古学家。主要著作有《圆明园图考》等。
③ 李大超（1900~1984），广东五华县人。曾担任国民政府上海市教育局督学科长、市政府秘书兼第一科长等职。

在中国博物馆发达史中值得注意的一事。先是马衡①、袁同礼等鉴于吾国近年屡有新发现，各省市设立博物馆的亦日以众，应有一联合团体，使已成立之博物馆，及对于博物馆有兴趣的人士，便于互相借鉴，互相观摩，因有博物馆协会的组织，于民国二十四年四月成立于北平，推举马衡、袁同礼、朱启钤、叶恭绰、沈兼士②、李济、丁文江③、翁文灏④等十五人为第一届执行委员。并于是年九月编印会报，每二月出版一期，专载博物馆界消息，凡关于博物馆界工作概况，专门论文及介绍书报等，均可于该刊中窥见一斑。

附：中国博物馆协会组织大纲

第一章 名称

第一条 本会定名为中国博物馆协会。

第二章 宗旨

第二条 本会以研究博物馆学术，发展博物馆事业；并谋博物馆之互助为宗旨。

第三章 会员

第三条 本会会员分四种：
（一）机关会员 以博物馆及教育文化机关为单位。
（二）个人会员 凡博物馆及教育文化机关职员，或热心于博物馆事业者。
（三）永久会员 凡个人会员一次缴足会费五十元者。机关会员一次缴足一百元者。
（四）名誉会员 凡于博物馆学术或事业上，著有特殊成绩者。
第四条 凡会员入会时，须由本会会员一人之介绍；经常务委员会之通过，得为本会会员。

第四章 组织

第五条 本会设执行委员会及专门委员会：
（甲）执行委员会
第六条 本会设执行委员十五人；由会员公选之。
第七条 执行委员会设主席一人，书记兼会计一人，常务委员三人至五人，由执行委员会互选之。
第八条 执行委员任期三年，每年改选三分之一；惟第一任执行委员会任期一年、二年、三年者各五人，于第一次开执行委会时签定之。
第九条 常务委员任期一年；但得连任。
第十条 每年改选之执行委员，由执行委员会，照定额二倍推举。候选执行委员，由会员公选之，但于候选委员以外选举者听之。

① 马衡（1881~1955），浙江鄞县人。金石学家、中国近代考古学和博物馆事业的开拓者。曾先后任北京故宫博物院古物馆副长、中国博物馆协会首任会长、上海市博物馆董事、北京市文物整顿委员会主任等职。主要著作有《中国金石学概要》等。
② 沈兼士（1885~1947），浙江湖州人。诗人。曾任辅仁大学文学院院长、北平故宫博物院文献馆馆长。
③ 丁文江（1887~1936），江苏泰兴人。地质学家。曾任农商部地质调查所首任所长、中央研究院总干事等职。
④ 翁文灏（1889~1971），浙江鄞县人。地质学家。曾任中国地质调查所所长、清华大学地质系主任教授等职。

第十一条　执行委员会之职权如下：

（一）规定进行方针。

（二）筹募经费。

（三）编制预算及决算。

（四）推举常务委员，及候选执行委员。

（五）组织各项专门委员会。

（六）执行其他重要事项。

第十二条　执行委员会细则，由该会自订之。

（乙）专门委员会

第十三条　专门委员会各设专门委员若干人，主任委员一人，由执行委员会聘请之。

第十四条　专门委员任期三年，但得连任。

第十五条　专门委员会之职权如下：

（一）分工研究博物馆学术，及与博物馆相关之各项学术。

（二）设计博物馆建筑，及陈列或设备上种种改进事项。

（三）审查关于博物馆学之书籍，及专门论文。

（四）举行学术讲演会。

第十六条　专门委员会细则，则该会自订之。

第五章　经费

第十七条　本会经费以下列各项充之。

（一）机关会员年纳会费五元。

（二）个人会员年纳会费二元。

（三）个人永久会员一次纳会费五十元，机关永久会员一次纳会费一百元。

（四）捐助费。

第六章　选举

第十八条　本会执行委员，由机关会员及个人会员票选之。

第七章　会议

第十九条　本会每年开年会一次，其地点及会期由前一年会决定之；但遇必要时得开临时会。

第二十条　本会开年会时，各机关会员得派代表一人出席。

第二十一条　执行委员会及专门委员会开会时间地点，由各该会自定之。

第八章　附则

第二十二条　本大纲如有不适之处，经执行委员会过半数，或会员二十人以上之提议；经大会出席
会员三分之二以上之通过，得修正之。

当博物馆协会成立之日，北平图书馆更举行欧美博物馆展览会于团城承光殿，出品都二千余件，依
其性质，分为六类；一、天然历史博物馆；二、专门博物馆；三、艺术及美术博物馆；四、名人故里；

五、建筑及陈列法；六、博物馆出版品。更于会场出口处，陈列纽约及其他各大博物馆所搜集中国贵重古物的照片。该会虽系临时展览性质，可使民众对于各国博物馆有相当的认识，并使中国博物馆界，亦有相当的团结。故其价值，亦在中国博物馆事业发达史中，和协会有同样的重要。

最后，我们知道中国现有博物馆若干所呢？这似乎很急于知道的一个问题，兹据中国博物馆协会编辑的一览中统计起来，连未曾调查清楚的和正在筹备中的，共计只有八十所（见附录一），以视欧美各国，固然望尘莫及，即素称对于博物馆事业落后的日本相比，亦犹大巫之于小巫，我国文化的低落，教育的不进步，这亦不无关系。

第四章　博物馆的种类及效能

博物馆的种类

一切的博物馆，可依其内容而大别为普通博物馆（General Museum）与专门博物馆（Special Museum）二种。而专门博物馆，大体上又分为历史、科学、美术三种博物馆。现代各国规模较小的地方博物馆，大都是综合科学、历史、美术的普通博物馆，而大都市方面因为需要关系，每多设立专门博物馆，博物馆的规模如其过分广大，不仅在经营管理上发生困难，即在其地的关系上，亦常感到没有扩张增筑余地，而于搜集品每有不能全部收容之苦，因此设立分馆问题，便自然发生，从世界博物馆发达的历史上来看，大概博物馆最初都是综合各科的普通博物馆，其后因搜集品的日益丰富而进行扩张增筑，过了相当时日，因为原有地位，不能悉数收容需要的物品，乃开始发生分化而设立分馆。例如伦敦的大英博物馆，在沙斯干琴古敦设立博物馆分馆，又如日本帝室博物馆①当年举其天产部的搜集品，移交东京博物馆管理。帝室博物馆中尚有乡土的搜集品，此种迟早都要移管于科学的博物馆的吧。

科学博物馆亦属相同，当搜集品大量增加至不使容纳时，本身亦复分化为博物学博物馆与产业博物馆。其产业博物馆，又可分化为工业博物馆、农业博物馆、商业博物馆等，而且博物学博物馆亦须分化为乡土博物馆，地质矿物博物馆，动物学博物馆，植物学博物馆等等。又依都市的情形，而又有交通博物馆，卫生博物馆，安全博物馆，拓殖博物馆等以为补充的必要。更有由美术博物馆分化出工艺博物馆，由历史博物馆分化出都市博物馆、军事博物馆的。

关于博物馆的分类，因各人观点不同而有种种不同的分类法。主要的却是依其本质的分类。自然物大抵依其固有的特质为标准而分类；例如矿物及岩石，由其用途，不如依其构成成分而分类；动物则由其产地，不如依其性状而分类。所以博物馆亦须以其内容为标准而分类，此外尚可依其关系区域或维持方法上而区别的，兹分别说明如下：

甲、从内容上区别的博物馆

一、美术博物馆　图画博物馆，雕塑博物馆，手工艺博物馆，印刷博物馆，工艺博物馆，建筑物博物馆，戏剧博物馆，音乐博物馆，考古学博物馆，美术史博物馆。

二、历史博物馆　考古学博物馆，乡土史博物馆，历史博物馆，民俗博物馆，建筑博物馆，宗教博物馆，刑事博物馆，古钱学博物馆，印纸博物馆，印刷博物馆，海军博物馆，军事博物馆，运输博物馆。

三、科学博物馆　天文学博物馆，地质学博物馆（矿物学博物馆，岩石学博物馆），化石学博物馆。

海洋学博物馆，生物学博物馆，植物学博物馆，动物学博物馆，古生物学博物馆，人类学博物馆，

---

①　1872 年创建，日本最早的博物馆。原为"东京汤岛圣堂文部省博物馆"，1889 年改名为"帝国博物馆"，1900 又改名"东京帝室博物馆"，1947 年更名"国立博物馆"，1952 年定名为"东京国立博物馆"。

人种学博物馆，考古学博物馆。

医学博物馆（解剖学博物馆，齿科博物馆，病理学博物馆），卫生博物馆，兽医学博物馆，化学博物馆，物理学博物馆，产业博物馆（工业博物馆，建筑博物馆，印刷博物馆，商业博物馆，农业博物馆），运输博物馆。

交通博物馆，社会博物馆，灾害防止博物馆，教育博物馆，海军博物馆，陆军博物馆，航空博物馆。

乙、依关系区域区别的博物馆

中央博物馆，地方博物馆，大学博物馆，学校博物馆。

丙、依维持方法区别的博物馆

国际博物馆，国立博物馆，公立博物馆，私立博物馆。

博物馆的分类，既如上述，兹更以各类习见的博物馆，加以简单的说明。藉可略知其内容之大概。兹仍分美术，历史，科学三类，每类略举若干种如下：

甲、美术

一、美术博物馆　收容人类之审美的文化的事迹。

二、图画博物馆　陈列绘画、图案、花边及铜版画等。

三、雕塑博物馆　陈列种种用雕刻或塑造以表现吾人之观念及理想的物品。

四、手工艺博物馆　搜集、保存、陈列各种个人的精巧的手工艺品（非大量制产品）之有用物品。

五、印刷博物馆　陈列可以表示活字的方法及排版上之技术的参考品。

六、工艺博物馆　陈列大量制产工艺品及工艺应用商品。

七、建筑博物馆　用以说明制造优美而有用的建筑物的技术。

八、戏剧博物馆　陈列关于戏剧的用具，材料及方法的参考品。

九、音乐博物馆　保存关于音乐之历史及技术的参考品。

一〇、考古学博物馆　陈列种种可以显示古代人类之物质文明的参考品。

一一、美术史博物馆　用以说明某一时代或民族的美术发达的过程。

乙、历史

一、历史博物馆　保存各种可以显示个人、社会、民族之历史上事变的关联及在他们各时代中的生活状态的资料。

二、乡土史博物馆　收容关于一地方及其住民之历史的资料。

三、传记博物馆　陈列有关个人之历史及庋藏有关于个人的资料的建筑物。

四、民俗博物馆　陈列某一地方之手艺品及风俗资料。

五、钱币博物馆　保存过去及现在各种地方及国民的纪念章，货币及交换用媒介物等等。

六、印纸博物馆　收藏各种印纸，及关于印刷的纸类。

七、刑事博物馆　陈列各种搜查刑事犯罪参考资料。

八、海军博物馆　收藏各种关于海军的参考品。

九、军事博物馆　收藏各种关于陆战的资料或可使用于陆战的参考品。

一〇、运输博物馆　说明运输之发达及方法等。

丙、科学

一、科学博物馆　陈列各种依自然现象之批判的研究而得的说明自然之法则及理论的资料。

二、天文学博物馆　陈列各种关于宇宙研究及宇宙性质之有形的证明的原理与装置。

三、地质学博物馆　陈列各种关于地质上的纪录而表明地球之发达史的资料。

四、矿物学博物馆　保存陈列构成地壳的矿物。

五、岩石博物馆　保管陈列构成地球的岩石。

六、古生物学博物馆　用化石以说明古代地球的状态。

七、生物学博物馆　陈列可以显示于地球上生活之法则的东西。

八、蜡制品博物馆　系统的搜集蜡制品。

九、动物学博物馆　说明动物及其习性。

一〇、海洋学博物馆　对于海洋之物理的特质及生物之研究。

一一、人类学博物馆　陈列关于人类之起源，躯体之构造，人种，人类之分布及风俗的资料。

一二、医学博物馆　陈列各种使用于疾病之研究，治疗及预防的资料。

一三、化学博物馆　陈列各种表示各元素之反应中的法则，理论，及过程等等的参考品。

一四、物理学博物馆　陈列各种力之表现的参考品。

一五、产业博物馆　说明由原料制造实用品的工程及制产物的。

十六、机械学博物馆　说明利用各种构造及机械的物性的技术及学理。

一七、农业博物馆　保存农业用具材料及作物等。

一八、商业博物馆　说明必要品的资源及市场。

一九、社会博物馆　促进现代社会状态之研究调查并指导产业及社会生活的改良。

二〇、灾害防止博物馆　陈列工厂交通机关等防止灾害设备的参考品。

二一、教育博物馆　收藏各种使用于学校之教科课程实施上的实物，模型，器具，器械之类。

各国对于博物馆之分配

博物馆的种类及性质，已历举如上，更进而从一国博物馆设施之全部情形，来看各国如何视其种类而适当地分配于全国。

欧美诸国对于国立博物馆及地方博物馆之配置，虽因各国国情而不一律，大体上则英法两国与德美两国各有互相类似的地方。

英国方面，自大英博物馆以下，尚有国立美术馆，维多里亚阿尔勃尔脱纪念博物馆①，科学博物馆等等的国立博物馆，威尔斯②的卡齐浦③有一国立博物馆④。苏格兰方面在叶奇柏拉⑤设有国立博物馆。又在爱尔兰自由邦的达波林⑥设置国立的博物馆⑦与美术馆⑧，此外全英国大小地方的博物馆到处皆是。但是他们还感觉到地方博物馆数量的不够，各地的住民还有未能充分享受博物馆的实惠的，所以仍在努力增设地方博物馆。

---

① 现多称"维多利亚阿伯特博物院"，下同。

② 现多称"威尔士（Wales）"。

③ 现多称"加的夫（Cardiff）"。

④ 现多称"威尔士国家博物馆（National Museum Cardiff）"，下同。

⑤ 现多称"爱丁堡（Edinburgh）"。

⑥ 现多称"都柏林（Dublin）"。

⑦ 疑为"爱尔兰国家博物馆（National Museum of Ireland）"，建于1880年。

⑧ 疑为"爱尔兰国家美术馆（National Gallery of Ireland）"，建于1854年。

法国大体上和英国相仿，在巴黎的国立博物馆有尔布尔的美术馆，留克森布尔戈美术馆，克尔尼的博物馆。科学工业博物馆及其他二三所以外，在郊外的凡尔赛有凡尔赛美术馆①，圣日耳曼有考古学的博物馆，曼松拉发脱有建筑工艺的博物馆。此外与英国同样的尚有各地不少的地方博物馆。

在美国方面，除了首都华盛顿仅有一二所的国立博物馆以外，其他可以看做国立中央博物馆的，却一所也没有。因为美国的国土广大，不便如英法等国的可以尽量利用中央博物馆，并且美国本来就是联邦国家。各州均各有其州立乃至市立的大博物馆，他对于该州及附近数州同样的负有中央博物馆那样的使命。因此美国的国立博物馆诚属甚少，而通观全国，大大小小的地方博物馆，无论什么地方都可以见到。但是他们亦仍感到地方博物馆为数不足，不能充分发挥博物馆的机能，近年来举国一致的在进行地方小博物馆的普及运动。

德国恰和美国相似，也由多数联邦所成，其成立较美国更新，故属于中央政府直接管理的博物馆甚少，只有二三规模不大的博物馆。当然，如明海的科学工业博物馆及最近成立的特莱斯敦的德国卫生博物馆，不仅由该馆所在地的市或联邦支取建设费，即中央政府方面，亦可支取建设费的一部分。但是一般的公立博物馆，都由联邦的教育部长管理。因此，柏林虽有许多大规模的博物馆，还有如享布尔②明海，拉浦齐斯③多德牙尔及其他都市办理完美的美术、历史及科学的博物馆，均归属于联邦政府及市政府管理。这种大博物馆，具有各联邦的中央博物馆的职能，如明海的科学工业博物馆，即有全德国的中央博物馆的作用。除了此种少数的中央博物馆之外，亦有多数地方博物馆，博物馆事业的普遍，全世界要首屈一指的了。

博物馆与社会教育

在十九世纪以前，欧美各国对于博物馆的观念，亦仅为珍稀物品的仓库，除少数专门家以外，与一般民众，差不多并不发生关系。可是，到了现在，都已与图书馆同样的为一般民众而开放，成为强有力的社会教育的机关了。博物馆对于社会上一切阶级，一切不同年龄的人们，各有相当的教育与娱乐的设备。而且不单是大规模的美术馆及博物馆为然，即使设于各地小规模的地方博物馆，亦均具有相等的社会教育机关的使命。

因此，地方博物馆，第一必须具有相当浓厚的地方色彩。陈列品中，必须搜集有关该市的历史考古学，该地动物植物地质的材料及产业资料和地方的工艺品之代表物品。可使市民得以历史科学及艺术的见地，明了自己所居的市镇及附近的真实情形。劳工及其家族，亦得于休假之期，参观已经充分整顿的博物馆，其为愉快与满足，当有不难想象者。他们为求安慰而入博物馆，不仅获得非常的满足，更可获得有益的智识。博物馆的特色，就在对观览者不作任何强制，完全依其自由的意志而乐其所乐，而能愉快地收得教育之功于无形之中。实为最健全的社会教育机关。

博物馆可以用最易理解的形态以显示科学研究的成果。不但对于许多少年观览者鼓励自然爱好的兴味；即于科学素不认识的人们，亦可引起他们对于生活上必要的常识的企求。这种观察的正确，现在已经有事实的证明了。

地方博物馆，对其所在地工商业的发达改善上资助之处，其意义尤关重大。如有产业博物馆，则对其所在地的产业，实为非常的有益；对于其他各地的产物，亦有在其搜集物中，要显示所在地的产业而

---

① 现多称"凡尔赛宫（Versailles Palace）"。
② 现多称"汉堡（Hamburg）"。
③ 现多称"莱比锡（Leipzig）"。

特设一种陈列的。这种制度，将来颇有兴趣普遍的可能。因为一般的手工组工的职工们，限于教育程度，凡是专门的书籍中所揭载的机械图案及制造工程等，要他们详细了解研究，势有所不可能；然而常能因为他们本身职业上密切的关系而具有相当的理解兴味。他们对于那些显示种种机械模型及其运输情形，各种工具及制造工程之发达改善历程，充分研究而收参考之功。他们可以因为看到了名工的制作品，观察其形状色彩，便可心领神会而有所模仿，有所发明，最少亦可提高他的兴趣，增加他的见识。

地方博物馆中，当然不仅搜集陈列绘画雕刻等一般艺术的作品；同时还保存并陈列各该所在地产生伟大的美术家的遗像遗物以及其所手制的艺术作品，藉以不忘地方的色彩。观览者可因此等艺术品而涵养美的鉴赏能力，使之沈醉①于自然和人工的一切之美化中，进而变化其个人、家庭及社会，将其所得教养，在日常生活中发挥出来。可知地方的博物馆不仅为艺术教育，同时又可使人理解人类过去的生活，悠然而起爱乡爱国之观念，涵养其国民的精神，并且可以使地方的住民理解其周围的自然，收获关于天产资源的知识，唤起关于自然研究及其产业上之应用的兴味。

这种规模微小内容贫弱的地方博物馆，其功效尚且如是之宏大，则都市中内容充实的博物馆美术馆，其必能使民众的知识扩大，趣味向上，于社会教育上贡献的伟大，自然不难想象的。

博物馆与学校教育

自美国以至其他各国，他们把博物馆为教育上唯一之工具。各地都设有儿童博物馆，利用放课后及休假的时间，召集儿童，利用实物的观察，幻灯的说明，野外的采集，采集标本的加工整理以及其他作业与竞赛去教育儿童，专为更加充实学校教育的效果而努力。

在都市里又有特别设置教育博物馆，为各学校中所不能完全设备的教育上的常设陈列，以供各学校的学级的观察；或于常设陈列之外，另外准备丰富的贷出品，以应各学校的需要。中等以上学校，并有学校博物馆的设备，利用以为教育学生及其学习上的帮助。专门学校以上，如果没有学校博物馆而能施行完全的教育，已公认为不可能之事了。

除了这种为教育学校学生而特设的博物馆以外，在普通公开的美术博物馆，对于其搜集品的选择，陈列的方法，及说明上的各种设备等，亦均预先征得各学校方面的要求而加以周密的考虑，然后对于逐日参观的学级，以极有效而适切的教育；或是以必需的贷出品供给各学校，以补学校设备的不足，给予非常重要的援助。所以博物馆对于学校学生的教育，实已成为重要职能之一。在进步的博物馆中，多因此而特别设置对于教育有经验的说明指导员，幻灯及电影的使用，不仅设于讲堂教室，并有搬运贷出品分给各学校而特备汽车的。

博物馆与学术的研究

博物馆不仅对于学校教育及社会教育有异常重要的贡献，同时又为学者专门家，作为学艺研究机关而执行其重要的任务。即在作为研究机关的博物馆，在馆内聘有相当的专门家，注力于标本之采集与发掘，就其对于搜集品进行研究，根据其研究所得结果，将搜集品适当的整理，或将研究的成绩写成报告而公开发表。

博物馆对于学者专门家们，为种种研究上的便利打算。陈列品当然为专门家研究材料所必需而不可

---

① 同"沉醉"。

或缺之物，然无论任何博物馆，均因限于陈列面积，其陈列品只是少数可为代表的物品，另外庋藏着几倍于陈列的研究资料，对于希望此等物品者常能允许其使用。所以在博物馆方面，为贮藏这种研究资料参考品，其仓库亦为必要的设备之一。而对于特别研究者，并得准其出入仓库，或准许其借出参考品至研究室。又依研究事项，已常常提供实验的材料，予以研究上的便利。所以今日而要参考先人的事迹，进行新奇的发现创作，实已不能漠视博物馆了。

第五章　中央及地方博物馆

中央博物馆的使命

在第四章中已将博物馆的分类，分别叙述。在事实上，普通博物馆较专门博物馆为需要，尤其在教育还没有普及的吾国。但是普通博物馆较专门博物馆为难办，因专门博物馆，必由其陈列科目之专家主办；普通博物馆所包含的门类甚多，难以多聘专家，分司其事。故本章所论，只及普通博物馆而暂以专门博物馆于不论。且在普通博物馆中，地方博物馆较中央博物馆为需要，又以地方博物馆往往为人力财力所限，其办理亦较中央博物馆为困难。故本章所论，偏重地方博物馆而略于中央博物馆。又在地方博物馆中，尚有一种对于地方色彩十分浓厚的博物馆，在日本称为乡土博物馆，吾国近来流行的民众教育馆和农民教育馆，倘其办法改善，即为乡土博物馆，亦即为地方博物馆。

任何一国，总应当设立几所规模完备，内容充实的中央博物馆。不过博物馆在作为学术的研究及补充学校教育与社会教育之机关这一点上，不论为中央博物馆抑为地方博物馆，没有什么分别；所不同的，即中央博物馆除规模宏大，设备完善外，对于小规模的博物馆，应当给予相当的援助，负有助长其发达的义务。

第一、中央博物馆的馆长以及其他重要职员，每多专门人材，对于小规模博物馆的职员，应给予学识与技术上之灌输。至于灌输的方法，有文字、讲述和传习三种。文字方面，除对于各种出品作系统之记述外，并刊印关于博物馆学的小丛书。讲述方面，除定期举行学术演讲外，如遇特殊问题，或发现罕见的物品时，应召集附近小规模博物馆的职员，举行讨论会之类。传习方面，则须偏重于技能工作，譬如古器物的修理，陈列品的复制等等，此种工作，虽为专门技能，而在博物馆中需要甚大，如果地方博物馆之职员要求学习时，中央博物馆即应规定时间，开设传习班。

第二、中央博物馆每以地位及经费关系，其收藏之陈列品，必较其他博物馆为丰富。欲使丰富的陈列品，愈益增加其效能起见，不但仅使在本馆参观的人数，设法增加，更须使其他小规模的博物馆，亦得跟着中央博物馆的发展而发展。其方法以贵重罕见之品，设法复制或摄影，分赠地方博物馆，更以重复品及贷出品，各立系统，排定日期，巡回各馆。如此，不但地方博物馆的内容，可以因此而充实，即各地民众，虽不能人人均到中央博物馆，而中央博物馆的功效，已经普及于全民众。

第三、在博物馆中，不论事务上、学术上、技能上，均须有专门熟练人员，方可收事半功倍之效。惟此种事业，在吾国尚为新兴事业，求一系之书尚不可得，遑问其他。故工作员的训练，实为中央博物馆目前最大的义务。本来此种责任，应归大学校或中等学校办理，惟现在课程中，尚无博物馆学一门，而各省市新设立的博物馆中，又苦专门人才之不易物色，在此青黄不接的时期中，中央博物馆对于工作人员的养成，更为迫切之事。

地方博物馆的普及运动

要使博物馆成为启发民众，补充学校教育乃至成为研究学术的机关，而对于全体国民在实际生活上均可获得实益的，则非但大都市中必须有二三所大博物馆，而在各地的镇乡中，亦应使博物馆普遍的设立。俾各地民众，即使不至大都市，亦可各在其本地，于操作之暇，得以随时可至博物馆的机会。欧美各国，近年来均以极大的努力，推进各地方建设小博物馆的普及运动。德国对博物馆事业的普遍，在第二章中已经述及。英国除各地的国立博物馆外，他还极力推进各地的小博物馆建设。昔年斯可脱伦特氏因为伏多利亚①的达尔文博物馆与其距离最近的博物馆亦有十七哩，并且有二十五万住民须利用此博物馆，便热烈地主张在附近再设三四所小博物馆，他在杂志上发表意见后，便引起许多人的同情。因为他们以为地方博物馆可以普遍地分配于全国，并且只有地方博物馆，可使各地方的民众，普遍地利用博物馆。

在美国主张普及地方小博物馆最有名的，便是美国博物馆协会理事长勃尔可尔门氏②，他受该协会委托，著成一本题名为《Manual For Small Museums》的参考书，该书根据充分调查美国各地地方情形编辑而成，对于适应地方的建筑，内部的设备以及如何经营，如何利用等等，所述均属浅显扼要，可称为近来关于博物馆学的著作中一部最适当的书。据棚桥源太郎③说，日本在数年前，教育界谈到此书，大受刺激，以为无论如何，今后必须使地方小博物馆普及全国，因为在科学进步的现时代中，实非俱有这种普及的学术机关的教育设施，已不足以生存了。日本自从经过这样巨大的刺激后，博物馆事业便突飞猛进。他们近来正在计划至少须在每一府县设立一所以上的博物馆，因为他们各府县几乎都有商品陈列所，所以地方博物馆的普及运动，不是一件很难的事。

地方博物馆的建设与维持

地方博物馆建设的费用和维持的方法，大有研究的必要。关于博物馆的设施，英美两国，其旨趣互有不同。在英国方面，自大英博物馆以下，在伦敦市及其他各地设有不少国立的博物馆；而美国方面，则差不多可说并无所谓国立的博物馆。仅在华盛顿有一二所称为国立博物馆的，然仍受民间捐助，纯粹由中央政府拨款建设的极少。这是因为美国的国土广大，无由发挥中央博物馆的使命之故。英国从各地到伦敦的交通，还比较的便易，而美国要从各州到华盛顿却很费事。所以在纽约、波士顿、芝加哥等等的大都市，均有地方设立的大博物馆。

关于地方博物馆之建设与维持的方法，英美两国亦有很大的差别，英国方面的地方博物馆，虽有由有志者经营设立的，然其成立以后，即须归之市有，由公家拨款维持。凡在人口一万以上的市邑，政府即可拨款建筑博物馆。又以英国对于博物馆的经费，限制甚严，在经营上不能支出充分的经费，从而其设备及经营上，亦不能充分的改善。特别是因为博物馆是在市的直接管理之下的，在由市参事会任命的博物馆委员中，往往是没有专门智识的人，因此博物馆的经营上乃更加困难。故在英国，除若干大博物馆外，其他规模较小的博物馆，数量虽然不少，成绩并不优良的。

美国的地方博物馆像英国那样属于市有的很少，大概由财团管理人维持的。此种财团管理人是独立的，是由有学问，有地位，而且有服务精神的人物所构成。在美国，因为开始由市府建设的博物馆几乎是没有，一般总是先推定财团管理人，再由财团管理人建设博物馆。就是先以一人或数人为热诚的发起

---

① 疑为"维多利亚（Victoria）"。
② 现多称"贝尔·科尔曼（Bell Coleman）"，下同。
③ 此处应为"棚源桥太郎"，日本博物馆界元老，日本博物馆学研究积极倡导者，下同。

人，从富豪方面受到捐款，或组募集维持会员赞助委员，征集会费，以为建设资金。这是美国对文化事业的优良制度。

今试一述所谓财团管理人制度。他们在集合有志者计划建设博物馆之际，普通先在其中选出十二三人为财团管理人，负责一切。而财团管理人中，则更举行互选而决定会长、副会长、干事、会计主任等职员，其任期大概为二三年。财团管理人设立执行委员会以执行事务，大凡会长以下的职员为当然委员，以一切事务委任于委员，财团管理人不过每年开会若干次而已。执行委员会之外，另设设计委员会，以决定博物馆的内容和性质。财团管理人在此等专门委员以外，更任命馆长，其琐细之事，概以委托馆长办理，其权限分别得很清晰的。

财团管理人除博物馆的馆长之外，并任命博物馆的鉴定人。更为维持博物馆而募集维持会员，征集资金。最有趣味的，是在这种会员中，居然还有小学校的学生呢！现在纽约市的曼陀罗朴里敦美术馆①，在一九二六年有维持会员一万二千六百四十九人，得会费二万五千七百四十镑。又芝加哥的美术馆，有一万四千五百四十六人，得会费四万五千三百镑。当然，博物馆所在地的都市，亦有相当的补助金。然而虽受补助金，财团管理人却不必便受市的支配。美国博物馆现今有一财源，是地方教育局的补助金。同时，博物馆对于学校学生，则须给予特别的便利。故美国博物馆的经费，计有市、州的补助金，维持会员所付的会费与捐助金等，不若英国的限制了。

如此看来，可见美国的博物馆，实有三方面的财源。加之，在美国的博物馆，又设有所有宣传部员的职员，不绝地为募集捐款维持资金而奔走，并且对于其他经济上的问题，随时毫不懈怠的予以注意。结果，其馆长及其他重要职员，乃得专心一致的注力于其所担任的职务去努力。故美国的博物馆事业，较英国易于发达，即在于此。而美国的博物馆工作人员，对于博物馆事业，亦比较的具有研究，且在财团管理人的管理下服务，亦较英国屈服于无理解的吏员，市参议会会员等的干涉之下，容易有成绩。

德国地方博物馆的一例

德国原是博物馆事业最发达的一个国家，也是办理博物馆事业最周密的一个国家，现在介绍一所在人口不过十余万的地方博物馆以为国人之参考。

阿尔特拿博物馆②是休来斯维霍尔斯汀州③的地学博物馆，其主要目的，在对社会各阶级的民众，对于乡土上给以明快的理解。再则阿尔特拿是深海渔业的主要地，所以对于深海渔业及与此相关联的各种工业的介绍，亦为其目的之一。此外，为将逐日劳动，毫无余暇的民众集合于夜间博物馆，授以补习教育，亦为其任务之一。

图书馆　走进该馆第一层正面的出入口，其左右为图书馆与物品的仓库。图书馆中备有新闻杂志及一般人对于学力补习上必要的通俗图书。所藏关于渔业的通俗图书固不待说，即关于地学的通俗图书，亦甚丰富。

渔业室　第一层全部用以陈列关于北海、东海、爱尔勃河及养鱼池等之渔业的参考品。其目的在促进该地所有住民之渔业的改善及发达。其陈列品为现代使用于渔业的渔舟及用具的模型标本，并搜集可以显示此种船舶之构造及捕渔法发达的过程等参考品。船舶模型中，有示其纵断面者，又有在水面应用玻璃板，张绀色之布以为背景，藉以观出白色的帆。

---

① 现多称"大都会艺术博物馆（Metropolitan Museum of Art）"，下同。
② 现多称"阿尔托纳（Altona）"，下同。
③ 现多称"什列斯威·霍尔斯坦（Schleswig Holstein）"，下同。

水族馆　在休莱斯维霍尔斯汀州，淡水渔业，亦相当发达。故其第一层的一部分，又设水族馆，不仅为咸水鱼，并设淡水鱼的水槽，以饲育鱼族。水槽的配置，除了沿着该室三面的墙壁作一列的配置以外，在中央亦与之平行设置一列，适成一周。

地质室　关于休来斯维霍尔斯汀州的土壤学及地质学的资料，则以标本模型地图绘画摄影之类，以示其系统。在地质室中特别引人注意的，是从阿尔特拿市附近巴伦凡尔特采砾矿中采取的地层，用断面的模型表现出来。这块地层断面模型高约十二尺，幅约六尺，厚度上方约七寸，下方约一尺五寸；其里面用三合土凝固，可不致崩坏。地层中所含的砾，一一附以号数。而其各种之砾，每一种均从地层中取出一种样品，将其一面琢磨平滑，以判明其构造，置于地层断面模型之前，陈列于桌上的箱中。又在地层断面模型的左右，揭示关于采砾的摄影及该地的地图。此外，并以上述同样的方法，采取由州内一地方的泥炭及种种化石及砾构成的地层断面模型而同样陈列。

民俗室　在民俗室中，陈列着许多休来斯维霍尔斯汀州内各地农民的地宅及生活状态的小模型。其中大农，佃农及渔民等的住宅模型，均削除其尾顶的一部分，以示其内部的构造。而举凡住宅廊下所积的干草，家畜棚户中饲育的牛马及以风车戽水的光景等，都用缩小模型显示出来。还有别的住宅模型，则显示农民的居室、床笫、炊事器具等。在渔民住宅，则有晒着的渔网和斜系着的小舟。而且这些都是依照历史的发达顺序而陈列的。

此外，又有该地人民从来穿用的衣裳的样品，用配身的人型穿着，依照历史的顺序而陈列。旧式住宅内各室的设备及家具的模型标本及地方的工艺品的样品等，都作历史的系统的陈列。

博物室　关于该地方出产的禽兽鱼介昆虫类的样品，作有系统的，或装成生活情形的各种有趣的陈列。譬如关于蜜蜂，在蜂窝内饲育活的蜜蜂，以蜂的出入口向陈列室之窗开展，使蜂为产蜜而出入。此外并大量搜集着州内邮产的落叶植物。在夏季里，并为一般民众而特辟一室，陈列着该地出产的许多生活的盆栽的植物标本，以取悦于参观者。

在三层楼上，是简单的茶食休憩室。

如上所述，自动植矿的天产以至产业民俗历史，各方面的搜集品，都带有浓厚的地方的色彩。像这样充分具备地方博物馆的特色的，恐怕不会比任何博物馆有所逊色之处吧。

什么是乡土博物馆

复次，就要论到乡土博物馆了。所谓乡土博物馆，究竟是怎样的？这个问题，是我们所首先要解答的。在欧美各国，实际上可算做乡土博物馆的，似乎不易见到。然而搜集了地方上的关于历史、天产、工艺等材料的博物馆，却随处可见。例如在德国丘林根①的阿赛拿哈市②有丘林根古物博物馆（Thuriny Altertum Museum），马哈摩③有市历史博物馆（Stadtgesichtliches Museum），哈依台尔勃尔④有市立美术及古物博物馆（Stadt. Kunst und Altertumer – Sammluny），各地都有这种博物馆。

又如在大都市，则亦有如巴黎市的卡拿巴尔博物馆⑤（Le Musee Carnavalet），伦敦市的伦敦博物馆（London Museum），及纽约市的纽约市博物馆（Newyork City Museum）⑥等特别的乡土博物馆，搜集陈列

———————————————

①　现多称"图灵根（德语：Thüringen）"，下同。
②　现多称"艾森纳赫（Eisenach）"。
③　现多称"曼海姆（Mannheim）"。
④　现多称"海德堡（Heilderberg）"。
⑤　现多称"巴黎历史博物馆"，又称卡纳瓦雷博物馆。下同。
⑥　现多称"纽约市立博物馆（Museum of the City of New York）"，建于1923年。

许多表示该都市发达的历史的遗物及艺术品。但是这和地方博物馆没有什么不同的地方，所以在欧美各国，没有所谓乡土博物馆的名称，因为近来日本方面大事提倡，名之曰乡土博物馆，似乎亦就是上面所说的那种性质的博物馆。如香川县坂田町镰田共济会设立的御成婚纪念乡土博物馆，是把久米荣左卫门之遗品为陈列的中心。岩手县的小学校教师铃木重男氏前年曾在该县远野町建立远野乡土馆，分乡土之历史，习惯风俗及土俗三部，陈列了关于乡土的参考品书籍之类的搜集品，但不幸竟遭回禄。这次冈山县建设的冈山县乡土馆，以有关县内史迹之物为主，配以天然纪念物及有关名胜等物品。其实这和吾国举办的民众教育和农民教育馆有些相像，只要办理得法，就是一种地方博物馆。

日本对于乡土博物馆设施的意见

日本早稻田大学教授小田内通敏氏从前曾经建议在秋田县设立作为社会教育机关的乡土博物馆，并向东京府县知事井上提出东京乡土博物馆的私案。其要纲如下：

第一（历史的）：分类为（一）先史及原始时代之遗迹（二）德川时代以前（三）德川时代（衣、食、住、工产物、商业、娱乐、信仰、风俗、交通机关、人口、租税、民政资料）等。

第二（现状的）：分为（一）人口（二）产业（三）事业（四）地方的经济关系（五）郊外农村的发达（六）世界大都市的比较等。另外作为参考的，搜集可资京都与大阪相比较的材料，并置备图书室及讲演场，编纂陈列品的说明书。

在大阪市，如掘居左五郎氏多年充任馆长而积极努力的大阪市民博物馆，亦不外为一种使市民了解大阪市发达的历史，市政及经济关系之现状的乡土博物馆。

东京帝国大学教授谷津直秀氏[①]，曾在《博物馆研究》第一卷第五号的杂志上发表《东京博物馆之必要》一文中，提议建设一所搜集关于未来的大东京区域内之自然科学资料的乡土博物馆。该乡土博物馆提案中所谓乡土博物馆于自然科学的范围为：

一、关于大东京之地理，地质的地图、摄影、标本模型等。

二、显示考古学资料、从前住民的日常生活、古坟、贝冢（太古时代贝壳积堆而为丘者）之发掘、渔业埋葬等之方法的。

三、地方性的动植物标本。

由此，可知所谓乡土博物馆的，较诸中央博物馆迥然不同，其和地方博物馆可不必强为划分。因为地方博物馆，亦应显示该地方的变迁发达及现状的一切。就是要有由乡土的历史、新学、产业及美术等部门而构成之博物馆。故所谓乡土博物馆，实即地方博物馆的一部而已。

---

① 谷津直秀（1876~1947），日本近代著名动物学家，著有《博物馆的历史》等。

第六章　户外博物馆

户外博物馆的意义

中央博物馆与地方博物馆外，尚有户外博物馆是极富于研究趣味的问题。这是与吾国历来对于寺庙、史迹、名胜、天然纪念物保存事业有密切关系的设施，是将普通博物馆内所容纳不下的庞大的古代建筑物，或其他历史的遗物及天然纪念物之类，保存于户外而供公众观览的新设施之一。在乡土、历史、考古学的博物馆，必搜集古物而陈列于馆内；但如古昔农民的住宅、农舍、风车等庞大物，为博物馆内所容纳不下的，乃移筑于该博物馆附近的野外。而且不仅为这种建筑物而已，即当时对该建筑物中配用的家具之类，亦莫不照样配置。且为说明民俗，即其著有特别的服装的住民，亦将其模型移归住宅一处。

最先照上述办法实行的，是瑞典斯托克霍尔摩①的称为诺尔的斯卡博物馆②，称为斯根森的户外博物馆③；这是户外博物馆的滥觞。

诺尔的斯卡博物馆创立于一八七三年，其目的在描写瑞典的文化——不如说斯干底那维亚④过去四世纪的文明。就中用以说明瑞典农民生活状况的搜集品，颇为庞大；而其陈列法的优秀这一点，遍贯全欧殆无伦比。

世界著名的户外博物馆

一、斯根森的户外博物馆　这所博物馆建设在离开诺尔的斯卡的本馆不远的小高地的公园地域。其成为该馆的附属馆，则为一八九〇年的事。

这里有一百十四种各不相同的建筑物，以表示瑞典的历史与民俗。而此等家屋，大多数是从全国各地移来的原物，构造的仅为极少数而已。这里不仅有农民的住宅及农舍，并另设有农民及农业生活上必要的户外的一切附属品，及种种纪念碑、钟楼、尖塔之类。而其目的之一，即为介绍瑞典各地方各时代所行的种种建筑法。户外博物馆为全世界所注目者，当以瑞典这一所为首，而且成为各国的此种博物馆陈列方法的模范。

因斯根森的户外博物馆的创设，一时引起全球注目，影响所及，各国亦同样的盛行建立如荷兰的恩汉户外博物馆，即为一例。

二、荷兰恩汉户外博物馆　恩汉户外博物馆，开始时不过单只搜集馆内的陈列品而已，其后计划在该馆所属庭园中将古旧的住宅及制造所的原物移入，装饰内部而公开于大众。因此，即有广大的场地的

---

① 现多称"斯德哥尔摩（Stockholm）"，下同。
② 现多称"北欧博物馆（瑞典语：Nordiska Museet）"，下同。
③ 现多称"斯堪森露天博物馆（Skansen Open – Air Musuem）"，下同。
④ 现多称"斯堪的纳维亚（Scandinavia）"。

必要，乃由恩汉市提供。其户外陈列的目的，不在搜集模型，而在将建筑物原物照旧移来。此户外陈列于一九一八年公开。然终因场地狭小，所搜集的只有是一小部份罢了。

可称为博物馆公园的这所户外博物馆，并欢迎植物学协会及药剂学协会等在该园内栽培药草。并且在该公园内开设露天剧场，用以娱乐一般民众的设备，也接着完成。

英国方面，户外博物馆建设运动亦相当盛行，最近的一个例子，如哈尔市的博物馆，建设了伊金古登的户外博物馆。

三、伊金古登的户外博物馆　哈尔市的公立博物馆，预先曾经设立一所伊斯特拉台英史迹保存会，以尽力于该地方之考古学的历史的遗迹之保存。而在数年前为修缮保存霍木达年斯之伊金古登的古旧的小舍，乃成为户外博物馆，这建筑物是附有侧室的小舍，为建于十五世纪时，因无永久的防火准备而舍弃，这次因上述保存会的努力，为原住于此屋的农夫另造一间小舍，乃得免火灾的危险。而名义上其租借费是借自英国国教教务员的。木材的部分，均涂以防腐剂，屋顶则为之换葺，并加以其他各种修缮。此等工事，是由哈尔市的工商业者之特别援助而施行的。该建筑物修缮告终，同时，即作为民俗博物馆使用，陈列历史的遗品，尤其是关于田园生活的物品。在这小舍的旁边，并有足为将来再行另建若干其他小舍的空地。如他日果行再筑时，则预定在此小舍中收容陈列渐次将见消失的农业用具类。小舍的内部稍嫌太暗一点，所以挂着古趣盎然用动物之角制成的灯，而里面却装着电灯。这所博物馆的维持，似乎只要将观览者少许的入场券资，也尽可支持了。

在英国方面，并又以国立博物馆及美术馆委员会的提案为根据，进行在中央建设民俗的户外博物馆的计划。这计划就是要在伦敦的莱琴特公园①内建设民俗博物馆，在这里附设户外博物馆与人类学的博物馆。

美国的户外博物馆运动

美国方面，对于户外博物馆运动，也是非常盛行的。美国博物馆协会，即专立于指导此项运动的地位，努力促使其普及发达。该协会理事长可尔门氏在其新著《户外小博物馆》中，详述其设施的方针及在美国最近的状况。兹抄录其大要如下：

　　　历来的博物馆均注重于搜集，就是博物馆唯一的使命，似乎即在专心致力的把世界任何地方所存在的物品，搜集于馆内。然而到了近来，已由集陈列品于馆内的思想，有能向相反对的思想发生，这种思想且已为一般所注意。要而言之，就是要搜集自然存在之物为陈于户外的陈列品。

　　　虽然，户外博物馆亦决非新奇的创见，如斯托克霍尔摩的斯更森户外博物馆，实为久已闻名的了，如斯更森存在于户外之物，与其说是利用旧物，还不如说是特别在户外创设而作为博物馆以取其作用的为当。所以从新的思想而言，所谓户外博物馆，却不是特别将物品陈列于户外，单不过利用已经存在于户外的物品罢了。

由此原则推论，则不论为何种博物馆，凡对于已经存在于户外的自然物、人工物，如由博物馆的见地而加以说明介绍，以此做到了某种程度，即可得谓为户外博物馆。然而，这绝对不是创造了具此职能的一种全然样式崭新的东西，来蚕食户内博物馆的事业的；因为事实很明白，这只是对于户内博物馆的一种补充；所以这种博物馆在户外的剩余事业，将来必能日益发挥其作用的。

---

　　① 现多称"摄政公园（Regent park）"。

在户外，科学的领域中，尤多丰富的材料；府县郡村等等的公园中，多具备有许多良好的陈列品。山河之地质的状势、岩石、鸟类、昆虫、植物等，大自然中，到处皆是！然而，一般大众，近如："不识庐山真面目，只缘身在此山中"，他们对于大自然中的陈列品，并不认识，并不理解，于是，博物馆乃为大众担任说明之责。然则，博物馆将如何达成这个目的呢。诚然，是"一言难尽"，然而概略的说，在施行之中，可在市内的树木上附上说明卡片，乃至在国立公园小路旁建造博物馆，以说明自然界中各种情形。

关于建造此种小博物馆，特别可资为参考的经验谈，有夫伦克伊罗克氏题名《路旁博物馆》（Nature trails）一书中所述。该氏此外尚有《An Experiment in Outdoreducation, American Museum of Natural History》等著作。他主张在森林的路旁的草木、岩石及其他自然物附以说明卡片。而这种所谓整理路旁的事，以为是少年团当然的工作，这亦可算是适当的筹算。而且，征诸实际的经验，如果在草木上附上了说明卡片之类，常可使草木幸免一切横受痛苦的行为。所以使民众关切于户外各物的训练，实是户外博物馆极重要的一种工作。即如夏天的野营，亦可一时的利用少数陈列物，以实现这种方法。现在纽约的勃马温台恩，即在博物馆的指导之下，以派利赛斯英太斯台脱公园，以实行此法，博得世上的赞誉。

此外，在历史的领域中，博物馆在户外亦有充分的活动机会。如在史迹上附以说明标记之类，一方面已经实行的亦属不少，只不过还要改良而应用新的方法罢了，例如对于可为地方历史纪念的户外陈列物之努力保存与说明，即为一例。

历史上饶有兴味的古代建筑物，大都可以改为小博物馆。然而如将具有历史意味的建筑物，作为没有何等关系的材料而陈列，则将反而抹杀历史的意义，在建筑上更不能窥见其时代性。所以古代的家宅，现在多数装入陈列箱者，可视为一时的安置，将来终于变成半为屋内半为屋外陈列的历史馆分馆。

户外博物馆领域的扩大

在户外博物馆中，并不是仅限于庞大粗俗的陈列品，既如上述；即在美术方面，可以应用户外博物馆之新方案的亦属不少。从来对于建筑物的陈列，是一个困难问题，普通仅以模型摄影及材料等陈列，不能表现建筑的全部。然而使以户外为博物馆之天地，而以原已存在于户外之物为陈列品，则当可毫无困难。所必要注意者，在使户外的实物与户内的陈列品有所联络，使为具有教育意义之物。即如雕刻的名作，亦可陈列于户外，而使公众对之发生理解；只要经营博物馆者能有相当的努力，未有不成功的。总之：不论什么东西，除了珍贵小件以及容易损坏的物品外，大都可以在户外陈列的，只要设计得法，那就有美不胜收之概。

户外博物馆的重要，还是新近的发现。因此目下所可施行的，似乎还只是对于靠近博物馆本馆的户外陈列物加以说明而已。然而，我们已经知道，户外博物馆实可设在远离博物馆本馆的野外。因为交通的便利，住在各都市的人们，只要宣传得法，他们对于数十里的距离，还是来往自如。所以博物馆方面，可以用道路地图，并说明沿路各事物的宣传品等，以尽其教育公众的任务。或使旅客因上述的印刷品而引起兴味，更可以在车站上陈列各种样本，以期旅行者获得理智丰富的旅行上的知识。所以户外博物馆经营得法，则舟车所经之处，莫不是他的领域。但是要使漫无限制的物品，仍不失其博物馆应有的效能，那就应注意到和馆内陈列联系的问题了。

美国纽约州立博物馆[①]，最近在其附近发现了几枝直立化石的树株，当即保存于发现地点，揭以说明牌，以供公众观览。该化石树的根部，并用混凝土固定于地中，可使不容易倾倒。在树的面前，另建

---

① 纽约州立博物馆（New York State Musuem），建于 1836 年，美国最古老、最大型的州立博物馆。

立着一块总括的大揭示板，其文句如下：

> 这种化石树，是纽约市水道局在进行工程时无意中发现的。这是从来没有见过的一种化石，这次发掘的在今日可谓最古的森林，其树木亦为地球上最古之物。这种树木称为"渥斯勃尔马特普台利树"，是结果实的一种羊齿类植物。是久已绝种的一种植物，但在二三亿年前，则为繁殖于今日卡脱斯矶山脉西方海岸沼泽地一带的植物。此种化石林之想像的模型，陈列于阿尔巴尼①的纽约州立博物馆中。希望参观诸君，再去参考那边各种说明卡片。此种陈列品是在纽约市水道局的协助之下，由纽约州立博物馆经手设备的。

上述说明卡片的文句，载于该馆发行的印刷物中。此种展览物沿靠广阔的道路设置着，很能引起行人的注意，这和欧美各国对于天然纪念物保存事业相当。另外加以说明，并和博物馆中有关系的陈列品联系起来，便可发生一种新的意义，而户外博物馆的领域，亦益见其扩大了。

日本的户外博物馆设施

日本方面，还没有正式的户外博物馆，路旁博物馆（露天博物馆）之类，只有横滨的三溪园内园主原富太郎将二宫金次郎住家辟成公共茶室，搜集来自各地有名的种种建筑物，陈列似乎可算是户外博物馆了。

又如山口县长府町的乃木纪念馆等，亦可视为一所户外博物馆。因为这里将乃木先生当时与其双亲共处的住宅，照原式保存，其旁并另建陈列馆，陈列着与乃木有关系的遗物。从此处到横须贺的军港，又可看到保存着的三笠舰。这种也可以看做是路旁博物馆的一种吧。

若从上面所举的来看，则在日本文部省宗教局保存课经营事务中，作为特别保护建筑物及史迹名胜天然纪念物而保存的物品之中，从户外博物馆的见地来说，应照实物教育设施来办理的，还是很多。这种以法律的力量保护建筑物及国宝的事业，数年以前，还是在保存古社寺这个名称之下，为内务省社寺局经管事务之一，直到文部省设立宗教局后方才移交该部经管。而随着在昭和四年（公元一九二九年）国宝保存法的公布，乃将从来特别保护建筑物与国宝的区别废止，一概依照国宝处理。结果，以国宝保存会代替宗教局中的古寺社保存会，并以国宝保存委员代替古社寺保存委员，藉其咨问以决定保存价值之有无及其他种种问题。

关于日本的史迹名胜天然纪念物保存事业，一向也是内务省地理课的经管事务之一；但以后于昭和三年（公元一九二八年）起，移交于文部省，与国宝保存同由宗教局的保存课去处理了。

日本的史迹名胜天然纪念物保存事业，曾由各地的保胜会教育会及其他团体稍事进行，至明治四十四年（公元一九一一年）六月以德川赖伦候等发起，设立史迹名胜天然纪念物保存协会，乃开始引起了彼国人士的注意。即如内务省亦于大正八年（公元一九一九年）五月公布史迹名胜天然纪念物调查会官制，同年六月，实施史迹名胜天然纪念物保存法；保存事业的着着实行，遍于全国。不过这个调查会到了大正十三年（公元一九二四年）以行政整理而废止，现在由文部省只以小规模的委员少数学者专门家，嘱托其续行调查。

其他各国的史迹保存事业

最先着手于天然纪念物保存事业的首推德国，普鲁士教育部长于一九〇六年设立天然纪念物保存中

---

① 现多称"奥尔巴尼（Albany）"。

央会，任命普洛凡沙尔孔勃支氏为会长，设立事务所于柏林。其目的在使民众获得对于天然纪念物的知识与理解，进而为之研究与保存。而德国所谓天然纪念物，都是遗留下来的古物，没有人为的物品。德国的其他联邦和瑞士、奥大利①、挪威、瑞典等，均以与德国同样的意义，进行天然纪念物的保存事业。只有德国的撒克逊②，还设有乡土保存会，不仅为天然纪念物，并涉及于史迹名胜建筑物等等。

美国建国尚暂，历史未久，但对此亦予以特别的注意；且因对于史迹保存事业格外重视的关系，在纽约设有美国名胜史迹保存会，天然纪念物之保存，亦为其任务之一，特别是尽力在各地建造国立公园。此外，并有所谓野草保护会等组织。

欧洲各国对于保存史迹的注意程度，实可惊人。对于伟人的住宅，历史上著名的重大事变发生时的遗迹故址，均照原状保存，并用说明牌揭示其事物。此外又如纪念的塑像及碑的建造，街道、学校、剧场等等的以伟人文豪之名题名的尤属不鲜。如此，其在国民思想之涵养上的伟大贡献，是谁也不能否认的。

各国这样的保存史迹名胜天然纪念物，视为国家重要之事业，其于学者专门家之学术研究上的资助，自不待言；同时，在国民教育上的助益，亦有未可漠视者。因此，不仅须从学术的立场上去讲究保存此种物品的方法，并须进而极力利用于国民精神的涵养，理解的发达，趣味的向上。恰如博物馆方面因为搜集品之保管，同时要利用于学者专门家之研究上，并民众及学生之教育上，而致力于广告宣传与专心于陈列说明之方法一样，亦非讲究各种适当的方法不可。

所以，关于天然纪念物之教育的利用，就其性质上，必须倚助于博物学博物馆及动植物园水族馆的工作员之手，关于史迹及建筑物之利用，则必须借手于历史及美术博物馆工作员之手，以讲究对于此等物品保存管理的方法，研究说明卡的样式，宣传广告的手段，以为广大的民众及学校学生教育上的资助。

路旁博物馆的兴起

因为户外博物馆的发达，于是又有所谓路旁博物馆之兴起。美国在数年前，为学校教育及民众教育，曾盛行所谓路旁博物馆。兹从小学校之自然科教学，少年团之指导上及其他参考的价值上，介绍一二如下：

美国最初的路旁博物馆，是设于纽约州派里赛珠国立公园内的。这所路旁博物馆，是获得了离开纽约约四十哩的国立公园内之森林与牧场约四十英亩土地的使用权而实施的。此种新教育设施，实可视为户外博物馆的一种，是纽约市博物学博物馆的学艺员富兰克留珠氏在一九二五年开始作试验的设施，而于是年夏季开始公开于一般大众的。

这所路旁博物馆，设于森林中的约半哩的小路上，大体成环状形。其环状物有二，一供练习用，一供检查用。纪元前埃及的亚历山大利亚完成世界最初的博物馆，有可供学者们逍遥自在的森林。这所户外博物馆，亦完全相类似的，沿着小路，设置说明牌，使经过的行人或游息的女士，都可于俯仰之间，获得观览之益。又随处设立指路牌，不致为森林中的小路所迷，人人可以逍遥自得。兹将练习小路和检查小路分别叙述如下：

一、练习小路 练习小路，分为四区：第一区为给与普通植物学的观念。第二区可以观察如羊齿类等湿地的植物，水栖的小动物等。第三区主要的任务是昆虫的研究。第四区则概括地复习第三区中所学

① 现多称"奥地利（Austria）"。
② 现多称"萨克森州（德语：Sachsen）"。

习的事项。

为劝止对于路旁动植物勿作无意义的摘采及残害，常用揭示牌以促人注意。在自然物上附有说明，多用麻布的说明书。其幅约为一时半，长约三二英时。当该馆在一九二五年夏季新开设时，吊结于树木上的说明书及揭示牌有二千枚，直接钉附于树木上的不过二三种罢了。

一般说明书的所以不大，是因为并无长篇记载的必要。参观者对于不简洁的说明，往往会掉头不顾的。只有对于由一种小蜂作成楢叶的没食子，则为使充分理解其发生的程序，而有记载了下列的文句，致横列说明书达七块之多；除此以外，其他一般都很简明的。兹将楢没食子说明卡文句，抄录如下：

一、在尚未发育完全的极嫩的楢叶上，小蜂儿产上了一粒卵子。

二、于是，这片叶便不是普通的叶片了！诸君请看，这已变成奇妙的复杂的楢没食子了。

三、从其卵中孵化出来的仔蜂，栖于没食子的中心，食此为活。

四、何以楢叶会变成没食子呢？

五、这个变化，在小蜂是很便利的，可是，这是它的母亲——小蜂之力，抑为楢之力？吾人还无从详悉。

六、因此，楢叶可得何种利益，亦不能详悉。在自然界中，像这样普通的却值得研究的事物，正多着呢！

又因为要使儿童亲手能将实物辨明他的正确与错误，所以也没有平常那种"请勿动手"的揭示。不过不是随便什么情形之下，完全奖励他们对昆虫动手的。只有为使容易明了起见，揭示者"请取也容器观看"或"请开盖观览"，并同时揭示着"请在观览后照原式放置原处"，以提醒他们。有时更置有揭示卡说："可以将甲虫从容器中取出，放到耳边来听那吱吱的声音！"

二、检查小路　在这小路上，并不置有说明书，仅只揭示着号码和问题的牌子。儿童在练习小路上进行充分的实地观察研究之后，可到这检查小路来，对于这里所揭示的问题，试拟答案。此时儿童各以数人为一组，举行组与组的竞赛。即由儿童各将所拟答案呈缴指导者，请其检查，比较各方成绩而决定其胜负。

路旁博物馆的发达

在前述的国立公园附近各处，近来这种路旁博物馆的设施很是发达。即在一九二五年的夏季，即已实施约有二十所之多。所以即其一所之长度平均为半哩，总数已达十哩；在这十哩中间的路旁，各附有种种说明牌子，得以在无形中教育那经过该处的无数儿童。此外尝试于中学校，女子青年团的，亦属不少。若是在各种运动俱乐部、夏季旅馆等，对于各该地方的动植物或地质地志，附以同样的说明牌子，而设备路旁博物馆，一定是极有兴味极有效益的。

北美合众国全国各地有四十余所国立公园，他们认为这是最适于教育的设施，所以各地都很盛行。又在美国的少年团体、妇女团体及其他团体，当实施路旁博物馆设备之际，常能从事于社会服务的劳动，以援助此等事业。而且这种服务的作业，不仅可为少年团优良的一种训练，即在户外博物馆方面，也是可以获得非常的便利。

美国博物馆协会亦承认这种户外博物馆之教育的效果之伟大，于一九二六年得到洛克万拉①财团对此事特别的补助金，在派里赛珠国立公园的勃约马温登与古伦特卡尼翁国立公园，着手建设一个路旁博

① 现多称"洛克菲勒（Rockfeller）"。

物馆。这个计划由海尔蒙逢派司博士为委员长，以专责任，一九二八年，二者均告竣工。该协会即进而向其他国立公园进行同样的计划。结果，于一九二八年冬，终于在乌尔特万斯富尔国立公园建筑路旁博物馆，于翌年一九二九年六月二十日开放，夏季休假期间的参观者达七万五千人。同年冬天，又有麦琪生却克新国立公园，亦设置一所路旁博物馆，工程已告完成。而该协会尚在预定于诺里斯干撒盆地等处，继续尝试此种同样的设施。

美国博物馆协会自一九二六年着手以迄一九三〇年，即在前述国立公园的各地点建造了九处小建筑物。最初完成的是在郁赛密台公园，最后完成的是在麦琪生却克新公园。郁赛密台公园的博物馆，有保管在该地搜集的动植物、矿物、岩石等等标本的小陈列所，又为置备必要的参考图书而设小图书阅览室，并设有小礼仪室，充任博物学教育实地说明指导职员的作业室，旅行研究者之集会室等，旅行研究者可以在这里受到种种指导，获得种种研究上的便利。

该协会以房巴斯博士为委员长，设置户外教育委员（The Committee On Outdoor Education），以实行设施路旁博物馆；其主要点不在小博物馆之内部，而侧重在以其外部的自然，使民众获得充分的理解。在各处建设路旁博物馆，亦都以此思想为基础，因此而可得观察研究上之适当的指导，指导旅行者至最有兴味而有价值的地点。在离开郁赛密台之本馆三千尺的高峰古来雪朴英特之处，设立第一路旁博物馆，这里置备着地图及为参观所及之地势说明图、望远镜、附近的动植物的标本等等；旅行研究者过访此小博物馆，可由老练的教师，予以有益的指导与注意，以为观摩的准备。以这种意义而在各地设置路旁博物馆，配置约五十位职员，对于每年约数万的旅行研究者，施行适切有效的指导。

第七章 教育博物馆（上）

对于教育博物馆的误解

各种博物馆，虽然对于教育上总有多少关系，然有若干博物馆，纯粹以教育做立场而陈列的，他不但和学校有同样的功效，而且和学校是相得益彰，不可偏废的。在各种专门博物馆中，各有各的效能，并没有轻重的分别，因为教育界利用博物馆最多，各国对于教育的博物馆进步亦最快。独于吾国成了相反的趋势，不但至今很少关于教育的博物馆，即一般教育家亦没有注意及此。此种奇特的现象，当然另有复杂的原因；不过吾们从事博物馆业务的，对此不得不加以纠正。本书对于教育博物馆另立专章，详为讨论，就是为此。

纯粹以教育做立场的博物馆，大别可分教育博物馆、儿童博物馆和学校博物馆三种。现在先把教育博物馆一说。在没有解释教育的本质以前，先把一般人对于教育博物馆的误解，加以申说，尤其是许多教育家对此往往发生一种误解，把教育博物馆和科学产业、美术、工艺、历史及考古学等的博物馆对立起来，以为后者专以鉴赏、研究、参考等实用为目的，则前者则为仅以教育为目的的通俗的博物馆；是将什么人都明白的东西陈列于民众之前，并附以浅显的说明卡片，为专向学校学生及民众施行教育的博物馆。然而，这是很大的误解。

一切现代的博物馆，都是以民众为对象，而作民众教育本位以陈列的，这原非教育博物馆的专有使命。其所陈列，一方面是民众本位，同时，对于学者专门家的研究，自亦须尽其责任，这是不待赘言的。不过多数博物馆，为对学者专门家的研究，也有特别于常设陈列以外，另行搜集丰富的研究资料，贮藏于仓库中，以供他们使用的。同时，为民众教育及学校教育的补助机关，是博物馆当然的任务，科学、产业、历史、美术等，均为一切博物馆重要的职能之一。所以，如其把博物馆强分为以供研究鉴赏等实用为目的的专门的高尚的事业，和仅以教育民众及学校学生为目的的通俗的卑近的事业，实在是错误的见解。若根据这种见解来说明教育博物馆，自然不是事实。只不过一切博物馆他必然有一部分意义是在施行教育事业。所以，真正的教育博物馆，并不作如是解。同时，他与学校博物馆及儿童博物馆的性质内容亦有所不同，他是具有他特殊的职能的。

教育博物馆

教育博物馆德语为 Schulmuseum，英语为 Padagogical museum 及 Educational museum，法语为 Musee Pedagogique，是专为教育家而搜集校舍、校庭及学校卫生之资料，机、椅、黑板等校具；理化学实验器械、地球仪、博物标品、模型、挂图等教具之类；并备置有关教育的参考图书，为教育上参考之资的专门的博物馆。德国方面，这种教育博物馆全国约有四十所，其中亦有独立的建筑物的，但多数附于小学校中，其规模只不过贯通二三个教室那么大小，是供给教员研究学校管理法及教授法之际，或学校校长要作改良学校设备时参观校具及教具等所设的博物馆，因此，在一般大众是没有什么用处的。荷尔及奥大利与其他各国，亦有教育博物馆，自名称至内容完全和德国式相同的亦属不少。

南美乌拉圭共和国蒙台彼①的教育博物馆（Musee Pedagogice），大体与德国的教育博物馆相仿。以称为"阿台尼"馆的建筑物的第一层充之，举凡历史上以至现代的学校校舍校具及教育的模型标本绘画等，都丰富地搜集陈列着，此外凡博物馆学、解剖生理学的教授用标本模型挂图之类，搜集的也很多。主要是供给教员们研究教授法时参考用的。再者，在这博物馆中，还设有教员补习科六组。施行小学校儿童的参观及向各学校贷出教授用品。

德国哈诺巴市②的教育博物馆，与德国别的教育博物馆并无不同，不过特别设有二室，一是为小学儿童而搜集陈列乡土资料；一是以幻灯教授乡土史的幻灯映演室。这个仅为教员著想③，并且又为儿童而施行教育，这是他的特点。

法国的教育博物馆，由政府设置在巴黎的干留沙克街，并备有学校教育用的幻灯及活动电影设备，常以轮流出借于各学校。并常在馆内开电影会，召集儿童们去参观。所以粗看之下，只是一所儿童教育本位的博物馆，但是它同时专为研究教育的人，搜集参考书，并又经营着图书馆事业。

二种不同的教育博物馆

北美合众国的教育博物馆，如其认为含有教育的意义，还不如说他是直接教育儿童之更为本体化，例如圣特尔利时市④的教育博物馆，即属干此。这个博物馆具有相当优美的独立的建筑物；其名称即为 The Educational museum of the st. Loublic Schools，完全是一所以儿童教育做本位的博物馆。原来这所博物馆的成立，就是近年开幕的圣特尔利时的世界博览会中各国送来陈列之物品为基础的，搜集有许多儿童之学习教授上必要的动、植、矿物的标本、模型、教授用挂图、电影、留声机片之类，全市内所有小学，均可共同的使用。尤其是在贷出部，并备有专用的汽车以供运送。即学校方面各自规定配送的日子，除了星期六星期日以外，每日都向各校搬送预定的物品。并有附近的小学，每集合一学级而来参观，馆员均能亲切地加以指示说明。

如果说德国的教育博物馆算是教员研究为本位的，则美国的教育博物馆，可称为儿童教育做本位的了。前者是学校设备及教授方法研究的机关，后者则为儿童直接的教育机关。因此，可以看做是学校博物馆的延长，英国的沙莱州，有称为教育博物馆的，与美国的大体相同。

照这样看来，教育博物馆应该是国家的事业，所以最好在高等师范学校等附设而管理之，或委之都市的政府机关去经营，而不应该由省县等设立经营的。因为在省县方面，正应该赶早建设地方色彩浓厚的地方博物馆，使成为一般民众的教育上，专门家之研究上，同时于学校学生之教育上均能充分利用的机关。

儿童博物馆

儿童博物馆有二种不同的意义：其一是搜集研究儿童所必要的资料而设立的博物馆；另一是为直接教育儿童而设立的博物馆。照第一种解释而建设的博物馆，比较的还不多见；不过这种博物馆搜集研究儿童心身发育的必要资料，以及关于研究儿童比较上重要的人类学的资料，及儿童之养护与教育方法等

----

① 现多称"蒙得维的亚（Montevideo）"。
② 现多称"汉诺威（Hanover）"。
③ 同"着想"。
④ 现多称"圣路易斯（St. Louis）"，下同。

的参考资料。因此，它必须搜集广范围的参考品，如从儿童由其本能而制成的图画及手工品起，以至各民族的儿童服饰玩具、儿童用品、学校用品、教具、校具及家庭学校中儿童的制作品等。

匈牙利的首都布达佩斯，有一所儿童博物馆（Das Padolgisches Museum），在师范大学儿童学会等，是照上述那样以为研究儿童的对象，应该称之为特殊的博物馆。

在以直接教育儿童为目的的博物馆，则须置备为教育儿童而使用的搜集品，施行幻灯及电影等设备，设置特别的指导者，以教育儿童。这种儿童博物馆，有设于普通之博物馆的一部的儿童室（Children's Room）和独立的儿童博物馆（Children's Museum）或少年博物馆（Junior Museum）稍有不同。

上述二种不同意义的儿童博物馆的关系，恰与教育博物馆二种不同意义的情形相似。即在教育博物馆亦有二种，一种是为教育家之参考之资的，搜集关于校舍、校庭及学校卫生的参考资料，如德国式的教育博物馆，一种是预备各种陈列品让各学校率引其学级来观摩，并且对各学校贷出教授用品的，如美国式的教育博物馆，与儿童博物馆的两种分别相当。但是，儿童博物馆虽有二种不同的种类，不过近来设施最广的，则多属于第二义的儿童博物馆，即 Chidren's Museum。

在儿童教育上利用博物馆的方法，大体有二种；第一是在学校的正课时间内，由教师将一学级的儿童，一齐领到博物馆去；或将博物馆置备的物品，借到学校里来使用。而博物馆方面，为适应这种要求，须设置担任说明指导的职员，设立使用幻灯或电影的教室或讲堂，并且要置备贷出学校的物品。有些都市里，另设有特别的教育博物馆，处理同样的工作。

另一方法，是欢迎儿童在学校的休假日及放课后任意到博物馆里来观览，施行个别的或小组的教育。那末，在博物馆方面，为适应这种要求，须在馆内设立儿童室，设置特别的指导者。

一所最早的儿童博物馆

世界各国，尤其是美国，近来对于儿童博物馆的设施非常发达。不论在乡村或都市中，都有这种专门设备，为从幼稚园程度以至小学校的高年级的儿童，设置独立的儿童博物馆；或在普通博物馆的一部设置儿童室。而在美国，星期六是学校的假期，星期日的上午则须到教堂里去；所以儿童博物馆主要活动的时期是星期日的下午，星期六的上午和下午，及平时放课后的时候。儿童博物馆是以纽约的布尔克林市[①]设立最早。

布尔克林儿童博物馆创立于一八九九年，是布尔克林美术科学博物馆[②]（The Brooklyn Institute of Arts and Science）将勃特福特公园[③]内的一所古老的大邸宅加以改造，成为儿童博物馆（Children's Museum, Bedford Park），开始为市内的儿童而开放。最初他仅仅利用馆中原有的房屋，是一步一步扩充的。首先在其客间里送进了陈列箱，其中陈列着数百种鸟类的剥制标本。接着，将膳堂、厨房及寝室都逐一改为陈列室，完成了陈列有许多蝶蛾类、甲虫类、蜻蛉类的昆虫室，又分别成立了矿物室、动物室及植物室等等，最后，又有爬虫类那种种的陈列了。

它的陈列品又不单属于自然科学方面的，又陈列着说明美国历史上各种模型的历史室及地理室等。在它的地理室中，壁面悬挂着起伏的地图，并且还有电光装置的透视画式的缩小模型，说明地理学上必

---

① 现多称"布鲁克林（Brooklyn）"，下同。
② 现布鲁克林博物馆前身，建于 1895 年。
③ 现多称"贝德福德公园（Bedford park）"。

要的世界之代表的场面。在这场面上，我们可以看到爱思尔幕①冰原采集食物的光景，和他们在晚上的家庭生活的情形；拉普伦特人②逐水草移家畜的天幕生活的状况；南极冰山附近鸟群栖生的状况；渔舟晚归于南太平洋岛的光景；中央澳大利亚之大袋鼠的生活状况；布拉奇尔森林中猿猴类的生活状态；撒哈拉大漠中骆驼族行的光景；英属非洲东海岸狩猎狮子的光景；脉太戈尼亚妇女处理其所猎获的大蜥蜴皮的光景；阿富卜足斯坦③人发炮强夺的光景等等。又在这种透视画之外，还有用实体镜观察全世界种种情形的装置，每日午后三时半起即开始开放。

布利克林④儿童博物馆的设施

布利克林儿童博物馆的特色，是它使用那些为儿童所爱好的实物，以助学校自然史地科物教学，俾儿童一入室中，好像亲届其境，又要不使儿童注意力的搅乱，因此陈列箱内所陈列的往往很单纯而有系统，附于物品上的说明卡片，亦用简单而醒目的文句，精美而明了的印刷；陈列的容器等，更能充分注意到儿童的身长。该馆于一九二八年，把原有馆舍大加修缮；同时，增筑了一所与老馆址接续的新馆，内部的设备，也更加充实了。

尤其值得赞许的，是该馆后援会会长约翰斐尔斯夫人的热心了，他捐助一万五千美金圆的巨款，在历史室中陈列一种名为"和平胜利的故事"，说明人类文化发展过程的模型。这种模型和地理室中的模型相同，是附有电光装置优美的透视画式缩小模型，说明穴居时代的人类及埃及、阿希里亚⑤、希腊、罗马、高萨克⑥等义明的场面，及表现印刷术之发明，戏剧的发达，航海学、蒸汽及电气的应用，空中之征服等诸场面，是极有兴味而为儿童所爱好的。

该馆除了上述各种陈列室外，还附有讲演室，每日为儿童召开讲演会。讲演的题材，都是和该馆所陈列的自然地理及历史等参考品，和儿童日常在学校中所受课业相关联的；而且在这种讲演中，同时注意到讲演两字中的"演"字，往往使用着色的幻灯映画和活动电影。这种讲演在星期六为上午十时半起与下午二时半起二次，平日则每日下午四时起举行一次。对于各学年的儿童，每年至少要开四次大会。而在活动电影开映时，普通是由各学年的儿童一同去听讲。其讲演题目，听讲儿童的学年别及时间等，每月发表在该馆的机关杂志《儿童博物馆与学校》中，分发于各学校。

该馆除了上述的常设陈列品以外，并置备着贷出品，适应要求而贷出于学校及家庭。贷出品中主要的是动植矿物的标本，其中包含有说明鸟类与哺乳动物之生活状态的联合剥制标本九箱。又在图书阅览室中，置备有关于自然、地理、历史、旅行等等的图书数千册，并有女司书一人，扶助儿童，使得毫无遗憾的利用各种读物。

在这儿童博物馆中，除馆长外，尚有干事一人，助理干事二人，书记一人，指导员一人，以卜都是妇女。当儿童来馆时，在陈列场内，担任指导与说明，指导他们学习观察。父兄教师等种种团体长者，常在午前携带饭盒，领了儿童到博物馆，此时可在木工室中吃饭，以备长时间参观。

在夏季，分男儿组及女儿组，领到野外去观察采集，每周四次。此外并举行儿童谈话会，儿童俱乐部，儿童博物馆竞技等等事业。结果，自该馆增筑后，儿童来馆者日益增加，每年来馆儿童总数已达十

---

① 现多称"爱斯基摩（Eskimo）"。
② 现多称"拉普兰人（Laplander）"。
③ 现多称"阿富汗（Afghanistan）"。
④ 现多称"布鲁克林（Brooklyn）"，下同。
⑤ 疑为"叙利亚（Syria）"。
⑥ 疑为"墨西哥（Mexico）"。

万以上。

儿童博物馆的活动

吾们看了上述的儿童博物馆，便可知道儿童博物馆设备的周密，功效的伟大了。在美国首先努力于儿童博物馆的建设后，各国莫不急起直追，到现在办理教育的，都已注意到博物馆的利用，以收教育上事半功倍的效能。因为如此，所以在儿童博物馆中，除了演讲和指导外，他们还有许多其他活动，例如谈话和竞赛等等，又在组织上分成学级和俱乐部的编制。

在规模较大的儿童博物馆中，都有谈话和竞赛的举行。谈话组是由博物馆中的女教师就三十分陈列品中选出一种为谈话对象。讲话处与陈列馆相连，得以观察实物。此时一方施行博物馆竞赛，即是预先对于实物已经加以观察，乃发给印刷着许多问题的试纸，叫他们各自填答，然后收集其答案，凡成绩优良的，并酌给奖励。

这种参加儿童博物馆的孩子们，年幼的编入学级组织，稍长的则组织俱乐部。有邮票及货币的俱乐部，即为孩子们爱好邮票，或搜集外国货币的组织。此外又有美术俱乐部、历史俱乐部、鸟的俱乐部、花的俱乐部、矿石的俱乐部、甲虫的俱乐部、果实的俱乐部等种种。而每一个儿童，常有参加二三个俱乐部的。各俱乐部都分别选举职员，照料部务。而在博物馆职员的指导之下，在陈列馆作名称研究，或由先生领带着到野外去观察。采集到了物品，或是把它作成标本，或是矫正已成标本的顺序，藏入陈列箱中。所以，这种博物馆，可说是对于孩子们在经营着"星期学校"或"星期六学校"呢。对于从幼稚园程度的孩子到本学校各年级的儿童，施行着博物馆事业的游览教育。这样博物馆与学校幼稚园的连络，还是博物馆事业中最新的尝试之一种，不仅在美国为然，即在欧洲各国，也日渐普及了。而且不仅为科学及历史的博物馆为然，即于美术博物馆，亦渐渐在尝试中了。

布尔克林的儿童博物馆，区分其研究科目（即俱乐部别）为八部分，从何者开始，都可任意选择。如有一科目毕业的，即颁发表示有功的奖章。各科目规定一〇分乃至二〇分，其总得分达五〇分时，就可得青铜奖章。如能达一〇〇分，那是可以获得银牌了。

博物馆除了对于小学校及幼稚园的孩子们以外，并对少年们，少女们以及其他少年少女团体连络而施行教育。博物馆的社会教育事业，就从这些地方着手做起的。不过，社会教育的范围甚广，博物馆对于社会教育应负的任务自很重要，各国博物馆现今所已施行的，其范围究竟还是很小，还留下广大的地域给我们后起者来开拓呢！

美术馆的儿童室

以上所述，主要的还是儿童教育的关于自然地理历史各方面；此外，美术方面，实在亦有同样的相当的活动。如克利布伦特美术馆①（The Cleaveland Museum of Art）的儿童室（The Childrens Room），即为一例。在这儿童室中，特别配置有一位女性的指导者。这儿童室的目的，在启发儿童的美术思想，及其对于美术的趣味的养成。

儿童的知识，不分美术、历史、科学、各要素，应共为一体而使互为助益。所以虽在美术馆的儿童室，亦须同时教授各种教科。例如在匾框中置备儿童所爱好的蝶蛾等，使儿童把欢喜的颜色铅笔写生。儿童室中并有说明鸟类与昆虫类之自然生活的状态的陈列，这是用以教授动物身体的色彩形体等，是对

---

① 现多称"克利夫兰艺术博物馆（Cleveland Museum of Art）"

于敌对动物的一种保护色；同时，可使观赏自然物的色彩和形体的美。儿童室中并陈列着光线明亮，色彩灿烂的模型之类。又在儿童室中，将人类学的模型区分为二类，以引起儿童的注意：其一组系说明远隔地之住民生活的，如爱思企慕人①猎取北极熊的光景，阿拉伯人与骆驼在沙漠中的生活状态，热带森林中原始住家的情形等。另外一组是说明先史时代人类之发展的过程的大模型，可使儿童因此美感的冲动而了解人类之进化的一要素。同时，可以教授从原始的事物演化至现世界之美术的过程。

在儿童室中，不但对于美术可以表现伟大的效能，即在考古学方面，亦有不可忽视的地方，尤其对于人类之历史方面，可以用适当的陈列，使儿童理解人类从猿人经过石器时代、埃及王朝时代、希腊、罗马时代及中世纪而到今日的情形。儿童室并在陈列关联于地理模型的美术工艺品以外，还陈列些对于儿童特别感到兴趣的古代的人型、动物的骸骨、从儿童读物上拆下来的插画等物。并多备关于解释陈列品的儿童读物，其色调也特别合于幼年儿童的，室内所有家具的大小，都是依儿童本位设计的。

这里虽只提到美术的儿童博物馆，并且在美国亦仅说到布尔克林市的儿童博物馆的大概，但是各国于儿童博物馆设施的努力，和儿童博物馆在教育上的功效，已不言而喻。

---

① 现多称"爱斯基摩人（Eskimo）"。

第八章　教育博物馆（下）

学校博物馆

在教育上和儿童博物馆有同样意义的，便是学校博物馆。学校博物馆在英语为 School Museum，Colledge Museum，University Museum 等，从小学校、中等学校、专门学校以至大学校的实物教育设施的极重要的一种。近求在各级学校中，差不多已经没有不为儿童及学生设备图书室乃至图书馆的了，独于博物馆的设备，却还非常幼稚。虽然专门学校及大学校中多有这种设备，但是设备的贫乏，还是觉得可怜。而事实上图书馆与博物馆之为学习及研究的机关，恰如车的两轮，是绝对不可有所轻重偏废的。

在文化落后的吾国，一说到学问的研究，未有不立即联想到书籍的；对于实物实验方面，常会轻轻忽视过去。因此，现在除极少数学校内努力充实实物教育的设备外，大都没有注意到此种事业。这是本书对于各级学校的博物馆，特别提出叙述的理由。因为建设及充实学校博物馆，必须根据儿童年龄，学校程度等等，求其相称的适当的设备，所以又须分为初等、中等、高等三个阶段来叙述。

合于小学程度的学校博物馆

在小学校中设置博物馆，可以尽量的利用教具室，或是将二、三个教室合并成为一个大房间，将学校所置备的各种教具，以及平时搜集得来的种种标本、模型、绘画、图表、摄影之类，放在这里，加以适当的分类整理，作容易理解的陈列。凡全校学生，皆得随时自由出入，以资观察研究。此种事业，当然在美国最为发达，即欧洲各国，亦已视为必要之设备，在日本方面，似不多见，若干年前，大约只有福井县小滨町的小学校、高知市的第三寻常小学校等。特别是后者，记得还设有特别的建筑物，陈列有甲胄之类。有人以为小学校长，如果对于研究乡土有兴味的，可以热心搜集该地方关于地理、历史、产业、风俗等资料，陈列一室，附以乡土室或乡土资料室的名义，以为儿童学习研究上的资助；这也可以看做一种学校博物馆。

像这种陈列室，虽然各国小学校中设立的很多，不过也有相当的反对者。反对的要点，是在学校内设置学校博物馆，经验上觉得无甚希望。他们以为适应必要，取出保管中的搜集品来，给儿童为课文的参考，而引起他们的兴味，原是有效的。然而，倘使设立了学校博物馆，平时将同物陈列于教室内或学校内，学生司空见惯，则徒然减低了儿童的兴味，滞钝其研究的志趣。由此可见教育家中，对于由教师搜集陈列，听凭儿童来参考的——静的学校博物馆，抱着绝大的怀疑。然而吾们理想中的学校博物馆，却不必是静的东西，陈列品须是由儿童自己去采集，自己加工，更加适当的说明而保管着，这是比较有意义的东西，即从作业主义上着想，亦不得不承认其在教育上有相当的意义。关于这一点，英国剑桥女子大学高等师范部长秀书女士曾有如下的说明。

秀书女士的意见

学校博物馆所要置备之物，我最不赞成的，是用金钱去购买。因此若由学生自己去采集，对采集者自身是很有利益的。当学生自己进行此事时，他们会发生一种感觉，承认自己所作成的将是一种共有之物；并且在制作中可以获得知识的修养，即在其他事业上，亦有极大的补益。

我所见的英国的学校中，有一所颇称完备的博物馆。其组织是一只大玻璃箱，将学生所采集的物品，预先加上记载着采集日期品名的标签，然后放进箱内。到了一个月告终之时，学生代表（即称为博物馆委员的）当即集合协议，对于采集的全部标本，选出可以陈列于博物馆的，即行移入；其他认为没有陈列必要的，就归还给原采集的儿童。而丁收容于博物馆之物品，则尤以极大的注意加以整理，并且经常保持其清洁。这种陈列品，都附以记载着名称，采集年月日的卡片。博物馆委员则调制这种陈列品的总目录，其中记入关于各物品的详细记载与说明。并有对于此等陈列品之研究上必要的参考书类的目录，这种参考书是另行置备在图书馆里的。

在秀书女士的意见，学校博物馆中，不应有由教师手制的物品，而必须由学生自己搜集、加工、陈列、保管的。因此，他的目标，不是观察陈列了的物品，而是在从搜集到陈列的过程中，即在儿童之劳作作业中，认识其教育上的价值。不是死藏物品的静的博物馆，而必须是劳作的动的博物馆。

其次，秀书女士关于儿童搜集来的物品的处理法，亦有详细的叙述：

依搜集物的性质，在教室内备置水族器、陆族器，及昆虫饲育箱等收容饲育，以供观察之用。这些东西，还可以分别陈列保存于学校博物馆内，以为长期供给学生的观察。学校博物馆的陈列，当由学生亲自动手。例如到了秋天，必有许多采集起来的果实，该由学生适当的汇集，贴于马粪纸上，并一一记明名称等项。在稍为高级的学生，则可将一学期或一学年间所研究的搜集的动植物的材料，在"森林生活""池塘生活"等题目之下，配置于一块大的硬纸板上，用树胶粘贴好，再粘附学生的写生画及简明说明等，附以题额，悬于壁面。物品则仍可纳于箱子或抽屉中，大家都可以自由取出观察。这种学校博物馆可设在各学级之教室的一隅，各级分别设置；亦可特别辟设一室，作为全校共同的学校博物馆。此外，又须依照该室采光上的关系及陈列品之性质等等，适应的备置若干陈列户棚及有玻璃盖的陈列台等等。户棚及陈列台，均以附有抽屉的为佳。

试如秀书女士所说，英国的小学校，儿童在野外观察收集的材料，必持归教室，凡可以保存至某一期间的，都是以适当的加工。所以当别国要求儿童成绩的交换，展览会、博览会等索取出品，都可以很容易地把这种现成品提供人家的要求。

秀书女士对于由儿童亲手造成的学校博物馆的管理法，又有下列的说明：

所谓学校博物馆，只是由学生的搜集品及学生的制作品所完成的，与学生每日所学习的课业，有密切的联络关系。因此，随着学生之学年的进步，而低年级学生又有同样的反复施行这种工作，其陈列品自非有新陈代谢不可。这样，在学校附近，由学生采集并不珍贵的搜集品，学生在这里经手的极平凡的品物，把它陈列起来；而把同样的物品，逐渐更换；实可视为学校博物馆的特色，对于普通公开的博物馆，实是大不相同的一点。因此，这种博物馆的管理，及陈列品的保存整理，应设立由学生轮流充任的委员来担任的。当然，在教员中，可以请一位担任主任，以指导他们。这样由学生自动着手的小博物馆的经营，在自然科教学上及训练上得益不少，自属当然；并且将来学生离校以后，已在平日自己的修养中学到了种种利用博物馆的方法。

如秀书女士所说，儿童在野外搜集得来的物品，可收容于一时设备在教室内的水族器、陆族器及昆虫饲育箱中而饲育之，使观察其习性及发育的模样等，这在教育的意义上，当然应该如此的。因此，如水族器、陆族器及昆虫饲育箱等亦应成为学校博物馆中一重要部分。

中等学校的学校博物馆

中等学校的博物馆，虽然很有人在那边努力地经营，可是事实上还不如小学校和专门以上学校的发达。因为中等学校中的课程，都是各科学的基础，也是各门学问的大纲，如果要利用博物馆，设备上当然不若小学校博物馆的简单；又不如专门以上学校的博物馆，可以偏重于一方面的类似专门博物馆。不但经费上所不许，即在搜集陈列品方面，亦觉有顾此失彼，挂一漏万的弊病。因此，欧美各国著名的中等学校中，至今还多没有博物馆的。他们在日常授课时，当然少不了博物馆的利用，可是他们每和学校不很远的距离，必有规模完备的普通博物馆可以随时去利用；所以中等学校自己经营博物馆的，大都是在离开都市远而利用博物馆比较困难的地方。例如在英国伦敦郊外著名的哈洛派普林学校中有称为 Hallow School，Butler Museum 的学校博物馆；又有拉古比派普林学校[①]中有称为 The Art Museum（Rugby School）的学校博物馆，不仅使用于学生的教育上，同时又公开于大众之前。又在英国的中等学校中，还有几所公开的学校博物馆，但多以学生为本位的，公开的日期有一定限制，且限于特别的要求者。一般中等学校的博物馆，是在普通教室之二倍大乃至数倍大的陈列室，搜集关于科学、地理、历史的资料，固不待言，对于名画雕塑之优美的复制品等，亦相当的丰富，其他各国的情形和英国略同；日本的中等学校，常以比较普通教室规模略大的一室，搜集陈列教授用的参考资料，粗具学校博物馆规模的，那是很少看见的了。

专门以上的学校博物馆

专门以上学校博物馆的发达，几和小学校中的博物馆并驾齐驱，因为大家有了这样的见解，在专门学校及大学中如果没有博物馆及图书馆的设备，不但不能实施教育学生，并且失却了教育的意义。他们以为在中小学校程度，可于每学期二三次或每年五六次，率领学生向公开的博物馆去观摩；或向博物馆的贷出部借取必要的参考品以使用于教授上，所以即使各学校没有学校博物馆的设备，和普通教具室中置备不十分充足时，亦不致发生什么大不了的困难。可是，在专门以上学校，许多教材，只有在博物馆中可以觅到，亦只有博物馆中，可以解释。所以任何科目，如果靠近没有一所博物馆，则在教育上便将发生极大的困难，已为一般所公认。所以在专门学校及大学校中，必须在校内设置学校博物馆为原则了。

关于专门学校的博物馆，都是属于专门的博物馆，兹举美术专门学校为例，从此亦可略知各国设置学校博物馆的情形，试举二三例子如下：

一、芝加哥美术研究所[②]   美国芝加哥市的芝加哥美术研究所（The Art Institute of Chicago）是一八六六年由热心者之组织，作为美术练习学校而创立于芝加哥市的。几年以后，因与美术馆事业合并而变更组织。然而在开始之时，非常简单，不过借了大建筑物的几间房间以充校舍，随时举行美术品的展

览会而已。但是到了一八八二年，开始购买了一所三层楼的建筑物，并且增筑了一所包含有教室及陈列所的房子。近来收买的美术品亦日渐增加。又乘一八九三年芝加哥开世界大博览会的机会，与该会协力建筑一所美术馆，博览会闭幕后，便作为常设的美术馆，现在已经成为该馆的馆址了。其后又经人家的捐助，故又增加一部分的建筑，乃始成为今日优美壮观的芝加哥博物馆，而美术专门学校，反而成了它的附属物的了。然而这美术馆自创立以迄今日，还是继续不断的作为该校的学校博物馆，在学生修养上克尽其必要的使命的。

二、洛特阿依伦特图案学校① 　　现在可为一实例的是美国洛特阿依伦特市的洛特阿依伦特图案学校（The Rhod Islande Sohool of Design）。该校创立于一八七七年，设立的目的是在养成关于绘画、雕塑、建筑、室内装饰、图案、染织、化学、宝石及银器细工的专门家，同时经营美术及工艺的博物馆，并召开关于美术的演讲会，以资一般美术思想的向上。由此可知美术馆的经营，为其预定事业之一，为民众教育而公开，同时作为学校博物馆以使用于学生之教育上为目的而附设。

三、勃休尔伐尼亚美术院② 　　美国斐拉台尔法③的勃休尔伐尼亚美术院（Pennsylvania Acadarmy of Fine Arts），创立于一八〇五年，是美国最古的美术研究所。创立的时候，即为美术专门学校经营，及至今日，仍然是美国最早的一所美术学校。

四、勃休尔伐尼亚博物馆及工艺学校 　　勃休尔伐尼亚博物馆及工艺学校（The Pennsylvania Museum and School of Industrial art），亦在斐拉台尔法市，创立丁一八七六年。与前者同样，从创立的时候起，由美术工艺专门学校与博物馆构成。博物馆是学校博物馆，利用于学生之学业上；同时，并公开于社会。这所博物馆现在在泛野蒙公园中改筑得优美壮观，成为美国有数的大美术馆了。

五、福格美术馆 　　福格美术馆（The Fogg Art Museum）是美国甘溥利奇④的哈伐德大学⑤美术部，用以养成专攻美学的学生，学习土木建筑科学的学生及美术馆工作人员与教员等，而以此作为大学博物馆，称为福格美术馆而经营，给此等学生学习研究上以特别的便利，同时并为民众公开。

六、英国各大学的博物馆 　　此种例子，不仅限于美国，即欧洲各国，亦复到处可见。例如英国剑桥大学中有称为 The Fitzwilliam Museum⑥ 的陈列绘画、雕塑及考古品历史品的大学博物馆。又在乌克斯福特大学⑦亦有称为 The Ashmolean Museum of Art and Archaeology⑧ 的美术与考古学的大学博物馆。都是专为该校学生的便利，同时又为公众而开放。

七、东京美术学校的陈列馆 　　在日本方面，东京美术学校近来也有收容该校所藏绘画雕塑之类，为便学生利用的小规模的陈列馆了。而该校并设有故黑田清辉画伯纪念的美术研究所。前者尚未达到为一般人公开的程度，但已算做美术的学校博物馆，而于该校学生的教养上担负重大的使命了。

不仅为美术，即在其他种类的专门学校，亦可具备个别的专门博物馆，使用于学生之教育上，并开放于公众的。就从英国方面来看，在伦敦的国立音乐专门学校中，有所谓 Donaldson Museum 的陈列古代音乐器械类的学校博物馆。又有陈列住宅卫生公众卫生之参考品的学校博物馆，此外又如希伯来的工业

---

① 现多称"罗德岛设计学院（The Rhode Island Sohool of Design）"，下同。
② 现多称"宾夕法尼亚美术学院"，下同。
③ 现多称"费城（Philadelphia）"，下同。
④ 现多称"坎布里奇（Cambridge）"。
⑤ 现多称"哈佛大学"。
⑥ 现多称"菲茨威廉博物馆"，剑桥大学艺术和考古博物馆。
⑦ 现多称"牛津大学"。
⑧ 现多称"阿什莫林艺术与考古博物馆"。

学校，亦有陈列参考品的学校博物馆，用以利用于学生之教育上，同时供给一般大众观览。

德国柏林英伐利登街上国立农科大学之附属的农业博物馆（Das Lanwirtschaftiche Museum），也是大学博物馆的一例；该馆是用一所门面七十二公尺，进深五十五公尺的三层大建筑物把底层与二层充用的，其三层楼是大学的教室、实验室、图书室等。该馆创立于一八六八年，陈列品的大部分收容一八六七年里黎及一八七三年维出纳所开万国博览会，乃至一八七四年德国布来门召开的万国农业博览会等大会中陈列过的物品。现在的馆舍，是一八八〇年新筑的。第一层的陈列品，以农具样本及其模型的搜集品为主，以示收集机及耕锄机之发达。此外有关于动物学的搜集品，其中含有家畜之骨骸学标本及关系农业的鸟兽的分类标本等。第二层的陈列品，其主要的是关于马及其他家畜的模型、农舍模型、动物生产、植物生产、植物病理、应用矿物、土壤、肥料等的标本之类。此博物馆用以利用于学生的教育上，同时，逐日开放，一般民众，均得随意游览。

以上不过仅举英国及德国方面专门学校及大学校博物馆设施的一例，其他各国的专门以上学校，大致都有同样的设备的。

关于大学博物馆的意见

一、米亚氏关于大学博物馆的意见　英国博物馆界的权威亨利米亚卿，关于英国的专门学校博物馆及大学博物馆设施，曾发表其意见如下：

> 今日英国的大学博物馆，同时为民众开放者，一般都以学生为本位。而对于公众（不论儿童与成人）的要求，全然漠视。然而比较大一点的几家大学博物馆，例如孟启斯特大学博物馆①（此馆由大学与孟启斯市共同经营的），剑桥大学的斐支维利亚博物馆②及动物学博物馆，乌克斯福特大学的大学博物馆及阿西摩末恩博物馆③等，一方面为大学博物馆，同时又尽都市博物馆的作用。所以大学博物馆的当事者如能稍稍注意，则大学博物馆的价值可随之而生变化。而其搜集品，不仅须引起一般公众之兴味而成为都市博物馆，同时又须不失为大学博物馆的本位。

二、勃卡氏④关于大学博物馆的意见　美国伊利诺依士大学⑤博物馆的勃卡氏关于美国的大学博物馆设施，曾发表如下的意见：

> 北美合众国的大学博物馆，有二百以上。然其中能尽其职责者，不过十二。其他差不多可说是没有作为实物教育之补助机关价值。因此，对于专攻科学及美术的学生，要其明了理解其所学这一点上，并不能给以有价值有实效的助力。不仅如此，往往使学生们进了大学博物馆鉴赏其陈列品，不能满足其要求。所以在大学中不借助于博物馆所藏的标本做参考，而要无障碍的学成大学中任何学科，殆为不可能，这也不是过言。

从这里也许可以明了该种博物馆陈列品之少，及其与大学所定课程之密切的关联。这个方针日益扩展，博物馆活动的各方面，遂得于大学所定一切的学科教授上有所贡献。

---

① 现多称"曼彻斯特博物馆（Manchester Museum）"，建立于1867年，下同。
② 现多称"菲茨威廉博物馆"。
③ 现多称"阿什莫林艺术与考古博物馆"。
④ 现多称"贝克（Baker）"，下同。
⑤ 现多称"伊利诺伊大学（Illinois）"。

三、哈布士博士与密歇根大学博物馆　还有美国密歇根大学动物学教授，兼该大学博物馆鉴定者卡尔爱尔哈布士博士，曾因出席太平洋会议之便而游历日本，对于大学博物馆问题，有如次的意见：

> 无论何种大学博物馆，不外是由于为一般参观者及为学生研究用资料而设立的，但一般可以区分为展览性的与学习性的。凡研究用搜集品，大都收容于博物馆特设之陈列室中，为一般观览人所不许随便入内，以免妨及人家的研究。普通一般观览者的陈列品，当然是供大学生观摩的；但是因为其主要目的是在一般大众，故宜陈列于便利公众出入比较低层的房间内。

密歇根大学的博物馆，大体上亦是依照着他所说的方针办理。该校博物馆的区分，与校内分科数目相同。各科分配可得一万至二万美金圆。所以就博物馆全体说，是有相当多额的经费。当哈布士博士担任学生的教学时，始终利用博物馆的方法。

第九章　动植物园及水族馆

动物园、植物园、水族馆等，可视为广义的博物馆；关于它们的职能，如饲育、栽培品之搜集、陈列上之意义及在教育学术上利用之方法等，与博物馆实属毫无差别。故关于这一方面，不再赘述，以避重复；只对动植物园水族馆之特异的事项，加以概略的说明。

世界著名的动物园

可称为世界著名动物园的，有在伦敦市的莱芹特公园①。以及伦敦动物学协会的动物园、柏林奇野公园的柏林动物园、纽约市派克阿勃纽的动物学协会动物园、德国汉堡郊外斯台启干②的卡尔海京伯动物园③、比利时爱德华浦国立动物学协会的动物园④、荷兰阿摩斯台尔太摩国立动物学协会的动物园⑤等等。

巴黎当然亦有动物园，不过从前附设在植物园之内，与博物学博物馆设在一处，规模很小，非伦敦及柏林的动物园可比；但不收游资，终年公开。法兰西政府在其施政上颇致力于公园的设备，而各公园中，则均饲养若干动物以为点缀。例如巴黎的巴台布洛尼大公园⑥，在园内的大水池中，育有各种水禽；并设有小鸟居处的禽舍。里昂有名的台特特尔⑦公园中，在中央部设有几处动物的小舍，周围绕以铁栅。其中最有趣的，是用铁栅围绕着的广大草地中，豢养着约有百头左右的鹿，东西驰骋，意态万千。马赛市的公园，亦有小规模的动物园；但亦与里昂公园内的形式相仿，仅在园内各处设置几所动物小舍而已。论者以为法人爱好天然，动植物园的设置，往往利用公园，混合设备，故无独立大规模的动物园。罗马却有极新式的动物园，它在一九一一年公开，安全模仿德国海京伯动物园的现代设备。

以上所述伦敦、柏林、爱德华浦的动物园，都是十九世纪前半期创立的，已是古旧的动物园了。伦敦、爱德华浦、阿摩斯台尔太摩及纽约的动物园，都是属于动物学会所经营的；只有柏林的动物园，却是股份组织。海京伯动物园，则为动物商海京伯氏个人所经营。

于此，可知世界上有数的动物园，大概都是由动物学会、股份公司或个人经营的；但亦可获得政府及其他方面的补助。例如纽约的动物园，其经费的大部分是由纽约市支出的。又如柏林的动物园，虽为一种私立公司的经营，但其基地可以不纳费的使用，并且还可以得到柏林市相当的补助。因此，柏林市内的小学生，都可免费入园。一般的动物园，则多为私人法团所组织，以会员会费扩充维持费之一部。

---

① 现多称"摄政公园（Regent Park）"。
② 现多称"斯达林艮区（Stellingen）"。
③ 现多称"哈根贝克动物园（Carl Hagenbecks Tierpark）"，下同。
④ 现多称"安特卫普动物园"，下同。
⑤ 现多称"阿姆斯特丹动物园"，1838 年由荷兰皇家动物学会建立。
⑥ 疑为"布洛涅森林公园（法语：le bois de Boulogne）"。
⑦ 现多称"泰特多尔（法语：Tête d'Or）"。

例如伦敦的动物园，要收取动物学会入会费五镑，常年费三镑，终身会员四十五镑。会员夫妇二人，可共受同样权利，故每日可与二人以内的同伴入园外，每年可得若干免费入场券。

欧美各国缴付这种维持会费的会员，都不下有几千人。在美国的动物园，自不待说；即其他各国的动物园，都有各种名义的基金及事业费的捐助，用以维持。此外，还有一般观览者的入园券资及水族馆等等的特别券资充作维持费之一部的。

动物的饲育和陈列法

一般动物园对于动物之饲育陈列，大体亦多依照动物学上的分类，凡同一种类的动物，均当尽力使其收容于一处；但因暖房的关系上，凡热带产的动物，以饲育于同一建筑物中为宜。亦有，依动物的习性而分别其饲育的方式，或应放之于池内，或应饲之于高丘，或应养之于畜舍之内。然而一言以蔽之，均须尽力模仿与各该动物原来所栖息的自然环境相近，可使充分发挥其本能，并得企图其安然繁殖。

动物园中最惹观众注意的，是豢养野生动物中如羊、山羊及鹿类于高阜之上。这种高阜大致高出平地可有百数十尺，高阜的腰间，又设若干阶级式的平坛。而于坛的背壁处，开设几处深浅适宜的洞穴，可使豢养的动物，随其个性所至，奔驰周旋于其上下石径之间。在海京伯动物园中，这种高阜式的假山耸立在园的中央，豢养种类不同的动物，颇呈壮观。在伦敦的动物园中，则利用园之一隅水族馆建筑物的背面，筑成假山，屈曲的石径，峭立的石坛，远望混然一所天然坏境，实则上下间隔，各成世界，故高处为野生的羊及山羊，低处则为熊类。此种不用木栅铁栏的设备，其目的盖在求其近似于自然环境，乃系最新式的设备，即猛兽如虎狮、熊、狼之类，四周深壕环绕，对于观众亦没有什么危险。假山的筑造，可使用天然石，但大半是在木材的骨架上涂以水泥，而使凝结成功的。

哺乳类动物，多数是饲畜于畜舍中。这种畜舍一方面在廊下可以让观览者看得见舍内的动物，而在其背面则附属一种较畜舍面积大约二倍至三倍的露天运动场，当气候良好之时，可将动物自畜舍中驱入运动场，以行日光浴，使在新鲜的空气中，得有游息运动的机会。改良的畜舍，都有冲洗清洁设备，可以免去由动物粪尿发散臭气而使参观者有不快的缺点。

此外又用表面平滑的岩石，围绕大池，潴以清水，以放养海驴、海豹等海兽，这是各处动物园多有的。惟纽约的动物园中设有海狸放养所，为该地的特产，特别觉得珍贵。即在数百方尺大小的沼泽上，满植树木，中由动物自营巢窟，栖息着海狸使人忘却身在动物园中，极尽自然之巧。

在鸟类方面，既有栖息于水陆空的类别、又有习性上的各种差别，有宜饲于禽舍之内、宜放于露天之槛，或豢之于陆上水上种种。禽舍则当依鸟之种类而异其构造，又可依鸟的种类而使与畜舍那样，将禽舍接续，设立露天槛，槛上覆以金属网，并依鸟的种类而以金属网施行隔别；更适应其习性，或设沙地，或潴浅水，或丛植树木及灌木，或铺成一片草地，种种不一。因为有这样近乎大自然的环境，使各种鸟类，浑忘其处身于樊笼之中，仍有自由活动的快感。不论何处的动物园，其特别引起观众注意的，当为水禽及涉水鸟的大禽槛了。这种大禽槛，是用铜骨架上张以金属网的大建筑，设立于水泥造成的大池塘上面。又在池塘的各处，配置小鸟的小舍，植以枯树。这种槛的高度约自四五丈至七八丈，广为十七八丈至二三十丈，其规模多伟大可惊。在这大槛内，各种大的水禽，都能愉快自如地振翼回翔。

此外还有专为热带所产的爬虫类即大蛇、鳄、大龟等而特设爬虫馆的动物园；又有将热带地方所产的兽类一并饲育之于有暖房装置的屋舍内的，种种不一。至于暖房设备，在过去都是使屋舍全部温暖的，但是容易因屋顶的玻璃板的散热而减低温度，于动物的保健上殊不适宜；所以近来的新建筑，都只使槛内温暖，不及于观众的通路之边，这是最新的热的节约法。

这种新式的动物舍，在观众往来的通路上，常有新鲜的空气流通，没有从动物排泄物中发散的臭气，使观众心情为之松爽。

饲育大蛇的槛，在冬季亦有完全的暖房设备，不仅保持适度的气温，并且在地板上铺设细砂，在其一隅，设置浅度的水潭，并配以便于蛇之攀登的人造假山及树干等；尤其是它的背景，是一幅大蛇所栖息的热带上的情景。这样看来，可知动物园的陈列法，较之科学博物馆的组合的陈列法，亦是无甚差别的。

照这个样子，动物园中饲育陈列的方法，渐渐设法改良，务使毫无遗憾的发挥各种动物的本能，表现其习性，俾观众得以一目了然。这里和博物馆之陈列品所不同者，就在这里都是活泼的实物，使观众更加容易明了。因此，动物园中的说明卡，亦不必再写上充分详细的说明文句。只要一种记上动物之通俗的名称与专名等的字样就够了。又在动物园中，这种说明卡的旁边，可以揭示小小的地图，在该种动物的栖息范围，着以赤色，以说明其地理的分布。附在槛及屋舍上的说明卡虽可相当的简短，但应另置说明书，以供观览者的需要。这种说明书中，插入简明而主要的动物之摄影，为极通俗的说明，并须以廉价出售，所以观众可藉此以为对照而毫无疑虑了。

在伦敦的动物园，最近一年间出售的说明书达六万六千册；一九〇四年至一九三〇年间，再版达二十二次，共计售去一百十万册。这本说明书中，揭示园内的禽舍、兽舍、池槛、饮料店、通路、厕所等的配置之图；在动物之屋舍、槛、园等的平面图上，一一附以号码；而在各动物之说明的本文所在处，记入同样的号码，观众可由这本地图中容易发现动物的所在，及陈列饲育的场所。近来各动物园，为观众便利起见，对于巡行园内历观各物的路线，亦以地图标示。而这说明书的本文，并记载入各动物之产地习性等必要的事项，以供他日良好的参考。

动物的保健

不论何种动物园，关于饲育动物的健康问题，都非常注意，努力于其死亡率的减轻。在饲育的设备中，须使各种动物有接触日光及新鲜空气的机会，固无论矣；并须不绝的受兽医的监督，巡视动物栖息之所，励行清洁法，撒布消毒药，尤其是在饵食的供给上，须加以绝大的注意。而于动物不可免的疾病，尤须迅速治疗，使不致成为重症。又须设置动物的病院，收容已经患病及负伤的动物，妥为治疗。因为动物的保健问题，直接影响到动物园的本身，所以经营动物园的，对于动物的健康问题，不敢稍稍忽略的。

有些地方的动物园，为要给动物以相当新鲜的饲料，还特别附设饲育栽培所。纽约动物园中的饲育栽培所，在一九三〇年一年间，产出新鲜的野菜二十九吨、鸡蛋二万个、雏鸡一千七百只、兔一千头、鼠一千余只、豚若干头，以充为动物的饲料。此外，对于观众随便给与食物之事，亦相当的注意。即依各种动物，规定若干不致妨碍卫生的食饵，由指定的饮料店等贩卖。严禁观众以规定以外的食物给与动物，尤其是给动物以烟草等等。对于随意揶揄动物以触其怒，或各种刺激，挑引动物，亦有严重的监督。在伦敦的动物园，由病理学专门家调查每年的饲育动物的死亡原因，发表其统计，以供参考。德国的海京伯动物园主故海京伯氏研究各种动物的保健方法，均甚精到，尤其对于热带动物如何豢养于气候寒冷的地方，颇为世人所重视。

动物园的教育事业

动物之职能中最大的一点，即将关于野生动物的知识趣味，普及于民间。动物园为要达到这个目的，固然有各种不同的方法；但其最重要的一点，就在能够吸引多数民众到动物园里来。因此，动物园的事业成绩，可依其入园者的多少，而作大体上的判定。

据调查有名的动物园最近一年间的入园人员，纽约的动物园有二百五十七万人；伦敦的动物园有二百五十万人以上，数字之巨大，是可惊人，而其在教育上的意义，于此亦可推想而知。

在动物园之教育事业上，非加考虑不可的问题，是对于这许多观众，将广大的园内全部情形，用什么方法去加以说明？在这种广大的园内，要像博物馆那样设置指导员及说明员，到底是不可能的。所以在动物园就得寻求其他相当的方法。于此，可照前面所说的，规定一条对于园内各兽舍、禽舍、槛、围、池、假山等非经过不可的参观路线，将有兴味的动物，适当地配置于各处；而且要使观众不致杂沓，不致看漏，都能看了而且愉快满足的回去。即必须依园内各处设置指路标及说明书之类，使观众自己容易发现巡视的路线。而在今日，像博物馆那样配置特别人员以司说明指示之劳者，固属不必；但是在动物园内设置讲演所，及常常召开应用幻灯及活动电影的讲演会，倒是必要的。这不仅具有普及关于动物的知识，于民众教育上很有价值，同时在吸引民众到动物园的方策上，亦有极大的效果。

动物园并可刊行其所饲育陈列之动物的书册及绘入其他种种的印刷物，在园内低价出售以供观众的参考，也是极为必要。以伦敦的动物园论，在最近一年间贩卖的画册已达二十一万八千部。再如有可能，则可制作动物园内各种野生动物的幻灯放映画、活动电影片之类，并附以适当的说明书，以应社会的需要。这事在普及科学知识上，也是重要工作的一种。

此外，动物园对于新闻记者及自然科学杂志的编者，应尽量多供给动物消息，及给以摄影上的各种便利；这也是动物园极重要的事业之一。这种出版、印刷、摄影等事业，亦不必尽由动物园自身经营；举凡学者，专门家或民间主持该项事业的，都可与之合作，动物园亦当尽可能的给与便利与援助。

动物园不但在教育上有极大的意义，即在学术上亦有极大的关系。如纽约的动物园，设置热带研究部，每年冬春期间均乘马亚洛号研究船，致力于热带所产动物之采集研究。从一九二四年的二月起，开始第九次的远征，着手新的深海动物的研究。他们不仅将其调查研究的结果，刊行极有价值的单行本，并以有兴味的研究调查，在各种自然科学杂志上发表，常为学术界重要的参考。又如伦敦的动物园，与伦敦卫生学校有特别的连络，以期在研究上获得相当的便利；又该园不仅将动物的解剖材料供给各大学及专门学校，并对大英博物馆威尔斯国立博物馆及其他博物馆提供动物标品制作的材料。这样一来，动物园内外的专门家，关于动物园饲育病理解剖及其他，得完成种种有益的研究，陆续发表于学术界了。

各国的植物园

植物园是世界各国到处都有的。在离吾国较近的地方，星加坡①即有由英国海峡殖民地总督所建著名的植物园，这所植物园里所搜集的，从热带所产的各种有用植物直到美丽的装饰植物之类，为数颇多。又在荷属爪哇，亦有著名的维吞茶尔植物园②；园的面积极广，树木的种类极多，形成天然的森林。

---

① 现多称"新加坡"。
② 现多称"茂物植物园（英文：Bogor Botanical Gardens，印尼文：Kebun Raya）"，Buitenzorg 为荷兰语 Bogor 的旧称。

而印度方面，亦有叫做加尔各太①及可仑布②的优美的植物园。

在欧美各国，不论都会的大小，凡为大学专门学校的所在地，大概都有一所植物园。世界上最先完成植物园设备的，是意大利和德国；那边是许多大学和有名的植物学者所发祥的地方。所以植物园的成立亦早，例如意国的派遮植物园③，创立于一五三三年，其余如比法④及布洛尼亚⑤的植物园之创立，亦已在很久以前。次于意国而早已设有植物园的是德国，如拉伊浦齐⑥及浦蓝斯劳⑦的植物园，都是设立于十六世纪的。

欧洲的植物园，多数亦为宫庭附属的庭园所公开，或为附设于大学资助研究为一般民众公开的。所以植物园及温室属于政府经营，而园内之植物学教室及植物学博物馆则属诸大学管理的，亦属不少。

欧美各国的植物园中设有植物学博物馆的，计有柏林的达莱摩植物园⑧、伦敦的克幽植物园⑨、哈恩布尔希的植物园、维也纳的植物园、列宁格勒的植物园、瑞典的斯脱克霍尔摩⑩及华浦沙拉⑪的植物园、布尔虚尔的植物园、纽约市普伦克斯公园的植物园等。就中尤以达莱摩植物园里的植物学博物馆最为完备。又如哈恩布尔希的植物学博物馆，其搜集品亦很丰富。华普莎拉是著名的植物学者李南⑫居住的地方，该地植物园的博物学博物馆中，设有李南纪念堂，陈列着种种纪念品。明海的植物园，约系二十余年前形设的，其规模较小，总面积亦不甚大，但其新的植物学教室、标本室、温室等的设备，则为最进步而又最完备。纽约普伦克斯公园的植物园中的植物学博物馆，亦为优良的建筑，与园内的温室，均属于市政府经营。美国方面，凡是大学所在地，都有优美的植物园，设有温室及植物学博物馆。然而世界植物园中规模最大，且内容充实的，则非推柏林达莱摩的植物园及伦敦的克幽植物园不可。

达莱摩植物园

柏林郊外达莱摩的植物园，创立于一六七九年，当时还在柏林市外的显南尔勃尔希，于一七○九年始迁至现在的地点。园的总面积为十二万七千平。属于政府经营。其第一目的是在作为柏林大学之植物学研究及教育的机关。故在植物学的立场上认为重要的各种植物，靡不搜集。但是该园同时又是民众教育的机关，所以又有培养关于植物之常识与兴味所必要的各种栽培。在德国北部寒冷的土地，要适应这种要求，是非常困难的；故为各种植物园温室等设备，曾投下了不少经费。

该园南北均有入口，其间系以比较度阔的一条通路。而在其通路的东侧，设备着植物学博物馆，装有玻璃大温室及培育室等。又通路的西侧，占该园全面积的十分之七八，设有植物地理园、植树园、分类园、有用植物园等。又在大通路的左右各处，散列着植物生态园、形态园、正副馆长及监督者的住宅、事务所等等。

---

① 现多称"加尔各答"。
② 现多称"哥伦布"。
③ 现多称"帕维亚（Pavia）"。
④ 现多称"比萨（Pisa）"。
⑤ 现多称"热那亚（Genoa）"。
⑥ 现多称"莱比锡（Leipzig）"。
⑦ 现多称"布雷斯劳（Breslau）"。
⑧ 现多称"柏林大莱植物园"，下同。
⑨ 现多称"邱园－皇家植物园"，下同。
⑩ 现多称"斯德哥尔摩（Stockholm）"。
⑪ 现多称"乌普萨拉（Upsala）"，下同。
⑫ 现多称"林奈（Linne）"。

植物地理园是很广大的，约占全园面积的三分之一。以此分配为相当于全世界陆地所有的五十二个植物分布区，每区分植各该区具有特色的植物。植物温室的一廊，是由几间伟大的装有玻璃的建筑物，收容一切冬季不能在户外生存的植物。每到冬季，更有中央暖房设备，由附近的汽管室输送高热，可使全国植物，不至因气候剧变而损害。

植树园占有次于植物地理园的广大的面积，栽植着不能与草木一并栽植的各种树木及灌木。以同种类之植物聚植于一处，俾便于比较研究。

植物分类园，占有较次于植物地理园及植物园的广大的面积，栽植着依照植物分类学之顺序所代表的植物。在此区域中以草本为主要物，而有少数的乔木及灌木。至于植物生态园、形态园与应用植物园，则没有多大的面积。

在栽植的植物上，都束以书有拉丁语学名的说明卡。在有几种植物，为普通观览者便利计，并附以俗名；但其俗名不是地方的，而是全德国所通行的。该园又印有叫做《达莱摩植物园户外栽植主要植物俗名集》的小册子出售，以便利专门家以外的观众。

该园的面积虽然广大，然而因为植物的数量非常的多，若要完全栽植起来，究竟是不可能的。所以在夏季则以户外的植物为主，在冬季则专以温室内的植物，施行不断的交换栽植陈列。该园一年四季，每日开放；惟有温室则限于星期日纪念日才开放。凡星期日、星期六、星期三及纪念日，可以免费入园；此外各日，每人入园，须征二十五分的入园费，并且对于十四岁以下的儿童，凡无父兄同伴者不准入园的规定。夏季定有一个月的减价收费，以实施园内的揭示及说明，其时期常于每年三月发表，该园对于民众教育的重视，于此可见；他们并将该园普通发生于树木上森林中的菌类三十二种，以彩色绘出，并附说明的小册子，以贱价出售。只要一看这小册子，则对于菌类的孰为可食孰为有毒的区别，可以一目了然的了。

克幽植物园

这个植物园在伦敦郊外泰晤士河的沿岸，原为十七世纪的古庭园，经过种种变迁、于一八四〇年乃由英国皇室移交于英政府。园的总面积为三十五万半，约有柏林达莱摩植物园的三倍大。园的大部分为植物园所占，栽植着各种树木及开花的灌木之类。在该园东部分，向为草本园、岩石园、温室、棕榈室、睡莲室等。就中棕榈室的规模雄大，长约三二〇尺。西南部分，所有一所女皇的庭园（Queens Cottage Ground）是自然的园林，各处有美丽的草地。园内设有五所植物学博物馆。最初的博物馆于一八四八年开馆，陈列着经济的植物——即关于植物之应用的参考品。

该园经营的第一目的，是在成为一所大英国全领土之植物的研究所。所以调查各属领地的植物，出版调查成绩报告，且为农林、水产、拓植、工商、外交各部关系植物的咨询机关，保有特别的关系。其第二目的，则为向各殖民地输入有用植物的新种类，例如橡胶树、规那树等。其第三目的，则为民众娱乐的场所；该园目下有二万四千种植物，逐日都有多数的入园者，这不仅为鉴赏园内的植物及园艺之美，同时可资观览者家庭园艺改善上的参考。其第四目的，则在于作为园艺家的养成机关。该园已经养成了数百园艺家，供给全英国及各殖民地。

该园所栽植物的排列法，大体是依照自然分类法的。只有玻璃温室中的几种，则依照其原产地之地理的分布面排列。这一点，也是与达莱摩互相异趣的地方。这所植物园有六处入口，何处进园，一任观众自便。而其附有地图的说明书、各植物博物馆的说明书、园内栽植的树木、灌木及草本岩石园植物、单子叶乔木及松杉科植物的目录之类，均由贩卖店以贱价出售，予入园者以不少的便利。

布尔克林①植物园

以植物园在教育上作最充分之利用的一例，就非推举纽约市布尔克林植物园不可。布尔克林植物园，诚然不如前二者的规模之大；但其为大纽约的布尔克林及其他地方公私学校以植物园作为自然科学地理学等教授上有益的机关，则无逊色之处。教员常领其学生至该园，听取植物园职员关于野生之花卉及其他种种说明。

该园为示植物界一般的系统，有在园中平地和假山等处栽植的植物区，有水中植物的池塘等，为小学自然科及中学植物学的教授上的便利不少。不仅于此，并且设在假山上栽植高山植物的高山园、日本庭园等，以为地理学教授上的补助。该园又有生态园，在植物学之教授上特具兴味。即不仅以生活的实物说明植物与引力、光线、水分、昆虫、土壤等的关系，可以便于观察种子之散布、生存竞争、沙漠植物等等。并造有巨大的公开温室，以充实用植物的栽培。而从热带地方以至亚热带地方的各种植物，举凡茶、咖啡、可可、椰子、枣、无花果、香蕉、柠檬果实、甘蔗、竹、橡胶等，搜集靡遗。

该园既有这样的规模与设备，遂成为学校教育上不可或少的辅助机关。该园又常召开关于植物生活之各种状态的讲演会，用实物幻灯及活动电影等向儿童说明。然而还觉得集多数儿童于一堂而不行讲演，在教育上效果还不大，所以又将讲演的印刷品，分发各儿童。又觉到未曾个别指导，恐有不甚明了之处，故每召集儿童四五十名于园内的教室中，依问答法施行教育，除用标本及幻灯加以说明外，并伴同至直接栽培地及温室等处实地观摩。平时，每当各校学生前往该园时，都可将盆栽携归学校的教室，作以实验；一九二三年中，由学生携回教室的盆栽约达五千。并又分发植物之种子给各校学生，叫他们适宜地莳于教室或家庭中。一九二四年中，曾以种子二十万袋分发于各方面。又在每年秋季，该园必定召开儿童栽培品共进会，会中陈列着少年少女们在学校或在家庭中所培养的菜蔬花卉，对于优秀的成绩品，则另给奖品，奖品项下的支出，约有数百美金元。此外又设立供给部，以许多教授材料供给中等学校及小学校。

一九二三年中，集合而来听该园演讲的学校学生及成年人，数达十万人之谱；该园所在地的小学校的百分之四十六，使其学生到该园见习；有百分之九十，均以种种方法，利用该园。而中等学校中，亦都有一定规则，令学生前往该园观察。以上所述，可知该园对于教育上的重要。但在近代植物园的使命，关于知识普及上尝试的方法，亦甚周密，如举办园艺讲习科、男女少年俱乐、植物质问部等等，他们为了应付关于植物事项的通信、质问或参加会议，最近一年间，与市之官署八所，官署所属各机关二百五十一所，共同协办。其中主要的是卫生局、公园局、水道局、交通局、病院、残废学校、收容心脏病儿童的学校等。与卫生局连络的，是关于某种成为热病之原因的植物，及市内某区域中产生的有毒植物的质问，并向该局借用教育的植物标本。水道局方面则为关于饮料水中之有机物的事项；交通局方面则为关于遮阳树的问题；病院及病院附属的学校方面，则为征询园艺及植物研究对于治疗上的价值。该园又设有每日开放的免费图书馆，整理有关于植物及植物研究的新刊物七百余部。一般大众如能常常参观植物园等等，则无论在教育上修养上，都可获得不少的利益。该园的基金大多由于公众的捐助，这在美国最普通的，很多关于公众的事业，都是由公众捐助而维持的。

世界第一流水族馆

据纽约动物学会的调查，世界的水族馆中，其建设最早的，是伦敦动物园中的水族馆，在一八五三

---

① 现多称"布鲁克林"，下同。

年公开的。现在的房屋是一九二四年所改筑。又现在世界上水族馆中规模巨大内容充实的，要算纽约的水族馆、柏林、伦敦、阿摩斯台尔太摩及爱德华浦①之动物园内的水族馆。南普尔斯②的水族馆，在南普尔斯市的公园中，附设于世界有名的海滨实验所。陈列南普尔斯湾特产的鱼介及植物。该所为德人阿尔登特伦氏③所创立，其研究室专供世界各国的专门家研究试验之用。

在世界的水族馆中，如把饲育的水族数量而言，则推旧金山的斯太英哈尔特水族馆④占世界的首位，除了柏林法兰克富尔特⑤、纽约及芝加哥的水族馆外，是无可伦比的。法兰克富尔特与柏林的水族馆中，设有昆虫饲育室，又纽约芝加哥的水族馆，设有巨大的孵化场，因此，饲育水族数量，自然要增多了。为了饲育昆虫，柏林的水族馆中备有六十六份昆虫饲育箱，法兰克富尔特的水族馆则备有五十七份。又柏林的水族馆，不使用真的海水，而用由化学方法制成的人工咸水，以饲育水族，亦为世界著名的水族馆。世界各国的都市中，亦有在同一市中具有二所水族馆的，不只是巴西的首都里约热内卢；即芝加哥最近亦以三百万美圆的经费，在原来的水族馆以外，建设第二水族馆了。

次于上举第一流水族馆，而亦相当著名的，则有阿摩斯台尔太摩水族馆，英国的布拉克普尔⑥水族馆，布里登水族馆，普利莫斯⑦水族馆，德国的拉伊浦齐希⑧水族馆，美国的波士顿水族馆，芝加哥的林肯公园水族馆，台脱洛伊特的勃尔阿伊尔水族馆，维也纳的万野蒙特公园水族馆，夏威夷的火鲁奴奴水族馆，纽纶斯的翁登哈马水族馆、华盛顿的国立水产局水族馆等。

日本为四面环海，富于水产，而其北海又有世界著名的大渔场，实在是一个水产之国；可是，直到现在，还没有一所可与世界第一流水族馆相比拟的水族馆设立。

以上试举可为模范的水族馆的设施概要，以供参考。

柏林的水族馆

柏林在从前曾有一所温太登林登的水族馆，但已于一九一〇年闭馆。到了一九一三年，乃有动物园内现在这所新筑的水族馆出现。水族馆的馆舍是开宽五三公尺、进深三五公尺的优美的三层建筑，建筑费与内部设备，共用去经费一百万马克，第一层是纯粹的水族馆，二层、三层则爬虫馆、昆虫馆。水族馆区划为咸水室与淡水室二部。大小水槽，总数逾百。其大小水槽有五十七只，计幅三公尺、高一公尺半、深二公尺。使用于水槽内之背景的岩石，都是从各该动物原来栖息的地方运来的。二楼是爬虫馆，饲育着爬虫类及两栖类。备有大陆族器十九、小陆族器六十九。更于室的中央二十七公尺乘十六尺的大水族槽，其中模仿热带的景色，栽植着热带植物，以养育鳄鱼之类。在这种槽的上面，横架着竹桥，可以在桥上观览一切。三层楼是昆虫饲育室，在许多箱柜中，饲育各种生活着的昆虫；配有天然的土石及植物为背景，用以说明各种昆虫之生活状态并发育的过程。

该馆对于给水设备，最为新颖，在底下一层，设有抽水机室，置有二架装置电气发动机的抽水机。这种抽水机是用以将压榨的空气送入各水槽；在通过压榨空气的导管的一端是细铅管，其尖端穿有许多

① 现多称"安特卫普（Antwerp）"，下同。
② 现多称"那不勒斯（Naples）"，下同。
③ 现多称"安东·多恩（Anton Dohrn）"。
④ 现多称"斯坦哈特水族馆（Steinhart Aquarium）"。
⑤ 现多称"法兰克福（Frankfurt）"，下同。
⑥ 现多称"布莱克普尔（Blackpool）"。
⑦ 现多称"普利茅斯（Plymouth）"。
⑧ 现多称"莱比锡（Leipzig）"。

细孔。用此导管所送的空气中，有的是温暖的，也有的是冷的，其温暖的空气为供给暖房之用。抽水机不仅用以输送空气，并用以输送淡水及人工咸水。淡水及咸水中亦有冷水及温水二种，关于温水的设备，又备有二大汽罐。在第一层中还没有通电流预备的抽水机室，故与前者完全不同，这是预备常用抽水机万一突然发生障碍时的应用。

底层中除此种设备以外，因对淡水和咸水施行滤过澄清而有大水槽的设备。这种已经澄清的水，就可输入贮水高塔上的水槽中分配各处。温水须常保持摄氏二十五度的温度；如在爬虫馆，其温水不仅在水槽内，并须输入砂内。底层中并备有几只咸水及淡水的预备水槽，其全容积为五百吨。这种预备水槽是在别处有新的生物输送过来时，供为一时的贮藏之用的。

该馆所饲育的动物，计有鱼类二千、爬虫类三百、两栖类一百六十、无脊椎动物二千。因为接受柏林市维持费的关系，所以对于公立学校学生，可以免费观览。然而除了学校学生之外，一年间水族馆方面的入场者，亦达二十五万五千人之多。

伦敦的水族馆

伦敦的水族馆，是在伦敦动物学会所经营的动物园中，于一九二四年改筑而成。该馆的前身，便是世界最初水族馆的建筑物；因为当时的构造颇不完全，所以在不久以后，就以无用而废置。然其旧日的馆舍，仍维持迄今，现存于动物园内，作为水禽舍，使用于水禽类之饲育陈列。

新设的伦敦水族馆，于一九二二年着手改筑，工程经过了一年，总共经费为五万五千镑。全长四五〇英尺，为三日月形北向环绕的建筑物。这建筑物中设有大哺乳动物的高大假山和背景。这座假山有与水族馆馆屋相等的高度，南向作阶段式而顺次低下。在假山的里面，即用以充水族馆的仓库、滤水场、机械室等等。这所水族馆，是研究现存的世界上所有最新式水族馆之设计、构造、饲育、陈列方法等实际情形而计划构造的；因此，举凡关于水之循环分配法、电气装置、加热、透明、通气等等的设备，都采用了最新的样式。

水族馆的内部，是三日月形的，构成了弯曲细长的走廊，其两侧设置水槽。其外侧之水槽的透明，系利用天然光线，内侧的水槽，采用电光。水族馆内部区分为淡水室、咸水室、热带室三部。淡水室中设有水槽二十五只，各水槽的大小自六英尺至三十英尺不等。咸水室亦备有同数的水槽，其中有二只是三十英尺以上的。热带室中，备有饲育陈列淡水鱼的水槽四十只，其中多为小型的水槽。在由水族馆入口处到这淡水室的一带地方，设有放养着红鲤、金鱼、红色的黄莺儿样的装饰鱼等大型淡水池塘。

关于水槽内部的情形，必要的条件是要将鱼类及其他动物平常所居的大自然环境，有同样的状态；因此，必须不绝的以新鲜空气输入其水槽内。这在保存海水上尤为必要，如果此种方法一时中止，则不出数小时，海水必然腐败。又不论咸水或淡水，水槽内的水，必须经常的保持其澄清，故准备使用的水，必须不绝的施行滤清工作，其方法是用压榨抽水机，从底层的贮水槽中，将咸水十二万加仑、淡水六万加仑，不绝的输送到设立在假山顶上的贮水槽中，再从贮水槽中，向各陈列槽中流出，此时可使通过精巧的滤清装置数次。不仅如此，同时，槽内之水，并须常以氧气使之饱和，非送入压榨空气不可。照这种次序，使贮水槽及滤清槽中，蓄有多量的水，而陈列槽中之水反为较少，咸水为全量的五分之一，淡水不过为三分之一。咸水室中的铁制导管，为防止生锈起见，内面可涂以珐琅。因为该馆设备的完美，所以远自比斯开湾运送过来的海水，即使几年不更换，也仅够使用了。

筑造水族槽的材料，可用人造石版及水泥；且可配以天然的岩石，造成适应于各种鱼类的背景。水族槽中，可依照海的深浅，栽植各种不同的海藻；而于淡水槽中，则除金鱼草、针藻以外，并可栽植萍蓬草等。其尤可视为特色之一的，是在水槽之中，要使其曲折深长，特为制造岩石的洞窟及石门，使鱼类可以回旋游泳于其深邃的水道而自忘其在人造的水槽之中。水槽的背面，悉张以涂有水色的玻璃，觉得更加深邃了。又水构不仅力使深邃，即其横长，亦有十七八尺的幅。该馆饲育动物数，计鱼类二千、爬虫类二十五、两栖类二十五、无脊椎动物一千五百。每日参观人数平均达二千人之多云。

纽约的水族馆

纽约水族馆创立于一八九六年，其建设管理者为纽约动物学协会。该会本为动物园之建设经营而成立的协会，水族馆为动物园之一部而进行经营。水族馆设在沿孟哈顿①海岸的巴台里巴克②，与动物园相距颇远。最近施行大修筑后，不仅设备方面为之焕然一新，即其陈列饲育的面积，亦有显著的增加，在今日世界水族馆中，成为最优美的一所。每年经常费达五万八千美金，入场者参观者亦达二百万人之多。

该馆中所有观览动物，在一九二五年度，计有鱼类一百十四种、二千九百三十六尾、爬虫类十六种、一百零七只，两栖类六种、九十二只，鸟类二种、二只，哺乳类一种、一头，无脊椎动物十一种、二千八十三只。然而在增建后的今日，并将从来放置抽水机的第一层利用为陈列所，故全馆陈列的动物，当有十分之二以上的增加了。

该馆设有鱼类孵化所，以供公众观览。这种有兴味的陈列，是由设置于美国各地的官立孵化场所捐赠的，至今已经继续了好几年了。在这孵卵处，孵化着几千万的石斑鱼仔，分配于全国各处的湖塘池沼。馆内并设有水禽的池塘，在这种水禽池塘中，养了不致为水禽伤害的大形鱼类。本来海豹之类，饲育于游泳不自由的屋内池塘中，一般都认为不适当的；但是该馆中央大池塘中放养着的伽里霍尔尼亚海驴，却已历十七年之久，仍继续其屋内生活。

该馆并有采集船一艘，每到夏天，便整装出发捕鱼。其采集品除了用以补充该馆之陈列饲育水族以外，还用以寄赠美国各地的水族馆，用以交换别种水族。再以剩余的售于鱼肆，其总金额尚达一千一百七十余美金圆之多。该馆不仅用这种采集、孵化，或陈列饲育的标本，对于社会为极大的贡献；并且用其印刷物，予世间以极大的裨益。即其专门馆员，将关于水族的种种研究报告、采集品目录、修正陈列品目录，并以水族器之构造、鱼类之家庭饲育法等为题，绘成通俗读物的小册子数万部，公开发行。

----

① 现多称"曼哈顿"。
② 现多称"巴特里公园（Battery Park）"。

第十章　博物馆的搜集和整理

搜集的种类

陈列品为博物馆的生命，要求博物馆内容的充实，当然须视陈列品之是否丰富；但是陈列品并非尽如其他商品可以金钱交换得来，所以陈列品的搜集，便成了办理博物馆的一个重要问题。因为博物馆的性质不一，故搜集陈列品的种类不同，方法亦互异。有实物、有模型、有标本、有拓片、有照片、有图画、这是关于陈列品实质的不同而言。有自然物、有人工物，这是关于陈列品属类的不同而言。有历史的参考物、有艺术的欣赏物，这是关于陈列品效用的不同而言。有求之于商铺、有访之于藏家、有从采集而来、有从发掘而得，这是关于陈列品搜集手段的不同而言。搜集的种类若是之多，搜集的困难不言而喻。

陈列品以博物馆的性质而不同，其搜集范围亦有广狭繁简之别。惟普通博物馆常难于专门博物馆，而规模较小之博物馆，又必难于规模较大之博物馆。因为专门博物馆的陈列品，必视其标示的门类而作有限制的搜集；且博物馆的设立，必有若干专门家为之主持，其馆员又必有专门人才为之设施，因而搜集陈列品不算若何困难。至于普通博物馆的陈列品，几于包罗万象，门类既多，势不能兼筹并顾，不但经济上成了问题，即人才方面亦无法延揽。而陈列品搜集的结果，非犯杂凑的弊病，即成畸形的发展；普通博物馆之所以难于专门博物馆者，即在于此。规模较小的博物馆，难于规模较大的博物馆，以小博物馆的人力财力不及大博物馆，而于陈列品方面，欲求从有限的件数中，一样地发生无限的效用，非经精密的选择，终必失败无疑。

陈列品搜集的种类，既如此之多，又以博物馆性质的不同，其范围又随之而有加减。且每一种类，又有若干细目；每一范围，又有若干等级。例如同一植物，而有隐花显花之别，同一显花植物，而有裸子被子之别，同一被子植物，而有单仁双仁之别，同一单仁植物，而又有十余分科。产地之不同，效用之不同，又无一非搜集陈列品时应行注意之点。此仅前举种类中自然物内关于植物之一种，其他各种，亦均有同样之复杂。而于每一种类中，又有广泛之范围，包含若干等级。例如：艺术方面之铜器，第一须知中国青铜发明的时期，其次须知冶金之起源，与制陶极有影响，其次从铭文上考察，而证明铜器之时代，其次从表现风格的不同上而考证制作地域的不一，再其次从色剂、形式、花纹、书法上以估价其在艺术上的价值，最后用科学的方法作为古代文化历史的材料。论其种类不过铜器一种而已，若以其范围扩大，等级分明，一件陈列品往往有多方面的关系，这在搜集之前苟无计划，即使搜集到手，亦无法应用。总之，普天之下，无往而非博物馆的陈列品，亦无往而非搜集陈列品的好机会，惟在搜集者之能否运用其方法罢了。

搜集的方法

陈列品的种类既若是其多，而搜集又若是其不易，故搜集的方法不可不加以注意。不过每一种类，必各有其专门之方法，历举势有所不能，概说又有所不许。不得已仅从决定方针和搜集手段二点加以说明。因为任何博物馆，亦不问其新创与扩充，苟要搜集陈列品，必先决定搜集之方针，与搜集之手段。至于搜集时应有的各种专门技能，如关于动物的狩猎、钓诱等等，关于植物的搜索栽培等等，关于模型标本的制作，关于拓片摄影的拓摄等等，则都另有专书，毋庸赘述。又因为各属专门技能，并非每一博物馆的工作人员所需要，惟有决定方针和搜集手段两事，则为博物馆中人人应当熟知的基本知识。

何以先应决定方针？普通博物馆无论矣，即专门博物馆中，苟要着手陈列品之搜集，亦非先行决定方针不可。姑以新创的普通博物馆为例；第一不可忘记博物馆的所在地，则所搜集陈列的目的，不仅选择若干地方出品而已，必须搜集足以完全表现一地方的生活状态的陈列品。如为已成立的博物馆而加以扩充，则须审查应有陈列品中应行补充的方面。第二不可忘记博物馆的对象，则所搜集陈列品的目的，不仅选择若干普通出品而已，必须搜集足以适合于最大多数的游览者的利用之陈列品，学校博物馆是大家知道应注意于学生的程度与兴趣，就是其他特殊环境中的博物馆，总应视附近大多数住民的职业、程度、兴趣等等而加以注意。第三不可忘记博物馆本身的能力，则所搜集陈列品的目的，不顾此而失彼，不好高而骛远。必须人力和财力均加以计较，然后决定搜集的步骤和范围，则其结果不致相差甚远。

把上述三者详密考虑而后，再定一陈列品搜集的方针，这是关于搜集方法的第一步。方针既定，即须决定其应用何种手段，以达到此目的。

搜集陈列品的手段，分购买、采集、复制、赠送、寄存等五种。须视各种陈列品性质之不同，以决定采取何种手段去搜集，而每种手段又须视对方的情形而各有巧妙。故决定搜集之品，必须细心访问后再行着手。譬如无法请人赠送的，则能寄存亦好；无法亲自采集的，则能复制亦好；不必定要实物的，则模型、标本、拓片、摄影等等亦无不可；必须金钱购买的，则与其向古董商交易，不如向收藏家相让。此外，有方式上不可直接的，则以间接为宜；有手续上欲速反而不达的，则以缓进为是。总之，搜集陈列品，不似普通商品交易之简单，必须因时制宜，随机应变，不但可以省经费，而且可以多收效。

发掘为重要的搜集

发掘原为采集的一种，因为他在搜集陈列品上往往可有不可思议之收集，故在这里再行申说一下。

没有人想到古物的发掘，本身就是科学的结果，虽然宝藏的发现常时引起社会上的震异，但社会上至今仍把发掘是一些考古家的玩意儿，古董商的好买卖，他们还不知发掘工作对于博物馆或者整个世界有真实的永存的价值。

吾们对于都坦客门①（Tutankhamen）的陵寝，克里特②（Cretc）的密诺王（Minos）故宫③和吾珥（Ur）皇陵④所发现的遗物，起初很难得一个正确的见解，因为困蔽千余年的秘密，当一旦发现的时候，往往使吾们注意不能集中，而受其炫耀的诱惑，但后来此种炫耀消灭，而能和其他事物在有秩序的范围

---

① 现多称"图坦卡蒙陵墓"，位于埃及，图坦卡蒙是古埃及新王国时期第十八王朝的一位法老。1922 年英国考古学家霍华德·卡特发现并发掘了这座墓室。

② 现多称"克里特岛"，希腊最大的岛屿。

③ 现多称"米诺斯王宫"，希腊神话传话是克里特岛国王米诺斯为禁闭妻子帕西法伊修建的迷宫，20 世纪初英国考古学家亚瑟·伊文思发现并发掘了这座遗址。

④ 现多称"乌尔皇陵"，位于伊拉克，20 世纪 20 年代英国考古学家伦纳德·伍利考古中发现，为西亚两河流域古代城市乌尔城国王的陵墓。

内联贯起来，以成吾们所研究的历史背景之资料。当薛利曼（Schlicmann）[①] 发现迈锡尼（Mycenae）宝藏时，最使世界惊异的，是他证明了荷马（Homer）的诗，无一字属于讹传；现在对于阿阁民浓（Agamennon）[②] 王和葛蕾天弥斯特乐（Clytennestra）[③] 后遗体争论其是否鎏金者已不多见，却在想到荷马和希腊古史之时，无不同时现着迈锡尼城灿然侈丽的印象者。

发掘的真谛，在能将相距吾们不很远的人类历史，以及连贯到现代文化的一大段，烛幽发曙，提示真确事实于吾们之前。换句话说，发掘是应用科学的方法去发掘古代的遗物，这是根据于历史的价值，不在遗物本质，而在乎它的互相关系上的理论，而这种互联的关系，只有科学化的发掘才能侦察出来。偶然发掘者和盗掘者的目的，只在攫取含艺术化和商品化之价值的遗物，其兴趣亦止于此而已。至于考古家既同是人类，当然也醉爱稀罕和美丽的东西，但同时愿意知道它们，且在任何情形之下，都主张能在遗物中探得知识，他发掘的大部分是包含观察、记录和解释。科学家和盗掘者的目的与方法是完全不同的；看工作完成后的价值，是可以晓得它们的不同了。岂但盗掘是有损古物，即偶然的发现亦有损害。譬如有一个乡人在某处发现一个大理石像或一件金饰物；他们把它卖出，虽辗转而至博物院或私人收藏室；但此种物品已失其联络的关系，故无人能知其出处及出土情形，只能由遗物之本身决定其价值，他的艺术价值当然不受损害，但历史价值就减色了。

发掘当然是一种新兴的事业，至今不过在七十余年的短时期中，已有奇伟的成功，百年前尚懵然黑暗的上古万千年人类史，现在已洞如观火了。所以世界有名的大小博物馆中，莫不联合其他文化机关、组织发掘队，搜集古代的史料。东方原为古代人类的老家黄河一带尤为无尽藏的文化史料埋藏地，博物馆工作人员只要对于发掘用些功夫，则陈列品的搜集已解决过半了。

应行注意的三点

吾们即使照着搜集陈列品的方法以进行，有时对于博物馆甚至对于整个的文化界或产业界仍有危害的可能。因为博物馆对于文化产业负有极大的使命，博物馆工作人员便负有重大的责任。所以对于搜集陈列品的方法，不可不审慎将事外，尚有数事亦宜同时注意及之：

一、取舍要审慎　尤其是现在视为平庸之物，如果将来有历史价值，即使竹头木屑，亦应妥为保存。在博物馆中，常见陈列稍久的陈列品，他们在继续搜集到许多新的陈列品时，往往很不经心地把那旧的不值钱的陈列品丢掉了，不知那种破碎的陈旧的物品，含有已为大众遗忘的过去的思想，如果暂时不予陈列，亦应保存在储藏室中，将来整理后作成有意义的或与他物连带的重行陈列出来，必可得到大众的注意，而成为生活史上重要的陈迹。

二、鉴别要精明　关于这一点，尤其在古物，古董商方面固然要经严密的鉴别，就是在收藏家方面，亦须辨别其真伪，因为很多的收藏家，为了他购买力的过人而出名，并非对于收藏的某种古物，真有鉴别之力。有人曾谓假的古物，收藏家多于古董商，此虽言之过分，然而亦有几分理由。这是对于搜集时防备赝品一方面而言。有时在人家不注意地方，亦有珍贵物品散逸出来，如果对于该种物品素有研究的人，便不肯轻意放过，并且在人家都未注意的时候，常常可以出极低之价收买过来，这是对于搜集时物品真伪一方而言。不但古物如此，其他关于博物馆中应行搜集的陈列品，有时虽出重价求之而不可得者，每于偶然发现不费分文得到者。这全在从事博物馆人员的目光如何而已。

---

① 现多称"施里曼（Schliemann）"，德国考古学家。
② 现多称"阿伽门农（Agamemnon）"，迈锡尼的国王。
③ 现多称"克吕泰涅斯特拉（Clytemnestra）"，阿伽门农之妻。

三、宗旨要纯正　这是博物馆的工作人员应有的道德，有时为了好名所驱使，常有一种不忠实的态度。即以发掘一事而论，其盗掘和商人发掘，都可危害古物本身，这是人人公认的。但是另有一种借发掘为名，武断事实，杜撰结论，藉此以博虚名的，其为害之大，尤甚于盗掘与商人发掘，因盗掘与商人发掘，除毁坏完整的史迹外，并无其他影响，惟有假发掘以钓名沽誉的人们，他不但把假物当古物，并且淆惑文化界的视听。凡博物馆之工作人员不应有此态度，并且绝对防止此种人物的言论和实物。

陈列品的登记

在陈列品搜集后的第一步，便要讲到整理的问题。博物馆的种类不同，陈列品的项目又不可以数计，故整理方法，仍以涉于各种专门技术的不谈，而专从普通一般的手续。

凡陈列品送到馆中时，不问购置、采集、复制、赠送、寄存，第一步即以该项物品详视一周，在总登记簿上逐项登记，予以总号，粘贴或挂置于该物之上，仍以物品送往储藏室中，如系贵重之品，须即归之库房。第二步乃视该种物品之性质，再行根据总登记簿，填写目录卡，以为分配陈列统计件数之准备。上项手续，如果规模较大的博物馆，应由各部专管职员分别办理，倘规模较小的博物馆，即由一人主办。惟无论如何，这两步手续，必须办理，否则最富历史意味的博物馆事业，对于陈列品本身反以没有科学方法管理，而失去了历史的查考，甚至发生了残缺失落的事情以后，竟无法可以考查。

关于总登记簿与陈列品目标卡登记手续及保管责任，可视馆之规模大小而定。不过这是博物馆中最重要的一种责任，所以除在小规模博物馆须由馆长亲自办理外，凡规模较大之博物馆均应指定专员，主持其事。兹将上海市博物馆的陈列品登记办法抄录于后，以供参考。

上海市博物馆处理陈列品规则

第一条　本馆陈列品分下列五种

（甲）购置　凡本馆向外界购买之陈列品属之

（乙）捐赠　凡个人或团体捐送之陈列品属之

（丙）寄存　凡个人或团体委托本馆展览之陈列品属之

（丁）交换　凡由本馆与其他机关交换之陈列品属之

（戊）采集　凡由本馆职员或由本馆特约专家采集之陈列品属之

第二条　任何一种陈列品均须办理登记编目手续捐赠物品除掣付收据外并复以谢信寄存物品须填具寄存证同式二份以一份交寄存者一份留存馆中统由总务部办理

第三条　为处理陈列品易于检查统计及明白保管责任起见应有下列簿册卡片

（甲）登记总簿　即收到陈列品之总册每种陈列品于收到时即由经手人送至总务部登记随即会同历史艺术两部审定后由总务部填发号标签粘贴于陈列品一种物品如有贰件以上而单独不能陈列者其总号标签上用指数标明

此种簿册存于总务部

（乙）陈列品目录卡　总务部既将甲项手续办理后即行通知主管部分类编目凡属于该部之陈列物品不论完整损坏陈列储藏均须计物编目各填同式两份以一份作为统计该部各类陈列品总数之用储于一函以另一份分储两函（展览与储藏）此种卡片存于各主管部

第四条　任何一种陈列品办理第二条规定之各项登记后应由总务部接受保管如主管部需要陈列时须填具调取陈列品单向总务部领取

第五条　凡已经陈列之物品认为不必陈列及寄存物品已允寄存者收回时均须由主管部主任填具调取
　　　　陈列品单向总务部点还

第六条　凡陈列或储藏之陈列品发现其已经损坏必须修理时除按照第四第五两条规定手续调取外并
　　　　于修理完了后应当如何处置均须注明于调取单上

第七条　总务部办理第四至第六条手续时均须记明于登记总簿上

第八条　凡陈列品认为不必陈列并无储藏之价值时除在登记总簿上注明其销毁之年月外并报告各关
　　　　系主管部撤销其陈列品目录卡寄存物品领回时亦照此办理

第九条　凡寄存物品倘寄存者允许捐赠或虽无表示期满后仍不来馆展期者亦作捐赠论除作收到捐赠
　　　　物品办理外并在簿册卡片上分别注明

第十条　凡价值贵重之物品遇必要时得另筹安全保管办法另定之

第十一条　凡陈列品中如认为可以一部分与馆外交换时得另订交换办法办理之

第十二条　凡全部陈列品及登记陈列品之簿册卡片除第十第十一两条之规定外一概不得携出馆外

第十三条　本规则如有未尽善处得由馆务会议修正

陈列品的总号

在办理总登记时，对于规定总号较为困难，一面要求对于各种搜集得来的陈列品，各有独定号数，
同时又须不背总登记的原则，不可互相分裂，且在检查时又须便利，在此三种原则之下，确定一种总号
的方法，这是非常重要的工作，现在把上海市博物馆的总号办法抄录如下：

上海市博物馆陈列品编号法：

一、本馆陈列品共分为三部：1. 历史部；2. 艺术部；3. 考古部

二、每部陈列品分为：购置、捐赠、寄存、采集、交换五项，每项号码均从 00001 号起至 99999 号

三、为便利识别起见：

　　凡属历史部之号码皆冠一"史"字

　　凡属艺术部之号码皆冠一"艺"字

　　凡属考古部之号码皆并冠"艺古"两字

　　各项号码均于号码前所冠之字后加一汉文数目字

　　购置项加一"一"字

　　捐赠项加一"二"字

　　寄存项加一"三"字

　　采集项加一"四"字

　　交换项加一"五"字

　　例如：史—00001 为历史部购置项，艺二 99999 为艺术部捐赠项

四、每项号码用尽后可于所冠之字前加一数字（第一次加 1，第二次加 2，以后类推），而重由该项
　　之首号起编不必另编新号

　　例如　历史部购置项陈列品已编至 99999 而须再增加号码时则应重 00001 号起编照上述方法于
　　"史"字前加一数字如 1 史 00001

五、某部各项相加之和即为某部陈列品之总数，三部总数相加即为本馆全部陈列品之总数。如欲统计
　　本馆某项陈列品之全部数目，以各部中之该项陈列品数目相加即得；如遇所冠之字前已有数字，

而欲统计该项陈列品之数目时，须将该数字移至后面号码之前，作为第一位再减去该数即得。例如，3 史—89734，3 移至号码前成 389784 减去 3 得 389781，即历史部购置项陈列品总数

这样只要看到总登记号数，即可辨明该种物品是属于何部；并且在某一门陈列品之数量增加时，对于总号的排列可以永不变更，而与其他各门的号数亦永无冲突。如果以后对于陈列品另设新的部门时，只在数目上加一名称，亦可随便增加，各不妨碍。尤其在检查统计的时候，可于最短时间内，得到各种陈列品的总数。又以各种数目上都有限制，故陈列品即使无限地加多，而数目字不会增大的。这是厘定总号时都应考虑的各点，也是科学化管理陈列品的不可忽视的地方。

总号的另一特色，就在于每一物品即是有一个号数的一点。不过如货币、昆虫、贝壳等等，在同时采集于同一地方，而为具有同一条件的多数重复品之物，则以视为例外而编以同一号数较为适当。而在目录中，单独附记其件数就够了。如他日在其一组中之某一物件发现了与其他相异的显著的特征之时，则非对此物件另编以新号数不可了。惟过贵重的古物，即使有多数的重复品，仍以一件专立一号为妥，以免意外。

陈列品的总号数编成以后，即须以此为永久的号数，当直接贴附于物品上；如不可能，则可使用他项标签，或附于该物品的架垫上，或附于该物品的容器上。这种标签如果在所编号数以外另有何种记载，则亦不易与说明书（Exhibits Label）相混同。因为说明书往往不直接附于物品上，或易他移，或遭遗失。

总登记的簿册

关于陈列品登记手续和总号决定已如上述，总登记簿册的项目式样等等，亦须加以研究。因为总登记簿是博物馆的产业簿，博物馆存在一天，即总登记簿要保存一天，这是求其耐久上言之。总登记簿是常常检查使用的，只要有一件陈列品出纳移动，就要使用总登记簿，有时要检查某项陈列品的状况，亦非检查总登记簿不可，这是求简便上言之。故不但内容要完备，式样要合度，并且还要求质料的耐用，装订的坚固。

在总登记簿不但要注意到陈列品收到时须有概括的纪录，就是以后陈列品的出纳或移动，每次均应记录，寄存品的归还原寄存者当然要记录，即从库房或储藏室移置陈列室或工场，或从陈列室或工场归还库房或储藏室均应详细记载。因为一件陈列品送到博物馆后，其责任即由保管陈列品及总登记者负责，如无详细记录，不但责任不专，而至陈列品数量增加或移动加多时，即不易检查某一陈列品的现状。所以在总登记簿后又有保管摘要，以便每次移动时由保管者随手记录。如此倘某一陈列品已归还原主，某一陈列品在工场修理中，某一陈列品在某柜陈列着，某一陈列品在库房中，某一陈列品已损坏，某一陈列品是完整，都可一查而得。兹将上海市博物馆陈列品总目录簿式样附录于下（见下页），以资参考。

上海市博物馆陈列品目录

总号_____

品　名		件数		有无附件	
来　源	( )				
收到年月	年　月　日				
收到时是否完整					
编　目					
备　注					

保　管　摘　要

年　月　日　部　提取	年　月　日　部　归库
年　月　日　部　提取	年　月　日　部　归库
年　月　日　部　提取	年　月　日　部　归库
年　月　日　部　提取	年　月　日　部　归库
年　月　日　部　提取	年　月　日　部　归库
年　月　日　部　提取	年　月　日　部　归库
年　月　日　部　提取	年　月　日　部　归库
年　月　日　部　提取	年　月　日　部　归库
年　月　日　部　提取	年　月　日　部　归库
年　月　日　部　提取	年　月　日　部　归库
年　月　日　部　提取	年　月　日　部　归库
年　月　日　部　提取	年　月　日　部　归库
年　月　日　部　提取	年　月　日　部　归库
年　月　日　部　提取	年　月　日　部　归库
年　月　日　部　提取	年　月　日　部　归库

其次，关于总登记簿的装订上亦有研究的必要。装订分呆装和活页两种，各有利弊。呆装以线装为宜，外用护书，可以便于庋藏。其利在于一经登记，即可永久考查，即有脱页，亦易计数；尤其在保管古物上最为妥善。惟其弊在呆装而后，不便加减，倘年代稍久，大部分陈列品已经破坏废弃，尤其在归还之寄存陈列品方面，往往一厚册目录中仅有少数的陈列品存在，总目录簿则将与年俱进的增多，在庋藏与使用上均感不便。

活页装订可以免除上举弊病，然其弊病又以易于加减，在保管陈列品的责任上多一重危险。并且以归还的寄存品与废弃的陈列品目录剔除，对于以往陈列品考查与统计上亦无根据。

在呆装与活页两种方法中，既各有利弊，然则究采何种方法较为适当呢？兹据作者研究的结果，似以活页的好处比呆装多，而其弊病亦可补救。其一，以活页易于增减而在保管责任上恐有危险；只要把总号编制清楚，亦可易于检查。其二，对于剔除之陈列品，再备几种补助的记录，当亦易统计，其方法在下面另行说明。

总号的写法

在全部陈列品，每一物品即有一个总号，是总号不啻陈列品的生命，一个第二名号，醒目和美观是写总号时必须的条件，又以物品性质不同，大小互异，于是陈列品上总目的书写，便成了极大的问题。在直接写在物品上的时候，须选择字迹既具耐久力，又可于必要时消除的墨汁，如在淡色的物品上，应该在其表面上用防水墨汁书写，较为相宜。

关于书写号数位置的选定，亦有加以考虑的必要。在比较大件的物品，以写于底部或背部为最适当。又对于不容易转动的物品，则以写于容易看见的地方为宜，惟须避免刺目的弊病。又在不能直接写在物品上的，则须使用标签；但如用树胶糊贴附，则因为有易于剥落的缺点，还是不用的好。凡用酒精浸渍着的标本，则可用普通纸片写上号数，置于坛内；又可在布片上记以号数，用丝带缚附之，号数必须用防水墨汁书写。对于昆虫的号数标签，则用附着扣针的小纸片。对于鸟兽的剥制标本等，一般都在号数以外，附以印刷着名称、产地、采集年月等的纸卡。

如为木制的物品或附有木制的座台物品，则可钉以压上烙印号数的钢铁小金属板。而在贝壳、货币等小物，则置入纸版箱，在箱上附以号数，为普通的方法；不过有时变换地方，或更换陈列橱柜的时候，容易有混乱不清的危险，所以最好是能够直接在物品上附以号数。

陈列品目录

除了总登记手续及在物品上附以总号数外，同时，在另一方面须将收到的物品，立即编入陈列品目录卡中。本来博物馆的陈列品目录，亦有簿册式、活叶式及卡片式三种。簿册式可无散乱之忧，但因有其他种种不便，今日一般博物馆都采用卡片式。卡片的大小在各国都以六吋×四吋及八吋×五吋的为最便利。纸的总类则以应用厚纸为耐用。所用卡片纸，最好是随着陈列品部门的不同而分用各种色彩。藉以醒目。

此种目录，在规模较大的博物馆中，应该由主持陈列的馆员保管；如置有馆员甚多的博物馆，则必须各人保管其自己所担任的一部分，如历史部由历史部的馆员保管等等。最合理的凡一件陈列品送到时，即由物品保管股，根据总登记簿的纪录，用打字机制成目录。这种目录，各国博物馆都备有三份，一份由物品保管股保管，一份充作各部的陈列品目录，另外一份则供作索引之用。

记载入陈列品目录的事项普通为下列各项：

　　总号

　　目录号数

　　摘要

　　搜集者

　　搜集地

　　搜集年月日

　　状态（良、可、否）

　　原来的号数（在野外等处采集得时所编上的号数或前所有者的号数）

　　鉴识者

　　备考

摘要栏中，应记入详细的事项。但其事项须依部门而别。例如在历史部，则将名称、原料、来历、用途；在科学部则将名称、雌雄之别、生长之程度；又在美术部则将名称、作者、流派、绘具以及其他的材料、时代、大小、印号（记号）、价格等，均行分别记入。又凡目录中的物品，因为有捐赠、交换、卖却或废弃等，而屏除于博物馆藏品之外则不仅必须另用红线等方法，加上取消符号，表示已经不在馆内，并且这个已经用过的号数，以后亦决不能再使用于别的物品上去了。此外如从别处借来的物品而已归还时，则在目录上亦必须行同样的手续。因为博物馆中的总号，是给予一件物品的永久号数，一经给予，该项号数即永久属之于该物品而不可再使用于其他物品的了。

补助的记录

博物馆陈列品的整理，除了总登记簿及目录卡之外，尚有置备索引卡纸、寄赠卡纸、贷借卡纸、处分记录等等的必要。

关于索引卡纸，即如上面所述的可以利用物品保管股所制作的卡片目录三份中留下的一份，有些博物馆，在其索引卡纸上亦有绘上某物形状的草稿的，还有几家博物馆则将贵重品的摄影贴附于卡纸的背面，在设置有照相技师为馆员的美术馆，则在卡纸目录的背面使用一种感光纸，直接烫附的。因为这是物品保管股依照各部陈列实况，并在总登记簿上不可记载的许多事项而使用的，又对于原非博物馆庋藏品，而是在必要上保存于博物馆的物品，则其索引卡纸，非使用特别颜色卡纸不可。因为如此，则可以容易识别其为馆员的私有品，或为从馆外寄入的陈列品。

捐赠品卡纸，是博物馆接受馆外捐赠物品之时，将捐赠者的姓名、住址依次排列记载，而使人对于捐赠者之姓名及品目能够一目了然，又在捐赠品卡纸箱中，在便利上可将记载着购入物品的购入对象的姓名、住址或交换物品的交换对象的姓名、住址的卡纸，放置在一处。

此处所使用的卡纸，各国博物馆多用五吋×三吋的小卡片。对于各捐赠者，在卡片开始的一张上，关于他们的姓名住址等项，不可简略，必须相当精密的记载。一切卡纸的背面，均可利用。收到物品，即应记入其受理号数；又在便利上，可将其年月日、价格及其为捐赠、交换抑为购入，分别记入。

贷借卡纸是为记明其借入品即寄存品及贷出品为何物又其归还日期为何时而置备的卡纸。但是对于最初以贷出馆外为目的而由博物馆置备的所谓贷出品及巡回贷出品的目录，则与这种贷借卡纸，截然不同的两种东西，全无关系，所以仍须另外制作。又，此处所谓借入品，包括有制造业者及搜集家等为博物馆而送出的物品。贷出与借入，当然可以置于同一卡纸箱中，但为使两者容易区别起见，其卡纸的色彩必须不同。

不论寄存或借出陈列品的卡纸，所应记入的事项，应如下列：

姓名（借者或贷者）

住址

总登记号数

目录卡号数

摘要

部门

备考

应归还的年月日

贷借年月日

应还去的年月日

凡是一次贷出及借入的物品，多数可以只用一张卡纸。如有二件以上的物品而返还之日期不同时，则非分别使用其卡纸不可，卡纸须依照归还日期的顺次而排列。而在物品归还之时，即取出其卡纸，记入返还的年月日，与贷借者之姓名分别，把它另行保存。贷借卡纸应由物品保管股保管。若在主管员直接以此贷出借入时，亦必须报告物品保管股办理登记，而后执行，以明物品保管的责任。

此外如交换、卖却、废弃等等都可以立卡纸。凡补助记录的种类与方法，须视博物馆规模的大小而定，原无划一的办法。惟记录愈详尽、手续愈周密，而物品的整理与保管责任上亦愈妥善。亦有人主张在陈列品最初送到馆中时，因为尚未决定其是否适用，和该项物品应当归入某一部份其在某一部门的分类又未决定时，应另立一本收受陈列品的日记簿，俟上列各点决定后，再行登入总登记簿上，较为合理。但由作者经验上的观察，此种手续，除在大规模的博物馆可以使用外，均可省却此种手续，较为简便。

以上所述陈列品之整理、保管、记录的手续，是专为博物馆运用上的便利上着想而言，如从物品保管专门家的立场上看来，或尚有许多不完备的地方，这是在乎各博物馆的主管者善自为之的了。

第十一章　博物馆的制作和修理

加工制作的技能和人才

博物馆搜集的陈列品，办好整理手续以后，每多不可立即陈列或存储库房；必须还要经过加工制作的手续，才能成为完善的陈列品。进一步讲，大凡博物馆所搜集的陈列品，不论关于哪一方面，如要成为研究材料或优良的陈列品，那就要一律施行某种程度的加工制作。这种加工制作，就在将材料适当的加以保存、修理、配置等手续。此种手续，有些应在野外采集的原地施行，如系远距离的采集，不及在当地制作完了的，可在归途中的舟车上工作。有些必须有相当设备而后可以工作的那就非带回馆中的工作室试验室和工场中动手不可。总之，博物馆搜集陈列品以后，制作也是一件重要的工作，否则便不能成为研究材料，甚至在普通陈列上亦有问题。

吾们已经知道关于搜集各种陈列品并不是一件容易的事，要有丰富的常识外，还须有熟练的技能。关于陈列品的加工制作，同样的须有丰富的常识和熟练的技能，并且有许多工作，非经专门家从事不可。所以任何博物馆的工作人员，除了对于普通制作技能均须有相当训练外，对于他的主要陈列品的制作技能，非有专门家专任不可。譬如在生物学博物馆中，他的主要陈列品当然是属于动植物的，那么对于动植物的加工制作的工作，就应由生物学专门人才担任；如果在美术博物馆，他的主要陈列品当然是属于美术品的，那么对于美术品的加工制作的工作，就应由美术的专门人才担任。又因为任何博物馆中，除了主要陈列品外，总有若干附属的陈列品，要使这附属陈列品同样的显著他的展览效能，便须经过博物馆工作人员的加工制作不可。那些工作，因为属于各方面的，不能各方面都有专门家担任；故一般的工作人员都要在平时有训练，而后临事能动手。

关于加工制作的种类，非常复杂，不可历举。每一部门的陈列品，各有专门的技能，各有专门的著述。就是若干共同的制作技能，如制模、绘图、摄影等等也非有充分之训练与经验不可。所以在博物馆的工作人员中，除了办理事务研究学术外，必须设置若干专门技术人才，而后陈列品才有生气，博物馆才有成绩。

但是，博物馆的工作室或工场中，尤其在规模较小的博物馆，还须训练若干熟练工人，以充工作上的助手。那种熟练工人，不但可以帮助技术人员的工作，到了相当程度，他们还可在技术人员指导之下，单独从事其制作工作。那种熟练工人，如果天资较高，工作努力的时候，竟可单独担任小博物馆中的技能工作。这在外国博物馆中常有的事，往往由中央或大规模的博物馆中，选拔一批熟练的职工，加以适当的训练，以供地方小博物馆的需要。有时若干靠近的小博物馆，共同雇用数种熟练职工，轮流制作，往往动物的剥制，植物的标本，以及模型的塑造、铸造、着色等等，应有尽有，这种经济而有效的办法，今后吾国博物馆中，亦加以施行，其成功当在训练普通职工之上，因为熟练工人对于各种业务之有效，已为世人所共认。

各国博物馆的后台

如果要真正理解任何一所博物馆而仅巡视其陈列室一周，这是一种皮相的视察，无从理解它的一切，要知道博物馆的实质和它的活动情形，则非到他们馆长室及各部办事室、研究室、作业室、装卸室、贮藏室等所谓"博物馆的后台"去详细观察不可。因为唯有这"博物馆的后台"的活动，才能使陈列室不绝地添加其新的意义，使博物馆不绝地发挥其合理的职能。所以现代的博物馆，要发挥博物馆之真价值，就必须充实他"后台"的设备，及其在活动于后台的职工以及指挥其活动的馆员等人才，非尽力搜罗优秀分子不可。在"博物馆"之后台中，博物馆工作人员对此感得兴味最深的，当推细工场、作业室和研究室。在关于制作的两所有名工场介绍给读者。

在科学工业博物馆中，明海的德国博物馆的作业室，获有世界第一之定评。在一般人的意想中，这一定是建筑堂皇，规模宏大，设备周全的大作业室。然在实际上，他是一所极其平凡的建筑，朝南采光的五六间房舍，每间占地均有二百方尺至三百方尺。里面共有设若干部，每部各设技术人员和职工若干人，金属的细工场为四人，木工场七人，石膏类模型细工场七人，绘画图表的制作室三人，照相摄影室及装书室各有二三人，他们虽然很是平凡，可是他们都有熟练的技巧，就在这平凡的工作室中，分工合作的为陈列品加工的制作，使各部陈列室不断地充满着生气。

其次便是纽约博物学博物馆的"后台"，他在博物馆的细工场中，要称首屈一指的了。该馆规模的伟大，不亚于明海之博物馆，新近又增建一所富丽堂皇的陈列馆。馆中每一部门各自设有研究室，各室设有若干专门家；除专司各室的研究工作外还负着各部门间的联络工作，以求全馆业务的平均发展。他们设有动物的剥制室、造花室、玻璃细工室、腊细工室、石膏细工室、动物生态陈列构成室、照相摄影室、装书室、金工室、木工室等，均由一室至二三室所构成，各室都有供职多年经验丰富的专门技术家和熟练职工若干人，宛若一所大规模的独立工厂。

在这各种工作室中，最有意义的工作，是动物之生态陈列构成准备室的作业。这是任何博物馆中应有的一种工作，否则在陈列上必无意义。不但对于生物学的陈列，因为先要配置他原来环境和表现生物个性起见，非在整备室中详密设计不可；即历史艺术等等的陈列品，亦非经过一度设计陈列不可；这是关于陈列的技巧，容后再行讨论。

至今普通人还以为博物馆是古董摊，或是百货店，不知他的"后台"的工作，比任何机关还紧张，他的技巧，比任何工厂还进步。所以博物馆而没有好的"后台"，便不能表现出博物馆的效能，因之贤明的博物馆主持人，他物色"后台"的帮手，比征集陈列品还要认真。

上面所举，仅是两所比较在各国博物馆中著名的细工场，并且仅是两所工场中的一些大概。不过从此可以知道陈列品的加工制作，在博物馆业务中要占到极大部分的地位；而博物馆的经营，除了陈列室外，还有不可忽视的"后台"。所以无论如何小规模的博物馆中，最低限度要有一间工作室的设备，和一个熟练工人的雇用。吾国过去民众教育馆和农民教育馆的失败，便在"后台"仅有一间办公室和办理"等因奉此"的先生们，这是一个有力的证据。

科学的修理和保管

加工制作是使陈列品可以成功研究材料，或可成为更为合理的陈列品。但是博物馆中的物品，并非陈列一处永不变更的；因为常常移动变换的关系，故难免有破旧损坏的事情。并且各种陈列品中常以日光空气尘埃等等的作用，尤其是露置的物品，苟无相当的修理方法，陈列品必至逐渐破旧而损坏。所以当一件陈列品搜集得来，便应设计如何去加工制作；而当搜集的陈列品陈列于陈列室或庋藏于储藏室以后，便要计划着怎样去修理和保管。加工制作是要增加陈列品的效能，修理保管是要延长陈列品的寿命，这两种工作在博物馆的工作室或实验室中是同样地重要，也是同样地需要专门技能。

修理和保管本来是两件事情，但是有互相联系的地方。在一般的博物馆组织上，修理是属于工作室或实验室中的任务，保管是属于陈列品保管者的任务。不过事实上因修理不得其法，而使保管上发生困难；同时，亦以保管不得其法而使修理者无法着手。并且在进行这两种工作时，有许多手续是无从划分的。

在柏莱特丽斯所著《古物的保管》一书中，对于皮革、编织物、木器、象牙、石器、陶器、玻璃以及金属各物，关于庋藏方面应行注意各点，和清洁修理必要的条件，系统地叙述，这见保管和修理是二而一的事情。有时新搜集的陈列品，先行加以修理而后可以陈列或庋藏的，也有陈列或庋藏相当时候必须加以修理手续的，这在博物馆的工作人员都可体会得到。

既然修理保管和加工制作，同样需要专门技术和熟练职工，所以它的设备也和加工修理同样的规模。因为修理保管的地方，应视各项物品的种类而采用不同的方法，又以各项物品的种类而须有不同的设备，譬如关于生物学陈列品的修理保管，当然不同于艺术方面的器物，而艺术中书画的修理保管，又和陶瓷器有异。陈列品的种类不一，即关于修理和保管的技术和设备各有不同。所以博物馆"后台"的修理保管工作，和加工制作一样地紧张，一样地重要。

关于加工制作的设备，在规模稍大的博物馆中，往往设有动物剥制室、造花室、玻璃细工室、石膏细工室、金工室、木工室等等。关于修理保管的设备，亦有各种专门的工作室和实验室，其中尤以化学实验室的规模最为完备。因为不论修理和保管，都须根据科学的理论，研究有效的方法，最普通的如洗涤、修补、驱虫、加热、冷却、干燥、压缩、喷雾等等工作，除须应用有效的化学药品外，还须利用有效的各种机械。博物馆中化学实验室对于陈列品的关系如此重大，故在规模稍大的博物馆中，必有一所设备完美的化学实验室，和几位经验丰富的化学师。一般人仅仅看见博物馆的"前台"——陈列室，而不知其"后台"除了关于加工制作的各种大规模工场以外，还有规模相等的各种工作室和实验室。一般人仅仅知道进步的博物馆中应当活用陈列室的效能，而不知其陈列室的后面，还有许多部门加强陈列品效能的活动工作。

博物馆的实验室

现在要使读者认识世界著名博物馆中，都有哪种必需的设备，姑把德国柏林国立博物馆的化学实验室介绍给读者。柏林国立博物馆的化学实验室，其设备几和普通大学校中的化学实验室相等，他们设有若干专门化学技师助手和职工，他们除了努力于各种防止的消极工作外，还分头研究对于保护各种陈列品的积极工作。例如对于美术品方面，因历时过久而变质的原因获得后，随着便发现修缮仿制等方法。又以对于美术品制作的年月和出处可用相当科学方法鉴定后，随着便得到判别真伪的结论。他们在日常工作中，常运用化学的技巧，以防止各种陈列品的损坏，并设法补救已经损坏的陈列品。

可知在博物馆陈列品的保存上有赖于化学实验室的力量者甚大，尚使承认加工制作的设备为博物馆的生产机关，那么修理保管便为博物馆的保险工作，仅知生产而不讲保险，犹之仅知搜集而不知制作，同样要失却博物馆的效用。

如上所述，关于陈列品的修理保管方法因和加工制作同样的属于专门技能，各种技能，也和加工制作同样的各有专门著述。他们不但各大部门陈列品的修理保管各有不同，即在同一部门中，如陶瓷器陈列品，陶器的修理和保管有异于瓷器；金属的陈列品铁器又和铜器有别。故本章仅可在理论上作概括的叙述，不能作分类的详细研究。

第十二章　博物馆的陈列

陈列的两大目标

博物馆陈列物品的目标，第一是利用物品引起观众的快感；第二是利用物品以传达知识。

凡艺术作品，以物品的本身向观众输送其快感，所以美术品的陈列方法，大都依着第一个目标施行。与此相反的，关于历史及科学方面的陈列，物品本身，只能证明问题中的一小部分，自然属之于第二目标以陈列。前者只须注意其色泽的调和排列的均匀，后者必须加以系统的排陈与充分的说明，更非应用图表及其他具体化补助物不可。

但在事实上对于艺术品方面，观众仍非先有允分理解的程度，不能感到愉快的享受；同时，历史及科学的资料究亦具有几分直接向观众说明其本身的能力。所以在任何物品的陈列，都应顾到此，展览与说明的两大目标，各视物品的性质，施以适当之处置。

关于科学材料的陈列法，可举出关于为科学资料之一例的各哺乳类面盖骨之陈列。其方法因为要使其十分明了起见，故把头盖骨之一加以切断，以示断面的构造；另外则作系统的陈列用以说明其分类上的位置；而二者均用说明标签以示其特质的必要。不须使用表解，以示从其祖先以来发达进化的途径；同时，在其旁边，揭示地质图，明示其与各种地质时代的连络。

关于头盖骨陈列上的注意；仅如上述，还不充分，更须把陈列橱有灯光装置；且用黑布为景，可使物品鲜明地显示，这种合理的排列，已使观众容易理解；同时，还非不绝的注意其审美的装饰不可。这不仅限于科学的资料，即在历史材料陈列上亦有同样的手续，藉以吸引观众的注意。

艺术品的陈列，当然注重在欣赏方面。但在知识传达上，只要不妨碍物品本身在艺术上的价值，也应相当的注意，这在第十章中另有详细的讨论。这里，我们应当知道的：便是在过去的博物馆工作人员，对于这两大目标看得太呆板了，所以在科学博物馆中缺乏美的要素，在美术博物馆中，对于教育上的方法每不注意。因为两方面都有偏见，故终于不能成为最进步的现代博物馆。

提要陈列法

现代的博物馆，已经日渐成为大众本位的了，因此，博物馆的陈列方法，也随着有极大的改善。大体上说起来，就是将原来的"什袭而藏""多多益善"的陈列品加以严密的剔除，使其只陈列少数可为模范的代表物品。而为学者专门家用以比较研究的材料，则另贮于别处，这便是最新的提要陈列法。

博物馆用于学术的研究时，举同样种类之物，必须极丰富的搜集于贮藏室中。所以在大英博物馆的分馆南干琴古登①的博物学博物馆，单就动物学之搜集，其贮藏室中标本的总数，已达六百万之多。如更将动物的化石标本合计，则其数目更可惊人。而为一般公众所观览的陈列动物标本仅为一小部分。因

---

① 现多称"南肯辛顿（South Kensington）"，下同。

173

为在一般民众，实际上无需这样多数的复品只要少数代表的模范物品便很够了。所以今日博物馆的陈列，只要使普通的人们容易了解，愉快地获得观览之益，便确算尽其任务了。

其次在地位上也须注意到提要的陈列便是使参观的人，一入馆中，对于陈列品便可得一个普遍的认识，参观以后得到一个深刻的印象。特别是博物馆大门口的厅堂里的陈列，一般是带有通俗性质的，对于无论受过任何程度教育的人都可引起相当兴味的物品。例如在前述的南干琴古登博物馆的中央大厅中，所陈列的是说明进化论之变异、进化、适应之原理等极易理解的物品。即以各种饲鸠、印度产的野鸠等标本，用比较陈列法，以说明人为淘汰如何变化动物的形态而促其进化。此外又有为女仆们亦能理解的家庭卫生的陈列，例如以蝇、蚊、虱、臭虫之类可怖的病菌，为媒介传播人类间的疾病，而附以极容易理解的说明。又为说明动物学的研究，对于产业上经济上的利益，以种种浅显的例子，作有趣味的提示。因此，观览了这大厅上的陈列可使每一个参观的人归去时，是怀着非常的兴味与深刻的印象。

在各部门的入口处，亦各有其提要式的浅近的陈列，纵使只观览此种陈列，亦可获得效益。例如在该馆的矿物部中，有矿物岩石研究之提要的陈列，陈列在窗边桌上的陈列箱，有四箱是矿石，有六箱是岩石，而且还名为《An Introduction to the study of Minerals》七十页的小册子，以一先令出卖于观众。

不仅在自然科学方面为然，在美术品等方面，以前单陈列些古旧珍贵的作品，近来亦已多置近世的绘画、现代的艺术，陈列近世及现代美术家作品的地方已大加扩充了。即从所谓民众的立场，思考到美术馆陈列品的性质；故博物馆中陈列法的改善，亦是一件非常重大的变化。近来已渐注意到民众为本位的陈列法，无论任何陈列品都已成为专为民众本位；显示出非常的变化。其结果在科学博物馆中，对于机械的模型及原物等，为提示其构造及原理起见，乃渐趋于装置动力以使运转，俾参观者易于明了。

在明海的德国科学工业博物馆，陈列着一七八八年瓦特发明的著名而极原始的蒸汽机关的模造品，凡在历史上极闻名的几种蒸汽机关，一齐用系的表现出来，这都是科学的陈列法，对于参观者不但可以引起兴趣，并且可以易于认识。

联合陈列法

举凡博物、民俗、历史等的博物馆，普通多采用所谓联合陈列法，联合陈列法的意义，便是把互有关联的若干标本或模型，依照大自然中原有情势而配列陈列的。此种陈列法中最进步的是舞台装置的一种，便陈列于施行特殊装置的箱柜内，参观者可从玻璃窗外观览：所以又可说是一种透景画式的陈列。关于此种陈列法的所以发达，亦有种种理由，而其重要原因，则是因为从来一般所行的陈列法，都是毫无系统的将陈列品驳杂的陈列于柜中，由这种干燥无味的古旧陈列法发生反动，乃有这种生动活泼的方法出现。

联合陈列法是使陈列法戏剧化，要使博物馆成为一般大众最感兴味之事物；在理解人类或动物之生活状态这一点上，无疑的这是最有效的方法。联合陈列不仅足以引起参观者的注意，且因对于陈列品明确地表示实际状况，可使观者的印象异常深刻。科学及历史方面的资料，亦可施行联合的陈列法。就是将剥制的鸟类及哺乳类，配置于蜡制的植物间，且用其他人工的补助物，以天然的景色为背景而联合陈列；在普通科学博物馆中都可以见到这种陈列。

至联合陈列物的大小，通常都以陈列品中动物的大小为标准；而使用于一般的联合陈列的主要陈列物，常为三件或四件。在历史或民俗人类学的联合陈列，普通所见者，其人物都为等身大的人型。不过制造这样大的联合陈列物，不仅极不容易，而且又须巨额的经费；于是乃有研究如何制造缩小模型以为代用的方法。

　　小型蜡制的模型，配以一呎对一时乃至半时比例的小型物品联合陈列物，特别对于小博物馆中最为适用。这种东西，将来颇有广泛地利用的可能。向来小型联合陈列的设计，专为人型等物品；今后更有哺乳类之小型联合陈列等为参观者所爱好。但在比较大的哺乳类方面，其缩小联合模型，也许在制造上已感困难的了。

　　动物的缩小模型，较之剥制的原物，其对于观众的印象力自然缺乏。如要真正表示各种动物所应有的威风，自然非有相当大的联合陈列不可。尤其在提示其特性时，小型物品，虽然怎样的方法精巧，终于不能实现的。但是联合陈列的小型物品，究亦有其相当价值，固不可一概而论的。

　　联合陈列品大多数是配置于普通的中央陈列箱柜中，因为装置在中央陈列箱柜则可从三四至四面都可看到。然而这种联合陈列物，亦可不用箱柜的。其补助物简单坚固，不致附着尘埃，与不易损坏的物品，可以露置陈列，藉以省却巨大的费用，对于参观者观赏上亦可以格外得到兴趣。

　　小型的联合陈列物，可装入携带用陈列箱中。这种携带用陈列箱，便于搬运，并可装置于箱架上。在排列上有时可以几个联合陈列物并列地陈列，不过他的高低，因为一般成人的视线高度平均为五尺，小儿在二三尺或四尺光景。当然箱子等的陈列设备照成人的视线，但为儿童便于观览计，可在各陈列品之前面放置低箱或踏台。

　　其次，关于采光法的设置亦须略为解释。在联合陈列中装置灯光，实可使参观时便利不少。因为联合陈列最能引人入胖，当以色彩上的利用最为有效，而其色彩每由颜色玻璃、灯光设备及其他作用而成。为节省经费计，可附置开关纽，只在有人参观时，由管理员把他放光。小型联合陈列的采光，可用最优美的白热电灯，其装设电灯的箱子，必须装入联合陈列的箱子内，可从陈列箱子的上面或横面的适当位置投射光线，此外，尚有一点应注意者，即装灯的箱子，必须便于换取电泡，并且要换气良好，内部的空气不使过热。

工艺品陈列法

　　工艺品的陈列法，大体可分为三种。第一是将工艺品根据其原料与加工法的分类而作系统陈列的方法。就是在某室陈列家具，某室陈列陶、磁器，某室陈列金属制品等，那样各依工艺品的种类而分类陈列的方法。此种陈列方法，在欧洲方面，自十九世纪中叶直至最近，都为一般所通用，例如伦敦的维多利亚与阿尔勃特纪念博物馆[①]，今日尚袭用这种旧式陈列法。这种陈列法，较之其他方法的特长，是在同一陈列面积中可以收容比较多数的陈列品，而且因为类似的物品陈列于一处，在专门家的研究上是极感便利的。不过对于一般民众，则因同时间看到这样相同的物品，不能引起种种兴趣。此种陈列室只能算是一所丰富的参考品的仓库罢了。所以从现代博物馆的立场上观察，不得不认为是落伍于时代后面的陈列方法了。

　　第二个方法，是开化史的陈列法。是对于各时代的种种工艺品，依照各该时代当时的情形，作有关系的连络法陈列，用以表示每一时代的文化。这种陈列法，每在博物馆中辟设古代的教堂僧院及住宅等的专室，分别装以当时原物如壁板及天花板等为装饰，将当时的工艺品加以适当的配置，可使陈列室的全部，都充溢着时代的气象。即如前述联合陈列中的所谓"时代陈列室"，也是在使一般观览者体会各时代的精神，欣赏其特色，这是极其有效的。应用开化史陈列法的工艺博物馆，在欧洲大陆国家最为流行，其中如德国明海的巴伦国立博物馆，就是最为代表的一所。

---

　　①　现多称"维多利亚与阿尔伯特博物馆"，下同。

这种陈列样式在小规模的地方博物馆，往往有极大的成功，而在大都市的博物馆，一般都不易配置。这是因为关于室内的布置及装饰用的建筑材料等原物，在大都市中比较难以搜集。然而此种陈列法的主要意义，是无可非议的；尤其在吾国各大都市中，对于古时代建筑材料的原物，究还容易获得，如果将此等材料搜集于博物馆，以为同时代工艺品陈列的背景，实在很是名贵的。

第三个方法是所谓时代式样的陈列法，是把第二陈列法的缺点除去，在普通大小采光良好的室中，用适当的彩色背景，将该时代代表的工艺品，注意其全体的调和，适当地联合陈列的方法。即依照各物，有的可挂于壁面，而如家具等，则可在地板上适当的位置露出陈列。又如有易于失散的小型作品，亦收容于装有玻璃的陈列箱中，配置于相宜的位置。如此，则该时代之特色，便可一目了然了。德国开伦、利浦齐①、特莱斯登、马古台布布希、卡赛尔、夫伦克夫尔特、阿姆马等各都市中近年建设的工艺博物馆，都是应用此新式陈列法。又如巴黎的美术工艺博物馆，也是采用此法的。

第二及第三的陈列法，称为民众本位的陈列法，因此对于专门家，未免感到材料不足和研究上的缺憾。所以工艺博物馆还须搜集几倍于陈列品的保存在储藏室，以供专门家的使用。贮藏品研究资料的陈列，以依照第一陈列法较为便利。如采用此种陈列法，则可于比较狭小的室内，收容大量的陈列品。

工艺品在动的表现方面，另有以机械的动力应用的陈列。不问采用何种，列陈法而收效是同样的奇特。所谓动力的应用，每依机械的种类各照实际应用的方式装置着，由管理员指导参观者将机关拨动，立即开机；同时又将机械的一部分断面陈列，以显示其构造；或另示断面的详细构造图，务使参观者不但见到机械的工作，并能理解全部的构造。倘再检阅简明说明书，即使向来对于机械全无认识的人，亦可得到一个正确的概念。

总之，博物馆之于陈列方法，犹之商店之于橱窗布置，同是一种陈列品，因为陈列法的不同，发生的效力，亦很悬殊，所以博物馆工作人员常用极大的努力，尝试各种不同的陈列法。

关于陈列室的支配

要使陈列法的成功，或求愈益增加其效率时，则陈列室的支配，乃是一个先决的问题。要解决这先决问题，先要决定陈列的目的是什么。因其以研究为目的的陈列与给公众观览为目的的陈列大相异趣。研究的资料，普通保管于贮藏室中，这是在此较小的地方收容多量的资料；与为公众观览而设的陈列室之"兴味本位"相对立，这种贮藏室，是以"专门家本位"作系统的排列，务使为研究上得到便利。陈列的目的定后，尚须检视各种陈列品的性质，譬如有的非陈列于陈列箱中不可的，有的则可陈列于陈列箱外面。同样可以陈列在陈列箱外面，又有宜于悬挂墙壁和宜于置诸地板上的分别。所以开始计划陈列物品之际，必先检讨陈列品的性质，决定陈列的目的，而后选定最适当的陈列场所。

具有多数陈列室的大博物馆，其陈列室分配上首先应该考虑的，是适应物品的种类而决定室的大小。如雕刻品，一般须有相当大的面积，书画及石刻等亦要有较多的面积；其他如历史及科学的资料，亦各有种种不同的要求。至于小博物馆，则可在一室之中，利用陈列用具设法隔离，划成若干区域，以解决此项问题。因此在小博物馆中似无辟设种种陈列室的必要。总之，不论规模大小的博物馆，在施行陈列设计时，首先应将所要陈列的材料，分为若干部门，并对各部门考虑其资料之性质，分量及重要性等，分配于中央、四周、室隅、壁面及地上等等。此时尤须依照陈列品相互的类属关系，决定路线，使观众参观时可以获得兴味与效益。规定路线时，最要紧的勿使观众在同一路上经过二次，也不要横穿捷

---

① 现多称"莱比锡（Leipzig）"，下同。

径而迷失陈列室之全部的印象，以能够尽情浏览，一无遗漏为度。如能照此规定，则在团体观览时，特别可以感到便利。

在陈列上有以橱柜隔成凹形小间之必要时，可以使用种种方法，在一所大陈列室中，分为若干凹形的小房间，这样，陈列地位既经济，参观路线又曲折，使各种陈列物品，不论联合陈列和系统陈列，均可于各种大小不同的陈列室中表现出来。惟隔成之小间，只少须如凹字的缺其一面，否则不但参观路线难以规定，即管理员亦无从管理。依照这种隔离的方法，室中不可另立隔板，全由陈列用具相隔而成，每过若干时日，可以变换其方式，以使参观者常常得到新的兴趣。

陈列上常见缺点

关于陈列的方法上苟不悉心研究，详细设计，便易失败。其常见的缺点，略举数事如下：

陈列上最易犯的缺点，尤其在吾国，便是贪多务得，来者不拒，终致成为劝工场式的陈列。使陈列室中或各陈列橱柜箱子中，满装陈列品，几无丝毫空隙余地，遂形成劝工场式的陈列。参观者对于这种样式的陈列，主要点不易捉摸，不但可使参观者注意力散漫，且可发生一种不快之感。所以陈列品务须精密选择，宁缺毋滥，且须多留空隙部分，格多显示陈列品的珍贵，集中参观者的兴趣。

陈列上其次易犯的缺点，是陈列意义的不明了。故其结果每使观览者对于主眼点之发现，物品相互的关系，全体趣旨的了解，或到非常的困难。故当陈列之际，务须依照物品相互之类似关系，从属关系，因为关系，或为良否、今昔、本国、外国等等的对此关系，适当的排列，更为补充这种排列而用简单的说明标签，努力使参观者对于此种陈列的意义，能够一目了然。又使参观者易于明了这种种关系起见，并有使用色彩箭头符号，或数字图表等种种方法的必要。

陈列上另一易犯的缺点，是陈列上缺乏美观的设计。要使陈列上合于美观的条件，非先注意陈列品与背景的调和不可。即在陈列橱内，使用布幕质地与色的选择，完全适当。因为普通博物馆的从业员，常不注意及此，或为错误的配列，以致常予观览者以不快之感。

博物馆的陈列上，很多藉背景的衬托，使物品格外美观，同时，对于陈列品的排列方法，亦非大加考虑不可。就是在同一陈列橱中，陈列物品，第一充分保持其左右的对称，而以主要的物品放在中心（主要的地位）然后渐及于左右衬托。一般的把小型物品，放在前面，然后依次将大型物品放置后方。使观览时容易看清。还须在适当的位置，配置以总括的大说明卡及个别的说明标签。由此推而广之，一陈列橱一单元，乃至一室内的物品，都要这样互相对称互相衬助，务使此陈列为活泼泼的现象，使观众可以得到充分地愉快和正确的观念。

无论任何一种陈列法，要使陈列的全体不致支离分裂，应使所有物品，都向同一目的而发挥其本色，使全体统一。然而实际上普通博物馆的工作人员并不考虑到这一点，单将搜集品杂凑排列的陈列出来，还是数见不鲜。

第十三章　博物馆的说明

说明标签的效能

棚源桥太郎[①]说："博物馆有好的说明标签，其陈列才是活的陈列，尤其在科学、产业、历史的博物馆，如无说明标签，便不能表示陈列品的意义。"说明标签对于陈列上的重要，于此可见。本来在陈列法中就应提及，因为不是三言两语可以解说明白的。又以博物馆的说明方法中，除了说明标签以外，尚有说明书、说明人等新的说明方法，他在博物馆学中，已有独立研究的必要，故另立专章，分别讨论。

说明标签为博物馆说明法中发现最早应用最广的一种工具，他和号码标签有同样悠久的历史。到现在虽有详细的说明书和活动的说明人的许多新方法，可是对于说明标签仍有他的重要性。在美术馆中，因为避免审美的观点，似乎对于各种标签已渐渐地摒弃了。但是，在事实上，每件陈列品的某一部分，总得贴上一个号码标签，另在陈列品目录中，把应行说明的项目记上，可使参观者按图索骥，而知该项出品是谁的作品，年代为何时，其特色在何处。这样，只有方式和技巧上的变换，其与标签本身的价值仍没有分别。

照陈列方法的原则而论，富有艺术意味的美术陈列品，本不应施用普通的说明标签。倘在细巧的美术品旁，树立一块粗笨的说明标签，不但觉得触目，并且是一种障碍；尤其是以青铜制成的塑像，木雕的青年女人等，如再加上普通说明，反而惹起参观者的厌恶。不过在其他普通的陈列品那就非有说明标签不可了。

说明标签虽然有大小的不同，然从所写的文句内容来看，可分为个别的说明标签与综合的说明标签二种：前者是各种个别的陈列品说明标签，后者是装设在陈列室的入口或陈列室的墙壁，也有装在陈列橱上的。是表示该处陈列之全体物品的说明标签。

说明标签的先决问题

要使标签具有充分意义，而能表现其伟大的效能，当然有种种先决的问题，兹把标签的大小和纸张两事分别申说于后。

说明标签的大小，须依照陈列品的大小价值，及陈列橱的大小样式而决定；并须依照说明文句的长短及陈列品的性质而各有不同。然而从大体上说，凡在同一大小同一价值的陈列品，求其同一体裁起见，应使制成一定大小的标签。因此任何博物馆中，对于说明标签的用纸，以置备大中小三种较为便利。普通在这种说明标签上印以博物馆的名称，但是在使用上有不能纵横自由的限制，所以不必另印字样，只要有这么的三种素白标签纸就是了。

---

① 棚桥源太郎（1869～1961），日本博物馆界元老，日本博物馆学研究的积极倡导者。曾任东京教育博物馆馆长、红十会博物馆馆长、国立博物馆及国立科学博物馆的评议员等。著有《博物馆学纲要》等。

其次，是说明标签应用何种纸张的问题。纸的颜色，须与陈列品充分调和，见了不致起厌倦之感。因此，说明标签如果使用纯白的纸张，那就触目而不大实用。且纯白之纸，容易受污，对于美观上亦有不合。所以最好能用淡灰色、淡绿色等等的浅色纸比较的最为相宜。兹把勃尔可尔门氏关于说明用纸的意见，摘如下：

> 说明标签通常使用板纸为便于印刷计，以白色为佳。然而须与陈列橱的背景相调和，且为预防褪色起见，可用灰色及浅黄色的。又在某种陈列时，说明标签亦有利用黑色的；但在阅读上未免有些困难，这是不能忽视的。

但是，关于调和色调上研究起来，不只和陈列品有关系，就是陈列橱，陈列橱中的台座，背景以及四周墙壁的色彩都有联系的关系。他在陈列品旁虽然一件很小的东西，因为他的地位太重要了，所以须和陈列室内各方面的色调都应顾到。有时在许多复杂颜色中，须得选择一种适当的色彩，很费苦心的。所以说明标签的大小固然不可一律，即其颜色，亦多不同。现在有许多博物馆求其整齐划一起见，每多采用一种颜色的标签，这是绝大的错误。

关于说明标签最有研究的，要算英国莱第莱伐美术馆，该馆馆员大维生氏曾发表了不少的著作，他于每一种陈列品，都可顾到四周环境而配制一适当的标签，可见他对于标签制作的技巧了。

说明标签的文字

说明标签的先决问题，既如上述，现在应当讨论到标签上文字的书法和结构了。先说书法，在小规模博物馆中，往往即由馆员用笔书写，这是不合理的，因为书写的关系，于是字体上便如美术广告同样的随心所欲，这是对于标签的原则上很不合理。此外，用油印的，也有用打字机打成的，均不合宜。必须用铅字印成，方为合理。

在欧美各国规模较大的博物馆中，都有附设小印刷所，他们除了普通字体外，另备专印标签的大小活字。每一说明标签付印，即印成同样的四份，以一份送存物品管理员，以为保管物品的补充记录。一份归主持陈列的馆员收藏，一份附于陈列品，另一份作为损坏后的替换。

至于字体问题，虽有不少人发表意见，究以何种样式为最好，尚无绝对的结论，不过大体均已认为圆形的字体最为相宜。其排列方法，在欧美各国，当然自左而右的横写，绝无问题；可是吾国却以文字构造不同而成了很严重的问题。在横写的排列，觉得容易引起人的注意，与陈列品亦很调和。惟横写的起讫，吾国在习惯上为自右而左，与欧美适得其反。在一般不加考虑的人们以为只要横写就得了，自左而右和自右而左不过文字上的排列的问题，没有多少关系的，岂知因为文字的排列问题，但影响到陈列橱的位置，和参观路线的规定。凡自左而右的排列，其进行路线须自左向右，其参观路线亦须自左向右前进。倘自右而左，那么进行路线须自右向左，其参观路线，亦须随着自右向左前进。参观的路线不同，陈列橱的配置必有分别，故标签文字的排列，应在陈列室布置之初，即须有一确定办法。

博物馆原为大众的教育场所，一切应照大众的习惯做去，吾国习惯上现在还是自右向左的书法比较的多，似乎应当自右向左为宜。可是自右向左有许多不便地方，譬如标题上还要加上西洋数目字时，而且在事实上有不可不加者，遇到这种情形，便觉得自右向左的不便利了。故排列的方法，还以自左向右较为方便而合理。

复次，关于说明文句的问题亦很重要，因为他是"无言之教师"，他在陈列橱内不但可以引起参观者的兴味，并且当场即为参观者给予明确的答复。不过他在有限的地位中，替陈列品作一个大概的说明，用字造句，那就不是一件容易的事情。现在最流行的格式，是包含题目、本文、备考等三种。在本文中，是根据于所谓"首先观察，而后说明"的博物馆事业之根本原则。因参观者看到任何一件陈列品时，首先必有"这是什么"的疑问，而转移其目光于标签之上，读其说明，便理会其一切了。大凡标签文句富于兴趣的，能使参观者除了认识陈列品的意义外，并可引起阅读关于陈列品书籍的兴趣。如果博物馆方面认为此种方法可以收到效果时，最好先以陈列室中每一部门的总说揭示，次以每一部门中的细目系统的叙述，最后入于每一陈列品加以说明，更为合理。

标签上的文句，当然要简洁而富有兴趣，凡不需要的文句，尽量避免。对于其他有关系的陈列品，设法联络，如能活用附近实事实物，尤为有效。因此，可向参观者附以下例的文句："请你从吾们日常生活上搜集些与此有关系的物品"，"请你设法看出与此有关系的物品"等等。

上面所述，都是关于标签中本文方面的。至于说明的题目，通常就是陈列品的名称；亦有另题短句，要使参观者引起注意和兴趣的。不论用哪一种方式，字数愈少愈好，可使参观者一目了然。在标签的最后，即为备考，通常以小号活字印刷捐助者或制作者名称，这在一方可以纪念出品人，而在另一方面，参观者亦常有"这是从什么地方来的"疑问，藉此可解答了。

说明标签的位置

关于说明标签的若干先决问题，及制作上应行注意的技巧，都已解决，便要讨论到位置上配置的方法了。

任何一种说明标签，因为要使参观者便于阅读，必须设置在容易看见的地方。不甚注意之处，或陈列品的背后，以及平置在高于人目的搁板上，均属不宜。如为小型的说明标签，可以直接贴附在陈列品上，或陈列橱搁板上各种适宜的地方，如无可以贴附的适当地方，亦须将说明标签插于座台上面。这种座台，用以挟住说明标签的，是由镀镍的挟子（Dip）与铅台构成，有种种不同的样式，惟须注意颜色的调和与大小的均匀，稍大的说明标签，须贴附在金属或木料做成的挂架上，保持相当角度，置于陈列橱内。其角度之大小，须视挂架之大小，与位置的高下，不可忽视，往往因角度不合，而使参观者不耐阅毕。

说明标签时常附以图解或地图，这不但可使智识低下者可以充分明了，即在或种情状中，亦可辅助说明文字之不足。

置在橱外的说明标签，最好用玻璃板覆盖，以保持其清洁，有时直接写在透明玻璃板上，或油漆于颜色木板上，不过须注意其反光与色调，倘使不得其法，不是妨碍参观者的视线，即犯有商品装饰的俗气。对于大件露置的陈列品，除径以说明标签悬挂于陈列品上外，亦有另做钢质或木质的落地架，惟其形式力求与橱内的小标签相调和，总使参观者于陈列品之外，不觉另有触目之附属物。

对于美术方面之陈列品，倘为一般人一见自明，或不加说明而能明了的，则除了号数标签外，还是不用说明标签为佳。近来对于美术品废弃说明标签的运动，甚为普遍，其实在美术品中，亦有许多作品，非加说明标签不可的。因为艺术家从纯艺术的立场上，与博物馆工作人员在博物馆的立场上各有不同，博物馆的陈列品，其对象既为大众，则说明标签决无全部废弃的可能，只有对于美术品的说明标签，尽量顾到陈列品的本身，不以置着说明标签而有所减色，或以因有说明标签而益见明显；这样，说明标签之与美术品，除若干特殊作品外，亦与普通陈列品一样要用说明标签。

壁面及其他挂置陈列品的说明标签，应直接附在陈列品上，或在陈列品的框子上，其地位须在陈列品的一边，而以便于阅览为原则。

以上所述，都为个别的说明标签，尚有对于一组陈列品，或一个陈列橱，或一间陈列室而加以总说明的总标题（Sign），其地位凡为同一种类的总标题，当揭示于同样的地方。如一个陈列橱的总标题，置在上方的，应一律都在上方，对于陈列室的总标题，不论在墙上，或在通路中另立落地牌，总宜各以一律为妥。此种理由，因为在同样地方，参观者易于见到，而不必用心寻觅，且使不甚经心之参观者，不易遗漏。

标签在博物馆业务中占着重要的位置，不过普通博物馆的工作人员都不甚经心，以致在世界有名的博物馆中，往往发现不合理的配置，这是英国莱第莱巴美术馆的学艺员大维生氏，前于英国博物馆杂志上曾慨夫言之。最近三五年来，已有不少专家，研究此事，这于博物馆效能上亦有极大的帮助。

说明书与目录

因为以教育为目的的，觉得说明标签不能尽使参观者对于陈列品有深刻认识；以鉴赏为主眼的，觉得说明标签徒使陈列品减少其审美的趣味；前者为站在教育立场的博物馆，后者为站在艺术立场的博物馆。教育博物馆中对于说明标签力求扩充，而事实上有不可无限扩充者；艺术博物馆中对于说明标签力求废弃，而事实上有不可全部废弃者：因此而有博物馆目录和美术品说明书的补充刊物。

美术馆说明书为波士顿的美术馆所创始，当时他们一方面反对说明标签，同时又想把美术品的作者、姓名、作品特色等等公开宣扬，于是有说明书的编印。说明书的内容，便是把说明标签中的各项转录下来，不过说明标签是一个个附置在陈列品一处，而说明书乃总汇在一本小册子中。但是为参观者易于对照起见，在陈列品上仍须附号数标签，否则便失却了说明书的效用。

自从波士顿的美术馆创始了后，继着便有许多美术馆群起效尤，于是说明书几成了美术馆中主要的一种作品，因为说明书记载的文字，有极大的弹性，不但艺术家对之很同情的，就是在教育立场的普通博物馆中，除了儿童博物馆外，也有性质相似的补充物流行着，就是博物馆目录，博物馆便览和博物馆说明书等等的小册子，他们认为在那些小册子中，可以补救说明标签的不足，换言之，可使参观者对于陈列品获得更加充实更加明了的说明，故在普通博物馆中，和美术馆在相反的观点之下，得到一样的同情。

到现在，不论说明书、目录、便览以及其他种种类似的名称，几乎成为规模大的博物馆应有的说明刊物，但是在普通博物馆中，对于说明标签仍没有废弃，因为博物馆是大众的，说明书目录等无论怎样详尽，究非人人得以阅读。又因为那些刊物都有代价的，无论印刷得怎样美观，究非人人得以购买。并且在若干情状之下，说明标签的效力，远胜于说明书目录等等的刊物。

博物馆教授

在美术馆中有了说明书后，他们在说明上已认为成功的了。在普通博物馆中，因为力求实现其活的博物馆，故对于说明书等只认为和说明标签是异曲同工的东西，并非是别创一格的业务。就是在美术馆中，他们对于专门家的鉴赏，说明书已可尽说明之能事，对于学生和普通人，则亦感到说明书还不能尽说明的能事，有时或竟越说越模糊，于是又有所谓博物馆教授的新业务，亦有称之为博物馆说明者。

因为要使参观者对于陈列室中系统的说明，或对于参观者某种需要而求一简明的解答，有时已非说明标签和说明书等所可措办。倘在短时间中，使一群参观者看到陈列品时，立即得到充分的明了，或对于眼前的陈列品，立即把其他有关系的类似的东西，一一比较分析，而使参观者得到更深的印象，这已非说明标签和说明书等所可胜任的事。倘在某种陈列品中，把一群参观者的需要，一一指导，选择参观，更于参观的陈列品中，一一和参观者的日常生活互相联系起来，使参观者不但得到进一步的认识，而且得到非常的兴趣，这更非说明标签和说明书等所可做到的了。博物馆教授就是根据了上述的需要而产生的。

博物馆教授既负指导参观者的责任，所以他必须对于陈列品有丰富的智识，而于教育也有经验的可以担任的。此种说明人，对于参观的学生，当然负有说明的责任，即于普通参观者的要求，亦有说明指示的必要。除了没有问讯处以备参观者随时谈询外，大都规定说明的日期和时间，或规定某日某时说明某部分的陈列品等等，参观者只要遵时而往，即可听取博物馆说明者的说明。我们到欧美各国博物馆去参观时，往往看见男女老幼，数十人围立一团，静听陈列馆中说明者的说明。

这种制度，亦由波士顿的美术馆所创始，而今日则已普及于世界各国。在美国凡多数学校学生参观的博物馆，普通均设置女说明者。著名的斐拉台尔芬①的商业博物馆，即设有四个女性的说明员，而每日从各个学校来参观的团体，各成一组，施行说明。现代的博物馆，大都要使观众耳与目同时应用，在陈列馆当场给他们说明，或则使用幻灯、电影等，在讲堂上给他们演讲。这亦可视为"活的博物馆"的施设中最显著的一种。

公认在博物馆陈列室中，当场向观众用口头的说明施教之必要，还是比较近年来的事。其创始者，前面已经说过，是美国波士顿的美术馆。该馆于一八九五年，经研究的结果，认为施行必要，明年由该市的美术俱乐部员之有志于此者开始实行。然而正式作为该馆业务之一，发表其实施此举之计划的，却在一九〇六年发行的该馆馆报上。该馆对于特设的说明员，称之为"Docent"。不久，巴黎的尔布尔美术馆，亦由有志的美术家继起施行，在一九〇一年十二月发行的《克洛尼克台沙尔》杂志上发表。德国方面，则一九〇三年孟哈伊市②召开的博物馆员会议席上，亦有施行说明者新制度的二三种报告。

一九〇七年，波士顿的美术馆设立博物馆教授，即由馆员中一人兼充，附以教授肩章，逐日对观览者说明有关于陈列品的事件。一二年后，纽约市的博物学博物馆、曼陀洛朴里敦美术馆③等，均以博物馆教员的名称，设置同样的说明者了。至此，这种新的动向，乃渐为全美国博物馆所认识，而博物馆说明者的名称，亦就普遍地使用起来了。

英国方面，则于一九一〇年因沙特莱爵士的注意，于翌年由布里启修博物馆④开始设置说明者一人，其后，伦敦的国立美术馆及其他各博物馆，亦相率采用此种同样的制度。

这样一来，在现代的博物馆中，乃发现一种从来所未见的新事业了。从来博物馆的任务，就在于保存物品，而予公众以观览的机会而已。然而这种观览，亦分为用肉眼观览及由肉眼观览而转至心灵思维，以获真确的理解等二种方法。说明者的任务，乃属于后者。因此，博物馆的任务，应由保管、陈列及说明三者而成。而设置说明员的制度，自一九〇七年波士顿的美术馆开始实施，至今不过三十年，其制度已普及于全世界，今日各地博物馆均已视其规模的大小，而设置一人二人或三五人不等，且都有专门学识和在教育上富有经验的说明者，逐日为参观者详细说明，于是陈列品于说明工作，已达最后的一步，而博物馆在教育的立场上，亦已更进一步了。

---

① 现多称"费城（Philadelphia）"。
② 现多称"曼海姆（Mannheim）"。
③ 现多称"大都会艺术博物馆（Metropolitan Museum of Art）"。
④ 疑为"大英博物馆（British Museum）"，下同。

第十四章　博物馆的利用

造成研究机关的重心

博物馆在以前亦以研究为主要的工作，到现代已成为社会教育和学校教育的机关了。不过对于学术上的研究，仍为一种重要任务，而且对于研究学术上因为藏有大量的实物和资料，所以成了研究机关的重心。

欧美各国的博物馆，对于学术研究、发现、创作等，有非常伟大的贡献。无论任何企图，或有新的发明创作的人，都须尽先利用博物馆。例如对于陶器，当你发觉其尚有某种不满人意处而思所以改良时，那么你便要到博物馆去充分利用参考为最便利了。因为在博物馆中，搜集有自上古直到现代的陶器标本，依照时代，作切合时代有系统的陈列、保存，可以看出历代陶器进步的程序，可以看出质料的粗细，方法的优劣等等。并可阅读博物馆所藏的陶器书籍，即在博物馆中施行实验。当然，不仅于陶器为然，即无论任何物品，自古至今的学者专门家研究的结果，艺术家的作品，都有广泛的搜集，在适当的分类之下陈列保管着。更不单是工艺品及美术品，就如器械类中，自构造最简单的原始的器械，以至渐次改良而效率乃达于最高度的最新式之物件，靡不悉数搜集。而且搜集的不单是些复制品，往往还搜集有发明思考当时的原物，依照着年代的顺序陈列着。因为学者所研究的问题，当然不限于人工品，所以对于动植矿的天然物，亦作普遍的搜集，在学术的分类之下陈列保管着。而对于研究者，尤其与普通观众不同，举凡贵重的物品，亦可毫无吝惜地借出。所以各国研究者、发明创作家之有赖于博物馆的帮助，极为重大。

因为博物馆具有研究机关的重要任务，为适应此种必要起见，故非设置收集研究资料的贮藏室不可。关于给一般公众观览的陈列品，只要精选少数代表的物品，而且要使一般观众容易明白的有兴趣的陈列，陈列物品，不必太多。而贮藏室须能收容多量的物品。当然，这也不是庞杂无章与栈房那样堆着就算了；是要不妨碍少数人出入周旋，且须依照一定的分类排列。而准许研究者自由出入，得静静地从事他的研究。

博物馆的所在地，没有史学会、考古学会、博物学会、美术协会及其他以研究学术为目的的各种团体时，则博物馆须与他们保持经常的连络，又对于艺术家、学校教员、各种技术人才及其他各种学者，为图研究上的便利，必须开放其一切搜集品。并进而为种种适当的指导，予以种种研究上的良好待遇。在这一方面努力的事情，实在可以说是博物馆最大的使命之一。

如此，在研究上更迫切地要利用博物馆，使博物馆成为研究上不可或缺的必要的机关。所以博物馆经营者，无论如何，不能忘却这个重要的任务。但是并不是只将物品搜集陈列，静默地放着就算了；也不是只要使这些陈列品给观众观看就算了事。他必须更进而努力于搜集品的研究整理，同时为□□□□□□□，为各该地方上文化的发展、产业的进步，担负起重大的责任来。只是我国的博物馆直到今日尚不能□□此种任务。一般人亦不知博物馆有这样伟大的使命。故博物馆的工作人员应当以身作则，实地尝试，使有志研究者有发展的机会，而博物馆亦可在学术界上成为研究机关的重心。

欧洲学校教育利用博物馆的概况

博物馆在教育上所利用的方面，近来日益显著。故现代博物馆对于学校教育社会教育及专门研究成为鼎足而三，也是博物馆所负的三大使命。对于专门研究关系的重大，既如上述，现在再把他和学校教育分别一说。

英国和欧洲大陆各国，在学校教育方面利用博物馆的，都有相似之点。兹以英国为例：英国自伦敦以至其他国立博物馆外，在各地方设立的大小博物馆中，有十分之二是有学校教员在其正课的时间，率领学级来实习参观。这种实习，当然各得地方学务部长承认之下，而由博物馆员及领导教员施行说明的。其中有三处地方博物馆，为参观的儿童专设博物馆教授。孟却斯德市①更时常将全市儿童送往博物馆去实地见习，并适应其所实地见习的问题，每周由市内的教员中选出一个专门家来，派到博物馆中，担任说明的职务。各小学校每周以一小时为度，将其二十人至二十五人的一学级，送入博物馆。其结果使博物馆方面每周约有二千五百个儿童来馆见习。每次由各校护送来的教员，将其学级领交专门教师，以受其说明教育。在撒尔福特市，每年召开市学务部长、市视学、教员及博物馆员的协会，选定二个题目，推由教员中的专门家对此作成幻灯映画说明用的小册子，先采全市有关系教员，集于博物馆，举行关于决定题材的演讲。然后由曾受讲习的教员，在各该学校中举行幻灯演讲，并轮流地领带儿童到博物馆去，观察实地标本，试作说明。该市为制作这种幻灯映画及小册子等，每年要支出二百五十镑的一笔款子，在里亭市，常召集全市教员于博物馆，举行学术讲习，受此讲习的各校教员，可率领儿童到博物馆去自行说明。

以上所举，不过数处，亦已可见英国学校教育利用博物馆的周密。不但小学校如此，即中等学校大学校，尤其是各级职业学校，莫不视博物馆为求智的泉源，几乎没有一个学生不到博物馆中去的。

保守的英国如此，则博物馆事业最发达的德国，博物馆发达最早的法意两国，以及新兴的苏联等国，他们在教育上利用博物馆已成了普遍的倾向，然而比之新大陆的美国，或有尚多不及者。

美国学校教育利用博物馆的概况

美国的博物馆事业，本来和德国有同样的发达；然其在教育上的利用，则又远过于德国。他利用博物馆的效能在教育上获到了不少的效果，所以博物馆在教育上的利用，不但以美国为最先，且在方法上亦以美国为最多。他们在各处大小规模的地方博物馆，都已成了附近学校的公共实习教室，他们不但和学生发生密切的关系，就和各教师亦有极深的关系。现代美国的教育，几已和博物馆打成一片；学校固已少不了博物馆，而博物馆好像在学校教育方面，负了很大的使命。

关于美国学校参教学上如何的加以设计以利用博物馆，和博物馆在业务上如何的运用方法以推进学校教育，委实不能在这有限的篇幅中所可详细介绍，现在姑把费城商业博物馆在教育上活动的概况，举其大概，已可略见其端倪。

费城商业博物馆为美国唯一的商业专门博物馆，也是利用博物馆推进学校教育最彻底的博物馆。这所博物馆的创始者，是著名的植物生理学者维尔生②博士，曾舍弃勃希尔伐尼亚大学③总长之高位，专心努力于该事业，三十年如一日。他虽然已于一九二七年逝世，但是他在博物馆事业上的贡献，是永远不会消失的，所以现在提到该馆的，便联想到终身尽瘁于博物馆事业的维尔生博士了。

该馆是接受芝加哥召开的世界博览会的剩余物品而创立的，陈列品中，大都是世界各国的特产和原料

---

① 现多称"曼彻斯特（Manchester）"。

② 现多称"威尔逊（Wilson）"，下同。

③ 现多称"宾西法尼亚大学"。

的样品，不但种类丰富，并又各有系统。对于此等物产和原料之生产工程，及海外各民族的风俗习惯，佐以背景画，作极其生动有趣的显示。

该馆地面约有四十亩，是二层楼的建筑物所构成；在陈列室之外，并置有大小二所的讲堂与参考图画室。又以维尔生馆长的热忱，从一九二七年在费城开幕的，美国独立百五十年纪念博览会中，接受了各国出品的剩余品，得在该馆储藏品及陈列品中，增加了许多有益的物品，该馆的声誉亦因此而日隆。该馆虽称之为商业博物馆，而与学校教育异常注重，他们本来有"教育即生活"的主张，又是一个重商的国家故于学校的教育事业，亦日趋于完善。馆中设有三个女教员和一个助手，专司关于教育上的工作。在一九二七年九月至翌年二月这半年间，对于各校学生，分别由该馆予以说明，实施教学的，有一百二十五校。学生达四万人以上，本来该馆对于每日参观的学级，都施行特别的说明，即所谓"学级讲演"，开始迄今，已经有二十多年，此种工作，经过了许多的改进，到现在已成为极有系统的一种教学方法了。学级则包括小学校之第四学年以上的各种学校，大凡附近小学中高年级的学生，均要往该馆去受特别的教育。

至于这种学级讲演的内容，由于该馆陈列品的性质上，自然关于地理、商业及理科的专门事项为限。这种学级讲演，普通在一年中规定每周举行的日期，但亦有临时召集的临时讲演。

对于中小学校学生的学级讲演，每周自星期一至星期五五天中，每日上午十时半与下午二时各举行二次，每次约一小时。这种讲演的题目、时间和学年的支配表，都于每年在九月间开学时分送各学校。讲演题目为五十四个，平均分配于小学四年级以上的各学年。关于重要商品的生产、各民族的风俗习惯、地文学上及通商上的各种问题，无不涉及。大体上都是按照本锡尔还尼亚州①教育局制定的法则，并与本市各学校协议而决定的，兹举小学五年级的学级讲演题目与日期，列表如下：

小学五年级		秋级即秋季始业班，春级即春季始业班。			
题 目		秋 级		春 级	
新英格兰地理	九月二十八日	上午	二月十七日	上午	
	九月二十九日	下午	二月十八日	下午	
棉花的生产业	十月一日	上午	二月二十五日	上午	
	十月二日	下午	二月二十六日	下午	
南部各州的地理	十月十九日	下午	三月十二字	下午	
美国的谷米农作地	十一月四日	上午	四月七日	上午	
	十一月五日	下午	四月八日	卜午	
五大湖及纳亚加拉瀑布②	十一月六日	下午	四月十二日	下午	
	十一月九日	下午	四月十六日	上午	
家畜生产业	十一月十七日	下午	四月廿五日	下午	
中部各州地理	十二月二日	下午	四月廿七日	上午	
灌溉	十二月八日	下午	五月十四日	下午	
鲑的生产业及北西部地理	一月十三日	下午	五月廿四日	下午	

---

① 现多称"宾夕法尼亚州"。
② 现多称"尼亚加拉瀑布（Niagara Falls）"。

学级讲演以同一程度的学级数组，同时集中于讲演室，参加听讲的学级，都由费城及附近十哩中间各学校集合而来。一次不能容纳的，则多以同一讲演分成若干次举行之。故愿意参加的学校，必须至迟于一周以前通知博物馆。在演讲时，往往应用幻灯电影以助兴趣。其顺序往往先以著色的幻灯映画，予以详细的说明，最后乃以活动电影授以总括的知识。较之在学校教室中所学到的知识，有更多的印象，更多的认识。讲演完毕后，将学生分为几组，由博物馆所聘的女教师就在陈列室中当场用实物加以说明。

当每次女教师在陈列室中说明时，并就各种实物标本，亲自观察，加以联络。在博物馆见习的价值，就在使学生对在教室所听到，在课本所读到的，更得因实地的观察而获现实的认识。因为在观察时，可从陈列橱中取出实物，详细观察，譬如讲到丝绸，便把养蚕所关系的簇、茧、丝、绸的样本，交与学生，轮流观览，并说明其历史与产地，更在洗面器中，倾入热水，当场指示缫丝方法，以使学生明了。

像上述那种实演，不仅对于生丝为然，关于一切重要商品，都采取同一方法处理的。所以博物馆讲演的一小时与陈列场见习的一小时，是极有意义的；其教育的意义，就在与教室内教授的若干时间相当，而能获得教室内不能获得的效果。因此，该馆的教育事业，乃日益为社会所公认，最近数年来参加听讲学级的数量，保持着逐年加倍的盛况。

该馆对于中等学校的高年级，专门学校和大学校的学生，不设特别的讲演题目，可就分发于各学校的小册子中所载的题目，任意选出其所希望解释的，由博物馆定期召开特别讲座。而且考虑学校的程度与学生的理解力，小心地斟酌其讲演的用语与内容。

每学年开始时，该馆有如前述的向费城及邻地中小学校分发小册子，这种小册子上不单规定讲演题目，与时日预定表，并详述听讲的手续，并且详述由各方面到达该馆的路由。费城的电车公司设有特别优待郊外儿童的专车，每于演讲日期，备有专车，接送前往博物馆听讲的学生，仅收极低的票价。因为那种车子，每为各校分别包用的，故亦称为听讲学级的包车。

到现在，不论欧美各国，尤其是美国各地，对于各所地方博物馆，已成了教育上的中央教室。因为中小学校的设备，即如财政宽裕的美国，亦不能尽臻于完美，而学校的教师，亦不能对于各种教材尽能深切了解。故在各国的地方教育行政者和各级学校的校长，对于博物馆的设立和扩充，认为发展教育最要的任务。

一个国家在其教育设施中忽视了博物馆的设施，可使国民蒙受无形的损失，实足惊人。就浅近的说，凡小学校毕业生，即多半毕业其名，而无其实；一旦与社会实际事物相接触，便茫然有一物不知之感。举凡科学的常识、艺术品鉴赏的能力、关于国外事物的知识、卫生的习惯，一切国民必具的知识素养，必大感缺乏。如以我国与欧美的小学毕业生两相比较，显然有极大差别的，便以此故。所以即从学校教育之改善充实这一点上来看，亦有赶早完成博物馆设施的必要。如科学产业的博物馆，或历史美术的博物馆等，都为基础的实物教育机关，非尽量设立起来不可。

陈列品的贷出和巡回

因为要满足各校的要求，与顾到博物馆本身的经济起见，又有将陈列品贷出馆外的方法，这也是博物馆业务中非常重要的。一是由中央博物馆贷予地方小博物馆，一是贷予各地临时举办的展览会；前者是采用巡回式的，后者为临时的暂借办法。但是在这博物馆的馆外贷出事业中，我们所最应注重的，是对于中小学校及其他学校的贷出教授材料。在学校方面，固应尽可能的时常率引其学级到博物馆去，不过路程过远的，到博物馆见习，其来去须要相当的时间，尤其是在乡村里，一般的多离博物馆甚远，即要利用也不是容易的。故为补救这种缺陷实有使教育材料巡回向学校贷出的必要。

为了要适应上述的要求计，地方博物馆须有贷给学校的标本、模型、挂图等的制作及出纳。又须设置特别室，将关于地理、历史、生物等贷出资料，依次排列；且制成对于此种物品详细的说明目录，以之配发于附近的小学校长。如此，则各学校可依其目录而容易选出其教授上合用的物品了。

美国圣特里斯①的教育博物馆，对于贷出陈列品办法，很是完美，他们每二星期把贷出品在整备室中更换一次，以适应各学科课程的进度。而这种贷出品，多用博物馆置备的汽车，送入各学校；而该车即将上次贷出于学校的物品运回博物馆。一辆汽车，只可供给行驶于四十校之间，专为供给各学校贷出品之用。

学校贷出品的置备，必须与小学校各科教学进度一致。如美国布里克林市②及圣特里斯市的此种设施，实大有参考的价值。圣特里斯市教育博物馆不绝地向各小学校贷出各种教育参考用品，一年间往来函件达七万二千余起之多。因为各校常有因一时间教授科目的需要，故博物馆便应备置多数复品的必要。

在美国各所博物馆中，贷出陈列品已成普遍的现象，亦为博物馆中繁重的业务，往往专设馆员多人，主持其事。例如，纽约博物学博物馆对于附近小学巡回贷出博物标本，达十十六万五千余份，参加学校达四百四十余校。他们不但贷出陈列品而已，还特制五彩幻灯画片与活动电影，每年贷出的亦有七十二万六千余份之多。

博物馆之贷出事业或巡回陈列等，其名称甚多；就在欧洲亦非常盛行，多数博物馆及其他团体，亦均有之。尤其是伦敦的维多利亚阿尔勃尔特纪念博物馆，备有为地方贷出的巨量搜集品，例如关于陶瓷器、金属品、织染业的参考品，以及其他各种的重要物品，无不具备，以应地方博物馆、学校及其他的要求而行贷出。他们不仅关于科学产业的参考品，即于美术历史方面的博物馆，亦属相同，例如在伦敦的国立美术馆馆中，搜集泰那③（Turner）的作品非常多，乃至有泰晤士河泛滥泰那绘画受污的新闻；而且不只泰那的作品，其他有名作家的作品，作为贷出用者，置备的亦属不少。

社会教育利用法

博物馆在学校教育上的利用，已在上述各节中可以窥见大概。因为现代的博物馆，已经是大众化了，自然对于社会教育亦与学校教育一样的重要，并且一样的要设法利用他。不过社会教育的范围太广了，其实博物馆除了供给学术界作为研究园地及为学校教育成了公共的教室外，全部业务便是属之于社会教育方面。不过在吾国给什么通俗教育，民众教育，农民教育等等的名目闹得太热烈了，应当都在博物馆中可以兴办的业务，反把博物馆成了社会教育中不很重要的事业，甚至已被通俗教育，民众教育，农民教育的工作人员遗忘了，这是吾国教育界中特有的不可思议的现象。

当然，社会教育不是除了博物馆便不能举办的，也不是博物馆可以包罗万象，单独胜任的。但是，博物馆总是为大众而设立，亦为大众而施行，其业务便不能离大众而独立。并且从民元以来，关于社会教育的，不知更换了若干次的名称，翻新了若干次的花样，事实上一切的一切，并没有离开博物馆中应

---

① 现多称"圣路易斯"，下同。
② 现多称"布鲁克林"。
③ 现多称"特纳"，全称约瑟·马洛德·威廉·特纳（1775～1851），英国浪漫主义风景画家，著名的水彩画家和版画家，他的作品对后期的印象派绘画发展影响巨大，下同。

有的各种业务。结果有如通俗白话报一样的滑稽，一样的失败。因为称为通俗，称为农民，于是略有知识者不愿请教，毫无知识者不敢请教，不上不下，或为一种"休闲"事业，完全失去了社会教育的意义。

社会教育没有一贯的中心机关，到现在还有许多人对于消极的慈善机关，如育婴堂、施粥厂等等，也认为社会教育，对于诲淫诲盗的杂剧小曲，如游戏场中的或种游艺，专供堂会的若干杂耍等等，也认为社会教育。因为历来社会教育者见解的错误，遂造成了现在种种非教育的社会现象。

在欧美各国博物馆中，近年来对于社会教育的设施，大有一日千里之势。他们在馆内陈列品方面，设计种种含有社会的设施外，还不断的举行公开演讲会，有专题演讲，有普通演讲。又不断刊印说明小册子，有关于一事一物的单独说明，有混合若干事物而作系统的介绍。更由馆员领导组织各种团体，如少年团、少女团等等，以为在智育上和德育上发生联络的效力。以上各种业务，他们都能视其环境和居民的不同，而有各种不同的设施。所以他们看到博物馆，好像一所公众俱乐部，在这里可以进德，可以进修，可以为社交的场所，可以为娱乐的田园。

自从户外博物馆和路旁博物馆发达以后，博物馆在社会教育上负有更大的使命。一般人把从前消磨在消极的娱乐方面的时间，也移到游览博物馆方面去了。尤其在苏联各地，他们知道博物馆在社会教育的力量非常宏大，所以便借博物馆的陈列，博物馆的活动，去转移人民的信仰，宣传政府的主义与政策。在沙皇时代，俄国本是极端信仰希腊正教的，革命政府又是极端反对宗教的。历史告诉吾们，政治的力量很难改变宗教信仰的，苏联革命政府如何在短时期移转人民信仰呢？他们便借博物馆的力量。在莫斯科的一所博物馆中，便有专为反宗教的系统陈列，而使参观者对于宗教信仰，不但可以淡漠，并且还有厌恶的观念。此外对于集产生产方法，新式科学器械表演等，也都假博物馆的力量以宣传，所以苏联的成功，在动的方面是共产党的干部，在静的方面是博物馆的陈列。

博物馆对于社会教育的重要，和他的力量的伟大，由此可见一斑了。

在本章只有说到博物馆对于学术研究上、学校教育上和社会教育上，都有很大的关联，其实对于各部门的产业方面，也有深切的关联，只要看特种展览会举行时参观者的踊跃，和专门博物馆中对于该项陈列影响的巨大，便可明白了。

第十五章　博物馆宣传

广告宣传的效力

最近在数十年来，经营博物馆的已放弃从来对待参观者的消极态度。他们一方面在陈列品方面扩大其利用的范围；同时，并用种种宣传方法，使对于博物馆不甚注意的人们，亦可引起"到博物馆去"的兴趣。在过去，经营博物馆的，只有注意到如何可使参观的人获得更大的满意；现在经营博物馆的，还注意到如何可使不到博物馆的也得到博物馆来。在过去的博物馆是等着人家来参观，而现在的博物馆还在做吸引人家的工作。博物馆到了这样地步，才成为活的博物馆。

吸引参观者的工作，乃是博物馆的一种重要业务，因为没有参观者进门，无论陈列品怎样精巧，陈列方法怎样美妙，说明怎样明白，指导怎样周详，都是不中用的，就是每天三三五五的有若干人进门，但是博物馆对与学校教育和社会教育种种远大的使命，一齐都谈不到；他无论有怎样大的效能，结果都成了理论。因为博物馆的对象便是大众，博物馆的根本工作，便是如何去吸引大众。

然则博物馆应用何种方法去号召观众呢？这里又有种种不同的方法，而广告即为最有效的一种。

博物馆的广告，亦如商业经营者将自己店中商品，遍告各界，以推广其销路相同。且与商人广揽顾客，出之以同样的态度不可。这绝对不是一件可耻的事，如果要使内容充实的博物馆，能够发挥其伟大的效能，只有在宣传上做功夫，以为吸引参观者的唯一手段。

欧美各国博物馆的广告方法，种类不一，例如在大旅馆张挂广告传单，或在电车火车站上揭贴等，即为其广告方法之一。此外凡旅行须知、名胜向导等刊物内，亦必刊载博物馆的详细广告。用种种方法，使一般人熟知博物馆的所在、开放时间、陈列品之内容等事。

博物馆的宣传中，又有利用新闻纸的必要。在新闻纸上刊登广告，须在特殊情形之下，始可为之。普通事项，以少发表为妙，就是平淡的新闻资料，亦不宜常常发表。但如博物馆能召开讲演会、举办音乐会，或是特别的展览会、凡能尝试任何新的活动，各报新闻记者都乐为刊载，而广告之效力亦大。且展览会及讲演会等的举行，可使无形中将博物馆介绍于世人，这是一种间接的广告宣传法。

此外如应用无线电播音，分送简明说明书，散布美术小传单，或在重要地点建立广告牌等等，亦均不失为一种有效宣传方法。广告术的应用得法，实于博物馆参观的人数上有极大的影响。

下面揭示的是表示美国七个都市中的美术馆最近的参观人数，与其都市之人口的百分比。

多伦特[①]	六八人（每百人中）
芝加哥	四〇人
波士顿	三二人
圣特里斯	二四人

---

① 现多称"托莱多（Toledo）"。

米拿朴利斯①	一九人
印第安拿朴利斯②	一五人
纽约	一四人

多伦特市的美术馆，显示非常良好的成绩。该馆平素即颇致力于广告宣传。在美国的博物馆中，一般都置有广告宣传股，多伦特市的美术馆自然亦有这种宣传股的设置，他们特别致力的是研究吸引参观者的有效的宣传。而其结果则较之印第安那朴利斯及纽约的美术馆，其参观人数，增至四倍以上。

多伦特和纽约两地的美术馆，即使内容是相等的，然其效能上多伦特便已强过纽约四倍了。博物馆的内容虽无分别，因广告术的适当与否，即可发生绝不相同的结果。而况纽约的曼陀洛斯里敦美术馆③，远胜于他馆，只照参观人数的不多，便不能发挥他的效能，博物馆广告宣传的如何必要，因此可以完全明白了。

门票与参观人数的关系

与参观人数相关联的就是门票的价格问题。要使博物馆真正大众化，则免费入场最为合理。意大利实行免费入场的结果，参观人数，顿时激增，一九二八年九月中的入场者，总数为二十一万六千八百五十五人，一九二九年同月即有三十八万六百六十八人的入场者，结果于一个月间显示增加了十六万三千八百十三人。即其他各国，凡由政府或市政府等经营的博物馆，亦多规定免费入场。故入场费在博物馆的性质上说，当以免除不收为原则。至少在星期日、纪念日、对于劳工及月薪微薄的小职员学徒等，规定若干日期，免费开放。因为最大多数的人群，还是属于劳工及小职员学徒们，倘便把那种人群一律屏之门外，那么便有许多人不能参观博物馆，而博物馆也失去了最大多数的群众。

但是或以政府的财政困难；或以门票收入作为博物馆一部份的维持费；或以特种原因，非收门票，便无方法管理的；在这种情形之下，当然可以酌收入场费，惟其价格，不可太高，兹据日本帝室博物馆学报第三册《欧美美术馆设施调查报告》中所述，除每周规定免费入场专为劳动者参观外，其他时间，都收相当数目的入场费。普通在美国以二十五先令为最多，在英国以六便士为最多。若以吾国法币为标准，则欧美各国所收入场费，为一角至五角最多；而无免费入场的规定者，其收费较低，往往合吾国法币一角为最多。

大凡收入场费的，便有门票的凭证，在这门票上面，亦有可以宣传的机会，因为门票不仅在博物馆门口出售，有委托于各大商铺代售的，有与交通机关联合售票以求参观者便利的。如果在门票上印以博物馆中若干代表出品，或题以简明的有关地方历史的隽语，并用各种温文典雅的纸张，使参观者在入场之前，已从门票上得到许多兴趣，并使出场后，竞以作为纪念而争相保存。这也是在宣传方法中的一种小小技巧。虽然对于参观人数没有什么关系，然而一度参观的人们，对于博物馆的认识，总可多一些印象。

开馆时间的研究

为了大众参观的便利起见，就有人主张博物馆在原则上不但要免费入场，并且要无限制的开放，可使任何一种职业的人们，都有机会入场参观。但是免费入场，事实上已有许多困难，即使可以达到免费

---

① 现多称"明尼阿波利斯（Minneapolis）"。
② 现多称"印第安纳波利斯（Indianapolis）"。
③ 现多称"大都会艺术博物馆（Metropolitan Museum of Art）"。

入场的一步，也绝对不是无限制的开放。博物馆限制参观的日期、时间及区域，还是必要的，而于美术馆方面尤为必要。因为博物馆开放的时间过多，对于陈列品容易引起种种损害，且有无法管理的困难。尤其在现代新式建筑的博物馆中，陈列室清洁疏适，而且还有冷热的设备。如果无限制的任人入内，则动辄易使博物馆成为贫人及苦工的休息所。凡是经营过博物馆的，都有此种经验。与其说他们为参观而来，不如说他们为歇夏取暖而来。任何一国大都市中，此种情形，当然很多。在巴黎，他们把一所著名的尔波尔美术馆，竟称之为"国立暖房"，意思是这所美术馆，政府替贫苦大众及劳工所造的游息取暖的场所。所以关于这一点，非加以充分的考虑不可。不过从大体而言，既为博物馆，理应开放门户，放任大众入馆；在不损害陈列品的程度之下，尤必须尽可能的放任民众利用，以图大众的便利，这个原则却是不能变动的。

近来"成人教育""大众教育"问题甚嚣尘上，其意旨就在使从事于劳苦工作的人们都获得自力修养自行教育的机会。因此，在博物馆方面，必须努力于为彼等观览上的便利设想。而所谓劳工，亦不得专指筋肉劳动者，举凡月薪微薄的、公司、商店、银行、学校等服务的小职员练习生学徒等，都可称之为劳工阶级；因为这一班人除了星期日以外，大都不再有休假的日子，有时是星期日也没有休息。故博物馆方面于星期日必须特别给与此辈以参观机会。或于每星期日的午后，规定为无限制的可以畅行全馆各部，并且一直开放至下午六时为止。

最近又为大众修养便利起见，盛倡所谓夜间开放，俾彼等可以星期六之夜，亦可从容参观。美国的博物馆协会，并已决议，要求各博物馆至少每周有一天为劳动者夜间开放。因此，巴黎的国际联盟的博物馆国际事务局特于一九二七年召集博物馆专门委员会，亦曾决议博物馆当为劳动大众而延长开放时间到夜里。现在英国国立博物馆沙英士博物馆、维多利亚阿尔勃尔特纪念博物馆等，均已于一九三〇年起每在假期开放时间延长到夜里九时。故博物馆开放时间的延长，已成为世界一致的趋向。惟在普通的博物馆因为设备上经费上种种的限制，大都还是只以日间参观为限。据日本帝室博物馆调查统计的结果，欧美各国博物馆的开放时间，最早为上午八时开馆，九时、十时开馆的也有；下午闭馆在四时、五时、六时都有。大抵视各地情形与节气不同而各异。南欧和北欧不同，夏季和冬季有别。有在正午至下午二时休息的，如热带和热带附近的博物馆；有在星期日上午休息的，如欧美各大博物馆；有的星期一休息以代星期日的，亦有星期二或星期五休息以代星期日的，亦有终年没有休息，即终年开放的。

开馆时间似乎对于博物馆的宣传上没有什么关系，其实宣传的主旨，不过要使大众对于博物馆都能认识，引起"到博物馆去"的兴趣。现在延长开馆时间，可以吸引了许多人乐意到博物馆去，不论他们是否为取暖而来，或是为纳凉而来，休息在富有教育意味的科学环境中，较之他们干消极的娱乐当然好起百倍；而况走到博物馆中，终究可以看见若干事物，对于他们身心意志方面，在潜移默化之中，便会得到许多益处，所以只要在办事上没有多大困难，开放的时间总以愈多愈好。

新闻宣传

前于广告宣传的效力一章中，曾提到利用新闻纸以为有力的宣传。当然，任何事物要使社会注意，新闻纸乃是最普遍而亦最有效力的宣传工具。博物馆宣传，虽然平时每多使用口头的宣传，惟一般的仍以用文字作宣传的更为有力。而用文字以为宣传的最有效的机关，则非新闻纸莫属。

博物馆利用新闻纸去宣传，目的上可分为二种：第一种是将博物馆的业务报告各界为目的的；另外一个目的将陈列品中关于历史、科学或美术的知识写成系统的记载，给一般大众阅览的。换一句话说，前者是在使知其设施，而后者则以教育为目的。

博物馆之设施的宣传，一般的都以关于该馆主要业务为主。一切新发生的事项，都可成为极有兴趣的新闻题材，并为一般读者所爱阅。惟在新闻体裁上须有相当的研究，否则常有内容丰富的新闻资料，因拟稿者不得其法，为报馆主笔所摒弃。又在文字上须力求其忠实，不可过甚其辞，反而妨碍以后宣传的力量。

其次，博物馆之教育的宣传，在一般的新闻记事中，均可具有教育的意义；同时又可使博物馆设施宣传的意义更加深切。因为要使博物馆的事业得以普及，并且要使社会上对于博物馆的信仰，则首先须使公众明了博物馆是一种何等样的机关，博物馆中是干些什么玩意的，这种疑问替大众解释明白，实是博物馆宣传上的一种基本工作。

如果担任起草新闻的馆员，对于新闻学稍稍研究，则不论关于博物馆的设施宣传也好，教育的宣传也好，都是取之不尽，用之不竭，制造新闻，没有什么困难。往往得到一件新的陈列品，或是举行一种公开集会——如音乐会之类，便可写成一篇有趣味的记述新闻。并可利用各报各种附张副刊，一件事情，可从各种观点上，作成各种体裁不同的文章，分别投付各报，虽其在新闻效能上不及载在新闻栏中，但是有时或较新闻更为有效，这全在作文者的技巧如何而定。故现代博物馆中司理文书的馆员，除了办理"等因奉此"的文件外，还要致力新闻写作的研究。

在新闻纸上的宣传，使与到馆参观者发生联络作用，因有一种特殊的设备。这在克利维伦特科学博物馆中，他们在馆前大草地上，树立大幅揭示牌一方，每周把重要的消息，揭示概要，并详细说明，发表于翌日的新闻纸上。这样，可使到馆参观的先行知道一些大概，而引起平日阅读博物馆新闻的兴趣。因为对于日常生活上前此没有发生关系的新闻，最易使读报者忽略；博物馆在吾国还是一种新兴事业，一般人心目中还多没有他的印象，苟不在宣传上特别注意，就是发表新闻，人家也会不易读到，即使读到以后，也会莫明其妙而立即遗忘。

日报当然是宣传上最重要的一种，此外尚有不可漠视的许多定期和不定期刊物。有如三日刊、周刊、旬刊、半月刊等等的定期刊物，如学校中出版的印刷品，各种社团中编印的刊物上，都可拟就方式不同，体裁互异的新闻或文章，设法投稿，因为阅读那些刊物的，是比较的对于文化事业兴趣较浓的人，又以博物馆消息，并非含有极短的时间性，所以不一定限于日报上才有效力的。

特种展览会

除了广告和新闻的文字宣传，门厅和入场时间的事实吸引外，还有利用陈列品以宣传的方法，其中主要的便是举行特种展览会。特种展览会本身上具有极大的价值因不待论，即在博物馆设施上亦是一种必要的工作，因为在搜集丰富的博物馆，往往在陈列室中仅可陈列一小部分，而大部分的陈列品不易完全公开展览。又在搜集贫乏的博物馆，往往以储藏的物品太少，不能随时更换长期陈列的陈列品，而使参观者没有二度到馆的愿望，此在小博物馆为尤甚。所以经营博物馆的应随时把握适当的问题，联合有关系的机关，召开特种展览会，可使博物馆得到新的意义，补充常设陈列的不完备，这是极其必要的。

特种展览会的召开，在规模较大的博物馆尤为必要。现在欧洲及美洲的大博物馆，一个月往往要召开七八次至十次的特种展览会。如纽约市立的曼特洛朴里敦美术馆[①]及附属于芝加哥之美术学校的美术馆，即为一例。一年之中，殆无间断。而其开会日期，都甚短暂，自二日、三日以至五日为最多，一周以上的甚少。如此不绝召开新的展览会，实以号召大众到博物馆里来的最有效的方法。由此，可知特种

---

① 现多称"大都会艺术博物馆（Metropolitan Museum of Art）"。

展览会，实为博物馆事业中所应极端重视的一种。所以当进行博物馆建筑的设计时，必须预先计划到博物馆将来必有临时的特种展览会的召开，而准备相当的陈列室；即在设计陈列之时，对于陈列室的支配，陈列橱的排列，陈列品的选择，都有关系。

特种展览会本来是把储藏室中某一部门的全部物品，公开陈列。例如在某一博物馆中对于历代钱币搜集甚富，在陈列室中为顾到其他部门的平均发展计，只可陈列若干代表品，藏在储藏室的除供专家研究外，普通人便不易见到。在此种情况之下，博物馆便可召开一次钱币展览会，使参观者在此特种展览会中，得以尽窥历代钱币的大观，而搜集丰富的博物馆，亦可获此机会以大量搜集品供之同好。

特种展览会亦可由博物馆与其他文化团体联合举办，不论任何特种展览，只要认为需要举办，而不妨害博物馆事务的，例如上海市博物馆初成立时，要使社会上对于博物馆有所认识起见，故与中国营造学社等许多建筑团体，联合举办中国建筑展览会，远在市中心区的会场，能于八天中，前往参观的达五万余人。其结果不但这五万余人在中国建筑上获得深刻之印象，其于博物馆本身，至少亦已有五万余人的认识。故在宣传工作中，不但替各建筑团体及建筑业宣传，对于上海市博物馆亦有不少的影响。

并且博物馆中的陈列品，无论如何丰富，总不能常常全部更换；因之参观者便没有常常再去参观的愿望。所以博物馆要吸收没有参观的来参观，这是比较容易；要引起参观者再来参观，便觉得困难了。特种展览会便是一种最好的救济办法，如果办理得法，则博物馆前，可以终年如山阴道上，大有应接不暇之势。新闻纸上博物馆的消息，亦可如商情的报告、电影的广告，几于每日都有若干地位，为阅读者最注意的新闻资料了。

由口头宣传而至空中宣传

口头宣传和文字宣传对立，大有异曲同工之妙。"说明人"和"博物馆教授"在陈列室中宣传，已为各国博物馆流行之事，演讲会、座谈会、集中教学的专题演述，亦为各国博物馆例行之事。最近因为无线电播音事业的普遍，而博物馆的口头宣传，遂亦利用无线电而有空中宣传。

无线电播音的发明，本为人类传布文化的第三期进化（第一期语言，第二期文字，第三期为无线电播音）。他是口头宣传而和文字宣传一样的不受时空限制，故有人称之为有声的新闻纸。因为在博物馆宣传上具有超过一切宣传工具的力量，经营博物馆的便亦尽量利用，以求业务上得到意外的成功。

一九二九年七月鄂琴[①]召开的英国博物馆协会年会中，大英无线电播音台成人教育部长希爱希普门氏关于博物馆与无线电播音的合作，曾发表重要的意见。他以为许多学术演讲和教育演讲，都应和博物馆有合作的必要，并以当年洛加夫拉氏向全国播音的"绘画的意义"一题为例，苟听讲者预先不到美术馆去系统参观，简单无从听起。就是关于科学方面的演讲，倘使不到博物馆作实物或标本的观察，无从获得演讲者的要领。故洛氏希望博物馆方面对于无线电播音的专门演讲，将有关系的陈列品，作系统陈列，以便大众的观览。同时在播音台方面，亦应把演讲的题材，预于两星期前公布，俾听众有所准备。

此外，对于博物馆陈列品的说明，亦可利用无线电播音。凡陈列室中应行说明的物品，分门别类，规定日期，作系统的演讲，并以演讲题材，预于各报上宣布，使来参观者引起参观的动机，已参观的得以进一步的认识。倘题材编制适当，必为一般人所爱听，不但在博物馆宣传方面获得极大成功，即在教育的意义上，亦有相当的功效。

除了各种演讲和各种说明外，尚可随时报告消息，例如新出品的消息，召开各种集会的消息。这在

---

①　疑为"埃尔金（Elgin）"。

新闻纸上当然又有新闻发表；不过有声的新闻纸中，既有广大的听众，便亦不可忽视。

总之，在文字和口头上可以宣传的方法，无线电播音中莫不可以利用的，且较之口头宣传没有空间的限制，较之文字宣传没有程度的限制，尤其在教育未曾普及，交通不甚方便的吾国，无线电播音的功效，更可显其神通；这是经营博物馆事业者所应注意的地方。

音乐会及其他

声色之好，是人类普遍的倾向，只要用正当方法诱导之，未始不是一种陶冶性情的工具。博物馆既是社会教育的重心，则除了智慧上的灌输外，更应有德性上的修养。欧美博物馆中常有青年团少女团的组织，便是进德修业兼筹并顾的一种新设施，也是现代博物馆扩大其施教领域的一种新事业。

不过青年团和少女团等等的组织，分子还偏于学生方面，目的还偏于学业方面；博物馆的对象，并不限于学生，事业又不止修学，于是近来著名博物馆中，便有在馆内召开音乐会的新趋向，亦有在馆内组织乐队，俾可随时举行音乐会，以为大众业余娱乐之资助。英国卡底夫的威尔斯国立博物馆，即设有管弦乐团，其他规模大的博物馆，亦多与市内音乐团体联络，每隔若干日必有音乐会的举行，到现在已成为博物馆中一种经常的业务了。

美国博物馆的各种活动，方法最多，他们除了青年团少女团外，还有种种俱乐部的组织，对于音乐会施行，自不落人后。克利布特市美术馆中，在数年前已设置音乐部，专为领导一般民众在馆内举行音乐会，或指导儿童举行唱歌会。他们为了提高民众对于音乐的兴趣起见，故多聘用音乐专门人材，专司其事。他们所以这样注意，除了吸引大众一齐到博物馆的倾向外，还有更深的用意。他们的目的就和博物馆陈列艺术品中的绘画、雕塑等同样的意义，以资音乐趣味之普及向上与艺术的进步。而且同时还施行音乐教育，这一方面是在补充学校教育的不足。为音乐而进该馆的，一年之间的总人数即达二万一千余人，该馆藉此而获得向市民宣传的效果，这是谁都知道的。

音乐会成了博物馆中主要的业务后，于是在青年团、少女团以及各种关于学术的俱乐部中，也已稍稍转变他们的组织，而有偏重于娱乐方面的趋向，故参加的人数，也已由数十人数百人而至数千人以上的庞大组织，在博物馆的指导工作上确已感到困难，然在博物馆的宣传上不可不说他是成功的了。

最后，关于博物馆的宣传工作，介绍美国芝加哥的斐尔特博物馆的活动，作为经营博物馆事业者的一种参考。

该馆于一九二四年扩大其宣传方法，使该馆设立之目的及旨趣，十分彻底的更为社会上所了解，其宣传的地域非常广大，在新闻纸上，既有不绝的记载，并且还有大幅的广告，使一般民众更普遍地了解该馆是在做什么事业。

最初的宣传，只是以该馆的所在地、通达该馆的路线及沿路情形，并把该馆免费入场日期等报告大众，为来馆参观的向导。

第二步，是说明该馆的职员，研究事项及实验室作业等等，以引起人们的兴趣。其新闻体裁，须为趣味浓厚的揭示，藉以号召一般民众到博物馆的动机。

该馆在地方新闻纸上，每周平均常有二件新闻发表，而于全国著名新闻纸上，一年中常有一百二十件新闻刊出，其中三十八种是由新闻联盟及其余联合通讯社采用而分送于全国的。该馆文字上另一方面的宣传，在一年中向各地发出的宣传品达二十二万六千份之多，并与无线电播音台联络，作空中宣传，由该馆馆员于四、五、六这三个月间，作系统讲演，亦达十一次之多。

又在人类学、植物学、动物学及其他方面，作为宣传用而印刷的说明等，有三十九万零九十九份之多。而从人类学、植物学、地质学等，作为宣传用的摄影、活动电影、照片幻灯等等，合计有一万二千二百七十四种；其中活动的影片有四十七种，幻灯的片子有六百五十一份。

　　作宣传用的文书类，达十万九千八百八十三种之多。大都在举行讲演时，发贴于各地的通告，要使大众知道该馆的所在地起见，特印传单、向导册、卡纸等，分发各处的向导社、车站、汽车公司等处。看了斐尔特博物馆对于设计吸引参观者的努力，便可知道博物馆宣传的重要了。

第十六章 馆舍建筑的改进

关于建筑的先决问题

关于建筑博物馆的许多问题之中，第一非先加考虑不可的是选定建筑地点和决定工程步骤，这两点，有特别加以考虑的必要。

凡是低湿之区，排水不良的地区，务须避免，这是任何人都知道的。此外对于选定的地点，与都市繁荣计划或自然发展方向，亦有予以深切考虑的必要。因为这种关系大众的事业，必须考虑其如何可与大众方便，才有价值。在过去博物馆每多附设于图书馆、政府机关及其他建筑中，均不妥善，征诸历来的经验，这种配置，容易发生种种困难，并会妨碍到博物馆业务的进展。所以建筑博物馆的地点，必须选择市民们来去便利的位置。但是也不要过分的便利了，反而引起极大的不便利，例如靠近火车来往易于震动的地点，工厂林立烟煤侵入的地点，以及市声杂沓，尘埃侵袭等地点，也是应该考虑到的，如果在周围都是公园区，开窗便见树木及草地的地区，那当然是再好不过的地方了。

关于博物馆建筑上另一注意的问题，当博物馆计划尚未充分成熟之际，即行贸然设计建筑，并即着手于建筑工程，这是极大的错误。博物馆当先注意者，实非建筑物而为其内部的组织。如在组织尚未具体化之前，便草率从事于建筑，实难辞"本末倒置"之讥。所以筹备一所博物馆，先事征集工作，当在假定的地方进行种种必要的准备，俾健全的合理的发展。经过了相当时期后，然后开始着手设计建筑，可收"水到渠成"之效。而在博物馆的建筑中，尤以获得对于建筑博物馆确具经验的建筑家，否则决不会实现适宜的馆舍。

建筑上诸原则

今日欧美各国关于博物馆建筑的设计，往往从内部而及于外部为原则。例如怎样使建筑物美观？依照什么式样建筑？或与周围的环境调和，应依照何种设计？凡此等等外观上的问题，他们都姑置不论；而以他们全部精力，先行注意于建筑物内部的配置，各部房室的形状大小，以及各室的联络和采光换气等等的设备，凡博物馆经营上所有的各种条件，均应详为设计。在内部的问题大致解决了后，方才开始考虑到建筑物之外形美观的一切事项。如果依照这种程序来设计，只要建筑费充分，则不论大小规模的建筑，没有不合实用的弊病。不过在事实上看，常有因为主持者种种不合理之要求，致妄费巨额费用，徒然造成了华丽崇皇的建筑物，这是最不经济的一种结果。

这在欧美各国，因为政府当局对于博物馆建筑毫无理解，又以博物馆经营者没有坚强的主张，让那些外行的建筑家任意建造博物馆的馆舍。这样，博物馆主持者接受这种馆舍，其不适合的地方当然很多，以致苦心的经营，仍不合博物馆理想的设备。这种原因，都由于博物馆经营者与建筑家之间，始终缺乏意识上的沟通；以致不是由建筑家坚持其自己不合理的见解，便是博物馆经营者在建筑已经完成以后，发出种种不平的论调，两者之间，争执不绝。

不过这已是过去的陈迹了。现在欧美各国，因为建筑博物馆的建筑家，已经是对于博物馆事业有充分的认识，所以不必有这种忧虑了。日本方面，情形就不相同。日本近来已经觉悟博物馆建设的迫切需要，但是在日本的建筑家中，还没有充分了解博物馆的职能；因此虽有优美的建筑家，却无可称为博物馆建筑家其人。东京帝国大学[①]文学部的团助教授，曾在《博物馆研究》杂志第一卷第五号上发表如下的意见：

> 日本不仅没有可以称职的学艺员，连博物馆的真正的建筑家亦是没有。能够把握建筑物的外观及式样，能对于发挥博物馆之职能上必要的采光、通气、除尘、调节干湿、保温及其他设备都使完全的专门家，还是没有。能够根据自内部而及于外部的博物馆建筑的原则，充分地采取博物馆从业员的要求，在决定内部的设计以后再及于外观上之式样设计的，即真实的博物馆建筑家，依然没有。但是因为今日日本已日渐趋向于博物馆建设的机运，这方面的研究，自当进行不懈，希望不只重视外观上的优美，并能造成通于博物馆之实用的有效的建筑物。

此外，东京美术学校[②]教授天代幸雄氏，亦以大体相同的意见，在同一杂志上发表。由此可见日本博物馆建筑的情形及其前途的趋势了。我国博物馆事业的落后，已无待赘言；而博物馆建筑的草率简陋，尤为工作人员所痛心。建筑家中又无研究博物馆建筑的专家，希望以后新兴的博物馆主持者，对此应加以特别注意。

关于博物馆，尤其是地方的小博物馆建筑上的各种问题，可尔门氏在其关于博物馆的著作中曾发表最切实际的意见。他曾为美国图书馆协会建设小图书馆时，发表图书馆建筑设计方针，可以作为博物馆的设计，其原则有下列数条：

一、博物馆建筑，须依该馆实施事业的种类与所使用的建筑材料而设计。此两者又依其地点之状况而不同。

二、须顾到博物馆将来的成长发展而行设计。

三、在考虑建筑物之外观以前，须先设计其内部的设备。

四、内部之设备，须依建筑物经济的管理上为主眼；其设备上之便利，绝对不能为建筑上之方便而牺牲。

五、为大众设备的各室，其设计之要领，在可由少数人照料其全部，又须不妨碍参观者的出入。

六、陈列室须尽可能的设备在附近大门口的地方。

七、办公室、作业室，须不通陈列室，应由大门直接出入。

八、讲演室须另设出入口，俾可单独使用。

九、陈列室之建筑上的支配及装饰，须依其内部的陈列物而决定。

十、曲线阶梯不如直线阶梯为佳。

内部各室的配置

博物馆中各室的数量、种类及其配置，主要的可由馆员的人数而定。大概均可区分为公众用各室与馆员用各室二种。

---

① 1877 年建立，今东京大学。

② 1887 年成立，今东京艺术大学。

公众用各室，依管理上的关系，又分为二种：其第一种为陈列室、图书阅览室及书库等为便于管理计，以互相接近为合于经济的的条件。陈列室的室数，可依陈列品的主要部门数而决定之。然在小博物馆，不妨一室之中，用陈列橱把它区划为几部。不过在室中无理的妄设隔壁，则不仅妨碍参观者的视线，发生管理上的困难，而在替换陈列品时，亦殊有不便之感。公众用室第二种是讲演室、教室及集会室等。此仅限于使用时，始有管理的必要，所以不妨把各室另行设置。而在小型博物馆中，更不妨将演讲室与教室兼用。

馆员用各室，亦因其工作的种类则更区分之为二种。其第一种为从事于专门工作室，如馆员室、馆长室及研究室。不过在小博物馆方面，为管理上便利起见，有设置于陈列室或图书室附近的必要。馆员用室的第二种是工作室、装卸室、仓库及汽罐室等。此等各室中，因无与公众接近的必要，不妨另行设置。

但是在小博物馆中，陈列室及图书室有接近馆长室的必要；而讲演室、教室及工作室、装卸室、仓库、汽罐室，则虽各别设置，亦毫无妨碍。

又此外须有公众用及馆员用的二处厕所及差役室、饮茶室等，亦非设备不可。

在欧美各先进国家，依其多年的经验，对于博物馆的陈列室，都设置于接近出入口为原则。以便参观者进出，因此非以楼下前面的部分，充作陈列室等不可。故陈列室、图书室、馆长室，自以设置在楼上为佳。而讲演室、教室、工作室、装卸室、仓库、汽罐室等，则可设置于楼下。厕所亦以设于下层为宜。

以工作室设于地下层，亦易引起一种困难，即在以大件物品搬运到陈列室时。每多不甚方便，然而遇到此种情形时，如果先行搬出屋外，再由大门搬入，则可无十分不便。故在出入口处，务须设以大门，此在建筑上事极为重要。

建筑博物馆时，常以建筑经费所限而不能完成其理想的全部建筑，故于开幕若干年后，往往时有增筑馆舍的计划。有时因为博物馆自身的发展，亦多增筑馆舍；故于开始建筑时，即须顾到将来发展增筑的余地。其应行注意的如下：

一、由小规模开始，可以逐渐增筑。

二、各部分建筑须有统一性。

三、各部建筑都有添造的可能性。

四、继续的建筑须有合理的顺序。

五、无论在如何扩张的阶段，须得完全顾到博物馆的职能。

六、无论在如何扩张的阶段，务须不失内容的实用和外观的优美。

地方博物馆设计的一例

依照以上各项原则，与在下列各种条件之下，可为地方博物馆建筑设计的一例。即最初犹为小都市中规模的建筑，但是随着都市的发展，而渐次扩张添造，遂至成为约有十万人口的都市博物馆相当的了。在某小都市中，以暂时的馆舍，只由一个职员（馆长）经营其小型的博物馆。这所小博物馆，具有关于历史的良好的研究资料与常设陈列品，并有少数的自然科学陈列品。对于市内的学校教育，则因其促使儿童利用博物馆而亦有相当的贡献。其后，市政当局和市民方面都已感到该馆已有自建馆舍的必要；乃始物色地点，筹划经费。随着该市的急速度的发达，该馆亦就有渐次扩张充实的可能了。

关于该馆第一期的建筑设计，当然要依其建筑地的状况，不能一概而论；不过假如为沿靠街路的土地，可先面向该街道建筑一座小型长方形二层楼的中央馆，而其建筑费大约有了四五万元即可动工。

关于这座新馆舍——中央馆——的装置隔壁及其他设备，第一须从管理上的便利及使用上的适当以决定之。其次，当顾到内部的设计不受妨碍，渐次及于外部建筑上的设计，其为公众所时常出入的各室，务须能以少数人管理，又能便于公众出入为原则办公室及作业室，可不通过公众出入的地方，而且非设特别的出入口不可。尤其是讲演室，必须另辟出入口，即在闭馆后亦须与陈列室无关系，而得独立使用。

陈列室在原则上务须设在附近公众出入口的地方，而且要以全层面积的二分之一方为合式。在小博物馆陈列室中，不设固定的隔壁，可用陈列橱等以为区隔。又从馆长室须要管理全部各室。内如以馆长室的作研究资料室，最为便利。馆长室中有设置直达地下层的阶梯的必要。而其升降的位置，以靠近于陈列室为便利。在楼下一层，从馆外到讲演室可以自由出入，有设置特别出入口的必要。而在装卸室中，为搬运出入便利可辟设后门。出入口的宽度须相当广大，俾便将大件物品自馆外向装卸室、贮藏室及作业室便于搬运。

建筑的式样，须顾虑其所在地之气候、风土、地方习惯等周围的事情，而谋其适应。其构造和材料当然非耐火性的不可。在小博物馆中，差不多没有使用电灯的必要。汽油灯等亦属多事。不妨单由横窗中采光便得。横窗务须取得高位置，窗的大小，须依室之面积的大小而定。使用电灯，须以情形不得已时为限。陈列品的装饰，非依陈列品的性质而分别不可。阶梯均为直线型，则便于群集的升降，旋回式的，须绝对避免之。

在人口增加不甚急激的小都市，只此中央馆足以发挥博物馆的机能。扩张充实，不妨稍缓。然而激急发展的都市，当然非适应必要而渐次添造扩展不可了。

随着都市的发展而有第二期之扩张的必要时，可在原来馆屋的右侧面添造一翼。新筑部分的第一层，可充作历史资料的陈列室，由原来的室中移来，而原来陈列室，可陈列自然科学材料，以增加原来的科学陈列面积，而且此时就可以开始陈列美术品了。新筑的地层，可充参考品的贮藏室，原来其他不够用的各室，亦可移些到这里来。

第三期扩张，可使中央馆部分更向后方扩张添造，其第一层则因研究资料及图书的增加而有充实的必要。其地层可以为作业室、装卸室、汽罐室、厕所等的扩张。

第四期的扩张，是在中央馆的左侧面，添造翼屋。此新屋的第一层可充科学与美术的陈列室，地层则可使用以为讲演室。至原来的讲演室可一仍其旧，或施以隔壁而充教室，以为参观的学校学生教学之用。

如果照这样扩充完成，则便如前述那样，成为人口十万都市的公开博物馆了。

建筑的式样

以上主要的已将关于小博物馆的建筑计划，加以叙述；兹当进一步略述关于建筑一般的博物馆的各种问题。而第一就是关于建筑博物馆之构造及式样的问题。

博物室的建筑，并无墨守传统的纪念馆式或殿堂式的必要。与其外观上的优美，不如注重于实用，不必斋皇华丽，但求庄严简朴，令人一望而感觉愉快的为上。所以近来欧美各国新建设的博物馆，大都是依照这个旨趣而成的。然而吾国以前均采欧美各国的博物馆建筑为规范，以为博物馆应为如何堂皇巨构；因有这个错误的见解，以致一般博物馆都落于时代的后面，多成了不适于实用的馆舍，使博物馆工作人员感到非常的困难。

当然，建筑家之决定建筑物的式样，必须顾虑周围的状况、采择与其环境充分调和的形式，这是不会有什么异议。然而他还必须充分配合采光及其他内部之实用上的一切要求，绝对不能单只拘泥于外观的优美，漠视了博物馆本来的职能，牺牲实用上的便利。又如建筑的材料，须利用本地出产，采用与其建筑材料及周围情形相调和的构造式样，实为一般所希望的。

新式博物馆的建筑构造，须有防火门的设备，因为在博物馆的性质上为公众之安宁与搜集品的保全，非为耐火耐电的建筑不可。在欧美方面，亦以火焚、尘埃及盗贼为博物馆的三大敌。故博物馆的馆屋，须为不燃性的；同时在馆内室与室之间，比较规模大的博物馆，都应设筑防火门的必要。德国明海的德意志国立科学工业博物馆，防火门嵌入厚壁之内，故不甚触目。而且因为这上面附有可熔性金属的连锁，一旦发生火灾时，因其热度而使连锁熔化，防火门即自动的从壁中跃出而闭住。

博物馆中一般的陈列橱，亦均置备金属性之物；而木制陈列橱，亦施有防火用涂料，故在陈列室中，可无须虑及引起火灾之事。不过博物馆除了另辟的吸烟室之外，当绝对禁止吸烟，且在馆中各层均应有设置水管及太平龙头的必要。

博物馆中最易遭遇火灾的，不在陈列室而为仓库、作业室、公众食堂、照相室、装卸室等地方。尤其是木材堆积的木工室，危险较多。所以在博物馆内，即使为馆的工作必须使用引火时，亦必获得馆长的许可，方能使用。幸而现今各地都已有引用电流的便利，如果需要热力时，尽可利用电热；在闭馆时，则须严密地压断开闭器（Switch）。又在容易引起火灾的房室中，预置防火装置，万一火灾发生时，可因其热度而使水栓熔化，自动的从各方面进射水箭，以行消防作用。

博物馆中置备应用化学的灭火液的消防器，固属必不可少，然而在美术馆等等使用此物时，则须特别注意。若使用者为不熟练之人，则使用时，每有因此而反致毁损贵重绘画及版画等的危险。

采光问题

关于博物馆建筑上的采光，亦有种种不同的意见。某一派主张一切陈列室中均以不使天然光线射进为佳；因为天然光线不仅是使陈列品褪色，又因天气的变化，其调整上亦极感困难。尤其是在太阳光线微弱之时，差不多不能用以辨别陈列物品。而且为了开辟采光窗，徒然使壁面的陈列面积减少，又有容易使尘埃从窗中侵入的缺点。

另有与此相反的一派论者，以为天然光线较为爽快，窗中换气亦较自然而畅达，所以仍有多数博物馆，依然利用天然光线。若在天然光线过强时，可用窗帷调节；过弱时，则以电灯补助。采光窗如设于高处，则不致壁面。当然，窗子辟得高，就不能推窗外眺，而且亦不能微风拂面，增加一番诗意；不过无论如何总较爽快，在通气上亦有相当的利益。吾国南部各省夏季比较热的地方，可另设较低的通气窗，以缓和室内的暑热，这全在建筑家如何运用其方法了。

上述两种主张，各有利弊，在规模大的博物馆中，只要设备完全，都可补救其缺点，至于规模较小的博物馆那就不得不加以考虑了。关于小博物馆的采光设备，可尔门氏曾有如次的叙述：

> 在小博物馆，当然因为没有所谓特别的通气设备，必须设置横窗以通空气。因此，沿着天花板下面的一列窗户中采光，最为适宜。而其窗户的大小，必须依照该室面积的大小而定。不过窗台非离地面十尺以上不可。否则由窗口侵入的光线，必直射陈列橱的玻璃面，而形成一面反射镜了。窗的位置，具上端可与天花板相接，而窗的高度，务须依室之大小与所要采光面积而定。至少十三尺以下的高度便不行了。

上面所述，好像非常简单，而各国新造的博物馆陈列室，其采光设备仍多不甚合式。常见的错误是有相当高度的天花板，窗的位置仍极低，窗槛离地板不过三四尺，与普通的办事室无异。天花板与窗之距离，却远留有三四尺不能利用的墙壁。正式采光的只有东北二面。而室之面积又有八九间至十间那样大小，其中部便不为光线所及。而其最不合理的地方，就是从低窗透入的光线，经过观众视线的水平线，在陈列橱之纵玻璃面折反。因此，玻璃面上便反映着观众的影像，反致陈列橱内的陈列品不易看到了。不得已而在陈列橱内燃点电灯，以补光线不足而消去人影，实属最拙劣不过的了。像这种例子，各地新建筑的博物馆还是不少。

太阳的直射光线，最容易使陈列品褪色，其损害程度，已为一般所认识；但是这到底只是太阳光线中之紫外光线的作用。而普通的嵌窗玻璃板，能透过紫外光线的不多。故有玻璃板阻挡，其损害程度，多少可以缓和一点。不过若要完全防止，则非使用窗帷以遮断此紫外光线的通过不可。

窗帷如用半透明之物，不如用不透明的较佳；不透明的窗帷，对于光的作用不能使之发生变化的。如使窗帷制成二重，外面用深色，里面用淡色，则因其由里面的反射而有使室内较为光明。普通窗帷的色调，则以乳色的最为适当。因为光线足以使陈列品褪色，故除陈列室外，他如贮藏室、工作室等亦须留意，即陈列容易变色的美术品室，每日闭馆时，亦须立即密闭窗户，使其黑暗，最为紧要。在锡兰岛的可伦坡博物馆[①]，即在开放之时，亦于桌陈列橱的玻璃盖上覆以浓橄榄色的布帛，这是爱护陈列品的不得已办法。又如日本法隆寺的壁画，所以迄今尚不甚呈现变色者，亦因其室内黑暗，不受光线直射所致，即使反射过来的光线，亦不致直接射入该室，故有此成效。

各国的美术馆中，为室内采光而使用电灯的颇属不少，此种电灯的光，其紫外光线较之日光有显著的减少，所以对于美术品的侵害程度，亦较日光为轻微。不过在电灯的设备上未免有过费的缺点。

关于顶光的利弊

博物馆采用顶光，还是比较进步的设备。关于使用顶光的利弊，亦有种种不同的意见；尤其是像吾国那样夏季酷热的国家，非细加考虑不可。在各国博物馆采用顶光而成问题的，是玻璃板上所堆积的尘埃和雪的扫除问题，既需相当费用，又易成为漏水的原因。而在夏天气候酷热的国家，虽然可以活用通风设备及空气的冷却装置等等以为防止，而其费用亦非普通博物馆可以担负。且古画和大多数陈列物均不宜采用顶光如美国美术博物馆界之权威贾克生氏在其《博物馆》一书中所述，关于博物馆的采用顶光，除了陈列现代画之外，大致都不甚采用。劳那特氏亦曾说过：照射美术品的光线，以与观者之视线成四十五度的倾斜为最适当，这就是说明头顶照下的光线为不适当的了。这种理由，可以把意大利古画陈列于采取顶光的陈列室中卒至减少其优美、足为有力的证据，这在美术鉴赏家早已公认的了。

（注）劳那特（Teonardo qavinci）[②] 是意大利的画家、雕刻家、建筑家。生于维英奇地方，以意大利文艺复兴期之天才而有机械学的才能。一五一六年，受法王夫伦沙一世之招，便老死于法。其艺术只以显示第十五世纪的意大利艺术的归结点，同时并启示第十六世纪的进路。其杰作有《最后之晚餐[③]》《洞窟之圣母[④]》及《摩娜莉萨》（Monuliza）[⑤] 等。生于一四五二年殁于一五一九年。

其次，是顶光与雕塑的问题。无论何国，在雕塑陈列品中，常有古代神物之像，如以之移入采取顶

---

① 疑为"哥伦布博物馆（Columbus Museum）"，成立于 1953 年。
② 现多用"Leonardo da Vinci（列奥纳多·达·芬奇）"。
③ 现多称《最后的晚餐》。
④ 现多称《岩间圣母》。
⑤ 现多称《蒙娜丽莎》（Mona Lisa）。

光之陈列室，便足以减少美术品的价值，殆与古名画的情形无异，故雕塑大体上，均以采取侧光的陈列室较佳。至于陈列在陈列橱内的物品，不仅完全没有采用顶光的必要，而且因为顶光一般都较微弱，反使橱内物品不易看得清楚。尤其陈列在几案陈列柜中时，非屈身不能见到，而观览者之头部又有反映于玻璃上的障碍。所以在大部物品都陈列于橱内的历史及科学的博物馆，采用顶光尚不成问题，美术品的陈列室，总以采用侧光为宜。

在日本的美术馆中，如采用顶光，对于防止酷热问题颇为注意。例如将采用顶光之一室完全牺牲，再间接从该室的横窗采光，以避免光线的直射，并且还可以防止酷热。各国的美术馆近来亦有应用顶光的，其屋顶的小屋相当广大，上设横窗，张以网纹点线玻璃板，到了夏天，即由此引入新鲜的空气。更有覆以幕布的设备，以调节太阳光线。又在屋顶的小屋设备电灯，以为夜间采光之用，而在日光不足时，亦可用光以补足之。

英国流行的摩尼特尔式，可视为采用顶光的一种变形，也是在屋顶小阁（Attic）设置横窗以采光，此种采光法对于通气及防热比较的优良。新近上海市博物馆的新厦，其采用顶光部分，亦为仿照此种变形，故此对于酷热天气，亦少感受直接影响。

建筑上防止危险的设备

本来火灾盗窃和尘埃为博物馆的三大敌人，其中以尘埃的危害为最烈。火灾和盗窃二事，因为是突然的，非常的，大家视为可怕，于是不论在建筑工程上和管理设备上，都能见到，都能准备；所以危害的事，像反而可以避免。只有尘埃问题，因为他本身没有一时可以表现使人可怕的状态，因之大家明知他是一大敌人，反而漠视，反而不去经心，于是他危害的程度，比火灾和盗窃更大，故有特别注意的必要。

尘埃问题比较容易使人注意到的，便是每日由参观者足上带来的泥粉，于是在建筑上对于地板的构造，除了色调须和天花板及四周墙壁调和，及在防止火灾上加以注意外，并须顾到尘埃的容易扫除。因而博物馆的地板，尤其是陈列室中，对于铺盖木板已多认为是不适当了。就是用混凝土做地面，再覆以磁砖，因为受不起强大的脚步，遂在防火清洁耐用的诸原则为目标，易以石版或树胶砖之类，其在实用上和美观上确已有显著的进步。

但是地面上的尘埃，只有关于博物馆的清洁问题，最多在美观上有些关系，其最大的问题，乃在直接危害陈列品方面。因为尘埃附着陈列品上，就会起化学作用，与光线同样有褪色的弊病，或竟毁损其实质，而至不能修理。博物馆费了巨大的经费设置橱柜箱罩的器具，除了防止盗窃外，便是防止尘埃的侵袭。不过尘埃的特性，只要门户有一点儿空隙，它就会毫不客气的侵入内部；所以博物馆中陈列橱的门户务须建造得十分严密，不但对于装锁的小孔，要设法封好，就是玻璃及开关的细缝，也应贴附毛绒布幔。这种毛绒布幔的任务，就在当陈列橱内外温度发生差异，空气挟着尘埃衔入橱内时，便可把灰尘完全拒于门外。

尘埃不仅足以毁损陈列品，在人的健康上亦极有害，故根本的问题，应当阻止他侵袭馆内，同时对于已经侵入的必须用妥善方法，随时扫除。防止侵袭馆内的方法，当在户外风强尘多之日，应即紧闭陈列室的窗户，这是最简单不过的方法。在设备完善的博物馆和新建筑的博物馆应当均有换气装置，使馆内空气均匀，该项装置而得滤过洗涤，馆外尘埃亦可不致过量侵入。惟在小博物馆或租用旧建筑的博物馆，不得不于管理上加以注意了。

在博物馆方面除了上述三大敌人外，另有空气干湿问题，对于陈列品亦有很大关系，而于建筑上亦不得不加以注意者，因为空气过度的干湿而致危害陈列品的，如生物标本、织物书画等物品，常以得到温气而致脱落、发霉、褪色等的现象，尤其是美术品，偶不经心，往往珍贵之品，因温气而有生霉变色之虑。故室内空气，必须常常注意，不使过分润湿，但亦不可过分干燥；博物馆中，常因暖房设备的不完善，室内空气过分干燥，以致物品发生龟裂、剥落及其他损害。所以博物馆的建筑，对于调节室内的温度及湿度，亦有加以充分注意的必要。大规模的现代建筑的博物馆，因有良好的换气装置，可使博物馆之室内气温，四季无剧变，湿度亦可无过与不及之弊；且有了换气的装置，空气中可以经常保持其清洁，即使参观者终日拥挤，亦无空气混浊，妨碍卫生的弊病。

关于调节气温上尚有一事须加注意的，即在美术馆的室内温度，不可相差。普通在美术馆中，往往仅注意到日间的温度，每在冬季，暖气只有日间输送，因之夜间温度，骤然低降，陈列品的保存上极为有害。最合理的设备，必须有一种冬季则加温，夏季则加冷。日夜无间，常使室内湿度保持平均的状态，如此理想的设备，究须多数经费，不免失之过于奢侈，即在号称富裕的美国，除了极少数的博物馆以外，也没有这种设备的经费预算。欧洲各国对于博物馆之室内的湿度，在陈列各室中悬挂湿度表，以便随时用化学方法，加以救济，如果管理得法，亦可防患于未然。

无限止发展的防范

在建筑上另外有一个似乎矛盾的问题，便是对于博物馆发展上加以限止。

在欧美各国，近来已经感到各地博物馆规模过大的不合理了。例如巴黎的尔布尔博物馆，参观全馆一周，须费时两星期之久。德国明海的德国科学工业博物馆，有陈列室二百四十一间，其巡行一周之长度达七哩，参观全部要一星期。伦敦的维多利亚阿尔勃尔特纪念博物馆，有一百三十室，大英博物馆亦不下于此。纽约的博物学博物馆，规模已极大，而且还逐年扩张不已。此外与之大同小异的博物馆还有不少，因此，参观者不但要费去许多时间，而且精力上亦有所不济。所以在数十年前各国都力求博物馆的如何发展，现在却又考虑怎样去限制博物馆的过分扩大的方法了。

解决这个问题，大都主张把性质不同的部门，分别设立，俾参观者各以所好，到各所专门博物馆去参观，不致浪费时间。似此由一个大规模的普通博物馆，分化而成为若干专门博物馆，各国的博物馆专家认为最合理的发展。如美国哈伐特大学①以独立的美术馆、科学博物馆、历史考古学博物馆等分别接连地设立，采用所谓综合制，可以算为本问题解决的一法了。又如美国纽约市，市立博物馆的本馆，只选最精美的物品陈列，其他物品，则于市内设立分馆而陈列之，这种采用所谓分馆制的分配陈列，亦可视为限止过分扩大的一种缓和法。

因为大规模的普通博物馆，防止他的过分发展，而有分立为专门博物馆或另设分馆的趋势，故在建筑时即须预为顾到。每一陈列馆的房屋，不要过分庞大，不但对于将来划分专门馆时可以易于支配，即在未划分前，亦可使每一陈列馆，专为一种部门的陈列品，对于参观者可以得到很大的方便。

关于建筑上其他的问题很多，只要不违背以上所述的诸原则，便可易于得到合理的博物馆建筑物。

---

①　现多称"哈佛大学"。

第十七章　陈列器具的设计

陈列橱箱的种类

陈列方法的成功与否，果然须视陈列的技巧如何而定，但是关于陈列橱箱的设计，亦有密切的关系。在设计陈列橱箱以前，必先明了博物馆使用陈列橱箱的意义究在何处。陈列橱箱的第一任务，是在适当地保护陈列品，即如将贵重物品收容于橱箱中，可以因此避免偷盗的危险，并且可以避免观众接触物品而受污损。其另一重大的功用，是防止空气与尘埃侵入陈列品，避免陈列品因尘埃而受污损。

陈列橱箱的第二任务，是使陈列在内的物品容易看见。因此，结构上必须使用相当大的玻璃板，四周骨格须尽量的细狭，使不致触目，而于展览面可充分的广大。如妄施无用的装饰，则足以妨碍陈列橱箱内物品的真相。特别是在收容美术品的陈列橱箱，必须与其陈列品相调和，既要简洁，又须典雅，这是经营博物馆事业的不可不注意的地方。

现代博物馆中普通使用的陈列橱箱，大别之有立橱及水平橱二种。所谓立橱是将玻璃板作成垂直装置，观众可从直立玻璃板内透视橱中的陈列物。水平橱则可从装置于水平面位置的玻璃板由上望下，一览无余，陈列橱更从放置的地方及其他种种关系而可大别之为中央橱、壁橱、桌橱及案头橱等四种。中央陈列橱又可称为中心陈列橱，是四面装配玻璃板的立橱，顶上亦铺以毛玻璃板，以不妨碍光线的射入。因为观众可在四周看到橱中的陈列品，而该橱位置永在观众的中央，故名曰中央陈列橱，中央橱中又有称为 A 型陈列橱的，是前后两面的玻璃板互相向内倾斜而成 A 字形的橱。

壁橱亦如其名称所示，是沿壁面放置的一种纵陈列橱，其贴接壁面的一侧，普通多用木板，其余二面及顶上，则为玻璃，有时将壁陈列橱两只背合，以置于中央陈列橱地位以为代替的。

桌上陈列橱是水平橱的一种，观众可从其上面玻璃中透视，由上面窥见其内容，故普通称之为陈列箱，其顶板当然与其四周都铺着透明的玻璃。

几案陈列橱是与桌上陈列橱相像的一种陈列，不过其顶上的玻璃是倾斜而已。几案陈列橱大多是放置在窗下，与壁面紧接的地方；其贴接壁面的一面，亦多是用木板的，故有时又可视为壁陈列橱的一种。然无论如何，几案陈列橱一般如桌上陈列橱那样，高低适中，是其特色。

每一陈列橱普通又区分为收容陈列品之箱，及放置陈列箱之台座两部分，台座普通有二种式样，即箱式（无脚的）台座与桌式（有脚的）台座两种。壁陈列橱普通用箱式台座，桌陈列橱则一般多用桌式脚台；中央陈列橱则须依照其高度，或用箱式台座，或用脚台。二十四时以下的脚台，及二十四时以上的箱式台座都是不相配称的。又在箱式之台，每多利用为储藏物品听工具，这虽是一种经济办法而实则非常错误，因为陈列室中以整齐清洁为原则，储藏物品，当以保存库房为首要，不规则的收藏，为博物馆中最大的弊病。

在欧洲各著名博物馆，以陈列橱之设计，与陈列品相调和为重要的方法。明海的巴伦国立博物馆，以讲究调和方法著称于世，该馆的陈列橱，是调和了巴士汀式①（即 Byzantine Style 是以东罗马帝国的首都巴士汀为中心而发达），至中世纪中叶盛行于欧洲各地的建筑样式罗曼尼斯克②（即德语的 Romanesque 是十四世纪前后盛行于欧洲各国的美术、建筑上的样式）高希克③（即 Gothic 亦为西洋建筑的一种形式，盛行于十二世纪中叶）新生④（即 Renaissance 是十四世纪至十六世纪，由意大利发动而一时风靡全欧的艺术上及文化上的文艺复兴运动）洛可可（即法语 Rococo 是十七世纪至十八世纪由法国发起的建筑与美术上的装饰式样）及现代各时代的样式而成。不过此种设施是否必要，尚属可疑，而于博物馆最近的发展方针，实相背驰。

其实，陈列橱决不是陈列品，不过用以收容陈列品使其安全而已。由调和历史的及时代的方法而成的陈列橱，可谓在某种意义上的成功。但是这种陈列箱，在一般情形之下是并非必要的。用在不必要的情形之下，徒然引起人家不快之感而已。例如，在前述的明海博物馆中，巴士汀式及洛可可式的陈列箱很是精美，而在意大利室中则新生陈列式箱便觉贫弱。巴黎的装饰工艺博物馆中，因要设计现代工艺室，在其室内陈列现代的家具与精神上调和的陈列橱，由家具设计家特为设计。但是结果该馆当局却认为是一种错误，是一种笨拙的意匠。由此可知博物馆中陈列橱箱的设计，不是一件容易的事情。

橱箱玻璃和尺寸

陈列橱箱的大小，须依照其所要陈列之物品的人小而选定，求其划一的形式，固不可能。然而除了特别的陈列橱以外，其大小在大体上趋于一式的较为便利。

设计陈列橱时，因为一般都为其价格比率着想，而务使其"内容积"尽可能的放大，自然会发生不合理的事象了。例如壁陈列橱，一般总是其底过低，而深度过分；又如中央陈列橱及桌陈列橱，一般也常有深度过分横面长的倾入向。因此，徒使观览者不得不弯腰垂视，目光及筋肉同感疲劳。所以除了特别的陈列橱以外，一般都有规定一种标准尺寸的必要。美国博物馆协会理事长可尔门氏在其所著《小博物馆经营》一书中，规定有如下的标准，为一般博物馆专家所推崇。

一、壁陈列橱的尺寸高八四英寸，幅六〇英寸，深一四英寸。在陈列小型物品时，可用更浅的尺寸，然在一般情形，有稍深的必要。小型物可用特别的背景或用陈列支柱的设备，使其向前方凸出的陈列样式。

二、中央陈列橱的尺寸高六六英寸（脚台三〇英寸）幅六〇英寸，深三四英寸，如陈列大型物品时，可用十八英寸的箱式台座。然不问如何情形，其高度均为离地六十六英寸。

三、桌陈列橱的尺寸高三八英寸，（脚台之高为三〇英寸）幅六〇英寸，深二四英寸。

如上述陈列橱的大小尺寸，当然应当依照其所陈列的物品大小及观览者之便利而设计；同时，尤非顾虑市上出售的玻璃板的尺寸不可。陈列橱使用的玻璃板的尺寸，最普通的是四×六（幅约四尺、高约六尺）五×三（幅约三尺、高约五尺）等。然而还有五×十（幅约五尺、高约十尺）及二×三（幅约二尺、高约三尺）的。此外更大更小，间亦有使用者。当设计陈列橱之时，最好是依照这种大尺寸的玻璃板，不加截断，即以应用，最为经济。玻璃又依厚薄而价格大有上下，陈列橱用的，以磨光的正二分五厘至三分者为最适当。如要定造再廉价的，则可应用一般装窗用的正一分至一分五厘厚的，然而必须

---

① 现多称"拜占庭式"，下同。
② 现多称"罗马式"，下同。
③ 现多称"哥特式"，下同。
④ 现多称"文艺复兴"。

注意，如玻璃面未经磨平，则不能正确地观览其中所陈列的物品。

美国方面，普通使用于陈列橱的玻璃板，用美国制造的四分之一英寸厚的磨平玻璃，其质白色透明，且无杂泡斑点，最称适用。但是要使经费上合算的，则往往以二倍厚的窗板玻璃代用。此种玻璃板的质地相当良好，而其价格则仅及前者的三分之一而已。

橱箱的构造和安全问题

距今三十年前，主张陈列橱以金属制的呼声，甚嚣尘上，这种主张的要点是：（一）金属制陈列橱箱如遇火灾，较为安全；（二）尘埃不入；（三）框子薄，不触目，故其中陈列之物，可以一目了然。关于这个问题，曾引起极大的争论。金属制陈列橱箱，虽然须要多量费用，而在气候变化极大之处，可不如木器者的失准，无论何时，均感便利。不过木制陈列橱箱的构造，近来受金属制陈列橱箱的影响，其框子亦已显著的纤细精致了。结果两者置在一处时，常能不辨有何差别。因之最近流行一种以金属制骨架，配以木制之台座的陈列橱。当然，全部金属制及全部木制之物，仍各有其特长，尤其是木制的价值便宜，实非金属制的可以比拟；惟金属制的陈列橱，其骨架较木制者强韧、纤细，因而其构造上富于审美之点，远过于木制。至于防备火灾上实在没有十分重要的关系。博物馆的火灾，大都从贮藏室及底层而起，陈列室中起火，几乎是不会有的。所以贮藏室置备的陈列橱，亦以木制的较金属制的为佳。因为金属制之物一到火灾发生之际，因传热而使其中藏的物品反使损坏。其在木制陈列橱，则幸而火灾得早为扑灭，所藏之物品，尚不致蒙其损害。此外对于小型陈列品普通都用纯粹玻璃制成而全部不用框子的，下面装置在木制之台座上。对于内部陈列，可以一览无余。

陈列橱箱的方式，可以发挥各博物馆的特色，所以应由各自特制。若将百货店中那样的东西，照样模造使用是最不行的。至于陈列橱箱应该如何开闭，这是依照经验而立刻能够判断的问题。开闭装有广幅之门的壁陈列橱时，无论如何总得有支持之物，而在高大的中央陈列橱，其开闭非常不便；可以从上面开闭，因为玻璃门不便全部展开，非如此。大件物品的出纳常感困难。总之，不论木板和玻璃，不论单门和双门，也不论开闭之方法如何，都以不使空气出入为原则，这是应当注意的。

陈列橱的颜色，亦有研究的必要，对于木制陈列橱，以退光浅褐色为最适用。淡灰青灰使用的亦属不少。总之，不宜太华丽太触目才是，即纯黑色亦不多用，钢铁的，则可涂以灰色，再以绿色润饰。青铜则以古铜色及天然青铜色润饰。

在陈列橱箱的构造上，为使锁门安全，锁的选值，实甚重要。锁有各种样式，其构造尤当特别注意，匙孔亦以愈小愈佳。钥匙种类，愈少愈好，或者置备一总钥（Master Key），以便保管。

关于陈列橱箱的构造，所以不惮烦而特加注意者，良以博物馆中所藏贵重品独多，且常曝露于大众之前，时时可以惹起盗贼觊觎之念，故不得不加以审慎。博物馆不仅藏有珍贵的美术品，又有金属钻以及其他宝石类之有极高价格者，并有历史上不易多得之物品；所以在博物馆中，除了用橱箱保护陈列品外，一般的在窗上都装设铁格子，各室的门禁，亦极严密。又有依照特殊情形，将陈列贵重品的陈列橱之台座部分，另置金属护罩，或其他保险设备，每日闭馆时，即将陈列贵重品的橱箱，盖紧下锁，亦可见其保护的周密。

博物馆为了陈列品的安全而有种种特别设备，自然是第一要务，而同时管理员的看守，亦属非常重要。尤其是当雨雪之际，参观人数较少之时，须格外警戒。且管理员平日应有灵敏机警的训练，务使以极少的管理员而能巡视广大的陈列室，又在夜间，亦须严密巡视，以防意外。

此外博物馆所设的公众出入口，应愈少愈好，大概在需要上只要一处已足，这样，可以对于外来者容易监视。而且对于入馆者的手携行李以及其他杂物，均须照章于入馆时缴出，给以证章，出馆时凭章领物。如有物品携出时，须有管理员的证明书，始准看门人验明放行。以上所述，虽和陈列橱箱的构造上无甚关系，然因论到橱箱的安全问题，不得不一并提及，可使陈列橱箱的安全多一重保障。

橱箱内部的附件

关于陈列橱箱的样式、大小、构造等问题，既如上述，现在对于橱箱内的设计，亦应分别研究。首先要注意的，就是背景用的布类问题，因为在陈列橱箱中用板制成的部分，普通均须张以幕布。这种幕布装饰，可使陈列品愈益美观，并可遮蔽陈列橱中有碍观瞻的便利。普通幕布以用粗麻布为佳，亦有使用粗帆布粗棉布等，如果陈列品属于小件而又很珍贵的时候，则应选择较为精细的棉绸为妥。

幕布的颜色，一般以淡灰色为适当，然而必须注意不要因此使陈列室全部过分陷于单调。又如用于陈列橱背景的幕布颜色，均须避免室中墙壁的色，并且必须较为浅淡为上，不使与周围的色调冲突。

其次，在陈列橱箱内有临时背景和垫子的设置，所谓临时背景，即用绸缎之类，使陈列橱的深度可以加减，又在桌陈列橱中，使用垫子，亦是使其深度较浅的一种设备，可使陈列小件物品时，可使参观者减少目力的疲乏。

橱箱中搁板的吊法，亦为陈列橱箱内部设计的重大问题。有不少博物馆中，时常要在中央陈列橱内设置搁板，这是错误的，因为搁板主要的只用于壁陈列橱内。且据近来的趋向看来，不问陈列橱箱的种类如何，一般都不使用搁板，即使要吊架搁板，亦须使其深度减浅，而其上方之搁板，尤须较下方为浅。又搁板的高度必须以五尺为最大限度。搁板原分木制与玻璃二种，关于木制搁板与玻璃搁板之利害，有种种不同的意见。普通使用八分板的搁板，多少有妨碍参观视线的缺点。玻璃搁板普通可用二分五厘的厚薄，且系透明的，故不致妨碍视线。然而木板却也有种种利益，例如可用与陈列橱背景相同的色布包着，使陈列品因此浮现得详明爽目，而且没有像玻璃板那样透明物品引起不快之感的缺点。玻璃板又因容易破碎，在搁板的中央，有设立支撑点的必要，且因过于光滑，易使物品破损。所以在大体上说，现在都认为木制的搁板，较玻璃搁板为有利。

大多数陈列橱中的物品，可以不另用搁板，直接陈列于底面。而在这种式样的陈列法，自然需要相当的方法和技巧，如果在陈列橱箱的背后张贴以适当的布片，美丽的装饰，对于橱的全体，运用匠心，设计陈列，那就没有搁板也很好看的。

因为不用搁板陈列而联想及于平面陈列，平面陈列的方法甚多，在桌陈列橱中陈列，亦可应用。平面陈列法最为简单，仅在陈列橱底铺以布片，即行设计陈列而已。在桌陈列橱中亦可于顶面及四面装嵌玻璃，像中央陈列橱的低橱那样；又其侧面的一边装以木板，顶上的玻璃，则可略向前方倾斜，成为几案陈列橱。这种几案陈列橱，在板的后面可以吊以浅搁板。或设置低的阶级，陈列小件物品，最为相宜。然无论如何，须以陈列橱底面相同的布片，将搁板及阶级等全部包被，较为美观。

橱箱以外的各种陈列用具

橱箱内的附件既如上述，橱箱外的陈列因为与橱箱的配置上亦有关系，故亦一并论及。

博物馆的陈列品中，如有必须常常更换的，则与其保管于陈列橱内，还不如露置于陈列橱外的来得经济。多数物品为避免尘埃盗窃，及防止参观者动手起见，诚非设法保护不可；但其中不必一定保管于陈列橱内的，亦属不少。现在有许多博物馆，便不如从前那样的严肃主义了，因为研究的结果，参观者对于陈列品的兴味，为了玻璃的隔离而减少的很多。即在教育的观点上，直接认识当然优于间接欣赏，且露置的设备，其经济又远过于陈列橱箱。若使用此种露出陈列法有遭盗窃的顾虑，则可用铁丝固定，不就很妥当了吗。

露置陈列最大的空间，要算壁面陈列，最安全的场所，也要算到壁面陈列了。在过去大家以为壁面陈列，只有书画，不知书画以外的物品，可以陈列于壁面的还很多。例如震旦博物院中鹿角的陈列，都是用壁面陈列。不过壁面陈列，应多留空间，满壁陈列，在陈列的立场上最应避免的。至于陈列小型物品，则与其陈列于壁面，不如使用屏风的来得便利。屏风都为木制，最初是代替壁面的一种陈列用具，因为占地少而陈列的面积多，遂为陈列室中重要的用具。而且屏风在任何场所都容易移动，当陈列室变换其陈列式样时，屏风成为调济陈列的重要用具；尤其在平时更替陈列品时，屏风上的布置，不但较橱箱中的陈列为简易，即较壁面的陈列亦为省事。

陈列橱外的陈列场所，除壁面陈列屏风陈列外，其他露置的陈列方式甚多，惟须视陈列室的空间，以及物品的性质而各有不同。其比较大件的物品，即可露置陈列于橱顶和地面。于此，有一重要的条件应行注意者，即陈列品与眼的距离，须保持一尺五寸左右的标准，普通成人的身高平均为五尺，故陈列品的高度须自离地三尺五寸乃至六尺五寸为最适当，过此限度，必使参观者的目力及筋肉感受疲劳。故较小的物品不但不可陈列于橱顶，即陈列于地面时，亦须另配座台，藉以调济其高度。但是这种标准的高度，对于儿童又觉过分，因有主张减低至三尺三寸到五尺之间，与成人相差不远，与儿童亦可不至过分。如果某种物品有专为儿童而陈列的，则可再行减少他的高度，或在陈列品的旁边，设有立台，更为合理。

除露置地面的陈列外，另有一种转动活页板，如果设计精到，可有种种不同的方式，富有艺术与科学意味，实为陈列室中一种生动的辅助陈列用具。在活页板上不论陈列系统的画片、摄影等，均为参观者所喜欢观览的物品，此种活页板，形式不同，大小各异，有钢制的，有木制的，有落地的，有置于桌上的，有装在墙上的，有立在中央四面均可观看的，有附在一隅仅可左右转动的。它在陈列用具中，变化之多，可与屏风相伯仲。

第十八章　工作人员的养成

工作人员养成的必要

由上所述，博物馆并不如吾国一般人想象中那样简单的事业，因为博物馆是完成学术研究的总枢纽，是推动学校教育的发动机，也是启发一般民众的原动力。博物馆负有如此扩大复杂的任务，故在现代博物馆经营中，非有各种专门家不能肩此重大的责任。不论主持全馆事务的馆长，各部设计的主任，充任搜集、登记、保管、说明、陈列、修理以及复制标本模型、绘画、制表、摄影等职务的馆员，和管理收受搬运等事务员，均须各有专门熟练的知识和技能。尤其是充任各部门陈列品的研究指导方面，非得对于各部门陈列品有充分素养的专家，不足以胜任。

吾国近年来，对于博物馆事业已渐为国人所重视，中央及各省市计划设立博物馆的年有所闻，则工作人员的养成，更属迫不及待。如果不图工作人员的养成而仅以设立博物馆为急务，是犹徒知造舰不知舰长与驾驶员的训练，虽有百千新式建筑的博物馆，真等于没有舰长与驾驶员的新舰队，如何可以发挥博物馆的伟大的使命呢？

博物馆事业所以需要专门人才办理的理由有二：

一、须有新的认识　因为博物馆在吾国还是新兴的事业，无成例可循。他有新的理论、新的技术、新的方法，和过去吾国教育界的错误的认识，大不相同。过去教育界对此不是当为古董的仓库，便是以为社会教育中的一小小部分，他们不知博物馆的对象，不知博物馆的使命。倘以此种人才办理新兴的博物馆事业，博物馆还是成为穿了新装的老古董。因为要使经营博物馆事业的有新的认识，所以需要专门人才的训练了。

二、须有专门技能　博物馆本身的业务，已经够繁复了，他在实施的时候，因为多方面的，所以需要技能，较之任何一种事业为繁复。在过去把博物馆认做社会教育的一小部分，因之，经营博物馆的，只是一种看守陈列品的责任。他们把博物馆根本看错了，结果，连看守陈列品的也觉得太无意义，而实际上常委之于一二馆工，于是博物馆在社会教育的领域中，几乎完全没有地位，而益为教育界所轻视。现在吾们知道经营博物馆的，自馆长以至馆工，都要有某一方面的熟练技能，除了关于博物馆本身上有许多专门技能外，关于各种陈列品的修理、复制、宣传、研究各方面，又各有专门技能，而于设施上因有各种不同的立场，便需各种不同的人才。如以研究为立场的，则于陈列部门须有深造的修养，以教育为立场的，则于指导说明，须合教育的原理；倘其对象为群众，又须利用机会，因材施教。故非专门训练，便不足以充任博物馆的职员。

专业的准备

经营博物馆事业是一种专业，服务的人员必须有二种准备，一是基本训练，一是专业训练。

一、基本训练　这是关于普通学识和教育知识而言。因为博物馆工作人员，负有推动文化，指导社会的使命。博物馆是最复杂不过的事业，工作人员要有丰富的知识，方可解决一切问题，胜任而愉快。兹分述如下：

甲、普通学识　分为国文、外国语、工具书读法、社会科学、自然科学及教育知识等六项。

（1）国文　文字是表情达意的工具；要增进阅读书报能力，欣赏创作兴趣，非有素养不可。博物馆工作人员不但担任研究宣传等工作的，对于国文须要深造，就是办理其他事务的馆员们，亦应有相当的程度。

（2）外国语　吾国出版界之贫乏，不必讳言。博物馆又为吾国新兴事业，攻错他山，不得不多读外国参考书籍，故博物馆工作人员对于外国文的修养，亦为基本学识上不可忽视的一种。视各人能力和兴趣的不同，可各自选择一二种外国语进修，以为阅读参考书报之准备。

（3）工具书读法　读书要有科学方法，对于工具书读法，更应有充分研究之必要。博物馆陈列包罗万象，其业务范围又复广博，凡善于利用工具书的，才可事半而功倍，故工具书的读法，实为工作人员修学服务上最有效的基本工作。

（4）社会科学　如历史、地理、政治、经济、社会原理、调查统计以及人类学、民俗学等等均须有相当研究。然后对于现代文化、世界情势、国家民族的状况，方才有确切的了解。

（5）自然科学　经营博物馆事业的，对于地质学、生物学、物理、化学、生理、卫生、农业科学等有充分的研究，然后对于科学管理、物质建设，均有相当之认识与技能。

（6）教育知识　凡关于教育哲学、教育心理、教育方法、现代教育思潮及各国教育状况等，都是博物馆理论的根据，博物馆设施的目标，若是对于教育毫无研究的经营博物馆，结果，只可成为死的博物馆而不能办活的博物馆。

二、专业训练　分知识、技能、理想三方面。

（1）知识　经营博物馆的，不但要有理论的认识，而且要有设施的知识。例如，博物馆的筹备和组织，各项设施和活动，事务方面的管理，文字方面的利用，以及关于博物馆实际上应用的各种专门知识，如考古、发掘、艺术等等的学问，都有充分训练的必要。

（2）技能　经营博物馆的，要能手脑并用，坐言起行。所以工作人员不但要有丰富的知识，而且要有熟练的技能，例如搜集法、陈列法、保管法、修理法、说明法以及绘图、制表、摄影、制模等技术，各视职务的关系，而行专门训练。

（3）理想　经营博物馆的只有了知识技能还不够，最重要的是理想，也可说经营博物馆工作人员的人生观。所谓理想，不是一种空想，而是根据现代进步的博物馆的经营为目标，以谋达到最理想的一步。因为理想是指导活动的南针，供给自己批评工作的标准，没有理想一味蛮干，是不会成就的。

继续进修

因为博物馆在吾国是一种新兴事业，非有事业的准备，不足以充任博物馆工作人员；因为现代博物馆事业还日新月异的进展中，非去继续进修，不足以充任健全的博物馆工作人员。现在充任博物馆的人员，不外三种：第一种是对于古物有相当研究的，第二种是办过社会教育事业的，第三种是从事教育的。真正对于博物馆有相当研究，相当认识的人，几如凤毛麟角。在上举三种人才中，他们仅知博物馆整个业务中的一角，专门学识与专门技能，更谈不到。若不去继续进修，势必拿研究古物的立场来办博物馆，则博物馆还是成了古物陈列所；拿办理社会教育的立场来办博物馆，则博物馆还是成了民众教育馆；拿从事教育的立场来办博物馆，则博物馆还是成了学校的附属品。因为博物馆的领域是很大的，决不像吾国过去若干博物馆中，终年停顿在静止的状态中。因此，博物馆工作人员的进修，是很重要的事了。

进修的方法如何？其目标又如何，例举四事分述如下：

一、讲习　博物馆工作人员，利用种种方法，组织讲演会请专家演讲。或分列指定各人阅读一种名著，大家把心得介绍或报告出来，以资交换；或各以职务有关的，把各种问题分别研究。使业务上随时改进，随时充实的可能。

二、参观　参观对于改进职务上最有效的办法。因为各人的经验有限，吾们常常去参观他人的办法，取人之长补己之短，互相观摩，才有进步。国内参观，所费小而所获亦不多，国外参观，所费较大而所得亦大。

三、讨论　无论博物馆单独的职员，或他馆联合起来，对于专题，都要讨论。因为在工作的进行中，发生许多问题，就应提出公开讨论，藉以阐发学理，以阐发学规，厘定办法。这也是在博物馆经营上不可不注意的。

四、研究　要一种事业进步，必须继续不断的研究。研究的方法很多，如调查的方法，比较的方法，实验的方法等；不论文字研究或实物研究的为进修上最重要的帮助。

进修的方法，既如上述，而进修的实效，还须看各人的志趣与勇气如何；同时，还须看馆长是否为博物馆专家，否则，馆员即有志于进一步的研究，馆中的设备与馆员日常工作都不利于研究，此种情形常会见到的。

博物馆人才的训练问题

以上各节所述，大都关于已在博物馆服务的职员，这也不过是一种消极的而非积极的补救办法。博物馆在吾国这是一种新兴事业，照着目前发展的情状，将来必会普遍地建设起来，人才的需要，其数量必甚可观；所以积极的训练，也是一件急不容缓的事情。

训练的方法分二方面说

第一、大中学校设立专科　在设备完备之公私立大学校中，开设博物馆学系；并在教育系及史地系中，以博物馆学列为必修科。又在高中师范科及大学师范专修科中，各以博物馆学列为必修科。这样，除在大学中另设专系，培养博物馆专门人才外，大凡教育科史地各学系及教育专修科，高中师范科毕业生，对于博物馆都有相当认识，可为办理博物馆的主要人员。

这种训练方法，关系到教育的学制问题与课程问题，应由全国博物馆协会拟且详细计划，是请教育部采纳施行。并请国内办理博物馆事业的各科专家担任教授，俾于训练博物馆理论上的知识外，还可在各种实际技能上加以充分的训练。或者仿照武昌文华图书馆学专科学校办法，该校受中华教育文化基金董事会及中华图书馆协会之委托，开设图书馆专科学校，为国内图书馆职员造就不少专门人才。

第二、开设短期训练班　这在外国博物馆中最为习见之事，如伦敦克幽植物园中养成园艺专家有数百人以上，附近植物园管理人员，大半从该园训练出来的专门人才。吾国社会教育方面，亦多类似的训练班，山东省立民众教育馆附设书词训练等。亦有由教育行政机关及学校办理的，如山东社会教育人员训练所福建民众教育师范讲习所、广东省立民众教育人员训练所、安徽民众教育师资训练所、河北各县民众教育师范传习所等，二十年来，吾国社会教育的推进，虽得政府提倡之力，而各处工作人员的养成，亦为重要原因。

在博物馆中开办训练班。不但师资方面可无问题，即在观察实验各方面，亦可利用博物馆中原有设备，较为有效。更视学习科目的难易，而定训练时间的短长；或即利用暑期，专为学校、教员或大中学校学生听讲而开设；或利用早晚时开，专为其他小博物馆职员及对于博物馆事业有兴趣的听讲而开设；或每日定期开讲若干小时；或于每星期日开设星期讲习班，视各地方的需要，开设各种性质不同的训练班。

不过现在已成立的博物馆为数不多，规模较大、设备较为完善的博物馆更不多见，故此种临时训练班仍不得不有赖于各省市教育行政机关的提倡，和公私立大学校的合作。近年来各大学暑期学校中有专为中等学校各科教师开设之补习班，以后亦可仿照此种办法，于著名大学校中，每年开设博物馆学暑期讲习班，除大学教育系学生可以自由选择外，每县由教育局保送有志于博物馆事业及现在办理社会教育的一人，前往听讲，以资普遍。

以上两种办法，在训练博物馆人才的立场上是同样重要的。第一种方法固然是培养专门人才的根本办法，可是各省市县如果各把博物馆设立起来，仅靠第一种方法将成求过于供的现象，而现在服务于社会教育机关以及对于博物馆有兴趣者，亦无机会去学习博物馆上的理论和技能，所以第二种方法也是同样重要而不可轻视的。

训练服务生的意义

博物馆工作人员的养成，除了消极的补救办法和积极的两种训练方法外，尚有训练服务生的一种执中办法。因为积极的训练尚未举办，而博物馆工作人员的需要又不可或缓。于是即在博物馆中，招收优秀青年，充为服务生，专以训练博物馆方面应有知识与技能，以为将来经营博物馆事业的主干分子，这在吾国目前是一种最经济最有效的办法。

关于设置服务生的办法，可把上海市博物馆的训练服务生做一个参考。上海市博物馆当开始筹备时候，即以感到各项业务管理，必须有熟练技能；而此项人才又未易得到，爰在筹备会中拟订招考服务生办法，函请各著名中学，选送本期高中毕业之优秀学生，前来考验。结果，报名投考者共有七十余名，录取六名，即由筹备会主要人员分任教课，并请各科专家，举行系统演讲。其科目为工具书读法、上海史地、美学、考古学、博物馆学、制图、摄影等七种。训练时期为三个月，训练期满考试及格者，分发博物馆各部服务，亦以三个月为期。服务期满，乃视能力之高低，以定津贴之多寡，并于规定工作外，继续进修各种关于博物馆之各种基本学问，藉以养成能力较高之馆员。

兹把上海市博物馆设置服务生的规则，抄录于后：
设备服务生规则
一、本馆为训练博物馆专业人才起见得设置服务生其名额由馆务会议决定
二、凡具有下列资格之一者得应服务生之选拔考试
　　甲、公立或已立案私立高级中学会考及格毕业生
　　乙、有同等学力而于博物馆某种业务上有特长之技能者但甲乙两项之年龄均以十八岁以上二十二岁以下为限。
三、服务生招考办法另定之
四、服务生训练期限为三个月，其科目另定之
五、训练期满后派充各部工作并由主管人员指导，对于工作有关系之学科继续进修
六、服务生在训练期内不给津贴，训练期满后每月津贴十六至十八元，试用三个月后每月津贴二十

元，如技能优良工作努力者得酌量情形加至三十元，其成绩尤优者得酌量情形升为馆员

七、服务生入馆时除邀同保证人来馆填具志愿书履历书外，再须寻觅殷实店铺填送保证书，如外省服务生在本市无相当铺保，得由保证人具保所有人保铺保均须得到本馆之同意并每一年换填一次

八、服务生如有下列事项之一者得随时令其解职

    甲、家庭方面有特殊事故必须回去者

    乙、本人身体上发生严重病态不能继续工作者

    丙、对于工作不努力或无成就希望者

    丁、不遵守本馆一切章则或不服从本馆职员之指导者

    戊、人保或铺保退保后无法觅到继续担保者

    己、在外发生其他事情与本馆业务上有妨碍者

    庚、本馆认为该项工作不必继续或经费上有困难者

九、服务生服务规则另订之

以上各种训练办法，对于吾国现在情形，是非常需要而又可以办到的各种方案，如果希望博物馆事业名副其实的发展起来，那于工作人员的养成，较之经营博物馆任何事项重要得多；否则，即使每年新添了若干博物馆，对于博物馆的前途，终于没有希望的。

附录一　中国博物馆一览表

第一　普通博物馆（包括艺术历史及天然历史）

名　称	地　址	成立年月	性　质	经费来源	备　注
国立北平故宫博物院	北平景山前街神武门内	民国十四年双十节	古物、图书、文献	由政府按月拨给	
北平古物陈列所	北平 东华门内	民国三年十月	历史、艺术	由内政部按期拨付	
中央研究院历史博物馆筹备处	北平 午门	民国元年七月	历史、考古、艺术	中央研究院	
国立北平研究院博物馆	北平 中海怀仁堂	民国十九年一月	艺术、理工、风俗	北平研究院支付	
北京大学研究院文史门陈列室	北平 松公府	民国十一年	考古、历史	北京大学发给	
国立北平图书馆金石部	北平 文津街一号	民国十八年	金石及其拓本	北平图书馆拨付	
静生生物调查所通俗博物馆	北平 石驸马大街八十三号	民国二十年四月	生物	由生物调查所发给	
国立中央博物院	南京中山门内	民国二十二年四月	自然科学、人文科学、工艺品		尚在筹备期间
国立美术陈列馆	南京国府路	民国二十四年	艺术		同上
国立南京古物保存所	南京午朝门	民国四年六月	历史	教育部按月拨给	
南京市立历史博物馆列室	南京复成桥第一公园内	民国十七年十二月	历史、博物	市府库款拨付	
中国国民党中央党史史料陈列馆	南京政治区	尚未正式成立	历史、博物	中央党部	现正筹备
河北博物院	天津新车站迤东种植园大街十号	民国七年六月	历史、天然历史	省款补助学校补助	

名　　　称	地　　　址	成立年月	性　　质	经费来源	备　　注
北疆博物院	天津特一区马场道天津工商学院内	民国十二年	动植物、矿产、风俗	工商学院拨付法国工部局捐助	
华北博物院	天津法租界海大道七十八号	清光绪三十年（一九〇四）	普通	经费无着暂行停顿	附属于新学中学
天津市立美术馆	天津河北中山公园内	民国十九年十月	美术	市政府教育专款项下按月拨付	
天津广智馆	天津西北城隅文昌宫东	民国四年十月	天然历史、人文风俗	由教育厅、教育局、县政府、每年补助	
保定教育博物院	保定城内莲花池	五年成立、中经兵燹、二十年复兴	教育	河北省直辖保定各校院、协定分担	
山东金石保存所	济南大明湖畔山东省立图书馆内	宣统元年	金石、美术	山东省立图书馆临时拨付	附设图书馆内，由馆员兼办一切事务
山东省进德会烟台分会博物馆	山东烟台	民国二十二年九月	普通	无一定经费，临时由进德会拨给	
山东省立民众教育馆	太原狄梁公巷三号	民国二十二年十月	古物、天然历史	山东省款	
河南博物馆	开封法院街	民国十九年十一月	考古、历史、天然历史	河南教育款产管理处发给	
中原社会教育馆	河南洛阳周公庙	民国二十一年春	历史	由教育部及考试院拨付	
河洛图书馆金石陈列室	洛阳城内	民国十七年	考古、历史	创办人私人筹划	
苏州美术馆	苏州沧浪亭	民国十五年	美术	由发售物品及私人捐助	
上海市立博物馆	上海市中心区	民国廿五年四月	历史、艺术	由上海市政府按月拨给	
震旦博物院	上海吕班路震旦大学内	同治七年创办民国十九年改今名	天然历史、古物	由大学董事会拨付	附属于震旦大学
亚洲文会博物院	上海博物院路二十号	同治十三年	考古、动植物、地质等	由亚洲文会拨付	
浙江省立西湖博物馆	杭州外西湖二十一号	民国十八年十一月	历史、天然历史	浙江省教育厅	
安徽省立图书馆历史博物部	安庆旧藩署	民国二十五年一月	历史、文化	省立图书馆拨付	附属安徽省立图书馆

名　称	地　址	成立年月	性　质	经费来源	备　注
厦门大学文学院文化陈列所	厦门大学文学院内	民国廿二年冬	考古、风俗	由该大学随时支付	附属该大学文学院
私立华西协合大学古物博物馆	四川成都华西协合大学图书馆内	民国廿一年秋	考古、风俗	由该大学及哈佛燕京社恒款中按年拨给	属于该大学博物馆委员会
中国西部科学院公共博物馆	四川巴县北碚乡	民国十九年十月	风俗、工业、矿产	由科学院支给	
广州市立博物院	广州市越秀山上镇海楼	民国十八年	普通	由广州市立政府拨给	
岭南大学博物馆	广州河南康乐岭南大学内十友堂	民国十二年	古物、天然、历史	由岭南大学拨付	
广西省立博物馆	南宁共和路	民国廿二年八月	历史及天然历史	由省款拨给	
颐和园陈列馆	北平西郊颐和园内	民国十九年七月	古物、图书	由颐和园事务所经常费项下支付	
重庆民众博物馆	重庆公园青年会内	民国廿四年三月	天然历史、普通	重庆青年会	
合川县科学馆博物部	四川合川县瑞山公园内	民国十三年	历史、天然历史	合川县政府	
东莞博物图书馆	广东东莞县中山公园内	民国二十年	博物、图书	东莞县政府邑明伦堂	
南通博物院	江苏南通	光绪三十一年	天产、历史、美术		
江苏革命博物馆					未详
甪直保圣寺古物馆					未详
开封美术馆					未详
兰州教育馆					未详

第二　专门博物馆

国剧陈列馆	北平和平门内绒线胡同四十五号	民国廿三年一月	中国戏剧、音乐、文物	私人捐助	
中国戏曲音乐院博物馆	北平中海怀仁堂后福禄居	民国廿三年开始筹备	戏曲、音乐	中国戏曲音乐院	尚在筹备
北平市卫生陈列所	北平中山公园内	民国四年	卫生	市政府卫生局	
交通大学北平铁道管理学院博物馆	北平府右路二十五号	民国二年	交通模型	铁道部款由该学院支付	
国立中央研究院天文陈列馆	北平崇文门内泡子河	民国十七年	天文仪器	天文研究所	
地质调查所地质矿产陈列馆	南京珠江路水晶台	民国五年	地质、矿产	地质调查所拨付	
湖南地质调查所地质矿产陈列馆	长沙上黎家坡三十三号	民国十六年三月	地质、矿产	湖南省款	
两广地质调查所地质矿产陈列馆	广州文德路	民国十六年九月	地质、矿产	两广地质调查所	
首都国货陈列馆	南京建康路淮清桥	民国十八年九月	工商物品	实业部拨发及租金收入	
北平市国货陈列馆	北平正阳门箭楼上	民国元年	工商物品	由市政府拨给一部份自筹	
河北省国货陈列馆	天津河北中山公园内	清光绪三十一年三月	工商物品	河北省财政厅拨付	
山东省国货陈列馆	济南市趵突泉西	民国二十年十月	工商物品	由省库支领	
青岛国货陈列馆					未详
山西国货陈列馆					未详
浙江国货陈列馆					未详
上海国货陈列馆					未详
华西协合大学医牙科博物馆					未详
绥远国货陈列馆					未详

宁夏国货陈列馆				未详
福建国华陈列馆				未详
贵州国华陈列馆				未详
国立中央研究院地质调查所矿产陈列馆				未详
河南地质调查所地质矿产陈列馆				未详

第三 植物园动物园及水族馆

总理陵园管理委员会植物园	南京中山门外四方城	民国十八年七月	植物	由财政部拨付
北平市农业试验场	北平西直门外博物院路	光绪卅二年四月	农业、植物、动物	北平市政府
庐山森林植物园	江西九江庐山含鄱口	民国廿三年八月	森林植物园艺植物	静生生物调查所及省立农学院分担
广西植物园	南宁市中山公园外	民国廿三年一月	动物	广西省政府拨给
上海市立动物园	上海西门文庙路芹圃	民国廿二年八月	动物	上海市教育局
上海市立植物园	上海南市斜桥南首	民国廿二年八月	植物	上海市教育局
青岛水族馆	青岛莱阳路海滨公园内	民国廿一年五月	水产	由市政府补助
岭南大学自然博物采集所				未详
华西协会大学自然历史博物馆				未详

附录二　本书主要参考书

1、考古发掘方法论　　　　　　　　　　　胡肇椿
2、中国博物馆一览　　　　　　　　　　　中国博物馆协会
3、博物馆协会会报　　　　　　　　　　　中国博物馆协会
4、南通博物苑品目　　　　　　　　　　　张謇
5、亚洲文会博物院史　　　　　　　　　　亚洲文会
6、西湖博物馆馆刊　　　　　　　　　　　西湖博物馆
7、民众教育　　　　　　　　　　　　　　陈礼江
8、社会教育实施法　　　　　　　　　　　孙逸园
9、眼二诉ヘル教育机关　　　　　　　　　棚桥源太郎
10、欧米二于キル博物馆ノ施设　　　　　后藤守一
11、欧米美术馆施设调查报告　　　　　　帝室博物馆
12、全国博物馆案内　　　　　　　　　　日本博物馆协会
13、帝室博物馆年报　　　　　　　　　　帝室博物馆
14、博物馆教育　　　　　　　　　　　　桦太厅博物馆
15、博物馆研究　　　　　　　　　　　　日本博物馆协会
16、佛兰西博物馆制度ノ调查　　　　　　文部省普通学务局
17、福冈市通俗博物馆要览　　　　　　　福冈市通俗博物馆
18、桦太厅博物馆案内　　　　　　　　　桦太厅博物馆

19、Berkeley：*The small – community Museum*

20、Buthven：*A Naturatist in University Museum*

21、*Collected Paper – San Museum Preparation and Installation*

22、Smith：*A Bibliogrophy of museums and museum Work*

23、Dana：*Plan for a New Museum*

24、Dana：*The Gloom of the Museum*

25、Coleman：*Historic House Museums*

26、Butler：*Building the Museum Group*

27、Chubb：*Museums and art Galleries as Educational Handbook of the Collections*

28、Murray，David：*Museums，their history and their Use*

29、Dana，john Cothon：*The New Museums*

30、Bowley：*Taxideomy and Museum Exhibition*

31、Coleman：*Manual for small Museums*

32、Brigham：*Report of a journey Around the World to study Matters Relating to Museums*

33、Me Gecay：*Exploring the Eartk and its life in a Natural History Museum*

34、Rea：*Museum and the Community*

35、Hewitt：*Consolidation of the Law Relating to Public Libraries and Museums*

36、*Libraries Museums and Art Gallaries Year Book* 1935

37、Miers：*A Report of the Public Museums of the British Isles*

38、Gilman：*Museum Ideals of purpose*

39、Richards：*the Industrial Museum*

上海市博物馆丛书第一期书目

本馆特约馆内外专家编译丛书暂分博物馆学、历史、艺术、考古四类，第一期先出十种目录如次。

甲类　　博物馆学通论　　　　陈端志著

　　　　征集品之修复与保存　胡肇椿著

　　　　地方博物馆实施法　　陈端志著

乙类　　上海棉布　　　　　　徐蔚南著

　　　　顾绣考　　　　　　　徐蔚南著

丁类　　考古学研究法　　　　郑师许 胡肇椿合著

　　　　考古发掘讲话　　　　胡肇椿著

　　　　古玉概说　　　　　　胡肇椿著

　　　　铜鼓考略　　　　　　郑师许著

　　　　漆器考　　　　　　　郑师许著

社会教育小丛书

博 物 馆

陈端志编著

商 务 印 书 馆 发 行
中华民国二十六年六月初版

目　次

第一章 绪论

一 博物馆之名称

博物馆（Museum）一字，原来是供奉专司文艺美术之女神 Muses 的神庙，后来即以之为研究学问的场所，学者交际之聚会室。在纪元前三百年顷，由于亚历山大的世界希腊化政策的鼓励，托勒弥（Ptolemy）皇帝把亚历山大亚利①的宫殿划出一部分，建筑一馆。中有公开演讲室、动物园、植物园等，以为当日讲学说道之处。这是古代博物馆的滥觞。馆中神龛中供奉着文艺美术之女神 Muses；博物馆（Museum）的名称，就是借用女神的名，藉以表明他是用作研究文艺和哲学的场所。

二 博物馆之涵义

博物馆在社会上是极富学术和教育的意义，这是大众所公认的。同时因为他随着时代演进，所以他的涵义亦常因此不同。譬如在十五世纪的时候，欧洲人发现了久被蒙昧的古希腊和罗马文化，以及那草莱初开的新大陆。藉着国家主义势力的膨胀，他们去发掘，去寻找，以满足他们探讨知识的热忱。于是古物和纯美艺术品的发掘和收藏，形成了王侯贵族们一时的风尚，那时候的博物馆，无疑的，只是古物的仓库而已。

宗教改革以后，探讨科学的精神代替了宗教权威。至十七世纪中叶，科学运动的力量有了集中的表现，各国有名的学会都风起云涌地组织起来。这些学会的成立，不但对于科学发达上有无限的补益，就是对于科学的博物馆也树立一个很好的基础。在当时，博物馆的涵义已由古物的仓库演变为科学的泉源了。

十九世纪以后，博物馆已从草创时期发达到一个现代化的阶段。人们不仅仅用科学的眼光去研究古物，并且还利用他作为教育的工具。教育展览品列入博物馆中，在十九世纪七十年代已有相当的地位，近来欧美各国的教育思潮中，所谓实验主义的教育和实物教学法等，都是借重于博物馆的教育方法。

博物馆在现阶段，已成了一切文化产业的发动机。他不但可以保存文献，提高文化；还可以陶冶性情，培养志趣，更能发展产业，充实国家财富。这是博物馆演进到现在的最新的涵义。

博物馆所以继图书馆之后成为社会教育的第二种有力机关，除了上述的涵义外，还有着他的特色：博物馆对于观览者没有任何强制和压迫，以半娱乐的性质和科学的态度显示给大众；全然凭着各人的自由意志去学习；更以潜移默化力量，使民众的常识提高他的水平线，民众的志趣加强他的向上性。因此，博物馆是一种最健全的教育机关。

到现在，博物馆事业仍然继续地迈进着，他在横的方面，趋于普遍化；在纵的方面，趋于深刻化。因为日趋于普遍，所以教育的效率益增；因为日趋于深刻，所以文化的水准益高。现在我们可以得到他

---

① 现多称"亚历山大港"，下同。

的定义是：

> "博物馆乃保存最足以说明自然的现象和人类的业绩等物品，利用之以为民众知识的向上，和文化事业发展的一种设施。"

三 博物馆之进化

追溯博物馆发达的历史，虽然只能到十五世纪初叶，但是宗教、美术和其他纪念品的收藏，却远在十五世纪以上。在亚历山大时代，就有将他侵略别国时所得的战利品送给他先生亚利斯多德保存的记载，这可算世界博物馆史中一段最早的史料。

世界最古的博物馆 在纪元前三百年顷，托勒弥皇帝曾在亚历山大利亚创立一馆，用作当时讲学说道的地方，馆中部门很多，并招请精通希腊文学、哲学、历史、艺术等专家，共同研究。及至亚历山大利亚图书馆被焚之后，文艺复兴之前，这个长时间内的一切罗马的战胜纪念品，大部都送到这所博物馆中去贮藏。馆中供奉着女神 Muses。这实在是世界最古的博物馆。

文艺复兴以前的博物馆 至罗马共和政治时代末年，富豪贵族之家，渐开了私人搜集陈列品之风。往往辟专室，陈列美术珍品；筑园圃饲蓄来自远方的猛兽美禽；栽培异域的珍奇植物，搜集美丽的盆景，以娱宾客而目为风雅。这不啻在私邸中设立了小规模的博物馆。但目的在社交娱乐，没有学艺教育的意味。

中世纪时代的欧洲，多数僧院和教会，都藏有珍贵稀见的搜集品。其中有的是教主的遗物，有的是具有历史价值的古物，有的是归自远方的旅行者所寄存之物，有的是由巡礼者携回来的珍品。就中如驼鸟之卵与鲸骨等珍奇品，最足以使观览者惊叹留恋；这种搜集品，当时教会视为吸引民众最好的工具。虽然他们只凭着敬神观念和迷信的刺激，但是却因此启发了一般人对于搜集品的兴趣。并且借重他们得以保存多数古代的美术品不致逸散，在现今各国大博物馆中还看见这些珍稀逸品的存在。

文艺复兴时代的博物馆 十五世纪，人们对于古典性的古物突然有了热烈的赞赏。因此，搜集与保存亦无微不至。十六世纪开始，意大利和德法诸国各地，前后都出现了陈列古钱、古书、量尺、数学数理的机械及化石之类的陈列所。十六七世纪间，许多学者采集古代工艺品作有系统的研究和整理，这奠定了近世考古学博物馆的基础。

其后由于人文的发达，文艺的普及，各国对于自然物、自然现象，亦均以科学的兴味加以研究。更因印度航路的开通，新大陆的发现，传教事业的发达，驱使许多欧洲人士旅行各地而获知各地的天产物、工业品、住民衣饰器具和武器等。尤其对于两大文化古国——印度、中国——所在地的亚洲物产，亦于此时开始交换和研究。十七世纪中叶，学者搜集动植物等自然物盛极一时，遂与发掘、采集古物形成对抗之势。这是文艺复兴时代一种进步的现象。

早期的博物馆 在文艺复兴时代，各国大规模博物馆次第成立。有罗马、佛罗棱斯、维也纳、特莱斯敦、柏林、巴黎等著名的国立博物馆及美术馆。其中更是出现了布洛戈那和那朴尔[①]的科学博物馆、凡洛那的古物博物馆、维也纳的历史及美术博物馆、巴黎的历史博物馆、乌尔兰的天然博物馆等。更有个人创设的，如荷兰潘尔纳德氏的珍稀品博物馆、植物学家巴希尔彼斯拉氏则在纽伦彼尔建造科学博物

---

① 现多称"那不勒斯（Naples）"。

馆和选侯卡尔尔特窦希在哈依台尔比尔希建造之历史博物馆等。

在这个时期的博物馆，大部分是包括美术和历史的普通博物馆，同时亦有各种专门的如解剖病理的、美术工艺的博物馆出现。并且除了固定的博物馆外，临时展览的博物馆亦已风行。伦敦等处的咖啡店中，常有此种临时展览，藉以取悦顾客。

非科学的旧博物馆　博物馆到十七八世纪，虽已收藏丰富，然大都是非科学的搜集。因为当时多有以神学的、哲学的见地作出发点。同时自然界的奇形怪物都引起科学界的注意，他们搜集各种鸵鸟之卵及山雀之卵，以博观览者的爱好，而陈列品中，更有不少不可思议、荒唐无稽的物品：如用以钉死基督于十字架上的钉，曾列于基督婚筵上以水变成葡萄酒的筹，和犹大背叛基督时的提灯等。还有自然界所没有仅仅根据空想而制造的物品，每多随便陈列，以博观众的惊异。

近世纪博物馆　至十九世纪，博物馆随着科学研究而进步，同时亦深感有专门博物馆的必要，于是乃有限于一学科或数学科的专门博物馆代替了原有的综合的普通博物馆，如博物学博物馆、地质矿物博物馆、产业博物馆、商业博物馆、农业博物馆、化学博物馆、教育博物馆、考古学博物馆、美术博物馆、古物博物馆等相继出现。

利用考古学博物馆以真正的科学方法表现的，首推克里士登汤姆逊氏[①]（Christian Thomson）。他在可本哈根的博物馆中，利用石器时代、青铜时代及铁器时代的三纪式（Three Age System）科学分类法。汤氏在一八三六年出版一部《汤姆逊分类法》，各国博物馆争相应用，使考古学一方面接近乡土学、人类学；而博物馆亦将考古学开始转向到历史部，同时用以补充乡土学和人类学的部门。德国纽伦勃尔的德国博物馆则设有史前、罗马时代及德国时代三部门，其陈列品分类为法治生活、教会生活、战争、农业、手艺、勤业美术及科学等项，可以一目了然；他们陈列的顺序与方法，为最进步的，故自该馆于一八五二年设立以来，遂使旧式博物馆完全丧失其价值。

法国大革命后，建筑于巴黎市塞纳（Seine）河岸的罗波尔（Louvre）大宫殿，改成一所公开的绘画雕塑的陈列馆。这是"美术大众化"的第一声，随着更有宫殿、宫廷、美术馆以及王侯贵族的庭园，如巴黎的加尔顿朴太尼克、柏林的朴太尼谢士格尔登、伦敦的蔻格顿以及日本各藩的名园，均次第开放，将从来富裕阶级少数人独占的美术品，公开给大众鉴赏的一大转变，不但促成博物馆的社会化，同时也使世界各国美术馆、历史考古博物馆以及动物园、植物园等等的发达。

在科学博物馆方面，近年来从大英博物馆的本馆中，将关于博物学的搜集品，另行分出，在沙斯干琴古敦建设一所极进步的博物学博物馆；而世界各国不久亦即有同样的建设独立的博物学博物馆了。一方面又有巴黎的科学工业博物馆、伦敦的科学博物馆等专门博物馆的发达，显示着近世博物馆事业在自然科学特别是理化学及其应用上的进步。此事影响各国，接着便有德国明海的德国工业博物馆、奥国维也纳的工业博物馆等追踪而起；且又以此为动机，近年在美国又出现了芝加哥产业博物馆、纽约的和平工业博物馆等极大规模的科学工业博物馆的建设计划。

综上所述，世界各国博物馆事业的发达，可以概见，据最近欧美各国博物馆的统计，德国全国有大小博物馆千五百十余所；美国战前只六百余所，战后一跃而达千四百余所；苏俄战前亦为六百余所，战后增至八百余所；法国除科学博物馆外，有历史美术博物馆约六百余所；英国亦有五百三四十所；日本对于博物馆事业最为落后，最近亦有三百余所。

---

①　现多称"克里斯蒂安·汤姆逊"。

四　博物馆之种类

博物馆在最古时代，专以供观赏为目的，故尚未计及分类，厥后的博物馆带了研究性质之故，其大部分虽然仍是包含科学、美术和历史的普遍博物馆，也有种种的专门博物馆出现，主此，博物馆乃渐次分化。及到近代，科学日益发达，博物馆的种类愈多。但因所取的标准不同，所以分类亦不一。

先就从区域上分类而论，可分为中央博物馆与地方博物馆二类。前者置设于首都和各大都市，为中央政府所设立，其事业以研究学术为主，旁及民众的教化。有时亦为地方博物馆的模范，更进而指导，助长之。后者由各地方政府及公私团体所设立，以从事民众教育的普及并补助学校教育为主要任务。其效能非常伟大，各国现竞设法普及。

次据其内容上分类而论，大别之为普通博物馆与专门博物馆二类。专门博物馆大体可分下列各种：

一、历史博物馆　以个人，国民或民族各时代的生活状态和关联个人及民族历史上事变的资料的博物馆，其主要搜集品为历史及考古学上的物品。由此类分化的博物馆，其最著者如次：

（一）乡土史博物馆（二）传记博物馆（三）民俗博物馆（四）古钱学博物馆（五）军事博物馆（六）海军博物馆（七）运输博物馆。

二、科学博物馆　陈列说明依据自然现象的批评研究而得的自然法则及理论的资料的博物馆。其主要搜集品为生物理化及产业上的物品。由此类分化的博物馆，其最著者如次：

（一）天文学博物馆（二）地质学博物馆（三）矿物学博物馆（四）生物学博物馆（五）动物学博物馆（六）海洋学博物馆（七）人类学博物馆（八）医学博物馆（九）化学博物馆（十）物理学博物馆（十一）产业博物馆（十二）商业博物馆（十三）农业博物馆（十四）教育博物馆。

三、美术博物馆　收容人类审美的，文化的业绩之博物馆，其主要搜集品为美术工艺品。由此类分化的博物馆中，其最著者如次：

（一）绘画博物馆（二）雕塑博物馆（三）手艺博物馆（四）印刷博物馆（五）工艺博物馆（六）建筑博物馆（七）戏剧博物馆（八）音乐博物馆（九）考古学博物馆（十）美术史博物馆。

普通博物馆，其搜藏，陈列品是兼有历史、科学和美术品三者的，建设于都市的多属专门博物馆。反之，建筑于地方的，则多属于普通博物馆。

地方博物馆中又有一种乡土博物馆，其内容大都搜藏有关于一乡的科学、历史和美术资料的普通博物馆。他的任务是对于一地方民众施以公民方面必需的教养，并且补助一地方的学校教育。可使乡土民众理解乡土的自然与社会，更启发其社会连带的观念，养成爱乡的精神。此外尚有所谓户外博物馆（Out Door Museum），即大建筑物或其他历史的遗物又天然纪念物之类，其不能移存在室内的，就保存于户外，以供公众的观览。瑞典斯德哥尔摩（Stockholm）的诺德斯加博物馆①即为最早的户外博物馆。

专门博物馆因其种类的不同，其职能亦各异。科学博物馆和历史博物馆着眼于知识方面，以启发观众的思想为主要目的；美术博物馆则着眼于鉴赏方面，使民众玩味古今的名作，俾感愉快满足，以增高其兴趣，发展其鉴赏能力。

近世博物馆事业中，除前述各种外，尚有学校博物馆（School Museum, College Museum, University Museum）和儿童博物馆（Children's Museum）或少年博物馆（Junior Museum）的设立。学校博物馆自小学至大学实物教育施设上的一种最主要施设，与图书馆同成为学校的学习上和研究上的两轮，缺一不可。儿童博物馆，则以教育儿童为目的，有独立的和附设的二种。其主体对象为幼稚园程度之孩儿以至

---

① 现多称"北欧博物馆"。

小学程度的儿童。如美国圣路易公共学校教育博物馆（The Educational Museum of the St. Louis'Public School）即为一大规模的儿童博物馆。

五　我国博物馆事业之过去和现在

博物馆在教育上的价值，原和图书馆相等，犹鸟之两翼，车之两轮，不可偏废。近年来我国文化上的建设，图书馆方面已粗有可观；独于博物馆方面之设施，至今尚在萌芽。影响所及，不但教育不易普遍，即民族文化，亦蒙莫大的损失。

我国博物馆的发轫，尚在逊清光绪年间，公元一九〇五年，张謇有南通博物苑的创设。当时虽规模狭小，仅供师范教授的简单设备，然张氏以一人的力量，惨淡经营十载，搜罗物品至二千九百有奇，不能不算难能可贵。这是我国博物馆史上最先的一页。但因当时朝野上下，对于博物馆事业尚未加以注意，所以终清之世，除南通博物苑及河北省国货陈列所外，更无一所博物馆的成立。

在南通博物馆苑创设以前，外人已有在我国设立博物馆的。其中年代最久的是一八六八年法人韩伯禄司铎（P. Haude）在上海所创办的震旦博物院，其中贮藏我国所产植物标本之富，为远东第一。此外一八七四年，亚洲文会在上海设立上海博物院；越三十年（一九〇四年）有天津华北博物院的成立；此后，民国三四年顷，天津有法教士桑志华博上（Emile Licent）筹设北疆博物馆于十二年成立。

民国三年，由于内政部长朱启钤氏的建议，将辽热行宫所藏各种彝器，辇而致之京师，设置于故宫外廷。是年十月正式成立北平古物陈列所，旋将文华、武英两殿改为陈列室，后又建宝蕴楼，作为存储物品之用，这是我国由政府经营博物馆的最早者。明年六月，江苏省政府设立南京古物保存所于南京午朝门，这是我国地方政府设立博物馆之最早者。

自北平古物陈列所，及南京古物保存所先后设立后，国人对于博物馆事业始稍稍注意。当时南通博物苑的成绩亦已渐著，益使知识份子对于博物馆事业感到重要，继起的有直隶省公署教育科，天津劝学所和严智怡氏联合创设天津博物馆，于民国七年成立，至十七年改名为河北第一博物馆。同时筹设的尚有保定教育博物馆，成立于民国五年，中经兵燹，至二十年始集资复兴。民国四年有天津社会教育办事处筹设天津广智馆，民国十四年正式成立。此外尚有附设于山东省立图书馆内的山东金石保存所，该所历史悠久，可与南通博物苑相伯仲，可惜只有少数专门学者加以注意。后陈荣昌掌山东学务，特筑博物馆，将搜罗之标本、仪器、金石陈列其中，民国十八年，王献唐任馆长，锐意搜罗，规模大备。

国立故宫博物院，成立于民国十四年双十节，为我国中央政府经营博物馆之始。该院所藏，都为清故宫中物品，内分古物及图书两馆；图书复分图书文献两部，并成立理事会以监督之。其收藏之富，在我国现有博物馆中，当推为第一。

自国民革命军奠定南京后，博物馆事业始为全国各界所注意。民国十八年西湖博物馆承西湖博览会之后，正式成立。益使社会人士对于博物馆有深切的认识。自是以后，各省公私立博物馆相继成立者为数亦多。民国二十二年教育部设立中央博物院筹备处，翌年六月，议定建筑费一百五十万元，地点定南京中山门内，建筑图案亦已确定，建筑费来源为管理中英庚款董事会所补助。我国于最近数年中必有一内容充实，设备周全的国立中央博物馆成立。

上海为我国第一大都市，向无国人经营的博物馆，民国二十四年始由市长吴铁城氏拨款三十万元，在市中心区兴工建筑市立博物馆，翌年四月成立，内容虽未见若何充实，然其组织与管理方面，均已参照现代博物馆办理。

以上所述，都是普通博物馆，至于专门博物馆在我国成立最早的要推北平中央研究院天文陈列馆，肇始于金代建康之役（公元一一二六年），元建司天台，隶太司院；明称观星台，清称观象台，俱隶钦天监；民国肇兴，改名中央观象台，民国十九年改为天文陈列馆。其他如汉口商务公所成立于清光绪二十五年。天津考工厂开设陈列馆于光绪二十八年。天津河北国货陈列馆成立于光绪三十一年。江宁江南商品陈列所和北平市农事试验场均成立于光绪三十二年。北平市国货陈列馆成立于民国五年，这都是我国专门博物馆中成立较早者。至于完全附属于学校的博物馆，当首推交通大学的北平铁道管理学院博物馆，该馆成立于民国二年。

近年来我国博物馆事业，除在国内各地多有建设外，并有选运精品，举行国际展览之举。民国二十三年十月，行政院决定选送本国艺术在英国伦敦举行国际展览，目的在使西方人士得以普遍欣赏中国艺术的精美与伟大。其出品自上古以迄近代，凡铜器、瓷器、书画、玉器、剔红、景泰蓝、织绣、折扇、古书、甲骨等莫不具备。二十四年五月在上海举行预展，盛况空前；十一月在伦敦展览，观众之拥挤为英国历来美术展览会所罕见；翌年五月运归，六月在南京展览，参观者的踊跃，不减去年的预展。于此可见国人对于博物馆事业已经普遍地认识，政府对此，亦颇加重视，不像过去仅以装饰品视之了。

据最近统计，我国各地现有博物馆计普通博物馆四十五所，专门博物馆二十三所，动植物园及水族馆共九所（有或尚在筹备中）这与世界各国的博物馆事业相较之下，显然的感到非常贫乏。影响所及，不论民众教育，民族文化，都蒙莫大的损失。补救之法，惟希望政府当局与从事社会教育的人士，通力合作，以期我国博物馆事业，得以和世界各国并驾齐驱。

第二章　博物馆之目标与职能

一　博物馆之目标

博物馆在十九世纪以前，尚被一般人目为仅仅是古物的仓库；直至现阶段，博物馆方被人承认是一切文化产业的发动机。因为他在静态方面：（一）保存国粹文献（二）保存专门学问的精华和各地乡土的特征。在动态方面：（一）使民众自动的探讨学识（二）推进社会文化和民族产业。

静态方面，从保存国粹文献上说，一国的国粹和文献，都有他历史和艺术上伟大的价值，我国历来对于国家的珍品，除了宫廷，就只有少数私人的搜集，间或中经挫折，珍品都流散逸亡，后世就很难再见到。对于文献，则仅藉方志的编辑，未曾注意到实物的保存，不知民族文化的表现，文献所不能尽者，器物可以证实他。因此，我们知道对于国粹文献的保存，前者是浪费，而后者则是不够。其次，从保存专门学问的精华和各地乡土的特征上说，因为专门学问的造就，决不是一旦一夕一二人的力量所研究而得，若不能将他的精华，加以保存和展览，则一不能保持研究物的持续和过程，以供后学者的参考，二不能显示民众以研究所得的价值和用途。至于各地乡土的特征，如历史上的纪念品，美术品和动植物的特产，一切富有地方色彩者，都有保存的必要，以供当地民众和旅行者的观摩和探讨。因为一切事物在现阶段，仅仅靠着书籍是不够的，我们要博物馆以实物的保存来教给人们。

在动态方面，先把使民众自动的探讨学识方面言之，博物馆以半娱乐性质的诱化，使民众凭着自由意志的策动，反探讨他们所愿意知道的学识，博物馆可因此而完成一个普及教育的使命。再从推进社会文化事业和民族产业上言之，博物馆不但能增加教育效率和提高文化水准，更进而可培养民众志趣，发展社会产业，藉以推进社会文化和民族产业于时代的前线。在这二个目标之下，我国需要博物馆事业的进展和普及，不言而喻了。

二　博物馆与社会教育

博物馆进展到现在，已经和图书馆同样的成为强有力的社会教育机关。博物馆对于社会上一切阶级，　切不同年龄的人们，各有相当的教育与娱乐的设备。而且不单是大规模的美术馆及博物馆为然，即使设于各地小规模的地方博物馆，也具有相等的社会教育机关的使命。

因此，地方博物馆，第一必须具有相当浓厚的地方色彩。搜集有关一地方的历史考古学，和生物地质的材料，产业的资料，以及一地方工艺品之代表物品。可使民众得以历史，科学及艺术的见地，明了自己所居的市镇及附近的真实情形。他们为了得到休假的安慰而入博物馆，博物馆不但予以非常的满足，更可使他们获得有益的知识。他的特色，就在对观览者不作任何强制，而能收教育之功于无形之中。博物馆更可运用最易理解的形态，以显示科学研究的成果，这不但对于许多少年观览者，鼓励自然爱好的兴味；即于科学素不认识的人们，亦可引起他们对于生活上必要的常识的企求。这种观察的正确，现在已经有了事实的证明。

地方博物馆中，当然不仅搜集陈列绘画雕刻等一般艺术的作品；同时还保存并陈列各该所在地所产生伟大的美术家的遗像、遗物以及其所手制的艺术作品，藉以不忘地方色彩。观览者可因此等艺术品而涵养美的鉴赏能力，使之陶怡于自然和人工的一切美化之中，将他所得的教养，在日常生活中发挥出来。因此地方博物馆不仅是为艺术教育，同时又可使人理解人类过去的生活，悠然而起爱乡爱国的观念。涵养其国民精神，并且可使当地住民理解其周围的自然，收获关于天产资源的知识，唤起关于自然研究及其产业上之应用的兴味。

在欧美各国博物馆中，近年来对于社会教育的设施，大有一日千里之势，他们在馆内陈列品方面，设计种种含有社会教育的设施外，还不断的举行公开演讲会，不断的刊印说明小册子，更由馆员领导，组织各种团体，以为在智育上和德育上发生联络的效力。以上各种业务，他们都能视其环境和居民的不同，而有各种不同的设施。所以民众看到博物馆，好像一所公众俱乐部，在这里可以进德，可以进修，可以为社交的场所，可以为娱乐的园地。自从户外博物馆和路旁博物馆发达以后，博物馆在社会教育上负有更大的使命。一般人把消磨在消极的娱乐方面时间，也移到游览博物馆方面去了。尤其在苏联各地，他们知道博物馆在社会教育的力量非常宏大，所以便借博物馆的陈列，博物馆的活动，去转移人民的信仰，宣传政府的主义和政策。由此，我们可以知道博物馆能使民众的知识扩大，思意正确和志趣向上。他在社会教育上所具的力量是非常伟大的。

三　博物馆与学校教育

博物馆既成了教育的工具，不但在馆内发生作用，并扩充其力量到馆外，他最早就占领了学校的园地。欧美各国都把博物馆作为教育上唯一的工具。在都市里都设特别的教育博物馆，以供各学校的学级的观察；更于常设陈列品之外，另外准备丰富的贷出品，以应各学校的需要。各地设立儿童博物馆，利用课余及休假的时间，召集儿童，利用实物的观察，幻灯的说明，野外的采集，标本的整理以及其他作业与竞赛去教育儿童。中等以上学校，并有学校博物馆的设备，用以为教育学生及其学习上的帮助。专门学校以上，如果没有学校博物馆而要推行现代的新教育，已公认为不可能的了。

除了这种为教育学校学生而特设的博物馆以外，在普通公开的美术博物馆中，对于搜集品的选择，陈列的方法及说明上的各种设备等，亦均预先征得各学校的要求而加以周密的考虑，然后对于逐日参观的学级，以极有效而适切的教育，或是以必需的贷出品供给各学校，以补学校设备的不足，给予非常重要的援助。所以博物馆对于学校学生的教育，实已成为重要职能之一。在进步的博物馆中，多因此而特别设置对于教育有经验的说明指导员，幻灯及电影的使用，不仅设于讲堂教室，并有搬运贷出品分给各学校而有特备的汽车。

今以英国为例：伦敦等市的大小博物馆中，有十分之二是有学校教员利用授课的时间，率领学级儿童来实习参观，而由博物馆馆员及领导教员施行说明的。孟却斯德市更时常将全市儿童送往博物馆去实地见习，并适应其所实地见习的问题，每周由市内的教育中选出一位专门家来，派到博物馆中，担任说明的职务。其结果使博物馆方面每周约有二千五百个儿童来馆见习和受专门教师的说明教育。

以上所述不过是一个例子，亦已可见各国学校利用博物馆的周密，不但小学校如此，即中等学校、大学校，尤其是各级专门学校和职业学校，莫不视博物馆为求知的泉源，几乎没有一个学生不到博物馆中去的。由此我们可以知道在学校教育上利用博物馆，已成了普遍的倾向。

四　博物馆与工商业

博物馆，尤其是地方博物馆，对于其所在地工商业的发达和改善上资助之处，其意义尤为重大。如产业博物馆等对其所在地的产业，当然非常的有益；就是对于其他各地的产物，要显示所在地产业的优良而特设一种陈列的。这种制度颇有提高兴趣的可能。因为一般从事手工艺的职工和从事机械生涯的工人，限于教育程度，凡是专门的书籍中所揭载的机械图案及制造工程等，要他们详细研究和了解，势有所不可能；因为他们本身职业上密切的关系，往往具有相当的理解兴味，他们对于那些显示种种机械模型及其运输情形，各种工具及制造工程之发达改善的历程，很能引起他们模仿和研究而在技能上得到很大的进步。他们因为看到了名工巧匠的制作品，观察其形状色彩，便可心领神会而有所模仿，有所发明，最少亦可提高他们的兴趣，增加他们的见识，而使工业品在外形和内质上，都能有长足的改良。博物馆在这一点上，既可指导他们，又可娱乐他们，收了双重的利益。更因工业的发达，商业当然能随之进展。同时博物馆教导商人们以各种经济的运输法、陈列法以及广告法等。因此，博物馆之在工商业，也有一种重要的推进力。

五　博物馆与文化界

博物馆在最初原是学者们研究学问的场所，演进到现代，才成为社会教育的重心。所以博物馆与文化界的密切关系已具有非常悠久的历史，直至现在，他对于学术上的研究和对于文化界的贡献，仍为一种重要任务。

博物馆内聘有各科专门家，努力于标本之采集与发掘，同时，对于搜集品分别研究，根据其研究所得的结果，将搜集品适当的整理，或将研究的成绩公开发表。博物馆因为陈列面积的限制，对于一般的参观者，只能精选少数代表的物品，设计一种有兴趣的陈列。另辟贮藏室，庋藏着几倍于陈列的研究资料，将这种搜集品根据科学研究的结果，各类各项作有系统的排列，以供专门研究者的研究观摩。如大英博物馆的分馆南干琴古登的博物学博物馆，单就动物学的搜集，其贮藏室中标本的总数，已达六百万件之多，而公开的陈列标本，则仅为一小部分。

欧美各国的博物馆，对于学术研究、发明、创作等有非常伟大的贡献。无论有何种企图或有新的发明创作的人，都须尽先利用博物馆，因为学者们要研究某一种学问，需要各种实物的参考品，往往限于个人的力量与经济，决不能有满意的搜集，因而研究的结果亦不能美满。现在博物馆为学者专门家特设的仓库，替他们解决了这项问题。博物馆将丰富的、有系统的搜集品贡献给他们，准许他们自由出入，或准许将参考品借至研究室，以便他们静静地从事研究。例如对于陶器，当你发觉其尚有某种不满人意处而思有所改良的时候，那么便要到博物馆去充分利用参考品为最便利了。因为在博物馆中，有自上古直到现代的陶器标本，依照时代，作有系统的陈列，保存。研究者可以看出历代陶器进步的程序，可以看出质料的粗细，方法的优劣等。并可阅读博物馆所藏的陶器书籍，即在博物馆实验室中施行实验，以求研究的结果。有时学者所需要的参考品，博物馆缺乏充分搜集物的供给的时候，那末博物馆必须接受研究者的要求，负起特种征集的任务，努力搜集，以满足研究者的欲望。

因此，博物馆对于学者和专门家研究的工作，成了不可或缺的研究的宝藏。他对于文化界伟大的贡献，已有不能泯灭的成效。我国博物馆事业尚在萌芽时期，合于现代博物馆组织的还不多见，希望从事于博物馆事业的人们，奋起直追，以完成博物馆所负的重大使命。

第三章　设立博物馆的先决问题

一　性质的决定

博物馆在现代已是完成学术研究，推进学校教育和启发民众知识的原动力；在博物馆事业落后的我国，应当朝野一致努力于全国各地博物馆的建立，实为我国国民文化建设上当前的急务。设立博物馆的第一个先决问题就是决定博物馆的性质。因为博物馆是大众的教育机关，所以在设立博物馆的时候，我们不能忽视客观环境的需要。——例如德国阿尔特拿[①]博物馆，因为阿尔特拿是深海渔业的主要地，所以该馆对于深海渔业，及与此相关联的各种工业的介绍，为其主要任务之一，馆内设有渔业室和水族馆以期促进该地所有住民之渔业的改进和发达。——性质决定之后，然后能物色专门家筹划其事。诸凡经费的筹得，馆舍的建筑，陈列品的搜集等才能循序而行，分工合作，才可收事半功倍之效。

因性质的决定，不得不顾到全国博物馆的系统设施问题。首都南京，当然应该设一中央博物馆，由国库拨款经营。可分为历史博物馆、科学博物馆、美术博物馆三馆。若病其规模过大，不便经营管理，可分科学博物馆为博物学博物馆与产业博物馆二馆：博物学博物馆包括动、植、矿、地质、人类学、土俗学及卫生等部；产业博物馆包括理化、天文、数学、运输、交通及各种制造工业等部。又我国幅员广大，只在首都设立一所国立的中央博物馆，究竟不能普遍。故除首都以外，其他如北平、广州、武昌、西安等地，各设分馆，北平、西安以设历史美术博物馆为宜，武昌、广州可设立科学博物馆。

地方博物馆的分布，当力求其普及。人口在三四十万以上的省会或城市，可设置相当规模的科学产业博物馆与历史、美术、工艺、博物馆二馆，由省立或市立之。人口在三四十万以下的省会，可设置省立博物馆，以设置包括科学、产业、历史、美术、工艺诸方面资料的普通博物馆为宜。各县可设置县立乡土博物馆。各地的名胜古迹，其有特殊价值者，可善为整理，使成一户外博物馆。又大学及专科学校，亦宜设置博物馆，或联合设立联立博物馆，并对民众公开。特殊环境区域可设立各种分化的专门博物馆，如上海、汉口设立商业博物馆，杭州、成都设立蚕丝等博物馆之类。更对于各种私立博物馆的产生，地方当局亦应竭力加以扶助。凡同性质的博物馆重复设立于同一地方之弊，当极力避免，以免经济及效能的浪费。

二　经费的筹划

设立博物馆的第二个先决问题，就是经费的筹划。博物馆的经费分二种，一种是开办费，第二种是经常费；前者是创设博物馆时建筑馆舍，搜集陈列品等的费用，后者是维持博物馆的经常费用。

经费的来源，如为中央或地方政府所创设的，则开办费由中央或地方政府拨给；经常费亦列入国库或地方政府经常支出门中，按期发给，以维持博物馆的行政和活动。至于私人设立的博物馆，则多由私

[①]　疑为"阿尔特纳"，德国城市。

234

人捐募或公家补助而成。开办费筹得之后，更由负责人士募集一注巨量的基本金，将此项基金所生的子金和要求政府当局所拨的补助金，作为该馆的经常费用。美国的地方博物馆更有为维持博物馆而募集维持会员，藉以征集资金的：现在纽约市的曼陀罗朴里敦美术馆在一九二六年有维持会员一万二千六百四十九人，得会费二万五千七百四十镑；又如芝加哥的美术馆，有一万四千五百四十六人，得会费四万五千三百镑，作为该馆的经常费用。

现试举英美二国对于地方博物馆维持的方法以供参考：英国方面的地方博物馆，虽有由有志者经营设立的，然其成立以后，即须归之市有，由公家拨款维持。凡在人口一万以上的城市，政府即可拨款建筑博物馆。英国对于博物馆的经费，限制甚严，在经营上不能支出充分的经费，从而其设备及经营上，亦不能充分的改善。故在英国，除若干大博物馆外，其他规模较小的博物馆，数量虽不少，成绩并不优良。美国的地方博物馆像英国那样属于市有的很少，大概由财团管理人维持的。此种财团管理人是独立的，是由有学问，有地位，而且有服务精神的人物所构成。在美国因为开始由市府建设的博物馆几乎是没有，一般总是先推定财团管理人，再由财团管理人建设博物馆。就是先以一人或数人为热诚的发起人，从富豪方面受到捐款，或组募集维持会员，赞助委员，征集会费以为开办时的建设资金。至于维持博物馆的经常费用，则有州市的补助金，地方教育局的补助金，财团管理人所拨的经常费，以及前述维持会员所付的会费与捐助金等。这是美国对于文化事业的优良制度。因为经济来源的广大，所以美国的博物馆事业较英国易于发达。

三　地点的选择

关于建筑博物馆，首先一个步骤便是选定建筑的地点。因为建设地点的适当与否，不独影响于建筑的费用，即对于竣工后业务的进行与发展，亦有重大的关系。最先当注意的凡是低湿，排水不良的地点务须避免。此外对于选定的地点，与都市繁荣计划或自然发展方向，亦有予以深切考虑的必要，因为这种关系大众的事业，必须考虑其如何可与大众方便，才有价值。在过去，博物馆每多附设于图书馆，政府机关以及其他建筑中，征诸历来的经验，这种配置均不妥善，不但容易发生种种困难，并且会妨碍到博物馆业务的进展。所以建筑博物馆的地点，必须选择市民往返便利的位置。但过于扰杂或靠近火车来往易于震动的地方，工厂林立烟煤侵入的区域，以及市声杂沓，尘埃侵袭等处，都不相宜。如果周围都是公园区，那当然是最理想的博物馆最适宜的场所了。

四　建筑的设计

博物馆建筑的设计，必须从内部而及于外部为原则。例如怎样使建筑物美观？依照什么式样建筑？怎样设计才能与周围的环境相调和等外观上的问题，都可姑置不论，而以全部精力注意于建筑物内部的配置，各部房屋的形状大小，以及各室的联络和采光换气等设备，凡博物馆经营上所有的各种条件，均应详为设计。在内部的问题大致解决了后，方才开始考虑到建筑物之外形美观的一切事项。如果依照这样程序来设计，只要建筑费充分，则不论大小规模的建筑，没有不合实用的弊病。

关于博物馆，尤其是地方的小博物馆，建筑上的各种问题，可尔门氏在其关于博物馆的著作中，曾发表最切实际的意见，可以作为设立博物馆的参考，其重要的有下列数条：

一、博物馆建筑，须依该馆实施事业的种类与所使用的建筑材料而设计；此两者又依其地点之状况而不同。

二、须顾到博物馆将来的成长发展而设计。

三、在考虑建筑物之外观以前，须先设计其内部的设备。

四、内部之设备，须依建筑物经济的管理上为主眼；其设备上之便利，绝对不能为建筑上之方便而牺牲。

五、为大众设备的各室，其设计之要领，在可由少数人照料其全部，又须不妨碍参观者的出入。

六、陈列室须尽可能的设备在附近大门口的地方。

七、办公室、作业室，须不通陈列室，应由大门直接出入。

八、讲演室须另设出入口，俾可单独使用。

九、陈列室之建筑上的支配及装饰，须依其内部的陈列物而决定。

十、曲线阶梯不如直线阶梯为佳。

建筑博物馆时，常以建筑经费所限，而不能完成其理想的全部建筑，故于开幕若干年后，往往时有增筑馆舍的计划，有时因为博物馆自身的发展，亦多增筑馆舍。故于开始建筑时，即须顾到将来发展增筑的余地。其应行注意的如下：

一、由小规模开始，可以逐渐增筑。

二、各部分建筑须有统一性。

三、各部建筑都有添造的可能性。

四、继续的建筑须有合理的顺序。

五、无论在如何扩张的阶段，须得完全顾到博物馆的职能。

六、无论在如何扩张的阶段，务须不失内容的实用和外观的优美。

博物馆的内部的建筑，首先当注意的是博物馆的三大敌人：火灾、盗窃和尘埃的防范。因为在博物馆的性质上为公众的安宁与搜集品的保全，所以新式博物馆的馆舍须为耐火、耐电和不燃性的建筑。同时在馆内室与室之间，比较大规模的博物馆都有加筑防火门的必要。德国明海的德意志工业博物馆的防火门，嵌入厚壁之内，上面附有可熔性金属的锁链，一旦发生火灾，因高温度而使锁链自断，防火门即跃出闭住。防范盗窃，必须于陈列橱箱及陈列室门上装置良好，坚固的锁钥。虽然美国大博物馆中亦有于陈列橱上装置防盗警铃的，不过这只是极小数的。尘埃最易损毁陈列品，而且又无孔不入，因外，建筑上这一种的防范亦是非重要的。馆中地板须用石板或树胶砖之类铺成，以免观众足下带来的尘埃飞扬。其余如陈列橱的门户须建造得十分严密，玻璃及开关的细缝，也应贴附毛绒布幔，当橱内外温度发生差异，空气挟尘埃侵入的时候，这种毛绒布幔即可将尘埃阻住。

其次，便是采光问题。博物馆采光的方法有两种，一种是利用陈列室上边的横窗射来的天然光线，一种是完全利用灯光。这二者各有利弊：因为天然光线比较使人舒适通气，但不易调节，并且太阳光线容易损害陈列物，尤其是美术品。纯用电灯光则费用过巨，并且还必需配置完备的换气设备，这常使一般的博物馆不能负担。这两种采光方法，在大规模的博物馆均不成问题，能够相辅而行。至于普通小博物馆以采用天然光线为适宜，而美术馆则以采用灯光为佳。

五　人才的养成

博物馆对于国家文化负着广大复杂的任务，所以在现代博物馆的经营中，非有各种专门家和对于博物馆职务训练有素的人员，不能肩以重大的责任。一因博物馆在我国还是新兴的事业，无成例可循；他有新的理论，新的技术和新的方法。二因博物馆本身的业务已经够繁复了，他在实施的时候，因为是多方面的，所以需要技能，较之任何一种事业为复杂。设施上如以研究为立场的，则于陈列部门须有深造的修养；以教育为立场的，则于指导说明，须合教育的原理；倘其对象为群众，又须利用机会，因材施教。故非专门训练，便不足以充任博物馆的职员。

经营博物馆事业是一种专业，服务的人员，必须二种准备：一是基本训练，二是专业训练。现分述如下：

一、基本训练　这是关于普通学识和教育知识而言。因为博物馆工作人员，负有推动文化，指导社会的使命。工作人员要有丰富的知识，方可胜任而愉快。普通学识如国文当求通达与有素养；外国语当能参考各国博物馆名著；其他如社会科学当对于现代文化，世界情势，国家民族的状况，都有确切的了解；自然科学当对于科学管理，物质建设，均有相当的认识与技能；至于教育知识凡关于教育哲学，教育心理，教育方法等均须有相当研究。

二、专业训练　分知识、技能、观念三方面：一知识，经营博物馆不但要有理论的认识，而且要有设施的知识。例如博物馆的筹备和组织，各项设施和活动，文字方面的利用以及关于博物馆实际上应用的各种专门知识，如考古、发掘、艺术等学问，均须充分训练。二技能，经营博物馆的，要能手脑并用。所以不但要丰富的知识，并且要熟练的技能，例如搜集法、陈列法、保管法、修理法、说明法以及绘图、制表、摄影、制模等技术，各视职务的关系而行专门训练。三观念，博物馆工作人员当具有一种正确的观念，也可说是人生观，这不是一种空想，而是根据现代进步的博物馆的经营为目标，以谋达到最理想的一步，这一种观念可以勉励工作人员的努力使自己职务的改进。

除了上述的准备，博物馆工作人员必须继续不断的进修，因为博物馆事业还在日新月异的进展中，非继续进修不克充任健全的博物馆工作人员。进修的方法有讲习、参观、讨论、研究等四种，这些方法有的能取人之长补己之短，互相观摩以求进步；有的能阐发学理，改进或充实业务；这都是博物馆人员应具的良好精神，同时馆中高级的掌权者也须予职员以种种的鼓励和机会，以加强他们的志趣与勇气。否则馆员即有志于进一步的研究，馆中的设备与馆员的日常工作，都不利于研究，这常使有志好学的馆员失望的。深望今后博物馆经营者能够注意这一点。

关于积极的训练方法有二种，第一种是在设置完备的公私立大学中，开设博物馆学系，并在高中师范科中，列入博物馆学为必修科。同时并请国内办理博物馆事业的各科专家担任教授，俾于训练博物馆理论上的知识外，更可在各种实际技能上加以充分的训练。第二种是开设短期训练班。这是在外国博物馆中最为习见之事。如伦敦克幽植物园中，养成园艺专家有数百人以上，附近植物园的管理人员，大半是从该园训练出来的。我国社会教育方面，亦多类似的训练班，如山东省立民众教育馆附设书词训练班等。亦有由教育行政机关及学校办理的，如山东社会教育人员训练所，福建民众教育师范讲习所，广东省立民众教育人员训练所等。二十年来，我国社会教育的推进，各处工作人员的养成，亦为重要的原因。以上两种办法，在训练博物馆人才的立场上是同样重要的。第一种方法固然是培养专门人才的根本办法，可是各省市县如果各把博物馆设立起来，仅靠第一种方法将成求过于供的现象，而现在服务于社会教育机关以及对于博物馆有兴趣者，亦无机会去学习博物馆上的理论和技能，所以第二种方法，也是同样重要而不可轻视的。

博物馆在我国还是一种新兴的事业，国人对此亦颇多重视，中央及各省市计划设立博物馆的亦年有所闻，所以工作人员的养成，更属迫不及待；否则博物馆仅是一种形式的设立，不能有活的施设和进行，如何可以发挥博物馆伟大的使命呢？

第四章　博物馆的设立与管理

一　陈列品的征集

陈列品为博物馆的生命，要求博物馆内容的充实，当然须视陈列品的是否丰富。但因为博物馆的性质不一，所以搜集陈列品的种类不同，方法亦互异。有实物，有模型，有标本，有拓片，有照片，有图画，这是关于陈列品实质的不同而言；有自然物，有人工物，这是关于陈列品属类的不同而言；有历史的参考物，有艺术的赏鉴品，这是关于陈列品效用的不同而言；有求之于商铺，有访之于藏家，有从采集而来，有从发掘而得，这是关于陈列品搜集手段的不同而言。

博物馆要搜集陈列品，必先决定搜集的方针和搜集的手段。什么是先应决定的方针呢？第一、不可忘记博物馆的所在地；因此搜集陈列品的目的，不仅选择若干地方出品而已，必须搜集足以完全表现一地方的生活状态的陈列品。第二、不可忘记博物馆的对象；因此不仅选择若干普通出品而已，必须搜集足以适合于最大多数的浏览者的利用之陈列品。第三、不可忘记博物馆本身的能力；不顾此而失彼，不好高而骛远。至于搜集陈列品的手段，分购买、交换、赠送、寄存、复制等五种，须视各种陈列品性质之不同，以决定采取何种手段去搜集。此外，在采集中有一种是发掘，他在陈列品的搜集上往往有不可思议的收获。发掘的真谛，在能将相距我们很远的人类历史，以及连贯到现代文化的一大段，烛幽发曙，提示真确事实于我们之前。换句话说，发掘是应用科学的方法去发掘古代的遗物，这是根据于历史的价值，不在遗物本质，而在乎它的相互关系上的理论，这种互联的关系，只有科学化的发掘才能侦察出来。所以近代世界有名的博物馆，莫不联合其他文化机关，组织发掘队，搜集古代的史料。东方原是古代人类的老家，黄河一带，尤为无尽藏的文化史料埋藏地，深望我国博物馆工作人员能注意及此。

因为博物馆对于文化产业负有极大的使命，博物馆工作人员便负有重大的责任，所以除审慎从事于陈列品的搜集外，尚有数事宜同时注意：（一）取舍要审慎，尤其是现在视为平庸之物，如果将来有历史价值，即使竹头木屑，亦应妥为保存。将来整理后作成有意义的或与他物连带的重行陈列出来，必可得到大众的注意，而成为生活史上重要的陈迹。（二）鉴别要精明，尤其是对于古物，要经严密的鉴察，以辨其真伪而免赝品的混入。（三）宗旨要纯正，不可给好名心所驱使，借发掘为名武断事实，杜撰结论藉以博得虚名，因为这不但把假物当古物，并且能淆惑文化界的视听，不能不有严厉的防止。

二　收受与编藏

在陈列品搜集后的第一步，便是整理问题，现在且把普通的手续一说：凡陈列品送到馆中时不问购置、交换、复制、赠送、寄存，第一步即以该项物品详视一周，在总登记簿上逐项登记，予以总号、书写，黏贴或挂置于该物之上，乃以物品送往储藏室，如系贵重之品即须归之库房。第二步乃视该种物品的性质，再行根据总登记簿，填写目录卡，以为分配陈列统计件数之准备。上项手续，如果规模较大的博物馆，应由各部专管职员分别办理，倘规模较小的博物馆，即由一人主办。但无论如何，这两步手续，必须办理，否则最富历史意味的博物馆事业，对于陈列品本身反以没有科学方法管理，而失去了历史的查考，甚至发生残缺失落的事情以后，竟无法可以考查。关于总登记簿与陈列品目录卡登记手续及保管责任，可视馆之规模大小而定。不过这是最关重要的一种责任，所以除在小规模博物馆须由馆长亲自办理外，凡规模较大之博物馆，均应指定专员，主持其事。

在办理总登记时，对于规定总号较为困难，一面要求对于各种搜集得来的陈列品，各有独定号数，同时又须不背总登记的原则，不可互相分裂，且在检查时又须便利，在此三种原则之下，确定一种总号的方法，这是非常重要的工作。上海市博物馆陈列品的编号法，凡属历史部之号码皆冠一"史"字，属艺术部的冠一"艺"字等，更于各项号码前加一汉文数目字，如购置项加一"一"字，捐赠项加一"二"字，例如：史一00001为历史部购置项。余类推。

陈列品的总号数编成以后，即须以此为永久的号数，当直接书写或贴附于物品上；如不可能，则可使用他项标签，或附于该物品的架垫上，或附于该物品的容器上。这种标签如果在所编号数以外另有何种记载，则亦不易与说明书（Exhibits Label）相混同，因为说明书往往不直接附于物品上，或易他移，或遭遗失。此外，又须将收到的物品，同时编入陈列品目录卡中，这种目录，各国博物馆中都备有三份，一份由物品保管股保管，一份充作各部的陈列品目录，另外一份则供作索引之用。

三　制作与陈列

博物馆搜集的陈列品，办好整理手续以后，每多不可立即陈列或存储库房；必须还要经过加工制作的手续，才能成为完善的陈列品。进一步讲，大凡博物馆所搜集的陈列品，不论关于哪一方面，如要成为研究材料或优良的陈列品，那就要一律施行某种程度的加工制作。这就在将材料适当地加以保存、修理、配置等手续。此种手续，有些应在野外采集的原地施行，如系远距离的采集，不及在当地制作完了的，可在归途中的舟车上工作。有些必须有相当设备而后可以工作的，那就非带回馆中的工作室，试验室和工厂中动手不可。总之，博物馆搜集陈列品以后，制作也是一件重要的工作，否则便不能成为研究材料，甚至在普通陈列上亦有问题。在搜集品制作成了合理的陈列品以后，因为常常移动变换的关系，所以难免有破旧损坏的事情。并且各种陈列品中常以日光空气尘埃等的作用，尤其是露置的物品，倘无相当的修理方法，陈列品必至逐渐破旧而损坏，因此在制作以后，便要计划着怎样去修理和保管。加工制作是要增加陈列品的效能，修理保管是要延长陈列品的寿命。关于修理保管的设备，都须根据科学的理论，研究有效的方法，最普通的为洗涤、修补、驱虫、加热、冷却、干燥、喷雾等工作。

博物馆陈列物品的目标，第一是利用物品引起观众的快感；第二是利用物品以传达知识。凡艺术作品，以物品的本身向观众输送其快感，所以美术品的陈列方法，大都依着第一个目标施行。与此相反的，关于历史及科学方面陈列，物品本身，只能证明问题中的一小部分，自然属之于第二目标以陈列。前者只须注意其色泽的调和，排列的均匀；后者必须加以系统的排陈和充分的说明外，更非应用图表及其他具体化补助物不可。

现代博物馆，已经日渐成为大众本位化，因此他的陈列法，也随着有极大的改善，大体说来，就是将原来的"什袭而藏""多多益善"的陈列方法，加以严密的剔除，使其只陈列少数可为模范的代表物品。而为学者专门家以比较研究的材料，则另贮于别处，这便是最新的提要陈列法。更有博物、民俗、历史等的博物馆，多采用所谓联合陈列法，他的意义便是把互有关联的若干标本或模型，依照大自然中原有情势而配列陈列的。此种陈列法中最进步的是舞台装置的一种，陈列物品于施行特殊装置的箱柜内，参观者可从玻璃窗外观览；所以又可说是一种透镜画式的陈列。这种生动活泼的方法的发达，乃是对于以往古旧陈列法的一种反动。

工艺品的陈列法，大概可分为三种：一、是将工艺品根据其原料与加工法的分类而作系统陈列的方法；例如伦敦的维多利纪念博物馆①。第二、是开化史的陈列法。是对于各时代的工艺品，依照各该时代当时的情形，作有关系的连络法陈列，用以表示每一时代的文化；例如德国明海的巴伦国立博物馆。第三、即是所谓时代式样的陈列法，在普通大小采光良好的室中，用适当的彩色背景，将该时代代表的工艺品，注意其全体的调和，适当地联合的陈列法；例如德国开伦、利浦齐等地的工艺博物馆。

总之，陈列法之于博物馆，有如橱窗布置之于商店，同一物品，因陈列法的不同，而发生悬殊的效力。所以博物馆工作人员常用极大的努力，尝试各种不同的陈列法。

四 陈列器具的研究

陈列方法的成功与否，除了陈列的技巧外，陈列橱箱的设计，亦有密切的关系。我们先说博物馆使用陈列橱箱的意义：他的第一任务是在适当地保护陈列品，如贵重物品可因此而避免偷盗的危险，另一功用是防止空气与尘埃的侵入而免物品受污损。第二任务是使陈列在内的物品容易看见。因此结构上必须使用相当大的玻璃板，四周骨格须尽量的细狭，使不致触目，而于展览面可充分的广大。如妄施无用的装饰，则足以妨碍陈列橱箱内物品的真相，特别是在收容美术品的陈列橱箱，必须与其陈列品相调和，既要简洁，又须典雅。

现代博物馆中普通使用的陈列橱箱，大别之有立橱及水平橱二种。立橱是将玻璃板作成垂直装置，观众可由此透视橱中陈列物。水平橱则可从装置于水平面位置的玻璃板，由上望下，一览无余。陈列橱更从放置的地位及其他种种关系而大别之为中央橱、壁橱、桌橱及案头橱等四种。陈列橱箱的大小，须依照其所要陈列之物品的大小而选定，求其划一的形式，固不可能。然而除了特别陈列橱以外，其大小在大体上当求趋于一式。

陈列橱的框子，多以精致纤坚的木料或金属构成，他的颜色，对于木制的，以退光浅褐色为最适用，淡灰、青灰次之。钢铁的，可涂以灰色，再以绿色润饰，青铜则以古铜色及天然青铜色润饰。

橱中用板制成的部分，均须张以幕布，这可使陈列品愈益美观，并可遮蔽陈列橱中有碍观瞻的便利。颜色则一般以淡灰色为适当，然须注意不要因此而使陈列室全部过分陷于单调。又须避免室中墙壁的同样颜色，总之以浅淡为上，不使与周围色调冲突。

在陈列橱箱的构造上，为使物品安全，当选用最上品的锁钥，匙孔亦以愈小愈佳，钥匙种类，愈少愈好，或者置备一种总钥（Master Key）以便保管。

博物馆的陈列用具，除橱箱以外，更有屏风和转动活页板的设置，前者因占地少而陈列面积多，更能变换陈列方式，所以成为调济陈列的重要工具，后者因富有艺术和科学意味，而成为陈列室中一种生动的辅助陈列用具。

五 陈列品的说明

从来博物馆的任务，就在于保存物品，而予公众以观览的机会。而观览亦分为用肉眼观览及由肉眼观览而转至心灵思维，以获正确的理解等二种，负着社会教育使命的博物馆的任务，更有利用陈列品的说明，以引起观众兴趣与了解。为了贯彻说明的效能起见，因而有说明标签，说明书、说明目录和说明

---

① 现多称为"维多利亚与阿尔伯特博物馆"。

员或博物馆教授的设置。

棚源桥太郎说："博物馆有好的说明标签（Exhibit label），其陈列才是活的陈列，尤其在科学、产业、历史的博物馆，如无说明标签、使不能表现陈列品的意义。"说明标签的重要，于此可见。说明标签虽有大小的不同，然从所写的文句内容来看，可分为个别的和综合的二种，前者是各种个别的陈列品上所用，后者是装设在陈列室的入口或陈列室的墙壁，也有装在陈列橱上的，是表示该处陈列之全体物品的说明标签。要使标签具有充分意义而能表现其伟大的效能，当从其外观和内容上加以研究。博物馆因为陈列品和陈列橱的大小和性质的不同，应置备大中小三种标签较为便利。标签纸的颜色，须与陈列品充分调和，使观者不致起厌倦之感，所以最好能用浅灰、淡黄、淡绿等纸为相宜。内容方面，文字当以铅字印成。排列法，我国文字亦以自左而右的横写较为醒目和便利。文句当求简洁而富有兴趣，使观览者除了认识陈列品的意义外，并有探讨的趣味。标签的位置，必设置于最便于阅读的地位，或贴附于陈列品上，或插于特制座台上，或置于落地立架上，各视陈列品的需要而定，惟均须保持相当的角度，以免观览者视觉的疲乏。

因为站在教育立场的博物馆，觉得说明标签不能尽使观览者对于陈列品有深刻认识；而站在艺术立场上，以鉴赏为主眼的博物馆，又以说明标签徒使陈列品减低其审美的趣味，力求标签的废弃；因此有博物馆目录和美术品说明书的补充刊物出现。美术品说明书为波士顿的美术馆所创始，当时他们一方面反对说明标签，同时又想把美术品的作者姓名、作品特色等公开宣扬，于是有说明书的编印。内容是把说明标签中的各项转录于说明书中，并为便利观览者的对照起见，于陈列品上仍附号数标签。此后便有许多美术馆群起效尤，于是说明书几成了美术馆中主要的一种作品，因为说明书记载的文字，有极大的弹性，不但艺术家对之同情，就是在教育立场上的普通博物馆也有相似的补充物流行着，就是博物馆目录、便览和说明书等的小册子。以补救说明标签的不足而使观览者获得更充实更明了的说明。——但是因为博物馆是大众的，说明书虽详尽，非人人能阅读；又因都有代价，非人人得以购买；故说明标签在普通博物馆中，仍有他巨大的功用而绝对不能废弃。

近代博物馆，因为力求实现其活的博物馆效能起见，更有所谓博物馆教授的新业务。因为要使观览者对于陈列中系统的明了，或把一群参观者的需要，一一指导，选择参观，更于参观的陈列品中，一一和参观者的日常生活互相连系起来，使参观者不但得到进一步的认识，而且得到非常的兴趣，这非利用文字的说明标签所能办到的，博物馆教授就是应这种需要而产生的。这种制度，亦由波士顿的美术馆所创始，而今日已普及于世界各国。该馆于一八九五年经研究结果，认为必要，于一九〇六年实行，称之为"Docent"。其后巴黎的尔布尔美术馆，纽约市的博物学博物馆，英国的布里启修博物馆等均相率采行，而成了今日各国博物馆事业中的一种普遍制度。

第五章　博物馆的推广与活动

一　开放时间与收费问题

为了大众参观的便利，有人主张博物馆在原则上要无限制的开放，可使任何一种职业的人们，都有机会入场参观；但是在实在情形之下，博物馆对于限制参观的日期、时间及区域，还是必要的，而尤其对于美术馆。因为博物馆开放的时间过多，对于陈列品容易引起种种损害，且有无法管理的困难。更因现代新式建筑的有冷热设备，如果无限制的任人入内，则动辄易成贫苦民众的休息所。在巴黎他们把一所著名的尔布尔美术馆，竟称之为"国立暖房"。所以这一点，还须加以考虑，不过就大体而言，在不损害陈列品的程度之下，必须尽可能的放任民众参观为原则。最近因为要使劳苦工作的人们都获得自力修养自行教育的机会，各国群倡星期日全日或下午为无限制的开放，更有盛倡夜间开放者，俾可使人们于星期六之夜亦可从容参观，美国博物馆协会，已议决各博物馆至少每周有一天为劳动者夜间开放，因此巴黎国际联盟的博物馆国际事务局亦于一九二七年有决；现在英国国立博物馆、沙英士博物馆等均已于一九三〇年起，每在假期开放时间延长到夜间九时。因此博物馆开放时间的延长，已成为世界各国一致的趋向。

要使博物馆真正大众化，则免费入场为最合理，意大利最初实行的结果，于一个月间增加了十六万三千八百十三个参观者。所以在博物馆效能上说，当以不收费为原则；至少在星期日、纪念日对于劳工及月薪微薄的小职员学徒等，规定若干日期免费开放。因为最大多数的群众，还是他们。但是或以政府的财政困难，或以门票收入作为博物馆一部分的维持费，或以特种原因，非收门票便不能管理等情形之下，当然可以酌收最低价格的入场费。在欧美除特别规定免费入场专为劳动者参观外，其他时间，普遍在美国以收二十五先令为多，在英国则以六便士为最多，约合我国法币一角至五角。而无免费入场的规定者，其收费较低，往往合我国法币一角为最多。

二　各种集会的组织

现代博物馆既成了社会教育的重心，所以除了智慧上的灌输外，更应有德性上的修养。欧美博物馆中，常有"青年团""少女团"的组织，便是进德修业兼筹并顾的一种新设施，也是现代博物馆扩大其施教领域的一种新事业。

不过"青年团"和"少女团"等的组织，分子还偏于学生方面，目的还偏于学业方面；博物馆的对象，并不限于学生，事业又不止修学，于是近来著名博物馆中，便有在馆内召集演讲会、座谈会和音乐会的新趋向。尤其是为大众业余娱乐的音乐会，更受一般人民的欢迎。亦有在馆内组织乐队，俾可随时举行音乐会。如英国卡底夫[①]的威尔斯国立博物馆，就设有管弦乐团，其他规模大的博物馆，亦多与市

---

① 现多称"加的夫"。

内音乐团体联络，每隔若干日，必有音乐会的举行。美国各博物馆对于音乐部的设施，亦极努力。克利布特市美术馆中，在数年前已置有音乐部，专为领导一般民众在博物馆内举行音乐会或指导儿童举行唱歌会。他们为了提高民众对于音乐的兴趣，故多聘用音乐专门人才，专司其事。他们所以这样注意，除了吸引大众一齐到博物馆的倾向外，更深的用意就和博物馆艺术陈列品中的绘画、雕塑等有同样意义，以资音乐趣味之普及向上与艺术的进步。而且同时还行音乐教育，这一方面是在补充学校教育的不足。

除了音乐会，便是演讲会，座谈会和各种俱乐部的组织了，这些集会，都有着他们各自爱好的群众；演讲和座谈会灌输各种常识以及把好的道德观念给他们。俱乐部则供给人们在业余之暇，得有正当的娱乐。欧美各国对于博物馆的锐意改进，以完成他对社会教育所负的使命，在这些集会的组织上，便可知道他们在怎样地努力着。

三 陈列品的利用

博物馆因为要满足各地方，各学校的要求，和顾到本身的经济起见，所以有将陈列品贷到馆外的一种重要业务。一是由中央博物馆贷予地方小博物馆，一是贷予各地临时举办的展览会；前者是采用巡回式的，后者是临时的暂借。因为中央博物馆或各都市的大规模博物馆每以地位及经费关系，其收藏品较其他博物馆为丰富。为了增加他的效能起见，不但仅使本馆的参观人数增加，更须使其他小规模的博物馆，亦因而得充实和发展。其方法除以贵重罕见之品，设法复制或摄影分赠各小博物馆外，更以重复品及贷出品，各立系统，排定日期，巡回各馆。

在这种博物馆的馆外贷出事业中，我们最应注意的是对于中小学校的贷出教授材料。在学校方面，固尽可能的时常率引其学级到博物馆中去，不过路程过远的，即要利用，亦不容易。故为补救这种缺陷，教育材料巡回向学校贷出是必要的。于是地方博物馆须有贷给学校的标本、模型、挂图等的制作及出纳。又须设置特别室，将关于地理、历史、生物等贷出资料，依次排列；且制成对于此种物品详细的说明目录，以之配发于附近的小学校长。如此，则各学校可依其目录而容易选出其教授上合用的物品了，美国圣特里斯[①]的教育博物馆对于贷出陈列品办法，很是完美，他们每二星期把贷出品在整备室中更换一次，以适应各学科课程的进度。而这种贷出品，多用博物馆自备的汽车，送入各学校；而该车即将上次贷出于学校的物品运回博物馆。在美国各博物馆中，贷出陈列品已成普遍的现象，也为博物馆中繁重的业务，往往专设员多人，主持其事。例如纽约博物学博物馆对于附近小学巡回贷出博物标本，达七十六万五千余份，参加学校达四百四十余校。他们不但贷出陈列品而已，还特制五彩幻灯画片与活动电影，每年贷出的亦有七十二万六千余份之多。

在欧洲贷出事业或巡回陈列等亦非常盛行，尤其是伦敦的维多利业阿尔勃尔特纪念博物馆备有为地方贷出的巨量搜集品，例如关于陶瓷器、金属品、织染业与参考品，无不具备，他如伦敦的国立美术馆对于美术，和历史博物馆的对于历史参考作品都有充分的贷出品，以应地方博物馆和各学校的需要。观此，利用陈列品的在馆外活动——贷出和巡回——以收普及的效能，在现代博物馆事业中，已成了很重要的业务了。

四 扩充的步骤

博物馆每因地方的繁荣，居民的增加等而将原有博物馆有扩充的必要。扩充的步骤，可分外形的，

① 现多称"圣路易斯（St. Louis）"。

为馆舍的扩大。内质的，为陈列品的充实，部门的添设。馆舍的扩大已详于第三章第五节。现在专将内质的扩充略为一述。

（一）陈列品的充实　　博物馆在最初开办的时候，大都因为经费的限制，对于陈列品不能充分搜集，只能择其重要者加以征集和陈列。到后来，因为客观环境的需要，地方工商业的发达，民众知识程度的提高，博物馆事业的为大众充分的认识和爱戴等，博物馆必须充实原有简单的陈列品的质量，以满足民众的要求。他的具体方法是聘请专门人才任搜集发掘的职务，根据研究的结果，分门别类的添加于原有的陈列品之中；或是原来陈列品中所缺乏未曾收集的，这时候应该特别注意这一种类的征集；可使范围以内的陈列品，臻于完美的程度。

（二）部门的添设　　博物馆由于初创的简单业务而演进成为复杂的社会教育重心，这一种进展是必然的过程，部门的添设便是此中很重要的一个演变。初创的综合博物馆，常因种种关系而不能包罗万象，普遍都开始设有历史部，美术部等，到了社会环境中不够应付当地民众的科学探讨的要求时，博物馆必须添设科学部来满足他们。起始不妨简单些，以后设法使他内容逐渐充实。其他各种部门的添设，也是如此。总以客观的要求作前提，因为博物馆原是大众的教育机关。

此外，如馆内外各种集会的组织，以促进各种阶级和不同年龄的人群都对博物馆有亲切的观念，如贷出品和巡回事业的推广，临时展览会和特种展览会的举行，这些都是博物馆事业的扩充。他的成效，较之仅仅珍藏价值连城的古器古物，有过之而无不及。

附录一

我国关于博物馆的参考书，去年才有刊印，兹介绍如下：

中国博物馆一览	中国博物馆协会编	
博物馆参考书	中国博物馆协会编	印刷中
博物馆学通论（上海市博物馆丛书）	陈端志著	
古物之修复与保存（上海市博物馆丛书）	胡肇椿　曹春霆著	
地方博物馆实施法（上海市博物馆丛书）	陈端志著	印刷中
博物馆学概论	费鸿年编	
博物馆陈列器物图说	陈端志编	编译中
博物馆协会会报	中国博物馆协会编	

附录二

　　中国博物馆协会于民国二十五年七月，在青岛举行第一届年会时，决定特制"博"一字，代表博物馆三字。除由该会赶制新字及在第二卷第一期会报上公布外，并已分函全国博物馆及学术文化团体，一体引用，这也是研习和实施博物馆的人们，不可不知的一个重要消息。

上海市博物馆丛书

甲类第二种

古物之修复与保存

胡肇椿、曹春霆编著

上海市博物馆发行

中华民国二十五年十月出版

作者简介

胡肇椿

胡肇椿（1904~1961），广东人，专攻考三学及博物馆学，上海市博物馆首任馆长（1936~1937）。1927年毕业于燕京大学，随后赴日本京都大学研究院留学。1931年回国，担任国立中山大学教师，广州黄花考古学院（1932~1933）主任研究员兼《考古学》杂志总编辑，广州市立博物馆考古发掘专员等职，曾加入中国考古学会、日本考古学会、中国社会学社等学术团体。著有《古物之修复和保存》（与曹春霆合著）、《考古发掘方法论》（与郑师许合著）等。

曹春霆，不详。

序

博物馆事业在欧美自发轫以来，于兹不过百余年，其间改进之亟锐，迈往之可惊，稍涉足于柏林伦敦巴黎纽约各大都市以迄穷乡僻壤间，其博物馆无问规模之宏陋，靡不活跃于民众智识之普遍，与高深研究之策进；其影响于国家之隆替，民族之兴靡，夫岂偶然！建国以来，内患外侮，曾无宁岁，于国家百年之计，遂多疏略，而博物馆事业之运动，亦感蹚后。比岁以还，当轴诸公，奋斗于国家兴亡忧患之间，益事于生聚教训为民族复兴之算，而博物馆事业为普及教育、提高民族意识、增进研究精神之要途，提倡之责，要不容懈。肇椿既受命于市长吴公，为是途之努力，因感提倡研究，以诱发高深兴趣，亦为博物馆事业之要着，乃有上海市博物馆丛书之辑，内容性质暂分博物馆学、历史、艺术、考古四项。惟以编行伊始，谫陋谬误在所难免，是望海内明达，予以教正，曷胜厚幸！

目　次

一、复原

复原和保存古物的方法，其本身显分："方法"与"运用"二者。

方法一层则多入科学和化学的范围里的。其根本原理在：一、能的确明悉那器物的原料之如何混成。二、要能断定那器物已坏后的性质；但关于此点，也须先明悉了那器物制造的原料之性质。本此乃能决断如何采用最适当的办法设法把它复原到美善的地步，且须防它再腐坏。如器物本已腐坏，则再酌求有以止其再坏之法。

求认识器物的原料性质固似轻而易举的，假使先于其他器物或和同其性质者得有经验，那么，以后成竹在胸，较易为力。但仅靠经验，按之考古学上已往之错误，究非易事了。倘若器物的原料性质非单纯的，那腐坏和变质的性质也是复杂的，这两者适成正比。那么，先施以初步的物理上化学上的检验，则可免除绝大的错误。但为免除错误，尚有他法：例如雪花膏石（Alabaster）制成的杯其表面上之品质风化系盐质，于是思洗涤清洁之，但须知洗雪花膏石须用酸而忌用水，因盐质遇水便化去，遇酸则否，故此，这种见解便影响于用水用酸的别择了。

器物的复原和保存其要重虽根据于科学的知识，但运用这些知识仍在靠惯练的灵巧手术。前此系和科学不关痛痒的，但现在的倾向尽靠化学家为之运用科学的方法了。最完美的设施，系每大博物馆中须训练得工作人员一组由专于此道之化学家主其事。其他若小博物馆考古学家收藏家等亦须于此种学识有相当的认识。

复原和保存的方法，有人还要用老法子，但这些老法子是无用而有害的，他们所以坚持守旧之故，无非系用了一时还可令他们满意，但却不去注意一下那古物经手术后，若干年是变了什么情形。

在详细论述之前，我们有三点要注意的：（一）关于择用方法要尽量公开；（二）富于工作的责任心；（三）深于工作的兴味。因我们于科学的工作无所用其秘密，而推求完善的方法在于相互的研搜。又因这种工作极其精微，贵乎负责心重，偶一遽疏忽，或昧于方法，便很足以令那古物失其原有美观或失其复原之可能。至于工作的兴味亦系重要，散佚破碎之品复其完整华丽之观，皆自我手成之，自非浓于工作的兴味者不小。

复原法

洗涤好复原之初步其方法如下：

除垢法　初级手术在清除古物表面上之尘垢，宜备驼毛软刷，而硬毛刷切不宜用，因古物真面为尘垢所蒙，其情形如何不可得知，而古物身上精细之部或有镶嵌着色之处，每为硬毛刷之强暴所损，则未复原先破坏了。表面的尘垢经吹去或刷去以后，如再有黏着的尘垢不易除去的，则可用水、煤油、油精等。最普通者系用水，那么可先试用水，无效乃弃去之。

古物之本身质地因其吃水之量如何每可决定用水之多寡，因此宜用海绵一小方或驼毛软刷洗之，如遇有镶嵌于古物之角者则须用细羊毛束成球形缚小木枝上如洋火头徐徐点去积垢，勤于换水。古物吃水量大者则用温水胜于冷水。

洗涤时以洗次多用水少为贵，每次洗除求其能得佳良而迅速之效果必胜于用水多而洗次少也。

用水之前，宜先定水之于那古物不致生恶果，此则因古物本身原料性质之关系与本已往经验，或先以水试用于那古物之不重要处，或先以水施用于其他性质之不关重要的古物，则更能确断本古物之宜于水与否。至水之于各种原料的影响将另述。今仅敷陈其大纲目若干如下，此中固有例外，非敢云全是适合的：

（一）玻璃制陶制器及间有石制品宜小心涤洗，大都可以久浸于常更换之水中，但陶器、石器体中常因多孔而易于隐藏盐质，除已确认能久受水之浸润者外切勿轻于用水洗涤，因洗后器面复干，则盐质浮出而布于器面，致结晶而生破损。

（二）木制器多不能着水，除属坚木而非已朽者可用略沾水之水绒除垢。

（三）彩绘之器除已着漆或涂有保护之油者外戒沾水，已涂漆或油之器可用水绒如上法。

（四）象牙之质地坚实者可用略沾水之水绒或软刷，间且可浸入水中，但仍多不能入水，因旧象牙最易因湿而劈裂，象牙之已呈朽态者恒忌水。

（五）金属器多能用水洗濯，但洗后必须回复至极干程度。能被剥蚀如银、青铜、铜等质者，水洗每为施其他手术前之初步办法。亦每为施手术后之办法。

（六）黏胶质器除已镀金或涂漆油等外忌水。

（七）丝、棉、毛织器除极精美者外不能用水，精美者欲除去盐质可入水。

（八）苇类植物与不吃水之纸类可用水拖抹或入水至最小程度，但湿后宜挂起防变化。

（九）已经制过之羊皮及精细之羊皮纸切戒见水。

如古物之不能用水或可用水而不生效果时，可试用煤油用驼毛软刷拖抹之，此法施于未涂漆或油之彩画器上尤见特效——油画品则切勿轻于尝试——施于涂漆器亦无碍。煤油洗涤宜于器物之极干燥时行之，否则无效也。未涂漆之彩画器上间可代以酒精，但已涂油或胶质之器禁用酒精，否则致溶解消灭，至为危险。而酒精以施用于未涂漆器油绘器及蜡质器上为最妥最当。当用软刷洗抹时，刷宜浸透于煤油或酒精液中，然后施行洗抹，而液质以常更换为妙。

如水、煤油、酒精俱不适宜或均无效果时，则采用方法与材料视乎古物本身之质料而异，是在施手术者之见仁见智，初难下一定之法则，无已，兹标若干准则，以便采择。

（一）切不可因除垢不易或苦于器外所蒙之他种杂色不易洗去，而便漫无准则地施用酸或碱，更不可不问试用后能否发生他种变化，而遂轻于一试。但既确定用酸或碱时亦务求液质稀薄，以便苟有痕迹遗留，亦可以洗去。至其用法，详见后章。

（二）器面上之附着坚硬积垢或硬物者，切不宜用小刀，或其他刚锐之用具刮削之——如刮银器上之氯化银（Chloride of Silver）、象牙、陶、石器之钙的碳酸盐（Carbonate）及硫酸盐（Sulphate of lime）等——除铜、青铜、铁器外，削刮绝不致有佳果；大则反令原器面改观，小亦有破损之虞。至除凝结积垢法，将详下述。

（三）有机质如腻物油（Grease oil）、树胶焦油（Resin tar）等之着有污点者须用有机剂清除之，如煤油酒精不生效力时，可试用丙酮（Acetone）、苯（安息油）（benzene）、彼列丁（Pyridine）等。

于除垢工事中亦有两点须特加注意者：（一）除垢每须时极多，如气燥心急恒致令其功效特减。（二）除垢程度，当求恰到好处，若逾其量，反生恶果。

器物除垢后，即当择其不全者加以修复。

修复法　修复云者，即将破碎部分重行接合之谓，固非指增补新部分也。修复之要旨在手术、训练、经验、恒心与将事谨慎而已。奇巧之手术与精妙之训练，固非尽人所能，但经验与恒心要为成功之最主要者也。

古物之修复殆无呆板之法则，兹仅将其主要原理标识如下：

甲、修复前必先除垢。

乙、先除去以前修复所黏着器上之物质，方可施以新剂，但切勿于其干燥时强施刮削，应先行浸润之使软，如温水之于动物胶（Glue）、氯仿（Chloroform）之于蜂蜡（bee's wax）、酒精之于树胶、石蜡（Paraffin wax）之遇暖，或煤油，皆软化，并宜备软刷、布片、小木片或骨片、削纸刀等以清除既软化之凝结物质。

丙、重新修复时须择最有效之新剂。

丁、切不可妄用私自配合之剂——除已著特效者外。

戊、重行将破片复回原有部分位置时，切宜小心。但脆薄易碎之品其边部在黏有修复剂前，切不可令其彼此摩擦，致再损而失其相错之边部，则更不易修复。

接合剂　接合剂之可用者不少，如动物胶、干酪素黏结物（Casin Adhesive）、火棉黏结物（Celluloid Cement）、烧石膏（Plaster of Paris）等，兹分别将其性质录下：

动物胶　此为不洁之肉制胶，多自兽之骨、皮、软骨及筋中抽出间或由鱼身中抽出，然此为最古而最著最可靠之接合剂，施于木器尤验。古埃及人最喜用之。其黏附于器中有保存至三千年之久尚完好者。

择胶宜择其无臭与晶洁者，胶在未沾水时可分解至极细，故宜先分隔以布数重，锥之使碎，然后分布小锅中，略浸以水，浸至数小时，再引火沸之成液。小锅以瓦制为贵——戒用玻璃制——且有盖者，使沸时锅中蒸气不易蒸发外散，而免胶液成浓质。

用胶以稀薄为主，其密度与规定金液（Golden Syrup）等，但不可令稀薄似水。又用时须极热，戒浓密或微温。

黏胶用具宜软刷或长小木片，木片作扁平或圆略尖形者为合。刷与木片于工作后勿浸入胶液中，应用热水净洗以备再用。黏胶于两破片时，破片等应先热之使和暖，再平抹以胶液，如薄胶片然。着胶后慎缚以绳，或辅以铁夹，使破片稳平而紧。胶固后，始释绳夹，然总须时至数句钟也。胶有溢出者，未干时以碎布或棉花啜去之。既干后，则以软布着热水抹去破片面上剩胶。

防破布不固，可护以薄版，又系绳时，其未着胶之片边，应护以软纸，然后系绳，防绳伤其边也。有时或用木钉一枚系绳中绞之使紧亦可。

干酪素黏结物　干酪素系由牛乳所出之类似蛋白质。如用作接合剂时先浸酸中使沉淀然后经洗，干后再和以少许其他原质如钠的碳酸盐（Cabonate of Soda）、氟化钠（Fluoride of Sodium）及熟石灰（Slaked lime）。

干酪素，西人俗称为冷水胶（Cold water Glue），色如白粉，市上可得者仅和以冷水即可用，其功力与动物胶悉敌。

火棉黏结物　或称火棉胶于修复玻璃、镶嵌器、陶器、小石器最有效，木器及其他物质制器间亦可用。用时备小驼毛刷及尖头小木块在器上抹用黏质后，须候至极干，方可将器移动。

多细孔之器如陶器等须先将接合之部用水久浸后乃可抹用黏质，又或可将火棉黏结液先将接合部往复擦用，干后乃抹以黏质，有溢出之者，以软布抹去之。

抹用黏质时，如欲两接合部彼此紧接，用绳或线缚之。但最好仍是按两破片之接合部使得平均之势而竖在沙盘中。沙以清洁而为石英质沙为最好。用前先洗净去其中所混有之小碎石及尘土，候其干后用之。

烧石膏   烧石膏用以修补大陶器及石器最善。然仅可择质料最佳之石膏用之。和烧石膏之法，先注水多量于小盘中，然后倾以石膏，速匀和之，至水与石膏无别为止。再用小茶匙往复搅和使软，拌搅时动作宜速。

接合施用烧石膏后，如欲使石膏之接合力量更能持久，则抹用后涂以火棉胶或醋酸纤维（Cellulose acetate）之稀薄液，且可使生光泽。用后，可以湿海棉抹净之。

又有可令烧石膏与接合面上颜色光丽者，则可待干时抹以极热白蜡或硬脂酸（Stearine），抹后有溢出之蜡，再以小刀刮净之。然后再用厚棉羊毛绒轻揩使生光泽。硬脂酸之于石膏可作古象牙色。

烧石膏用后，遇水不易化去，故用后须施洗濯者少用之。

护持法   处置器物中如象牙、丝、毛织品、镶金及彩绘等之破片齐全而能复原者——但此等古物脆薄而精细，每有一触即碎者——最苦于着手，于是乃不得不讲护持法。护持剂中以联结器物力量大者为主，尤以液质为宜。此中如白蜡溶液、火棉胶液、醋酸纤维液等最适当。

白蜡宜用于熔解时，且用时液质之热度以愈高为愈善。而器物在使行护持手术前必使抹之极干，或温使之暖，然后蜡质方能饱润于器物中，而非仅在外面凝固的。施手术室亦以空气温暖为适。

欲蜡极热，煮时蜡以多量为宜。煮之器以铜壶而有窄长壶嘴透至壶底者佳。庶使蜡可易于倾出。涂蜡不宜用小木枝等具，因蜡最易凝结，非以长嘴直注蜡于器之接合口不易令蜡润透器中也。

有时小器物可浸入溶蜡中，收效亦大。但器浸蜡中以前，必温器使暖，然后可浸入。因避免蜡与器之温度悬殊，否则器于着蜡后生气泡，因停滞之气泡涨大或外放，即致生他种损害也。

白蜡本无色泽，不透水湿，及极少变质。因此，用在骨、角、象牙、木器等均宜施。诸木器，则色泽每略转暗晦者。但须知本来白蜡成于各种之混合物，是以不同之物质，各有其溶解点。其溶解点范围有自摄氏 32°（89.6°F）至摄氏 80°（176°F）者。故因其熔解点不高，常在其熔解点下若干度温度之下即呈软化状态。因此，择蜡当以保有高熔解点者善，否则夏季天气热时常致软化耳。

增补法   何谓增补？非古物花纹样式所无之部而本之个人私意妄添附以新部分之谓。故增补之义，仅就古物已失去之部分，按之全器花纹样式状态推断其已失部分所必应尔者以他种相当质料增附之，俾成全形之谓。增补之要点在求增补之部颜色花纹质料与原器铢两悉称，看来求与原器绝无突屹二致者，斯称上乘。且增补工作时绝不宜因增补而令原器各部分有丝毫之损坏，一则削足适履，更非增补之原意了。

增补工事有时系绝对的需要者，如古器之某部分已失去，而欹斜不稳，苟不立施以增补，则将有倾倒破损之虞，此则增补工作遂成必要之举。然假使一器中余仅破片三五，则增补工事之施行与否，是在乎该破片之于该器中之位置如何。设其为重要部分，而按之以往经验，其他部分不难推断而得者，则增补之工作可施。如其不然，施手术者谬然加以武断，于是弊误百出，增补成器后，器形固结，泊乎谬误已觉，欲求重新改制，则原有破片不为损坏者几希。故已认定破片为属于同一之古器时，不防加以长时间之慎重思索，虑定而后行。如其不能，则不防汇蕴箱中，以待他日集求满足之证据时施引增补，固未晚也。即使既决定有增补之可能时，因其全形都凭推断，防生谬误，亦以稳重将事为宜，斯在乎个人之经验与才智而已。

二、博物馆之设备与古物之保存

以上所论古物之除垢修理护持等法要无非均为古物之保存而发。然假以此为已足，施行以上手术后，即陈置于博物馆或陈列室中，以为可亘千百年而不致于自腐自朽自败坏者，不亦谬误之甚！果以仅供陈设而事责已了，则不若举而反诸地下之古冢、遗迹中，因其保存之力或尚可赖而勿损。故需讲保存法。博物馆陈列室中，最不利于古物者，莫如光线、潮湿、尘埃、虫蠹、霉菌及空气等之影响。兹分论如下：

光线　直接射入之太阳光线，最有害于色泽，而对于毛线织品类纸类木类菁类，均有恶影响。一般日间光线虽较弱于直接射入之日光，然于器物均属不宜，即其他灯光反射光线等皆生恶果，故以绝对黑暗为最佳。但博物馆于陈列中固不能黯不见物也；故为抵御日光及减少其他光线恶影响计，博物馆于开闭期间时，窗间宜备密木窗页或垂黑幔。于开放期间时，则垂黄幔。黄幔以外，亦可用黄色玻璃。蓝色或紫色幔与玻璃均戒用。因蓝紫色光线最易发生化学上的变化故也。

潮湿与其他空气的影响　古物之朽坏，潮湿很为其助成因。如霉菌之生存，与盐质及种种化学上之变化，色泽因光线而致淡白等，皆有赖于潮湿之空气为之养成。潮湿空气本身因易发散二氧化碳（Carbon dioxide）之故，每予古物直接之损害。故求抵御潮湿遂为不可或忽之举。其法或使室内温暖或流通空气，或其陈列柜中装置干燥剂如氯化钙（Calcium Chloride），但果有氯化钙之装置，其装置方法至须适当，及常加以更易及留意，否则其有损害于古物，当加甚也。盖如木乃伊一类，自以柜中空气极干为宜，但若木器柜中空气太干，反生障害。有木质抽缩爆裂、木器上之绘画脱落等弊。

空气之温度太高或变化太速，皆有不宜，故以室内空气保持适当为要。

尘埃　尘埃于古物鲜直接的损害，然究不宜于古物，着尘处小心拂去，然后将全器持出拂拭之，陈列柜尤以严密而免尘埃之侵入为好。

虫蠹　虫蠹最有害于有机物质，大者可以啮蚀殆尽，小者亦有部分之损坏。故皮、革、象牙、木、皮、毛、羽、骨、角发、木乃伊、纸等物遇银蠹、白蚁、衣鱼、衣蛾等必殆。防遇之法视情形而异。一、发现蠹蚀后，杀尽之而施以御防剂。二、知此等有机物质古物之易为虫蚀也，先事御防，而装置御防设备。陈设此项古物之陈列柜，其装设位置，空气等环境务求完美，且时加视察与清垢，如柜中所装置者为皮、革、毛、皮、发、木器等物则柜内如装设石脑油精（Naphthalene），则视装设樟脑（Camphor）为尤胜。

蛀蠹既发现之后先清除之，继则设置二硫化碳（Carbon disulphide）使挥发。二硫化碳本为液体，见空气则蒸发而生特种气臭，为最有力之杀虫剂。氰氢酸（Hydrocyanic acid）或氰化氢（Hydrocyanic gas）与硫黄均有效。但有毒而处理不易耳。

二硫化碳仍为最简单最适当者。法先倾液质于适当之容器中，移该古物于他所，令二硫化碳液挥发于原有陈列柜中一星期，挥发期间，柜门宜紧闭。发挥后再将古物移入，或即置该古物于原有柜中令二硫化碳液在柜中挥发，而柜门仍紧闭。因（一）令液体挥发出之气多量保存于柜中。（二）二硫化碳液最易化气，其气亦易于燃烧，虽发放于空气中，其力量较微，然亦易于爆炸，故切戒持火或吸烟者之接近。二硫化碳之气味发为恶臭，但古物经熏蒸后，其恶臭之气旋灭。二硫化碳治法而外，四氯化碳（Carbon tetrachloride）亦可用。此剂亦易化气，却不易于燃烧，但其效力实逊于二硫化碳。其他除虫方法如用：

一、煤油。

二、氯化第二汞（升汞）与酒精混合剂——但含毒质。

三、石脑油精与四氯化碳混合剂等均可。砒化合物及铜化合物本为除虫极品，但需有水混入方能使用，而水固不利于古器物也，故戒用。此节当详后章。

霉菌　朽坏古物莫甚于寄生古物上之霉菌与苔。如霉菌不利于纸、木、毛、丝织物、木乃伊等，薛苔之损害于石器与古代玻璃等是。而霉菌与苔俱因潮湿与天气温暖而生，故宜令古物处于干燥之所。关于处治古物为霉菌等所损害之方法，当分别论列之。

古物因人手携持之影响　人手携持古物一事，一般人每多忽略，平日携持摸赏，惯以为常，但人手之有损于古物决不下于以上种种。盖人手虽经清洗，但仍不免有水湿或汗湿及人手发出之油脂质，而汗中恒含有酸质盐质，斯均有害于古物无疑。热带地方尤忌汗中所发之酸质。其他如金属及其他古物之忌油脂、潮湿、酸质者甚多，故以少用手携持为宜。即不可免时，宜御白棉布手套，则策万全矣。

三、器物保存法

器物之保存视器物本身各种不同质料而异其法，上文已约略述及，今更本其原的各种质料之器物分别详叙如下：

无机类

金器 纯金不致色泽暗晦，黄色发光泽，故施行除垢手术甚简单，只备温水、肥皂、软布及小刷已足。刷宜软、因纯金易为硬刷所损故也。金器中如有红色"绿青"（Patina），则抹除更宜慎。因"绿青"除表现年代关系外，更可以增美观，硬刷刷之每易令"绿青"损也。

金纯者少，每杂有银、铜、铁等质若干，经化学变化后，则器之外面恒致减失色泽而暗晦。

金已暗晦，则先以温水肥皂用软刷除去积垢后，再以驼毛刷施用氨液（Ammonia Solution）（10%）。但有时氨失效，则可用氰化钾（Cyanide of Potassium）。盖此剂可化去因硫化银（Sulphide of silver）及硫化铜（Sulphide of copper）而生之暗晦——此二者为氨所不发生效力者——然此剂须用稀薄之液如（5%），否则液体太浓，浸金过久，皆足令金质溶蚀。施用此剂后，金器须用水净洗，抹之极干。

或有受有机物体之接近，而生红赭色污点，则氨与氰化钾皆无能为役，可试用抹金箔之粉，或轻煮之。间蒙有碳酸钙及硫酸钙之固质硬块者，则绝对不容刮去，致器体有破损之虞。可浸盐酸（Hydrochloric acid）之稀质液体，则硬块可以清除，而酸质亦与金器无损。硬块清除后，仍施清水净洗抹干工作。

亦有内银而外镀金之器，其表面亦有生硬块者则施用氨亦有大效，镀金器其清垢法与前同。

铜器 古器中铜器占极重要位置而中有铜与青铜之别。铜器绝少纯铜，多含有其他成分，其著者如锑砒、铋、铁、锡、硫黄等，其杂质总量在百分之二、三，兹就我国古代青铜器所含铜与锡之成分及其所属器物之类别略举如下：

白铜　铜78%锡27%色苍白，硬度大，而强度甚低，且脆弱，及射白光。汉镜多系此种合金所成，或更略加铅质以补救其脆弱。

青铜　铜78%锡22%色淡黄，硬度过大而强度稍减，自放白光，唐以后之古镜往往具此成分。

青铜　铜15%锡15%色黄，硬度及强度均大，自放白光，古来钟磬戈剑多具此成分。其他日常机械亦多用此成分。

青铜　铜90%锡10%色赤黄，强度绝大，硬度亦增加，放白光，所谓炮金，为机械用之材料。

青铜　铜95%锡5%红色，强度最大货币徽章多具此成分。

青铜以铜与锡之合金为主，而间混有锌若干。铜之成分恒为90%，锡之成分恒为10%，但古青铜器锡之成分不似近代青铜器之准确，其成分多在5%至16%之间，而仍与近代青铜器中所含锡之成分10%者多相近。古铜与古青铜器且时含有铅20%于其中，而古青铜之所以胜于铜者有二：（一）硬度强

（二）镕点低，故制作易而用度广。

铜与青铜最易消蚀，其化合物成盐基性碳酸铜（Basic copper carbonates），其色泽作青或蓝；氧化铜（Copper oxides）其色泽作红或黑。亦有作青色者为氯氧基化铜（Copper oxychloricle），成青色因盐质而受变化之故。

铜及青铜之清洁法　通常清洁铜与古铜所用的药品为（一）氨（二）盐酸（三）硫酸，便其结果多不佳，今分叙如下：

（一）氨——此剂切不宜用，因其影响将不仅限于消蚀，而将直接影响于铜质本身，其结果亦致器物更形消蚀，逆生效果。

（二）盐酸——滨由青陵博士主张拿铜器浸在盐酸稀液中（见《考古学通论》），但此剂对于铜质本身其影响虽不深，然仍无好果。其最大不利即于施行后所遗痕迹不易消除，其酸质且遗留一层氯化亚铜（Cuprous chloride）之白膜于器身，而绝难消去者。

（三）硫酸——此剂与盐酸同。苟稀薄液体俟其冷后用之于器身无大损害，但用后不便于携持，故亦以不用为宜。

（四）氯化铵（Ammonium chloride）——仅用此剂或再加少许氯化亚锡（Stannous chlride）及盐酸均可。如仅用氯化铵则对于清理工作无大结果，器物施行手术后每变成白或灰色，无法除去；且如铜器消蚀过甚，则更无结果。但氯化铵若如上述再加少许氯化亚锡及盐酸则其效果大增，其对于铜器本身无大影响，而对于清洁功力反强也。

（五）酒石酸钾钠（Rochelle Salt）——此剂系酒石酸钾钠与醋酸钾钠（Sodium Potassium tartrate）所成之碱液，含有酒石酸钾钠15%、氢氧化钠（Caustic soda）5%再和水80%而成。器物浸液中可至数小时以至一、二日，时常抽出察视，入清水中漂清，更当其湿时用硬毛刷除去停滞器身之积垢——浸入液中时间之久暂视器被消蚀之程度而定——用刷刷之硬度视其是否足致损坏器身而定——当铜器自液中抽出时，恒蒙有红色氧化物（red oxide）。但用刷刷之，多能清除不显。然后仍须另配上剂之新鲜液浸浴一次——而委旧液于浸其他未施手术之铜器——最后再用清水透涤——清水以时常换易为宜——净抹干之。上法于铜器最有效，铜器已消蚀至如何程度均可治。

（六）醋酸（Acetic acid）——用醋酸使成稀薄液体无大损于铜器，而于治消蚀有特效。和此剂浓酸10%清水90%成稀液，然后置器浸液中数小时，或竟至数日，俟其绿全浸而仅蒙有红色氧化物为止，则入清水施刷，手术如前述。俟酸质所遗留之痕迹俱灭，抹干之。如用蚁酸（Formic acid）其功效视醋酸为尤胜，而价特昂耳。

青铜器与铜器之加膜保存法　（1）普通加膜保存法——青铜或铜器用酸去锈以后，以清水洗去酸液，继而进行干燥，此处浸水工作或可以省去，因青铜器常含有氧或氯等不溶性物，此法仅能除去一部分之土质。这时可直接进行加膜工作，其表面腐蚀不堪的、破坏的或仅余下一小部分铁质的皆无碍于工作。加膜所用的药品，有罂粟子油和本精的混合物或用松脂漆。施手术时抽去空气（详后石器节），把器物放在和暖的空气或放进于有吸水性的氯化钙干燥箱里。氯化钙是装在开口的玻璃杯里，临近铜器，但不能与之接触。用来涂于青铜器上的石蜡，其温度应为华氏240°（115～120℃）。

如用鱼胶加膜，则先使铜器发生光泽然后涂上。

（2）还原法加膜保存——青铜器的光泽是毒性"绿青"所致，这种"绿青"是由于氯化钠的作用而起，最先是发现于埃及的古铜器。

金属的氯化物，尤以铜这一类的，可以转变而为盐基性的氯化物。当它还原为金属的时候放出氯气，用水去冲洗，关于这种的理论以芬根诺（Finkener）及克累腓尔廷（Krefelting）二氏为研究最深，即以电解法除去"绿青"以恢复金属原状。

此种手续施行以前，要观察青铜器的全部是否为金属铜，又其附着的氧化物是否为铜的氧化物。于事实上如果没有错误，而铜的质地是优良的，镶嵌的地方又无金属的氧化物存在，便可以铂丝绕之和有绝缘①的铜丝相连接，通到丹尼尔电池的阴极，用四个丹尼尔电池，其中各二个互相顺结②。浸物体于2%氰化钾溶液里，于同一溶液中插入和铂丝连结的一块铂片，和铜器接近但不能接触。然后把这条铂丝连结到有绝缘的铜丝上而通到阳极。氰化钾溶液是导电体，故电解作用开始而水被分解了。氧气泡则于铂片的周围逸出，惟氢气则否。它和氯化物中的氯化合而成盐酸和水，盐酸又和氰化钾起作用而生氰氢酸。这两种物质均能溶解于水槽里，氰化氢有杏仁臭味，性剧毒。他的反应式如次：

$$Cuc^2 2 + 2\ [\,H\,]\ = Cu + 2Hc^2$$

$$Hc^2 + KCN = HCN + Kc^2$$

氯化钾和氰氢酸的大部分虽然能溶解于水，然而还有一少部分残余于铜器里，故须清水洗涤，洗涤后阴干。

电解时若不用丹尼尔电池，其他第一次电池亦可。然丹尼尔电池的作用异常稳当，市上有出售。铜丝和铂丝不宜过细，断径最少亦要1至2粍，结连处要加一螺旋器。盆池以玻璃制成的最佳，因它是透明的，便于观察。如用木，盆内部须附入石蜡一层。氰盐的浓度约2%，事前制成20%的，贮在瓶内，用时以便稀解。氰化钾的性质很毒，手和皮肤有伤处时，宜用橡皮手套保护。

大的铜器，用铂丝把他吊起，正负二极用颜色号记，以便于辨别。如果一时混乱了，可用白纸一块，滴入碘化钾液其中，接触导线验之，如接触处呈褐色的斑纹，那为阳极之征，以之连结铂片。通电流时，铂片上逸出气泡；有时因氰化钾分解而使铂呈黄或褐色，同时于铜器下有云雾状的斑纹，即为氯化钾和氰氢酸存在的铁证。又连结于铂丝的铜器若不牢固，则器上逸出氢气泡了。

还原工作进行时，氰化钾液必须更换一次或数次。锈量多的消耗氰化钾液也多，换液时以金属钳把器物拑出，入新液之前以软刷轻刷之。

青铜器常因和土层或含有机物的砂层接触而不洁，这种秽物可先以稀盐酸溶液洗涤，然后再以水冲洗。

先是，和金属化合的氯，由电解而游离，再和由水分解而生的氢化合而为盐酸。若一旦放出氢气，则知作用已完毕了，因为氯成分已用完。

洗涤青铜之前，应置于新的氰液里，其强度不过1%而已。若粗大而厚的东西，氰液必须更换数次，更换新液的时候无须截断电流，常常转换铜器，使各部分都有和铂片相接触的机会。已起作用的那一部分是绛色。未起作用的部分是黑色。

及后由还原的池子取出，除去黑色的金属屑然后用水洗过，以软毛刷刷之。器物要放于常温的水里，过了一些时，用热水洗涤。当它起先放进水里的时候，常有氢气继续上升，同时有胶状沉淀发生，含有黄色，白色或灰色的氧化锡，灰色的由于铅或铜的微粒子沉淀之结合而成。

拉特根（Friedrich Rathgen）氏最先每日换水三次，然后每隔二十四小时一次，后来则时间较长，他第一次用温水去洗涤，又用银盐溶液来试验氰和氯成分之已否除去。

---

① 不给电流通过叫做绝缘，包皮的铜线是不向周围传电的，叫做绝缘的铜线。——原文注
② 第一个电瓶的正极和第二个电瓶的负极连接的方法曰顺结，顺结只能增加电的压力，电流的强度是不改变的。——原文注

到了两个星期以后，浸洗工作可算是完竣，小器物也不过有一些污浊吧。试以黄色的铬酸钾液则现出赤色，这时浸洗工作可以说是完毕了。铜器有时含有多量的铅的，浸水以后，往往生成白色结晶层的外衣，是碳酸铅之集合，成半球体状，结晶则分布于铜器的表面。

干燥时以速为宜，或以干布拭之，或移到干燥箱中令干。铜器以玻璃器盛起。箱有洞，插入木栓，由栓的中心插入温度计。这种干燥箱可放于本生灯上加热，温度不得超过华氏230°（100℃），小铜器可于干燥前放在酒精内二十四小时。

手续若完竣，可视它有没有淡黄或橙色之显出；试验的方法，用布及帛把它揩干，复以铁丝制成的小刷子拭擦。除铜器之含有20%的铅而外，都呈光泽。这类的铜器是灰黑色的。但不含铅的铜器也会呈出这种颜色，它是一种多孔性物，能继续还原而分解。在这种状况下，由还原而成之金属粉末留落于青铜器的粗面。各种金属的粉末都是黑色的，并没有一点金属光泽；因此整个东西呈了黑色，最难的是除去这种灰尘的工作，尤以残留于孔中的为不可能。金属屑有碍于人肺底健康，必需时以机械或刷子除去之。经本精洗涤过后，最好能在器上加以修饰。例如置器物于石蜡上由华氏250°至283°（120～140℃）。如不用石蜡修饰，器在一年以后生出一层蓝色的斑疹。万一此事发生惟有立刻洗去，铜器复行还原法而已。若然因曾加上石蜡而发生这种变化的，要把器物浸于本精或醇醚混合液里加热而除去，再行还原法。

蓝色斑疹的发生，原因由于还原工作之不完善，补救时，其轻薄的易于办到。

有不须行还原作用的青铜器，因它的干部只剩下小部分的金属质，它的外表满是氧化第一铜。这种器物可用锉子验之，如有多量之金属质可以见到，然后放入氰液池子内还原；于必要时不待其还原作用完毕而将之提出。大器物往往有大块的粉状沉淀脱落，或成针状氧化物层。铜器如有这种状况时，即须由槽里捞起，浸洗过干燥后加膜（参看图一至三）。

这里所施行的还原法，并非希望铜锈继续分解，由分解而改变了他陈腐的形状，虽然氧化铜已分解而为金属铜，然而没有一点胶结的力量，不过一堆粉状物体罢了。余剩的是原来本是金属质的干部。

铜器既已去锈待干，加膜之前如有崩坏的则必须补修，补修方法以焊接为妥。

铜币之去锈保存　把凿子在锌片上凿无数小孔，他的直径为二至五耗[1]，每平方釐的锌片有孔五十以至六十。置片于玻璃环上以孔的利端向上，环离还原池的底部约20耗，铜币的直径也不过20耗，排列在锌片上，每一平方籿[2]（Decimeter）约有七枚至八枚之数。同样作第二块第三块锌片，层层叠起，约有七八层，再覆以穿洞的锌片其上，把孔的尖端向下，然后以石重压于上方，使铜币和锌片牢贴。然后注入5%的苛性钠溶液，不久便发生气泡，自十五小时以至十八小时以后，则还原完结。洗以清水，经过数次洗涤之后，浸入热水里每次约一千枚，每日换水三次或四次，四五日后，取出揩干。再置于华氏212°（100℃）的温室里令干，以刷刷去金属屑。如有褐黑色或白光色的地方，便是锈化的全部，投铜币于熔解后华氏260°（120～130℃）的石蜡里加膜。

此外还有一种加膜法是用铅以替代石蜡，此法虽无前者之便，然亦有他的好处。以金属制成的钳子夹铜币浸于融熔的铅中，至爆炸成声然后取出。历时不过三至十秒，要用手套保护，防为熔融的铁所伤。然后投币于冷水中清洁后，浸入热乳中以待翌日。冷后若有不完全之处，可复行浸铅一次。加铅膜后的铜币是橄榄色，亦有作褐色如古器的。有于加铅膜之先加锌膜的，结果亦甚优良。

---

①　现多称"毫米"，下同。
②　现多称"分米"。

铁器　铁之锈蚀为极普通的现象，差不多随处都可看见的。而在海滨或潮湿的所在，铁的锈蚀比内地和干燥的地方为容易得多，这也是最显的现象。铁致锈的原因不外（一）潮湿、铁受氧及二氧化碳的影响，（二）铁的含分不净，（三）铁埋入地下后受盐质而生的变化。

关于铁器之保存可分述为两部分即（一）不去锈保存及（二）去锈保存，前者应用于铁器全部锈化者，后者应用于含有多量之金属铁的铁器。就是说铁器的表面仅附着一层薄的锈层而内部则皆为灰白色的金属。兹分述于次：

（一）不去锈铁器之加膜保存法

加膜——最初处置，手续不难，即以刷将胶物作一次或二次涂于器物上，或直接将器物投入胶内。胶质渗进器内之力与胶物之流动力成正比例。

下列数种胶物可酌量采用

1、温暖的薄胶

2、温暖的鱼胶（Isinglass）溶液

3、水玻璃溶液

4、松香的酒精溶液

5、橡皮的硫化碳溶液

6、树脂的松脂的稀解液

7、树脂和麻油的混合物

8、麻油

9、麻漆油

10、麻漆油和石油之同容量的混合液

11、蜂蜡之松节油溶液

12、蜂蜡的本精（Benzine）溶液

13、石油

14、凡士林

15、融化之蜡

16、油酸铅：

橄榄油 100 克，氧化铅 100 克，置于 106 克之水中沸之，蒸发水分，至现出白斑纹时为度，此质以无水酒精精制。

17、斯彼尔士纳德液（Speerschneider's mixture）：

菜油八分和蜂蜡一分，松脂一分及安息香油二分。

18、火棉胶混合液：

火棉胶 30 克，松脂 2 克和乙醚 1 克之混合物。

若以薄胶或鱼胶加膜，手续完毕以后，俟阴干再进行麻油、麻漆油、松香等之外衣层。

第七种至第十种的材料，施用的时候，要令温度温暖，然后能渗入铁锈的内层。加入之温度以不出摄氏 100 度为限，否则铁锈便会分裂为无数小块。

加膜时，必须注意两点，即防止锈块之脱落，和排出器里的空气。施行漆油和麻油工作，如嫌它易与铁锈起作用而致发生一种固定之铁的化合物，可改用中性的如石蜡之类，较为适当。所用之石蜡，且应纯粹，以不含任何杂质者为宜，其融点为华氏 130°～150°。沸点高的，酌量采办，又所用的药品如遇

水不溶解的，可先行加热。

铁器之含有氯化物的，于发掘后置于空气中历六至十二个月然后施加膜手续，可得良好结果，氯化物之能溶解于水者不必浸水，以水洗之，自行脱落。

浸洗和加膜保存诸法

（1）克勒斯氏（Kreses）法

用于浸洗铁器的水，以微温的为宜。浸时每隔廿四小时换水一次，又于起初施行时，可置物水中然后徐徐加热至沸点。这样可以使水能渗进器里。浸水用器，用瓶或木桶，视铁器之大小而定。如不用木桶，亦可用锡罐代之。铁器投入桶里，勿使与桶底相接触，所用之桶忌铁制，恐其一旦与氯盐接触而成氯化亚铁。碎片应以棉纱布包牢，外扎以棉纱，并常备凿子、小斧等工具，以便除去表面锈层之用。

如加入碳酸钠或石灰水于其中，使成可溶性的氯化钠或氯化钙，但此二者均令其生有不可溶性之亚铁或铁的氢氧化物，这种生成物有阻止水分之渗进的性质。

浸水以后，加入银盐溶液试验之，如没有污浊的沉淀发生，可知已经达到极清洁的程度了。而浸水的工作便可告竣。浸水时间之久暂，因铁锈的厚度而有转移，至若用薄膜加胶的手术，须待数星期以后，至其完全干燥，方可施行。

浸洗手续既毕，置铁器于通风处阴干，然后移到炉子的旁边，或加用酒精，促它蒸发。薄胶加膜时可省去此项手续。加酒精洗涤的优点，在酒精渗入器内较水速，并能防止铁器锈化。所用之酒精，浓度为95%至96%。当加热干燥时可于胡麻子漆油和石油的混合液内热之数小时，此处所用之石油是稀解漆油的。这种东西能以最短时间内渗透铁体和铁锈，它有一种强烈的引火性，配制的时候，宜于重温器（Water bath）上行之。若容纳体积不大的重温器，可用直径六至十英寸高六英寸的锡筒代之。用时置筒于铁制的三脚架上，至于体积大的，如刀、剑之类，宜用长方形的坚硬铁块，大小和铁器的体积差不多，持柄设在上方，底面的面积能容下小铁杆三根。用时充以清水至高约二英寸深处，置槽于炉上热之，如能以本生灯数盏齐开，尤易见效。这时水槽可盛在三脚架上，加热时注意勿令沸腾之水逸出，又时时加入清水，以防蒸干。煮沸约二小时后，将物体取出，滴去水分，置于三脚架或玻璃环上移往透风的地方使石油和漆油阴干，惟夏日可用干燥室。

若铁器已经纯酒精浸洗过，或曾以酒精冲洗过二三次的，则不必待至阴干便可直接投入漆油混合物里。因为漆油里这时的温度为华氏194°~203°（90~95℃），漆油干了以后，即显出一层釉状物，如不用漆油，用其他药料，如石蜡及松脂漆（Dammer）等液体时，铁器必须待至完全干燥，方能开始。本精易于引火，不宜采用。

以石蜡加膜，器物先以干布揩干，石蜡加热自华氏212°至248°（100℃~120℃），尚无危险，惟不能直接与火焰接近，可用一温度计为之对照。石蜡之熔点为华氏140°（60℃）器物以钳挟之投入，至温度升至华氏212°时，则水和石蜡同时沸腾。石蜡用量约大半槽，即熔蜡之面离槽面二英寸。

一旦气泡停止了上升，知水分已经放出，可取出令冷，时温度当为华氏180~190°，铁器亦同时拈出，仍于180°时，卷以吸墨纸以吸去过多之石蜡。器之表面现出不均匀处，如裂痕小孔者，应再行加热，以毛刷擦之使匀，或将器物置于木屑上以吸去过量之石蜡。假如有木屑附着于器壁的时候，可用冷本精除去，或以小刀小匙等刮去。有露出铁面之处以溶解于本精之石蜡溶液弥补之。

（2）挨克荷夫（Ekhoff）氏法

把器物浸于水里，经过二三个月之久，每隔二日或三日换水一次，并加入小量之石灰，浸洗之后以机械方法除去铁锈。稍待干，投于比重0.85至0.95之重石油中加热至华氏220°（105℃）工作时必须加入温度计，温度比水之沸点略高，渗入器内之水，蒸发而成气泡，至水皆尽为石油所置换，气泡乃止。作用完竣后，取出置于木屑中待冷，然后稍加以热，或令近火炉，涂上蜂蜡及松脂（1：2）的混合液。如有石蜡与本精液则更妙。重石油亦无不合宜，漆油因易引火，似非佳品。

（3）斯特拉伯加（strabergers）氏法

斯特拉伯加氏把新出土的铁器随即置于胡麻子油里，以防止过量空气之侵进，若干时后然后取出，以布擦之使含饱和之麻油，过量之麻油置于木屑中吸收。如果不用毛布去摩擦，可置器物于水里，加入少量的碳酸钠，以此法除去麻油较为容易。所用的油，要常更换，又常以硬毛刷擦之，若积有水泡，以小凿子除去。浸洗之后则令阴干，并于烛焰下加以黑烟一层，然后以软布或软毛刷擦去。如铁器表面系圆滑的，可擦以印度皮刷，这种加膜加烟层之工作，所以防止空气与水之侵进。

这种方法又有先行除去铁器之一部分铁锈的，用胡麻子油加膜。如铁器之大部分为金属铁则可应用，否则器物一经去锈，剩下一个空壳罢了。

（4）雅科俾尼（Jacobis）氏法

把器物置于炼铁炉的火焰中，使锈的外层脱落，但是残余其上的，还有一大部分，待至冷了，以刷子把它擦去，然后以钳子再把它送入炉里，烧热取出即以麻油涂在上面，如是凡三次。但是每次涂上的麻油，辄为火焰所焚去，成了黑色的硬块。麻油一部分被焚时余剩下来的渐渐生成光泽，此种保存方法，历史颇久，成绩亦甚优良。

（二）铁器之去锈加膜保存法

（1）史提范生（Steffensen）氏法

史提范生法置铁器于焰上加热然后浸于稀硫酸里，这时硫酸腐蚀金属铁，放出氢气。工作时要留意到腐蚀之过甚。清洁之后，以稀薄的碳酸钠液使之中和，然后置于炉上干燥，至十分干燥的时候涂上溶解于本精液中之蜂蜡。

（2）培尔（Bells）氏法

培尔氏的加膜法，虽有特出的地方，但其初步工作仍依前者，方法之大要如下：

出土的器物如内部系富于坚强铁质的，置放炉中烧至白热，然后投入水里。因铁受高热而膨胀，忽受冷而收缩，由是铁锈脱落。大铁器若一次不能脱锈，可反复分数次行之，必能脱落。此法不独易于脱锈，且施工也很便当。同时因热亦能除去油迹。体积比较小一点的可于酒精灯下施手术，唯注意没有锈的部分。利器的刃部，尤要慎重。因刃部往往因冷热失常而至破损。但如欲把铁锈的全部除去，以这方法最为适当。

又除去铁锈的另一方法：于均匀的硫酸和水的混合液（1：9）中施行这种工作，液里冒出轻气来，铁锈自行脱落了。铁器含铁锈少的，于新硫酸液内不过四五小时可以完全脱落，重态的必须经廿四小时以至数日，甚有延至数星期的。

初施行的时候，要用稀薄的酸，且应每隔数日检查一次，夜间取出，放进软水里。

须备有一个盆池（Water bath）和一对木桶，盆池内部的容积可分为下列两种：

（1）内长10英吋（25糎①），阔7.5英吋（19糎），深4.75英吋（12糎），这种是专为容纳体积大的溶液。

---

① 现多称"厘米"，下同。

（2）至于为容纳窄而长的东西：如利器等，那么池子的容量应为长40英吋（100糎），阔4英吋（10糎）深3英吋（8糎）。

除去铁锈若用工具，布和粗砂均可，不过摩擦时须特别小心，既已擦去锈铁之部分，即以猪油涂护之，以至全部为止。

用过的酸，作用的力量减少，必须加入新的。如酸用之过久，则呈灰色，很不适宜于铁器，以时常更换为好。

铁器除锈工作完毕，便要立时携出水面，否则铁器又再行锈化。以软水冲洗过然后徐徐使干，干燥的方法可以洁净的破棉絮揩抹，愈速愈妙，否则铁器由灰色而渐渐变为黄色的了。因为新锈生成功的时间很快，干燥了以后置于纯猪油里煮沸，至气泡放尽的时候即知水分全部蒸干。

取出，以热木屑擦之。约历半小时，置于温盆上，然后视油脂在铁中是否已无孔不入。关于定点，可以锉子试验之。

除去硫酸后，就要进行除油工作。铁器之所以要涂上猪油，不过是防止水分和空气之侵入，油终须要除去，除去之法把铁器放在温暖的吸水纸上吸去，残余的部分应以软布揩去或以本精溶去亦可。

漆油本是防护锈化的良好药剂，但容易影响到铁质的光泽，不如用溶解于本精的蜂蜡为良。

培尔本人进行此种工作时，加热操作很慢，以免池子里的水会忽然涌出而射到器物的上面。假如把器物放在炉子上加热，便没有此种危险发生，切勿令它接近火焰。体积小的铁器可用六英吋见方的小锡盒盛之，盒加铁制小盖；体积大的如利器等，亦应以锡块包里成一个沟槽，外覆以石棉，刃部则包在锡片里以保存他的热量。

用来除去铁锈的硫酸，要稀解得适度，即比例为1∶20。每次要更换新的。稀硫酸的配制是倾硫酸于清水里，不能注水于酸，后者会发生很大的热量，破坏而致危险。

如铁锈之腐蚀过深，非得工具之助，酸类不能内进，可用牙医小钻及小凿为之。至于用水冲洗之际，可直接移动铁器，并加入稀碳酸钠使之中和。惟其已完全清洁的不在此例。赤褐色的铁锈往往非用铁刷刷之不易脱下，黄铜丝制成的刷子切勿采用，因它能使铁器变成黄色。刷洗时投入华氏250°（120℃）的热脂中施行，或用石蜡以代脂防亦可。

修补缺处，培尔氏以铁屑之混合物置入，以吹焰使之熔化。

（3）克累腓廷（Krefting）氏法——或称电解法：

含锈太重之铁器不能应用此法，因铁器一经电流，锈部便全然脱落了。应用这方法的铁器，一定要敲起来还有金属的声音的。

金属铁现出的地方，锉之使新，然后以锌带里卷，（见图四）浸入含5%的苛性钠溶液里。钠溶液是把3.5至4.5镑重（1.5至2公斤）的苛性钠溶解于2加仑（10公升）的水里。电解时，铁锈由于电压而脱落，所用之弗打电瓶以铁为阴极，锌为阳极，此时水被分解而为氢和氧，于阴极（铁极）生出的轻气小泡和铁锈接触，铁锈受氢气的作用，乃还原而为金属铁；氧和锌化合而成氧化锌。氧化锌能溶解于苛性钠溶液，不出廿四小时外，手续可得完竣。附着于铁块上的疏松的铁锈，若一经水润泽过，能为毛刷所除。浸水以后，置于华氏240°（115℃）的石蜡溶液中除去湿气，复除去熔融的石蜡，令冷，则器体的表面，自有一层石蜡了（参看图五至六）。

电解还原所用的器具为玻璃或磁土所制，长剑则置于长身玻璃筒或内部涂入石蜡的水桶。苛性钠溶液预先贮藏于有盖的玻璃瓶里，稀解至液体比重表1.06为止。此时液体含苛性钠5%，工作进行时液体常现红褐色状态，乃有机物存在的象征，如有锌溶解其间，液体就不能再用了。

器物以金属钳夹之，切勿用手与之接触，苛性钠蚀性甚强，万一与手接触，可置于稀盐酸或稀醋酸中使和它中和。

所有的锌带，大小阔度由1/4英吋，（1/2糎）至1/3英吋（1糎），且有软性，可任意弯曲。

（4）哈尔特维克（Hartwichs）氏还原法：

哈尔特维克氏法是施用于较小的铁器，因它能贮于玻璃管内，便于通入氢气。氢气和铁锈里的氧分化合而还原，惟小心轻气与空气混合后的爆燃性。制成之品无异于克尔腓累廷氏法，且所费甚微，惟此法只限于含铁质甚强之铁器。

小铁器如矢头、指环等，还原时间甚速，若其内有良好铁质存在，以熔融的氰化钾热之，惟时间不得过久。氰化钾是置于磁坩埚内熔化，器物以钳子搬送。至气泡逸出后为止。取出，投进水里，然后以沸水冲洗至十分清洁，待干。若氰化钾之处置无效，可以钻凿等工具除去其中残余之锈。氰化钾性剧毒，工作时须特别留意；又多量之氰化钾不易熔融。

铅器　铅器于潮湿天气中最易氧化但多不过表面黯污而已。有时古代铅器也会蒙着厚的白层，作很臃肿的状态，那是含有多量的盐基性碳酸盐，或常带少许的氯化物（Chloride）。间中铅质也会腐蚀得很厉害，蚀成小孔的。这却因为埋没过在湿地下而含有硝酸盐（Nitrates）的原故。

铅清洁的最善法是先把铅器煮在常换的水里，这法子可以移去氯化物或硝酸盐。假若含有盐基性碳酸盐的时候，再浸入醋酸液（10%）中至数小时之久，然后把铅器在常换的水里净洗揩上保护油——如火棉胶或醋酸纤维的薄液——还原作用。还原作用的方法，视酸质或碱质在所施用的金属发生的发生机氢（Nascent hydrogen）量而异。其中情形固各有不同，但酸质宜避用，因酸质每易损蚀铜器而痕迹难于消灭。最善而简之法在用锌与苛性钠法先置小粒之锌一层于铁锅或瓷盘里，然后置铜器于锅中，再加添锌粒使全器均浸入锌中为止，再加苛性钠的薄液10%，用慢火煮至数小时，器移出时，其表面蒙有黑层，然后浸进水中。当器之湿而未干时，用铜丝刷轻刷之。如觉仍不满意时，再将器入原剂煮之。最后出器净洗令干。但此法一时难能令人满足，日久则绿锈复现，现时只得以铜丝刷刷之。及重施以上剂煮洗或用上述硫酸钾钠方法。

机械方法

单用此法，间能令人满足，但普通成为施用化学方剂之前后的一种有效助力，其在施用化学方剂之前后，兼行机械方法时须视其绿锈的情形而定。施行机械方法最好当器尚湿，即在浸入水后或在化学剂中移出经水洗过时行之。如器尚干，则刷出之尘末于肺最有妨碍。

银器　银器亦绝无纯银器者，所含杂金以铜为著。

保全古银器中尤以占埃及银为尤多方法。因其腐蚀程度恒有自表面微变色至银因化学变化而其他种混合物至本质全泯者。保全之法因而遂异。其腐蚀程度太别为三：（a）暗污变色；（b）微度消蚀；（c）重态消蚀。

（a）暗污变色，通常有一种薄灰或黑色之膜罩于物之表面上，而此器物本来，固甚健全者，古银器中此种膜色含有氯化银（Chloride of Silver）有时却含有硫化银及少许之硫化铜（Sulphide of Copper）或为氯化物及硫化物之混合物。古银至最近始黯污变色成膜者，其膜率为硫化物。

上述银器表面变色者氯化银可用氨液融解之。或用氰化钾，而硫化银及硫化铜用氰化钾治之皆溶解者也。

古银之变色多因氯化物而少因硫化物。故遇氨则易于溶没消失。而氨固视氰化钾为易得，且少危险。故以用氨为宜。用强氨10%，及水100%。且氨于银之本质不致发生恶影响。间中，变色黯污之由于硫化物者，则可用氰化钾液5%。此剂于银略生恶影响，然苟用薄液，而且在施用后用水将银器净洗，则痕迹可泯。用氨或氰化钾之法，以棉花球团或软布蘸液擦之。污膜去后，再以水将器净洗令干。

（b）微度消蚀　这虽大部分含氯化银，但亦含有银与铜相掺所形成之铜化合物。如银质不良及含有大量之铜则消蚀也许成为一种绿色，虽然通常并不如此。上面已说过，氯化银之两种最好的溶解剂乃是氨液及氰化钾，而这两种东西亦可以用来除去晦暗。但如较晦暗为尤甚的消蚀，则仅用稀薄的溶解剂来擦拭物件之表面是无济于事的，必须要将物件浸于溶液中数小时或数日。在这种情形之下，用氰化钾颇不适宜，因它非但略有溶解银质的弊病，且亦能溶去镀在银器上之金质。

在普通情形之下，氨液对于金属银几无反应，但如银器之质非常纯净，则氨对于消蚀是一种甚有用的良剂，不过如非纯银而完全是铜与银之混合物，则氨将溶解铜质至相当程度（如含20%铜则溶解力甚小）。因为平常未经分析，则器物之成份一时颇不易知，故不宜呆板地应用氨，虽然它对于除去银质的银器物之消蚀是非常有效的。如要免除氨之溶解作用，最好加入亚硫酸铵（Ammoniunn Sulphite）或亚硫酸钠（Sodium Sulphite），这两种化合物都具有还原的功用，而使氯化银回复其金属的情状。又可加少许亚硫酸铜（Copper Sulphite）或硫酸铜（Copper Sulphate），因无铜化合物则全部之氯化银不能减去。

除去银器上之微度消蚀之试用药最好莫如用热的蚁酸。将器物放在玻璃杯内，釉土器或珐琅质漆铁器皿中（总以避免应用金属为宜）。然后将蚁酸溶于水中浸过器物而以火热之。蚁酸之浓度可以由5%以至25%，但普通最好起初用10%。此器物须浸至数小时以后方可取出检视。如作用尚未完成，则须重行浸入，或再加增酸液。蚁酸可以分解铜化合物及一部分之氯化银，结果虽然全部消蚀不能悉去，可是所余者亦能自然落下或用小软刷湿水拭之亦能去。蚁酸对于银并无溶解作用。经以上手续后，该器即须完全洗净令干。蚁酸对于劣质银器最为有用。

（c）高度消蚀　消蚀有时非常利害以致使器物盖着一层厚的不平的外壳，非但花纹看不出，就连形状也失去了。大致的外形可以看出来，可是究竟是什么器物就不可知了。偶然也许在消蚀之内藏着一坚固的银块，但常常所余剩的银都是非常脆弱而败坏，且有时竟没有银存在了。这种外壳有如微度消蚀的器物一样，含着多数的氯化银，混合着少许的铜化合物（此种铜化合物乃由银中所原来含有的铜而来的）。有时氯化银与角质银（Horn Silver）之形式无异，是非常黏着，与铅之形式及坚硬相似而又可以用小刀切断，不过此法忌用，因恐会使器物破碎。如器物尚存有银之中心则无论此中心是黏着的或成块的皆可用微度消蚀之方法以处之。即有热蚁酸，或亚硫酸铔和氨，或亚硫酸钠和氨，但需浸至较久。在开始时最好将器物浸于含50%浓度氨及100%之水之铵盐溶液中，继则再用热蚁酸。大部消蚀的物质皆能在此溶液中分解或散落，其余的在湿的时候，用小刀（骨或象牙的小裁纸刀）轻轻扬去或刷之皆可。此种机械的方法用于铜或青铜则可，但不能应用于银，因在银器上，绝不能用力，否则必致损坏。如是银器，浸过药水以后即须用清水洗净令干。

假如消蚀之银器，其中心是一团结的坚固之银块，则应用以上方法后，结果必佳，即使银之中心是脆弱而腐坏的，如能小心护持及去除氨锈时，不用力亦不致产生恶果。银之结合力是很小的，故必须异常当心，否则必致破碎。有时消蚀物非常固实，只有一部分可以去除，若此则下手既感维艰，而佳果尤不敢卜，只有对于其消蚀状态稍事改进而已。

如果器物之外廓原是很薄的，而又具有高度的消蚀，那么，必不会有什么银质遗存了，似此情形则在处理时必致破碎，或竟破裂至不成片段。故事前必须决定，抑保留此器物之原状，不予处理，甘令器物之原有形态隐没不彰，或冒险一试，以冀发现新奇美丽或对于考古上有价值的铭刻或花纹。如决定冒险一试，则对于把持器物必须异常留意，且以在最后处理时为尤然。对于这种易碎的器物，绝不可任意将表面似松解的消蚀物除去，但用驼毛刷或软刷轻刷尚比较安全些。

内陷的器物像匣、瓶、碗等，假如是非常脆薄及精细者应以石蜡充满其内部使之坚固。最好在石蜡将近凝固时用玻璃管注入器中。如器有孔隙，患蜡流出，可另用小刀将器之外壁涂以厚蜡堵塞之。待内部之蜡已灌满凝结，则外部的蜡可以用炙热的小刀除去。灌蜡之妙用，在能使易于复原。如碎片不大，则只须将碎片放于蜡上用炙热的小刀使之嵌入。如碎片甚大，则先嵌入，用蜡涂于器外裂缝处使之不坠，然后再将蜡倾注于内部，最后则用炙热的小刀将外面裂缝上之蜡除去。

对于银器之小小修复，用火棉胶即甚妥，如银不结合，涂以溶液则能使之坚固而保存之，有时银能吸入大量的溶液。

玻璃　玻璃并非普通所称之不变及不透水的物质。尤其是古代玻璃，其性较近代者为软因它包含大量的碱质。

玻璃之分解（Decomposition），有时不过是表面上有小小的模糊，但通常皆是小粒屑脱落使其表面生痕而致全部裂开或脱落。后一种情形继着常起一种晕色，这种晕色完全是由于白色光亮之破裂而产生的一种光学影响，这种白色光亮是由分解所致的无数小的无色脱落片之反光所形成的。玻璃也会败坏至成粉屑，但这却不常见。

除玻璃本身之化学分解外色泽也常有变化。普通质地之白玻璃含锰之化合物（Manganese Compounds）者如久曝于烈日之下便会变色。此种颜色常由最浅以至于深紫色。玻璃尚有其他种种变色，譬如，古埃及玻璃因铜之关系，有时变为绿色，而有着色之玻璃窗因久曝于日光之下亦会稍变色，惟使之更瞭亮而增加其美丽。

玻璃之分解，第一因玻璃含有过量的碱质，第二因玻璃面上常积有大气中所含二氧化碳溶解之水分。结果乃是化学分解而造成了碳酸石灰及分离了硅酸石灰及一些砂粒。

治崩坏玻璃之唯一方法乃是将玻璃浸于温水中，不绝的换水及至溶盐及苛性或碳酸碱质已去，然后令干复浸于酒精后吹干，再涂以透明之漆状物如火棉胶或醋酸纤维溶液。

陶器　陶器最不易腐坏，但其弱点乃在太脆弱及多细孔。无光之陶器细孔尤多。

陶器脆弱则易碎，多孔则易使之饱浸各种物质如装脂肪之瓮则饱浸脂肪，或其地多盐质则饱浸盐质。盐结晶物则易使陶器破坏。

陶器常为碳酸盐及硫酸石灰或同时两种之硬壳所破坏。此皆由于潮湿处所所含之此二种物质所致。

清洁陶器之第一步即用水以软刷刷之。如有盐质则宜换水频数，直至盐质化尽为止。但需时数日或数星期不定。

将器浸于石油精中可以除去脂肪物质，但必须令干乃可浸。

不能任意刮去碳酸盐或硫酸石灰，因非但无益且易损坏陶器。如用稀盐酸溶液（百分之二或五）不断地洗刷器面可以将碳酸盐除去，硫酸石灰因浸在水里将盐溶化即能除去，或用盐酸如上法亦可。用酸后，必须将器浸入水中，换水频数以去酸之痕迹。烘焙亦可以使硫酸石灰完全变粉屑而下落，但大件器物则不易烘焙。

着色及有铭刻之陶器则不能用上法。此等陶器固可浸于水中，如时间不长则无害，但亦须非常当心。把持此种陶器尤宜审慎，因灌时，彩色及铭刻皆易擦去。

酸不能用于着色陶器，除非以一小片试之，于色无碍者则可用。

小件陶器可以用火棉胶修补之，如大件器物则用调匀之着色胶或烧石膏。缺失的部分可以不用着色石膏。

石器　古代所用之石种类甚多，其主要者乃雪花石（方解石）石灰石、大理石、沙石及大岩石如玄武岩、闪绿岩、灰绿岩及花岗石。石常受数千年之空气影响而因温度、风沙及水之溶解力以及雨中所含之二氧化碳溶液之影响而破碎。此种损害不能补救，除非将石移出于天气影响之外。尚有一种碎裂之原因而尤为主要者乃石本身之柔软及疏松，如石灰石及沙石即是。此种毁坏力之主因是盐，盐大部包含氯化钠（食盐）但有时乃食盐及硫酸钠之混合体及偶然有小部分之其他盐质如碳酸钠、硝酸钠及硝酸钾。盐对于石之作用并不和金属一样，而通常不是化学的而完全是物理的，因盐在石面层之下结晶而膨胀使石破裂之故。此种作用之条件有四：（1）能受水溶解之盐存在；（2）溶解盐之水之存在；（3）疏松之石；（4）盐因细孔而得上升至石面，且又因水之腐败而结晶。

除石灰石及沙石以外，石之本质松疏者尚少，如干燥则有盐亦无害，但不能使含盐之石干燥，因盐于潮湿空气中亦会吸引水分。

盐既能溶于水，则浸石入水即可去盐。但因石块过大及或因石上有石膏及彩色铭刻等，则切宜谨重。不过可浸者仍应全部浸于水中，盛水之盘以石、水泥或木制为宜，忌用铁或洋铁皮制者。石应以盘内搁置石器之支持物应用砖石，而忌用铁或铜易令石变色也。且应时常换水直至盐质去尽为止。浸水期间每需数星期或至数月之久。由水中取出以后，应放于暖处使渐干。但应切记水对于石灰不稍有溶解作用，时间太长则石上雕刻及铭刻之处尖锐或曾受到损害。如要免藓苔之生长可时时换水，将盆紧盖不使见光，及用少许硫酸铜溶于水中即可。

有时藏于潮湿之地的石器会长有硫酸石灰的小晶片。此种晶片浸于水中即散落。酸不能用，因酸对于石灰石之作用甚烈而易溶解之，即沙石亦不能用，因黏胶沙石粒碎之材料含有碳酸石灰，此亦不能受酸之作用者。

浸石器用的水，以蒸馏水为佳，如无蒸馏水，雨水亦可。浸水时器物不可与盆底接触，亦不可使之露出水面，浸水后由第一日至第四日必有改变，有无氯成分存在，可滴入银盐验之。

把已知浓度的硝酸银溶液，置于滴筒里，汲取一定量之水，以滴筒里的滴定液滴定。氯和银离子结合而生白色的沉淀：

$$NaC^1 + AgN_3^0 = AgC_1^1 + NaN_3^0$$

如要进行定量分析，则可用中性的铬酸钾作指示药。达适当之量时，则溶液呈红色。视所需的硝酸银若干而算出氯成分之多寡。

浸水手续完毕以后，要立即令干。小石器可置于玻璃架上，覆以白纸，以防止灰尘之飞入。夏日用干燥空气，冬日用火炉，惟不得直接和炉接触，以他石盛起为宜。大件器物宜放在干燥室中令干。干燥时间，有时要到一个月之多。

完全干了的石器，就要开始加膜保存了。大石器要分两次施行。小石器浸在液里，至无气泡逸出为止。试验气泡的方法：如有自来水管的地方，则安以龙头唧筒（见图七）抽出。龙头唧筒须密缚于龙头上，不许泄气，或涂以凡士林以杜绝空气之侵进。抽气部分的装置是一玻璃罩，罩与一玻璃筒合，石器则置于筒里。罩与筒接合处要密闭。然后渐渐开龙头，又于通空气之管中，加上了一个玻璃栓。或闭气之先，将玻璃罩上的橡皮塞慢慢揭起，然后关闭。玻璃罩上的塞子，复插入另一玻璃管，管和压力计相连结，得随时知道压力的程度（见图八）。

至没有气泡逸出的时候，可知液质已无孔不入，器内已无空气存在，可取出令干，或以纸块木屑吸去多余之液，一如前述（参见图九及十）。

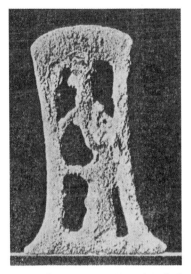

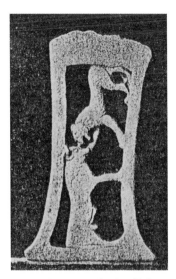

图一　未经还原工作前之破烂斧首　　图二　既经还原工作后之斧首正面　　图三　既经还原工作后之斧首反面

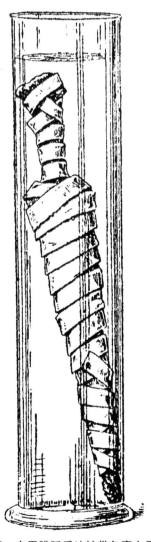

图五　未用克累腓廷氏
方法处理前之矛锋

图四　克累腓廷氏法锌带包裹之矛锋　　　　　　　　图六　既用克累腓廷氏方法处理之后矛锋

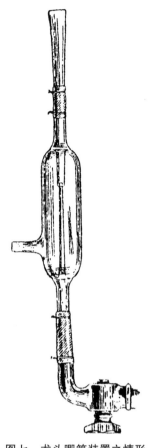

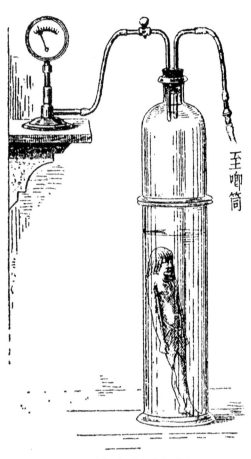

图七　龙头唧筒装置之情形　　　　　　　　　图八　验气泡时之全部装置

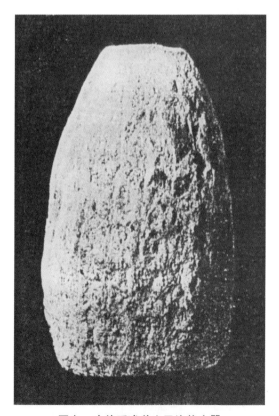

图九　未施手术前之巴比伦土器　　　　　　图十　既施手术后之巴比伦土器

加膜用的药剂与前相同，此处可采用火棉胶、水玻璃、松脂漆米汤及白蜡等。

有着色铭刻之石器不能遇潮湿，除非着色之一面能避免水之作用，否则则色泽必被毁坏，最好在石上面喷一种不透水的物质而又不受酸之作用者。此种物质乃火棉胶。醋酸纤维松脂漆（Dammar resin）、乳香树脂（Masteo resin）及松香（Shellac）为宜，其用法已如上述，不知成分之保存药切不可用，其他如硅酸钠（Silicate of soda）、硅酸钾（Silicate of potash）、氟化硅（Silico – fluarides）及钡氧化物（Baryta）皆宜避用，因为这些常会在石面上起一层薄浮的皮而使石碎落，且因又此起了风化盐加增其破碎的作用。胡麻子油（Linseed oil）不能用因其能令石之颜色黯淡。

有时石灰石自然会饱含盐而松然不结。似此情形则不能用水洗，其唯一之补救法乃用一种保存药而不去盐者。当石的裂痕不甚利害的时候，可用纱状物里之或以细绳全部缚紧然后浸于水中。

有机类

琥珀及其他树脂　琥珀乃是化石树脂，其年代须以地质时期来计算，故墓中之琥珀虽藏至数千年之久也可以毫无损坏的，只是不甚清洁罢了。最好先用上等肥皂及温水洗过，轻轻用手指擦之，再用清水漂洗令干。

清洁琥珀决不能用有机溶解剂如火酒，丙酮及安息油，因此等物非但会令它软化且会叫它分解。可以用火棉胶修复。

羽毛及发　羽毛因年代之关系而愈弱脆，但可洒以稀薄的火棉胶或醋酸纤维溶液使之坚固。但留意必须将流质轻轻洒上去，不可使羽毛浸透溶液，因精致的部分皆将黏在一起而损其原状。使用时用轻雾式的喷器最好。

发通常不易腐坏，故照例不需特别处理。

羽毛及发皆易为蠹虫所侵，故宜置于箱匣中以免腐坏，又时时须检视可于箱匣中置石脑油精（Naphthalene）再则洒以升汞（Mercuric chloride）和于酒精中之溶液。如已被蠹虫所蚀，则宜用二硫化炭（Carhon disulphido）熏蒸。

象牙　象牙器物，情形各异。有保存非常完美者，有脆弱至难以把持者，含盐质多者以致尤为柔弱。

完美之象牙可用湿水棉花或湿水刷清洁之，但不能太湿致使象牙碎为细片。不过有时象牙或最古象牙浸于水中亦不损坏，而且用此法以去盐为最妥，惟用法不宜呆板，因其结果颇难臆测。虽然由物件之情形及外表可以测知可否浸于水中，但总以不用水为宜。如需冒险浸入水里，则宜先浸入普通清水中，而后以蒸馏水浸之，继则用酒精，然后置略通风之处令徐徐干燥切忌用人工热。

清洁以后则用火棉胶或醋酸纤维溶液洒上或刷之。但这种方法即使用稀薄的溶液亦会稍稍发生光泽，这并不要紧，因通常擦刷象牙亦会有光泽出现，如发现光泽过烈则可用羊毛布渗醋酸戊酯或丙酮擦之亦可。

朽坏过甚的象牙只有一种补救的方法，便是将器物浸透于火棉胶或醋酸纤维更或溶化的石蜡中，但不可设法将呈现出来的盐分除去。在先应把依附在器面的尘垢，轻轻刷去，然后用小软刷渗酒精刷之。有时酒精将使黏著之土质松落。于是渐渐将器物吹干。如用火棉胶或醋酸纤维，则可用小骆驼毛刷。如用蜡，则将器物温热以后，搁于支持架上以待其干，再两面皆涂以溶化之石蜡。涂蜡最好用玻璃管使之成急速的薄流。如物件之温度及蜡相合。则蜡自然渗入而于面上并不留痕迹。如有多余之蜡存于面上，可用前述方法去之。但用石蜡往往使象牙色泽稍为黯淡耳。

如果象牙盖着一层炭酸石灰底硬壳或为炭酸石灰所结在一起的泥和沙。这只有用酸除去之，用酸以盐酸为最佳。酸须非常稀薄（约百分之一或二）用时可用骆驼毛刷将酸渗入，再次用刷去其硬壳。施手术之后，即须将器物浸于水中，清洗数次以除尽酸之痕迹。

象牙器物件之修补剂可用火棉胶。

骨　骨与骨器可常用肥皂与温水清洁之。如有盐分则可多换水。器须渐渐使之干。如骨已裂或近于破坏则应紧缚以纱状织物或以精细的铜丝扎之然后浸水。修补小骨器，可以用火棉胶。大骨器则用胶或烧石膏。清洁修补以后，骨器即须用火棉胶或醋酸纤维溶液刷之，有时用普通画家油漆（Painter's varnish）以涂即可。其他脆弱的骨器，其处理方法与象牙同。

角　通常角只须用热水洗洁即可。但角易为蠹虫所蛀，即象牙与骨亦然，不过较角为稍胜罢了。其唯一防护或补救之法乃是用升汞和酒精之溶液洒上，或涂之。这种溶液性甚烈，用时应谨慎。破断的角最好用火棉胶修补之。

革　革非常容易腐败。易干燥，干燥后即易裂，常常因在墓中受长时期的潮湿热气而变为胶黏，虽然发现时，也许是硬的，脆弱以及有光泽颇似沥青。如果如此，则可用水（百分之八十五）使之软或溶化再用热水使其与黏着之物脱离。可是这并不是处理的方法。

保存皮革以及恢复其原有之柔软性可用油或脂肪，但革质过分腐败者则不可用。任何易变为酸之油如牛足油（Neat's foot oil）、橄榄油等切不可用，但海狸油、蓖麻子油、羊毛脂、黥脑油及凡士林都可以用。用油与脂肪须先加热然后涂敷在革上擦之使油质渗进革内，如有效更可时时擦之。万一革太脆弱而不禁把持者则可浸入油中而以软刷刷之，有时和于石油精中的羊毛脂溶液，用以洒于革上，每生奇效。

皮革亦易受各种蠹虫之害，尤其是蟑螂及银鱼。可用和于酒精中的升汞溶液洒之当可免蠹虫。

纸　纸似不含盐质，但古代之纸常改变颜色消褪而污秽，有污点而失了原状，有时又很脆弱。

因年代关系而褪色的都是因天然之氧化作用而然，愈与空气及光接触则褪色愈易。古代文书经典等褪色之其他原因不外尘垢、脂油、鼠蠹之排泄物，霉菌之繁殖所污毁，而以其外面及纸角为甚。有时又因铁及其他不洁而有点点之棕色斑点。

因年代关系之自然褪色不宜设法漂白之，因其既无碍于观瞻而又可保存文件之本色，如刻意使之洁白，倒反会使纸张更为脆弱。

将纸浸于石油精中可以去油及脂肪之污。石油精并无损于纸及字迹且易干。如浸不能去，则可用羊毛布渗石油精擦纸之背面。这样总可将污点分散开去且更或可将污点全部除去。

织物　织物保存之程度大有异同，有非常完好者，有破腐而变成粉末者。

织物破坏之理由不甚明了，但其主要之原因不外空气、热度及湿度。其变化似乎是半属化学，半属生物学的。化学的作用乃是氧化所致，生物学的影响乃微生虫及菌而生。

如织物保存甚好而含盐分（因包裹之物含盐或钠土）则可浸于水中而不绝换水。但已近破坏的织物则不可用水。

处理已将破坏的织物之最良方法乃用火棉胶及醋酸纤维溶液洒之。石蜡不能用，因为它会掩盖物品上的花纹及颜色。

避免蠹虫及菌之侵入须将织物藏于合适的箱，而置于干燥的空气中。而又宜洒以和合酒精的升汞溶液或和合四氯化碳的石脑油精溶液。如已被蠹虫所侵，则其补救法，不外用二硫化炭以熏蒸之，其法乃将药剂放入盆而置于藏织物的箱匣中。固体的石脑油精放于箱中可以防止某几种的蠹虫。

木　木易受各种患害，如蠹虫及菌之侵入，受水溶盐之作用及油之玷污。以下所述者皆宜注意。

（1）蠹虫　蚀木之主要蠹虫（除海洋穿木蛤类及甲类动物外）乃白蚁及几种穿木甲虫。

博物馆中亦常为白蚁所侵。处置的方法如下：（a）盖着沙，小石子，砖或洁地松香的地方应注意清洁。（b）木器物皆宜离地一尺以上而以石，烧砖或固体物支持之。（c）地板宜是石、水泥或瓦，但不应用木的。（d）木制陈列柜及木器放于地上者皆宜以金属包裹其下部。其他如树松油，烟油及漆皆可使木器为白蚁所蚀，但以上方剂不能用于古物。

木器放于精密的箱匣中可以免去穿木甲虫之侵入。如木器已受虫蠹，小木器则可用二硫化碳以熏之。其法乃将此流质放箱中一、二星期使其蒸发及饱和于空气及箱中。二硫化碳易蒸发而引火，故宜非常当心。其他方法则洒以和合酒精之升汞溶液，安息油或溶解于四氯化碳中的石脑油精。

（2）菌　木之蚀腐由于菌类之作祟。木之朽坏并非由于木之干燥（在菌未繁殖以前，潮湿已先存在），而是由于木被侵后之干粉状所使然。暖，潮及固定之空气最易产生干腐之现状。防护之法乃是通空气而洒以杀菌药如和合酒精之升汞溶液，溶化于水的杀菌药不宜用，因木绝不宜于潮湿。

（3）盐　木器中不常藏有盐分，但偶然也会有，因木所藏之地有盐的原故。凡木上有盐者大都皆食盐。木器虽不能用水，但有盐分者则不同。湿水以后，宜小心令其渐干。这是很重要的。浸水后再浸酒精即易干矣。如木器发现于水或潮湿之地域者，令其干燥必生翘曲之患，故宜架之而置于满置石蜡的盆中，直至油完全代取水之地位为止。然后将器弄干而以热及熔化之石蜡透浸。木器保存情形不佳者最好用石蜡处理。如能将木器加热而后施蜡则更佳；如器暖，而蜡热则蜡将完全吸入而毫无痕迹遗于面上。如有，则可加热度以除去之，或用软布、软刷浸于石油精中刷去。蜡也略有防碍便是会使木色黯淡，如木是着色的，则更使失去色彩上的价值，白色为尤甚。在着色而油漆的面上则无害。

（4）油　油及油脂可以将器浸于苯或石油精中除之，如不可能，则宜用破布渗以上两种溶液之一种以刷去污点。

上海市博物馆丛书第一期书目

本馆特约馆内外专家编译丛书暂分博物馆学、历史、艺术、考古四类第一期先出十种目录如次

博物馆学大纲

荆三林著

中国文化服务社陕西分社发行

中华民国三十年九月一日出版

作者简介

荆三林

荆三林（1916～1991），河南荥阳人，中国著名考古学家、博物馆学家、历史学家，中国生产工具史学科奠基人。1930年，任职于河南省博物馆。1942年，任职于国立社会教育学院，在新设立的图书博物馆学系讲授博物馆学。此后，历任中央大学、兰州大学、西北大学、厦门大学、郑州大学等大学教授。一生发表著述400余篇，其中博物馆学著作有《博物馆学大纲》（1941）、《博物馆学（第一辑：通论之部）》（1983）。

博物馆学大纲叙

何士骥①

　　余读三林先生之著作，约在民国二十四五年任教于北平时，迄今已五六年矣，慕其学而未获见其人。今夏由马非百先生之介绍，得相晤于西京陕西考古会，益佩其学之富，而著述之宏也。如《河南中部坟墓外形之研究》，《汉墓砖之雕刻艺术》，《汉武梁祠车马服饰图释考》，《考古学大纲》，《敖仓遗址出土古瓦面纹样》，《河南礼俗志》诸作，均已先后出版，贻惠士林，而《博物馆学大纲》一书，又付印于西安文化服务社，嘱余为文以叙之。余愧学不如三林，而所习之文字，考古，历史各门却有同者；然于博物馆学，则几为外行。以外行而说外行话，其可笑奚止「"班门弄斧"已哉！

　　窃谓博物馆之含义，约可分广狭二义言之：广义言之，即世界一大博物馆也；狭义言之，则人类所组设之博物馆是也。广义之博物馆，万事万物，莫不毕备；然其生长存在，出于自然，类既庞杂，理亦繁乱，人非学者，安能尽知。若使数千百万之专门学者，遍立于山岭水涯，通衢大道，见人而语之曰：某也植物，某也动物，某为矿产，某为某时代之古物，某物生存变迁之历史如何？某物与人类之利害关系如何？是不仅为理所不能，亦为事实所必无也。因此吾人不能不退而求诸人为之博物馆。所谓人为之博物馆者，有意义，有目的，有方法，有一定之形式，有一定之功用。盖外人 Museum（博物馆）之一词，原为供奉专司文学艺术女神 Muses 神庙之意，嗣后即变而为研究学问之所。至吾人今日心目中之所谓博物馆，乃更进而为举凡动、植、矿、人种、民族、文物、风俗、教育、卫生、建筑、美术、物理、化学、工程等等之天然物与人类知识之遗留物集合而作科学之陈列，学术之探讨，予人以身体目验，怡情悦性，于无意之中施教育，娱乐之中启智识之一种组织也。无空谈理论之弊，有实验稽考之效；无学校科条之苦，有自由寻思之乐。提高民众个别之常识，促进社会全体之文化，法至简而效至弘，所谓教化之功，实无大于此者。三林先生早见及此，研究有素，先成大纲一编以饷国人，其必为士林所争诵也无疑。

　　至于组织、管理、搜集、研究、编号、陈列诸论，方将各著专书以问世，则他日价值之巨，又非骥今日之所能知，更不胜为我国学术界幸矣！

民国三十年夏于陕西考古会

---

① 何士骥（1893～1984），浙江诸暨人。毕业于清华大学研究院国学门，著名文献研究专家、考古学家。主要著作包括《西北考古记略》等。

自　序

　　现代的战争，是文化的战争。文化落后的民族，只有作奴隶，文化落后的国家，只有被灭亡。我们中国现代的文化程度如何？路人皆知。在英国博物院民族模型陈列室里，把我们列入了半野蛮民族群中，即其其他各国的人，何尝不是如此看待我们。如果不是中国有五千年来的历史及物博的大地，恐怕早就灭亡了。我们是文明古国，是地大物博的国家，以至弄到如此糟的程度，宁不痛心落泪吗？其原因，并非教育方式之不善，第一自然是人才的缺乏。第二还是人才的缺乏。比如说：现在全国有不少的民众教育馆，但有不少的民教馆是虚设，徒消耗国家几个钱罢了。其原因，我敢说是因为不少的民教馆馆长根本就不知道民教馆为何物，怎能会有成绩呢？这一类的"教育馆"在平民的眼中是"衙门"，与学校及社会没有多大关系，这样的"馆"也只好称之为"馆"了。抗战以来，民教馆之重要，已被人注意及之。抗战之初，我也曾为此写过几篇文章（如非常时期农村教育之先决问题，原载《文化批判》五卷一期。后收入《战时教育论》及其他报纸杂志转载数处），来提起一般人注意民教馆之重要并改善民教馆，今年春中央令各省成立省教育馆，及省立科学馆，不惜巨资，来作这个事业。我们总希望各地成立之后，一定皆能负起了责任。教育馆，科学馆，都是博物馆的一种，是属于专门博物馆一类的。"Museum"一词原来是指的"以实物的证验而作教育的工具之组织，及学问探讨的场所"而言，是一种方法，是一种活动的组织，在欧美是发展科学文明之进化的动力，而来到中国之后，便成为一种平净的死机关，或者是"养老院"了。所以致此的原因，一方面固然是一般人才缺乏，及社会人士的不重视。但另一方面，不能不说是关于这一类的中文著作太少，不足以引起一般人的注意，无法去参考及研究。这一个罪过，专门研究博物馆的人，不能不负完全的责任。

　　关于博物馆的著述（专指中文而言），专册只有上海博物馆出版的《博物馆通论》，中华书局出版的《博物馆概论》。论文只有郑师许的《中国应急提倡博物馆事业》（《上海学术世界》一卷九期），李瑞年的《欧美博物馆及美术馆陈列方法之演进》（《中国博物馆协会会报》）及拙作《地方博物馆之目的及其组织》（《中国博物馆协会会报》二卷一期），《民俗博物馆在现代中国之重要性》（《上海学术世界》二卷二期）以及其他译文约二三篇。关于民教馆的，也不过几篇，最近重庆青年书店出版了一册《民众教育馆》的一个集子，所谈还只限于民教馆，民教馆又是教育馆中特殊的一种。算来算去，总计不过一二十篇，看这是多么的恐慌啊。

　　兹中国是五千年文化之古国，史迹遍地。是地大物博的国家，宝藏丰富，我们需要博物馆，当然更需要专门科学的博物馆。以及发展文化的教育馆。我们应当来多写一点关于博物馆的东西，来供给大家参考。博物馆通论及博物馆概论二书，皆注意于博物馆之形式，对其他方面多有忽略。我们这一本小册子，所编的目的是在说明博物馆的重要性，所以对其他方面论及也必少。本书共分五篇：第一篇是概论；第二篇是说明博物馆之进化与对学术文化发展的功绩，这一篇是以 L. C. Everard 的《博物馆与陈列馆（李永增译文）》为根据，略加以编订；第三篇是说明博物馆形式与功用，这一篇是以 Clarence

S. Stein 的《现代博物馆之形式与功用（赵儒珍译文）》为根据，加以编订；第四篇是在介绍几种陈列方法，完全采取李瑞年的大作，而加以编订。在此特一并致谢；第五篇，特别提出了科学馆的工作及组织，引人注意。这编是拙作《科学馆之工作机器组织问题》的后一段。上列诸文，皆于《中国博物馆协会会报》一二卷各期中，作者在战前曾得该会同意，将上列各文编入拙编译之《博物馆论丛》一书，惜原稿、原书多已遗失不能整理。故今编此书，特皆又收入了。

最近：我另外还准备编五个小册子，拟定的书名是：（一）博物馆的组织与管理，（二）博物馆的工作，（三）博物馆物品编号法，（四）博物馆资料之搜集与研究，（五）陈列方法论等。特先声名，希望同好者指教，及共同努力吧。

民国三十年八月十五日三林识于学术评论编辑室

目　次

第一篇　绪　论

第一章　博物馆之意义

博物馆（Museum）一词，原是指供奉专司文学艺术的女神姆西①（Muses）神庙之意，后来即以之为研究学问的场所。在公元前三〇〇年时，讬来米第一（Ptolemee. I.）②把亚历山大帝的宫殿划出一部份，建筑一馆，其中附设神龛，公开讲演室，植物园，动物园等，以为养成学生学问向上之用，是为博物馆最古的一个。之后各地建设此类场所，作为学问研究上的根据地。所以说："博物馆乃是保存最足以说明自然的现象及人类的业绩等物品，利用之以为民众知识的向上及文化事业"③，与促进整个社会的进化之一种设施。为政府经营的事业之一，而其中极富于学术的及教育的意味。

民国二十四年中国博物馆协会于北平成立，在这个协会的缘起一文内，有这样一段话："所谓博物馆者，不仅为保存古物也。举凡动植、矿产、民俗、人种、教育、卫生、科学工程建筑美术之类，均宜兼收并蓄，各建专馆。比年以来，学校日辟，课时之所讲授，学子之所诵习，无不取则东西，顾其弊也，理论多于目验，空谈胜于事实，以致兴学数十年，而效未大见。倘今后凡百科学，各设专馆，搜集实物，以资稽考，则学子之所习者可以目验，一国富源、民情、风俗以及现代科学之沿革及其应用，俱能一目了然，供其参览……罗列一室，仰视俯观，不惟知己知彼；且可使爱国家保种族之心，油然而兴，博物馆在教育上之价值，几倍于学校。"

Clarence S. Stein 氏④对现代博物馆之功用，曾经这样的说："多数参观的人并不一定是学者，一入博物馆内，如入另一世界，则怡情悦性"。总之：博物馆在教育上的意义，就是用娱乐的机会及方法来教育大众。所以特别注重于陈列、实验、讲演以及各种的方式。但中国博物馆协会的发起人，及 Clarence S. Stein 先生他所注意的是博物馆陈列之功用，而没有注意到其他的方面。博物馆原是一个探讨学术的场所，及发扬地方文化而吸收外素文化的株式会社，因为博物馆的教育方式，是在利用娱乐，所以使一般大众在娱乐中去求知识。

欧美的文明之产生差不多完全是在博物馆里。它的功绩，是如何伟大，我们可想而知，现代的博物馆不惟是像一座实验室；严格的说，它就是制造文明的场所。它的功用就是教育，所以美国博物馆与学校是切实的合作，并且现在有了一个更进一步的办法，就是使学生按规定的时间到馆里去授课，每个地方的博物馆成了每个地方的教育中心，现在世界各国皆正在积极发展各科门的博物馆，深切的知道博物

---

① 现多称"缪斯"。
② 现多称"托勒密一世"。
③ 自郑师许著《论吾国急宜提倡博物馆事业》一文。——原文注
④ 克拉伦斯·斯坦（1882～1975），美国城市规划师、建筑师、作家，下同。

馆的功用，是教育的工具，是文明的制造场所。

第二章　博物馆之种别

博物馆之种别概分为二类，第一是普通博物馆，第二是专门博物馆。普通博物馆又分二类，即（一）中央博物馆，（二）地方博物馆。在专门博物馆中，则分门别类，各建专馆，有各专馆中亦因所在地方及任务关系分为中央与地方或临时与永久之不同。另外还有一点也应注意的，就是有临时性的博物馆于永久性的博物馆之别。今以现在的一般情况，分别列表如下：

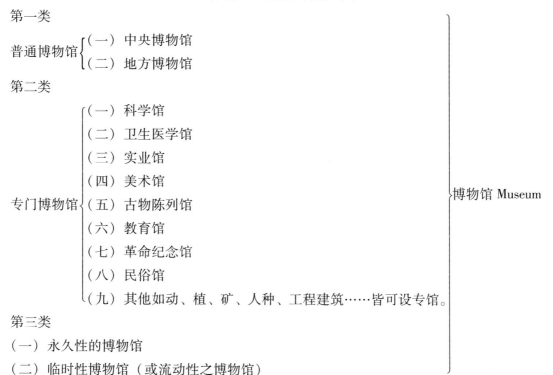

第一类

普通博物馆 {（一）中央博物馆
（二）地方博物馆

第二类

专门博物馆 {（一）科学馆
（二）卫生医学馆
（三）实业馆
（四）美术馆
（五）古物陈列馆
（六）教育馆
（七）革命纪念馆
（八）民俗馆
（九）其他如动、植、矿、人种、工程建筑……皆可设专馆。

第三类

（一）永久性的博物馆
（二）临时性博物馆（或流动性之博物馆）

博物馆 Museum

第二篇　博物馆事业之发展史略

第一章　博物馆之起源

追溯博物馆有系统的历史，虽然只能到十五世纪初叶，但是美术、宗教以及其他的收藏要远在十五世纪以上了。亚历山大时代就已有将他侵略别国时所得的东西送给他的先生亚理斯多德① (Aristotle) 保存的事。同时更有一个人名托勒密索特② (Ptolemy Soter) 者在亚历山大的世界希腊化政策 (Hellenizing policy) 鼓励之下曾在亚历山大里亚创立了一个博物馆。这是一个靠得住的证据。亚历山大里亚图书馆被焚之后，文艺复兴之前，这个长时间内的一切罗马的战胜纪念品和中世纪宗教的纪念品都没有地方去贮藏，只好顺便的都送到博物馆里来了。

在十五世纪的时候，可以说发现了两个新的世界：一个是久被蒙昧了的古希腊和罗马的文化，一个就是新大陆。这两个新的发现，藉着国家主义势力的膨胀，把久已入了停顿状态的西欧人探讨智识的心情又鼓动起来了。所以当时西欧的一般人抱着十二分的热诚去找东西来满足他们的欲望。于是一些王侯贵族们不但保护当时古物的发掘，并且也收藏古典的书籍及纯美的艺术品。古物的搜索者和贸易的商人也从东西印度河新大陆不断的给他们运来些珍奇的动，植，矿和其他的战胜纪念品。学者和富翁们也都争赛着他们的珍奇异宝和一切选择出来的关于艺术和自然历史的收藏和标本。所以保存古物的风气就这样的开始了。但是当时古钱，艺术品，纯美的珍品，自然历史的标本以及其他的收藏都是混为一起收集的。据墨累 (Murray) 说在十六世纪中叶散布于义③、法、德、荷之间的古钱的收藏就有一千多种了。可以说那些最初而且贵重的收藏就是现在的博物馆的核心。现在仍然存在的 Cosimo de medíci④ 之收藏保存于 Uffizi Galléry⑤ 内：Ulisse Aldrovandi⑥ 的收藏与 Cospi 和 Marsili 的收藏合并之后现分存于 Mu eo Civico⑦ 和波伦亚 (Bologna)⑧ 大学图书馆。奥古斯都 (Augustus) 萨克森 (Saxony) 的候选者的 Kunst und Naturalien Kammer 现在发现于德勒斯登⑨ (Dresden) 博物馆。法兰西斯一世 (Francis I) 和他后嗣的收藏现时都保存于卢甫博物馆⑩ (Louvre)。

---

① 现多称"亚里士多德"。
② 即托勒密一世 (公元前 367 ~ 282)，公元前 323 ~ 285 年在位，下同。
③ 现多用"意"，指意大利，下同。
④ 科西莫·美第奇 (1519 ~ 1574)。
⑤ 现多称"乌菲齐美术馆"。
⑥ 乌利塞·阿尔德罗万迪 (1522 ~ 1605)。
⑦ 指"市立博物馆"。
⑧ 现多称"博洛尼亚"。
⑨ 现多称"德累斯顿"。
⑩ 现多称"卢浮宫"，下同。

宗教改革之后，蒙昧主义的势力和宗教的权威，一落千丈，而探讨科学的精神因之而兴。所以在十六世纪初叶提倡科学的第一声就是 Accademia dei Lincei① 的设立，伽利略（Galileo）是里面一员健将。到了十七世纪中叶，科学运动的力量就集中了。所以有以下这些学会的产生：Schweinfurt② 的 Academia Naturae Curiosorum③ 成立于一六五二年；佛罗稜萨④的 Academia del Cimen⑤ 和马得里（Madrid）⑥ 的 Academia Naturae Curiosorum 成立于一六五七年；伦敦的皇家学会（Royai Society）成立于一六六〇年；巴黎的科学学会⑦（Academia des Sciences）成立于一六六六年。这些学会的成立，不但对于科学的发达上有无限的补益，就是对于博物馆的分类上，亦有很大的帮忙。十七世纪末叶，德国已经树了几个重要科学博物馆之基。蒲丰⑧（Baffon）在巴黎的皇家花园也收集了一些自然历史的收藏和标本。亚美利加和阿尔及耳⑨（Algiers）的收藏是英王查理一世的园丁们（Tradescants）收集的。以后这些收藏由 Elias Ashmole⑩ 经手存于牛津大学。一直到了一六八三年才特为他造了一个纪念馆，名曰 Ashmolean 博物馆⑪。

第二章　十八、十九两世纪博物馆之发展

到了十八世纪的时候，社会才认清博物馆对于一般人和对于少数的贵族和学者是相当重要。所以在一七四〇与一七五〇年之间，罗马教王本泥狄克特十四世（Pope Benedictus XIV）⑫ 首先建立了一个基督教博物馆于其王宫内。一七五三年英国国会通过一个议案以（Hans Sloane⑬ 的收藏为建立大英博物院之基础。美国于一七七三年在南卡罗来纳（South Carolina）的查理斯敦（Charleston）也组织了一个博物馆。一七七一年西班牙国王下令建 Museo Nacional de Ciencias Naturales⑭ 于西京马得里，该馆公开于一七七六年。一七九三年法国于卢甫建造第一个公共博物馆，就是现在的卢甫国立博物院（Musèe Nationale du Louvre）；次年皇家花园又改为国立自然历史博物馆（Museum National d'Histoire Naturelle）。巴黎最早的工艺博物馆（Conservatoire des Arts et Mètiers）是一七九九年开幕的。虽然博物馆的功用在十八世纪末叶仅仅是为人们鉴赏的，可是博物馆应为公共设立而设立的观念确已立定了。

到了十九世纪的时候博物馆已经从草创时期——王宫的收集，贵族和学者们的收藏和一切当时的贮藏所——发达到了一个现代化的时期。新式博物馆是研究学术的场所，教育的中心。博物馆的发达也正像实验室受了古物学与达尔文的原始学说而加以改良一样。新式博物馆不再研究物体的类而要从事研究它们彼此间的关系了。总而言之，现在以科学的眼光去研究古物，比以前以古物为奇宝异货而保存的办

---

①　现多称"林琴科学院"，建于 1603 年。
②　施韦因富特市。
③　自然探索者学院，下同。
④　现多称"佛罗伦萨"。
⑤　西蒙托学院。
⑥　现多称"马德里"，下同。
⑦　现多称"法国科学院"。
⑧　现多称"布丰"（1707～1788），法国博物学家、数学家、宇宙学家。
⑨　现多称"阿尔及尔"。
⑩　伊莱亚斯·阿什莫尔（1617～1692），英国收藏家、政治家，阿什莫林博物馆创建者。
⑪　阿什莫林博物馆，下同。
⑫　现多称"罗马教皇本尼迪塔斯十四世"（1675～1758），梵蒂冈博物馆奠基者。
⑬　汉斯·斯隆爵士（1660～1753），内科医生、收藏家、大英博物馆创始人，下同。
⑭　西班牙国立自然科学博物馆。

法进步的多了。差不多到了一八七〇年，教育展览品在博物馆已经有了相当的地位。从那时起，博物馆的收藏就不像先前仅仅贮藏在馆里就算了，并且还要用它们为教育的工具。最早的科学博物馆于一八六九年出现于美国纽约省，并且美国也是建设科学博物馆最多的国家。不过在一八六九年以前，英国已经有了类似此种的博物馆，飞禽和走兽一类的东西的搜集，不但是以美国为最早，就是在博物馆内讲学之风，也是以美国为第一。艾欧瓦（Iowa）省①的达九波尔特（Davenport）②城和纽约省的布法罗（Buffa-lo）城的博物馆，是首先提倡利用馆内的物品来讲学的。美术博物馆方面：有于一八四四年开幕的（Mnsee de Cluny）③里面的收藏有按年代排列的中古世纪的木刻；除了绘画和雕刻之外其余的都可以与王宫博物馆相媲美。到了一八五一年伦敦水晶宫④（Crystal Palace）大展览会的时候，人们又集中视线于平常的机器制造品上了。这次机械产物的展览会，的确给了手工业一个很大的打击，又加上当时还有搜集古器物：如家具、器皿、建筑物以及其他物品的习尚，所以便引起了手工艺博物馆的设立，以便保存手工业的产品，并可介绍手工之产品于社会，使人们有个观摩的机会。该馆搜集物品的范围有以下几类：如木工、金属品、织物、陶器、玻璃器等。水晶宫展览会的第二年在南垦星吞（South Kensington）⑤创立了第一个工艺博物馆。这个时候博物馆成了保存工艺品标准图样的处所，先手工产品后机械产品。到了一八八八年收藏的处理又近了一步，因为在这年之中德国女安堡⑥（Nuremberg）的博物馆将十五世纪到十七世纪的收藏分为六个时期，然后将收藏装在适当的器具里，再按年代之先后分放在六个贮藏室内。在这年之中又有大英博物院的自然历史部与南垦星吞博物馆⑦接洽将其全部"绍介组"安放在新落成的垦星吞博物馆大厅里。垦星吞博物馆大概分收藏为三组：绍介组、展览组、保存组或研究组。直等到路易阿伽西（Louis Agassiz）⑧和格雷（J. E. Gray）采用这个分组法的时候就把各组都分得清清楚楚了。

到了十九世纪的时候，因为要致力于国际展览的工作，所以在博物馆的建筑上也有了一个很大的改革。博物馆国际化的观念，是萌芽于一八五一年伦敦水晶宫大展览会之时，其目的不外要藉着展览会的办法来促进世界科学、工艺和美术之发展，证明观察教育之功效和增进博物馆运动与收藏，在许多场合之下，往往因一时的展览会，就产出永久的陈列所。临时的展览会址，就是未来博物馆的地基。最显著的例子：如巴黎的Trocadéro⑨是由一八七八年的世界展览会产生出来的；菲列纪尔菲亚（Philadelphia）⑩的纪念馆就是现在的宾夕法尼亚（Pennsylvania）美术博物馆和美国一个最老的美术馆都是由于一八七六年的展览会产生出来的；Field Museum⑪的自然历史馆的第一栋建筑是于一八九三年产生于世界哥伦比亚展览会⑫（World's Columbian Exposition）；一九三三年五月在芝加哥（Chicago）开幕的实业和科学博物馆也是一八九三年展览会的产物；圣路易（St. Louis）的美术博物馆⑬产生于一九〇四年的路易斯安那

① 现多称"爱荷华州"。
② 现多称"达尔波特"。
③ 克鲁尼博物馆。
④ 19世纪英国工业革命时期最具有代表性的建筑，建于1851年。
⑤ 现多称"南肯辛顿"，下同。
⑥ 现多称"纽伦堡"。
⑦ 1899年更名为"维多利亚与阿尔伯特博物馆"。
⑧ 现多称"路易斯·阿加西"。
⑨ 现多称"特罗卡德罗"。
⑩ 现多称"费城"，下同。
⑪ 菲尔德博物馆，下同。
⑫ 现多称"哥伦比亚世界博览会"，下同。
⑬ 现多称"圣路易斯艺术博物馆（Saint Louis Museun）"。

购买展览会（Louisiana Purchase Exposition）；圣第亚哥①（San Diego）博物馆产生于一九一五年的巴拿马—加利福尼亚展览会（Panama California Exposition）；圣第亚哥自然历史博物馆的建筑也是由于一九一五年的展览会产生出来的；一八七六年菲列得亚百年展览会②促成了华盛顿美国国立博物馆工艺馆③的建筑。至于其他博物馆的设立亦莫不由于展览会的促成，最初集少数之收藏于开会的地方，然后扩而大之就成为博物馆了。

自伦敦博物馆公开以后，马得里和巴黎十八世纪之博物馆亦先后趋于平民化。最初允许普通人进馆阅览之事，甚是勉强——正如大英博物院之规则，最初每日只允许三十人进馆阅览，后来人数渐渐加多，一直到了不限制人数为止。——好在博物馆仍然在继续不断的改革着它们的设施，所以第一步做到了对于阅览人不加限止。第二步作到了博物馆全部开放。本来博物馆是不分什么展览品与研究品的，所有一切的东西都是陈列在一起的。例如，几架动物、鸟类和骨骼；几排雕刻和绘画；几盒矿物、介壳和其他的物品就是了。不过近来为免去重复和为要引人入胜起见，不得不将展览品加以特别的选择，剩下的或供专家之研究或储藏室之一隅。凡是与动物学学说相反的展览品都画在画布上和剥制出来。这样一来除了使剥制术进步外，还可以给人们一个更活跃的印象，更清楚的鉴赏的机会，进一步再按所产的地方分出组来，然后再把那些飞禽和走兽装制得同活的似的使它们在博物馆里就如同在大自然里一样。二十世纪初叶细画组始发现于博物馆之展览室。近五六年来类似这种的展览品已经成为最时髦的东西了，它们不但时行于自然科学，并且也时行于人类学，历史和实业在一个美术博物馆里。除了陈列品之外，它的临时展览室的发展，时代展览室的设立、装潢术，工艺介绍以及排列的方法都有引人到馆里来的力量，不过这些东西的力量是有伸缩性的。此时博物馆不但尽力欢迎人们到馆里来，同时也扩充其势力到馆外面去，它的势力先到了学校，然后又到了社会其他的团体。至于扩充的方法，以后再详论。

第三章　现代世界博物馆概况

现在全世界共有七千个博物馆，但据马可哈谟（Markham）所估量的数字还不止此，大概八千就差不多了。在这八千个博物馆当中，英国、美国和欧洲大陆的各国就占了六千五百个，然而在这些国家中要算德国和美国最多了，每国各有一千五百个。欧洲大陆的民族和国民性是不一样的，所以博物馆的性质也就因之而异了。法国的巴黎和巴黎的左近有许多国立博物馆。不过也有五百个省立博物馆分建在各地。这些博物馆其所以能成为博物馆者实在是多亏了大革命时或是与其他各国战争时得来的物品。至于购买或用其他方法收集来的东西不但为数很少，并且还要遵照政府的章程要每个博物馆送一份的，其博物馆之情形即可想而知了。义大利有四百多个博物馆，并且一多半还仍然在保存着古时的文明，鉴赏美的美风和自由都市学校，寺院风味。关于美术和历史方面的博物馆，在法国有吕克松堡④（Luxemburg）和卢甫；在义国有罗马，那不勒斯（Naples）和教王博物馆。

（一）德国

德国和其他条顿族的国家对于博物馆的事业具有特别敏锐的感觉和兴趣，可以说这是欧洲其他各国

---

① 现多称"圣地亚哥"。
② 现多称"费城美国独立百年博览会"。
③ 指史密森博物学院艺术与工业大楼。
④ 现多称"卢森堡"，下同。

所望尘莫及的。据调查平均每四万条顿族人当中就要有一个博物馆。人文博物馆占百分之五十,历史博物馆和自然历史博物馆各占百分之二十五。德国并有许多良好的美术和古物学博物馆,尤其是在柏林(Berlin)和慕尼克①(Munich)。工业博物馆最著名的要算慕尼克的德国博物馆(Deutsches Museum)了。德国一大部的博物馆是分建在各省的,这正与法国相反。德国的博物馆对地方政府之关系比对中央政府之关系更来得密切。其收藏的种类以地方之精华为大宗,其设馆之目的以人民之利益为前提,所以关于以上几点都是法国所赶不上的。

(二)苏俄

苏维埃俄罗斯有二百个博物馆,这些博物馆是它宣传教育最有力的工具。科学博物馆是专收关于应用科学之演进与研究的材料。美术博物馆是专藏描写各时代社会现象的美术品。俄国并有专门为解释共产主义之理论和革命之意义的博物馆。可是这些博物馆是直隶于中央的。

(三)英国

英国的博物馆与其他欧洲国家的博物馆比较起来是最不受政府的限制的。多数的博物馆是普通博物馆,那就是说一个博物馆里面美术、科学、历史、实业以及其他的收藏无所不有。再者英国博物馆体积的伟大,范围的宽广,历史的久长,都是足以自豪的。亚洲诸国对于博物馆之建设,日本实居第一,其国内有一百六十几个博物馆的组织。各国的首都的三分之二的博物馆是专门的博物馆,其中又以自然历史博物馆为最多,历史、美术、人类学、商业和农业博物馆次之。坎拿大②有一百二十五个博物馆,墨西哥和西印度群岛共有七十五个。

(四)美国

美国博物馆在教育上的活动力可以说是无微不至了,儿童博物馆和路旁博物馆(Trailside Museums)是美国首先创设的。博物馆各部之活动力要推教育部为最大,因为它不但能随时利用与学校合作的事工,而且还藉着指导部,刊物,无线电发音机,出纳部,幻灯,电影等来作促进教育的工具。这种现象是在其他各国找不到的。美国博物馆还有一个与众不同的特点,就是博物馆只对董事会负责,董事会是从连任董事与新由博物馆协会会员中选出来的董事共同组织的。美国共有一千五百个博物馆,其中有八百个是公共博物馆,四百个是历史博物馆,一百七十个是艺术博物馆,还有一百二十五个科学博物馆,二十四个实业博物馆,五十个普通博物馆,学校博物馆也有六百多个,至于建筑费一方面,据最近之调查公共博物馆是一万万美金,学校博物馆是一千万美金,常年经费的预算也已超过一千六百万。但是公共博物馆主要的经费来源是出自补助金,捐款和会员的会费,这也是美国与别国不同的一点。现将美国最重要的公共博物馆列下:华盛顿斯密司孙会社③(Smithsonian Institution)管辖下的美国国立博物馆;纽约的美国自然历史博物馆和纽约艺术博物馆;波士顿的美术博物馆;芝加哥的自然历史原野博物馆④(Field Museum)和艺术博物馆;费城宾夕法尼亚艺术博物馆和底起伊⑤,克利夫兰,辛辛那提,圣路易,托利多⑥和勘萨司⑦(Detroit, Cleveland, Cincinnati, St. Louis, Toledo and Kansas)的艺术博物馆。

美国省立博物馆差不多都是普通博物馆,因为每个馆内的收藏都离不了艺术、科学、历史、实业和

---

① 现多称"慕尼黑",下同。
② 现多称"加拿大"。
③ 现多称"史密森博物学院",下同。
④ 现多称"菲尔德博物馆"。
⑤ 现多称"底特律"。
⑥ 现多称"托莱多"。
⑦ 现多称"堪萨斯"。

普通这五个主要部分。科学部里面不但包有地质学，生物学，化石学，人种学，人类学，医学等，并且也包括惑星仪，水族器和动植物的收藏。自然科学在各个实业馆里都有地位，因为像农艺博物馆，工艺博物馆，考古博物馆和通俗博物馆最底限度非有两个以上的主要部分才行。艺术博物馆常包括工艺和古物两部分，这两部分的物品也常与历史博物馆按时代排列的展览品陈列在一起。路旁博物馆通常是与自然历史博物馆或公园教育组发生关系。至于儿童博物馆和学校博物馆不用说当然是一种普通博物馆的性质。户外博物馆的提倡虽然要算北欧诸国为最早，但是美国最近的成绩已驾乎任何国家之上了。这种博物馆的建筑是以小房子为单位的；集许多小房子于一地然后就形成一个整个的户外博物馆。这还不算，美国还有一个强有力的运动在进行着，就是凡是带历史性的一些房舍都在保存之例，所以有一般人将房舍的历史都写出来悬挂在汽车上到各处去游行，为的是要叫人人都晓得这些房舍的重要。

　　虽然现代的博物馆像是一座实验室，又像是国宝的保护者，但是严格的说起来博物馆的功用就是教育。所以美国博物馆与学校合作的事远于一八八〇年，现在仍在进行着，并且现在有了一个更进一步的办法就是使学生按规定的时间到馆里去受课，听讲，借东西，看幻灯和电影。各学校现在已正式的在课程表上规定了到博物馆去的时间。现在并有许多城的教育机关特别指定专人担任博物馆的功课。最显著的城如圣路易和克利夫兰，它们的博物馆已与学校的系统打成一片。其余的博物馆也都在尽力的发展它们的支部到学校里面去，这种办法特别盛行于费城，因为该城有商业博物馆与宾夕法尼亚大学合作之先例。博物馆对学校的工作还不止这些，它们还为儿童们预备了说故事的时间和博物馆专门玩的游戏。

第四章　博物馆事业之将来

　　近二十五年来一般博物馆对于成人教育的成就可以说比甚么都大，如同演讲会，讨论会，研究会，以及其他别的会都是藉着博物馆的刊物、照片、绘画、幻灯和电影等等东西的帮忙产生出来的，就是流行的刊物，著名的报纸和无线电播音机博物馆也无不拿来当作宣传博物馆事业的利器。艺术博物馆和工艺博物馆对于成人教育也已经尽了它们的责任，它们给了店员，顾主，设计者和其他人们一个很好的观摩的机会，这个机会是他们早就想得到的。多半的艺术博物馆都有一些鉴赏家来光顾，馆内的东西固然也是为鉴赏用的，但是除了供鉴赏之外总可以增加人们一些技术上的智识。科学博物馆的壁外工作最近认为对于成人教育是特别重要，这个工作的目的就是要找出一些有效的方法来表出大自然一切东西的美来，正像博物馆把馆内的收藏标明出来一样。工作的方法就是将原来的山水、花草、树木，飞禽和走兽稍微加以人工的点缀和约束，就会增加人们无限欣赏的力量。因此博物馆保护自然界的工作就这样开始了。到了一九二五年已经有了路旁公园的建设，所以路旁博物馆从这个时候就负起了专门研究左近地带自然物的责任。

　　在这个二十世纪的当儿教育博史馆的事业已经努力到了一个集中的阶段。博物馆协会的产生一方面固然是由于潮流趋势所使然，一方面也是由于不断的努力的结果。第一个博物馆协会于一八八九年成立于英国。到了一九〇六年美国的博物馆协会也成立了。后来德国和北欧各国的博物馆协会也都相继成立。近十年来成立协会的国家这样多的原故是因为那些国家先为开了一个组织协会的风气。现在不但是一般的国家有了这样的组织就是国际间也有了这样的组织了。国际联盟曾在国际智力合作委员会之内设了一个国际博物馆协会，并设办公处于法京之巴黎。将来博物馆的事业正不知要发达到甚么地位呢？

第三篇　现代博物馆之形式与功用

审度房屋之用途然后决定其形式，乃营造学上不易之理。苟设计、大小、外观俱不切实用，则建筑归于失败。准此以观，美国多数博物馆在建筑上不得不谓为失败也。欧洲古代巍峨壮丽之美术陈列馆，大都为保存古物且炫耀其主人翁之豪富，风雅，与权威之所。其性质为垂诸永久之纪念物。宽敞之陈列室，高大之梯阶，以及精美之建筑装饰，无非增益其富丽堂皇之气象，俾更足以动人心目耳。美国博物馆奉为典型，尤而效之，遂亦藉以夸耀捐资建筑者之慷慨与风雅。是以考其发展之历史，则其失败之原因彰彰明矣。

需要与理想俱随时代演进，有日新月异之势。美术博物馆之目的与用途亦与时俱进，日益明了。然而美国之博物馆仍墨守成规，以古为法。其组织与陈列俱囿于历代相沿之典型，不能随时进步。旧式之设计，通光、建筑形式等，皆为进步之障碍，而尤以固定无伸缩性为最。负管理之责者虽贤明精干，对于陈列之方法与目的力求进步，而成效未著；盖其奉为典型之古代建筑即无伸缩性，且与其需要风马牛不相及也。此等建筑物，设法利用之则可，使能达其目的，遂其功用，戛戛乎难矣。

第一章　功用

建筑师于设计住宅之先，必详细考量住户之习性。洞悉各个人之需要、爱好与希望之后乃能使住宅之各部分适合各个人之需要。简言之，使住宅之各部份各适其用而已。博物馆之设计亦然，必先摒弃陈腐之形式与成规然后就其功用定其形式。其功用为何？聚集古代之艺术品，保存之，陈列之，以供欣赏而启迪知识是也。美国之博物馆率多杂乱无章，乃由于设计者对于博物馆之三大目的——保存、研究、欣赏——未曾有精密之分析，使各不相混。

多数博物馆不过完备之仓库而已。一若物品之收藏标签，以及排列整齐，可以尽博物馆之能事，而亦为博物馆存在之惟一原因。然而博物馆存在之主因非以收藏品之宝贵与保护法之周密，乃视其启发美感与灌输知识之程度为何如耳。

再者，大多数博物馆期以同一方式尽两种职务，其结果则顾此失彼，俱归失败。盖学者入博物馆之目的与普通人截然不同。故必有两种不同之博物馆始能各遂其用。此两种不同之博物馆固可于同一建筑中分别布置，然建筑师及策划者必须就其不同之需要与功用详加分析，否则将另成一种无意义之建筑。

第二章　研究品

入博物馆从事研究，对于某类物品须加考察——比较者，应予以研究上之便利。是以研究品与展览品在编制上应有区别。苟罗列丰富，学者自能各求其所需之资料，博物馆无须设法引起其注意。

大部分物品编制为研究资料，则占地较少，而费用节省。更合乎科学及更有秩序之布置可使制样人、艺匠与鉴赏家有学者在良好图书馆专心研究，工作顺利之便利。

各种博物馆各藏有若干种编制优良之研究品。品类异则其庋藏之方法亦各不相同，故各种物品应如何庋藏之善良方法更须切实研究。绘画、陶器、家具、雕刻及编织物，其陈列室之形式及材料之布置应各不相同，至其共同之必需则为下列诸点：

1. 布置井然，需用助理员极少限度之帮助。
2. 寻求物品与研究之便利。
3. 安全之储藏。
4. 研究与比较所必需之充分光线与适当地点。
5. 学者静心研究之便利。
6. 直接与一切物品接近，而无非必要之手续。

第三章　情绪之感动

多数参观人并非学者，其来也概欲藉美术品以怡情悦性，有如登山观晚霞焉。各陈列室中聚焦多数灿烂悦目之晚霞。徒令多数参观人于周游博物馆后，但觉精神疲劳与心目迷惘而已。且绘画与雕刻品充塞其中，苟非经验有素者几不能个别辨识。此种建筑不独不能保藏珍品，反足以使之埋没。

供普通人观览之物品其陈列方法尤应特别研究。但如无适当之建筑则窒碍丛生，陈列之便利无由而得。故必先有适当之建筑，而后能有适当之陈列。各个陈列品必须引人密切注意，使能领略其艺术之美。如图画与雕像皆所以引起观者之兴趣者也，然观者必先仔细观察乃能发生兴趣。缺少经验之参观，辨别能力薄弱，此层极应注意。故博物馆之布置应以使参观人不经过多量品类而能见少数陈列品为鹄。

美术陈列室内各陈列品应置于能显示各个特性之环境中。房屋内景之本来面目为适合诸多艺术品之自然环境。其他物品有宜同置一处使各个艺术特点相互映发者。更有若干物品宜各有其简单之背景。每一环境必须精心设计，俾于品物及观众两有裨益——对于品物则显现其色彩、形式及特性，对于观众则引其注意，保持其兴趣，并助其欣赏而增其美感。

然则建筑师如何能有助于博物馆乎？请分述如次：

1. 建筑图案应规划若干形式不同大小互异之小室，以引起观众之注意，俾因不同之环境而留连忘返。
2. 陈列室及其墙壁之大小、形式、布置、通光等应各不相同，以构成不同之环境而免除"博物馆之疲劳"。
3. 曲折穿行于空虚之房屋中最足使参观人感觉疲劳与单调。故参观人入陈列室后应即有陈列品可见。
4. 各陈列品不应与不相谐和之其他陈列品混杂。
5. 陈列室之大小应与陈列品大小为比例。除陈列绣帷，巨大之雕刻，及图画外，其他陈列室则以小为贵。但以使参观人于适当距离内能观察陈列品为度。

6. 墙壁之表面界为若干格，各为一个或少数陈列品之简单背景。墙壁之表面苟无多数陈列品托衬，不应长大，致显露空虚之象。

7. 建筑之环境不应转移参观人对于陈列品之注意力。建筑装饰只以切合实用者为限。如门道或壁龛式之边框是也。

8. 各陈列品必须有充分之光线以显明其色彩、形式与结构之特点。

9. 参观某一类有关连之陈列品时不应经过其他品类。

第四章　发展

按照上列各点设计之博物馆，能使参观人对于各个艺术品有亲切之领略。但其结构若与现时一般博物馆之固定不能变化相同，则亦不能尽其所当尽之职。良好之博物馆为继续发展而有生机之组织，其进步永无止境。美国博物馆之建筑大都有若干陈列室，各以墙壁为界，其天窗或壁窗亦固定不能移动。无论其管理如何进步，收藏如何精美，陈列此品在种无伸缩性之建筑中必不适宜。一切布置大都为无可奈何之权宜办法。此犹戏园经理欲强各种不同之戏剧与演员于同一布景同一固定之光线中演奏，安得有良好之结果！

有伸缩性之博物馆能容许下列各点：

1. 合于各陈列品特殊需要之布置。

2. 因事制宜，改革布置。

3. 收藏品有秩序之发展。

4. 天然光及人造光光源之完全控制。

5. 实验新陈列方法而不影响于永久之建筑结构。

现时博物馆用可移动及有铰链之屏风，可得一部份之伸缩性。但屏风显然为家具之一种，非建筑之一部分。博物馆之设计须有新观念始能得上列五项便利。完全有伸缩性之博物馆必须具备下列各点：

1. 无建筑障碍之宏敞房间。

2. 可移动之墙或壁以适合任何陈列品。此等墙壁应能以极简捷之手续移动之。其外观不可类似暂时应用之屏风，应与固定之墙壁相同。

3. 人造光之完全伸缩性。

4. 天然光有伸缩性之光源，庶光之方向及强度可以任意变更。

勃令司登美术博物馆①设计中，予曾提议一种变更光源之方法，即外部之墙尽量用玻璃建筑。墙分内外二层，两墙相距约二尺。外层用不能透视而能透大量日光之玻璃。内层为钢架分为若干大小相等之格洞再配以可以互相易置嵌玻璃之镶板，以节制光量并支配其位置。

有伸缩性之博物馆，其可能范围如何，上文仅述其梗概。惟循此途径吾人可以寻求博物馆免于呆板之建筑方法，可断言也。

---

① 疑为"布里斯托城市博物馆与美术馆（Bristol City Museum and Art Gallery）"。

第五章　新时代

　　新经济及新社会组织之影响，在各都市之实质上已逐渐感觉。一切活动不复以都市为中心。户口逐渐分散，各处乃有新社会成立。旧都市势将衰落成为若干小社会。新社会之生活将以四郊小中心为集中之地，各有其本社会之建筑。此为显著之事实。其对于博物馆之影响为何如乎。

　　目下赴城市参观博物馆者不免长途跋涉之劳。既入其室复有举目无亲之感。巍峨瑰丽之环境使彼等凛然生畏，五光十色之陈列品使彼等心目眢乱，迂回曲折之建筑使彼等如入迷阵。各陈列室游遍，已行数哩之程疲劳不堪矣。其结果，惟有烦闷而已。及其去也，无一幅美好之图画留于脑际。欲补救此种缺陷，参观人对于陈列品必须先有亲密之接触，然后乃能有把玩家珍之愉快，而无人地生疏之苦闷。

第六章　四郊博物馆

　　公共博物馆不宜有宏大之规模，庶参观人对于美术品能有深切之接触。人类固有爱好美术之天性，但陈列之美术品必须时时更换以引起其兴趣。

　　社会一切活动既不复集中于各大都市，故博物馆亦不应以大都市为集中之地。若干小规模之四郊博物馆亟应创立以陈列少数时时更换之物品。此等四郊博物馆可为一个数个中枢博物馆之分馆，由中枢博物馆于其丰富之收藏中择精品供给之。陈列品可用特制之汽车往返输送于各地，以资安全。中枢博物馆成为编制与输送陈列品之总管理处，及指导分馆之总机关，故仍各有其本身之功用。中枢博物馆或仍有陈列品以供社会人士之欣赏，但其主要目的则与国会图书馆同，为学者与艺人研究之中心，中枢博物馆为总汇处，而四郊博物馆则为选择陈列处。相辅为用，收效益宏。

　　四郊博物馆墙壁之构造应如日本屏风，使易于移动，庶陈列室之大小与形式皆可以随时变更以适应陈列品应有之环境。如此则所陈列之图画雕刻及家具等物俨然为该处应有之陈设矣。盖艺术渊源于切合人生之日用品，非徒供点缀而已也。此等博物馆将反映现代之艺术生活，而其本身亦反映于艺术生活中。此种博物馆将有转移环境之功。博物馆在各小社会之生活中将成为必不可缺之要素，而古代之艺术亦将赖此与现代社会生活有直接之接触矣。

附　录

英国博物馆参观纪略

傅振伦[1]

欧洲自文艺复兴以来，各国博物院先后成立。推其原始，实肇自纪元前三世纪。其时费腊德尔法[2] Ptolemy Philadelphus 初于亚历山德利亚[3] Alexandria 筹设之；其组织虽不及今日之完善，然动物园、植物园、共和厅、讲演室，墙下廊皆有之，搜集博物之风气，自是开其端倪。亚历山大帝远征西返。携归东方动植物甚夥。罗马帝国初期，富室大族，亦竞尚搜罗。休顿尼[4] Suetonius 撰述史书，记奥古斯特[5] Augustus 之别墅，称其中有野兽海怪之巨骨，有古代英雄之武器。博古好奇之风，由此可见。降及中世纪，举凡修道院，礼拜堂，寺观，皆努力聚集古文书艺术品及天然稀奇物产。安得禄·巴尔福[6] Andrew Balfour 于一七○○年致友人书中言圣底尼寺[7] Abbey of St. Denis 千余件珍藏，皆以巨金购来。罗马城内，古代碑碣雕刻林立，亦充满好古趣味。自世界航路大通，欧洲以外各国物品，罗致更易，倍根且谓生其时故步自封而不思努力探求，乃人类之耻；因之搜集天地间珍奇物品之事，尤见重于世。而博物院，亦日见增加。是种事业，益臻发达；近且蔚为专门，跻于科学之列矣！

英国博物院之建设，起于十八世纪中叶。现在首都之著名者，十有余处。其成立最早，规模最大者，当推英国博物院[8] British Museum 与维多利亚尔巴特博物院[9] Victoria and Albert Museum 二所。一具有百八十余年之历史，一则不及百年，前者收藏，以书籍及古代器物著名；后者则以近世工艺品见称。然收藏之富，无逾英国博物院。民国二十四年夏，余有欧洲之行，与同学庄慕陵先生，及那心如、宋阶平、牛守愚诸君，数往游览。谨陈见闻，聊供参考。

一、本院小史

一七五三年英政府有收买斯露因 Sir Hans Sloane 藏品及哈雷安稿本[10] Haleian Manuscripts 之议，乃发

行奖券，募集款额九万五千镑，因以二万镑购斯氏藏品，以一万镑购稿本，又以二万三千镑购芒得格房舍①，Montague House 以其余款作为基金及建筑博物院馆舍之用，是为此院成立之始，旋以前所购归国有之加顿藏书，Cottonian Collection of Manuscripts 送存院中，而藏品渐多。至一七五九年一月十五日，乃正式开幕。是后图书、古物、钱币及自然物品，陆续购求。爱尔今大理雕刻②（Elgin Marbles）、乔治三世藏书，于一八一六年、一八三二年先后捐赠此院，而收藏益富。一八二三年以房舍不敷应用，于芒氏居旧址，起建新舍，一八五一年毕工，设计出斯墨克 Sir Robert Smirke③ 手也。大阅览室 Reabing Room 一八五七年落成，东部白房 White Wing 一八八四年工竣，一八六〇年又析所藏动、植、矿、地质等物品，成立分院——自然历史博物院 Natural History Museum。自是以后，两馆分别发展，以迄于今。

二、该院旨趣及其组织

该院目的，在以日用品工艺品及美术品，分类陈列，以表现各民族生活情形及其进化之过程。其分院性质稍殊，而旨趣则同。故其采集品，多具有历史性。其藏品范围，有尚未进化诸民族之制造品，有麦索波达米亚④，底格理斯，幼发拉底斯诸河流域之古代文化，有西方文明渊源之希腊文化，有造成强大帝国之罗马文化，有东方及美洲之文化。并附设图书馆，储存各种文字书籍。参观者，宜各就所好，分类以求。欲作普遍游览，至少需一日之时间。即周行陈列室，亦需耗三小时之久也。

院中设院长一人，兼图书馆馆长职，现仟馆长为希尔⑤ George Hill 院长下设秘书一人。院之内部，分为九组：印本书地图，图样为一组；稿本，档案为一组；东方印本书籍，橘本，文献为一组（保管员为巴乃替⑥ L. D. Barnett）；印刻，绘画为一组；埃及亚述利亚古物为一组；希腊罗马古物为一组；英国及中世纪遗物为一组；东方古物及人种上物品为一组；货币纪念章为一组。每组保管员一人。其外设事务员一人。重要职员，不过如此。房舍除陈列室外，有保管委员，院长，事务，助理员，编目，分类等室。有职员衣帽房，有工作房，有工役房。更有研究室及学生室，则为阅览人而设也。

三、该院外部情形

此院成立之初，凡参观者，必须购票，藉资限制；而星期六及星期日开门。其后则每日上午十时至下午六时，皆任人入览，（惟星期日则限于下午二时至六时）不索费，而例假日停止游览。某日开放某部，均有规定；十月至三月间开放之陈列室较少，盖天气关系也。院设引导参观股，专任游人之向导。每星期六下午，则有公开讲演。游览之人颇多，不成年者，无人偕往，不得入。

是院前廊，为伊欧尼亚⑦ Ionian 式长三百七十英尺，有柱四十四。三角门楣，均饰雕刻。其法仿于雅典巴森农⑧（Parthenon）、雅赛娜⑨（Athena）庙之建筑。门外左右，有饮水池，旁列木椅，以息游人。廊下右端为北欧洲土人图腾木柱⑩ totem pole，高可三丈，各节雕以偶像。左端有美洲出土之马雅⑪ Maya 石柱，为西历二百四十二年之土人日历。群鸽飞其间，鸟粪狼藉，可厌也。

---

① 现多称"蒙塔古故居"，建于 17 世纪后期，大英博物馆首处馆址，下同。
② 现多称"埃尔金大理石雕"。
③ 现多称"罗伯特·斯默克爵士"（1780～1867），英国建筑设计师。
④ 现多称"美索不达米亚"。
⑤ 乔治·希尔（1867～1948），1931～1936 年任职大英博物馆。
⑥ 现多称"巴奈特"。
⑦ 现多称"爱奥尼亚"。
⑧ 现多称"帕特农"，下同。
⑨ 现多称"雅典娜"，下同。
⑩ 现多称"图腾柱"。
⑪ 现多称"玛雅"，下同。

进门处为沙士比亚①造像。其左为问事股，后为引导参观股。墙上有布告牌，最近临时展览，犹莫佛蒲拉司 George Eumorphoupolos 所藏之中国艺术品，分兰②之发掘品（一九三二至三五年），菲力波③ C. W. Philips 之发现品 The Giants Hills Long Barrow（一九三三至三四年），近百年印刷品等通告，亦书其上。其右为衣帽，游人衣物及伞，均存放于此，其后为售书处，本市博物院指南，及该院刊物，若目录，若指南，若古物美术明信片，若藏品照片，以及雕刻模型，均在此发售。

四、该院藏品概况

是院藏品，有实物，有模型，有照片。室内及楼梯壁间，均安置物品。其物或来自采购或来自捐赠，或得之发掘，更有私人物品假此展览者。东方器物，多系国立艺术采集财团④ The National Art Collection Fund 购入，由标签可知之。陈列之件，时有更易。陈列室星期日全部开放，其余六日，轮流展览，二日一周。兹将其楼上楼下各部物品，述之于下：

（1）楼下大厅

楼下大厅，北，东，西三壁，俱嵌古代雕刻。凡新到院物品，昔多在此展览，现着手修理。犹莫佛蒲拉司所搜集吾国美术品之一部，亦陈列其中。犹氏藏品，欲以十万镑出售，院方无力购买，近正募款，作收买之准备。厅中设捐款箱，惟捐款者尚不踊跃耳！

（2）希腊罗马物品

此部搜罗颇多，有罗马帝王雕像及半身像；有罗马仿希腊之雕刻；有希腊之雕刻；而希腊作品最多：有米生奈⑤ Mycenae 之亚求斯⑥ Altreus 柱，有利西亚 Lycia 哈尔陂⑦ Harpy 基之雕刻，有苏格拉底之雕像，皆古代珍品也。有亚加底亚⑧ Arabia 纪元前五世纪末期亚波罗⑨ Apolo 庙壁，有小亚细亚前四世纪赞休司⑩ Xanthos 墓之雕刻，有埃菲斯⑪ Ephesus 纪元前三百三十年底安娜⑫ Diana 庙之雕刻，有爱尔今大理雕刻，更有海里加纳苏⑬（Halicamassus）、曼苏拉⑭（Mausolus）墓之雕刻。曼苏拉为小亚细亚加里亚⑮ Caria 之太子，卒于纪元前三百五十三年，其建筑伟大，雕刻精工，号称世界七大奇迹之一。是等雕刻，罗列一室，不暇辨析，兹就指南所载，译其重要物品之名目如此。其中最足称述者，厥为爱尔今所搜集之希腊雕刻：

苏格兰人爱尔今氏（Elgin）于一七九九年任英国驻君士坦丁⑯大使，以受友人之托，在东方购求古代雕刻，遂引起其搜罗古物之好奇心。氏乃于次年以私费在雅典亚克罗坡里⑰山，Acropolis Hill 就巴森农

---

① 现多称"莎士比亚"，下同。
② 现多称"芬兰"。
③ 现多称"菲利普"。
④ 现多称"国家艺术收藏基金会"。
⑤ 现多称"迈锡尼"。
⑥ 现多称"阿特柔斯"，希腊迈锡尼国王珀罗普斯之子。
⑦ 现多称"哈比"，古典神话中鸟身人面女妖。
⑧ 现多称"阿拉伯半岛"。
⑨ 现多称"阿波罗"。
⑩ 现多称"桑索斯"，公元前2世纪莱克伊亚地区最大的商业中心和宗教中心。
⑪ 现多称"以弗所"，古希腊小亚细亚西岸的贸易城市。
⑫ 现多称"黛安娜"。
⑬ 现多称"哈利卡纳苏斯"，古希腊城邦。
⑭ 现多称"摩索拉斯"，下同。
⑮ 现多称"卡里亚"。
⑯ 现多称"君士坦丁堡"。
⑰ 现多称"卫城"。

之古迹而发掘之。巴森农为古代雅典女童神雅赛娜庙故址。庙建于纪元前四四七至四三八年间。时雅典在希腊国势正盛。庙中雕刻，至为精美，多出菲底亚① Phidias 之手。一六八七年庙毁于威尼基②人，一七六六年始复现于世。及爱氏发掘，得遗物二百余箱。一八〇三年爱氏调回英国，与古物俱返。一八一六年捐赠国家，藏之院中。查理司③一世时，亚伦德尔卿④ Lord Arundel 曾倡"移古代希腊于英国"之说，transport old Greek to England 至是可谓实现，而希腊古史，又得一正确观念。该院纪爱氏之功，以一名名石，辟室陈列；更聘为院中保管委员。此院前庙建筑，即取其式。此室有二者模型，可比观焉。

（3）埃及与亚述利亚之雕刻

埃及在纪元前四十年前，已有灿烂之文化。帝王喜修庙宇及金字塔。一七三七年拍克柯⑤ Richard Pococke 旅行其地。欧洲人士探险于此者，当以拍氏为最早。一七九七年拿破仑南征，学者同往；埃及自然、美术、生物之类，采集甚多，古物亦夥。一八〇一年法国放弃埃及，其古物美术品，多让与英国。十九世纪中叶以来，埃及古物之采集，法国最占优势，而英、美、德三国，相继前往。一八八二年英国有埃及发掘财团⑥ Egypt Exploration Fund 之组织，在埃及工作亦甚久，故埃及发现物品，英国所得甚多。计自纪元前三千六百年前朝立国，至米罗⑦ Meroe 诸后之衰微，以及六世纪与十一世纪诸时期物品，是院所藏，不下六千件，辟十余室陈列之。笨重石刻与亚述利亚雕刻，同储楼下一厅。

埃及古代雕刻，一依年代陈列，自北而南，若第五朝（纪元前三〇〇〇至二七〇〇年）十二朝（纪元前二〇〇〇年）之石像，纪元前一四〇〇年亚门海台二世⑧ Amenhotep Ⅲ 之红花岗岩石狮，纪元前一二五〇年莱密斯二世⑨ Ramesses Ⅱ 之石像，纪元前六〇〇年至三五〇年之石椁，其著者也。其最南端正中，为罗塞达刻石⑩ Rosetta Stone。

埃及古用象形文字，距今千六百年前，传教师犹学习斯语。十七八世纪间，学者亦有识之者。至十九世纪，东方人及欧人则皆不能解之矣。埃及古文，遂绝于世。一七八九年，法国炮队军官布撒尔⑪ M. Bouchard 于埃及尼罗河口罗塞达之圣凯撒军堡⑫ Fort Saint Julien 遗迹中，发现一石，上刻埃及教师，庶民等象形文字，及希腊文 hieroglyphic⑬，demotic⑭，Greek texts⑮ 三种字体，是为后人解读埃及古文之线索。此石为黑玄武岩质，长三英尺九英寸，宽二英尺四英寸半。象形字（教师的）十四行，庶民字三十二行。希腊文五十四行。一七九九年保存于开罗国立学院，拿破仑令仿刻之，分送各国研究。一八〇一年英法议和，物归英有，一八〇二年二月运至伦敦，初在古物学会展览。数月后始送此院保存。名之罗塞达者，记其出土之地也。

---

① 现多称"菲迪亚斯"，公元前 5 世纪希腊雕刻家。
② 现多称"威尼斯"。
③ 现多称"查理斯"。
④ 现多称"阿伦德尔君主"。
⑤ 现多称"理查德·波寇克"（1704～1765），英国教士，人类学家。
⑥ 现多称"埃及探查基金会"。
⑦ 现多称"梅罗伊"。
⑧ 现多称"阿孟霍特普三世"，古埃及法老，公元前 1390～1353 年在位。
⑨ 现多称"拉美西斯二世"，古埃及法老，公元前 1289～1237 年在位。
⑩ 现多称"罗塞塔石碑"。
⑪ 现多称"布夏贺"。
⑫ 现多称"圣·朱利安要塞"。
⑬ 现多称"埃及象形文字"，又称"圣书体"。
⑭ 现多称"埃及草书"，又称"埃及通俗体"。
⑮ 现多称"古希腊文"。

一八〇一二年间，戴异及威斯敦① Da Theil and Weston 翻译此石刻之希腊文，始知其为纪元前百九十六年春埃及教师会于门费斯② Memphis 庆祝国王特莱美五世③ Ptolemy V 登极九年之教令。国王在位八年，出其私有钱谷，分赠各庙，并赦囚，蠲赋，祀神，取消强行募兵之制。教民感其德，乃树碑纪事，并为王建庙立像，每值王即位周年及诞辰祭之，一八〇二年亚克博莱德④ Akerblad 复释出庶民字义，一八一九年杨氏⑤ Thomas Young 且以其研究结果，著录于英国百科全书中。自是以后，研究之者益多。一八二二年法人向布利永⑥ Francois Champollion 更完全了解其字母，而文法于是确定；更能藉此语言，解读考波底⑦ Coptic 文字，（考波底之于象形字，犹吾国之今文之于古文，皆久成死文字者也。）向氏之功伟矣！

亚述利亚之雕刻陈列穿廊中，有纪元前八九百年之王宫雕刻，有壁上雕刻，有有文字之砖，其材料亦不为少。

（4）希腊罗马之小件古物

一室陈列伊欧尼亚之陶品。希腊罗马之日常生活，由此可见。瓶类之陈列室有四；又有克里特史前文化陈列室，铜器室，金饰室，（有浮雕玉石贝壳之 Cameos，颇可观）意大利室：皆希腊罗马之小件古物也。

（5）埃及与近东古物

埃及与近东古物，收罗颇富。埃及巴比伦者，为数尤多。一九二二年至一九三四年，英美共同发掘加尔底⑧ Chaldees 三千年前之乌尔 Ur 古城，其物品均陈列一处，其最可述者，为埃及古物。以此院收集最多，而最完备也。

埃及雕刻，陈列楼上，占室有九。有石棺椁，有木乃衣⑨（Mummy）有丧葬用具，有壁画，有古代文书 papyri 有日用物品。

木乃衣者，埃及于人死后，以香料，苏达，沥青，胶质等物，殓成不腐烂之尸体也。其制法本甚简单，不过干死者之尸首而已，其后手续渐繁。最初帝王薨后，只以盐水苏达洗涤而干之，至第十八朝始加用没药，纪元前九世纪，加用沥青。此类尸体，裹之以布，缠之以绳，安置木匣，涂饰以漆。再入木棺或石椁中。棺亦涂以图画，而以漆油饰之。椁则多刻文字图画，王者之葬，大抵如此。古史家希罗多特⑩ Herodotus 尝谓木乃衣泡制，其法有三，此其大略也。此院保存者之木乃衣甚夥，并依其装置手续陈列。在罗马时代，即牛，猫，鳄鱼之类，亦用此法，制为木乃衣。今其所陈列之鸟兽形高不过三尺之木乃衣，其类也。有室横石棺一具，其中尸体之头发、牙齿、皮肤，均保存原状；足部有红色陶器数件；尸体俯身，状似甚惨。盖古人气绝，即以为死，乃殓埋之，其后忽活，不得出，故有此种现象。吾国古时亦恐人死，时或再生，故有小殓，有大殓，不过数日不葬，具有深意。标签云：此棺发现于上埃及尼罗河畔，乃纪元前四千五百年物。

院中所藏石刻壁画之类，多半出古王墓中。其上所雕绘，不过祈祷，祀神，渔猎，交易，游息情形

---

① 现多称"韦斯顿"。
② 现多称"孟菲斯"。
③ 现多称"托勒密五世"。
④ 现多称"阿伯拉德"。
⑤ 现多称"托马斯·杨"，英国医生、物理学家。
⑥ 现多称"商博良"（1790～1832），法国学者。
⑦ 现多称"科普特"，下同。
⑧ 现多称"迦勒底"。
⑨ 现多称"木乃伊"，下同。
⑩ 现多称"赫罗多斯"（前484～425），希腊历史学家。

及象形文字。法人弟农 Viva t De o 谓古埃及刻法，有深刻、浅刻、浮刻三种。以余所见，浮雕及深雕为多。

古代埃及文字，多书叶纸 Papyrus。院中陈列者，有信札，有计书，有智书，有公文。其最晚者，为纪元后一二百年物。

此外又有纪元前一三二〇年赛弟一世 Seti I① 之木像。有陶木铜等用具。有高不过六寸之偶像。（与吾国出土土俑相类。）其第六朝偶像，有以头载重者。非洲及南洋群岛一带人民，至今犹沿此风也。其第九朝有一石像，戴高冠，雕须直下若长舌。骤视之如活无常。今意大利人，尚有着此冠者。

（6）印刻书画陶瓷玻璃象牙之类

楼上有爱多华七世② 陈列室（King Edward the Seventh Gallery），一九〇七年临氏 U. S. Le 捐款修筑，一九一四年乔治五世揭幕。其中陈列各国古今图画，东方绘画，木刻亦有之。其南端楼梯壁上，嵌有吾国石刻，壁画。其附近一厅，中部有吾国唐三彩罗汉陶像。其西为英、法、意、班诸国瓷器。釉色质地，均不见佳。玻璃、象牙之属，以及印章、铜范、日规、钟表陈其间。十二世纪斯讬斯堡③ Strasburg 之钟，与一六七六年唐波荪观象台④ Thomas Thompson Observatory 之钟，亦收藏于此。唐罗汉像之东，为东方陶瓷。吾国产品，占十之八九。

（7）人种学上之物品

世界各部原始人类及半开化民族之小偶、武器、什物、用具、制造品之类。均列一室。采集虽不完备，而规模略具。其中又有吾国西藏之物品。盖英人之视吾国藏人，与黑人等。皆可施其侵略政策也。入门处有图表说明，颇清晰。其所陈列秘鲁二大陶器，及亚尔智利亚之小陶罐，形式花纹，均与吾国甘肃出土新石器时代之陶器相似。世人每以现代未开化民族生活用具，考求远古历史，有以也！

（8）亚洲厅

楼上有亚洲厅。我国、日本、中亚细亚，（斯坦因采集品之一部）安南、缅甸、暹罗、锡兰、爪哇等地之武器、用具与宗教及风俗上之物品，多陈此厅展览。中有缅甸大理石佛像，大小多尊，其说明云：大理石佛自五世纪由锡兰流入缅甸，七世纪由缅甸传入暹罗，其像与印度博物馆（即维多利亚及亚尔巴特博物院⑤分院）陈列曼答列⑥ Mandalay 之十八世纪大理石像相似，其形态质料，皆与吾国北平团城承光殿者相近。

（9）马雅 Maja 雕刻

亚洲厅之南，陈列瓜他马拉⑦及宏都拉斯⑧ Guatemala and Honduras 之石刻。有石柱、有石兽，皆甚高大。此与门外前廊之石柱，均为美洲之发现品。

（10）宗教物品

楼上有印度宗教室，有佛教及初期耶稣教室未详览。

---

① 现多称"塞提一世"，古埃及法老名。
② 现多称"爱德华七世"。
③ 现多称"斯特拉斯堡"。
④ 现多称"托马斯·汤普森天文台"。
⑤ 现多称"维多利亚与阿尔伯特博物馆"，下同。
⑥ 现多称"曼德勒"。
⑦ 现多称"危地马拉"。
⑧ 现多称"洪都拉斯"。

（11）欧洲古物

欧洲史前期物品，如石器、骨器等兵器，日用物品及古代铁器，以及西元四十三年至四百十一年间之英国物品，均陈列楼上厅中。最近芬兰所发掘物品及发掘情形等照片、图表亦在此展览。他如纪元前七世纪以来希腊、罗马、英国、殖民地，及大陆钱币，纪念章，凡足以觇铸造工艺之历程者，则另陈列一室中，种类甚多，略事游览而出。

（12）稿本及印刷品

入院门东行，为格伦维尔图书馆（Grenville Library），其藏书，有希腊及英、法、意等文字，皆十六世纪以前之稿本。其有图解者，开展陈列柜中，上覆布帘，阅者可揭而视之。此皆一八四七年格伦维尔 Thomas Grenville 捐赠者！由此东行为阅报室及报章储存室，北行为皇家图书馆[①]（King's Library），南行为文书穿廊及稿本厅。

皇家图书馆，占楼下东、北二面。阅书室在院之中心。馆藏书籍，皆乔治三世之书，而于一八二三年经乔治四世赠于院中者。现正展览亚欧诸国印刷术及装订法。有圣经，有古舆图，有音乐谱，有英文名著，有东方书籍。陈列之品，时时更易。世界邮票数架，在馆内陈列，邮票均贴册页上，插置架中，参观者皆可随手抽取。

文书穿廊及稿本厅之陈列品，以公文及著名作家之稿本与历史人物之亲笔书札为多。纪元前三世纪之希腊文叶书 Papyrus，四世纪希腊文之抄本圣经[②] Codex Sinaiticus（今存三百九十页）。英国大宪章 Magna Charta 之原稿，及纳尔逊墨迹，游人争相阅览，颇形拥挤。

院中物品，种类过多，陈列秩序，又不甚讲求，阅者苟无指南，鲜不望洋兴叹。入门大厅北部，希腊罗马雕刻室，因正在修理，只观其大略。印度宗教室，现封闭未开。他处物品，亦有撤去整理者。故余所见物品，不过如此。至于其所中藏吾国物品，将继此而述之。

五、该院陈列之中国物品

院中收藏吾国物品，分陈亚洲厅，宗教室，绘画室，陶瓷室，及楼梯等处。兹缕陈其要：

（1）陈列于亚洲厅者

此厅陈列者，有金属器，有石刻，有陶俑，有新疆出土之物品，有近世之物品。金属器用，有周代鼎，爵，軎，及□[③]。軎内木轴残迹尚存，其色黑，标签谓之斧帽，谓之斧钉，误也。有□[④]铜器一，形制大小，类明器之灶：上有二釜，一甗，及烟突，下有三足。有唐银碟一，上刻“乾符四年王大夫置造镇献重二两半分”等字，一九二六年购入之物也。有金匣一，标签云：原藏颐和园，清西太后所用一八七六年（光绪二年）购入。

新疆出土者，有建筑品及垩细工之类，有泥木佛像，有壁画，标签注谓唐至五代间物。大厅正中一柜下层，有彩色照片及画片各一幅，皆吾国男女吸雅片[⑤]水烟之景。旁列烟具数件，则皆富兰克 A. W. Franks 捐入者也。厅中一隅。陈列西藏宗教物品颇多，盖英人之侵略一国也，必先研究其历史，地理、风俗、物产，观印度博物院搜罗之富，可以知之。英人垂涎吾藏甚久，于藏族风俗，山川，尤为注意。是则此种采集品，实其侵略之先驱矣！

① 现多称“国王图书馆”，下同。

② 现多称“西奈抄本”。

③ 疑为“銎”。

④ 疑为“汉”。

⑤ 现多称“鸦片”。

（2）绘画

院中陈列吾国绘画，为数寥寥。其最珍贵者，为顾恺之彩绘女史箴图。是图英文题名曰"Admonition of the Instructress in the palace"盖描写班昭进谏之景也。是画绢地，其色棕。图分九段，末有顾氏题署。卷长十一英尺四英寸，宽十九英寸弱。其上古今印章甚多。或谓此幅为出售者分割为二，后始得合，共分十段，其一段久佚。英人彬荣[①] L. Binyon 曾撰论文，确定为顾氏真迹。盖吾国古器物绘画而外。此最古矣！

与女史箴图陈列一处者，有甘肃千佛洞之画像，类皆晚唐以来作品。其最晚者，为清同治十一年物。一幅绘于宋乾德元年，颇有印度作风。又有尼泊尔宗教画多幅，其中有布画一轴。绘于宋庆元二年。

爱多华七世陈列室南端楼梯南壁，嵌山东济宁出土之汉代阴文画像，上刻人物车马；北壁嵌唐昭陵骏图阴文石刻，标签云：此系一九二一年（即民国十年）"C. T. Loo"赠入者，按"C. T. Lv"者。卢芹斋也，旅法多年，收藏颇富。吾国贩卖古物之大商也。

（3）陶瓷

院中所收陶瓷甚多，而精者较少。汉唐明器颇多，其注明出处者为：河南渑池县之唐明器，苏州出土之陶水斗；其注明年代者，有南梁大通元年（？）之陶棺。宋元以来瓷器亦夥，以近代者居多。其中江西者最多，广东者次之，磁州及宜兴者亦有之。其陈列法，或分地（如江西广东之类），或分时（如宋明之类，又如清康熙乾隆之类），或以色分（有青花类），或以人分（如富蓝克藏品[②] Frank's Collection）。唐三彩罗汉像，其最名贵者也。

（4）皇家图书馆中之书籍及文献

图书馆现举行世界印刷术及装订法之展览。其东方之部，中国书籍，占百分之九十八。吾国晚唐以来之雕版源流，及活字印刷之沿革，由此可以知其大概。其陈列之品有宋刻佛经（民国十三年杭州雷峰塔发现者）；有明天顺五年之一统志及崇祯十年之天工开物（民国十六年重印本）；有清康熙三十九年之书经，雍正四年之图书集成，及道光六年之□[③]槎图。有朝鲜印本之本草（一三〇二年印）、家语（一三一七年）、论语（一三六四）、文选（一四五四年）、杜诗（一五〇一年）、通纪表（一五二九年）、明太祖御制文集。有日本刊印之佛经（一〇〇四至一五〇四年）、传灯录（一三四八年）、文选（一六〇七年）。其中乾隆四年之木版福音[④] Harmony of the Gospels 最饶兴趣。是书经传教师莫理逊[⑤] Robert Morison（氏于嘉庆十年创编中英字典，道光十四年八月一日卒于广州）之研究，考得西教经义各本之异同颇多，诚宗教史上之重要史料。然其陈列品之最有价值者，尤莫过于唐僖宗间刻版之两种历书：一刻于乾符四年，一刻于中和二年。吾国木版印品之存于今日者，当以此为最古（闻该院藏有咸通九年金刚经，但未见）。

乾符四年历卷子（编号91.1.3.）

历书卷子，长度不详。背面书"翟都头赠送车行"七字，体与唐人写经相类；其斯坦因得之敦煌者欤？其书格式，略与今历书同：上下凡五格，第一格书月之大小，第二格只书一密字，每行不常有，第三四格为节令，第五格则阴阳五行之类也。兹录其年诸月时令一段于下：

---

① 现多称"劳伦斯·比尼恩"（1869～1943），英国诗人、戏剧家、艺术学者。
② 现多称"富兰克收藏"。
③ 此处疑为"敉"。
④ 现多称《四福音合参》。
⑤ 现多称"罗伯特·马礼逊"。

二月□　田鼠化为惊　虹始见

三月大　谷雨　鸣鸠　贼戴　立夏　丘引出　王瓜生

四月小　小满　靡草死　□菜秀　反舌无声

五月大　夏至　蝉始鸣　半夏生　小暑六月节　悉率居壁　口鸟唱（?）学

六月小　大暑（下略）

中和二年历

此历现存其片断。字三行，外有墨兰，粗而墨。第一行字最大，第三行次之，第二行又次之，第三行第二三段及第二行后段之字最小，如今铅印四号字然。其原文如下：

剑南西川成都府樊赏家历（下阙）

中和二年具注历日凡三百八十四□太岁壬寅	干属水支木 纳音属金

推男女九曜星图　行 年	年至罗候星求不见 不称情此年喜起造 拜醮□为□白吉	运至太白宫合有 相逢小人多服孝 好受三公（下阙）

万国邮票中，只有吾国邮票一种。其票较通用者为大，有字二行，右曰“书信馆”，左曰几“分银”，上下有“上海”“工部”四字，则横书也。此殆昔日英人在上海所设邮局所发售者。此室又陈列清代文献，一关太平天国军事，一关义和团事件，一为李秀成谕子姪书，一则光绪二十六年景善日记也，李氏手札皆以黄绢为之，信封长十五糎，宽八糎，其印长九糎半，宽六糎，文曰“忠王图记”。其左端下隅有字曰“自杭郡凤山门外发”，其右端有字曰“交与　王拇　椿姪
容
二殿下　发男
拆开。”正中有字曰“太平天国辛酉十一年十月初三日封”。其上端，左有“内乙件”三字，右有“递至绍兴郡”五字。其书长三十二糎，宽十八糎，中盖印，长二十三糎，宽十一糎有半，其文曰“太平天国九门御林忠义宿卫军忠王李秀成。”景善日记，文长不能录。今仅抄李氏书札之文于下：

九门御林忠义宿卫军忠王李谆谕、容椿姪容发男知悉、缘尔父在桐虑命尔随陆主将队后而行，缘恐误队兵，单令尔等为其接应，先保萧山而后攻绍兴，以防浙省之羽翼，好早日成功也。九月初一日，接该主将于二十九日自绍兴发来捷报，云称绍兴已克，投降者数千，尔等在后亦到绍到郡城，已扎城内，阅悉之下，甚为欣慰。今绍郡已得，杭郡指日可克。官兵自到杭郡以来，日胜，城外妖穴一概扫平，杀死无数，活拿者数千，已将该城围困，内外不通，成功在即矣。尔等已过绍郡，可与陆主将和雒斟酌，好守绍郡，计克宁波。尔兵不足，已点吉庆元在后带战兵而来，接应一切，已面嘱该员协力助攻，听尔铺派，早成大功，国之幸也。凡事总与陆主将善为计议，遵照而行。若各事平静，回师之日，必与该主将商议，如何守地，如何安民，必得稳固妥善，方可回来。至父处军务平宁，嘉兴之兵已到，朗天安亦来，有人足用奚（疑矣字）。尔处红粉炮烧[①]多否？粮草

① 同“火”，太平天国新造字，见汉语大字典。

多否？军需有否？仰尔查明。城中妇女，总要分别，男归男行、女妇女行，不得混杂。如有不遵，尔可按法处治，方不负尔父之训教，方为国之良臣也。一切小心谨慎，以顾军机是矣。为此特谆谕，仰尔等遵谕而行。此谕。太平天国辛酉十一年十月初三日

六、犹莫佛蒲拉司所收藏之中国物品

犹氏收藏中国古器物甚多，有周汉二代之铜器，玉器，有北魏之造像，有唐之明器，铜镜，石刻，有宋以来之绘画，壁画，瓷器及木刻。其精品现分别陈列于此院与维多利亚及亚尔巴特博物院者：有周铜尊，器甚精。有汉玉马头，英人亦咸珍之。有北魏正光元年砂石造像，高可五尺，刊石者李知也。有唐镜，有宋明瓷器。有宋大理造像，雕刻秀丽，头已佚去，河北曲阳物也。有明初木刻观音像。其展览于此院者，陈列于入门大厅，亚洲厅及绘像室。周代铜器，玉器，唐铜镜，陶瓷 Liu Ting hsuen（开元十六年卒）墓土俑，河北行唐县清凉寺及山西某寺 Cave temple，Shansi 壁铜，均可观。至若魏太和二年造像，宋马远月下泛舟图，清万之泉仕女图，则不足道矣。

七、阅览室

入院门，直北为阅览室。室为巨大圆厅，可容四五百人，其顶径百四十英尺，高百六十英尺，低于希腊巴森农古庙建筑，只二英尺耳。窗镜版上题英国文学名家姓名。职员坐厅中央，阅者桌椅环其外，又外为书目，凡千卷。工具书二万册，杂其间，其目录以著者姓氏为次，又有分类索引 Subject index，阅书时不知作者姓氏，检此即得。国内一切著作，必以一份赠院，故其藏书为国内冠。总计馆藏书三百万册，所占书架，展长之可达五十五英里。平均每年可增五万册，阅书券须向院长函索，惟二十一岁以下青年，不得作此请求也。阅览时间，上午九时至下午六时，长于古物游览时间者一小时。到馆人数，每日平均达四百人。厅之后则北图书馆。余等以无阅书券，不得入，仅在室外展望而已！

八、该院分院——自然历史部

分院在本市西南七区克朗威尔路① Cromwell Road，成立于一八六〇年。初设于布鲁穆斯② Bloomsbury，一八七三年由瓦特浩斯③ Alfred Waterhouse 拟定图案，始改建于此，一八八〇年毕工，次年四月十八日开幕。动物部至一八八六年始迁移竣事。其建筑为罗马式 Romanesque Style，楼舍外表，雕刻鸟兽之形，其大厦以烧泥 terra cotta 建成。全部建筑，占地四英亩，其前部长六百七十五英尺，堡高达百九十二英尺。

陈列品以斯露因氏收藏及一八六二年购自南肯星顿④ South Kensington 展览会者为基础，渐次扩充。现分为动物，昆虫，爬虫，鲸鱼，介类，地质，哺乳类，矿物，植物等陈列室，为数十有一。鲸鱼厅成立最晚，自一九三一年筹设，至今尚未布置就绪也。动植之属，多为标本，矿质多为实物，古生物或为化石，或为模型。动物之中，猿猴猩猩之类，及英人所畜犬族，二者最多。爬行类有长二十四英尺之巨蟒。鸟类之中，有马利他斯⑤ Mauritius 岛古鸟⑥ "Dodo" 之模型。昆虫之中，蝴蝶最多，一七八五年法人哥罗斯雷 Peter John Groseley 来游，深佩收集蝴蝶标本之多；盖由来久矣。又有传染病菌蝇蚊等自幼虫以至长成各阶级之放大情形，最引人注意，一室陈列有动物之邮票数十种，以余观之，此最有趣者矣。植物之中，以食虫者 Insectivorous Plants 为最奇，惜当时未加注意。古生物化石，材料最多，有中古生物

---

① 现多称"克伦威尔路"。
② 现多称"布卢姆斯伯里"。
③ 现多称"阿尔弗雷德·沃特豪斯"。
④ 现多称"南肯辛顿"。
⑤ 现多称"毛里求斯"。
⑥ 现多称"渡渡鸟"。

时代孔龙[1] dinosaurs 之化石，长八十五英尺，四足动物之最长者也。又有吾国大戈壁沙漠中发现孔龙卵化石之模型，更有兼能飞爬动物[2] Pteranodon 化石，翅长十八英尺，其身体之大，可以想见！其他化石，陈列数室，目不暇睹。至于人类及其同生之动物化石亦多，该院印有专书，由入门处出售。是院亦辟人种学室，其中多半开化民族生活情形模型有吾国人民模型，均着清代服装，亦与马来爪哇等民族陈列一处，可耻也。

矿产室陈列矿，岩石及陨石之类。入门处有牌示，指明黄金，白金、砒霜等矿陈列地点。此皆一般人士所注意者也！又有铅印目录，说明陈列情形，及日用金属，宝石、建筑品及□等陈列地点，守卫警于余等进门时发给之室中陈列次序，首为普通展览；次依原子次第作有系统之陈列；又次为特别展览。凡岩石形成之历程，装饰品，及新到院采集品，以及体积奇大之物品，均置于此。中有一陨石，重四十九磅，乃一九三四年三月七日落于南露德西亚[3] South Rhodesia 而为其政府赠入者。室中有磁石碎片，儿童数人以铁钉试之为戏。

矿产室陈列橱柜，均有总号，有分号，研究之士，检表即得其所欲研究之物品，最为便利。以余观之，此室陈列，最为合理化，其壁上饰以鱼类等化石，尤为美观。一柜中有大理石一方，上墨书"山水清音"四字，盖采自吾国者。

分院亦附设图书馆，中藏自然历史之书籍、杂志、报章等刊物。限于时间，不及入览。

九、参观后之感想

余以事忙，抽暇辄到该院游览。计先后到院六七次，共用二十余小时，院之各部，略览一周。于其收藏之博，深致欣佩。独怪其院具有二百年历史，陈列分类，不大讲求，实为憾事。其陈列橱柜，无异寻常，惟光线黑暗或物之不能全部表现者，则安置电灯，或装置反光镜，似稍与古玩商店不同耳。其物品说明之详细，不如科学博物院；各室光线之明敞，不如维多利亚及亚尔巴特博物院。不谋改进，难免老大颓衰之诮！其指南以中国与西藏并列，一若西藏为独立国，不隶中国版图者，殊属乖谬。至若亚洲厅之陈列吸鸦片用具，人种室以吾国人模与半开化民族并列，则尤侮辱吾国之尤者矣！

二十四年双十节于英伦

---

① 现多称"恐龙"，下同。
② 现多称"无齿翼龙"。
③ 现多称"南罗德西亚"。

第四篇　博物馆之陈列方法

第一章　引言

欧美各国，向有博物馆及美术馆之设立，举凡与其本国历史文化有关之各种古物及艺术作品，皆尽量收集，分类，整理而依系统陈列之。且往往兼藏与他国历史文化有关之代表作品，以与其本国者作参考比较。按此种组织之主要目的，不外一方面使一般民族增加常识及对于其本国过去文化之认识与爱护；一方面则为鼓舞为努力发展旧有文化而创造新文化也。

我国过去文化之灿烂巨大，早为世人所公认，惟除文字书籍之记载外，对于文化有关之各种古物，历年来仅有私家之局部的搜集与收藏；至于公共博物馆及美术馆之设立，则尚无之，故每年毁于愚民及奸商手中之古物与艺术杰作，实不在少数——幸而自民国以还，有识者洞见及此，故先有北平古物陈列所之成立；至民国十三年清室善后委员会成立，开始点查故宫物品后，又有故宫博物院之设置。我国历代藏于皇室之无价贵重古物——为我国文化最精美之一部份代表——遂得公开展览，以供世人之观赏与研究，此诚为民国史中最重要事故之一章也。除此外，近来许多学术团体常遣派专门家，对于古物作科学的采掘，以作系统之搜集与研究。而政府方面，亦异常注意于古物之保存；除屡申严令，禁止愚民奸商之毁坏及盗卖外，又决定将在首都设立规模宏大之古物及自然科学博物院；预料于最短期内或可实现。此外如陕西，山西，河南，山东……诸省——皆与我国古代文化历史最有关系诸省——迟早亦必有古物博物馆之组织。当亦为意中事也。如此，则不但我国旧有文化之结晶品得以永久保存，而于旧文化之发展与新文化之创造方面，关系尤为重要也。

惟设立一博物馆或美术馆，并非易事，无房屋应如何建筑，布置；物品应如何收藏，分类与陈列，凡此种种，皆非有严密精确之计划不可。幸而欧美著名博物馆及美术馆，皆具长久之历史，其经验所得，颇多供吾人之参考者。故作者不揣简陋，将平日关于此方面之考察及研究所得，特为此文，以供诸国人：尚祈国内专家有以赐教焉。

第二章　历来博物馆之各种陈列方法

一、全部陈列法与选择陈列法——主要陈列品与研究陈列品

过去欧美所有博物馆或美术馆，皆有一共同缺点：即均不顾物品之如何拥挤，色彩如何不调和，将

所有陈列品全部展览；故常有紊乱不清之弊。如以前著名之巴黎鲁佛博物馆[①] Musee de Louvre 中之东方古物及雕刻部分，即为患此弊者最显著之例证。但近来几乎所有博物馆皆废弃此法。但择一部分最精美物品陈列之，以供普通一般观众之览阅；是为"主要陈列品"，故必须于最好、最适当条件之下展览之。至其大部分陈列品，则专供特别研究之用，其所在之房屋，可以不必引人之特别注意。

二、层楼陈列法

此法最初为美国波斯顿美术馆 Museum of fine Arts 所采用者，即将馆中各部贵重美术品陈列于第二层楼上，至其余与之有关系或附属之作品，则展览于第一层楼上，一般参观者皆得阅览，如观众对于二楼上某种美术品感觉特殊兴趣时，即可下楼，饱享眼福。例如有人喜欢二楼所陈列之半打古希腊铜器，则可下楼欣赏数百件，成行排列之同样作品。惟此种陈列方法，仅对于某部份陈列品有效；而对于别种美术品则不适用，如对于图画，尤其对于陈设用品（如家具等）方面，如用此法，则将感觉无限之困难。

但对于上述合逻辑之美术品陈列方法，波斯顿美术馆仍不失为第一而又最显著之例证。

三、编年及文化演进陈列法与品质陈列法

又如美国 Philadelphia 城之 Pennsylvania Museum of Arts 美术馆[②]，其所采用之陈列方法与波斯顿美术馆所用者，大致相同。其有趣之差别，则为 Philadelphia 美术馆中之"主要陈列品"，完全以"年代"与"文化程度"为排列之根据，至于"研究陈列品"，则以其"品质"为陈列之根据。

按现代博物馆，关于古物之陈列，多以考证其"年代"为凭藉。如最近巴黎鲁佛博物馆内古物及雕刻部份之重要改革，即为此例。又在著名艺术家个人作品之纪念馆中，尤多采用此法。如巴黎罗丹美术馆[③] Museum de Rodin 即归于此例。按罗丹乃近代法国及全世界最著名之雕刻大师，曾被尊称为"雕刻界之半神"（Dem Dien de la Sculpture）。本具天才之奔放，一生雕刻之大小杰作，不可胜数。其每件作品完成之时日，即罗丹本人，亦难一一记忆，而况于大师逝世后始整理搜集之？惟罗丹美术馆，以下列诸法，为正确之根据，以决定某种作品之年代：

1. 其作品曾陈列于某年某日之特别展览会或"沙龙"（Salon）中者，即以开会之年代作算。

2. 根据私人通信，如某信内第一次提起某种作品，即以此信之年月计算。

3. 如上述之方法缺少时，则用下法；凡第一次提到或翻印罗丹作品之某一本书，一篇文章或某展览会之说明书，即以其刊印之年代为作品之年代。此为不得已中最完善方法也。

上述美国 Philadelphia 美术馆所采用之陈列法，似更较完善。但非适用于各种已存在之博物馆及美术馆，因其房屋之建筑，并非特为达到此种满意之分类法而成者，然则两者间有极密切之关系，故如无十分宽广之地方或适当之建筑者，则绝难采用此法也。

四、分开陈列法

现代最新式之博物馆或改良陈列法之美术馆，又皆注意于陈列品之分开。即将收藏中之最贵重者，

---

① 现多称"卢浮宫"，下同。

② 现多称"宾夕法尼亚艺术博物馆"，下同。

③ 现多称"罗丹博物馆"，1919 年对外开放。

用最特殊之方法表示之，以引起参观者之特别注意。关于此种方法已试用成功者为英国剑桥之 Fitzwilli-am Museum①；其中有一室完全陈列陶器，其较次要之物品适皆陈列于栏栅后面，在面向窗户之一边，而在其附近部分则陈设多数重要之陶器，配以成宜之人工光线，对于作专门研究之用，极为方便。

此种"分开陈列法"，在理论方面极佳，但欲实行，亦极困难，因普通一般博物馆之建筑，当与此种陈列法不合。故仅能偶然将此法试用成功。又如伦敦著名之 Victoria and Albert Museum 及巴黎之 Musee Guimet② 专门陈列远东及近东艺术品博物馆——今亦逐渐采用此法。如巴黎玑梅美术馆，将其中收藏珍品：如伯希和 Pelliot 氏在我国敦煌所发现唐代佛经及其发掘经过之各种照片；唐伯虎氏之马画真迹；宋明清诸代之瓷器玉器等等，皆在室内用特别方法陈列之。或用特殊标记，或作单独陈列，故往参观之人，未有不获得极深刻之印象者。

五、轮流陈列法

又有一种方法，乃由上述"选择陈列法"变异而来者，则为选择一部分物品陈列，而随时更换之。如此，则大部分之物件，皆暂作储藏品，以备临时陈列品不时更换之用。此种"轮流陈列法"华盛顿 Freer Museum③ 曾试用之。惟此博物馆乃专门收藏远东美术品者，故对于一般博物馆是否应采用此"轮流陈列法"，尚是疑问。

但巴黎著名之卢森堡美术馆④ Musee de Luxembourg 除陈列固定不换之油画及雕刻外，兼用此"轮流陈列法"；即常将年代较近之作品轮流更换陈列，尤其关于新派画家及雕刻家之作品方面。

又在美国哈佛大学附属之 Fogg Art Museum⑤ 亦采用与此类似之方法。在理论方面，其所陈列物品，并不分永久陈列者及为专门研究用者，但其陈列品随时继续更换，此因所藏之物品众多，而馆内房屋狭小，故不得不如此办法。如无特殊原因，对于贵重物品之陈列，似不应采取此法也。

惟通常对于水彩画之轮流陈列，不得不算作例外；因恐其常受光线影响，易变色彩也。

六、并列法与纯粹美术及装饰之分类

在欧洲博物馆中，亦有采用作者所谓"并列法"者：即将各种美术品无论其属于纯粹艺术者，或应用美术者，如雕刻，图画，以及陶器，瓷器或陈设用具等等，同时皆作陈列。例如有时满室油画，而配以少数谐调之陈设用具或精美之雕刻；总之，各种美术品同时并列，乃一般美术馆所常采用之方法。但有一普遍现象，即观众常重此而忽彼，轻重不分，结果往往互相牵累或两败俱伤。但间亦有因用此"并列法"而得互相调和之结果者，如牡丹绿叶，相得益彰也。

又以前在理论方面，纯粹美术，与应用美术（或装饰美术）应有区别。如历来欧洲大多数之美术馆，即根据此原则而作实际之分类；如油画馆必与所谓"装饰美术馆"分立也。如在巴黎，除去鲁佛博物馆及卢森堡美术馆外，又有一装饰美术馆⑥ Musee des Arts – Decoratifs 附设于装饰美术学校 Ecole des Arts Decoratifs 内。即在授课方面，亦有些区别：如除去国立美术学校外，又有一装饰美术学校也。但近

---

① 现多称"菲茨威廉博物馆"，下同。
② 现多称"法国吉美博物馆"，又名"吉美国立亚洲艺术博物馆"，下同。
③ 现多称"弗利尔美术馆"，1923 年对外开放，属史密森博物学院。
④ 现多称"卢森堡博物馆"。
⑤ 现多称"福格艺术博物馆"。
⑥ 现多称"巴黎装饰艺术博物馆"。

来有人对于此种传统之区别，表示反对：如法国美术古物保管委员会主席 Hautecaur 先生，最近曾作文反对此种区别；彼谓："纯粹艺术与装饰艺术之区别，乃受学院派影响之结果，在今日已成过去不适用。现在吾人于不知不觉中，由绘画及雕刻移向于装饰方面"。此外又如伦敦 Victoria and Albert Museum 馆长 Sir E. Maclagan 亦与 H. 氏表示同样之意见。此亦为吾人所不得不注意者也。

七、横切面陈列法

近来在德国 Cologne① 城之 Cunstgewerbe Museum② 曾试用一种新奇陈列法，颇引起大家之注意，可名之为"横切面陈列法"：——即凡具同样用途之物品，不论其年代、品质及来源，或具同样颜色之物品，不论其品质及用途，皆聚集陈列于同一室内。此种别开生面之陈列法，自然能刺激一般博物馆管理者。但此法亦仅能应用于少数物品方面，对于大多数之陈列品颇不适用。惟德国此种特殊方法试验之明显价值，并不因有此缺点而减少也。

八、品质陈列法

美国 Cincinnati③ 城，近来新设立一博物馆，其陈列方法，完全以物件之品质为根据。此种方法自然要应用历史之程序，如在德国，Essen④ 之 Folkwang Museum⑤ 中。即亦应用此有趣之原则：例如将近代图画与其所受影响之美术作品，皆聚于一室内陈列。又如十九世纪初期浪漫作品哥狄派⑥美术品并列，及古典派作品与古希腊及罗马时代艺术作品并陈也。

九、复合及综合陈列法

向例各国历史博物馆，尤其人类风俗博物馆及装饰美术馆，皆采用"团体陈列法"，亦即所谓"复合"或"综合"陈列法是也。近年苏俄改组 Hermitage 博物馆⑦，即应用"复合陈列法"之原则达于极点，为任何国家所不及。利用此种方法，其目的不外将一切有关于文化及社会生活之范围，皆包罗在内。例如 Hermitage 中最引人注意者，为法国艺术部份，不但油画雕刻，装饰美术等等收藏之丰富；并且此等作品，足以表示法国在三百年内，政治及社会演进历史方面之有趣材料。总之：应用此种综合陈列法之结果，不仅由艺术观点来看艺术之发展；并可由另一观点来考察。——即应用艺术来表明法国在此三百年（由封建制度至大革命时代）内重要事故之变迁及各种趋势之冲突，现将苏俄 Hermitage 博物馆所陈之法国艺术部份略述如后，以为"综合陈列法"之例证：其中共分为五部：

1. 在市民阶级革命及封建制度崩溃时代之法国艺术（共有十五陈列室）；

---

① 现多称"科隆"。
② 现多称"装饰艺术博物馆"。
③ 现多称"辛辛那提"。
④ 现多称"埃森市"。
⑤ 现多称"佛克旺博物馆"。
⑥ 哥狄派艺术 Gothic Art 乃指古代日耳曼哥狄民族之艺术而言。其表现于建筑方面者最著名即为"峨特式建筑"或"哥狄式建筑"。在事实上，此种艺术，发源于法国，盛行于十二世纪末至十六世纪初年。如巴黎及鲁郎 Rouen 著名之大圣母教堂即为峨特式建筑最佳之代表也。——原文注
　"哥狄派"，现多称"哥特式"；"鲁郎"，现多称"鲁昂"。
⑦ 现多称"艾尔米塔什博物馆"，建于 1764 ~ 1767 年，由冬宫、小艾尔米塔什、旧艾尔米塔什、艾尔米塔什剧院、新艾尔米塔什 5 座相连建筑构成，下同。

2. 在君主专制权衰弱时代，法国贵族及富民阶级之艺术；

3. 在君主专制权克服贵族地主时代之法国市民艺术；

4. 在君主专制极盛时代，皇家制造厂所作之工业艺术；

5. 在法国大革命时代之市民艺术。

如欲表示"艺术"对于社会负重大使命，发生重要影响和作用，则 Hermitage 博物馆中所设之法国艺术部份，当为最佳最适当之例证也。

十、乐器陈列法

历来各种博物馆，关于音乐方面，仅将各种古今乐器作简单之陈列而已。然乐器与一般艺术品不同，非如雕刻图画及装饰美术品等等，专为观看欣赏；而可听闻其音调，现时仅有苏俄 Hermitage 博物馆注意及此。将各种古今乐器陈列于馆中著名之皇家剧院内。剧院建筑则注意于音波之分散与回音之种种条件，并且定期作两次之公开演奏。如演奏古乐时，则试用当时之古代乐器。此乃历来之乐器博物馆未曾有者。如我国将来设立音乐陈列馆时，当特别效法之也。

综上以观，苏俄 Hermitage 博物馆所用之陈列方法：一面采取"综合的"——即"科学的"原理；一面则应用"美术"的原理。故新兴之博物馆，如欲完成其所负之教育使命，则应同时注意此两种因子。

按此种科学的及艺术的复合方法，历来戏剧家皆采用之，以应用于剧场上。以后博物馆方面，亦应当采用，以收特殊之效也。

惟上述之"复合陈列法"并不将"特别陈列法"排除。因欲达到复合陈列之功效，必须所有之陈列品。在"量"及"质"两方面，皆充足丰富而后可，故有时仍可采用"特别陈列法"；尤其欲使观众集中注意力于某种艺术之源流及发源时所具之特殊状态。至于复合陈列，则为概括表现雕刻图画等等之发展状况及其与文学、音乐等等之关系，故不能使观众完全集中注意力于其中之某一种艺术也。

第三章　博物馆内部之改造问题

欧洲著名之博物馆或美术馆，多半利用旧日王宫或其他有历史价值之建筑。如巴黎之鲁佛博物馆及鲁森堡美术馆等等皆属于此例，其中某部份陈列品，往往仅具历史纪念之价值；而不计较其陈列方法是否适当；光线是否充足；以及旧式精美之房屋是否适用也。

至近年来，欧美博物馆或美术馆之管理者，纷纷注意于陈列方法改良问题。其趋势约分为两方面：一面使馆中陈列品，除供一般观众参观外，应供专门家研究之用；一面则馆中之种种布置装饰，应趋于朴素及明晰，以适应现今观众之嗜好。因此改造博物馆或美术馆之声浪，遂日见扩大，关于此事，曾引起剧烈之争辩。大概欧洲方面，反对改造博物馆者居多；而美国方面，则不但赞成者多，且有若干博物馆已经施行。

按欧洲反对改造者，其主要原因，不外损失博物馆固有之历史价值，然经济困难，亦为迟迟不能改造之主因；盖兴动工程，非巨款不克竟功。（如最近巴黎鲁佛博物馆内部施行局部改造，用费已达一千二百万佛郎之巨！）若废弃旧式博物馆，另建新式者以替代之，在欧洲方面，极难实现。故至多将旧式建筑之内部，施行改造，使其现代化，合理化，以便采用新陈列方法。而博物馆之外观如旧，仍保有其古色古香之本来面目，前年鲁佛博物馆内部改造，即本此原则而实行者。

至于博物馆中内部改造问题，最先应注意者，约有两点：1、增加板壁以较小之陈列室——因向例各博物馆，利用旧有房屋作陈列场所，往往过于宽敞巨大。如增加板壁，形成新陈列室，则可将著名杰作或精美物品，分开陈列，以免混杂；2、光线问题——陈列室中光线，与吾人居屋不同，必应较强，且必须晨昏朝夕如一也。故必须添加人工光线。因此如何应用电光始为适当，亦为改造博物馆时之一重要问题也。

前述美国 Philadelphia 之 Pennsylvania 美术馆中，即有若干利用板壁而成之精美陈列室，完全为英美式者。配以适当之人工光线。中悬十八世纪著名油画，故结果极佳。其他在美国东部诸州之博物馆或美术馆，大半已实行改造其房屋；惟亦多作局部之改造而已。如波斯顿美术馆内，仅将关于"远东艺术品"陈列部份加以改造。又如纽约 Metropolitan Museum[①] 亦仅改造其大厅，纯粹仿彭倍绮式[②]，内藏罗马及希腊之古物。又大厅顶部，完全采用玻璃；盖欲表示大厅为"露天"者也。

至于欧洲方面，近来博物馆内，亦有用板壁形成陈列室者，如瑞士、荷兰等国。而前年巴黎鲁佛博物馆之内部革新，不仅为近代艺术界之佳事，亦为博物馆历史中之重大事故也。

作者本人曾有机会参观革新后之鲁佛，觉其改造方面，颇多供吾人采取者，故不惮烦琐，略为国人陈之。

鲁佛本为法国历代皇宫，开始建筑于十三世纪之初，腓力卜王朝代（Philippe August）历五百余年，每代法王皆使之扩大精美化。至一八四八年，所谓新鲁佛者，始在著名建筑师 Visconti[③] 监督之下，宣告成功，直至一八七〇年普法战争后，始改为博物馆。事实上，此著名之鲁佛，乃由七个博物馆及美术馆集合而成。其中所藏物件数目，按现时统计，已达十七万号之多！多为稀奇宝贵之古物或永世不朽之艺术杰作。惟以旧有房屋本非为作博物馆而建筑；加以所藏物件太多及历来所用之陈列方法不善，致有许多部分，呈露堆聚、紊乱、芜杂之现象；尤以关于埃及古物及古代雕刻方面为甚，对于专门家之研究方面，亦极不适用。故十余年来，鲁佛之管理者，屡次建议，改造馆中内部。惟以困于经济，故迟迟不能实行。直至大前年，始由议院通过一千二百万佛郎之预算，作为整顿改革鲁佛内部费用。历时二十月，于去年正月，始将初步之改革工程告竣。

关于鲁佛内部改造后之结果甚多：除新添两间由庭院改造之大厅及七间办公室外，又有新式储衣房、饭厅、汽炉、通气管、自动电话以及升降机等等，此外尚有极强之电光设备及预防火灾之安置。

现暂将此种之新式物质装置不谈，而将博物馆中改良之陈列方法，略为言之：按鲁佛所有房屋有种种不同；为避免"单调"计，各部所用之陈列方法，不能雷同，不能仅根据单独一个原则。惟各部皆注意于清晰及明亮；皆采取合逻辑之陈列，尤注意重于专门研究之方便。总之，以设法避免历来紊乱，不连续之积弊为基本原则。

例如关于雕刻方面：以前"中世纪"及"文艺复兴"时代之作品，曾彼此分开，现皆归于一处陈列。并将旧日之皇室马号，库房以及庭院等等，完全改造为新式高敞明亮之陈列室。使著名之杰作，如

---

① 现多称"大都会艺术博物馆"，下同。

② Pomptian style 乃指彭倍绮城内建筑式而言，彭倍绮乃古代罗马富翁享受之著名城市。在意大利南方，拿波利城附近。在 Vesuvio 活火山之附近，耶稣纪元后七十九年，火山爆发，将此名城完全埋葬，直至十八世纪，始经人开掘，现时几乎将此古城全部掘出，其被埋时居民之生活状况，建筑、用具、道路以及美术品种种，皆得保藏无损，为研究古罗马建筑及当时人民生活最佳之材料。——原文注

"彭倍绮"，现多称"庞贝"；"拿波利"，现多称"那不勒斯"；"耶苏"，现多称"耶稣"。

③ 现多称"维斯康蒂"。

Philippe Pot① 之墓，Yean Bologne② 之 Mercure 造像以及米格郎杰作③（Michel Angelo）之石像（如被掳者）等等，皆得重行排列于适宜之地方。

并有许多作品，皆依其"年代"次序排列。如以十二世纪之碑坊，殿柱等物，装饰陈列室之入口；随着有许多著名之同样性质作品，引领观众依年代次序继续前进，直至亨利第四时代（十六世纪）之陈列室。

如将来经费允许，第十七世纪之雕刻作品，将占满三间陈列室。并预定在文艺复兴陈列室地下，添设一间宽广明亮之大厅，以陈列次要之雕刻作品。

至于 L'En Cas 殿及其附属部分之改造；狮身人首庭院 Court de Sphinx 及大吕（Daru）楼梯之翻修，尤能表示此次鲁佛博物馆内部改造之特殊精神。

在 L'En Cas 殿部分，新添一间陈列室，专门陈列希腊之古物；继之有新陈列室两间，内藏关于基督教之古代作品，以资比较。而狮身人首庭院则上加玻璃顶，改为广亮之大厅，以陈列希腊及小亚细亚古代庙宇或其他建筑物之残碑断柱等等。

而改造后之大吕楼梯，上部安置由 Samothrace④（古希腊城名之一）掘得之"战胜女神"La Victoire 石像：其布置配合之巧妙，尤使人惊呀！虽然此著名石像位置如旧，仍矗立于五十余层楼梯之顶部，但楼梯昔日所有之镶嵌细工，栏杆以及花叶形或环形之雕纹等等，皆被除去。改造者完全注意于"伟大"及"简朴"两点，使楼梯加宽，顶穿垫因而显着更高；柱石显出更为昂然直立，石像后面为一宽广光洁之墙壁，并将楼梯顶部高；"战胜女神"屹然矗立」其上，身上紧缠轻绢之长衫，展开巨大之双翅，翅下显露浓深之阴影，显出奋然飞腾之姿态；于英勇之中蕴藏着温柔与妩媚；栩栩然如一位活女神之升天！又因大吕楼梯附近，除此女神外，毫无其他物件，故凡置身其中者，莫不立即注视之也。

并且又利用配制调和适宜之电光，能使此神像呈露以前所未有之种种姿态。盖利用电光以照射陈列美术品，亦为近来博物馆所用新法之一也。

此外关于古物方面，亦有新式设备：如将艺术堂及圣日耳曼堂（Pavilion des Arts Pavilion St Germain L'Auxerrois）之第一层楼全部，改为埃及古物陈列室，共有九间大厅，两间小厅。各种古物及碑柱等等，皆按其"年代"而分类排列之，又将四方殿第一楼之全部，皆改为近东古物陈列所。并在马郎哥堂 Salle Marengo 之地窖内，新辟两间广大墓室，内藏历年在近东或小亚细亚诸地所搜掘之石棺，其中充满严肃寂静之空气。

以上所述，为鲁佛博物馆对于雕刻及古物陈列方面之种种改革。至于油画方面，所得之改革虽较少，但结果亦极佳。如在大陈列室 La Grande Gallerie 旁之三间陈列室，其内部皆经改造，其墙受电光照耀，上嵌 Luini⑤ 及 Boticelli⑥（皆意大利文艺复兴时代著名大师）之浮雕头像；或悬挂文艺复兴时代初期之幼稚艺术作品。至丁石柱之顶部，则镶以仿古式瓶樽，内藏电灯，以返射光线照耀全厅。

此外又新开陈列室若干，为希腊罗马及近东古物储藏室之用，皆能一一标明，分别陈列，并又辟一

---

① Philippe Pot 为法国十六世纪著名贵族政治家。——原文注
　　"Philippe Pot"，现多称"菲利普·波特"（1428～1493）。
② Yean Bologne 为文艺复兴时代佛那芒著名造像大师。——原文注
③ Michel Angelo 乃意大利文艺复兴时代最著名雕刻大师，有"神雕刻家"之称。——原文注
　　"Michel Angelo"，现多称"米开朗琪罗"。
④ 现多称"萨莫色雷斯"。
⑤ 伯纳迪诺·卢伊尼（1480～1532）。
⑥ 桑德·波提切利（1445～1510）。

纯粹玻璃顶之大厅，以储藏六百幅著名油画，尽皆悬挂于带活轮能转动之木架上，以便更换及悬挂也。

第四章　结论

总结以上所述，知欧美各博物馆及美术馆，所用各种陈列方法，因时而异，因地而异，因物而异，在馆中人调度合宜，配置得法；初不能墨守成规，食古不化也。惟近来有一极明显之趋势：即各博物馆及美术馆颇注意于专门研究之便利，内容装饰力趋于简朴清晰；陈列方法则力趋于科学化；如选择陈列法及综合陈列法等等，皆其明证也。

至于数年来欧美著名博物馆及美术馆之内部改造革新，利用科学使馆中一切设备皆现代化，以便一切陈列皆合理化，此尤为我国将来设筑博物馆与美术馆时，所不得不特别注意者也。

第五篇　科学博物馆之各部门及其组织

第一章　科学博物馆之特殊任务

德国自然科学及工艺博物馆长米廙博士[①]（Oskar Von Miller）曾云："深信将来人人有机会，以寻求知识时，科学博物馆对于社会经济，必大有裨益。"科学馆是 Museum 的一种，它的目的是在发展科学，传播科学知识。所以科学馆应分为两种，第一种是中央科学馆，第二种是地方的科学馆，地方科学馆的责任更大，他一方面在传播外来的科学知识于人民；另一方面确还得将地方的自然物资料介绍于社会，同时还得佐助各地方之教育机关，这种任务是如何的重大呢！

第二章　科学博物馆物品之分类

在科学博物馆物品之分类方面，迄今还没有正式或专门著作出现。现在我们且根据几个著名的博物馆之关于科学方面的分类述出一二，以备参考。英国伦敦的科学博物馆是世界上比较著名的一个。他的主要目的是在阐明科学及科学对于工业之应用。这一种目的也大概合乎我们之所需要的科学博物馆。因是他把物品分为五部、即（一）工业工程，（二）定置汽机，陆地运输，房屋建筑，（三）水上运输，空中运输。（四）科学（数学、天文、化学、光学仪器等）（五）科学（物理及大地物理）。各科之下又分数组，列如下：

第一部分为七组——（一）纺织机器。（二）工具及机器工具。（三）电气工程及电气交通。（四）采矿，选矿，及冶金。（五）农业机器。（六）印刷。（七）煤气制造，发光。

第二部分为六组——（一）定置汽机。（二）铁路工程。（三）道路运输，汽车等。（四）抽水机。（五）房屋建筑。（六）权度。

第三部分为五组——（一）船舶制造。（二）航行汽机。（三）船坞及海港。（四）灯塔，（五）航空。

第四部分为二组——（一）天文。（二）数学仪器，光学仪器，摄影。

第五部分为七组——（一）测地及测量。（二）气象。（三）地球磁气，地震，吸力，天空电气及潮汐。（四）应用大地物理。（五）电气磁力，声学及热学仪器。（六）时间测量。（七）自然现象，物

[①]　现多称"奥斯卡·冯·米勒"（1855~1934），建筑学家、德意志博物馆创始人。

性，及已故瑞来①爵士（Lord Raleigh）之历史器具。

在大英博物院的附属之自然历史部里，内面专注重自然物之研究及说明，所以他□□类大体上分为动物：昆虫、爬虫、鲸鱼、介类、地质、哺乳类、矿物、植物等陈列室。动植物多为标本，矿质多为实物，古生物为化石，或为模型。至于其他各科学的博物馆，多是专门的。如：水族馆、科学馆（指出数、理、化等等）古物陈列馆、美术馆、商业馆、卫生馆……大规模的也不少。但是目前还似乎不甚需要。我们需要科学馆的目的和英伦科学馆的目的一样，在于促使发展科学及科学之应用上。

在中国也有几个这一类的组织。但中国的博物馆多注重在人文方面，尤以历史考古美术为多。至于注重科学方面的太少，比较著名的几个：例如震旦博物院，华西大学博物馆②及中国西部科学院之公共博物馆等，也多注重于科学。震旦博物院为韩伯禄司铎（P. Haude）所创办。当其未来华之先，徐家汇天主堂中已收藏生物标本甚多。韩司铎因之注意。及之而后，他到内地考察，尤其对长江流域特别注意。每次返上海，总要带点珍奇的标本，日积月累，乃为之陈列，公开令人参观，于是现在的震旦博物院之基础算奠定了。至于所贮藏中国所产之动植物标本之富，实为远东第一，此外亦复收藏日本、菲律宾、安南、暹罗、摩鹿加、马来等地之产物也不少，特别注重于哺乳动物。该院为便利研究起见，特制定韩司铎之游猎区域，及该院物品之出产地区等图。悬挂于入门处，使参观者一望而知何地已经考察，何地尚待考察。该院的目的原在于对中国物产研究，所以特别注重中国的自然物。他分为三部：（一）为动物；（二）为植物；（三）为历史之文物。在动物方面分为：

（1）哺乳类（Mummifies）

（2）鸟类（Oiseaux）

（3）爬虫类（Reptiles）

（4）两栖类（Batrachians）

（5）鱼类（Poissons）

（6）软体动物类（Mollusgues）

（7）昆虫（Insects）——又分为下列。数目：

　　1、膜翅目（Hymenopteras）

　　2、鞘翅目（Coleopteras）

　　3、鳞翅目（Lepidopteras）

　　4、脉翅目（Neuropteras）

　　5、直翅目（Orthopteras）

　　6、半翅目（Hemispheres）

　　7、双翅目（Dipteras）

在植物方面大概是以地方作为根据而分类，另一方面便是古物。暂不述及了。

华西大学博物馆共分三处，即自然历史博物馆。医牙科博物馆，及古物博物馆，现在我们所注意的是前两部。在自然历史馆中之标本分为动物植物与地质，其种类数如下：医牙科馆共分：（一）制药学系及药效学组；（二）病理学组；（三）牙医学系；（四）解剖学组等四组。（概据《葛维汉华西大学博物馆概况》——载于民国二十三年《华西边疆研究学会会报》第六卷——"英文"）其动物标本，计分

---

① 现多称"罗利"。

② "四川大学博物馆"的前身，1914 年由美国学者戴谦和创建。

为 1. 扁形动物，2. 圆物动物，3. 环节动物，4. 软体动物，5. 甲壳动物，6. 蜘蛛，7. 昆虫，8. 鱼类，9. 两生类，10. 爬虫类，11. 鸟类，12. 哺乳类，13. 哺乳动物全形骨骼，14. 颅骨，共计九五二一件。植物标本计分为，1. 菌类，2. 蕨类，3. 结子植物，共一三五二件。地质标本计有 1. 化石，2. 矿石，3. 岩石，计二七〇〇件。

在医牙科馆里，分作：

（一）制药学系及药效学组：——1. 中国生药材标本，2. 外国生药材标本，3. 缝线及缚线标本，4. 化学药品，5. 精油类，6. 褒克斐尔氏滤器，7. 各类药剂。（二）物理学组：——1. 身体器官标本，2. 染色显微镜标本，3. 牙齿及口腔之显微镜。（三）牙医学系：——1. 泥土所塑之人头模型，2. 石膏牙齿模型，3. 与颚骨相联接之牙齿石骨模型，4. 牙齿之放大模型，5. 金属胶体及石膏之牙齿模型，7. 中国病人口中所取出之牙齿。（四）解剖学组——1. 完全骨架，2. 保存于防腐液内之器官等物，3. 人体图解，4. 陈放甕内之各部份解剖之尸体，5. 人类学全套仪器，6. 无关节头骨，7. 人类器骨，8. 筋胶内之人体切面标本，9. 汉人及藏人颅骨，10. 家畜类之四肢骨架，11. 人体及动物各部份之模型标本，12. 动物颅骨，13. 脏腑移位尸体，14. 装置完备之动物及爬虫类标本，共计二八、一二七件。

在其他博物馆里虽无分别部组的专设"科学部"，而大半皆有科学物品的保管与陈列。至于各馆之物品的分类方法，我们从各博物馆的分类上，概有三种：第一是因其用途，性能的区分，第二是以其品质类属的区分，第三是以各物之所在地域而区分。这三种方法是可以互相为用的。物品既分为种别，而功用自不相同，所以在一个科学博物馆的组织上也不得不分作各部门了。

第三章　科学博物馆之工作及其各部门

在伦敦科学博物馆里，共分五部，分别由馆员十八人负责，其职务为各类物品之发展、说明、标签之拟定，问题之解答，研究之指导，以及物品之布置。他们每日这样的工作，才完成了这个博物馆的目的，推进着英国的工业，商业以及科学在进步。在一个科学博物馆里的主要工作：第一是资料（物品）之搜集及制造，第二是资料的保管及研究，第三是陈列，第四是说明与演讲及标号，第五是实验与发明（或施行！而用之实际，这五种是一个科学馆内应有的工作，在每一种工作部门，都是非常重要，现在我们就略略来谈一谈）。

（一）搜集及制造——资料之来源。通常的有六种。其一就是以某次临时性质的陈列或展览会之全部物品作为根据，而成立一博物馆，例如芝加哥的实业科学博物馆是一八九三年展览会的产物，斐尔得博物馆（Field Museum）的自然历史馆是产生于世界哥伦比亚展览会，华盛顿的美国国立博物馆工艺馆的奠基是由于一八七六年华列得尔菲亚百年博览会，诸如此类，皆是以临时的展览会的资料作为博物馆内的资料了。其二是以某部或某私人之藏物作为基础的：例如上海震旦博物院的资料是徐家汇天主堂及韩伯禄司铎之存物作基础而开馆，在许多的博物馆里皆有大部的资料是由这样而来的。其三是征集。其四便是专人的采集，动、植、矿各自然物，派专人调查采集而收入馆内。其五是购买。其六其他的来源。这上述的几种，不论哪一种的来源，在每个博物馆里皆需有专人负责。尤其在一个科学馆里，更得有专人去负搜集的责任；因为科学馆的资料，大部是散布各地的自然物，另一方面就是科学仪器与标本。这些自然物也需要制成标本或模型，因此，不惟搜集重要，制造标本，模型的工作亦更重要。

（二）保管与研究——这些资料之收集与制造之后，所最重要的工作还有保管；保管并非易事，各博物院中对其资料，皆设有专室保管，而且因资料之本质情形而放存或处置，使其不至腐化或破坏。博物馆之主要目的是教育，所以对于各类物品之发展、说明、标签、问题之解答等工作，因之不得不有专人研究所有之资料，一方面俾便对于"物"的认识而便于分类、陈列及说明与制标签，另方面则将馆中之物的功用，及其本身之一切，编订出版，供给一般人之参考。这两者是同时重要，所以研究一项也是博物馆中主要的工作。现在有不少的名著——甚而说现在的科学上的新获得，大半是出自几个科学的博物馆。在中国几个注重科学的博物馆内，近几年来也有不少的获得（而所获得的园地，还是几个科学馆）。例如中国古人类学上的新发现，完全出自地质调查所，动植矿各自然物之新获得，完全由于几个博物馆或是学会。长江流域之自然物的新认识，由于震旦博物馆，伏牛山脉之动植矿之新认识由于河南博物馆，其他概皆如是。所以研究一项，在一个科学馆中占有特别重要之位置。

（三）陈列——物品之陈列，不只在对外，且在研究室中也应注意，陈列的用意是在观者对物之本身一目了然，所以特别重要，而且是科学博物馆的工作中心。因为观众不一定都是学者，是一般的民众，他的知识程度不见得都高，所以要用陈列的方法，使他明了科学的一切道理。比如说：他们看了一个动物或植物，一看标签，知道了它的名称，则一定得从陈列上知道它的生活，产生地点与用途。看到任何一个矿物，知道它的物质与用途，以及其分布的状况。看到一个模型，比方说他看到一个飞机的模型，会由这陈列上知道它会飞，它是怎样的飞，怎样的构造以及它的用途。看到一个机器的模型，他马上由这上面可以知道机器的构造与功用。余如一切的天文、物理、化学、进化及医学上的各方面，皆以此类推，一个陈列，总得使观者在他的上面，知道那陈列物的各方面。使一个人一入科学馆的陈列室，就能心旷神怡的去参观，及至参观以后，马上知道了一切的科学常识，认识了天地间之奥妙。这才是陈列之用意。如果只有随意的陈列，使人们看罢等于不看，不论你陈列室装潢的多么好，也是无用。全在于陈列之方法（我将另写专文介绍及讨论博物馆的陈列方法，这里所提及的不过是略之又略而已。）至于这一点，现在我们来略略的分两点来讲一下：

（A）陈列之方法——在未讲正题之先：我们对于伦敦科学博物馆之各部门的陈列方法先介绍一下。工业上科学之应用，虽能以模型与体积等大之实物，图表、照像及透光片等物之充分表现；对自然方面又必需有表演与实验专室的设立。该馆的陈列室，大率三十呎或三十九呎宽，但连接三栋的主要建筑之陈列室，则宽七十二呎。壁柜沿墙壁排列，其总长度与墙壁之长度略相等，其度为四呎六吋，距地二呎六吋，故其顶端距地面七呎。如此则各柜及其中之陈列品，均为观客视线所易及，虽观看下层之陈列品，亦无须有俯身之劳，下层之陈列品，既不能充分表现，光线复不充足，故大都为无关重要，且可随时撤除之件。壁上之窗牖自离地板七呎之距离，上达壁顶，几占墙壁之全部面积，新建筑中窗牖之全面积，等于地板面积五分之一，另有玻璃屋顶之厅两所，若合并计算，则为四与一之比。除壁柜外，有多数散置之柜，其标准者如下：——

（一）大号（乙）内部尺寸：六呎二寸半×二呎十一吋半×三呎，即：6 呎 $2\frac{1}{2}$ 吋 $\times 2$ 呎 $11\frac{1}{2}$ 吋 $\times$ 3 呎 0 吋

（二）小号（丙）内部尺寸：五呎三吋×二呎〇半吋×三呎七吋半，即：5 呎 3 吋 $\times 2$ 呎 $0\frac{1}{2}$ 吋 $\times 3$ 呎 $7\frac{1}{2}$ 吋

此外，复有多数大小不同之柜，以之陈列特殊物品，各陈列品无论在壁柜，或散置柜中，皆各有说明，标签，其第一段为普通之说明，用大号粗体字记其物名，及陈列的原因，次段则为专门说明用普通

字体。新得来之物品，首次陈列，则用鲜红色边缘之临时标签，以示区别，临时标签，于一年以后撤除之。

这是伦敦科学博物馆的方法，不一定适合于中国。统观欧美各国之博物馆之陈列方法，概分为下列十余：请参考前第四篇。

所列各种方法为一般之博物馆的，至于科学的博物馆之陈列方法应当酌采英伦科学博物馆之陈列方面而掺酌以前篇之四，五，七，八，九各种方法，或以时，或以地，或以种别。比如：对科学之进化的情形去陈列，就应当以时为标准而排列之，即以中国作例，列图式如下：

黄帝时代之发明						三代之发明								秦汉之发明						南北朝至唐之发明							
1项	2项	3项	4项	5项	6项	甲	乙	丙	丁	戊	己	庚	辛	子	丑	寅	卯	辰	巳	A	B	C	D	E	F	G	W	X

余此以类推，按着时代科学之进化情形排列出来，使观众周游一过，好像读了一部科学进化史一样。至于现存之自然物，就不能采用这个方法。按普通中国的博物馆陈列都用分类陈列法，动物类，植物类，矿物类，各设专室，这是最不当的方法，观众观此多不感觉兴趣。不如大混合的陈列法，以地域来分开，各设专室，例如在“西藏室内”，以西藏的矿物排作山水，上面有植物动物，使观者在室内周游一过，如游西藏一周，余以此类推，小之一村一地也可。其他各因着物品的对象，而施以适合于这种物品而能引起观众之兴趣的方法陈列之。（另谈：余不多述了）

（B）陈列室之建筑——要建筑一个陈列室，对设计大小外观应完全切合于实用为主。所以要建筑一个陈列室之先，应注意下列几个条件，即（一）本身之功用。（二）是否对研究者或观众便利？（三）是否能引起观众的情绪？（四）对于馆务之发展，需有伸缩之余地。现在抗战期间，我们要成立科学馆，只有因陋就简了。

（四）说明与讲演及标号——分文字与口头两方面，制造说明牌号或是著文发表，以供社会参考。另一方面：就是专人的讲演，或是口头的说明，在欧美的博物馆里，这种也是主要工作之一项。

（五）实验与施行——科学博物馆的目的在于教育，同时也在于发明与制造，所以实验一项特别重要。而且需要用之于实际，这是科学馆的目的，尤其在抗战建国期间的中国，更为重要工作之一了。

第四章　科学博物馆之组织

科学博物馆是一个活动的组织，它的目的是普及科学教育，及促使科学之发达，所以在一个科学博物馆中有上列的许多工作部门，当然在组织方面也以这些工作为根据了。组织是一个能表现的力。由于近世化学的分析，告诉我们造物质的基本要素：只是电子，电子构成若干原子，于是才有了千差万别的物质。电子数目的不同，排列的形式又不同，所以构成原子的性质形及能力皆完全不同。人类社会的也是这样，要想某一种工作得到他相当的效率，发生某一种的能，他的基本要素就在他的分子与它的组织，单个的分子是没力量的，得将许多分子联合起来，分子的联合是自然的理，有联合才有力量，有力量才会达到目的。我们要发展科学，普及科学教育，使科学尽量发挥他的能力，他的工具就是科学馆，如果有一个科学馆组织的完善，则力量及效率要大，否则就形同虚设了。

科学馆分两种，就是中央与地方，那么他的用途不同，各有各种组织，才能有各种的性能。现在我们找几个博物馆的组织情形，来作例子，再根据这样而来折中的提出了科学馆应有的组织（以我们目前之需要者为标准，当然还有以当地实情而增减者呢？）。

伦敦科学博物馆分作五部，另外有搜集，保管，研究诸部分，全部工作人员二百七十余人。英国国立博物院，使专在于用日用工艺品及美术品，分类陈列，以表现各民族生活情形及其进化过程。范围比较大，他的组织是这样：设院长一人，下设秘书一人。院之内部，分为九组，每组有保管员一人，负每组之责任，其外设事务一人，余为助理员，及其他人员。即在中国，各博物馆之组织亦不同，今举几个地方博物馆来说：河南博物馆内分总务、保管，与搜集研究三部。广西博物馆，范围较大，内分二部，即历史文化部与自然科学部，有馆长兼部主任一人，专任部主任一人，馆员九人，事务员一人，雇员二人，练习员二人，专门委员三人，名誉导师六人，名誉征集员十人。天津市立美术馆之组织，设馆长一人，及秘书一人下分三股，每股设主任一人。第一股掌理事务，文牍，庶务，会计，保管，交际属之。第一股掌理征集、调查及陈列、鉴定事宜。第三股为研究，讲演，展览，图书等事宜，研究组下复设有工艺美术研究会等七八种，各有导师一人。例不多举，总之一个博物馆组织是以其工作为标准的。

现在我们要组织地方的科学博物馆，简称科学馆在前面已经说明了他的性能以及工作的范围，所以其组织范围较小者。可以自己斟酌分为若干部。前面介绍的几个博物馆的组织，皆可作为参考的。

如果范围较大一点，我认为除总务而外，还是必较分各部门，有专门负责人为合适，如下表：

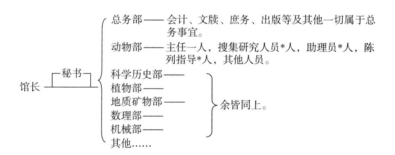

这样的来，可以专一的发展任何一个部门，可以由小范围作起，速收成效，将来还可一天一天的发展，增加一门，则一门的成绩可以早日而见，并且还可以造就许多专门人材，一个人一个人都有专责，则工作人员亦可尽量发展其天材了。

第五章　筹设科学博物馆之步骤及应注意事项

一个博物馆的筹设，在步骤方面应特别注意：今将筹设之步骤，略列如下：

第一：筹备委员会之成立——在成立筹备委员会时特别注意人才之应用。往往任用人时，只重其在社会之地位，或是镀金（留学欧美）镀银（留日）的招牌，而不注意其实际能力，结果皆弄的是一团糟，所组织成的科学馆则往往是"养老院""普通行政机关"而已。需知，中国人穷，苦干的人才正多着呢。现在抗战期间，应当节俭，希望老百姓的血汗，千万能用到正当的地方。

第二：馆址的确定——确定馆址之标准，应当特别注意自然及社会环境，以便科学馆能发辑其性能。这一点，中央应统盘计划，某处设立某种科学馆。将使其发生什么作用。特别注意某个部门。

第三：经费之确定——应注意其工作之范围，同时应注意及资料之搜集及研究结果之出版费用。

第四：建筑图案之设计——应请专家设计，特别得适合于博物馆之用。

第五：与学术文化机关之合作。

第六：工作计划大纲之草订——有计划然后能成功，所以这也是应特别注意者之一。

第七：资料之搜集与开馆。

第六章　结尾

由上述的结果，我们得到一个结论。就是中国需要发展科学，尤其在抗战建国过程的今天，更需要发展科学，而且是应当注意科学对于工业之应用。科学馆不仅是教育的工具，而且是文明的制造场所。它不是"养老机关，或普通的行政机关，或是娱乐的场所"，而是发展文化的大本营，所以我们应当特别重视科学馆，发展普及科学馆的事业。科学馆是博物馆的一种，所以亦可命名曰"科学博物馆"。况且我们在前面第二章中已经说明了中国当前所需要的乃是科学博物馆。负着科学资料及工具的搜集，研究，保管，陈列及普及科学教育，与科学之应用的责任。一个科学馆，换句话说就是发展科学的中心机关。这是如何的重要，如何的令人应当注意的一件工作。我们要设立科学博物馆，第一个重要的应注意之点，就是它的功用，及其所负的特殊任务；他的功用是发展科学及普及科学教育与将科学对于工业之应用，那么我们组织一个科学馆，其目的也就在这些上面。各个地方的自然环境不同，所以每个地方科学馆的任务皆完全不会一样，譬如：中国的西北部的自然环境适于畜牧，海滨地带多产渔盐，平原是农业，西部及山西省各地多矿产，那么我们所设的各省立科学馆任务就不相同，他的组织自然也不必太"公式化"，中国的物产之怎样的开展，先总理在其实业计划，已指给了我们明确的道路，我们应按定步骤去做，但是应当按计划中之地点去分别各按其自然环境的需要而设立科学馆，使其成为开发资源的先锋，就近造就人才，就近发现及设法去开发，关于此，我有一点希望，就是教育部不惟只管通令各省筹设，且应当有具体的计划；某地应设某性质科学馆，欲发生某种的能，达到某种的目的，此其一。应按时代的需要，及实际情况，分出步骤设立，此其二。中国各地都需要科学馆，不必只限于几个大都市，应当渐次普遍设立，务期达到"地尽其利，物尽其用"之目的，此其三。已往各种"馆"，许多失败的原因，是人才，这一次总希望在这一方面特别注意，先设科学馆人才训练班，造就馆务工作人员，需知，普通一个物理，化学或其他科学很好的人，不一定就能作科学馆务人员。这是一种事业，也是专门的事业，应当任用善于科学馆务的人，馆长的作用更重要，任用人时多只注意其社会地位，而不注意他的能力，往往馆长多是政客，有才能的人工作不通。"权与能支配的不当，结果会使一个组织失其本身的性能"，此其四。中国人才太少，犹其"科学馆"人才更不多见，所以除设立科学馆人员训练班外，应再集合博物馆事业之各部门专人先组织一模范的"地方性之科学博物馆"，使各地的人员有所遵从，此其五。

刍荛者言，也或有可□于□一，望当政者及社会人士留意及指教吧。另外有拙作两篇可供参考：

（一）《地方博物馆之目的及组织》——《中国博物馆协会会报》二卷一期

（二）《民俗博物馆在现代中国之重要性》——《上海学术世界》二卷二期

附录

（一）德国自然科学及工艺博物馆游记

（略）德国自然科学馆及工艺博物馆（Deutsche Museum von Meisterwerken der Naturwissenschaft und Technik）通常简称之为德意志博物馆（Deutsches Museum），一九二五年开幕，具有高六十四公尺之塔，博物馆前之广场上，一九二八至一九三〇按 G Bestelmeyer 的计划建有图书馆一座，博物馆中陈列有历史上很重要的仪器、机械和模型，其一部游人得自行试验之，游此可得一自然科学、工程与工业之进展上的生动的概念。

建筑占地一二〇〇〇平方公尺，陈列室占面积四〇〇〇〇平方公尺，参观路线共长约十四公里，余以时间不足，仅对最感兴趣之部，作详细之参观，其余则不过"走马看花"而已。

参观时间星期日为上午十时至下午六时，余日为上午九时至下午七时，塔则每日午前十时至午后六时为开放时间，门票普通为五十分尼下午五时后二十五分尼。

楼之最下层，前厅之右为梯房，左为地质陈列室，中有许多模型图解和照片，更前则为矿业组，有矿山设备，中通空道，近地楼层之东翼更前则为制炼业陈列室，中有德国最老之蒸气机，制于一八一三年，和德国的头一个狄赛氏发动机②（Diesel motor），成于一八九七年，其余部分为交通陈列室，礼堂后即为脚踏车及汽车室，火车与电车室，公路建筑及铁路工程室，以及隧道建造室，西翼有桥梁建筑，水之建筑，水路建筑与港湾建筑等之陈列室，中厅为造船室，于此亦有航空展览，悬有旧日的飞机，就中有李连达尔③（O Lilienthal）的飞机。

一层楼，测量仪器组，于此可见时间重量和空间之测量上的发展，其后即为数学室和物理室，除有许多历史上的原始仪器外，其他表演之器械亦多，历史上的桂里克④（Otto v. Guericke）一六五〇年手创之抽气管，电学则有吕特根⑤（W. K. Rontgen）所创制之齐，和赫尔兹⑥（H. Hertz）一八八八年所制之无线电报的仪器，再后之一室为光学，更后为声学与音乐组，储有历史上很重要的乐器，有音乐堂以供演奏，西翼为化学室，以留声机说明之，可注意的是有仿制之十六世纪十七世纪之炼金者的厨皂。

---

① 1907～1982，气象学家，1930 年 3 月赴德国柏林大学求学。
② 现多称"狄塞尔发动机"，又称"柴油发动机"。
③ 现多称"李林塔尔"（1849～1896），德国工程师、滑翔飞行家。
④ 现多称"奥托·格里克"（1602～1686），德国物理学家。
⑤ 现多称"伦琴"（1845～1923），德国物理学家，伦琴射线（俗称 X 光）发现者。
⑥ 现多称"赫兹"（1857～1894），德国物理学家。

二层楼上陈列居住的工程，分建筑材料，高筑（有许多著名建筑之模型，光明，加热、取凉机，水备（有罗马水导型），沟渠，洗澡，煤电工程等门类，梯室中陈列工程文化纪念物（冶坊，风磨等）。

三层楼及其上，天文部之主要的东西为蔡司公司（Carl Zaiss, Jena）出品之一假天（Planetarium），一为普陶来毛斯①（Ptolemaus）式。表示近似之天体运动，他一为考排尼库斯②（Kopernikus）式表演太阳系之运动，此外有三座完备的观星台，天气好则晚上亦开放，西翼为纺织业及造纸业之部，南翼为写字印书及复制等工程之陈列室。内有孙乃非尔德③ A. Senefelder 一七九七发明之石印机，东翼为农业组，北翼为酿酒陈列室，中有明勋著名酿酒厂（Munchner Spatenbrauerei）之模型。

塔，能自其西北角之室上登，中有一福科（Foucault）摆，最上之平台上有望远镜及探照灯，测风仪之风杯与风向器耸出其上。塔身之侧面有直径五公尺之风向盘，其下有风速标度，他侧为伟大之气压计与温度表，温度标高廿二公尺，宽二公尺，据闻为世界最大者，游人由遥望而可知天气情形，此诸气象仪器则柏林福斯公司（Firma R. Fuess）所制者也。

（录自《中国博物馆协会会报》一卷二期）

（二）中国之自然环境与科学馆应具之特殊性能

我们常常自己夸着地大物博。千真万确中国是一个地大物博的国家。按理说我们应当是世界上的一等强国，然而事实告诉我们的却不然：是次殖民地，是一个最贫寒的地方。但所以如此的原因，则为地不能尽其利，物不能尽其用。——至于人虽多，而才太少，也算未得尽其用吧！其所以如此的原因，虽说是资本缺乏，无力开发，然究之实际，确因为是科学的不发达，虽有物、有地而不知如何利用。这是我们当前所最痛心的一点。现在政府之所以使令各省筹设科学馆的用义，盖也不外有二：（一）为促进科学之发达。（二）为普及科学知识于大众，俾能达到"物尽其用、地尽其利之目的"，以使抗建之大业的完成。

第一步：我们先看一看中国的自然的环境。中国是世界上的大国，极西达东经七十度零二十二分，极东是东经一百三十五度零二分半，东西所跨的经度有六十四度四十分尚多。极北是北纬五十三度五十二分半，极南是北纬七度五十二分，跨有四十六度之多。大部处在温带。在亚洲是一个位置最适宜的国家。亚洲的富饶土地都在中国，中国西部及北部居于亚洲的中央台地，大部属盆地或高原，固然有许多地方比较干燥，但大部份因为多山，或者因为接近多雨地带，亦相当润湿，故植物茂盛，或为草地，或为大森林。北部的天山、阿尔泰山，及萨颜等山中。多为针叶林，但在较暖之山腹地，则多为落叶林。这些地带不惟是大的农牧地，出产着大量畜类及皮毛，而且是矿产及林木的大本营。中国的中部及东部完全为季节风区，风调雨顺，土地肥沃，大部为平原，可耕可牧。产大量的物产，为世界各国所不及。中国一万一千○十三公里长的海岸，有大好的商港与军港，水产丰富，美国的世界年鉴根据中国水产额的数字，（约一万万美金）占世界水产国之第三位，仅次于日本及美国。

中国的面积不止在于有一千一百十七万三千五百五十八方公里的土地，足顶得住整个的欧洲；而且是得天独厚，高山大川，沃野矿产，都在中国。翁文灏氏对中国的面积及地势区分，曾经有过一个估计，表列如下：

---

① 现多称"托勒密"。
② 现多称"哥白尼"。
③ 现多称"阿罗斯·塞尼菲尔德"。

类　别	面　积	占全国总面积之百分数
平　原	九八四、一六二方公里	一〇%
盆　地	一五五三、九四〇六公里	一六%
丘陵地	八八〇、五六方公里	九%弱
高　原	三六二五、八六〇方公里	三四%
土　地	三一〇七、八八〇方公里	三〇%

中国的河川的山谷，大部都是生产值价极大。对交通上也有极大的供献，山地和平野，平野及平野间之联络交通线，完全依赖着河道，长江、黄河、黑龙江、粤江、流经过了全国。在中国的经济文化皆有着极大的影响。比如说：长江得五千一百四十九公里，是世界的第四条长流，讲到他流域人口之多，天产之富，要算是世界第一，它由高出海面一万八千呎的高地流下，据方希典斯担氏所测画之倾斜面原图如下：

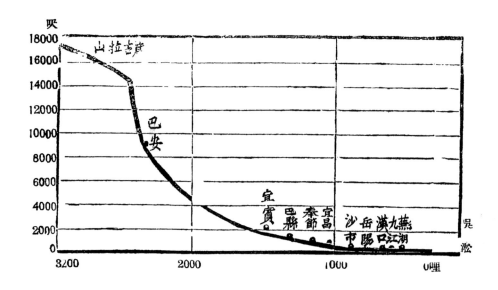

在这一万八千多呎的地方流下，连经四个大小湖盆然后入海，第一就是四川盆地，第二是洞庭湖周围的江汉平原，第三是鄱阳湖周围的平原，第四是芜巢平原。这四个大湖盆成阶梯状的下移，皆是伟大的肥沃的土地。长江是华中交通的主干，上游可通小轮船，宜宾至巴县间水涨时可通吃水六呎的江轮，巴县至宜昌间可行载重五百吨的江轮，至于汉口以下，吃水十呎载重二千吨的江轮终年可通行无阻，若在夏重水涨，载重万吨的海轮亦可直达。

至于黄河据香川氏的测量，是自一万五千呎的高地流下，他倾斜情形，今将其原图录出如下：

黄河流域有广大的平原，有丰富的物产，是中国文化的发源地。即其他各川，如粤江、黑龙江、绥芬河、图门江、滦河、鸭绿江、淮河、汉水、湘江、钱塘江、闽江、九龙江、怒江、额尔齐斯河及内陆的伊犁河、匪盆河、疏勒河、柴达木河等的流域，皆丰富的物产，有这么多好的河流，这是中国的河流之特有的伟大。

说到山岳，高原、丘岭，在中国有世界最高的厄非尔士峰，在中国的每一个山上，天山、昆仑山、阿尔泰山及其他大山脉遍布中国境内。中国的山中，皆储藏着大量的森林，矿产，这是我们中国的工业发展基础。而且在每个大山脉之间或其上。皆有不少的高原，可以耕牧。现在我们就从天山北岭山脉以北的高地域说起，在那里第一个就是蒙古高原，西自中俄边境起，东至大兴安岭，北自俄境，南至贺兰

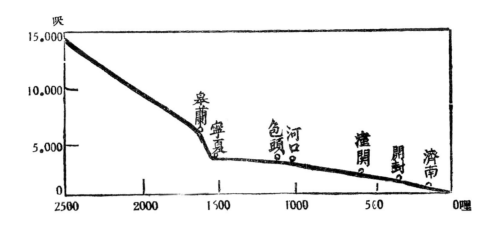

及阴山等的断层山地。在这个范围里包括督唐努乌梁海盆地及科布多盆地与准噶尔盆地。在东山地中间如兴安山麓地区，黑龙江山地区，长白山山地区，以及辽东半岛的山地，山东半岛的山地。甘肃的大部，渭河以北的陕西北部，以及拗褶作用所成的太行山脉以西的山西高原，都是黄土所构成的高地域。在天山北岭山脉以南的高地域。如长江以北的西北山地，包括有柴达木盆地、汉中盆地及四川盆地。南来便是西藏高原。再以区域就是李希霍芬氏[①]（Richthofen）所称的马来印度山系（Indo – Malay System）蟠亘的地域之康滇纵谷地，拖东的云贵高原，以及华南丘陵地，东南海岸丘陵地，粤江流域丘陵地等等山地或高原地带，不惟皆为森林矿产大本营，而且有大量的农产及畜牧。

　　前面说我们中国有九八四、一六二方公里的平原，概皆分布在沿海地带。还从北部说起，有松辽平原、华北平原、江淮平原、粤江三角洲以及其他的盆地和小块的平原，皆为农产的大本营。

　　中国有这样伟大的自然环境，有这样无限量宝藏及天产。每年农产量颇富，据张心一氏的中国农业概况估计与国联统计年鉴之报告数字，米产额得世界总产额三六·六%（下同此），占第一位，大麦得一四·八%，占第一位，小麦得二六%，占第一位，玉米得七·八%，占第二位，茶得三六·八%占第一位，丝得二二·四%，占第二位，花生得三三%，占第二位，大豆得九〇%，占第一位，棉花得一〇·八%，占第三位，其他菸草、大麻、菜子之类皆占第三位以上。由这个数字看来，中国的农产确实丰富。但中国还有广大农产的耕田正待开发。这些农产不过是全国总面积的百分之一〇·三的耕地面积中的出产，还有大量的荒地待垦，如果将来尽量的开发中国的耕地面积至少可以增加一倍以上。中国的农产的数额更要多着呢。但是一切生产工具的未加改良，真觉得痛心。讲到海货，我们沿海有极大的渔场。讲到木料，南有南岭的阔叶树森林，北有东三省的针叶树森林及其他山中的森林，讲到糖，长江粤江流域可产甘蔗，华北及松辽一带通可产甜菜。世界各国的气候，能适宜种两种制糖植物的地方不多，中国总算是天赋独厚了。但是现在每年有巨额洋糖的输入，岂不是人力的未尽而有负于地利吗？再以工业原料来讲，煤、铁、煤油、水力、羊毛、树胶，哪一种的工业原料，在中国皆有丰富的储量，煤矿储量得二三六二八七〇〇〇〇〇〇吨。中国矿业纪要载，山西煤储量占总额百分之五一·二五%，陕西得百分之二九%，煤油储量得三二七四〇〇〇〇〇桶，占世界第七位，讲到水力，孙中山先生在民生主义第三讲说得明白，到处皆有，随时皆可利用，全中国可以得到二〇〇〇〇〇〇〇马力，仅次于美国、印度、加拿大三地。铁在中国的储量有一〇〇〇一九四二九二吨。其他矿产，

----

① 现多称"里希特霍芬"。

以及各种工业上的原料，中国都有，中国真配称是"地大物博"的国家，但是都还没有开采呢！中国人整天吵穷，不是真穷，而是不知道用罢了。以至我们的工业、矿、森林业、船业都操之于外人之手。我们是一个中国人呀！看到了占一半以上的外国棉纺织业，占百分之六一·九的在中国境内外航行外国商轮，及占百分之六十以上的煤矿的资本。不觉就令人更害怕了。

中国有四万万五千万的人口，但是有百分之五十以上的文盲，还有大批的腐化的及不肯努力的人，每一个德国人的生产量比得上五十个中国人，英美苏各国的人的生产量也抵二三十个中国人以上，即连日本人也是这样。他们肯努力，他们的科学发达，知识程度高，会利用精制的机器，所以一切都进步，成为世界的强国。反过来看我们中国呢？记得有一个笑话，也是带泪的笑话。说中国的兵在前线获得了日本大炮，但是不知道怎么样的用，结果是又送回人家，□□的如"看见了脚踏车便说是机器"，或说机器的转动是神力，这一种人太多，即是知道用机器，但所用的皆是些"德国造，美国造，俄国造，英国造，法国造"……之类。中国有钢铁、金银……为什么自己不去造，而偏得用人家的呢？把自己的钢铁运出去，买人家的机器。并且用洋货，甚至于说洋米，洋棉大批进口，中国是自称以农立国，而农产却也得仰给外人。天呀！我们四万万五千万的同胞，岂不是造成了良好的消耗的市场，还算什么国家呢？中山先生在民生主义中明确的指出了中国当前解决食粮问题，就是要使农业用机器（工业化）。改善生产的工具与方法。我们大的地，博的物，为什吗不去开发呢？这一个回答很简单，就是一般人的知识程度低，尤其是科学。他们根本就不知道怎么样衣？食？住？行？同时也不晓得自然物如何应用。知识程度如此，还怎样会去前进，只有落伍，这样的大部的人民，国家的前途是如何危机呢？当前中国需要推进科学的发达，而且需要许多建全的科学馆。指导一般人认识自然物，及其与人类的关系。并会使用及制造新的工具去利用自然物。我们中国不是缺物资，缺少的是开发物资的人才。所以我们现代中国所需要的科学馆不是只重理化试验的科学馆，而需要的是科学博物馆，最低一个科学馆得有下列几种性能。第一，得能使一般人知道中国之有物，并怎样的去利用物。第二，如何改善人民生活？第三，是科学的实验学。第四，对地方自然物之研究及设法采用与改良，并对外来的新的科学知识尽量输入于人民。上列六点之性能如果想活动，除非利用 Museum 的方法。现在中国需要这样的科学馆啊。

社会教育辅导丛书

博 物 馆

曾昭燏 李 济 编

教育部社会教育司 主编

正中书局印行

中华民国三十二年七月出版

作者简介

曾昭燏（1909～1964），字子雍，湖南双峰人，中国著名博物馆学家、考古学家。1035年留学英国伦敦大学，1937年获硕士学位，成为我国第一位从欧美国家获得考古学硕士学位的女性考古学家。随后赴德国柏林国家博物馆实习，并撰写实习报告。1938年任伦敦大学考古学助教。同年回国后，在实习成果基础上，结合中国博物馆界实际情况，与李济合著《博物馆》一书，于1943年出版，成为我国第一位女性博物馆学家。1939年应李济之邀担任国立中央博物院筹备处（南京博物院前身）专门设计委员。中华人民共和国成立后，先后任南京博物院副院长、院长，兼江苏省文物管理委员会副主任、江苏省哲学社会科学界联合会副主席、南京大学历史学系兼职教授等职。1964年在南京逝世。

李济（1896～1979），字受之，后改济之，湖北钟祥县人，中国著名人类学家、考古学家，号称"中国考古学之父"。1911年考入清华学堂，1918年至1923年官费留美，先后获得麻省克拉克大学社会学硕士学位、哈佛大学人类学博士学位。历任南开大学人类学和社会学系、清华大学国学研究院人类学系、中央研究院历史语言研究所考古组教职。1934年担任国立中央博物院筹备处主任一职，为了加强博物馆学术研究力量，李济特设了"博物馆专门设计委员"一职来安排专门的研究人员，著名学者如吴金鼎、曾照燏、夏鼐等先后任筹备处的专门设计委员。1948年赴台，任台湾大学教授，并主办考古人类学系。1955～1972年，任历史语言研究所所长。1979年在台湾病逝。

目　次

第一章　绪论

一　沿革

（一）西方各国博物馆之沿革

1. 创始与发展　博物馆之起源，远在二千五百年以前，英人吴理（Leonard Wooley）于发掘古巴比伦之吾珥一城时，发现一室，内贮有历史重要性之物品。其中有一泥制鼓形物，上有文字四行，为今日所知博物馆标签之最早者。是室为一巴比伦公主所经理，其收藏者为当地骨董等物。至纪元前三世纪，埃及王托勒密索特（Ptolemy soter）于亚历山大里亚创立一博物馆，其中有动物园、植物园、共和厅、讲演室诸部。是馆成立以后，直至文艺复兴之时。此长时期内，罗马一切战胜纪念品与中世纪宗教纪念品，多入其中。以上二者，可称为博物馆之先声。

博物馆有系统之历史，始于十五世纪。是时文艺复兴之大潮流与新大陆之发现，激动一般人探讨知识与好奇之心理。于是欧洲各国王公贵人，富室学者，竞从事于古曲书籍及艺术品之搜集，而贸易与骨董商人，复自东西各方，将人类历史与自然历史之珍奇标本，不断运来，收藏遂成为当时之风气。十五十六二世纪之贵重收藏，今日尚有存在者，散布保存于义德法各国之博物馆中。

十七世纪末叶，德国已树立重要科学博物馆之基。而英法二国，亦有人专门从事于自然历史标本之收集。至一六八三年，牛津之爱希摩林博物馆（Ashmolean Museum）正式成立，是馆迄今尚存。

十八世纪时，社会人士，方认清博物馆不仅为贵人学者欣赏研究之地，亦为一般平民所必需。一七五三年，英国国会通过一议案，以斯娄（Hans Sloane）[①]之收藏，为建立大英博物院之基础。一七七一年，西班牙国王下令建博物馆于西京马得里，是馆于一七七六年公开阅览。一七七三年，美国于南卞罗来纳（South Carolina）之查理斯敦（Charleston）组织一博物馆。一七九三年，法国于卢佛（Louvre）建造一公共博物馆，即今之国立卢佛博物院。次年，巴黎皇家花园改为国立自然历史博物馆。一七九九年，巴黎最早之工艺博物馆开幕。

至十九世纪，博物馆转变到一新时期，即从奇珍异宝之收藏处为研究学术之场所与教育中心。于是教育展览品，在博物馆中，占相当地位。一八六九年，科学博物馆出现于美国之纽约省，而在博物馆内讲学之风，亦始于美国。在此世纪中，尚有两重大之事：一即博物馆之国际化，藉博物馆以促进世界科学、工艺与美术之发展，证明观察教育之功效；一即博物馆之完全公开。在十八世纪时，伦敦、马得里、巴黎等地之博物馆，虽允人阅览，然尚有限制，如限定人数等等，至是乃完全公之于众。

2. 目前概况　最近各国博物馆事业，以德国美国为最发达，各有博物馆二千五百所以上（此数不包含德国新并各国之博物馆在内），大概三万人口以上之城市中，即有一博物馆。德国诸著名博物馆，如柏林汉堡之民族博物馆，明勋（即慕尼黑）之德意志博物院，得雷斯登之卫生博物馆，其规模之宏大，

---

① 现多称"汉斯·斯隆"。

328

材料之丰富，陈列之优美，为世间所稀有。且德国博物馆，大部分分建各省，所收藏品类多系地方精华，其目的在增进当地人利益，此为英法各国所不及者。

美国博物馆，首重教育事业。馆内各部分活动，以教育性质为最多。儿童博物馆及路旁博物馆，美国实首先创设。其经费之充足，亦非他国所能及。其著名之博物馆，有华盛顿之美国国立博物馆，纽约之美国自然历史博物馆与纽约艺术博物馆，波士顿之美术博物馆等。

英国约有博物馆八百，在伦敦者约七十。其中之国立诸大博物馆，如大英博物院、科学博物馆及维多利亚与亚尔培德博物馆等，其收藏之富，珍异标本之多，足以俯视一切。

法国国立博物馆，多在巴黎及巴黎附近，然尚有五百省立博物馆，分建各地。法国博物馆之长处，在于陈列之艺术化。

意大利有博物馆四百余，多保存古代文物，罗马博物馆即其一例。

苏俄自一九一七年革命后，博物馆发展甚速。计革命以前，全国仅有博物馆一百余，至一九三五年而增至七百余。苏联博物馆，为宣传教育最有力之工具，革命博物馆、社会历史博物馆、反宗教博物馆等，即其显例。

此外瑞典荷兰等国博物馆事业，亦甚发达。

3. 博物馆协会　博物馆协会之成立，以英国为最早，一八八九年即有此种组织。一九○六年，美国博物馆协会成立，其后德国与北欧诸国继之。近十余年来，此种组织，逐渐增加。国际联盟且在国际智力合作委员会之内，设一国际博物馆协会，并设办公处于巴黎、英、美、德、法之博物馆协会，各有期刊出版，国际联盟所组织之协会，亦有刊物，详见本书附录。

（二）我国博物馆之沿革

1. 创始与发展　我国自周以降，历代文物，皆藏内府，而搜集古物与鉴赏研究之风，以宋清两代为最盛。《宣和博古图录》、《西清古鉴》诸书，实为巨帙之博物馆目录。当时士大夫亦竞尚收藏，宋之欧阳修、赵明诚，清之阮元、吴大澂、潘祖荫、陈介祺，即其最著者。此种国家府库与私人收藏，实与吾珥及亚历山大里亚之博物馆及十五十六世纪王公贵人富室学者之所藏，性质无大分别。故我国与西方各国有不同者，我国历史悠久，文献宏富，而科学不发达；故历代收藏，专重古物，对于科学物品，素加忽视。不似西方于纪元前三世纪，已有动物园植物园之组织，而文艺复兴时代，自然历史标本与古典书籍艺术品并重，此一异也。欧洲各国，于十八世纪时，已确定博物馆应为大众而设。我国则直至满清叔世，一切收藏，犹只供少数人玩赏，此二异也。我国博物馆之设，始于同治七年（西历一八六八年）法人韩伯禄（Pere Heude）在上海所创之震旦博物院，及同治十三年（一八七四年）亚洲文会所创之上海博物院，然此皆为外人建立者。国人自办者，则始于光绪末年张謇所设之南通博物馆，民国元年教育部就北平前国子监官舍，设立历史博物馆筹备处。二年，交通部于北平创办交通大学北平铁道管理学院博物馆，是为国家博物馆之开始。三年，北平古物陈列所成立。四年，南京古物保存所成立。十三年，北平故宫博物院成立。自是前代内府所藏，悉以公诸世人。二十二年，教育部拟仿欧美各国之例，在首都设立一大规模之博物院，名为中央博物院，已设筹备处，二十六年，诸事大致就绪，定期开幕，值七七事变而止。计我国自革命而后，博物馆岁有增加。据二十五年中国博物馆协会所出《中国博物馆一览》一书，全国公私立博物馆（连动植物园、国货陈列馆等在内），达八十处。较之欧美各国，自属瞠乎其后，然二十余年中，有此发展，亦可为观乐之事实也。

2. 目前概况　抗战军兴，各沦陷区域之博物馆，或毁于炮火，或自行停闭，或为敌伪所据。然后方各地，鉴于民众教育之重要，除旧有博物馆仍加维持外，且从事于新者之创设。如最近四川省政府创设博物馆于成都，各省县民众教育馆内多设有陈列室，以及国立中央博物院筹备处，仍在川滇各地，继续其采集标本与整理旧有物品之工作，可知在此艰难时期，博物馆事业，与其他文化事业，同在努力进行之中。

3. 博物馆协会　我国博物馆协会，成于民国廿四年。发起者为丁文江等六十八人，于廿四年五月十八日，举行成立大会于北平之景山绮望楼。当即审定组织大纲，选举执行委员。此后即有会报出刊，已至二卷五期，七七事变后，因经费及印刷之困难，遂尔停刊，惟最近有复刊消息，冀其能成事实也。

二　性质与范围

博物馆性质，可分为普通专门二者，兹分论之。

（一）普通博物馆

普通博物馆，其范围常包括历史、艺术、科学三者。凡物品为人所作所用，足以表示人之生活与动作，专门家所称为"文化材料"者，皆为历史材料。凡一切人造之物有美感者，皆为艺术作品。凡一切天然之物，人类未参与其创造者，皆为自然科学材料。较大之博物馆，常将全馆收藏，分为以上三部。历史之部，收集有关于历史文化之材料，无论其属古代、属近世、为原始、为进步、一切人类所作之物，皆在选择收集之列。艺术之部，主要者为建筑、雕刻、图画（我国尚加书法一门），而陶磁、织绣、木工、金工、玉工、玻璃、纸工等，亦入其中。科学之部，以天文、地质、植物、动物、体质人类学为其主体。此三部之物品，性质迥然不同，然亦有物品与三部皆有关系者。常有古代遗物，论其时代，则属历史；论其形制颜色等，则为艺术作品；论其制造技术，则须以科学解释。果归何部，要在主持博物馆者斟酌而已。

此外更有工艺一门，与三者皆有关。其产品有显示工业之发展历史者，有包含艺术之价值者，有表明科学方法之制造者。因其甚为重要，办博物馆者或列为第四部。是以欧美各国，有专门工艺博物馆之设；而我国中央博物院，且将历史艺术二者，合并为人文馆，而自然科学与工艺，各设专馆；可见工艺之重要矣。

（二）专门博物馆

历史、艺术、自然科学、工艺四者，各成专馆，则为专门博物馆。然尚可缩小其范围，成为以下各种博物馆：

1. 为一时代而设，如柏林之史前博物馆是；
2. 为世界之一部份或一地而设，如瑞典之远东艺术博物馆、明勋之阿尔卑斯山博物馆是；
3. 为一群人或一人而设，如格林威治之海军博物馆、沙士比亚故乡之沙氏纪念博物馆是；
4. 为一事而设，如伦敦之战争博物馆是；
5. 为一种学术而设，如伦敦之地质学博物馆是；
6. 为一种工艺而设，如柏林之交通博物馆是；
7. 为一种特殊目的而设，如苏俄之反宗教博物馆是；
8. 其他。

专门博物馆，在我国已萌芽，北平之国立中央研究院天文陈列馆及国剧陈列馆，即其例也。

三　功用与目的

博物馆之功用，亦即博物馆之目的，其最大者有四。

（一）保存有价值之物品

此所谓有价值之物品，非指值钱而言，乃指其对于文化上之价值。商鼎周彝，固为珍贵可宝之物。而一幅广告，一页账目，在普通人视之，不过废纸，而研究社会心理及社会经济者视之，则为可贵之材料。博物馆之第一功用，在能依据其固定目标，收集材料，以科学方法保存，使其历久不坏，以供现在及往后之用。博物馆保存之力，至为伟大，举世皆已承认。世间多数珍贵之物，在博物馆中，如太古时代之生物，人类原始时代之遗留，以及埃及、巴比伦、希腊之艺术等等，如非各博物馆尽力收集与小心保存，此等无价之宝，早已湮没而不可复见。我国以前民众教育，不甚发达。一般人对于多数科学标本，固不知为何物，即文献古物，艺术名品，亦不知爱惜。或任意蹂躏，或漠不关心。奸商乘间牟利，盗窃而售诸外人，以至国宝奇珍，流于海外者不知凡几。政府虽有古物保管委员会之设，然究竟耳目有限，保存之责，各地博物馆当分任之。地方博物馆，于本地历史、艺术、科学、工艺等佳品，或为物力人力所限，不能一一收集而加以科学方法之保存，至少亦当与地方政府合作，小心维护，以免为风雨所侵蚀，奸人所窃盗，无知者所损坏。保存文物，即所以保存文化，我国博物馆，不可不加倍努力也。

（二）辅助研究工作

近来从事研究工作者甚多，但以缺乏材料，非人人所可胜任，惟博物馆素以收集及保存为事，研究者可从此取材。此种功能，大博物馆最为显著，盖以其搜罗宏富，可供研究者之用也。专门博物馆之设，大半为此目的。

（三）实施实物教育

向儿童解释一科学之原理，一机械之构造，或一地方之形势，父母师长，谆谆千言，不能望其必晓。惟率之至博物馆，使其一见实物或模型，即可立时了然。如见一历史陈列室，则可想见当时生活之情形，见一艺术名家作品陈列室，则可明了其作风与其所用技术。现代博物馆，多以此为主要目的。

（四）实施精神教育

吾人每日工作疲劳，偶于暇时一游博物馆，见各种艺术品之陈列，色彩光线，无不调和适宜，自然发生一种愉快之感觉。故博物馆之功用，在能陶养性情，使人人有爱美之心，此精神教育之一也。博物馆陈列本国文物，使观者憬然于先民创业之艰难，思所以保持而发扬光大之。故博物馆能启发人民爱国家爱民族之心，此精神教育之二也。且一国文物，常代表其民族性，而陈之博物馆，则又代表其国家目的之所在。如英德二国，皆有战争博物馆。至英国战争博物馆中，观其图画、模型等陈列品，可令人发生爱好和平之意志。至柏林之战争博物馆中，见大庭内所陈列之坦克车大炮等，及其壁上大油画，所描写古代战争最精采情形，则令人奋发激昂，视武力为可歌诵之物。而入德国基尔之海军纪念堂，中有图画模型等，表明上次欧战败后，德国舰队自沉于海之壮烈情形，观者即非德国人，亦为感动涕零。有此种种宣传，是以雪耻与自强之念，深种于德国人心中。此种方法，足资我国借镜也。

第二章 组织

一 设立

博物馆之设立性质，各有不同，大概不外以下三种：（一）中央或地方政府筹办，（二）文化机关或其他会社附设，（三）私人创立。政府或文化机关之博物馆，当为公共利益而设。私人所设，则有未尽然者。往往一巨富或一收藏家，愿出其财产或收藏物以立一博物馆，此种热心文化事业之人，政府及舆论，均宜竭力奖励，然最好于开办之先，提出下列二事，商得捐赠者同意：（一）一切当以公共利益为前题，不宜专为私人垂名着想，（二）博物馆既成立后，一切行政问题，如职员之任用，物品之处理等等，当由理事会及馆长负责，捐赠者不得干涉。盖博物馆为一文化机关，享有种种特殊权利，不能任其为一人或一家之纪念堂，或为一人所支配。如在私家陈列任人阅览，而名为博物馆者，当由政府派员视察，认为合格后，方许与其他文化机关受同等待遇。任何私立博物馆，当于开办之始，将内容各项，呈报当地政府，转呈高级教育机关备案。

任何博物馆，于创办时，宜与对于博物馆事业有经验之人商议。确定目标，拟定计划，以后依此计划进行。

二 名称

博物馆之名称，常依其性质而定。大规模之普通博物馆，属国立而设于京都者，多冠以国家或政府之名称于其上，如大英博物院及我国之中央博物院是。在地方者，无论国立、省立、县立或私立，当以地方之名称冠之：一则可表示其所在；二则一般人重地方观念，以地方为名，本地人更热心赞助也。专门博物馆，当依其种类而名之。如为一进代而设者，即以此时代为名；为纪念一人而设者，即以此人之名为名。有一常见之事，即以创办者或捐助者之名为名，但现代治博物馆学者，认此系一种错误；因博物馆如此以私人姓名为名，易引起人误认为此系某个人或其子孙之事业，赞助之热忱，因之而减也。故创办者或捐赠者，当以公天下之心为心，不可强以己名加诸公共博物馆之上。但博物馆方面，为报酬起见，可将其名冠于馆中一部分陈列室之上，命名为某某陈列室，以留纪念。

博物馆又称博物院，二者无别。不过一般观念，规模大者为院，小者为馆，一院可包含数馆。

三 经费

在博物馆未成立之前，必须考虑其经费问题。博物馆经费来源，不外以下四者：（一）所隶属机关拨发；（二）机关或私人捐赠；（三）基金利息；（四）其他，如会员会费、门券售品收入等。第四种收入，为数甚少，且门券与售品收入，须在博物馆成立以后。第三种收入，须先有固定之基金。第三种及第一种，往往用为常年经费，第二种则往往为基金、开办费或扩充费。每一博物馆创办之始，必须有确定之常年经费，在可能范围内，筹出基金，庶几无中途停闭之虞。

四　行政组织

（一）理事会

1. 责任　理事会之责任：（1）确定博物馆之政策；（2）支配财政；（3）推举馆长；（4）常与博物馆职员接触，监督并评判其工作；（5）于必要时负筹款之责；（6）其他重要事项。

2. 资格　理事之资格，须受相当教育而对于博物馆事业有兴趣并有相当之经验者。

3. 产生　理事之产生由主管机关聘任或博物馆全体会员选举。

4. 任期　三年至五年。

5. 组织　理事人数不拘，中设理事长一人，秘书一人，由理事会推举，每人任期一年。

6. 开会　至少每年开常会一次。

（二）馆长

1. 责任　馆长之责任：（1）实行理事会拟定之政策；（2）综理馆内一切行政事宜；（3）综理馆内一切学术研究及教育事宜；（4）其他重要事项。

2. 资格　专门博物馆馆长，必为专门学者。普通博物馆馆长，亦常为专门学者，但其兴趣必须广阔，庶各部可平均发展。无论何种博物馆，馆长必须有行政才能。

3. 产生　由理事会推举，主管机关任用。

（三）其他职员

馆长之下，可设下列各部，每部职员，由馆长任用之。

1. 总务部　文书、会计、庶务及其他不属各部之职员属之。

2. 物品管理部　规模较大之博物馆，常分为历史、艺术、科学诸部，部下又可分组，如考古学组、人类学组、动物学组、植物学组等。每部每组主任及其下之干事，助理等属之。

3. 教育事业部　部主任、干事、助理等属之。

4. 技术部　工程师、摄影员、画图员、标本修理员、标本预备员、模型制造员、木匠、机械匠、印刷匠等之。

各部全设或合并设置，视地方情形，经费充绌而定。博物馆规模大者，职员可至数十，而最小者只一馆长及一看守人即足。美国有一小博物馆，馆长除身兼文书、会计、物品管理各职外，尚常自驾一卡车，送其馆中收藏物至附近各处，借与学校展览。此种节约行为与热心公益之精神，殊可效法，至各部职员学识经验，均应与其所任职务相称，尤以物品管理部职员对于所主管事项，必须有相当研究及技术上之经验，否则难以胜任愉快也。

（四）会员

博物馆组织，可有会员一项，所以鼓励一般人对于博物馆之兴趣，庶博物馆事业容易发展。

1. 种类　分普通会员、终身会员、名誉会员三种。

2. 责任　各会员当就可能范围内予博物馆以各种物质上与精神上之赞助。

3. 资格　凡对于博物馆事业有兴趣者，均得为会员。

4. 权利　会员参观、听讲、购买馆中所出书刊等，当较为优待。

第三章　管理

博物馆行政大权，由理事会主持，而内部行政，则操于馆长之手。馆长之下，复有各部职员，行使其职权。此种组织，与其他机关，大致相同，无须多论。本章所讨论者，为关于博物馆管理之几种特殊问题。

一　开放问题

博物馆开幕后，必须公开任人阅览，因此当预先筹划以下诸问题。

（一）开放日

普通机关办公，为星期一至星期六，星期日休假。但博物馆不能仿此例，因公务人员、学生、工人等，惟星期日有暇，博物馆当鼓励人来参观，不当于人有暇之日反闭门不纳。因此英国诸大博物馆，多只于星期日上午闭门，下午仍开放。欧洲大陆上，则多于星期一或星期二休假，星期日全部开放。大博物馆，由数馆或数陈列部组成者，则分馆或分部轮流休假，星期日全部开放。此法我国似可仿效，或采轮番休假办法，将职员分为二组或三组，分期休假，则馆中各部，亦不至因职员休假而停止开放。小规模之博物馆，则可采星期一或星期二休假之法。但有一事必须注意者，星期日开放，往往因参观者太多，而发生不守秩序之事，甚至毁坏陈列品，故看守人必须全体留馆，并加倍小心看顾。

（二）开放时间

博物馆开放时间，普通为上午九时至下午五时，但可因时季而伸缩。夏季夜间，陈列部宜关闭，因准备间开放，管理甚难，且灯火之费过巨。讲演室则当于夜间作公开讲演或放电影之用。

（三）门券

博物馆宜完全免费公开，尤以地方博物馆为然。但大博物馆情形不同，因往往有从事研究之人，须在陈列室作细密工作。如摹写名画及花样等，藉收费可与以清静时间。但如每日收费，则贫民无享之机会。折衷办法，星期日，星期六及另一日（星期三最合宜）免费，星期五为学生团体参观日，不许他人入内，亦免费。其余二日略收费，但学生可以有半价之优待。其他团体参观，亦宜免费，时间当预先商洽规定。公开讲演及放电影，宜略收费，学生则予以特殊优待。以上种种办法，可视实际情形而变通之。

二　管理人员训练问题

博物馆管理之知识，非可从普通中学或大学得来。故英美各国，有博物馆人员训练处之设。在英国者凡三处。一设于伦敦大学之艺术学院内，一设于其考古学院内。惟二者皆偏于一种学术，在其内受训练者，不适用于小规模之普通博物馆。另英国博物馆协会开有一训练班，其课程较为多方面的。班分为三期：第一期授学生以普通关于博物馆之技术知识；第二期讨论博物馆之行政、设备、陈列、教育诸问题；第三期令学生每人认定一组工作，加以专门技术之训练。每期为时约一年，授课时间少，而实验参观时间多。学生来受训练者，须有大学初级程度，且曾在博物馆服务三年以上。

在美国附设于学校或博物馆内之训练班，不下十三处。其中有一班设于纽阿克博物馆[①]（Newark Museum）内，加入者须有大学毕业程度，训练时间为九个月，分为六期：（一）图书馆之训练；（二）博物馆问题之讨论；（三）馆内各组工作之训练；（四）打字；（五）教育工作之实习；（六）参观其他博物馆。每期时间长短不同。此与英国博物馆协会所开之训练班相似，但远不及其实在，不过经此九个月之训练，亦可造成合格之助理。

我国博物馆人才，非常缺乏。似可仿照英美成法，由教育部指定数大学，开短期训练班，造成助理人才。再由国立博物院或国立大学，开比较长期之训练班，造成专门人才，供全国用。庶几博物馆事业，与日俱进也。

---

① 现多称"纽瓦克博物馆"，建于1909年。

第四章　建筑

一　馆址

博物馆宜建于民众所易达到之地，以市区中心为最佳，然宜避免过于繁华之所。因交通频繁，所扰起之灰尘，有害于室内之陈列品，而市声喧嚣，亦扰乱参观者及工作者恬静之心境。工厂所在地，尤宜远避。

馆址忌潮湿，范围宜大，以便将来扩充。且四周宜有空地，可减少火险及灰尘喧嚣等害。馆周围宜种花草树木，以调剂空气，增加美观。

近有设博物馆于公园中者，颇得舆论之赞许，因其环境优美，空气清新，合于博物馆择地之条件。且同为公共场所，游人于一处感觉厌倦后，可即至他处改换空气。但有两事宜加注意：（一）如公园距市区太远，交通不便，则不宜设博物馆于内；（二）如公园原有房屋，非为博物馆而建者，借之为暂时陈列处则可，用之为永久博物馆则不可。

美国以现在社会一切活动，不复集中于城市，故有四郊博物馆之设。但仍以市区博物馆为中心，而以汽车载送陈列品往各乡村，设小规模之博物馆。

博物馆不宜附于图书馆或其他公共建筑中，以免建筑上及管理上各种困难。

二　建筑原则

美人高尔曼[①]（Laurence V. Coleman）于其《小博物馆宝鉴》一书中，拟定博物馆建筑设计原则十条，甚合实用。兹录其大概如下：

（一）博物馆建筑，宜视其所拟进行之工作与拟收藏之材料而设计。

（二）宜预备将来扩充与发展。

（三）内部计划当先于外部。

（四）宜使房屋之管理合于经济，不宜为建筑美观而牺牲管理上之便利。

（五）公开诸室，宜使易于看守，且便于阅览。

（六）陈列室宜近主要入口处。

（七）办公室及工作室，最好不经陈列室而入。

（八）讲演厅宜另有一入口。

（九）陈列室装饰等等，只为陈列物之附属品。

（十）楼梯当直上，不可作螺旋形。

---

① 现多称"劳伦斯·高尔曼"。

三　房屋

一大规模之博物馆，当有下列各部房屋。

（一）陈列部　陈列室属之，室之大小多寡不等。

（二）研究部　研究室、档案室、图书室等属之。（档案指采集标本之田野记载等）。

（三）储藏部　标本储藏室、器具储藏室、用品储藏室等属之。此部务须有充足之空间，因博物馆之收藏，与日俱增也。

（四）实验部　摄影室、化学实验室、标本预备室、标本修理室等属之。

（五）工场部　模型制造室、木工室、机械室、印刷室等属之。

（六）毒气部　专为熏杀标本器具内害虫而设。此部务须与他部分开，以免危险。但如只置一毒气熏蒸箱，则置于一保险室内即足。此室归入实验部。

（七）办公部　馆长与其他职员之办公室、文具室、工役室、物品出纳及装置之室属之。

（八）教育事业部　讲演室、课室、电影场、俱乐部等属之。

（九）建筑设备部　热气锅炉室、发电室等属之。

（十）其他　厨房、餐室、盥洗室等属之。

以上十部，可分开为数栋建筑。规模较小之博物馆，可将诸部缩小合并，其最小之博物馆，只须有下列数室：（一）陈列室，（二）研究室，（三）图书室，（四）储藏室，（五）办公室，（六）讲演室，（七）工场，（八）物品出纳室，（九）看守人居住室，（十）盥洗室。最后二者，可造于馆外附近之地。

各部各室之分配，当由专家计划。但有数事，为一般博物馆所共同遵守者：（一）在有地窖之建筑，工厂、锅炉室等，多设于地窖一层。（二）物品出纳室之入口，当另开于建筑侧面或后面，与汽车道相通。其门须辟大，庶大件物品可以出入。如博物馆有电梯，则出纳室一面，宜与电梯相通，免大件物品经楼梯上下。（三）盥洗室宜男女分开，并当有二处，一为职员之用，一为参观者之用。（四）大博物院宜设一公共餐室，以便利参观者。

四　建筑外观

建筑外观，虽宜美术化。然切忌因美观而忽视实际问题。西方各国建造博物馆，曾有模仿古代博物馆风气，但最近治博物馆学者，极力反对，其理由有五：（一）古代建筑，光线常不甚佳。（二）装饰过重，造作及维持，均须加倍之费用。（三）如博物馆规模不大，而造一堂皇富丽博物馆，极不相称。（四）如仿某一时代之建筑，其内所陈列者，即为此时代之物，固是佳事；如所陈列为他时代之物，则令人感其极不调和。（五）先用此样式，后来扩充增加时，其样式必须相同；如加改变，则外表必显示不调和之景象。是以博物馆之外表，宜简单和谐，令人生愉快之感。我国建博物馆时，如系大规模之美术馆，不妨仿前代宫殿式建筑，小博物馆务宜以简单为美。

五　建筑内部

（一）房间大小

房间大小，当视其所贮之物及其用处而异。陈列室除大件标本宜用大房间外，其他以小为宜，但以使参观者于适当距离内能观察陈列品为度。每见旧式博物馆，于硕大无朋之室中，布置无数样式相同之陈列柜，成行排列。使人一入其门，遥望对面，即感觉自己立于地球之一端而望他端。且又如身入一八卦阵中，须穿过无数小巷，始能出来。参观者有此感觉，无怪其望而却步。故现代博物馆，极力避免此种方式之陈列室。建筑博物馆时，尽可造多数宏敞之房间，但陈列时，可用能移动之墙壁作为间隔，以适合任何陈列品。各室与各间隔之大小形式宜稍异，庶使观者不感觉单调。

（二）墙壁

墙壁表面，切忌华丽之装饰，因所费甚巨，而无补于陈列品，且转移参观者之视线。普通处理墙壁表面之方法有二种。

1. 盖以粗布，如麻布一类之物。颜色以藁色为合宜，因其暴露于日光中，褪色不甚。此种方法，一则美观，二则钉钉或安螺丝钉于墙上以为悬挂图画等物之用时，墙壁不至大受损坏。但粗布不能直接盖于墙上，须于墙表面钉木板一层，上包石棉纸（所以防火），表面再盖以粗布。石棉纸为价颇贵，非有极充足之经费，不易制办。

2. 用石膏粉光，色调宜用柔和不甚吸光者，浅黄色、灰色、蓝灰色、浅蓝色均可。或不粉光而拉毛，以一色之粗点与他一色之细点相间，结果亦佳。此种墙壁，不宜用以悬画，但任何墙壁，可加一凸边，为悬画之用。

各陈列室墙壁之颜色，亦宜常变动，以免单调。天花板之颜色，宜较墙壁为淡。普通用白色。

（三）地板

忌用木制地板，因易起火，且行路时声响甚大。陈列室最好用氧化硬固亚麻仁油（Cincleum）之水门汀地，储藏部、实验部、工场部、毒气部各室则宜用普通水门汀地。

六　光线

博物馆建筑受光，有三种不同方法。

（一）墙上开窗，以接受光线，此为最普通者。此种方法之长处有二：1. 能使馆内人接收天然日光，欣赏外面风景；2. 馆内不须有通空气之特殊设备。其短处有四：1. 日光射入易使标本变色；2. 日光射入，光之强弱分布，甚不均匀；3. 窗户占去墙壁，减少陈列地位；4. 灰尘易入内。

（二）屋顶开天窗，以接受光线。此种方法，长处有三：1. 光甚均匀，全室无暗处；2. 四周墙壁，可用为陈列之地；3. 灰尘不易入。其短处有四：1. 空气不易流通，馆内必须有通气之设备；2. 建造及维持，所费甚大，天窗之玻璃上，冬日积雪及平常积灰，扫除不易；3. 开天窗之室，夏日甚热，且玻璃易于损坏；4. 在战时为空袭目标。

（三）完全不用自然光线，室内全以电灯照耀。此种方法长处，与第二种之第一第二两点相同，光线强弱与方向，更任人意支配。其短处有三：1. 馆内必须有通气之设备；2. 创设及维持，所费亦大；3. 电灯热力，易使空气膨胀，扰起灰尘，尤以多人在室内行动时为甚。

欧美各国博物馆，普通用第一种方法。第二种亦盛行，最成功者如柏林国家博物院希腊艺术之一部。第三种在试验中，明勋之德意志博物院附设之印刷品陈列一部，即用是法，成绩亦佳。为我国博物馆计，第二种第三种不经济，以用第一种为宜，小规模之博物馆尤然。

第一种之弱点，可以设法减少，即开窗于墙壁上部，而下部留为陈列地位。馆内人虽不能欣赏外面景致，然可享受天然风日之美。

窗户宜成排开于两相对之壁上（最好两长壁），其顶必恰在天花板之下，其底宜高于地板三公尺以上，以免光射人目，其大小视室之大小及所需要光之多少而定。窗内面宜设窗帘，以节制光线。窗户非遇必要时不开，以免灰尘侵入。

陈列室之须用人造光时，宜用间接光线，因直接光线反光太强之故。电灯不宜安于陈列柜内，因热度过强，损坏标本，且使空气膨胀，除非此柜有特殊通气之设备。关于安置人造光各种方法，宜请专家指导行之。

七　旧建筑之利用

欧洲各国，喜利用旧日皇宫或其他有历史价值之建筑以为博物馆。我国之故宫博物院北平古物陈列所，亦即旧日宫殿。本来皇宫本身，论其艺术价值，即值得保存以供观览，利用为博物馆，可谓一举两得。但现代博物馆学家反对此举，其理由有三：（一）陈列之物，未必与建筑样式相调和；（二）旧式建筑，于光线、温度、湿度、储藏、看守诸问题，增加许多困难；（三）古代建筑，多用木料，为虫蚁寄生之所，毒气熏之，亦不能尽，设博物馆其内，木类及纺织类标本，易遭损坏。近虽有主张，保留其外观，而改造其内部者，如巴黎之卢佛博院，即其一例。然改造之费极巨，不亚于建一新馆。旧时建筑，非不可用，但不宜用为永久陈列之所。高尔曼主张：在一博物馆初创之时，经费与收藏，均不足创一新馆，宜借用或租用房屋以为暂时陈列之所；旧日历史建筑，现代公共房屋，均可利用；惟宜略加改造，以为陈列之用；地板宜加检查，是否可以载重，一切不必要之装饰物品宜移去，窗户宜加大，墙壁宜加粉刷或盖以粗布；直待馆内扩充至相当程度；然后造一新馆舍，以为永久之用。高氏之言，足供吾人采择。我国博物馆事业，方始萌芽。际此艰难时期，更无多余经费以兴建筑，而各地方旧时建筑，如庙宇等，为数不少。宜选择商借，为博物馆暂时之用。

第五章　设备

一　全馆公共设备

（一）节制温度之设备

须有固定温度，故宜有节制温度之设备。普通用蒸汽管以增加温度。在陈列室中，蒸汽管宜安于墙内，墙之上部开洞，热气经之以出。尚有安于地板内及利用通气管以散播热气之法，均佳。必要时，宜有冷气管之设备。

（二）通空气之设备

此种设备甚昂贵，然不开窗户之室必须用之。其所供给之空气，务须清洁、温暖，并有一定之温度。

（三）关于电类之设备

博物馆可自备一发电机，但讲演室之线，宜与城中电厂相接。如此，则馆中之机，夜间可不磨电。电线宜安于可以达到之处，以便修理，开关宜安于随手可达而外人不易见之地。

（四）关于自来水之设备

水管宜安于可以修理之处。实验部及工场内之污水槽，宜有特殊排水之装置，以免石膏等物常将水管塞住。

（五）防止火险之设备

博物馆建筑材料，宜用不易燃烧之物。馆中宜有储水管洒水器等设备；如无之，则宜分置灭火机于馆中各处。储藏室、实验室、工场等地，最易起火，宜加倍小心。锅炉宜安于一可以御火之室中，各种易于燃烧之物，如火油火酒等亦然。并宜预备截断电流之器具。

以上各种建备，或全设，或只设一部分，视各博物馆之需要及地方之情形而异。

二　陈列部之设备

（一）陈列柜

1、式样　陈列柜式样甚多，最重要者为以下五式：（1）壁柜式（见第六章图一），前面、左面、右面皆玻璃，后面则否，顶亦常为玻璃；（2）平桌式（见第六章图二），四面及顶皆玻璃，底则否；（3）书桌式（见第六章图三），如第二式，惟顶上玻璃向前渐斜而下；（4）中立柜式（见第六章图四），四面及顶皆玻璃，底则否；（5）金字塔式（见第六章图五），同第四式，惟下大上小，如金字塔形。此外式样尚多：如两壁柜之背相靠而合为一，谓之双壁柜式；两书桌式柜合为一，谓之双书桌式；书桌式柜与一小壁柜相连，谓之合参式等。

2、大小　陈列柜之大小，当视陈列品之大小而异。用以盛不过大之物品时，宜有限制。总之，不宜过大、过高、过深，使参观者不能仔细观察内面之物品。图一、二、三、四、五为各式柜大小之标准。

3、框架 陈列柜□框，最好以金属物作成，钢或青铜均可，因其坚固而又精巧美观。有主张用木者，因质较轻而价较廉，木料以橡树为最佳。柜门开关处及柜接筒处宜用碎毛毡填满，以御灰尘。毡内宜杂药木，或用他种方法，以防生虫。金属框及木框，可用原色，亦可加色，以求美观，但颜色务须选择。切忌各种装饰，如木框雕花等，因雕刻凸凹处，易积灰尘。且陈列柜之用，不过为保护陈列品，使其不受灰尘及参观者手触之害，若加装饰，反使人视线转移也。

4、柜基 柜基所以承柜者，计有二种：（1）实基，作箱形（如图一）；（2）虚基，作平桌形（如图二、三、四、五）。壁柜宜用实基，余则视其高度而定，以用虚基为佳。利用实基内面空间以储藏物品之法，并不经济，虽曾盛行一时，不宜仿效。柜基宜用木造，取其轻便，虚基亦可以金属物为之。

5、柜背或底 柜背或底（即非玻璃之部），常为木所作，盖以粗布，以便钉钉或加扣针之用。颜色以藕色为最佳，其他浅色亦可用，宜略变换，无令全体一致。特殊陈列品，如浅色宝石、结晶体等，宜用深色为背景。

6、隔架 壁柜内常用两三层之隔架，中立式柜及金字塔式柜亦间用之。上层之隔，宜比下层为窄。或用玻璃造，或用木造，各有其短长。在可能范围内，以不用隔架为佳，物品全陈于柜之底上及背上。

陈列柜为博物馆必不可缺之物，亦为一切设备中所费最巨之一部。一上等壁柜或中立柜，当值英金一百镑至两百镑以上，中等者亦至数十镑。我国现在尚无专门制造博物馆陈列柜之营业，将来若开一制造公司，采用欧美之技术与成法，而材料人工，全由自给，成本可以较低。

（二）陈列屏

屏用以陈列图画照片等物，然亦可陈扁平物品，如植物标本等。面积小者，表面多嵌玻璃。其式样计分三种。

1. 悬壁屏 悬壁上如一画形。

2. 活动屏 此种屏以水板或硬纸为中间一层，两面安玻璃，其直立之一边，以铰链附于架上。许多屏附于一架上，可揭开如书叶状。

3. 独立屏 此种屏较前二种为人。有二或三交叉之足，立于地板上。如房间过大，可利用之为间隔。

（三）休息凳

陈列室内，宜于相当地点数处，置有靠背之长凳，为参观者休息之用。其最重要之陈列品如名画等之前，宜置一圈椅或一长凳，其距离恰为观察者应有之距离，使参观者可以仔细欣赏研究。

（四）配景

配景，英文谓 Diorama，此为陈列室中一种特殊设备。其法以着色图画为背景，以各种模型为前景，造成宇宙中任何一种景象。凡山川之形势，鸟兽之生活，人类之工作等等，无一不可表现。将此景置于一特殊造就之陈列柜中，前面安玻璃，上面放射人造光。使参观者隔玻璃向里面张望，惟见一幅自然之景，而忘身在博物馆中。此物最能引人入胜，而所费并不甚高。最重要者为画后景之画家及造前景之艺人，苟有此合格之二人，则一切配景，可于工场内自造。

此外，尚有一种简式之配景，其制造乃简取前所述配景之法，去其图画之后景，以各种模型作成动物、植物，或人类生活环境之形状，置于柜内，可从四面观之，上面不须有人造光之设。

（五）其他

如各种模型，各种特殊陈列品之设备等等，兹不悉述。

三　研究部之设备

（一）研究室内盛贮物品之器具

1. 近方形浅盘　为贮小件物品之用。盘以木作成，大小宜一致，可重叠置于柜内，柜门宜用碎毛毡塞紧，以防灰尘，如陈列柜之法。柜前面不必安玻璃，一切以坚固耐用为主。

2. 橱柜及架　较大之物品，放于架上，用完即收藏，毋令久露于外。橱柜为收藏物品及档案之用。

3. 各种抽屉玻璃瓶等　为盛目录、照片及某几种科学标本之用。

（二）图书

每一博物馆宜有一图书室，为馆内职员及馆外人之用。所藏之书，以关于博物馆学及与博物馆有关系者为主。

（三）其他

如各种研究仪器以及桌椅等物。

四　储藏部之设备

博物馆所有材料，未置于陈列室或研究室者，皆收入储藏室中。盛此等材料之器具，箱、匣、柜、抽屉、架等皆可用，视物品之大小而异。器具多以木制，亦有以金属物或厚纸制者。储藏室之材料，与陈列室研究室所有者，同一重要。故所用之器具，亦以坚固耐用及能抵御灰尘虫蚁为主。如储藏室设于地窖一层，尤当注意避免潮湿。

五　其他诸部之设备

实验部、工场部、毒气部之设备，须专门家之设计，办公部、教育事业部与厨房等之设备，则与其它机关大致相同，本书不述。

博物馆之设备，实属不易举之事，办博物馆者，每预算及此，辄望而生畏。此种问题，除募集充足经费而外，无他法解决。但有一原则，宜为一切博物馆所共同遵守者，宁可设备不全，不可设备太陋。如陈列柜一项，与其买多数价廉而质陋之柜，有经费后，仍须易以新者，不如以同等款项，购少数价昂而质美之柜，以后只须添制，不须更换，既予标本以较好之保存，经济上亦较为合算也。

第六章　收藏

一　收集

（一）政策

每一博物院馆，在未从事收集以前，必先依据其性质，确定一收集政策。如为专门博物馆，当视其所专为何门，以后专收集关于此门之材料。如为地方普通博物馆，材料当以带地方性者为主，如本地历史材料，本地艺术作品，本地地质、植物、动物等标本，本地工业产品等。如为国立普通博物馆，则当视此馆之最大目的何在，如何方能向此目的发展，而拟定一较详之纲目。收集政策，由理事会确定，馆长及分部分组主任干事等切实执行。抱定一宗旨，与其失之过滥，勿宁失之过谨。若不如此，则博物馆势必成一杂货摊，如马克翰（S. F Markham）在其近著《英国博物馆与艺术陈列馆》一书中所举一可笑之事：在苏格兰某博物馆中，一长八英尺宽二英尺之陈列柜，所含物品，达二十余种之多，其中有一群古化石、希腊与罗马之镫、一土人照片、一百英国甲虫、圣经一本（有签无书）、刚果河畔之新妇礼服等。此种不伦不类之收集与陈列，可为一切博物馆之殷鉴。故任何博物馆，当力避杂货摊式之收集。

小博物馆，经费有限，收集政策，宜以普通有价值之物品为主，不宜效骨董家之所为，以重价收买希奇物品。例如一博物馆历史部或艺术部，每年只有数千元之购买费，与其以之购入一商周三四等铜器，或一宋代磁器，能欣赏而研究之者，不过少数专门家，不如以此款作成各种模型配景等，说明铜器或磁器之制造，使普通人增加知识。

所谓有价值物品与无价值者之分，在第一章曾言，乃对于文化上之价值，非市场上或一般人所谓之价值。例如前代档案，在一般人视之，不过废纸，在研究历史者视之，则为至可珍之史料。又如一片古代残陶，一块稀见岩石，一般人视之，不值一文，而考古学家及地质学家视之，则为贵重标本。此皆于文化上有价值之物也。金银饰物，在市场上值钱甚多，但从博物馆方面观之，除一二件精巧者可为工业艺术标本外，余皆不值收藏。尚有并无特殊价值而出处不明之物，亦以不藏为住。英国某博物馆，曾收入一片破头骨，于收入簿中注明，云："头骨之一部，大概为一野兔之骨，拾于铁路旁。"后考查博物馆者，引此为戒。观此等例，可知物品有价值与无价值之分，办博物馆者，务须谨慎选择，博物馆为民族文物精华所寄，既不可使之杂货摊，更不可使之为垃圾堆也。

（二）方法

博物馆材料之来源，不外以下六者：1. 采集；2. 制造；3. 购买；4. 交换；5. 赠品；6. 借品。兹分别论之。

1. 采集　由博物馆派人员采集，如考古发掘，自然科学标本之采集等。此种材料，最为可珍，因收集者系专门家，且以科学方法获得。

2. 制造　为博物馆工场自造或托他人代造者，常为模型、配景等物，博物馆需用时始作之。

3. 购买　博物馆对于购买，常极小心，故从购买而收入无价值对象之机会极少。

4. 交换　物品从交换来者，当为博物馆所需要之物。

5. 赠品　博物馆收集之最大问题，为赠品一项。普通人以为博物馆对于赠品，无不欢迎，其实不然。倘有热心公益之人，愿将博物馆所需之标本赠送，当然欢迎。但如有人，忽来博物馆，云其祖若父，有画数千帧，愿以奉赠，察其画，则皆中下等物。又如有人，有大批收藏，其中惟有一二件有价值者，但此人不肯出赠或出售此一二件，而愿将其收藏全体赠送。遇此二种情形，既不能今日受其赠品，明日即弃之垃圾堆中，则惟有谢绝之一法。故馆长之责任，一方面须与人建立友谊，使人对之崇敬信仰，愿将珍贵收藏，捐之博物馆，一方面又须婉言谢绝不需要之赠品。

博物馆对于有价值之赠品，当然乐于接受。然若捐赠者附有条件，如（1）所有赠品，必须陈列一处，不能加选择或分开；（2）所有赠品，必须永久陈列，不能撤去；（3）所有赠品，必须由博物馆永久保存，不能弃去，或以之与他人交换。此三种条件，若有其一，博物馆即不当接受。总之，物品既归博物馆后，博物馆即当有全权处理之。至若价值绝大之物，赠者必须附带条件，否则不肯捐赠，博物馆自可加考虑，不当一概拒绝。

6、借品　物品从借贷而来者，无多困难，因如有问题发生，随时可退还原主。且借贷原因，多为有临时展览会之设，为期既短，双方不同意之事，自易磋商。为谨慎起见，当将磋商条件，写一契约，双方遵守。

以上所论，皆主张博物馆对于材料之收集，以谨慎选择第一事，切不可滥收。但如忽遇一物，其性质在原定收集政策范围以外，而此物实有价值，机会一失，不可再得，则亦不当一概拒绝。当建议其他博物馆，收买此物，或暂行收买，以后转售或转赠与他馆。此种变通办法，亦不可不有也。

（三）地方普通博物馆收藏之范围

本章第一段曾言，每一博物馆之收集政策，视馆之性质而定，地方博物馆之收藏，当以本地材料为主。兹拟一地方普通博物馆收藏大纲，分类列之于下：

1. 历史部　历史为生生不息之物，现在与过去，同其重要。但现在之物，多而易得，故博物馆所收集者，以过去为主。时代愈古之物，存世愈稀，收集时愈须特殊注意。此部材料，重在说明本地之文化历史，大略如下：

（1）关于食之标本　农具、畜牧器具、渔猎器具、取火器具、食器、其他。

（2）关于衣服与装饰之标本　纺织用具、衣服、首饰及其他身上装饰、在某种地方可加文身一项、其他。

（3）关于住之标本　建筑（多收集照片及模型）、建筑内部装饰、家具、（桌椅等）用具、花园设置、其他。

（4）关于行之标本　交通工具、行装、其他。

（5）关于医药之标本　药物、医药用具、其他。

（6）关于工艺之标本　详艺术及工艺二部。

（7）关于社会生活之标本　公共场所（照片及模型）、组织（政府法令、邮票等）、教育（课本文具等）、礼仪（来往礼品等）、商业（钱币契约等）、家族（族徽等）、在某种地方可加图腾制度一项、其他。

（8）关于战争之标本　军器、旗帜、军服、徽章、其他。

（9）关于个人生活之标本（与以下各事有关之物）　生育、婚姻、死丧、其他。

（10）关于娱乐之标本（与以下各事有关之物）　游戏、音乐、戏剧、其他。

（11）关于知识之标本　文字（碑刻、墨迹、印刷等）、算术（算术用器等）、其他（如测时器等）。

（12）关于宗教之标本　神像或牌位、供品、符咒、神话、其他。

（13）名人遗物　手迹、所用工具、个人用品、衣服与装饰、住宅（外面照片及内部装饰器具等）、影像及画像、亲朋书信、家谱、其他。

2. 艺术部　关于此部之收集，务须将标准提高，其分类大略如下：

（1）建筑（多为模型与照片），（2）雕塑，（3）书画，（4）织绣，（5）陶工，（6）金工，（7）石工，（8）玉工，（9）玻璃，（10）木工附竹工，（11）漆工，（12）纸工，（13）其他。

3. 科学部

（1）矿石，（2）岩石，（3）化石，（4）植物，（5）动物，（6）体质人类学标本，（7）其他。

4. 工艺部

（1）各种工程（如水利机械等），（2）各种工业（关于此类之标本，多在艺术部收集，此处所重者，为各种工业之用具，如制陶轮、纺织机等）。

以上各部，除本地材料外，可收集少数他地材料，以资比较。

二　登记

关于博物馆收藏物之登记，最重要者有二种。

（一）收入簿

此簿置于物品出纳室中，每一物品送来，即由登记员登记。簿为书本式，分为十五行，每行之顶，有印就之项目，其式如下。

插表（一）

收入号	收入日期			原来号	数量	藏品名	藏品描写及大小	从何人得来	原主之地址	如何入藏	价值或代价	所由来地	收藏者或制造者	收集日期	备注	所属部组
	年	月	日													

关于此种登记，须加以下解释。

1. 收入号自一至无限，但为避免数目过大计，每年换新号一次，即每年第一件收入物为是年之第一号。在他处写收入号时，须将年一并写入，如民国三十年之第二百六十三号，当写作263/30。

2. 物品出于同地，为一人或一团体同时收集而同时送来者，可编为一号，物品之性质，不必全同。

3. 原来号系原主所编号码，或甚多，须一一记下。

4. 如何入藏一项分七种：（1）采集，（2）制造，（3）购买，（4）交换，（5）赠品，（6）借品，（7）送来审查。属于何种，当加注明。借品与送来审查二种，亦可另备册登记。

5. 所由来地一项，当写明某省县某村等。此项对于考古学、人类学、地质学、植物学、动物学等标本，非常重要。

6. 借品或送来审查之物，退还原主后，须于备注一行注明。

7. 所属部组一项，收入时不能登记，由每部每组主任决定并编号后，通知登记员补入。因一收入号可包含各种不同性质之物，诸物或分属数组，如字数过多，一栏填写不下，须列成一单，附于收入簿后，而于所属部组栏内注明"见某页某单"字样。每一收入簿后，须附空白纸数张，备各种附录之用。

8. 收入簿十五项，不能每项皆知时，须尽所知填写。

（二）目录

目录或为书本式，或为活叶本，或为卡片，各有其长处。书本式不至于有一页遗失之处，活叶本及卡片，可任意移动其次序，但易遭遗失，用时须特别留意。

目录为分组主任或干事所掌，每组须有一目录，其所包含之项目如下：

1. 目录号，2. 收入号，3. 原来号，4. 数量，5. 藏品名，6. 质料，7. 藏品描写及功用，8. 大小，9. 现在情形，10. 藏品时代，11. 所由来地，12. 收集者或制造者，13. 收集日期，14. 如何入藏，15. 价值或代价，16. 备注，17. 照片号，18. 拓片号，19. 图号，20. 有关文件号，21. 所在地。

以上各项，如印成书本，可分行或配合排列，如印成卡片，可作下式。

插表（二）

目录号＿＿＿＿ 收入号＿＿＿＿ 原来号＿＿＿＿ 数量＿＿＿＿
藏品名＿＿＿＿ 质料＿＿＿＿ 藏品时代＿＿＿＿
藏品描写及功用＿＿＿＿　所由来地＿＿＿＿
收集者或制造者＿＿＿＿
收集日期＿＿＿＿
如何入藏＿＿＿＿
价值或代价＿＿＿＿
大小＿＿＿＿　备注＿＿＿＿
现在情形＿＿＿＿
照片号＿＿＿ 拓片号＿＿＿ 图号＿＿＿ 有关文件号＿＿＿

关于此种登记，须作以下解释。

1. 凡物品归博物馆所有者，始编入目录。借品与送来审查之物，可不编目录号。

2. 目录号亦每年换一次。其每组编号之法有二。（一）每组目录之前，加二或三英文字母，如人类学组加 An 二字，考古学组加 Ar 二字。每组每年自一号起以至无限。写目录号时，如为考古学组于民国三十年所收入之第五十七号物，当写作 Ar57/30。（二）每组指定一有限数目，如人类学组之数目为一至一〇〇〇，考古学组为一〇〇一至二〇〇〇，余类推。每年每组此原数，如某组于一年内将数目用完，即另指一批新数目与之。如用此法，则写目录号时，前面不用英文字母。此种方法之长处，在从旧组分出一新组时，不须变更任何已编之号。

3. 编目录时，宜每物一号，但相同之物，同时出于一地，其环境时代皆同者，可编为一号，而注明其数量。小件物品，如钱币、页贝壳、陶片等物，即常有此种情形。

4. 在藏品描写及功用一项内，宜画一简图。

5. 现在情形，指物品之好坏情形，或完整，或残缺或脆弱，务须详记。

6. 如有其他项目，为目录所未有而必须记载时，可附于备注一项下。

7. 照片有时可粘于卡片反面。

8. 所在地一项，系指在馆中何地而言，如在陈列部第几室第几柜中，研究部第几架上，储藏部第几箱内，须以铅笔注明，物品改换地位时，则擦去另写。

9. 已编号之物，一旦不为博物馆所有，如以之与人交换或作为赠品等，此号不可再用。卡片亦不宜取消，惟当取出，另置一处。

10. 卡片目录，可抄数份，以各种不同方法分类而次第之，如以物质分、以时代分、以地域分、以作家分等等，再按每类之号数或姓氏笔画之多寡或他法而次第之，以便检查。卡片顶上左面所留之空列，即预备写每类之大小标题者。

11. 研究室所用一份卡片，可利用其背面，列各种参考书之书名及页数。

12. 可用不同颜色之卡片，以代表不同之组。

13. 卡片近底处，须作不洞，一群卡片穿于一带开关之小棒上，可减少散失之患。

14. 卡片之纸，须质佳而厚者，庶不易损坏。

除上两种重要记录外，有各种附属记录，可列为第三类。

（三）附属目录

此类颇多，兹举其重要者如下：

1. 捐赠人名录　以姓氏笔画多寡为次。如系外国人，则以字母为次。

2. 借品录（借来或出借之物）含以下各项：（一）出借人或借去人姓名，（二）通讯处，（三）收入号，（四）目录号，（五）物品描写，（六）所属部组，（七）借来日期，（八）出借日期，（九）归还日期，（十）备注。

3. 已取销之物品录　含以下各项：（一）日期，（二）目录号，（三）物品描写，（四）取销理由，（五）受此物人姓名，（六）通讯处。

（四）藏品标号

每一藏品收入时，当系以写有其收入号之小签，待编入目录后，即去此小签，而代以目录号。如一物分成数件，每件均须将目录号写上，而附以 a、b、c、d 诸字母于后。

目录号既为一物之永久号码，最好直接写于此物上，普遍用耐湿墨水写。不可用纸写而粘于物上，一则易失，二则恐将物粘损。号码宜写于不显露于外之处，如器物之底背等。纺织类物，可将线缝一号于其背面。有不能直接写号者，如最小之结晶体、酒精所浸之标本等，则在其盛器上粘一纸签可系一布签，酒精内尚可置一金属或布制小签。金属签上之字，不以笔写，而以模压成。虫类标本，则以扣针钉一小纸签于其上。

三　预备

多数物品，收入以后，须加预备，始能陈之陈列室中或研究室中。如动物标本，须去肉留皮，而以他种材料作成动物之形，撑于皮肉；又如书画等物，须为装裱配框。预备工作，包含保存、修补、装架、模型制造、物品防造、铸型、着色等。各种物品之预备，皆系专门技术，西方学者论著甚多，散见各国博物馆与博物馆协会所出刊物及其他刊物中。

四　陈列

（一）原则

1. 博物馆陈列之最大目的有二：（一）使观者发生美感，（二）使观者增加知识。任何陈列，当以此二目的为指归。如二者不能兼有时，则视陈列品本身价值偏重何方。仅量向此方发展。

2. 林德西①（Harry Lindsay）有言："每一陈列，必须说明一故事，并必须作简单而有目的之说明。"故任何陈列，须系统化，切忌散漫凌乱或杂入不相关之物。

3. 陈列须为大众着想；故科学标本等，不当只分类分科分门陈列，供专门学者之用；而当用各种方法，如说明某几种动物之一种共同天性，某几种植物对于人类某一部份生活之关系等，以引起一般人之兴趣，而增加其知识。

4. 一组陈列，不宜专陈标本，当间以图画、模型、配景等物，以说明之。

5. 每组陈列，形式宜略变易，以免单调。

6. 物品宜选择陈列，切忌拥挤，除去以前博物馆通行"凡藏品必须陈列"之弊。

图一　壁柜式陈列柜　金属框木制实基

---

① 现多称"哈里·林赛"。

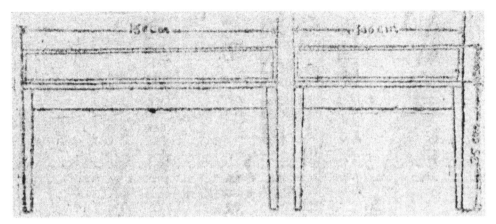

图二　平桌式陈列柜 金属框木制虚基

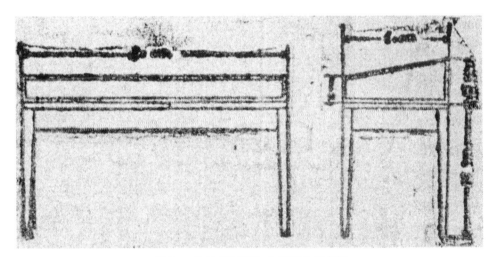

图三　书桌式陈列柜 金属框木制虚基

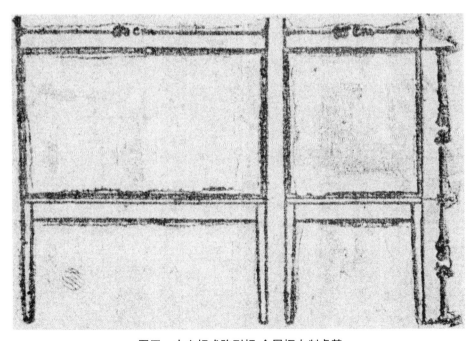

图四　中立柜式陈列柜 金属框木制虚基

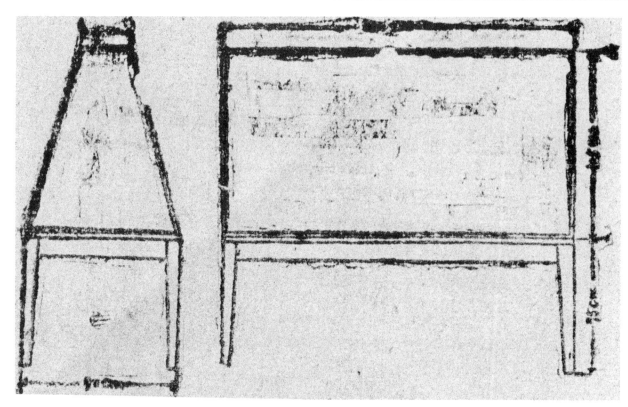

图五　金字塔式陈列柜　金属框木制虚基

　　陈列一事，欧洲以德国为最进步。往往布置极平常之物品，解释极枯燥之事理，而能别出巧思，化腐巧为神奇。例如明勋德意志博物院化学一部，有一室说明染色学。此本一专门学问，外行人不能了解，亦不发生兴趣。但布置此室者，于室中设一大中立柜，其内置一木板所钉成之中心，柜四面均嵌玻璃。于一面内作一树林之景，十余种彩色禽鸟，飞翔栖止其中。再对于面之背上，将蝴蝶数百，依其大小排列，钉成扇形。其他两面，一为带彩色水族在水中之景，一陈带彩色之矿石。于柜顶置一大签，额曰"自然界之颜色"。再于此中立柜之旁，设一壁柜，在其内将各色丝线，依其深浅，配合陈列，额曰"人工之颜色"。此外再陈关于于染色学各种物品，参观者一入此室，莫不目眩神移，流连不忍远去。因此对于染色学发生绝大兴趣，而将各陈列品，一一考察研究。此可谓陈列最成功者之一种。此类事人人可为，惟须有敏锐之头脑而已。

　　（二）技术

　　关于陈列之技术，举其大概如下。

　　1. 先将陈列品分类，每类占一室或一室之一部分；相接两类，宜有相当关系，使观者有连续之兴趣。

　　2. 陈列方向，宜有一定，或自左而右，或自右而左。最好地板上尽带箭类之线，指引观者遵此路前行。

　　3. 陈列柜不宜安于墙内或钉于地板上，以便移动。

　　4. 陈列柜之安置，宜计及光绿、反光与美观三事。在两对面墙开窗之室中，宜作以下安置：（一）壁柜当靠近未开窗户之两墙，与开窗之墙成正交，以免反光，壁柜成列置于室中，两背相靠，可将一室隔为数部；（二）平桌式柜、中立式柜、金字塔式柜，皆置于室中，亦宜与窗户正交；（三）书桌式柜，常置于窗下，与窗户平行，如窗户太高，须陈室中，则两背相靠，与窗户正交。

5. 小件陈列品，不宜陈之太高或太低，须在普通人视线所易及之高度，约一公尺至一公尺半之间。

6. 不怕灰尘侵害之物，不必以陈列柜盛之，可直接陈于地板上或墙上。

（三）分类

陈列品分类法甚多，略举如下：

1. 同时代之物为一类；

2. 同地域之物为一类；

3. 同种类之物为一类；

4. 同性质之物为一类；

5. 同形式或颜色之物为一类；

6. 同用处之物为一类；

7. 同为一种技术所制造之物为一类；

8. 同为一人所作之物为一类；

9. 同作风之物为一类；

10. 有关系之物为一类；

11. 其他。

每法各有其短长，当用何法，视陈列者之目的而异。

五　标签

标签与编号不同。物品上之号，为博物馆职员辨□此物之便利而写，不使参观人看见，以免乱其耳目。标签则为指导参观人之用，惟恐人不见。

（一）文字

标签当分三部。1. 标题系标明物品之名，为引人注意起见，不妨仿效报纸式或广告式标题。2. 本文所以释题，宜正确简明，少用术语，使普通人易解。3. 注释字宜小，多记捐赠者、收集者或制造者姓名，非每签皆有。

标签上文字，切忌太长，令读者生厌。传美国某博物馆有一职员拟一标签，呈与馆长核阅。馆长见其太长，援笔批其后，曰："有读完此签者，请来本馆办公室，当奖以金一元。"印刷者将此签印好，连馆长所批之语印上，置于陈列室中，与其所标之物陈列甚久，迄无人至办公室领奖，因从未有人读完此签也。此虽笑话，然可见一般人不愿读冗长标签之心理。

（二）样式

标签大小，宜有一定。每博物馆最好备大小不同之标签数套，凡陈列品体质及重要性略相同者，可用同样大小之标签。标签以卡片纸裁成，普通为白色，有用灰色或浅黄色者，以与陈列柜之背或底相配。如背景为黑色，则不宜用白色标签，金色与黑色最相配。黑纸上写白粉字，最不雅观，切忌用之。配景之标签，可用纸写，安于柜顶前面，前嵌玻璃一片，后为人造光，字经灯光照射而愈显明。

手写字不甚美观，故博物馆宜自备一印刷机，标签可自印。但如经济情形不许可，则只能用写。

（三）安置

标签宜置于人所易见之地，其安置之法甚多：1. 平放于陈列柜底上；2. 附于柜背或所标之物品上；3. 粘于一小块三角形之木上，或写于有架之小金属片上，向后斜立；4. 嵌于镜框内，悬之壁上或柜上；5. 其他。

（四）总标签与分标签

每件陈列品，宜有一单独标签。多数有关之陈列品，陈于一柜中，柜上可置一总标签。推而大之，室之一部分或全室，约可有一总标签，总标签之目的，在引人注意，故亦不妨作广告式之标题。

关于陈列品之说明，标签固为重要，然最好少用文字，多用图表，使大众易于了解，而发生兴趣。

第七章　保存

一　化学方法之保存

在第一章曾言，博物馆第一功用与目的，为保存有价值之物品，收集材料，使不散失，固为保存事业之一，然保存之重要问题，为保护物品，使其不至朽坏。物品朽坏原因，至为复杂，然可分为二大类：（一）物品本身经化学之变易，如氧化水化等；（二）遭虫蚁、蠹鱼、霉菌或其他害物所侵袭。保存之工作，在预防此二类侵害，其已受侵害之物，则须加以医治。预防与医治两种工作，大半须用化学方法。

保存所用化学方法，视物品之性质而异。如生物与非生物、有机物与无机物之保存方法，大有区别。即同属一类之物，如铜与铁、金与银等，其保存方法，亦各有别。再则完全同性质之物，出于不同之环境，或环境相同，而物品本身之好坏情形不同，其保存方法亦异。

关于各种物品保存方法，西方学者论著甚多，散见于各国博物馆协会及博物馆所出刊物中。其著成专书者，如德国洛特根（Friedrich Rathgen）、英国鲁柯斯（A. Lucas）与卜伦德里此（H. J. Plenderleitrh）等之著作，于古物保存方法，述之甚群，其书名具见本书附录中。但诸人之作，偏于古物一方面，且亦不过举其大要，并不能解决一切问题。是以西方各国规模最宏大之博物院，多设有一实验室，由一有学识有经验之化学家主持，专司物品保存事宜。我国中央博物院成立后，亦当有实验室之设。小规模之博物馆，力不能办此，可将物品送至国立博物院实验室，施行保存方法；但任何博物馆，宜有一人，熟知普通保存方法，此种专门人才，可由国立博物院或大学开班训练。

二　温度与湿度问题（湿度指空气中气含水分）

温度与湿度时常变换，最易损坏物品。物品由两种或数种涨缩程度不同之材料所组成者，受影响尤大。油画即其一例，因油画本身之涨缩程度，较画底帆布为缓，遇温度或湿度骤变，即有破裂之虞。大动物标本，亦有此患。

地下物品所以能历长时期而不坏者，以其与空气隔绝，温度湿度不变之故。如埃及古墓中，温度常为摄氏二十六度半左右，湿度常为百分之二十左右，故内所藏物，历四千年不变，取而置于变易之空气中，则朽坏极速。每见欧洲博物馆所藏埃及古物，如石刻等，时有拆裂之迹；石刻浮雕上，原涂有各种彩色，初自墓中掘出时，鲜艳如新，置之空气中，不久即尽褪去。此皆由于温度湿度变迁之故，故每一博物馆必须设法使各物品有常住不变之环境。其法如下：

（一）以冷热气管节制室内温度（普通为摄氏十六度左右）。此法甚普遍，但不能节制湿度。

（二）以通气管同时节制室内温度与湿度。此法所费过大，且并不能解决一切问题。因某种物品需要干燥空气，某种物品又需要较潮湿之空气。例如金属物稍遇湿气，即发生化学作用，漆器在过于干燥之空气中，又易于破裂。

（三）于物品本身上涂一层保护物，使其不受外面空气影响。但此法只能施于少数物品，如金属物等。

（四）作成不通空气之箱柜以盛物品。此法费用亦颇大，且物品不必皆置于箱柜中。

（五）造成与外面空气隔绝之房屋。此即以通气管节制温度与湿度之法，但费用过大，且易使参观者感觉不适。

（六）置化学药品，如氯化钙、硫酸等物，于室中或柜内，以吸收水汽。此法不甚妥善，因置于柜内，恐影响其中某种物品，置于室中，则须时时更换，消耗颇大。

（七）置普通毛毡于柜内隐处，此物有调剂作用，湿度太高时，吸收水分，太低时，吐出水分。此法较为经济，任何物品均可用，但不能全将水分吸去。以之置于盛金属物之柜中，不如化学药品之有效。

以上七法，无绝对合用者，当视物品之性质情形，参合各法用之。总之，任何博物馆，当尽力节制温度与湿度，使其适宜。骤然之改变，极易损坏物品，当竭力防止之。

三　阳光空气与灰尘问题

灰尘为一切物品之害，故有人主张博物馆之建筑，完全与外面空气阳光隔绝，庶灰尘不入。但以通气管通空气之房屋，易使参观者感觉疲劳，若能采用电影院时时换气之法，或可较好。开窗户之博物馆建筑，当尽量将物品盛于不入灰尘之箱柜中。有色之物，当设法使之避免与日光接触。

博物馆扫除时，当用扫地机，将尘土卷入其内。如万不得已而用扫帚，当特别小心，勿令尘土飞扬。

四　窃盗与损害问题

窃盗者，贼人有意之行窃，损害者，参观人无心之损坏。防止之法，大略如下：

（一）博物馆建筑时，各室之设计应注意物品易于管理。

（二）应有专任看守人员，责成某人看守某部，勿令责任不分。

（三）盛物品之箱柜应牢固，并须有不易套开之锁锁着。

（四）柜内物品，不可太拥挤，部组主任干事助理等，应常查看，物品有无短少或损坏。

（五）陈列室开放时，宜有看守人注意参观者，禁止其以手抚触陈列品，或刻写名字于任何物件上。但不可耽耽注视，使人发生一种不友谊之感觉。

第八章　研究工作

一　馆内人员之研究工作

研究为博物馆主要功用之一。从事博物馆工作者，多为有研究兴趣之人。馆内人员，以各部各组之主任、干事、助理等，研究机会很多，其工作有以下三种：

（一）采集标本　如考古发掘，自然科学标本之采集等等。此种工作，须有专门知识与技术及规定之计划。

（二）研究馆内物品　此种工作，须预先拟定计划，分题研究，将所得结果，在馆内或馆外之刊物上发表。

（三）为物品分类　物品收入后，即由部组主任干事等记载分类。记载求其详尽，分类求其系统化，以备馆内外研究人员之用。但物品送入陈列室后，不必按此分类法陈列。

二　与馆外研究人员之便利

博物馆当特设一或数研究室，将馆内一部分标本，于室内作有系统之陈列，并置诸标本之目录一份于室中，目录上最好附有各参考书之书名页数，以便查考。必要时，相关之图书照片等，亦置室内。此外桌椅等设备，亦不可缺，馆外人得博物馆当局许可后，可入研究室工作。馆方当派一人或数人专管研究室内物品及便利馆外研究人员各种事宜。

三　与其他文化机关合作

（一）与其他博物馆合作　博物馆相互合作之事甚多，其关于研究一方面最重要者，为共同组织采集团体，交换并互借物品与刊物，公用专门人才等。

（二）与专科以上学校合作　专科以上学校，往往自己附设一小博物馆，然结果不甚满意。因学校房屋，多不合于博物馆之用，而学问高深之教授，未必有关于博物馆各种技术之知识与经验；往往极有价值之标本，或因保存方法不良而损坏，或因陈列不当而失其意义，此种损失，殊非浅鲜。故实物知识一方面，最好大半由博物馆供给。博物馆可斟酌情形，尤许当地专科以上学校全体或一部分师生，至博物馆研究室工作。必要时，可将一部分标本出借与学校，许其作短期之陈列或研究。同时博物馆可借学校之收藏物品，在馆展览，并可请学校师生来馆，帮助分类陈列等工作，以为交换条件。

（三）与其他研究机关合作　其他研究机关，包含各种研究所、各种学会等，其合作方法与上同。

（四）与图书馆合作　博物馆内常附设有图书室，然规模太小，有时不足应用，故须与当地之图书馆合作，其合作方法，重要者有三。

1. 收藏文物之互借　如图书馆藏书，可借与博物馆参考，博物馆标本，亦可借与图书馆研究陈列。

2. 同时举行一种工作　如科学博物馆化学部举行一低温度展览会，可商请当地图书馆，将所有关于低温度之书检出，专辟室陈列，以便参观展览会者之查考。

3. 同向一目的进行　地方博物馆与图书馆，可就地方之需要，商定一目的，共同依据以定收藏政策。如目的为研究并发展本地工业，则博物馆当多收集本地工业产品及工具等，而图书馆多购关于此类之书籍。

总之，博物馆对于来馆研究之人员，当尽力予以鼓励及协助；但如有人不能深知馆内情形，而作种种不情之请，致妨碍馆方行政或其他事业进行时，馆方自可加以拒绝，不能以研究之美名而徇其请也。

研究工作，在大规模之博物馆中，进行较易。小规模之普通博物馆，往往因材料有限，不能有何种特殊成绩，然要当尽量利用其材料。本地历史、风俗、地质、植物、动物等，何莫非研究之好题目，要事在人为而已。

第九章　教育工作

博物馆最大目的，为辅助教育，故任何方面，均与教育有关。行政组织，有教育事业之一部。管理方面，关于开放问题者，全以大众之便利为前提。建筑中大众所用之陈列室，最为重要，设备亦然，且专有讲演室课室等之设，收集政策与陈列说明，皆以大众教育为主旨，就中陈列一项，影响尤大。陈列之原则、技术及分类，已于第六章述之，兹讨论各种展览及其与教育之关系。

一　各种展览

（一）永久展览

永久展览之目的，在增加一般人普通知识，故所陈列物品，性质宜普通，而能涉及博物馆主要各组之范围。普通博物馆之历史一部，当能约略说明世界历史（虽地方博物馆之收藏，以本地材料为主，然可参以少数他地之物，说明人类历史）；艺术一部，当能昭示各代艺术之概要；科学一部，当能显出自然界之各种重要规律；工艺一部，当能表明各种重要工艺之发展过程。但或因材料缺乏，经费有限，势难达到此标准者，亦当以此为目的努力进行。

关于历史一部，宜有时代室（即同时代之物为一室）及模型、配景等之设备，使参观者一见而能明了过去人类之生活。艺术一部，则重在颜色之调和，光线及空间之配置适宜，使人发生美感，同时亦当以科学方法陈列，使人增加知识。科学一部，宜多作配景等，表示动植物之生活环境。工艺一部，最好多作能活动之模型，一按其钮，则机械自动。伦敦科学博物馆中，此种模型最多，对于儿童教育，效果极大。

永久展览之物品，皆系博物馆自有，间有借自他人者，必为长期借品，实与赠品无别。

（二）临时展览

临时展览之目的，在将某种特殊知识灌输于观众，故每次展览之物品，常限于一小范围内。历史部如历史上某件大事、某人生平、某地风俗等（在一地方展览关于本地风俗习惯之物，尤足令人发生兴趣）；艺术部如某一名家之作品，某时某地之一种特殊艺术等；科学部如自然界某件大事（日蚀、地震等）、科学界某种原理或事实（地心吸力、低温度等），以及普通卫生、公共卫生等；工艺部如某种机械之发明、某种工具之用处等，皆为极有兴趣之临时展览题目。

临时展览之布置方法，与永久展览同。但模型、配景等，所费颇大，需时亦多。专为临时展览而作，似不甚经济，宜使之兼为永久展览或流动展览之用。

陈列品隔相当时期更换一次，与人以新鲜之感觉，而令人对博物馆发生不断之兴趣与注意。故任何博物馆，最好能划出一室或数室，专为临时展览之用。展览期间，自一星期以至数月不等。材料或为博物馆所自有，或借自他人。在展览时，其说明目录等，当一依永久展览之法，不可因其时间短而潦草从事。

博物馆职员，最以临时展览为苦。因计划、选择物品、陈列、说明、制目录、开幕、宣传、人事应酬、看管、保险、闭幕、退还借品等，工作之繁，远非局外人想象所及。偶有不周到处，责言与批评，随之而至。然苟能达到补助教育之目的，任劳任怨，固分内事，幸勿惮烦而不为也。

（三）流动展览

流动展览之作用，在使距博物馆较远之民众，均有阅览机会。由博物馆将物品送至各乡镇，利用公共地点，或借机关学校作短期展览。此种展览之性质为普通或专门，自视各地之需要而异。

流动展览之物品：1. 博物馆所藏不甚贵重之标本，失去能再得者；2. 博物馆自制或请人代制之模型、配景等物；3. 照片图画等，必要时，附幻灯影片，为讲演之用。

凡流动展览物品，宜备一特殊目录，以便考查。

（四）户外展览

户外展览，犹在尝试时期。美国较为通行。其法不将标本收之博物馆中，而利用外间天然或人工物品，为之标题说明，使见之者知为何物。如在树木岩石上，加一标签，说明其种类用处；于旧时建筑雕刻所在，设法说明其历史与艺术价值等。此种展览，在现在尚为博物馆附属事业，如将来能大量发展，使随地皆为教育场所，成绩必有可观也。

以上所述各种展览，其对象为社会一般人，无年龄职业之别。尚有几种特殊工作，依年龄而异，其方法述之于后。

二　儿童青年教育

博物馆可辅助学校教育儿童青年，其工作分两类。

（一）学生团体参观

1. 日期　在第三章曾言，博物馆当于每星期留出一日，为学生团体参观日，他人不得入内。此所以予学生以清净学习之机会，而予博物馆职员以管理上之便利。如学校教师于此日以外，率学生来参观，博物馆当同样予以招待与指导。最好能先期约定，由学校通知博物馆，来参观者系何等程度，所欲学习者重在何方面，庶馆方得先事准备。

2. 展览　英美各博物馆，间有专为儿童而设之部。伦敦科学博物馆之儿童陈列室，即其一例。其陈列简单而有趣，使七龄以上之儿童，咸能领略学习。此种方法，于儿童教育，收效极大。小博物馆，或力不能办此，但举行各种展览时，所有陈列务须使之简单明白，使一般未曾多教育之人及儿童，均易于了解。

3. 指导　学生团体来参观，应由博物馆派职员陪伴指引。最好预先将所欲示之物，所欲言之事，告学校教师，请其代为指导；因博物馆职员，对于学生，为陌生之人，教师与学生相处甚久，知其心理与需要，指导更为有效也。

4. 开班及讲演　任何博物馆应有一课室或一讲演室，或二者兼有之。以专为学生临时设班教学或作学术讲演之用，每次教学或讲演，宜将一部份不甚贵重之标本，任学生参观把玩，使之对于所学习之物，有较清楚之认识，且藉以除去平常只见物品整齐陈列于玻璃柜中，有可望而不可及之感。教师及讲演人，均可以博物馆教育事业部之职员任之。最好方法，由学校派一教师常用驻博物馆（薪俸由学校发给），受馆长之指导，专司馆内对于学生之教导事宜。

5. 其他　除开班讲演外，可为学生组织各种分组讨论，教育游戏，并放映教育电影，以增加其兴趣。儿童个别来参观者，可引导使参加学生各种活动。

（二）物品借与学校展览

倘学校距离博物馆过远，学生不易前来参观，则博物馆宜拣取一部份不甚贵重失去可再得之标本、图画、照片、模型、幻灯影片等，专备出借与学校之用。此与流动展览不同。流动展览，系为一般人而设，一切责任，皆由博物馆负之。此则专为学生而设，博物馆只负供给材料之责任，余则由学校负责。不过陈列方法，可由博物馆派人或以书面指导，并可派人前往讲演。

各物拣出后，即编印一目录，每一学校送一份，并附物品出借章程一份。学校欲借目录中所列何种物品往陈列者，须以书面讲求。由博物馆对各物品，加以简单说明，然后装箱，派人送往，或由学校遣人来取。其出借之期，最少一星期，最多三月。于将近归还日期时，函达学校，告以某月某日博物馆将派人来取还以前之借品，请为准备。是日即派人前往，不可失信。学校如有新请求，早已将请求书送到者，此往取还旧材料之人，即可将新材料带去。其来往运输保险等费，当由学校负责。

学校距博物馆所太远者，可以斟酌情形，将一部分物品赠与。但平常以不赠为佳，因一般中小学，对于博物馆物品，无永久保存陈列之经验，且亦无此兴趣。

三　成人教育

（一）指引参观

西方各大博物馆，每于开放日，派定人员按一定时间，领导观众参观，并随时对陈列品加以说明，或解答观众疑难。此种领导人员，必须具有丰富知识、风趣及忍耐心；因知识所以予群众正确之指导，风趣所以引起群众之兴味，忍耐心所以详细答复群众之疑问。

（二）举行讲演

定期在讲演室内对所陈列各种物品作有系统之讲演，亦可至馆外作流动讲演，如馆中人力不敷，可利用他人为之。例如美国巴甫娄①博物馆（Buffalo Museum）备有幻灯一具，影片一套，写成之讲演稿一份，凡有人能利用者，即借与之，任其在公共场所或家庭中放映并讲演，结果此稿流行甚广，收效颇大。

（三）开班讲习

如有多数研究兴趣相同之观众，可为之开班讲习，每星期举行一次或二次，指导者为博物馆职员。

（四）答复问题

馆外人对于馆中某物或某事有兴趣，自来访问，提出问题或以书信提出，当予以正确详尽之答复。

四　获取群众方法

博物馆既为大众而设，第一步当使大众知有此馆之存在，第二步当使之对于此馆发生兴趣，第三步当使之对于馆中工作，能深切了解，而愿加以赞助，此之谓获取群众。欲达此目的，除上述各种工作外，当向以下各方面进行。

（一）刊物

博物馆刊物种类甚多，最普通者为以下五种。

1. 年报　年报为每年工作报告，其内容为理事与职员姓名录、新加入会员姓名录、新收入之物品录、新捐赠人姓名录、理事会决议案等。此为博物馆当局对于会员之通讯，与群众无涉。最好利用此报

---

①　现多称"布法罗"。

告，向群众解释一年来之工作，并提出将来之希望。文字当简明有趣，庶引起群众之注意。

2. 指南 年报每年印一次，但指南及目录，往往一二十年不换，因永久展览位置不动之故。指南专供参观者之用，目的在予人以概念，使知博物馆收藏之重要范围与陈列方法，并指导参观之途经。文字宜浅显，次序宜清楚，使参观者讲之，如得一良向导。临时展览流动展览之指南，宜与此同。

3. 目录 此种目录，专供参观者之用，与各部组所掌之登记目录，截然二物。此目录之目的，在予参观者以各种陈列品之正确消息，其性质与标签无大分别，故往往标签上之说明，印于目录上。常有艺术陈列馆目录上，只印陈列品之编号、名称及作者姓名三项，更无他文，此为最下等目录之一种；因为艺术家姓名，非群众所熟知，即知之，亦不能尽知其时代与作风，如富有诗意或含有故典之画题，以及多数艺术品之专门名称，群众更茫然莫解。此等目录，有不如无，编者切不可仿效。

大博物馆，陈列品多者，目录常苦太长。美国某博物馆曾将馆内最重要之陈列品，编一简目。游客如无多时间，可据此简目参观，亦可尽展览之精华。指南及目录，均为出售品，简目可免费赠送。

4. 期刊 期刊之目的，在能将博物馆各种活动消息，传播于外。最好每月一次，每次篇幅不必太长，数页或十余页即足。如研究论著印入期刊中，则篇幅须增加。

5. 小册 小册为一切刊物之副品，一篇著作或演讲，一临时展览会目录，一借品目录，一工作纲要，均可印成小册，为馆内或馆外人之用。

博物馆往往为经费所限，不能多印刊物，然最低限度，当备有一指南，以利参观者。

（二）电影与广播

博物馆不必有专筑之电影场，可与讲演室合用。如经费充足，可自制与馆内收藏有关之影片放演。凡历史故事、鸟兽生活、自然界发展之过程，工艺品制造之步骤等，皆为制电影之好材料。

利用电影为教育工具，收效极大。西方各国博物馆，已有成例。明勋之德意志博物院，每星期至少放电影二次。因院中收藏为科学工艺二类，故所放映影片，亦皆与此二类有关。其题目有"各种飞机之制造与功用"，"钢铁与国家"，"阿尔卑斯山森林之采伐"，"纸之制造与用途"等。片均不长，鲜有演过一小时以上者，每夜可连演数片。皆以极有趣之情节，说明极科学之事理，每次放映，观者极为踊跃，儿童尤甚。伦敦帝国学院，设有一陈列馆，所陈多英国殖民地之物，以地域分类。院内另设一电影场，每星期放演四次（其中两次在星期日下午）。有一团体，欲参观坎拿大一部。可先约定日期，是日帝国学院，即派引导人员先引此团体参观坎拿大之陈列品——农业、森林、渔业、矿产等，一一为之解释。然后引之至电影场，看坎拿大之工业、风景、人民生活等影片。此外帝国学院，尚将其影片借与全国学校放映，每年观其影片之儿童，数达五百万，其影响之巨，可以想见。

经费不甚充足之博物馆，不能自制电影，然亦应时常租放教育影片，以增高教育效力。

博物馆在大城市中者，宜与广播电台合作，每一星期或二星期广播一次，向群众报告最近工作，鼓励其至馆参观，并作各种关于历史、艺术、科学等之简短讲演。

（三）其他方法

1. 博物馆房屋，可借与学术团体为开年会及组织俱乐部之所，以与学术界人建立友谊。

2. 博物馆消息及短篇论著等，可在报纸上发表，以引起各方面人之兴趣，但须为避个人出风头主义。

3. 在报纸上登记告，或发传单，或利用电车票反面为广告之地，指引来馆之途经。

4. 博物馆门前，宜竖大广告牌，引人注意。

5. 将馆内最重要之陈列品，印成彩色画片，寄各大旅馆及旅行社出售，以召引游客来馆参观。

6. 在车站或大旅馆中，设一陈列柜，陈列少数引人注意之物品，标明为某博物馆所有，并指示来馆之路线。

总之，商人所用一切广告方法，博物馆皆可仿效。其根本不同者，商家志在牟利，而博物馆志在为社会服务而已。

第十章　战时工作

一　欧洲国家之先例

或谓博物馆乃粉饰太平事业，值国家非常时期，无补实际。此乃谬误之见。试观欧洲各国先例，博物馆战时工作，较平时尤为努力。德国博物馆，在战前即为最有力之宣传工具，已于本书第一章约略言之。战事发生后，各博物馆于空袭威胁之下，仍照常开放，料其宣传工作，较前加倍，惜以消息隔绝，无法探悉其内容。英国于二十八年九月三日对德宣战后，是月十四日，博物馆协会即函达所有机关会员与个人会员，略云：

"在此集中全国力量以求战胜之际，或有一趋向，忽视博物馆与艺术陈列物对于文化之重要性，此文化乃吾等为之而战争者。各馆之收藏，不仅吾等视为重要，全文明世界，莫不皆然，故在任何情形下，保护此等收藏，使其安全，乃吾等之责任。博物馆工作，当尽力进行，若能扩展教育与激励人民之活动，战后博物馆地位，将益增强固。服务机会在前，希尽力利用之。"

此函发出后，英国博物馆协会又提出一备忘录，分发各会员，其中含五点。（一）促所有博物馆，尽可能范围内，继续开放，尤其在中立区或避难区者为然。最贵重之陈列品，可迁移去，而代以次等者。（二）对于贵重物品，宜设法保护，使之安全，其移往他处或藏于地下室者，当时时检查，防其受潮湿或他物之侵害。（三）博物馆房屋，除万不得已时，请政府勿占为他用。（四）中立区、避难区、与疏散区（指业已将人民疏散之地带）之博物馆，当尽力进行教育工作。在疏散区内，博物馆仍继续开放者，宜负责教导业已停闭各学校之儿童，即以馆内房屋为临时上课之所，并与未停闭各学校合作，视学校之需要而供给其材料。（五）在可能范围内，一切展览，仍须继续。可组织各种战时展览，如防空方法、国民义务、食物经济、农业害物之制止等，并可展览关于此次战争之照片、图画及其他物品。

战事初起，英国博物馆协会，即与教育部密切联络，讨论博物馆对于教育所能尽之义务，决定进行方针。教育部对于此种工作，极为赞同，即通知各地教育主管机关与学校。同时博物馆协会，亦将讨论结果，印一通知书，寄与全体会员。所含各点，大要如下：

（一）继续并扩充原有工作

1. 博物馆在疏散区、中立区、避难区者，当尽可能范围，继续开放，其有以下情形者，不在此例：（1）房屋为军事或其他机关所用，无他处可以代替者；（2）建筑甚不安全者。

2. 根据现在需要，多设临时展览。

（二）新增教育工作

1. 避难区儿童数目加多，原有学校，不敷分配，博物馆当负其一部分责任。在上次大战中，曼彻斯特博物馆①（Manchester Museum）为儿童服务之成例，今当继续仿行。

2. 博物馆有讲演室者，可为上课之用，其无者当以他室为之。桌椅等项，可与本地教育主管机关商办。

3. 关于为学校儿童服务一事，宜与本地教育主管机关商定。

4. 设置各种课程，其教学一事，最好学校教师担任。

5. 组设非正式之教师补习班讨论班等。

6. 利用博物馆标本为教学之辅助。

7. 对学校作广播讲演。

8. 开放时间之规定，以便利学校为主，最好儿童上课，半日在学校，半日在博物馆。

9. 设各种特殊展览，供儿童课外学习之机会。

10. 艺术陈列馆可与学校协商，举办图画、印品、照片等展览会。

11. 虽在避难区，宜有相当之防空设备，尤其学生所在之地为然。

在二十八年九月一日，即德国举兵侵波兰之日，英国宣传部函博物馆协会，请其于下列各点，予以协助：（一）为宣传部分发材料；（二）供给讲演室；（三）供给广告地点，材料由宣传部预备；（四）供给陈列地点，并协助举办各种展览。九月十九日，宣传部又函博物馆协会，请继续努力成人教育之工作，重在使人民了解此次战争之原因及欧美远东之政治背景。博物馆协会函复宣传部，表示愿尽力协助，并举出办法三点：（一）所有博物馆之讲演室，可用为宣传地点；（二）协助宣传部举办各种战时展览（包含广告展览在内）；（三）举办流动展览，周行各学校，请宣传部供给材料，其传播工作，由博物馆协会负责。两方来往书信，由博物馆协会节录，印成通知书，分发全体会员。

自战事开始后，英国各地博物馆，纷纷闭门，将贵重物品，设法保护，或移往他处。但有一部份，经过相当时期，内部工作完毕后，仍旧开放。未曾停闭或重开之博物馆，于教育工作，悉能遵照协会所指示者进行。

关于战时展览，举行者亦众，略举数种于次。

（一）伦敦交通部（London Passenger Transport Board）设一展览于伦敦一地道车站之售票厅内，题曰："为自由而战"，所陈多关于纳粹秉政之照片。

（二）德壁博物馆②（Derby Museum）举办战时原料品展览，题曰："战争必需之原料"，所陈多矿物标本，并悬一大世界地图，标明各种原料出处。

（三）大英博物院展览关于战争之墨迹及战时医药看护等物。

（四）伦敦科学博物馆举办航空展览，题曰："平时与战时之航空"，说明航空之发展与出途。

（五）伦敦海军博物馆举办战时展览，所陈皆关于海军之物。

（六）那威治堡博物馆③（Norwich Castle Museum）亦举办一种展览，题曰："争取胜利"，其展览之目的，在鼓励并指导后方农业生产。

二　我国博物馆应进行之工作

我国博物馆事业，历史甚短，人才、经费、设备，无不缺乏。加以西南各省，已成立博物馆者极

---

① 疑为"曼彻斯特博物馆"。
② 现多称"德比博物馆"。
③ 现多称"诺威奇城堡博物馆"。

少。故在今日，欲与欧洲各国之博物馆，同其活跃，自不可能。然何妨仿诸先进国之成例，凡已有馆址及建筑者，尽量辅助教育事业。此外收集关于抗战之各种材料，及关于航空、后方生产一类之照片、图画、物品等，在城市及乡村举办短期展览与流动展览，亦非甚难之事。欲求抗战胜利，建国成功，须人人在其岗位上加倍努力，从事博物馆工作者，不可不勉也。

附录一　重要法令

古物保存法

十九年六月七日国民政府公布

第一条　本法所称古物，指与考古学、历史学、古生物学，及其他文化机关之一切古物而言。前项古物之范围及种类，由中央古物保管委员会定之。

第二条　古物除私有者外，应由中央古物保管委员会责成保存处所保存之。

第三条　保存于下列处所之古物，应由保存者制成可垂久远之照片，分存教育部、内政部、中央古物保管委员会及原保存处所。

　　　　一、直辖于中央之机关。

　　　　二、省、市、县，或其他地方机关。

　　　　三、寺庙或古迹所在地。

第四条　古物保存处所，每年应将古物填具表册，呈报教育部、内政部、中央古物保管委员会及地方主管行政字署。

　　　　前项表册格式，由中央古物保管委员会定之。

第五条　私有之重要古物，应向地方主管行政官署登记，并由设官署汇报教育部、内政部及中央古物保管委员会。

　　　　前项重要古物之标准，由中央古物保管委员会定之。

第六条　前条应登记之私有古物，不得移转于外人，违者没收其古物，不能没收者，追缴其价额。

第七条　埋藏地下及由地下暴露地面之古物，概归国有。

　　　　前项古物发现时，发现人应立即报告当地主管行政官署，呈由卜级机关咨明教育部内政部两部及中央古物保管委员会，收存其古物，并酌给相当奖金。其有不报而隐匿者，以窃盗论。

第八条　采掘古物，应由中央或地方政府直辖之学术机关为之。

　　　　前项学术机关采掘古物，应呈请中央古物保管委员会审核，转请教育内政两部，会同发给采取执照。无前项执照而采掘古物者，以窃盗论。

第九条　中央古物保管委员会，由行政院聘请古物专家六人至十一人、教育部内政部代表各二人、国立各研究院、国立各博物馆院代表各一人为委员组织之。

　　　　中央古物保管委员会之组织条例另定之。

第十条　中央或地方政府直辖之学术机关采取古物，有须外国学术团体或专门人才参加协助之必要

　　　　　时，应先呈请中央古物保管委员会核准。

第十一条　采掘古物，应由中央古物保管委员会派员监察。

第十二条　采掘所得之古物，由中央或地方政府直辖之学术机关呈经中央古物保管委员会核准，于一定期内负责保存，以供学术上之研究。

第十三条　古物之流通，以国内为限。但中央或地方政府直辖之学术机关，因研究之必要，须派员携往国外研究时，应呈经中央古物管委员会核准，转请教育内政两部，会同发给出境护照。

　　　　　携往国外之古物，至迟须于二年内归还原保存处所。前二项之规定，于应登记之私有古物适用之。

第十四条　本法施行日期，以命令定之。

附录二　参考书目

（一）期刊

1. 《中国博物馆协会会报》　一二两卷每卷五期　二十四年九月至二十六年五月

2. *The Museums Journal*（博物馆报）每月一本　英国博物馆协会出版

3. *Museum News*（博物馆消息）每二星期一本　美国博物馆协会出版

4. *Museum Work*（博物馆工作）计八集　一九一八年至一九二八年美国博物馆协会出版

5. *Museumskunde*（博物馆消息）每年四本　德国博物馆协会出版

6. *Bulletin des Musèes de France*（法国博物馆集刊）每年十本　法国国立博物馆协会出版

7. *Mouseion*（博物馆）无定期刊物　国际博物馆协会办公处出版

（二）专著

1. Adam T. R.：*The Civic Value of Museums*（博物馆对于城市生活价值）
一九三八年伦敦出版

2. Board of Education：*Museums and Schools*（博物馆与学校）一九三一年伦敦出版

3. Coleman，L. V.：*Historic House Museums*（历史建筑博物馆）一九三三年美国博物馆协会出版

4. Coleman，L. V.：*Manual for Small Museums*（小博物馆宝鉴）一九二七年纽约伦敦同出版

5. Jackson，M. T.：*The Museum*（博物馆）一九一七年纽约伦敦同出版

6. Henyon，F：*Libraries and Museums*（图书馆与博物馆）一九三〇年伦敦出版

7. Lucas，A.：*Antiques：Their Restoration and Preservation*（古物之修理与保存）一九二四年伦敦初版
一九三二年再版

8. Markham，S. F.：*The Museums and Art Galleries of the British Isles*（英国博物馆与艺术陈列馆）一九
三八年英国出版

9. Metropolitan Museum of Art：*Drawings and Measurements of Furniture Used by the Museum*（博物馆所
用器具之图样及大小）一九二三年纽约出版

10. Parker，A．C．：*A Manual for History Museums*（历史博物馆宝鉴）一九三五年纽约出版

11. Plenderleith，H. J.：*The Conservation of Prints，Drawings，and Manuscripts*（印品图画墨迹之保
存）一九三七年伦敦出版

12. Plenderleith，H. J.：*The Preservation of Antiquities*（古物之保存）一九三四年伦敦出版

13. Rathgen，F.：*Die Konservierung von Altertumsfunden*（古物之保存）
第一部：一八九八年柏林初版，一九一五年再版，一九二六年三版
第二部：一八九八年柏林初版，一九二四年再版

14. Scherer，M. M.：*Adult Education in British Museums*（英国博物馆之成人教育）一九三四年美国出版

15. Walsh，J. W. T.：*The Natural Lighting of Picture Galleries*（图书陈列馆之天然受光法）一九二七年伦敦出版

关于地志博物馆科学研究、搜集、陈列与文化教育工作基本条例

中央人民政府文化部社会文化事业管理局编印
一九五二年六月

俄罗斯苏维埃联邦社会主义共和国
所属文化教育机关事务委员会

关于地志博物馆科学研究、搜集、陈列与文化教育工作基本条例

国立文化教育出版局出版
莫斯科·一九五〇年

目　录

俄罗斯苏维埃联邦社会主义共和国部长会议文化教育机关事务委员会，根据联共中央关于思想问题历史性的决议，业已着手改进其所辖全部博物馆的业务，同时对如何克服地志博物馆陈列工作中的缺点，也已提为首要的工作。因此，于一九四九年公布了科学研究院所编纂并经该委员会批准的《关于建立省、边区、自治共和国及各大区地志博物馆陈列的基本条例》。以往的工作经验证明，联共中央委员会公布的文件，在改进及重建地志博物馆陈列以适应党及政府对思想战线所提出的要求上，具有重大的意义。

同时对于上述有关地志博物馆各方面活动的文件，目前也必须加以推广。现在经补充后所公布的《基本条例》中，包括了《关于地志博物馆底科学研究、搜集、陈列及群众文教工作以及地志博物馆陈列、展览举办底特点的指示》。

一九四九年公布的《基本条例》，也删除了一些在委员会颁布特别决议，以及印行若干合理的参考资料之后作废的指示。

联共中央关于思想问题的历史性的决议，在文化工作者之前提出了他们的基本而重要的任务，即以帮助人民大众，积极参加争取在我国建立共产主义的斗争的知识，来武装人民群众。这些决议责成一切科学、教育、艺术工作者，批判地重新审查他们的全部工作，以保证这项工作能符合党及政府所要求的高度思想政治水平。

苏联的博物馆，尤其是在苏联为数很多的地志博物馆，公认在居民的共产主义教育事业上，是起着巨大的作用的。正如科学研究机关一样，地志博物馆从事于地方研究，以及对于有陈列意义的各种物品的搜集、保藏、科学的记述和陈列等工作，这些物品是自然与社会知识的第一泉源。

如同文化教育机关一样，地志博物馆通过组织对博物馆的参观，展览会，地方研究主题讲演，以及藉报刊、无线电，普及地志知识等方式来进行群众文化工作。

提高参观者的社会教育与文化水平，是地志博物馆的任务之一，这种提高是通过关于该区自然、该区的过去历史、该区在社会主义基础上改革的成就以及帮助培养马列主义唯物论世界观诸方面的具体知识来武装参观者的方式而达到的。而地志博物馆的一个特殊重要的任务，就是把该区的社会主义建设，苏联人民在国防事业上的功绩，以及为斯大林的天才所鼓舞和领导的苏维埃人民的劳动的英雄主义等等介绍给群众。

博物馆的全部活动，是为了培养居民对自己的居地，对自己的社会主义的祖国的热爱，动员劳动者完成经济与文化建设的任务。

一、科学研究工作

地志博物馆全部活动的基础，就是科学研究工作，没有这个就不可能举办在高度思想理论水平上的博物馆陈列。

近年来，地志博物馆的科学研究工作范围缩小了，在某些场合下甚至完全停顿了。博物馆科学研究工作缩小的原因之一，是博物馆工作者的不正确的观点，他们认为：举办某些通常不是地志范围内且无博物性质的资料的陈列，既不要求区域研究，也不需要博物馆对已有资料的研究。

为了改进地志博物馆的全部活动，以适应摆在科举与文化研究者之前的新的增长的需要，博物馆应当根本改变自己对科学研究工作的态度，在今后保证科学研究工作有计划地进行。

地志博物馆的科学研究工作有以下几个主要方向：

一、地方的研究：即是研究办联人民依照米丘林[①]学说原理改造了的地方自然环境，地方过去的历史和社会主义建设的成就。地方的研究必须与博物馆材料的搜集结合起来，因为这些材料也是真正的地方研究的成绩。

进行地方研究，不仅需要依靠博物馆全体科学人员的力量，而且需要依靠地方上积极分子的力量。

地方研究工作依靠地方群众对科学的自觉自动性，博物馆才能成功地用地方发展的实际问题，使他们感到兴趣，从而把他吸引到工作中来。

作地方研究的积极分子之组织形式是：

（1）部：由博物馆地方会议所组成。部依照博物馆的工作分类（如地方史研究部、地方自然环境研究部等等），同样也按学术部门（如地质学部、植物学部等等），把地方研究者联系起来。部讨论在地方研究与材料搜集方面的研究题目，考察计划与路线、工作进行的方法；倾听工作报告与科学讲演等等。

博物馆地方会议，通过工作，执行对部的领导。

（2）在各种不同的企业、集体农庄、学校等中间组成小组，小组将一企业或一学校的地方研究者联合起来，并通过地方旅行，搜集地方资料，科学演讲等方式，促进地方研究发展的目的。博物馆管理部与博物馆地方研究会领导小组工作。

（3）与正从事博物馆各专题与职务进行研究之地方研究人员藉通讯取得联系。

二、博物馆资料研究：就是在对某些博物馆搜集品加以分析的基础上，在博物馆物品的注解与科学记载，在参考卡片与科学目录的编纂，在某些科学问题的解决等方面对博物馆资料的研究。

博物馆资料研究的目的就是通过每一陈列物或搜集品的准确日期，这些物品所由产生或所处的环境的描述，而审定它们的科学价值；以及对给予这些物件以某种特性的那种现象的研究。

随同对博物馆藏品的有系统的科学研究工作，为了判定关于新收藏品或搜集品的当时的主要知识而

---

① 米丘林（1855～1935），苏联植物育种学家、农学家，米丘林学说奠基人，下同。

有所谓附注的编纂，这种附注是野外采访搜集工作的成果。

　　三、提纲：专题陈列计划与陈列图表的研究（包括临时陈列），采访路线的决定，博物馆导引的组织，对地方的专论之出版准备及其他。

　　博物馆的各种科学工作是与对文字资料、档案及其他资料的多方面研究联系在一起的。

　　在地方研究工作的组织中，科学研究统一计划占着相当主要的位置。按照这计划，各省、边区、自治共和国的科学研究机关也与博物馆同时列入此项工作之内。同时不应将博物馆不能实行的并只有专门科学研究所才能胜任的题目，列入科学研究工作统一计划之内。博物馆对被定出的科学研究题目的研究工作，应当为了下述目的而组织起来，即：因这项工作可以在博物馆资料与陈列内增添一些新的陈列材料，这些材料是博物馆科学研究员与地方研究的积极分子在专题研究中所搜集起来的。

二、搜集工作

随同科学研究工作的薄弱，博物馆搜集工作也大大地缩减了。战前数年间博物馆资料之补充殆已停顿；资料主要地系由实物及其他有插图的辅助材料所补充。在许多博物馆遂形成了关于重要的历史时期，特别是关于苏维埃时代的资料上的大空白。因此地志博物馆之首要任务就是取消这些空白，保存文物与自然历史材料的有系统的搜集品。资料成为博物馆全部活动的物质基础。

没有对材料有计划的搜集，博物馆是难以完美地发展、扩大、补充并更新自己的陈列的；也难以完美地改进自己的科学研究与群众文教工作的。举凡纪念性文物、艺术品、地方文献、地方景物、地方的过去历史、地方的社会主义建设及其发展的远景，均应列入地志博物馆搜集范围之内。

博物馆所搜集的一切材料，应经严密地登记、编目、注释与科学记述。应当记住：假如一件物品被编入博物馆资料时没有确定与它有关的一切必要知识，那么对于以后的研究可以成为严重的、往往是致命的障碍，不如此就不能利用这件物品在博物馆的陈列上。

着手搜集新的陈列材料时，每一博物馆应整理它的资料所保存的搜集品，研究它们并精密地决定博物馆用什么来处理，首先需要什么。这将能帮助博物馆集中自己的注意力、自己的科学力量与物质财富来补充博物馆所急需的那些搜集品。

与博物馆的科学研究工作结合一起，有计划的搜集工作应在对地方的深刻研究的基础上进行，首先用复杂的和专题的采访方式。同时在搜集陈列物品的过程中必须严格注意每一搜集品应表现出某种被研究的现象的特性。当收集苏维埃时期的材料时，应首先获取能代表现代的物品。但同时不能忘记那些反映过去底某些方面的物品，正如不能忘记那些反映正在建设中的共产主义社会的新特征的物品一样。

地志博物馆为地方纪念文物之主要储藏所。因此在自己的搜集工作中，博物馆不应依照最近期间陈列的需要来组织。在组织搜集工作、指派采访队、搜寻某些搜集品的时候，博物馆应如此筹划整个工作，即：在工作中尽可能地体现出整个博物馆的旨趣所在。在组织科学采访中应特别防止片面的"考古学"的偏向；应在广大范围内，其中首先包括广义的居民生活情况上的诸问题，进行这些采访。

三、陈列工作

一

陈列为博物馆活动的主要形式。作为群众文化机关的博物馆，通过陈列而决定自己的主要任务。陈列的情况，陈列的政治思想水平与科学水平，陈列中材料的多寡决定整个博物馆工作的水平。

自关于地志博物馆的《基本条例》第一版发布后，意义重大的改进陈列工作就在进行。然而陈列中的重大缺点还完全没有克服。

许多博物馆的陈列在内容上还不是地方性的，也没有介绍出在苏维埃政权期间地方的改造，和这种改造在苏联社会主义建设中的地位；没有指出地方自然环境、经济、历史的特点；没有反映出地方与全国的关联。在陈列中地方性利用得很少；而地志博物馆是只能在这些资料的基础上创立的。

许多博物馆陈列的思想理论水平仍然很低。在历史事件解说与社会历史活动家的介绍中，常常有对历史的歪曲，并作出客观主义的、与政治无关的关于史实与社会运动的说明。

在许多博物馆中"苏维埃时期之部"还没有占据中心的主导的地位，没有执行自己的思想教育的职务。被表明在图表上的地方经济——工业，集体农场与国营农场的建设，城市经济——中缺乏工农业生产品底典型的与杰出的范例。这些范例足以表明生产革新者的成就，并为关于地方的社会主义重建的具体知识的来源。

在陈列中很少可以看到工业与农业中的优秀的人们——社会主义劳动英雄。这种情况降低了陈列的质量，使陈列变得贫乏、枯燥而乏味。地方的社会主义建设上各历史阶段的介绍常常被统计一览表所代替，仅只片断地述说地方特性，却未作出有关地方的人民经济与其社会主义重建的发展的完整叙述。战后现阶段的地方发展大多数都表现得很贫弱。

大多数博物馆中自然之部的陈列，没有作出关于地方自然富源的清晰叙述，没有显示现象间的统一与相互联系，没有说明人在改造自然中的地位和创造性的苏维埃达尔文主义——米丘林、李森科[①]——学说的成就，因此这些部门的陈列就不能促进辩证唯物论的世界观的形成。

上述地志博物馆的缺点的主要原因是：

（1）第一届博物馆大会上博物馆工作人员在庸俗社会学与公式主义的倾向上的错误方针，这种倾向把那些真正具有陈列意义的物品从陈列中放逐出去了。

（2）从前出版的许多方法参考书已不合现在思想教育与科学的要求了，这些参考书造成博物馆工作者对陈列工作的不正确的认识，并为一切博物馆拟定划一的提纲。

（3）一般所公认的——是薄弱，在多数场合下用地方性材料来补充博物馆资料的搜集工作的缺乏，特别是苏维埃时期历史和表示地方经济与文化建设的现有成就的地方性材料。

---

① 李森科（1898～1976），苏联生物学家、农学家。

（4）科学研究工作的低落，在个别博物馆中甚至呈停顿状态，这些研究工作正是博物馆陈列之建立与文化教育活动的基础。

（5）博物馆与地方领导机关、科学机关与经济机关缺乏联系。

（6）地方研究工作发展的薄弱，和对当地专家中的积极分子利用得完全不够。

（7）博物馆工作与地方研究工作经验交流的缺乏和文教委员会博物馆管理处与博物馆工作、地方研究工作、科学研究所方面对博物馆工作的科学方法领导不够。

二

博物馆陈列应当具有一定的政治倾向，并有力量把观众导向正确的结论。应当从党的布尔什维克原则出发来作出事件与史实陈列中的评价。

地志博物馆陈列应有独创性并表现出当地的特色。因此以下所述的举办陈列的原则应当灵活掌握，总结当地发展的具体情况，不能作丝毫机械地运用。

凡缺乏足够的根据来表示其确系属于当地的材料，或缺乏显明及有意义的证据来证明其与地方有关的材料，都不应拿来作为补充陈列之用。也不能容许陈列提纲中有一句闲话，或在提纲中有一点小事来分散观众的注意力，减低观众所得的效果。

博物馆陈列的科学价值与其文化教育意义就在于那些作为地方知识泉源的陈列性质的具体物品的展览中。

因此有生界与无生界的标本，某一时代的精神文化与物质文明的纪念物就成为博物馆的主要陈列品了。这些标本与纪念物诸如：

物品：劳动品或劳动工具，工业品与农产品，生活用品与艺术品——即与史实或历史人物直接有关的纪念品等等①。

手迹与印本：书籍、报纸、杂志、信件、科学、政治与文学作品的手稿，地图真本与方案原本等等。

美术品：描写人物、事件、建筑物、有纪念性的场所的各种艺术作品与图片、漫画、宣传画等等。

以历史为主题的艺术品，不论是当代的或现代的艺术家所作，对于陈列都具有莫大的意义。博物馆可以而且应当鼓励苏联的优秀的艺术家来创作这些作品，并以科学的意见给这些作品以保证。

一切陈列品应当首先慎重研究它们是否表示出地方生活某一个方面。应当给博物馆的每一藏品以类似"护照"的鉴定；不能陈列出未经研究过的藏品。

当由于面积过大而不可能把实物列入陈列中去的时候，或因缺乏原作的时候，博物馆就采用这些物品的抄本、模型、复制或塑物。这些抄本、模型等等，应当依照对原物及与其有关的各种资料的特别研究而制作出来。

被用作诠释、比较、概括与述说个别史实、事件与现象间的联系与关系的科学辅助材料（地图、图表、年代表等）也包括在陈列之内。

陈列品说明在陈列中占特殊位置，这些说明的目的，即帮助观众正确地理解陈列并掌握陈列的主要旨趣。

---

① 在研究陈列时必须注意到人种学上的材料的利用。只要在这材料上可以说明居民生活方式的变迁，说明各种不同的人民创作，表现在刺绣、壁画、树皮上的雕刻等等上面的人民的艺术。——原文注

从马列主义经典著作中，从苏联机关与党组织的决议中，从极多的社会活动家、作家、艺术家、科学家的陈述中引用了一些片断来作为陈列品的主要的说明。

陈列中的辅助材料与说明，不能替换地方上存在的与取自四周自然界的那些真正的陈列品，这些陈列品是具有活生生的、具体的现实底感染力的。

标签是陈列的必不可少的因素。它的任务是使博物馆观众在陈列室的陈列中弄清方向，指出某一陈列室的陈列品的年代范围，对陈列室内容加以命题或简单说明，解释个别陈列品或许多陈列品。标签应当包括与陈列品有关的主要材料，在个别场合下并包括对与此陈列品有关的事件或现象的评定。

与博物馆内主要经常的陈列相配合，还适宜于举办一些有关国家地方底政治社会生活方面各种实际的临时专题展览，并可举办馆内收藏资料展览，作为文化教育宣传之用。

博物馆壁端宜放置一些经常性的有关一般教育问题的陈列（地球之形式，地球上的生活历史，人底起源，创造性的达尔文主义之原理及其他），这些陈列不属于主要陈列，而是放置在个别场所或特别陈列室内。

三

与上述诸任务相配合，地志博物馆将设立以下各部：1、地方自然之部；2、地方革命前历史之部；3、苏维埃时期之部。苏维埃时期之部又划分为（一）历史；（二）地方的社会主义经济与文化。

除去此种陈列外，在有足够的搜集材料时可酌量设立其他独立部门，如：艺术之部（绘画陈列室）、文学之部及其他。

（一）自然之部

斯大林的下列意见可以作为设立"自然之部"陈列的原则，他说："……如果除去与周围条件的关联，割断这关联来观察某现象，那么自然界任何部门的任何现象都会是无意义的。相反地，如果从它与周围现象的不可分割的关联中，从它所受到周围现象的限制性中来观察某现象的话，那么任何现象都会了若指掌，洞悉无遗了。"

"自然之部"旨在对作为人底变革活动在其中进行的地方自然及其富源加以说明。本部之陈列将根据马列主义世界观与创造性的苏维埃达尔文主义——米丘林、李森科学说的原理，阐明地方自然之发展，指出地方自然底各个方面与现象的关系与相互关系。

本部的陈列在米丘林学说的原理上，用有关自然发展的规律性和改造自然的途径等方面的知识把观众武装起来。

地势法——即表明地方典型自然地区，是设立"自然之部"的陈列的最好方法。这种方法不是以个别事物的形式，而是在诸现象间紧密地相互关联中来阐明自然。

自然之部经常设立下列组织：

1. 地方自然与自然富源的一般说明。

2. 地方自然历史区域及其典型地势。

一、地方自然与自然富源的一般说明①

（1）地方的一般地理特性：地方在苏联地图上的地理位置；地方最重要的自然史地区；地方之显著

---

① 这部分全部陈列，与其他所有各部门陈列一样，应经严密检查是否与文教委员会特殊指示相一致，并与文学出版中央委员会各机关相符合。——原文注

自然区。

（2）地方的地质学：该区地质构造的特色；在该区领土内观测所得与地质代与地质分期相符合的地层雏型，古代地势之模型或图片。

（3）地方的有益矿物：按照性质用途的矿物分类（建筑与筑路材料、矿物染料、可燃矿物、铁矿、农业矿物等等），它们的经济意义。

（4）地方的地形（地形发生学）：该区在苏联测高地图上的位置；该区现在地势的形成；地壳运动与大冰河的遗迹（漂石、冰河的痕迹、石堆——由冰河所积成的石土等堆，等等）；古代盆地的形成；地形与人类的经济活动；山崩与涧谷，它们的形成与对它们的斗争；涧边与分水岭的散布；风化流沙及与彼等的斗争。

（5）地方的气候与生物气候学：该地在苏联气候地图上的位置；地方气候的主要特点，气压，春寒与秋寒，晴天的多寡，云雾，雨雪，雪幕，一年中四季的长度等等。地方的小气候与地方的物理地理特点有关；小气候的变化复与森林之栽培有关。

观察现象的对象，四季的图片，地方自然历书与农历。

（6）地方的水利：

①地面上的水流：湖、河及它们在农业上的利用；池沼及它们的改良与利用；地方排水沟的水及其利用；池与水槽的修建（与实现多库恰也夫①、可士堆切夫、维尼扬姆士②的合成体有关）。

②地下的水流：它们与地质构造及地势的关系；钻井（Artisian Well）与普通井；矿泉。

（7）地方的土壤：该区在苏联土壤图上的位置，关于地方土壤的主要知识。

多库恰也夫、可士堆切夫、维尼扬姆士的合成体。与土壤侵蚀的斗争，土壤的构成及耕耘。耕作的草原系统；多年生草在创造土壤块状构造中的作用。

改造自然的斯大林计划，防护田地方案与其他方案（位于森林草原与草原地带的博物馆应注意表明这些方案）。

（8）地方的植物界：该区在苏联植物学地理图上的位置；按生长地区（树林、草原、沼泽等）的植物类型；地方的森林种植，如地方护田之用而栽种的森林及灌木林；有用的野生植物及其利用；地方主要农作物；地方的新农作物。植物的病症、害虫及对此的防治。

依据米丘林学说对植物界的改造。该地标准品种中的米丘林品种。改良植物界及提高收获量的李森科方法〔以人工诱致早日开花结实的方法，夏日马铃薯的种植，夏日紫苜蓿的播种，苏联卡萨赫共和国③出产的蒲公英的窝种法等等，依赖于地方某些农作物的存在〕在地方上的应用。

地方上米丘林式工作人员（学者与实验人员）的工作；他们的成绩与工作法（远种杂交，无性交配法，指导者的方法，无性杂交等等）。

（9）地方的动物界：该区在苏联动物地理学地图上的位置；该区业已绝种的动物；依居地而分的该地动物；飞岛，候鸟，蛰伏鸟和定居鸟，护田林的有益的动物及有害的动物；益鸟的保护和招集，毛皮动物与产业动物的服水土与再（新）服水土；天然水池与人工水池的养鱼业。

动物品种的改良。改良家畜与耕畜品种的方法（培养、费用、看护、饲养等等），在地方集体农场与国营农场，在纯种畜产农场中的实行。地方培养与繁殖起来的新品种的马、牛、羊、猪、鸡等。地方

---

① 现多称"多库恰耶夫"，下同。B. B. 多库恰耶夫（1846～1903），俄国自然地理学家、土壤学家。
② 现多称"威廉斯"，下同。B. P. 威廉斯（1863～1939），苏联土壤学家、农学家。
③ 现多称"哈萨克斯坦共和国"，下同。

养蜂业与养蚕业上的工作与成就。

二、地方自然历史区域及其典型地势

地势通常讲的是地面部分，地势包括的一切自然因素（丘陵、形成丘陵的山脉、水系、气候、土壤、植物与动物），构成了统一的自然的整体，密切地联系在一起。

主要的地势是河流及其浸水地、森林、旱沟草地、池沼、湖沼地势、草原等等；山区是山的地势；滨海地区是海的地势。

博物馆陈列中的地势，是复合的整体，其中有：通孔远望之书景与映演活动之写真机械的特殊的、复合机，个别的天然展览品、画片、地图等等。地势中应该反映出人类的改造作用与他的经济活动，例如未被开垦与已开垦的草原，放水前与放水后的沼泽、水利发电站建筑之前与建筑以后的伏尔加区、运河敷设前后的克里米亚等。

每一地势的陈列重心是通孔远望之画景，环绕着通孔远望之画景陈列着该地势的典型材料。

（二）革命前历史之部

地志博物馆里的革命前之部，与苏维埃之部都是用来进行人民与苏维埃祖国马列史观的科学宣传的。

这些部门的组织的条例应该依照斯大林同志的指示："社会发展史首先是生产发展的历史，是每个世纪都有改变的生产手段的历史，也是生产力与生产关系发展的历史。"

地方的历史陈列，必须指出社会经济制度的每个历史阶段同它的阶级构成，这时应特别注意劳动人民的历史，和他们的革命解放斗争。并须记住：历史科学如果要想成为实际的科学，就不能再将社会发展的历史说成帝王将相的事业，说成"侵略者"与国家"征服者"的事业，而是首先应该作为物资财富生产者的历史，劳动群众的历史，人民大众的历史来处理的（斯大林）。

陈列应当指出俄罗斯人民与我们苏联各民族的爱国传统，他们英勇的历史，他们的干练与独创的精神，因为这一切都是我们民族的骄傲与光荣。

展览会上应该藉当地的材料反映出符合地方历史的爱国主义的科学与技术，文学与艺术的历史。要做到如莫洛托夫同志所指出的：我们民族在文化上的一切成就，不论时代如何久远，都受到我们社会主义国家的珍视。今天都陈列在人民大众与所有苏联各民族的面前，恢复了它们的真正的思想的光华。

革命前历史之部，述明了从古代到一九一七年二月资产阶级民主革命时的地方历史的发展。这时地方的历史就成为我们伟大祖国的历史的构成部分，而且是不可分割的部分。

这个部门的构造与陈列计划的主题，由每个博物馆根据该地方历史进程的特点来决定和构成。但在反映我们苏联历史发展的主导线这点上，地方历史不仅要带有历史进程的具体的地方特点，而且要合乎整个国家的总的发展规律。

在举办陈列的时候，要注意按照革命前的时期分为十九世纪末、二十世纪初、帝国主义时代三个阶段。这种划分是很重要的，因为这可以表现帝国主义与无产阶级革命的时期，世界革命运动的中心已经转移到俄国来了。俄国成了列宁主义的祖国。同时就在这个时期，在布尔什维克党及其伟大的领袖列宁与斯大林的领导之下，进行了我们苏联伟大的十月社会主义革命的工作。

博物馆的陈列应该明显地表示出俄罗斯人民在我们苏联历史上的领导作用。然而从一般的历史事件与事实中，陈列只结合主要的，限于与该地区有关的历史事件与事实。在陈列地方参与俄罗斯国家机构以前的历史的时候，应该特别注意在陈列中反映出该地区与俄罗斯国家在政治、经济、文化各方面的联系。

区域的疆界按每个历史时期的情况而决定，根据现有的行政区划分。

根据革命前部门的性质与内容，不可能作出多种多样的与一般必须布置（如像自然部门那样），因此这里只作出对于俄罗斯共和国博物馆基本群众适用的陈列计划，与根据地方在苏联总的历史的背景上的主要发展阶段。

计划如下：

① 原始氏族制到阶级社会区域的设施（多根据考古家的材料）；

② 基也辅①国家时期的区域；

③ 封建割据时期的区域；

④ 俄罗斯氏族国家形成时期与转变成为氏族国家的时期的区域（十五到十七世纪）；

⑤ 俄罗斯帝国形成时期的区域；

⑥ 封建主义解体与资本主义生产关系形成时期的区域（十八世纪后半）；

⑦ 区域在农奴制危机时期与俄国工业革命开始（十九世纪前半）；

⑧ 资本主义发展时期的区域（十九世纪后半）；

⑨ 帝国主义时期的区域。

陈列以一九一七年二月资产阶级民主主义革命的区域这个主题结束。

（三）苏维埃时期之部

伟大的十月社会主义革命，标志了人类社会发展史上新的纪元，苏维埃之部应该是陈列的中心，在所有的地志博物馆中应占主导地位。这个部门的主要任务，首先是促进群众的共产主义教育与解决在争取共产主义胜利的斗争中遇到的实际问题。这个部门应该宣传布尔什维克党的政策，指出党及其伟大的改造力量的领导作用。

这个部门的陈列应包括光辉夺目的地方社会主义建设的成就，帮助博物馆的观众，动员他们参加劳动功绩的创造，去完成正摆在共和国、省、边区、区前面的任务。

一、苏维埃时期地方历史之划分

苏维埃时期地方历史的划分是以列宁的四月论文开始，而以伟大的卫国战争时期与战后地方生活结束。

苏维埃时期地方的发展依照以下主要的历史发展阶段来布置：

（1）地方参加伟大的十月社会主义革命的革命工作，在国内战争与外国干涉的时期中并参加保卫革命成果的工作（一九一七～一九二〇年）。

（2）地方在战前和平社会主义建设时期（一九二一～一九四〇年）。

①地方为恢复国民经济而斗争的时期。

②地方在战前斯大林五年计划时期。

（3）地方参加伟大的卫国战争时期（一九四一～一九四五年）。

（4）地方在战后时期。

苏维埃时期地方历史的陈列，主要内容应该是显示地方的劳动人民在伟大的十月社会主义革命的准备，与进行期中的斗争，以及其对于全世界历史的意义，为建立苏维埃政权而斗争，在内战与外国干涉的年代中为保卫并巩固十月革命的成就而斗争，为恢复地方的国民经济而斗争，为地方的社会主义工业

---

① 现多称"基辅"，下同。

化与农业集体化而斗争。这个部门要指出地方最后的资本主义阶级富农阶级的消灭；作为无坚不克的社会主义宪法的斯大林宪法；联共党第十八次代表大会对于由社会主义到共产主义的渐进过程的领导，指出群众共产主义教育的重要意义。

在这个部分要特别注意的是要采取实物图画或文件的生动材料，来反映布尔什维克党的地方组织活动，赤卫队与红军部队的形成与作用，地方劳动人民在他们争取新的社会主义生活，在争取地方社会主义改造中的劳动与战斗的英雄主义，他们对于伟大的社会主义祖国的爱国主义的忠诚。

在表示战前和平社会主义建设期中的地方的时候，应该特别在陈列中指出斯大林五年计划的成就，在这些五年计划的过程中完成了我们苏联社会主义的根本改造。应该明显地在陈列中反映地方的社会主义的工业化，社会主义竞赛的发达与地方最先斯达汉诺夫运动者的成就。

应该在陈列中指示，如何在地方实行全面性的集体化的基础上，进行消灭最后的剥削阶级——富农阶级的斗争。

在陈列上应该提出有关通过与实行斯大林宪法，描写当地的居民参加宪法草案的公开的讨论的资料，应该提出关于苏联与俄罗斯共和国最高苏维埃最初的选举的资料，也应该描写在斯大林宪法旗帜下，社会主义社会生活的欣欣向荣。

在展示伟大卫国战争的时候，必须反映地方苏维埃人民在战胜德国法西斯强盗与日本帝国主义的事业中所作的贡献。陈列应该指出地方人们在战争年代中战斗与劳动的英勇，而在以前的敌占地区指出德国法西斯强盗对于地方经济与文化的破坏。最后这俩部分指出战后地方历史道路的重要时机，斯大林同志在一九四六年二月九日对选民大会的发言中，虽经指出战后斯大林五年计划的任务和总结，也可以指示战后国家与地方经济政治生活的重大事件。

二、地方社会主义经济与文化之部

这个部分的主要任务就是指示地方社会主义经济与文化的现状和成就，它的工业、农业、文化建设、劳动人民的生活方式。

（1）地方的工业：应指出地方所特有的工业部门的状况与成就，特别是当地工业与工业合作社。在这种形式的陈列中应该尽可能具体的反映并分析一些最基本最普遍的特征。

（2）地方的农业：在这部分陈列中，用最重要最突出的部门（种子的技术学、畜产等）来说明地方农业具体的成就。

先进的集体农庄、国营农庄和拖拉机机械站，对这一部分的陈列作了卓越的专论。说到这里我们对于优秀的集体农庄、国营农庄农事的先进工作者，苏维埃科学的卓越成就和米丘林的经验，应该特别重视和广泛宣传。

同时也必须重视联共（布）党中央一九四七年二月全体大会所通过的在边区如何实现这个历史性的决议。关于战后农业发展，斯大林改造自然计划（植林、水电站和修建运河），苏联部长会议关于在农业中宣传和贯彻科学的成就及先进的经验的决议，说明了政府社会主义农业的发展和地方集体农庄的巩固。

（3）地方的文化和劳动人民的生活方式：在这一部分陈列中指出人民物质文明的增长，和劳动者崭新的生活方式，住宅建筑和公共建筑物，繁荣的城市和乡村，地方保健，人民教育和文化。在说明地方文化生活及居民的生活方式时，不应该只组织反映个别的文化建筑（如学校、俱乐部、医院等）的部门，应该在陈列中指出一般的文化成就，居民文化的提高，科学的发展，文学艺术等人民的创作。因此尤其必须广泛地利用人种学的材料，突出的说明苏维埃时代生活方式的根本改变。

为了苏维埃时代这一部门的陈列，必须领导下列工作：

① 为了进一步更明显的表示苏维埃时代地方社会主义改造的成就，可以将地方经济的情况，劳动人民的文化和生活方式，和革命前的情况作一对比。

譬如，可将现代农业技术设备和革命前的落后技术相比较，将各村的现状和以前的情况作对照，这就必须凭藉社会主义文化建设的工业企业和成就了。

② 有些地方的经济部门及其生产品，应该说明它不是在某地方所出产，而是这种产品的经济特点及其在经济上对于国家地方经济情况和生产部门最突出的作用等等，因此工业部门首先应该指出地方部门的特点，例如在北方各地方和区的博物馆中就是森林和造林工业。

③ 在表现社会主义成就的时候，不要滥用陈列表和注有绝对或相对指标一览表，这里应该特别注意个别企业、集体农庄、工作队、卓越的先进工作者的成就，因此这些成就都极其明确地原则性的表现了地方生活新生的社会主义的特点。

④ 为了劳动人民的共产主义教育，提高他们劳动的积极性和阶级觉悟，本地的博物馆应当指出我们人民的今天和明天，还要指出社会主义区域改造的成果及其发展的远景，计划修改的方案及个别村庄文化教育机关绿树和水池等等。园艺学改变了革命前的地方情况，而这种新园艺学的典范在从前的地方是没有的。种子工具菜园等等，以及在地方所已发现的米丘林的果种，按宏伟的计划在护林带种植灌木，还有豢养家畜等，因之改变了地方的面貌。

⑤ 为了在博物馆中显示地方社会主义计划经济发展的优越性，应当指出各部分国民经济发展的互助作用。搜集生产原料时应当说明它的再生产的情况，种植甜菜或向日葵时必须说明它在糖厂和油坊里的制作的情况，也可以指出那些在循环播种的草原能恢复土壤肥沃的草对于发展畜产的关系。在修建按改造自然的宏伟的计划的蓄水池时，必须指出它的意义，不仅在于改变了宇宙的关系，而且发展了渔业。举办水生动植物和在该池繁殖的鱼种的陈列，对于蓄水池的修建是有好处的。在举办矿物陈列时，譬如土壤，就必须指出这种原料可以制造建筑砖和陶器等。

⑥ 为了反映国民经济各部门的互相帮助互相督促起见，在陈列中首先要指出它的领导部门，譬如在伊凡诺夫省①要组织规模宏大的纺织工厂，这个工厂发生和发展着苏维埃时代的新工业：如泥炭工业（燃料）、化学工业（染料）、纺织和泥炭机器工业，马铃薯农业经济，纺织厂所需用的淀粉，此外还要组织许多学社等等。

这样在各种经济和文化的陈列品中就很明显的描绘了地方的现状和将来发展的趋势。

⑦ 为了避免某些自然的和苏维埃时期的材料的重复，应当认识到自然界的天然宝藏是天然的物资，并没有特别的经济意义。而苏维埃时期的天然宝藏则是经济的物资，因此在天然矿物陈列上，应当说明矿层与地质构造的关系，矿物形成的原因，指出矿层的年代，以及其简短的经济意义。这一部分苏维埃时期的陈列品说明了天然财富的经济价值及其与劳动生产的关系等等。至于详细的区别，可以在动物陈列上搜集之。

在社会主义经济文化的陈列中，应该表明社会主义经济体系，苏维埃社会的区域及苏维埃社会主义文化的优越性。

正确地举办地志博物馆的陈列，报导地方各方面的知识，可以使我们认识地方在完成党和政府的决议，执行共产主义建设的经济、政治、文化的决定的任务。

———————————

① 现多称"伊万诺沃州"，下同。

区地志博物馆陈列组织的特性

区的地志博物馆并不都是一模一样的，资料的多寡与资料的性质不一样，陈列的场所等等特点也不是一样的，因此在组织这些博物馆的实际活动，在博物馆里举行陈列的时候，就不能不考虑这些不同的特点。

鉴于区的地志博物馆的多样性，必须以不同的方法处理陈列组织，处理这些博物馆的整个工作，因此可以将区的博物馆分为以下几类：

第一类的博物馆有充分的陈列场所与材料，它们的性质与完整性可以给省、边区、共和国（苏维埃社会主义自治共和国）的地志博物馆，建立适合于上述的陈列组织，这样的博物馆应该领导这种组织。

第二类的博物馆有足够的陈列场所，但是这些博物馆的材料只有一方面的，主要的是带历史性质的，它的特定任务是在博物馆建立之初就已确定了。属于这类的博物馆多半是古老城市里的历史文物保管所。其中有些博物馆直到现在还是只有历史部门的陈列。

另外一些情形，则是博物馆在已收集的矿物、植物与其他自然科学的搜集品的基础上成立的，因此，这种博物馆的陈列部门常只是自然科学。

这类博物馆还应包括那些具有丰富的主题性的收集，联系着历史性，形成了一个或几个场所，特别是艺术的场所（姆斯车尔斯基与其他的博物馆）。类似这种情况的，还有一些博物馆，其资料说明区的特殊经济倾向是如何形成过来的（如乌拉尔的塞罗夫斯基博物馆、莫斯科近郊煤田的斯大林诺哥尔斯基博物馆等）。

由于这些博物馆中积累的历史的、文化的、自然科学的与其他的搜集品的重大意义，这些博物馆可以藉现成的材料临时设立一两个部门的陈列。

但是这类博物馆必须组织科学研究与搜集工作，如此方可于短期内，保证博物馆的全面发展，即具有所有自然、革命前历史、苏维埃时期历史三个部门。

当然，这些博物馆举办的陈列，必须适合于区的特殊经济情况及其历史的发展特点。

第三类的博物馆包括陈列场所不够，材料绝对有限的博物馆。它们不能展出三个部门，它们只能举办苏维埃时期的陈列，宣传劳动的成就与先进方法，主要是社会主义的农业。它们指示藉已有的当地自然陈列品，作国民经济的基础，利用历史陈列品作为与社会主义建设成就的比较资料。

为了宣传米丘林农业学的实际应用，必须在区的博物馆中组织实验农场，俾传播农业区的科学知识，并广泛宣传米丘林关于人类能看到自然的显著变化的学说。实验农场应该是这些工作的中心。

四、群众文教工作

地志博物馆的主要仟务之一，就是在馆内举行陈列，并在这种科学的研究和综合活动的基础上进行群众文教工作。

博物馆的群众文教工作应与共产主义建设具体的政治、经济任务紧密地联系起来，协助人们进行共产主义教育，提高人们普通知识水平和文化水平，培养苏维埃人的爱国主义精神，并且动员全体苏维埃人民，决心献身于国家的和地方经济政治的事业。

博物馆工作的群众形式有下列几种：

1. 游览。举办博物馆的展览会或游览城内市郊的有历史意义的著名的胜地。

2. 讨论会。为博物馆的参观者，以及各种机关部门工作人员（如财经部门、学校、戏院等等），应在分会、科学档案外及金融管理处组织专家的讨论会。

3. 讲授当地的或与博物馆工作有关的课目。

4. 在公营企业、集体农庄、工人俱乐部、学校举行巡回展览会。

5. 学员的专门业务：

① 游览及讨论会的工作，服务于博物馆观众的工作，只有采取了分别对待的办法，照顾到他们的询问，他们的普通教育与文化水平，他们的特殊技能才能成功。陈列工作首先要按照两大观众的种类来区分：一类是成人；一类是学龄儿童。

至于成年的观众，由于服务的性质，可分以下三组：

甲、志在借博物馆提高普通常识及政治水平或文化水平，或者帮助身体健康的参观者。绝大多数的参观者属于这一类，包括工人，公务员，和集体农庄庄员，主要的群众工作都应该集中在这一组。

乙、为研究课业中或在自学中发现的某些问题的参观者。他们参观博物馆主要是为了能藉博物馆的帮助，以便使他们的知识更具体化或更巩固。对于这一组应采用一些特殊的工作方法。

对于其中没有组织的参观者，最好的服务方式就是由科学工作者或馆内积极的小组长举行个别的谈话。

丙、具有各种知识的科学工作者和专家。他们把参观博物馆看作参加采取个人研究工作的讨论会似的。要为这些人服务，首先要好好整理博物馆，便于他们笔记和利用博物馆作科学研究工作。

对于这一组人的服务方式不外乎提供一些情况和说明。

在这一组内要包括讲师、作家、导演、艺术家，以及经济工作者和计划组织者，他们都要求在这里得到实际活动的必要材料。所有这些都表现在有准备的成熟的会议上。

对于某些为学习课程，或其中大部是为了被求知欲所驱使而对博物馆发生兴趣的学生，游览服务也要特殊方法。

博物馆的工作者对于如何为学生服务，满足青年游览者的询问，应该表现得特别注意、敏感和关怀。

科学工作者所举办的有历史性和纪念性地点的游览，就说明了这个问题。但是应该说，这一类陈列品的工作，也是有着特殊的工作方法的。

② 授课工作。根据地方的情况，或大部是地方的情况，规定科目、报告或谈话的题目。在谈到当地的自然概况及其过去的历史和关于社会主义的建设时，博物馆的工作人员，应把历史的事件，地方的关系，及本国改造自然知名人物，社会主义劳动英雄，共产主义建设者介绍给当地的居民。

博物馆的科目、报告和谈话的内容，应与博物馆的陈列材料相配合，如幻灯、小型展览，这些都能使群众工作活跃起来，使它的目的性更明确。

授课的工作，不是经常的，而是循环的。至于阅读课业或报告不应受博物馆场所的限制，而应设在博物馆之外，或在各企业公司、集体农庄、学校或俱乐部来进行。

博物馆的文化工作应该利用本馆把当地的知名人物如斯达汉诺夫运动者、学者、发明家、作家，或革命运动、国内战争及伟大的卫国战争的值得怀念的人物，介绍给居民。

③ 巡回展览工作。博物馆的群众文化工作要反映最主要的政治事件，经济运动及一切普通常识的迫切问题，在本馆及时的组织展览，并且应在馆外巡回展览的方法进行群众文化工作。

至于这些展览的主题和计划。组织的技术及其他，则由其主管人阐明之。

④ 博物馆对于学生群众的工作方式。在群众工作中，博物馆应协助学员深入的研究课程，并用陈列品使之形象化，来帮助学员进行各种科学活动，并引起他们对于某些知识的兴趣。为了最有效地完成这个任务，必须：

甲、在馆内组织学校委员会，与各学校建立紧密的关系，并利用现有的房屋设置学生的宿舍。

乙、研究适合于学校课程表的讨论题目。

丙、发展学校地方研究小组工作。

学校委员会是为学校服务的组织中心，参加委员会的除了博物馆的同志以外，还应包括教师、技术人员及青年团的负责人。

博物馆有在居民中进行群众文化工作的任务，因此就必须尽量藉这个工作争取劳动群众，这样也就必然要大量地把观众吸引到博物馆里来。吸收观众到博物馆来应该成为博物馆经常关心的工作。参观人数增多，就会提高博物馆的威信，对于开展其一切活动是有帮助的。参观的人数增多，就会鼓舞博物馆的组织工作，首先是提高陈列品的质量。应当正确的在科学的理论基础上，以博物馆的材料，丰富的陈列品，提高博物馆在群众中的威信，并提高其参观人数。参观者满足了参观博物馆的要求，就会变成博物馆最好的宣传者。

但是最好的陈列品，如果它长期不更换的话，都不再会吸收第二批参观者，因此博物馆应该不断地以新的陈列品来补充。博物馆是一个最生动的组织，其发展的必要条件就是要继续不断地向前发展。

为了吸收参观者到博物馆来，最重要的条件应以各种方式为他们服务（如上课、读书、谈话、碰头会、会议、小组会，郊外有历史纪念和值得回忆的地方的远足等等），并应提高该项工作质量的标准。

博物馆开放的时间对于吸引参观者具有很大的意义，第二班有工作，只有上午才有空间时间的劳动人民，可能上午来参观；而白天有工作，晚间有空的工作者在晚上来参观。因此，必须规定博物馆开馆时间，一周内三个白天两个晚上开馆。在规定开馆时间的时候，应估计当地的情况，尤其是广大的集体农庄员赶集的日子。星期日白天开馆时间为八时至十时，不得中断。星期一照例要闭馆。

至于博物馆的工作，新陈列品，馆长应藉解释、公报和无线电等等广泛地向居民宣传。

博物馆应印行向导册、目录册及艺术明信片。在厂矿企业的报纸上发表公告或短评是很起作用的。

研究参观者的成分，参观者的兴趣和问题，尽快地反映对于改善博物馆工作有效的建议，这些工作对于博物馆是具有极重大的意义的。

俄罗斯苏维埃联邦社会主义共和国所属文化教育机关事务委员会批准

一九四九年五月二十七日

关于省、边区、共和国（苏维埃社会主义自治共和国）地志博物馆条例

一、总条例

（一）省、边区、共和国（苏维埃社会主义自治共和国）的地志博物馆，乃是国家科学研究与文化教育的机关。它经过全面研究地方、搜集并陈列博物馆资料，在广大居民群众中间传播有关地方的知识。其目的在给劳动人民以共产主义教育，动员他们去完成经济政治任务，并在他们中间培养对自己地方及苏维埃祖国的热爱精神。

（二）博物馆位于俄罗斯苏维埃联邦社会主义共和国部长会议领导下的文化教育机关事务委员会的体系中，从属于省（地方）文化教育工作部，或苏维埃社会主义自治共和国部长会议下的文化教育工作管理局。

（三）博物馆在授与它的权利与义务范围内，行动一如法人，具有印章及规定形式的刊物。

二、博物馆工作的内容与形式

（四）博物馆根据自己的任务而执行下列工作：1. 利用文学与档案来源、指导考察等等，组织对地方、地方自然环境、历史、社会主义建设、经济、文化以及居民生活方式的全面研究；2. 搜集、保存并研究、叙述地方的物质的、文献的与其他的博物馆资料，乃是省、边区、共和国（苏维埃社会主义自治共和国）物质文化与精神文化遗存的主要收藏室；3. 组织陈列，乃是博物馆文化教育活动的基本形式；4. 在博物馆中举行展览，组织永久的和巡回的展览会，组织以地方或一般科学为主题的报告与讲演；5. 通过博物馆的附属陈列，为教师组织学校教室、教研室等等，在学生的掌握学习材料中帮助人民教育机关；6. 为研究地方并搜集博物馆资料起见，执行考察与科学任务；7. 以小组和地方讨论会的形式组织群众地方工作，设地方通讯员纲，利用他们在自己展览和科学活动中的工作经验；8. 促进文化纪念物的说明、研究和普及；9. 筹备出版有关博物馆活动的科学著作、游览指南、目录以及其他资料。

（五）博物馆资料，通过资料的征募和购买，国家和社会组织以及私人收藏的搜集，或通过与其他博物馆的交换而补充之。

【附注】惟有获得俄罗斯苏维埃联邦社会主义共和国部长会议下的文化教育机关事务委员会的许可，才允许移动资料，并将其转入其他博物馆或机关。

（六）务使博物馆的整个活动与科学、经济和社会组织及机关等配合。

388

（七）博物馆会同地方博物馆制定关于研究地方的统一科学研究工作计划，以及征募资料的计划，并在地志博物馆活动中给它以科学方法上的帮助。

（八）博物馆应在举行有关博物馆及地方工作的会议中，辅助省（地方）文化教育工作部（苏维埃社会主义自治共和国部长会议下的文化教育工作管理局），组织七年级学校学生以提高博物馆工作者的资格，并根据本馆概况而进行商讨工作。

三、博物馆的组织

（九）博物馆根据下列部门组织自己的陈列：1. 自然之部；2. 革命前历史之部；3. 苏维埃时期之部——包括历史部门及社会主义经济与文化部门。

【附注】在此种陈列的组织外，在具备充足的搜集品时，博物馆中可设独立部门：艺术之部（绘画陈列室）、文学之部及其他。

（十）博物馆中除各陈列部门外，尚有贮藏室、图书馆、科学案卷保管室、摄影及化验室，以及辅助事务如预算室、会计室、特别指定的工作室（修复的、模制的及其他）。

四、博物馆的领导

（十一）馆长为博物馆的领导，他对整个博物馆活动，它的资料及财产负有责任。馆长由省（地方）文化教育工作部（苏维埃社会主义自治共和国部长会议下的文化教育工作管理局）任命，由俄罗斯苏维埃联邦社会主义共和国部长会议下的文化教育机关事务委员会批准之。

（十二）博物馆资料的管理或其人员的调换，根据博物馆长的呈请，由省（地方）文化教育工作部（苏维埃社会主义自治共和国部长会议下的文化教育工作管理局）批准之。

（十三）在博物馆馆长领导下，地志博物馆会议以咨询机关的资格行动之；该会议由下列成员组成：博物馆馆长（会议主席）、博物馆科学工作者、文化教育工作部（局）、地方苏维埃、党与经济机关、社会组织等的代表，以及个别邀请的专家和地方人士。

地志博物馆会议的成员，根据博物馆馆长的呈请，由省（地方）文化教育工作部（局）批准之。

（十四）地志博物馆会议讨论有关博物馆活动的事业计划及核算，新的陈列底主题计划，科学考察及出差的计划和核算，博物馆出版物的计划，群众工作与地方工作的方法，补充材料问题以及其他。

（十五）在地志博物馆会议时，由联合博物馆会议成员。博物馆工作者以及在研究区的个别部门中的积极分子的分部进行之。

（十六）博物馆中永久性陈列和临时性陈列的主题，出省（地方）文化教育工作部（苏维埃社会主义自治共和国部长会议下的文化教育工作管理局）批准之。

新陈列的开办，根据一九五〇年十月十二日俄罗斯苏维埃联邦社会主义共和国部长会议下的文化教育机关事务委员会的指示举行之。

五、博物馆的财产与报告

（十七）博物馆的财产由下列二项组成：1. 博物馆按地方预算所支出的拨款；2. 得自入场费的征收，即举行展览的收入，出版物、艺术复制品的出售与其他，以及机关和组织因进行科学研究工作而得的特别收入的特别财产。

（十八）博物馆的财产，按照省（地方）文化教育工作部（苏维埃社会主义自治共和国部长会议下的文化教育工作管理局）所批准的预算支出之。

（十九）博物馆的工作，向省（地方）文化教育工作部（苏维埃社会主义自治共和国下的文化教育工作管理局）报告之，并按照规定形式对上述机关呈送一年的工作报告与统计书。在报告批准后，后者往俄罗斯苏维埃联邦社会主义共和国部长会议下的文化教育机关事务委员会。

*　　*　　*　　*

（二十）没有直接的命令，调换博物馆的地址以及利用博物馆的房屋（部分或全部），取消博物馆，非经俄罗斯苏维埃联邦社会主义共和国部长会议根据一九四八年十月十四日第三八九八号《关于古物保管改进方法的决定》所作的特别许可，均不得实行。

俄罗斯苏维埃联邦社会主义共和国所属文化教育机关事务委员会批准

一九五〇年十月十二日

区地志博物馆条例

一、总条例

（一）区地志博物馆，乃是国家科学研究与文化教育的机关。它经过全面研究区、搜集并陈列博物馆资料，在广大居民群众中间传播有关区的知识。其目的在给劳动人民以共产主义教育，动员他们去完成经济政治任务，并在他们中间培养对自己地方及苏维埃祖国的热爱精神。

（二）博物馆位于俄罗斯苏维埃联邦社会主义共和国部长会议领导下的文化教育机关事务委员会的体系中，从属于区文化教育工作部。

（三）博物馆在授予它的权利与义务范围内，行动一如法人，具有印章及规定形式的刊物。

二、博物馆工作的内容与形式

（四）博物馆根据自己的任务而执行下列工作：1. 组织区、区自然环境、历史、社会主义建设、经济、文化以及居民生活方式的全面研究；2. 搜集、保存并研究、叙述区的物质的、文献的与其他的博物馆资料，乃是区内物质文化与精神文化遗存的主要收藏室；3. 组织陈列，乃是博物馆文化教育活动的基本形式；4. 在博物馆中举行展览，组织永久的和巡回的展览会，组织以地方或一般科学为主题的报告与讲演；5. 通过博物馆的附属陈列，为教师组织学校教室、教研室等等，在学生的掌握学习材料中帮助人民教育机关；6. 为研究地方并搜集博物馆资料起见，执行考察与科学任务；7. 以小组和地方讨论会的形式组织群众地方工作，设地方通讯员网，利用他们在自己展览和科学活动中的工作经验；8. 促进文化纪念物的说明、研究和普及；9. 筹备出版有关博物馆活动的游览指南、目录以及其他科学资料。

（五）博物馆资料，通过资料的征募和购买，国家和社会组织，以及私人收藏的搜集，或通过与其他博物馆的交换而补充之。

【附注】惟有获得俄罗斯苏维埃联邦社会主义共和国部长会议下的文化教育机关事务委员会的许可，才允许移动资料，并将其转入其他博物馆或机关。

（六）务使博物馆整个活动与区内科学、经济和社会组织及机关等配合。

三、博物馆的组织

（七）博物馆根据下列部门组织自己的陈列：1. 自然之部；2. 革命前历史之部；3. 苏维埃时期之部——包括历史部门及社会主义经济与文化部门。

【附注一】在博物馆各部门缺乏充分的搜集品时，可仅根据足以供应必需博物馆资料的那个部门而举办陈列。

【附注二】在此种陈列的组织外，如有适当的陈列品，博物馆中可设独立部门：艺术之部（绘画陈列室）、文学之部及其他。

（八）博物馆中除各陈列部门外，尚有贮藏室、图书馆、科学案卷保管室、摄影及化验室，以及辅助事务室如预算室、会计室、特别指定的工作室（修复的、模制的及其他）。

四、博物馆的领导

（九）馆长为博物馆的领导，他对整个博物馆活动，它的资料及财产负有责任。馆长由省（地方）文化教育工作部（苏维埃社会主义自治共和国部长会议下的文化教育工作管理局）任命之。

（十）博物馆资料的管理或其人员的调换，根据博物馆馆长的呈请，由省（地方）文化教育工作部（苏维埃社会主义自治共和国部长会议下的文化教育工作管理局）批准之。

（十一）在博物馆馆长领导下，地志博物馆会议以咨询机关的资格行动之；该会议由下列成员组成，博物馆馆长（会议主席）、博物馆科学工作者、文化教育工作部、地方苏维埃、党与经济机关、社会组织等的代表，以及个别邀请的专家和地方人士。

地志博物馆会议的成员，根据博物馆馆长的呈请，由区文化教育工作部批准之。

（十二）地志博物馆会议讨论有关博物馆活动的事业计划及核算，新的陈列底主题计划，科学考察及出差的计划和核算，博物馆出版物的计划，观众工作与地方工作的方法，补充材料问题以及其他。

（十三）在地志博物馆会议时，由联合博物馆会议成员、博物馆工作者以及在研究区的个别部门中的积极分子的分部进行之。

（十四）博物馆中永久性陈列和临时性陈列的主题，由省（地方）文化教育工作部（苏维埃社会主义自治共和国部长会议下的文化教育工作管理局）批准之。

新陈列的开办，根据一九五〇年十月十二日俄罗斯苏维埃联邦社会主义共和国部长会议下的文化教育机关事务委员会的指示举行之。

五、博物馆的财产与报告

（十五）博物馆的财产由下列二项组成：1. 博物馆按地方预算所支出的拨款；2. 得自入场费的征收，即举行展览与其他的收入，以及机关和组织因进行科学研究工作而得的特别收入的特别财产。

（十六）博物馆的财产，按照区文化教育工作部所批准的预算支出之。

（十七）博物馆的工作，向区文化教育工作部报告之，并按照规定形式对上述机关呈送一年的工作报告与统计书。在报告批准后，后者送往省（地方）文化教育工作部（苏维埃社会主义自治共和国部长会议下的文化教育工作管理局）。

（十八）没有直接的命令，调换博物馆的地址以及利用博物馆的房屋（部分或全部），取消博物馆，非经俄罗斯苏维埃联邦社会主义共和国部长会议根据一九四八年十月十四日第三八九八号《关于古物保管改进方法的决定》所作的特别许可，均不得实行。

地志博物馆的陈列方法
—苏维埃时期之部—[①]

中央人民政府文化部社会文化事业管理局编印

一九五二年九月

[①] 此文稿在 1957 年博物馆科学工作研究所筹备处编印的《博物馆译丛（第一辑）》一书中重印，此文根据重印版本进行了适当修改。

俄罗斯苏维埃联邦社会主义共和国
所属文化教育机关事务委员会
地志博物馆工作研究所

地志博物馆的陈列方法
—苏维埃时期之部—

国立文教书籍出版局出版

一九五〇年·莫斯科

目　录

一、苏维埃时期陈列的意义

我国所有文化教育机关——包括地志博物馆在内的主要任务，就是以马克思、列宁主义精神，以无限忠诚于自己伟大祖国与共产主义事业的苏维埃爱国主义精神，来进行对苏维埃人民的思想政治教育。同时，地志博物馆应以促使劳动大众积极参加建设共产主义社会的实用知识，来武装苏联人民。

在完成地志博物馆这些任务上，地志博物馆的苏维埃时期的各部分具有特殊重要的地位。这些部门应当在自己的陈列中反映出地方苏维埃时期中的历史进程，地方的新的社会主义的面貌，地方的社会主义经济与文化建设的任务与成就。在当地的成就上，地志博物馆应该用陈列品来解释和宣传布尔什维克党的政策及其伟大的改造力量。而且地志博物馆苏维埃时期的各个部分，在对群众进行社会主义教育上，与实际促进地方社会主义建设事业上，均具有特殊重大的意义。

地志博物馆应当用特殊的方法——保证博物馆陈列的必要的思想教育与说明效果的方法，来完成这些最重要的任务。陈列的思想内容——即反映地方在苏维埃时期的历史、经济与文化的内容——应当通过博物馆的形式，博物馆的语言，首先是通过各时代的真实文物，如实物与文件等以各种陈列方式表现出来。除了作为直接反映时代的真实文物的这些主要陈列品以外，还应当把不具有文物性质，但是能清晰地反映地方社会主义建设的具体成就，和某些事迹的艺术图片材料（图画、插图、模型、透视画等），或能概括地介绍社会主义建设的某些过程与成就的科学参考材料（地图、图表、年代一览表、图解等），以及各种注释材料，放进陈列中去。

地志博物馆陈列方法的另外一个最重要的原则，就是用地方性的资料组织苏维埃时期之部的陈列，完成自己的思想教育任务；利用本地的成就，利用当地每个居民最容易了解的最亲近最密切的地方性的材料，来宣传苏联政府的政策。应当将一般性的材料吸收到陈列中来，这些材料只要能够说明我国社会主义建设的每个阶段的基本任务就行了。不弄清这些基本任务，就不可能理解发展的过程和发生的现象。在苏维埃时期的陈列中，具有特殊意义的是，摘自列宁与斯大林的著作和党代表大会决议中的语录，因为这些语录可以具体地说明陈列中的地方性材料的政策性。

地志博物馆苏维埃时期之部有了地方性材料，就会大大地帮助博物馆完成它们自己所面临的以社会主义教育群众的任务；这也就使陈列有了启发人深省、令人感动的力量。

二、苏维埃时期陈列情况

目前地志博物馆关于社会主义建设的陈列有许多根本性的缺点。

博物馆社会主义之部的所有陈列单元，常常没有显示出地方主要的、新的社会主义的面貌，没有反映出地方的社会主义建设和人们深刻的、根本的特征，没有阐明这些改造的伟大政治意义。对于地方处在苏维埃政权下的那些年代，在我们国家建设社会主义社会那些年代中所经历的巨大的路程，没有给予一个清晰的概念。

在许多博物馆陈列中，甚至对在战后阶段的地方发展情况也叙述得非常不够和模糊。

所有这一切，都证明了若干地志博物馆中苏维埃时期之部的思想理论水平的低下。这些单元一般并不符合陈列的要求——并不是用真正的陈列材料、实物材料、文件与绘画材料组成的，而主要地却依靠不带有地方色彩的各种科学辅助材料，与流行的实物教材。这就大大地减低了陈列的质量，并使它对于观众变成没有说服力的和干燥无味的东西。

在一九四九年五月二十三日俄罗斯苏维埃联邦社会主义共和国部长会议所属文化教育机关事务委员会所批准的《关于建立省、边区、共和国（自治共和国）及大区地志博物馆陈列的基本条例》中，对地志博物馆社会主义建设之部作了如下的说明：

> 社会主义之部在博物馆的陈列中，一般没有放到中心领导的地位，因之也没有尽到它的思想教育的任务。地方的经济（工业、集体农庄的建设、城镇与道路的管理等），常是用一些呆板的、粗制滥造的图表来表现，即没有采用企业的产品，也没有说明生产的过程。在陈列中，很少看到集体农庄的模型，农业机器站的模型，各生产部门的制造程序，工业和农业中的出色人物——社会主义劳动英雄；因此减低了陈列材料的质量，使这些材料变得贫乏、干燥无味。地方社会主义建设各历史阶段的陈列，不少都被统计一览表代替了，加之这些图表的说明，本身也是片断的，关于地方人民经济的发展、地方社会主义的重建没有一个中心概念。战后阶段地方的发展，在许多场合下，表现得极为薄弱。

《地志博物馆陈列基本条例》一文曾对产生这些缺点的原因加以分析，苏维埃时期的历史方面，以及地方经济文化建设现有成就方面必需用地方性材料，来补充博物馆资料工作的不足，有些陈列，甚至完全没有地方性材料，使苏维埃时期到最近时期的陈列，产生了特别不好的影响。

关于苏维埃时期材料的搜集工作，是重视得不够的。在博物馆工作者中有一种观点广泛流行，那就是只有过去的材料才是有价值的陈列品，材料时代愈早，它的陈列价值就愈高，在博物馆中搜集现在的东西，文件和图表，被认为是不必要的。

我们周围的东西很快地就会从生活中消逝，博物馆也就失去了将它们收入自己资料的可能这一点是被忽视了。

结果苏维埃时期的陈列资料在许多场合下显得极其少。一九四八年上半年苏维埃时期陈列资料，在唐波夫省博物馆中总共只占博物馆资料总数的百分之五·八，而在梁赞省博物馆①中仅占百分之四·二。

社会主义建设方面资料不充分，苏联历史最重要时期（例如在许多博物馆中，苏维埃政权成立的初期即恢复时期）和现代社会主义建设的最重要部门（例如文化和生活部门）方面的材料缺乏，没有补充等等，是社会主义建设部分在资料方面的极大缺点。

即使从陈列材料的价值方面看，苏维埃时期之部的陈列资料的成分，也是不能令人满意的，大多数博物馆的陈列，在苏维埃时期中最有价值的文献资料，实物、书面和图片的材料都很少。例如，在梁赞省立博物馆中，一九四八年，这类材料仅占有关苏维埃时期资料（到伟大卫国战争为止）总数的百分之九。

当然，在这个基础上，建立内容丰富的真正有陈列价值和地方色彩的有关苏维埃时期的陈列，尤其是建立应占有地志博物馆中心位置和主导地位的苏维埃时期的陈列是不可能的。

苏维埃时期的陈列之所以没有地方特征，以及这些陈列之所以经常建立在一般流行的，无需任何复杂的搜集工作即可得到，而对地方却丝毫未提及的材料上，其原因之一，就是由于地志博物馆陈列品中的地方资料极端不够。

必须注意从前出版的关于在地志博物馆中成立社会主义建设各部的工作方法参考书，并未明确规定博物馆以有关地方资料的收集品作为地方陈列的基础。一九四〇年地志工作与博物馆工作研究所出版的《社会主义建设陈列材料》，包括了成立这一部门主题陈列的模范设计，要地方基本上去依靠一般的材料，将大部分的地方材料拿去作补充和说明之用。这样，在表现协约国第三次进攻的模范设计的部分中，四十三件陈列品中只有六件是地方的；在关于社会主义国家工业化政策的部分中，十六件陈列品中只有六件是地方的。

地志博物馆的社会主义建设之部，还可以看出一个特点，这个特点给了整个陈列以不好的影响，并且也是在"模范设计"的影响下产生的。这个特点就是陈列的年代极其片断，而在陈列中揭示的所有的历史阶段，其设计是与地方各个经济部门的陈列设计是一样的，这就使得同一提纲的材料，令人厌倦地一再重复，使得同样的工业部门在陈列中出现四五次。

重复经济部门的材料，以致使历史阶段陈列的负担过重，结果，每个发展阶段的主要政治任务，与地方社会主义改造的基本特点，淹没在千篇一律的、常常是支离破碎的材料里，而在许多陈列中，没有得到必要的清楚的表现。

---

① 现为"梁赞历史建筑博物馆"，建于 1884 年，1890 年对外开放。

三、苏维埃时期之部的结构

为了消除地志博物馆苏维埃时期陈列中所发现的一切缺点，并提高它们的思想理论水平与陈列水平，必须基本上依靠地方的与真正的博物馆材料，鲜明地反映地方社会主义陈列的道路，与地方社会主义建设的成就。同时，在苏维埃时期的陈列中，必须划分苏维埃时期地方的历史，与地方社会主义建设，社会主义的经济与文化的成就，因此，《省、边区、共和国（自治共和国）及各大区地志博物馆陈列的基本条列》规定，要将苏维埃时期之部，分成两部分：

1、苏维埃时期地方历史；

2、地方社会主义经济与文化的历史。

地方历史之部，应该展示地方社会主义发展的主要历史阶段是与我国总的历史发展分不开的。

地方社会主义经济与文化之部的基本内容，应该是具体地广泛地展示地方国民经济与文化建设的各个部门的成就。

只有用这种办法才可以保证必要的政治思想内容，与深刻鲜明的表现力；同时也保证广泛宣传地方社会主义的发展，地方新的社会主义的面貌，及地方上的人物。

四、苏维埃时期地方历史之部的构成

《地志博物馆陈列基本条例》规定苏维埃时期地方历史的发展，根据以下的主要历史阶段来陈列：

（一）地方参加伟大十月社会主义革命的准备与现实，在国内战争与外国干涉时期（一九一七～一九二〇年）地方参加保卫革命成果的斗争。

（二）地方在战前和平社会主义建设时期（一九二一～一九四〇年）。

（三）地方参加伟大卫国战争时期（一九四一～一九四五年）。

苏维埃时期地方历史部分的陈列，应该根据各个历史阶段展示地方如何实现国家的社会主义建设的基本任务。

陈列应该展示地方劳动人民为伟大十月社会主义革命的准备与实现而斗争，为建立与巩固该区苏维埃政权而斗争，地方参加一九一八～一九二〇年的国内战争。在陈列中，必须反映地方的国民经济恢复时期，反映地方的社会主义工业化、农业集体化与最后消灭资本主义阶级——富农阶级，地方工业与农业技术的改造，地方斯达汉诺夫运动的发展。在这一部门中，应该充分地依靠地方材料，展示为斯大林宪法所巩固的社会主义的胜利以及地方参加伟大的卫国战争。

战后的和平社会主义建设时期不能算作历史的往事，而是现代的事情。它应该列在苏维埃时期陈列的第二部分，即关于地方社会主义经济与文化的成就部分陈列出来。

（一）表现地方参加伟大十月社会主义革命的准备与实现及国内战争

伟大十月社会主义革命，是一个最深刻的历史转变，开辟了我国每一地区、每一城市与乡村的新生活。我国任何一个地方的博物馆没有不在它的陈列中反映这个世界历史上最伟大的事件的。

在许多博物馆中，这个最重要主题的陈列，却不完善，甚至是不能令人满意的。有些地志博物馆举办十月革命的陈列，专门或者是差不多专门依靠一般的材料（平兹①、舍尔巴克省博物馆），根本不能反映地方劳动人民争取社会主义与苏维埃政权的英勇斗争，以及在取得我国社会主义革命的胜利中，地方所作的贡献，而这种贡献，应该是所有地方上的人们出于合理的爱国主义所引以自豪的。有些博物馆根本没有表明十月革命的伟大历史意义，完全没有表现革命的准备时期，以及苏维埃政权最初在国内和地方上的设施。

表现地方的社会主义革命准备时期，首先必须反映地方上布尔什维克党的基本任务，即争取工人阶级与千百万农民群众到社会主义革命方面来的任务，是如何实现的。牟诺姆县地志博物馆分三个阶段来表现社会主义革命的准备：党重新确定方向的时期（一九一七年三月到四月），群众作革命动员的时期（一九一七年五月到八月）和组织冲锋的时期（一九一七年九月到十月）。博物馆陈列了关于在牟诺姆建立布尔什维克组织的有价值的材料（成立布尔什维克委员会与举行会议的房屋的照片、小册子和传单、

---

① 平兹省博物馆，现为"国立奔萨州地方志博物馆"，建于1905年，1911年对外开放。

党证等等），关于牟诺姆的布尔什维克争取群众的活动的材料（当地布尔什维克的图画、画像、当时的传单，牟诺姆布尔什维克党组织成长的图表等等）。

雅罗斯拉夫尔省和罗斯托夫省地志博物馆①在社会主义革命准备时期的陈列中，提供了有价值的地方材料，证明群众革命的动员：地方企业工人退出社会革命党加入布尔什维克党的宣言，关于罗斯托夫省农民革命起义的文件的照片，以及关于罗斯托夫城工人的示威游行，表示对临时政府不信任的文件的照片等等。遗憾的是，多数博物馆表现自己地方走向十月革命却是不够的。苏维埃时期陈列的典型缺点，就是一般的与地方事件没有联系的材料占了优越的地位，许多语录，博物馆的观众一般都读不下去，材料也是出于偶然而零碎。这些缺点，几乎成为这个主题的通病。

"伟大十月社会主义革命的实现与地方苏维埃政权的建立"这一中心主题，在苏维埃时期的陈列中，具有特别重要的意义。这个陈列，可以从列宁与斯大林论十月革命的伟大历史意义的作品中摘录的原文，与伟大的革命领袖的画像开始，将这些语录与画像堂皇地装饰起来。同时这里要引用很重要的十月革命的文件：党中央委员会关于武装暴动的决议，第二次苏维埃代表大会关于一切政权归于苏维埃，告工人、士兵与农民书，第二次苏维埃代表大会颁布的和平法令与土地法令，关于成立以列宁、斯大林为首的苏维埃政府的法令。因为这些文件可以反映地方为十月革命，为地方苏维政权的建立与巩固而进行斗争的历史过程，要解决这个问题，就必须收集该时期可作实证的地方材料（书面的文件、实物纪念品、图画材料），同时也必须制作一系列的陈列品，将这些伟大的日子中，地方政治生活中的最重要的事件用艺术的手法表达出来。

首先必须在陈列中表现地方建立苏维埃政权而进行的斗争，以及苏维埃政权建立的历史因素。为了这些目的，必须陈列地方苏维埃关于将该地（省、县）的政权交给工、农、兵代表会议的决议，十月革命时期地方布尔什维克领导者的画像，以及地方苏维埃政权最初领导者的画像，关于掌握了政权的地方苏维埃的社会成份与党的成份，当时工、农、兵代表会议所在地方房屋的照片或模型等等。

然后必须表现地方怎样执行伟大十月革命的指令，和怎样在成立初期为巩固苏维埃政权而进行斗争，这个问题，在地志博物馆中的说明是完全不够的。这同样是由于没有必需的地方材料，由于博物馆对于苏维埃时期的材料没有进行有系统的收集工作。必须在陈列中反映地方如何在旧的资产阶级国家机关的废墟上，设立新的苏维埃政权的机关；应表现当地关于取消旧制度，组织新制度的决议，和关于这些活动的材料。对于地方实行土地法令的情况也可以用农民从没收了地主的土地所得到土地数量的实际材料来说明，用地方组织关于分配已没收的土地的决议来说明等等。必须表现地方如何实现工人管理生产，以及工业企业国有化，例如乌斯曼县立地志博物馆②所陈列的文件的照片，以及关于地方工厂国有化的美术材料（图画、地方活动家的照片等等）。

用陈列来解决我们现在所研究的问题时，如果将伟大十月社会主义革命的一般材料，与地方苏维埃政权建立与巩固的地方材料，建立有机的联系，那是有极重大的意义的。

因此，应该将有关革命改造的一般材料与地方材料，明显地相互配合起来，例如，关于地方苏维埃政权以及新的苏维埃国家机关之建立的文件材料，直接同第二次苏维埃代表大会的一切地方政权交给苏维埃的宣言联系起来；土地法与工业企业国有化的法令，同实行这些措施的地方材料配合起来等等。

根据同样的原则，应表现从一九一八年开始的农村社会主义革命的发展，组织贫农委员会，制裁富

---

① 雅罗斯拉夫尔省地志博物馆现为"雅罗斯拉夫尔州历史建筑博物馆"，建于 1895 年。罗斯托夫省地志博物馆现为"罗斯托夫地方志博物馆"，建于 20 世纪早期。

② 现为"乌兹曼区立地方志博物馆"。

农阶级，配合引用列宁或斯大林论贫农委员会之意义的作品的主要语录。必须采用关于组织贫农委员会及其活动的地方材料，关于没收富农土地与农具的地方材料，关于将这些土地与农具分配给贫农与中农的地方材料，以及关于为粮食而斗争的地方材料。例如：车尔德县立地志博物馆在其他材料中，引用了地方活动家关于地方组织贫农委员会的讲演记录与回忆录，车尔德县贫农委员会的图片，车尔德苏维埃关于贫农委员会的活动和对富农作斗争的决议，以及这个题材的图画。

差不多所有的十月革命陈列，普遍地有一个最大的缺点（其中也有好一些的），那就是这些博物馆的实物，特别是纪念性的材料极不充实。

每个博物馆都应该收集与陈列伟大事件的真正纪念品那样的珍贵材料，如旗帜、战绩、地方赤卫队与红军部队的武装配备、革命家个人的物品等等。正确地反映地方在革命日子中的情况的美术材料，也有很大价值，例如，关于地方革命事件的图画、照片，布尔什维克印刷所的模型，举行过布尔什维克组织会议的房间模型，设立过赤卫队司令部或工人、士兵第一次代表会议的房子模型，地方政治上有名的，领导过争取地方苏维埃政权斗争的活动家的画像与雕像等等。

地志博物馆在说明外国军事干涉与国内战争年代中（一九一八～一九二〇年），地方参加社会主义祖国，为保卫十月革命成果所进行的斗争。在这个主题上，主要的注意力应该放在说明当地境内进行的国内战争的事件。这个主题，应该说明地方劳动人民的英雄主义与爱国主义，他们对社会主义祖国的忠诚；同时也应说明，在苏维埃共和国同国内国外敌人进行斗争，并战胜了敌人史绩中，地方所起的作用。

因此，很自然地，伏尔加沿岸、乌拉尔、西伯利亚的博物馆，应当表现同高尔察克的斗争；而库尔斯克、沃龙涅什①、唐波夫②省的博物馆，应当表现同邓尼金的斗争等。但是，这个基本的要求，博物馆常常不能遵守。鞑靼苏维埃社会主义自治共和国契斯托波尔③县立博物馆，不久以前，表现国内战争还只是用一些从冲破波兰白军的战线，在向克里亚进军中夺取伏南格尔④的坦克的再版图片来陈列，一点也没有说明本地同高尔察克的斗争，以及关于高尔察克的进攻和被粉碎的事迹。

但是许多博物馆正确地执行了这个任务，并且在解决这个问题中获得了成就。库尔斯克省立博物馆就表现了国内战争事件与在库尔斯克境内同干涉军的斗争，即一九一八年德国侵略军占领了库尔斯克省的西南部，又由该地被驱逐出去，以及一九一九年在库尔斯克境内同高尔察克的斗争。特别珍贵的是，博物馆收集的关于斯大林同志于一九一八年四月到五月，一九一九年十二月到一九二〇年一月两次居留库尔斯克省的材料。在陈列中，反映了斯大林同志居留卡斯多雷、旧鄂斯科尔、米哈伊洛夫克，新鄂斯科尔与居留库尔斯克（斯大林的住宅及屋内陈设的照片、模型，地方艺术家与阿维洛夫的图画与照片，描写斯大林同志留居新鄂斯科尔⑤，描写斯大林同志在前进阵地上的复制的文件，第一骑兵队战士的武器等）。

地方材料应当与国内战争总的过程联系起来，要在陈列中说明这次战争的胜利结束。

国内战争陈列中最薄弱的地方，就是表现后方的生活与工作。大家知道，后方在支持红军胜利的工作中，是起了巨大作用的，我们必须消除这个缺点，收集并陈列关于这个问题的地方材料。

---

① 现多称"沃罗涅日"。
② 现多称"坦波夫"。
③ 现多称"奇斯托波尔"。
④ 现多称"弗兰格尔"，下同。P. N. 弗兰格尔（1878～1928），苏俄内战时期白军首领之一。
⑤ 现多称"新奥斯科尔"。

牟诺姆地志博物馆①陈列了这一时期牟诺姆县劳动人民的艰苦情况，地方工业与输运工作的急剧低落，粮食、肉类、原料不够，饥饿折磨着工人，博物馆陈列了许多实物：茶叶的各种代替品，藜（goose foot）②做的面包，糖精，工人房子里的木质凉鞋、灯、煤油灯等等。

但是如所周知，党与工人阶级克服了这些不可思议的困难，实行了军事共产主义政策，使整个后方服务于前线。博物馆应表现地方是怎样实行这一政策的，用列宁或斯大林的话，对军事共产主义政策作一般的评论之后，博物馆应表现地方中、小企业是怎样进行国有化的（企业的照片、这些企业国有化的法令等），余粮征集制和普遍义务劳动制。

同时，在陈列中，应当反映我国英勇的工人阶级不顾一切艰难与困苦，以劳动的热潮，来回答祖国面临的危险。例如，牟诺姆博物馆陈列的一些照片、文件与透视画，说明在这时期中，牟诺姆的企业中所进行的义务星期六。这些地方材料，是配合列宁关于共产主义义务星期六的伟大意义的卓越论述进行陈列的。

也必须在博物馆的陈列中表现国内战争时期，各个地方，在国家最艰苦的情况下所进行的经济与文化建设，组织最初的国营农场，农业公社，农业劳动组合，工人迁移到资产阶级的房子里去，开办学校，建立工人俱乐部、公共食堂等等。国内战争时期地方的这方面的生活，常常没有在地志博物馆中得到说明，虽然每个地方都能发现说明这些生活的鲜明的确实的材料——照片、宣传画、地方报纸、地方组织的决定，当时学校教学设备的物品等等。

（二）表现战前社会主义和平建设时期的地方历史

表现战前社会主义和平建设，是苏维埃时期历史陈列最艰巨的任务。在这时期，我国发生了巨大的、具有全世界历史意义的改变——建立了社会主义社会。为了在陈列中鲜明地、突出地表现作为我国一部分的地方历史的过程，必须系统地进行地方材料的收集工作，在博物馆陈列中正确地组织这些材料，并对这些材料作政治性的说明。

斯大林同志一九四六年二月九日在对莫斯科斯大林选民小组的宣言中，总结了战前国家工业化，以及由于工业化的结果，使我们国家变为工业强国，具有无比坚强的国防。他指示说，"从一九二八年，亦即从第一个五年计划的第一年开始，我们的国家在三个五年计划中获得了历史性的转变，但是在这个时期以前，我们还需要恢复被毁的工业，医治第一次世界大战及国内战争的创伤"。

因此，斯大林同志就把战前社会主义和平建设分为两个主要阶段：一、是一九二八年以前国民经济恢复时期；二、是战前三个五年计划中规定了的国家社会主义基本建设。

现在博物馆关于战前社会主义和平建设就是依据这种时代的划分来布置的。

《地志博物馆基本条例》规定社会主义和平建设时期的陈列，分为两部分：

1. 国民经济恢复时期；

2. 战前五年计划时期。

根据历史渊源，在陈列地方国民经济恢复时期，应该指出地方如何在推行新经济政策的基础上，迅速地恢复农业、工业、运输以及贸易的发展。关于新经济政策的特点，列宁与斯大林已有论述（参看《联共（布）党史简明教程》二四五、二四六页）。陈列地方国民经济恢复时期，应该陈列具体的文件以及显示地方和平恢复工作成就的辅助资料、照片、工业企业恢复的模型、招贴画和当时的图片。观众

---

① 现为"穆罗姆历史艺术博物馆"，建于 1918 年，1919 年对外开放。

② 一种植物。——译者注

对一九二四年币制改革的陈列资料最感兴趣，例如从一九二二年到一九二四年收集的钱币（纸币）及其购买价值的实际材料等等。

同时，也应当指出在地方如何解决新经济政策的基本问题"谁战胜谁"的问题，以及地方各种经济的社会主义性质如何年年增长，因而消除了资本主义的因素。

地志博物馆也应当陈列出地方如何实现列宁的伟大合作计划，为吸引基本的农民群众参加社会主义建设开辟了道路。为此目的，必须陈列最初的省合作社活动情况的资料：预约收买条款、信用贷款章则、畜产和农产的合营以及乡村第一个合作社的摄影。

同时，在陈列中应该反映当时技术不高的生产水平，例如，要表现工农业生产工具的模型，从这些模型中可以追溯出当时生产能力的迹象。

在"地方的国民经济恢复时期"陈列中，应该反映在恢复时期结束时，党的当前的新任务，亦即在我国建设社会主义的任务，并把国家社会主义工业化的政策作为党的总路线的基础。

所有这些具有世界历史意义的任务，在第三个五年计划中具有显要的地位。

因此，地方战前五年计划，以及在此时期内我国的每一个加盟共和国、边区、和面貌崭新的省和县，都应该在战前社会主义和平建设陈列中，占中心的地位。

这些年代，首先表现出工人群众在发展群众性的社会主义竞赛中所已显示的强大高涨的劳动热情，并随着这种热情的高涨，加速了国家社会主义工业化的步伐，发展了重工业。每个地志博物馆，应该在陈列中表示出社会主义竞赛的发起及其在地方上发展的具体形式，如地方工人、地方企业突击队如期完成五年计划的保证，社会主义竞赛公约等等。博物馆并且应该把地方第一个工业和运输突击队员社会主义竞赛的优秀工作者推荐出来，并摄制成电影。

同时，还应当陈列地方工业的成就，如地方第一个新建工程的照片和图画，这一时期地方工业所生产的，新的产品的最初式样等等。

第一个五年计划，是农业经济集体化的根本转变时期，一九二九年中农参加了集体农庄，而这正是群众性的集体农庄运动的开始。地志博物馆应该指出地方工农业的这种根本变化的过程，以及党对于农业集体化的方针，正是这样，许多博物馆引证了斯大林同志在第十五次党代表会议中报告的名言，即："使分散的小农经济过渡到大的统一的集体经济，是克服使国民经济陷入可怕状况的落后农业的唯一出路"。

因此，应当陈列出党的这种政策如何在地方推行，以及地方农民如何响应领袖的伟大号召，为此目的，应该陈列建立第一个集体农庄的经过情形：如农民建立农庄一般性会议记录，第一个作为农庄组织者的农庄主席的照片，地方第一个农庄地图等等。

党和政府的政策，就是准备过渡到全面的集体化，并在这个基础上，消灭富农阶级。博物馆的任务就是要陈列地方存在的这种深刻的革命的变革，依照斯大林同志的说法，就是"根据其结果，这种革命的变革和一九一七年有同等意义"。

因此，博物馆应当搜集一些报告文件，例如：农民如何决定没收富农的牲口、机器及其他有利于集体农庄的工具，如何将富农的土地转给农庄，并没收对于政府政策表示剧烈抗拒的富农的一般土地和生产工具等等。例如鞑靼国立博物馆①在陈列农村阶级斗争时，除了一般的照片和报告文件以外，还利用了一些实物，如像富农的短枪和富农藏过火器的福音书等。

---

① 现为"鞑靼斯坦共和国国家博物馆"，建于 1894 年，1895 年对外开放。

此外，陈列还应反映地方巩固集体农庄的成绩，尤其要搜集并陈列这样一些文件和资料：将土地转交并永远给农庄使用的决议，集体农庄的章则和统计资料，说明地方如何为"布尔什维克有效地改造集体农庄"而斗争，集体农庄的生产计划和组织劳动的资料（如集体农庄照片，集体农庄庄员劳动表册等等），第一个优秀的地方组织者和农民中集体农庄的积极建设者的资料，当地第一个集体农庄的突击队，地方农业机器站的组织和活动，以及站附近的政治局，地方国营农场的资料等等。

地志博物馆也应当反映出，在第十六次党代表会议以后，国民经济落后的地方，在新式技术设备方面已有了显著成效，以及农业机械化等，并说明地方设备如何在落后的国民经济基础上进行了技术改造。

一九三五年"干部决定一切"的口号代替了"机械决定一切"的口号，于是斯达汉诺夫运动马上推广到全国，这就是掌握了新式技术的新干部不断增长的明证。因此，地志博物馆应该陈列一些在地方首创发动斯达汉诺夫运动先锋队的情况（相片及其生产成绩）。

必须反映出我国在苏维埃各个时期的辉煌成就——一九三六年斯大林宪法制订了并付诸实现，这是把苏维埃联邦共和国社会主义的胜利，从法律上巩固起来。公布并陈列斯大林同志关于宪法草案的报告，及其关于祖国及边区社会主义胜利的报告，特别是劳动人民用以庆祝新宪法的社会主义合同，以及一九三七年、一九三八年最高苏维埃会议的第一次选举资料，如大会决议、预选会议、竞选传单及口号，以及选举大会的结果。

最后，博物馆还应该利用陈列品来说明苏联人民在斯大林宪法，以及在联共党第十八次会议关于在我国完成社会主义建设并逐步过渡到共产主义决议的旗帜下，在物质和文化等方面的繁荣情况。

（三）表现地方参加伟大卫国战争时期

在战争时期差不多所有的地志博物馆都举行了伟大卫国战争的陈列，这种陈列现在不仅具有伟大历史意义，而且具有伟大的思想教育意义。

关于我们对艺术、文学和戏剧的任务，联共（布）党中央委员会指示说："要尽一切力量协助进一步发展苏维埃人民在伟大卫国战争时期所表现的优秀品质。"

博物馆当前的任务，就是使用地方参加卫国战争的历史材料，来表现苏维埃人民、地方企业、地方红军战斗和劳动的刚毅精神。

这些有关祖国人民功绩的资料，都具有如战争时期一样的特殊思想教育价值，使我们因祖国而骄傲，使我们也学习他们，参加到为祖国服务的爱国竞赛中，创造功绩。

地志博物馆应当在战争中起一定的作用，要搜集大量的有关战争过程的一切资料，来说明我们人民劳动和战斗的功绩，以及我们如何准备着战胜敌人。

曾经进行战斗的地区和后方的博物馆布置陈列时，所反映的前线和后方的情况，自然也是各不相同的。

曾经作为战区的地方的博物馆的基本任务，是要说明地方战争进行的一般情况，人民在被占领区，反对侵略者的游击战争，英勇的红军解放了地方，地方初期的恢复情况以及地方男女公民如何为争取胜利而作的斗争。

例如，库尔斯克省博物馆①在举办陈列时，就可以由一般的规定而订出下列计划：

1. 德国法西斯背信弃义地突袭苏联；

---

① 现为"库尔斯克州地方志博物馆"，1903 年筹建，1905 年对外开放。

2. 库尔斯克人民和全苏人民起而保卫祖国，参加卫国战争，库尔斯克省的保卫战争；

3. 库尔斯克省在法西斯侵略者的统治下；

4. 库尔斯克省的游击活动；

5. 莫斯科城下全歼希特勒匪军，列宁格勒的保卫军参加库尔斯克战斗；

6. 斯大林格勒的伟大胜利，一九四二年冬到一九四三年红军进军，一九四三年解放库尔斯克；

7. 一九四三年二月八日库尔斯克解放；

8. 库尔斯克解放日，苏维埃政府对库尔斯克的关怀；

9. 库尔斯克的防卫准备，库尔斯克人民参加防卫工作；

10. 一九四三年夏库尔斯克的战斗，库尔斯克全部解放；

11. 库尔斯克共青团员为祖国而斗争；

12. 库尔斯克妇女在伟大卫国战争时期；

13. 红军再进军，粉碎法西斯德国。斯大林同志——我们的领袖，胜利的组织者和鼓舞者。

敌占区的战争初期及其解放的各阶段的特殊情况，如一九四一年到一九四二年，一九四二年到一九四三年，一九四三年到一九四四年（如斯摩棱斯克省、加里宁省、列宁格勒省、阿尔诺夫省等）。

在博物馆里，应将地方解放的过程和战争的一般过程联系起来，而把地方解放的每一个阶段分成相当的部分。

例如斯摩棱斯克博物馆①，就是按照这个原则来陈列的，将斯摩棱斯克解放分为以下三部：

1. 莫斯科德寇全歼及解放斯摩棱斯克的第一步（一九四一年冬～一九四二年）；

2. 斯大林格勒的伟大胜利及解放斯摩棱斯克的第二步（一九四二年冬～一九四三年）；

3. 库尔斯克之战及解放斯摩棱斯克的第三步。

普斯可夫省地志博物馆也以同样原则，在陈列中把该省人民游击战争发展的情况和一般的战争过程联系起来，并把游击活动分为三个阶段：

1. 一九四一年列宁格勒开始封锁，普斯可夫省游击活动的组织；

2. 莫斯科歼灭希特勒匪军，游击活动的开始，普省地方游击队的组成；

3. 斯大林格勒的伟大胜利，普省游击活动的新高涨，游击队与红军会师。

在地志博物馆陈列的第二种方式即后方的博物馆，它的中心任务自然是表示地方居民如何参加英勇红军的斗争，以及支援前线的忘我劳动。

我们介绍后方博物馆应按照下列方式来陈列，实践证明这些方式是正确的：

1. 德国法西斯背信弃义地突袭苏联（同第一型博物馆）；

2. 红军对敌英勇战斗，组织居民参加主要战斗；

3. 地方支援前线；

4. 彻底并最后地粉碎法西斯侵略者，组织居民参加到最后的斗争里。斯大林同志——苏联人民的领袖，胜利的组织者和鼓舞者（同第一型博物馆）。

如所指出，卫国战争的陈列应该反映出伟大卫国战争时期地方的英勇斗争与一般战争过程的关系。

因此，应将红军的英勇战斗，按战争的基本阶段反映在陈列中。

但是，博物馆也不限于红军英勇战斗的基本阶段陈列，特别是如果没有这一类陈列所必需的真实材

---

① 现为"斯摩棱斯克国立博物馆"，建于 1888 年。

料时。在这种情况下，材料应按战区分类，以便在陈列中考察战争中的战斗情况，或者按战斗分类，说明地方儿女在参加战斗中所表现的无比刚毅。

后方工作材料不应按战争阶段分类，惟有有关战争初期的后方工作（如企业及设备撤往新区），才应像其他博物馆（如斯摩棱斯克）一样，其中一方面反映了红军初期即积极防卫时期的战斗，也反映了从第一月直到一九四二年二月的战争。这里说明了我国经济发展的特殊阶段，这个阶段就是将全部国民经济改为战争的形式，并在东方建立和巩固的阶段，这个阶段也就是在本质上区别于战争经济的正常发展的阶段。

对于陈列来说，选择题材是具有现实意义的。照例，这些题材应该从苏军最高元帅斯大林同志的报告中、命令中选择，当然，也可以从其他史料中去找，譬如库尔斯克省博物馆的陈列，在"红军一九四三年七月防御战的准备"一栏中，就是摘录了"为解放库尔斯克而斗争"、"七月二日苏联最高元帅斯大林同志告军民书，关于德国纳粹七月三日至六日可能转入进攻的特电"。这些文件在整个战争发展的阶段里，放射出灿烂的光辉，同时也明确地证明了斯大林同志天才领袖的睿智。

博物馆在举行卫国战争的陈列时，应该避免重复其他地志博物馆在实践中所犯的一些错误。

通常在伟大卫国战争的陈列中，一开始就说到红军的整个战斗过程，一直到苏军的最后胜利，并以后方工作来结束整个陈列。

这样，当然是不正确的，胜利是全体苏联人民努力的成果 ——一方面是红军的英勇和强大，一方面是后方劳动的功绩：工人、集体农庄庄员和知识分子的功绩。因此，陈列应展示胜利及直接在胜利前的战争时期，而在结束这个主题之前表现后方工作。

后方地志博物馆，必须以后方工作及人民的劳绩、结合地方参军战斗的陈列为主要内容，同时，在某些后方博物馆（如梁赞博物馆），在工业、农业等支前的后方工作，还表现得很不够。

博物馆应当陈列伟大卫国战争中真正的民族英雄，在萨拉托夫省博物馆里陈列了弗·依·柯罗瓦特击落的第一架飞机；高尔基省①博物馆陈列了一架曾经击落了二十架敌机的飞机。

高尔基省博物馆里陈列了许多任务厂和集体农庄以及基辅如何支援前线和后方的各项工作。

达格斯坦苏维埃社会主义自治共和国、伯力及其他等地的博物馆，保存了斯大林同志对于慰劳红军捐款发起人的谢电。

许多博物馆保存着很有价值的物品、报告和写实的材料，反映了地方及其居民参加了伟大卫国战争，但在大部分博物馆里，这一类的材料还不够，这些省的搜集工作应该加强。

必须搜集并陈列这一类的文件和资料：

1. 实物资料：武器，地方红军部队参加地方战斗的装备，游击队的武器、模型、英雄，尤其是当地苏联英雄与敌搏斗的纪念品、各种胜利品，以及保留在民间或机关里未经整理的各种武器等。

2. 印刷品和文件（附有翻版照片的）：公文，地方机关的决议，语录，回忆录，日记，书信，战斗和人物的记录，传单，标语，游击战报等等。

3. 美术材料：前线和后方生活的照片，纪念胜利的照片，本地红军英雄的塑像，劳动英雄和游击队员的照片，各种草图，标语及漫画等。

博物馆同时应该举办艺术作品（如图画、雕刻、透视画等）的陈列，反映地方在战争中的作用，这就要预先研究作为主题的事件以及搜集必需的文件和资料。

---

① 现多称"下诺夫哥罗德州"，下同。

伟大卫国战争陈列应该反映出使我们获得胜利的动力，以及苏维埃游击队及后方劳动的生产创造力，党的英明政策，斯大林同志天才的、战略的、政治经济的领导。

陈列就是要为这个任务服务，但是除此以外，还应当举办最高总司令、苏联大元帅斯大林同志的主要陈列室，因为就是在斯大林的领导下，苏联人民和苏军获得了伟大胜利。设立这个陈列室的具体地方可以各不相同，尤其是要依据陈列地址的具体条件而定，但是不论在何种情况下，地址总应该设在与战争的重要事件相关的中心地方。

五、地方社会主义经济与文化之部的构成

地方社会主义经济与文化之部，应陈列战后的主要事件，包括斯大林同志一九四六年二月九日发言的反映，最高苏维埃以及地方苏维埃选举劳动代表，因为这些选举是苏联人民精神上、政治上团结的表现。还有五年恢复计划，通过苏联发展国民经济法，施行币制改革，更换配给制，以及其他现行有历史意义的决议和措施。

地方社会主义经济及文化，应该用工业、农业、运输、文化建设及劳动者的生活，具体的说明地方社会主义建设的成就。陈列应该着重于反映地方在战后的发展及其经济状况，一般工作的情况，战后恢复的成就，在全面建设社会主义社会的道路上国民经济的进一步发展，以及地方如何逐步地过渡到共产主义社会。

这一部分的陈列还要宣传工人、集体农庄庄员、知识分子的社会主义劳动事迹，并应普及先进的斯达汉诺夫工作者的成就和工作法，尤其重要的是，陈列要利用地方劳动人民文化技术水平提高的条件在他们具体的生产过程中给予具体的帮助，使他们能够完成或超额完成任务。

这种与地方社会主义建设实际任务的直接关系，就是地志博物馆举办的地方社会主义经济文化之部陈列的重要部分。

这一部分陈列还应当反映苏维埃时期地方社会主义成就的水平，及其深刻的原则性的意义。同时还可以把地方社会主义改革后的经济文化情况和革命前的经济文化情况相对照。

在《地志博物馆基本条例》中，规定发展博物馆的内容，把国民经济按部分为下列各项：地方工业、地方农业、运输、文化、地方人民生活。

但是，也可以不按照这个次序，例如某些地区或个别的省，到现在谈到农业的优越性时还是从陈列地方的农业着手，因为在这些区和省的工业，通常是首先从如何改造农业原料的基础上求得发展的。

在另外一方面，要专题陈列运输、工业和农业，运输陈列还必须搜集充分的资料。

《地志博物馆陈列基本条例》规定了几条一般的纲领上、方法上的原则，根据这些原则来布置这部分陈列：

第一、为了使地方国民经济文化更具体更明确，在陈列中必须介绍一些地方先进的，同时也是突出的例子，如：企业、集体农庄、国营农场、文化机关、工作队的成就及先进生产者的情况等。

第二、在地方国民经济各部门的陈列中（工业、农业及其他），不要反映经济部门全面的生产情况，只要把生产部门中最突出的，地方在国民经济中的地位，以及国民经济的特点指出就可以了。

第三、为了更明确的表现地方社会主义改造的过程和成就，应将苏维埃时期及革命前时期的地方经济、文化、劳动人民生活等情况作比较。

使用这些工作纲领原则来具体地举办陈列，是特殊的有步骤的方针任务之一①。

（一）地方工业陈列

"我们的国家由落后的国家转变为先进的国家，由农业国转变为工业国"（斯大林），这就是我国社会主义建设的重要总结之一。这是在战前三个五年计划时期中，具有历史意义的转变，它根本地改变了苏维埃共和国、省、边区的国民经济的面貌，而上升到先进的工业和农业工业化的地位。在许多省里，工业的性质也急剧地改变了——重工业的比重，生产工具的制造都急剧地增加，例如莫斯科省由纺织业转化为金属业，又如雅罗斯拉夫尔省，从前主要是织布业，现在，第一个计划就是要发展机器工业和化学工业，东部的工业也正在大规模的成长中（如乌拉尔、西伯利亚、伏尔加沿岸）。

地志博物馆在陈列地方工业时，用一两张图表，说明地方新工业的面貌，同时也可以适当地用一些小型图表，显示苏维埃时期地方工业的基本变化。

---

① 出自地志工作与博物馆工作研究所加尔金同志在一九四九年九月二十九～三十日研究所学术委员会扩大常会上所作的报告：《州、县地志博物馆科学研究、搜集与陈列工作的任务和原则》。在表现社会主义的成就时，博物馆应当纠正一种错误的做法，那就是只陈列一些概括的，采取数字统计图表形式，带着绝对与相对指数的实际材料，这些东西常常使博物馆工作人员不再去表现真正具体的成就。在表现该区苏维埃经济与文化成就时，必须表明个别生产先进分子的成就，应当在最具体的个别事实中，表明这种成就，而那些事实应该是该区社会主义产生的崭新的生活特点的体现，同时要使材料反映这种体现新生活特点的事实。在表现农业的成就时，例如区里小麦的最高收成，应当陈列收成打破记录的这种小麦的标本，它的外貌（茎的大小，一颗种子生长的茎数，穗的大小，种子的大小，穗子上种子的数量）等，显然是与该区寻常收获的小麦不同的。这种小麦与该区平常收获的小麦相比较，将引起观众最大的兴趣，他们开始想知道这是怎么得来的，希望看到这些生产先进分子的画像，希望知道所有补充的报导，同时也乐意读数目字与说明文字了。这里数字与说明文字就是作为必需的补充材料拿来陈列的，而不是像我们博物馆平常那样，把它们当作单独的陈列品。博物馆陈列的实际效力，就在于从感情上去影响观赏陈列品的观众。例如在表现养羊业时，陈列两种羊毛的标本，这里可以清楚地看到改良品种的羊毛与普遍品种的粗毛的纤维长度、软度与弹性，如果同时陈列粗毛的呢子与改良羊毛的呢子，那就更令人信服，也就更能说明许多事情。同样，在表明各种农业生产的成就，用现在与革命前该区普通的产品标本对照，也可以组织成有说服力的陈列。只要不陈列那些没有向观众说明什么的抽象数字、结论或该县收获的平均指数，以及说明这些东西的图表与图式。应该注意，按照最高苏维埃的法令，政府授予农业先进工作者高等奖赏，是由于高度收获量的具体成就，那末，这些成就也应该用最具体的材料表现出来。关于如何表现地方的前途，这是一个严重的问题，为了使劳动人民受到共产主义的教育，提高他们的积极性和觉悟，地志博物馆不但要表明我们人民的今天，而且要昭示明天，指明前面的道路，使每个苏联人朝气勃勃，坚信自己的力量，坚信共产主义的胜利。苏联人民知道，国家的计划就是社会主义的发展规律，因此，在苏联人民的陈列中，必须表现地方社会主义改造的计划。但是要使用资料才能使人信服，而不仅仅是一些计划数目的图表。这就是说，要具体地表明区里的改变，以及如何改变。应该表现个别曾被敌人占领的先进集体农庄中，改造村庄的未来的建筑图案，村庄的文化建设，绿荫区水池的建筑图案；表现农作物的计划，品种的标本，这些品种代替了该区由革命前所承继下来的品种；以前区里没有生长过的新农作物、谷类作物与技术作物的标本（陈列实物以及塑物），同时也必须在区里培植米丘林果实的计划、品种，乔木与灌木品种的标本，这些植物是有计划地根据护田林带总的计划来种植的，有计划地在该区培养家畜的品种等。为了在陈列中显示地方社会主义计划经济的优越性，应当表现国民经济各个部门发展的计划的相互联系与相互约制，在研究与表现地方时，要适当地采用以下的原则：博物馆显示省或区的最重要的经济部门，从这些国民经济部门中，突出在这一体系中占中心地位的主导部门，其次要显示地方自然地理形势与历史进展的特点。这些特点能够说明解释地方的经济与文化面貌的特点。为了阐明这点，伊凡诺夫省是一个最典型的例子。在考查与陈列伊凡诺夫省时，过去历史上形成起来的棉织工业将是国民经济体系中，占中心与主导地位的部门，这个棉织工业按照国家的计划，决定许多新的工作部门的产生与发展，这些新工业部门就是：泥煤工业、纺织与泥煤的机器制造业、颜料物质的生产等，同时也决定农业的专门化——马铃薯（土豆）可以制织布工厂需要淀粉，与文化建设的方向——纺织的、化学的、机器制造的专科大学、专科中学与研究所。上述考察与表现地方省区的原则，在方法的理论与实际方法上都是正确的。从方法学的观点看，这个原则之所以正确与必要，是因为它可以从相互联系与相互约制中去研究各个经济部门的产生与发展；至于从方法的观点看，其所以必要，是为了使得表明了地在陈列中显示地方的面目，它的特征，同时这样也就更容易把握与理解县的面貌在历史上过去怎样形成起来的，我们党的政策所指导的区的进一步有计划的发展的趋势是怎样的。同样，为了在陈列中显示社主义经济计划制度的优越性，显示国民经济的各个部门的相互联系，例如适当地表明原料的开采或生产，同时要表明原料在地方所进行最初的与最后的加工制造，例如，要使糖萝卜、向日葵的种植工作与它们在糖厂、油厂里加工制造的工作联系起来，在陈列谷草轮种制中，使土壤恢复肥沃的草类时，要使这些草类与畜牧业的发展配合起来。在表现根据护田林带总的设计图建筑水池时，不仅要表明这件事对于改变气候的意义，同时也要表明这件事又可用来组织渔业。除陈列在这些水池里必须培养的鱼类实物标本外，也要陈列水鸟的种类，因为建设水池，将促进水鸟的繁殖。在表现例如黏土的矿产时，必须使黏土与砖头和陶器企业的建设，与在这种原料的基础上所制造的产品配合起来。——原文注

此外，应该完成工业陈列的基本任务，要将地方工业的成就具体地表现出来，而地方工业，以及如所周知，在五年计划中具有特殊重要意义的地方天然资源的运用等资料，在博物馆中应该占着显著的地位。

地志博物馆应该陈列地方天然资源，以及在这个基础上发展起来的各种企业，并应陈列这些企业利用了这些原料生产的产品，来说明地方工业、实业合作、地方事业和地方经济所起的作用。如高尔基省博物馆陈列了许多地方工业（造林业、制革业、制毡业、制造玩具业）及实业合作（冶金、建筑、手工品、工艺品）。

在某些地区，如果新型工业有了发展，而这些工业又都是具有广阔的发展前途，那么博物馆也应举办陈列，例如，远东博物馆的制糖工业，西伯利亚博物馆的纺织工厂等等。

在陈列地方工业的时候，应该尽可能更明确更具体地说明：在争取完成和超额完成国家生产计划的斗争中，地方工业的社会主义成就。《基本条例》指示应该陈列工业部及工业企业部门的产品及优良产品，以及在生产中利用的原料和燃料，先进工作者的技术改进——斯达汉诺夫运动者及其成就等。

在陈列中处理这些生产品存在着许多技术上的意见分歧，并且还遭遇到不少方法上的困难。

现在，在许多地志博物馆里都用实物陈列品或模型，来举办地方工业企业产品陈列。但是，如果只是陈列生产品还是不够的，必须同时指明地方工业是如何完成生产任务的——产品的种类繁多，质量优良，以及随着居民需要的增长因而所需要的物品也增长了。

在陈列中，用现代的产品和战时及战前产品的比较，来研究在一个长时期中产品的变革及改良，这个工作也是很重要的。例如，在高尔基博物馆莫洛托夫汽车工厂的陈列中，陈列了十一种最好的汽车模型，这些模型都是从工厂开工以后相继出产的，在这里，我们可以看出工厂的成长及其生产水平提高的情况。

博物馆在举办产品陈列时，应该尽力避免模仿商店玻璃橱窗的方式，因为商店只有一个目的，就是把东西尽量搬出来，尽管它的生产和消费关系是完全相同的。

在选择陈列品时，必须具有明确的目的性，使观众能够一目了然，而且马上认识到：产品种类的增加，陈列品是新企业制造的，是新的改良的机器制造的，由于机器的使用，就能够在单位时间内生产大量的品质优良的产品；而这种产品又正是采用了新劳动方法的结果，因而有效地缩短了生产的过程，改良了产品的质量。所有与此相关的，都应该说是地方工业生产品的成就。

应该特别注意用于地方工业的地方天然资源。应该陈列自然界的矿物、植物原料、燃料以及其他用于生产的辅助原料。

也可以谈谈生产过程：例如在契列波维兹县立博物馆①陈列了糖厂和制油工厂的模型。用这个方法，来说明地方金属工厂的生产过程——由矿石到商品的过程，以及纺织厂由棉花到布帛的过程。

对于用模型或图片说明生产过程来说，陈列半制品的各个生产阶段直到产生制成品，是一个有力的补充。

在工业陈列时，说明掌握新式技术的优秀生产者，工业企业先进工作者及其成就，具有特别重要的意义。

普及先进工作者的经验及其劳动的坚强性，必须具体地说明他们用什么方法，得到了什么成就，对于发展国民经济有什么贡献，使观众能够尊敬这些人，并且在自己的工作中学习他们。这样一来，陈列

---

① 现为"切列波韦茨区立历史博物馆"，建于1928年。

品就获得了现实的意义——刺激并教育人们沿着先进工作者的道路前进，因为政府尊敬这些先进工作者，并且授予了崇高的国家奖赏；因为斯达汉诺夫工作者的指标和工作方法，具体地说明了生产的可能性。

博物馆应该有系统地搜集并陈列有关地方企业中，社会主义新型劳动组织发展的资料，斯达汉诺夫工作者的个人保证，优秀工作者工作法的图表，超计划的增产，加速流动资金的转移，履行保证的通知，技术设备的采用，节省原料、工具和人力的报告以及建议执行的情况等等。同时也应该有系统地搜集一些有价值的资料，例如，地方发明家发明的初稿，斯达汉诺夫的技术设备及其模型。

地方企业的专题陈列要按照《地志博物馆基本条例》的纲领，以及现有的工作方法参考书的具体规定来举办。但是更希望通过个别企业的专题陈列，扼要地揭示该项企业的历史道路，即在任何情况下都要以最近成就和革命前的情况作比较，至于在苏维埃政权成立后开办的企业——就应与生产事业的开始阶段作一比较。正如以上所述，革命前后鲜明而突出的对比方法最能反映出社会主义建设的成就，这种方法在博物馆陈列中具有特殊的实际意义。

（二）地方农业陈列

地志博物馆的主要任务之一，就是举办地方社会主义农业陈列。博物馆应该在陈列中反映地方农业社会主义改造的总结，描绘出农业社会主义的新面貌，同时还要说明地方农业在争取战后恢复和发展斗争中的情况。博物馆应当说明地方依据一九四七年二月联共（布）党中央委员会全体会议关于战后提高农业的方针，一九四八年十月二十日联共（布）党中央部长会议关于护田护林和一九四九年十二月十九日关于发展畜产的三年计划的决议，如何实现提高农业生产的任务。这些决定，如所周知，都是适合于共和国、边区和省的条件，提高农业生产的具体纲领。

劳动者在给斯大林同志的报告中提出自己的社会主义的庄严保证，是战后社会主义竞赛显著特点之一。从一九二七年起，集体农庄的男女庄员们，国营农场的男女工人们，各共和国、各边区、各省的农业机器站，在给斯大林同志的书面报告中，写出了自己的成就，并且提出了各集体农庄、国营农场提高农作物收成、畜牧业生产量及完成其他生产任务的具体保证。

每个地志博物馆应陈列出丰收的实物标本，作为完成向斯大林同志提出保证的物质凭据。

许多地志博物馆在地方农业经济方面，表现得缺乏说服力。有一些位于重要农业区中心的博物馆，直到一九四九年还完全没有陈列出本区的农业经济（如米丘林斯克、卡西摩夫①、契斯托波立、以希姆②各省博物馆）。据熟悉考斯特洛姆地志博物馆的人在一九四七年揭露：博物馆里关于农业经济的陈列，规模很小，并且连本省农业中最主要的一部分——亚麻业——都完全没有提到。考斯特洛姆省的卡拉伐西夫国营农场培育出考斯特洛姆③种能挤出大量乳汁的牛羊，因此获得了全盟的重视；同样，波斯罗茜尼茨国营农场的牝牛的产乳量创造了世界纪录——在哺乳期共产乳一六、二五二立升。然而在考斯特洛姆省博物馆的陈列中根本就没有提到卡拉伐西夫等国营农场及其世界纪录。

在提高农业经济的地志博物馆中的这些落后现象，是绝对不能容忍的。

地志博物馆应该如何来陈列农业经济的情况？其中又该包括那些具体材料？

斯大林同志远在一九三四年第十七次党代表大会中，就提及农村面貌的改变，他说："在旧农村最出风头的是教堂寺院，村警和僧侣，富农的漂亮屋子在前面，农民的破烂草屋在后面。这样的旧式农村

---

① 现多称"卡西莫夫"，下同。
② 现多称"伊希姆"，下同。
③ 现多称"科斯特罗马"，下同。

已开始消失了，代之而起的是具有公共建筑物、俱乐部、无线电、电影院、学校、图书馆、拖拉机、联合收割机、播种机及汽车的新式农村①。"假如博物馆能遵照斯大林同志的这句话，用两个模型或布景箱来表现地方农村在革命前后的情况，说明本区任何一个农村的具体事例和周围的附属物，那一定是很好的。

在"地方农业经济"部分，必须表现出地方采用的农业技术和农业生产组织的措施：牧草作物轮种制度及改良的循环轮种、土壤施肥、农业机械化、电气化的技术设备，以及这些设备在提高收获量，农业总效率上所起的作用。在说明先进集体农庄及国营农场时，必须做到这一点。

陈列中应该有地方所采用的循环播种的模型和图样，例如，雅罗斯拉夫尔省地志博物馆，利用了本省四个集体农庄的实例，陈列了在这些集体农庄中所使用的谷草轮种，第7、第8、第9、第10循环播种（田野的、饲料的、牧场和农场的）平面图形，并附说明，农业产物的次序及这些方法的发明人。

有许多地志博物馆（梁赞、克拉斯诺雅尔斯克②博物馆和托杰姆③县博物馆等）在陈列谷草轮种法前，先陈列本省或本县的循环播种法图片。

为了要表现出牧草作物轮种法的特点，在陈列中应该陈列由于轮种法而产生的有结构的小粒土壤，与使用此方法前的无结构土壤相比较，以及使用谷草轮种法后的农产品标本。

这些农产品的自然标本，首先是长年生草，应该作为一个独立的陈列品。在陈列中必须依照本地天然条件及农业特性，陈列一些介绍地方的循环轮种法的图片，以及地方集体农庄和国营农场的土地使用计划。

这种材料，能够明确地表现农业经济的成长。

根据一九四八年十月十日苏联苏维埃人民委员会以及联共（布）党中央委员会的决议，要结合谷草轮种法，在苏联欧洲部分的草原和森林地带培植护田林带。这个措施，对于提高收获量及与旱灾作斗争，是具有重大意义。

在这些地区的博物馆中，对于陈列地方培植护田林带的成就，应予以充分注意。要陈列地方护田林带的培植计划，以及在苏联欧洲部分草原森林地带，培植护田林带的总计划的图片，植林和地方修建贮水池的工作照片，以及计划移植的树木和灌木种类的标本等。乌司曼④县立地志博物馆还陈列了由道库恰也夫农业大学⑤在伐罗聂斯克省培植的护田林带的照片，以及该省在培植护田林带后田地收成和平均收成的比较材料。

在易旱地区的博物馆中，应该表现地方田地采用人工灌溉的措施：地方灌溉系统的图片，田地人工灌溉技术的图片，运河灌溉的图片和模型，以及由于人工灌溉，农产品收成提高的材料。

萨拉托夫省陈列了战胜旱灾的计划图片，以及省内国有森林地带和培植护田林带的配置图。同时，还说明了护田林带在积雪时，对于土壤湿度，收获量上所起的作用，并且还陈列了本省已有的灌溉系统的模型。

改进技术和机械化是我国农业经济空前提高的最重要的先决条件。

在陈列中，必须陈列地方现代农业经济所采用的拖拉机，土壤耕种机、农具（犁、耕种机及其他）、

---

① 见斯大林著《列宁主义问题》俄文第 11 版第 457～458 页。——原文注
② 现多称"克拉斯诺亚尔斯克"，下同。
③ 现多称"托季马"，下同。
④ 现多称"乌斯曼"，下同。
⑤ 现多称"哈尔科夫国立农业大学"，下同。

播种机、收割机，其中包括联合收割机、耕作机、货运车等等。有些博物馆在陈列拖拉机和联合收割机模型时，还陈列了在采用这些机器以后节省劳动力的材料。有的在陈列中，利用已有的材料，将现代农业机器和革命前农村所使用的原始农具作一对比。如契勤代恩斯克地志博物馆，在这方面就陈列了旧式木犁、木耙、筐子、链枷、铁锹和风车等。

在地志博物馆中，农业陈列有一个普遍缺点，就是仅仅只表明了谷物经济的机械化，而农业经济中各种机械化的发展——如原料农作物、园艺、果艺，甚至畜牧业——都能表现出现代农业经济的特点。

地志博物馆必须充分陈列农业经济各重要部门机械化，尤其是在本地占特殊或领导地位各部门机械化的情况，如地方在农业经济中采用了甜萝卜收割机、棉花收割机以及蔬菜的收割和作物加工的机器等。

博物馆还应该陈列地方农业经济采用机械化的一切成就，如自动联合收割机，电气犁的工作等等。

但是如果仅限于表现农业经济机械化的设备，那也是不够的。还必须表现出它在运用上的成就，例如地方机器拖拉机站所进行的工作，单位拖拉机和联合收割机工作量的提高，达到最高生产量的先进机器拖拉机站，先进拖拉机手和联合收割机手的工作（参见下述农业经济先进工作者的说明），以及在集体农庄中，重要农业工作机械化成长的资料等。

农村电气化，在提高农业经济，改善农村文化生活条件方面，具有重大的意义。

农业电气化事业在战后五年计划中获得了广泛的推行，在五年计划末期，农村电力站强度（电能）将比一九四〇年提高八倍，依照计划，一九五〇年应有七万座集体农庄要电气化，而一九四六年只有一万一千四百座，还须使八千四百个机器拖拉机站电气化，而一九四六年只有三千二百八十二个。这引起了集体农庄生活的真正大革命，并为在农业中贯彻生产过程电气化创造了必要的先决条件（如电气打谷机、电气拖拉机、电气犁、电气挤乳器等）。博物馆必须研究并反映本省农业生产技术上的成就。

必须介绍在耶洛夫斯克地志博物馆纪念苏联成立三十周年的陈列中，反映农村电气化的成功经验，这个经验可供其他馆借鉴。在那个陈列中，有多种多样的陈列品：如农村电力站的大模型、集体农庄电气化的模型，除了这些庞大的陈列品以外，还陈列了许多农村电力站及水电站的外观照片，以及电力在农村日常生活中的运用，集体农庄工作的电气化等。

匹力耶斯拉佛里——茶里斯克[1]区地志博物馆陈列了一幅很精致的不大的地方农村电力站的图画。

农业经济的其他部门也要陈列。在地方农业的各部分材料的陈列中（如谷物、原料作物、园艺、果艺等），必须分辨出最特殊或占主导地位的部门，而这些部门的陈列品就应该在地方农业陈列中占主要地位。其陈列顺序如下：农作物标本及品种，本区内的分区，一般收获量的提高，以及特出的农业先进生产者收获量的成就等。

在地方集体农庄及国营农场耕作的谷物、原料、园艺作物等标本，以及这些作物成束的形状与穗子，新改良品种的塑形，附带的纪录片，都应当作为陈列品。

在这里，也应该陈列出地方所采用的新农作物及其谷物计划品种，和地方米丘林学者的成就标本。大吉克[2]、伏尔加、基姆尔[3]博物馆利用实物或摹制品表现出地方果艺所收获的适合当地气候条件的米丘林品种的莓果，水果以及蔬菜等。

---

① 现多称"佩列斯拉夫尔－扎列斯基"，下同。
② 现多称"塔吉克"，下同。
③ 现多称"基姆雷"，下同。

　　某些博物馆（如秋明博物馆①、阿梯米斯博物馆），不仅通过陈列，还利用博物馆附近的实验站来宣传农业技术的先进工作方法，新谷物、米丘林式的水果和莓果。鄂霍次克——考立姆斯克②博物馆采取了各种方式，使新的农作物适应本地的自然条件。

　　要陈列得有价值，博物馆应该系统地、实际地、不脱离生活地研究本地农业的成就，搜集并陈列地方新农作物的标本（如小麦移植到北方，橘类植物繁殖到克里米亚，糖萝卜移植到远东等），农业栽培的新品种，例如北方耐寒的小麦，西伯利亚的秋莳小麦，以及按李森科院士工作法所培养出来的多穗小麦的标本。

　　提高畜牧业是社会主义农业经济的主要任务之一。

　　博物馆应该说明地方在实用改良牲畜品种后的成就，畜牧业生产量的提高，新型牧场的组织以及牲畜饲养方面的改善等。

　　例如，雅罗斯拉夫尔省地志博物馆陈列了著名的雅罗斯拉夫尔品种牲畜的生态模型，雅罗斯拉夫尔的奶牛，罗曼诺夫司克的绵羊，以及托夫斯克的猪。陈列还包含了具体而新颖的饲养技术材料。契列波维兹地志博物馆陈列了集体农庄牲畜栏、蜂房、养马场、地方集体农庄跑马场的模型，以及其他用于该区畜牧业情况的资料。

　　然而，就连这些在牲畜业陈列上算得上是先进的博物馆，在反映地方的成就和任务方面，也还是非常不够的。有许多博物馆，其中甚至包括发展牲畜业的地区（例如阿斯特拉汗③省地志博物馆），根本就没有提到这个地方农业的重要部分。

　　地志博物馆表现本区牲畜方面的落后现象，是应该肃清的，每一个地志博物馆都应该在陈列中反映出地方如何完成党和政府在发展牲畜业三年计划中所提出的任务。

　　说明农业先进生产者的成就，首先是其中最优秀的获得社会主义劳动英雄称号的先进生产者，并宣传他们的工作法，这些都是具有重要意义的。

　　为了便于推广农业先进生产者、斯达汉诺夫工作者、社会主义劳动英雄的经验，博物馆必须把他们的成就，以及因此而获得成功的工作方法，陈列在显著的地方。这就需要天然标本、单位工作时间的照片、组织劳动力的简图，最后还需要一些必要的说明。例如，契列波维兹地志博物馆陈列了伐罗戈茨基④省著名的养猪妇女，斯大林奖金获得者柳丝考娃同志以及契列波维兹省柳丝考娃工作法的继承者。在这里，除了农业先进工作者的照片以外，配合说明的还有他们的成就和工作法的照片材料。

　　除了陈列地方农业经济部门及先进工作者的经验以外，地志博物馆还要专门陈列本区个别先进的集体农庄和国营农场，在专题陈列中，正如在工业中一样，可以依据该经济部门总的陈列纲领，来说明集体农庄或国营农场如何实现党和政府所付与的任务、向斯大林同志所提出的提高收成，巩固并更好地运用本地的技术基础（拖拉机站及农业机器）的保证以及这一方面的农业技术措施的实现，及个别部门农业生产的发展等。然而，除此以外，在集体农庄的专题陈列中，应反映出生产和生活的各个方面——各种副业及农业原料，工业加工的发展，集体农庄完成了对国家的义务，集体农庄的新生活，农庄物质福利的提高，劳动日报酬的提高，集体农庄的社会主义文化建设（例如学校、俱乐部、图书馆、医院、疗养院、托儿所等等）。

农业经济陈列还应该反映出集体农庄巩固经济组织的措施。

（三）地方劳动人民文化及生活陈列

社会主义革命保证了劳动人民生活上，物质文化水平的大大提高。地志博物馆苏维埃时期陈列最重要的任务就是：要在博物馆的观众面前，展开一幅地方人民在斯大林宪法旗帜下，所得到的福利和文化的全面繁荣的图画；并指出战后五年计划中主要任务之一，就是要陈列国内苏维埃人民的主要日用品以及文化生活的提高。

地志博物馆关于社会主义建设的成就，一般只通过一些不同的图表和照片，这样表现得软弱无力，而且缺乏系统。以表现地方文化企业工作为主——学校、俱乐部、剧院等当然是必要的，而且也是重要的，但却还不够，还要在博物馆中以反映苏维埃时期农村和城市劳动人民的物质福利、生活，以及各种文化外貌上的巨大变革，这些变革正是具有真正文化革命的特征的。

"我们革命的特点"，斯大林同志说："就是不仅给人民以自由，还有物质的保障以及富裕的文化生活的可能。"[1] 地志博物馆因此就应该表现出十月革命的这个特点，如何从根本上改变了地方劳动人民的全部生命、全部生活和全部的面貌。

有些博物馆往往把材料根据斯大林宪法中规定的苏联公民基本权利来分类——劳动、休息、教育、赡养金、疗养费（例如高勤考夫斯克博物馆），作为"地方劳动人民文化生活"部分陈列的开始，这种分类材料是完全适用的。

但是，基本任务还在于依据这些分类材料，就能够保证鲜明地、有力地表现出地方人民福利的发展，以及文化革命的最主要成就。

利用一些地方城乡劳动人民的新生活，和革命前对照的模型、图表、画图、照片作为陈列的开始，这种方法也是值得介绍的。

斯大林同志在第十七次党代表大会上，对于这些苏维埃时期产生的大城市及工业中心在外貌上所起的根本变化，作了明晰的评述，他说："资本主义国家大城市所不可避免的特征，就是位于城郊地区，所谓工人住宅的破烂小屋，黑暗、潮湿、尘埃，大部分都是地窖，破烂的小屋，里面住着一些辗转于污秽、抱怨命运的穷人。苏联的革命使这些破烂小屋在我们这儿绝迹，代替它们的是一些新建的、优美而光亮的，看起来比城市中心还更漂亮的工人住宅。[2]"地志博物馆应该引用斯大林同志这些名言，作为说明本区工业城市总面貌的巨大变革的楷模，并陈列新型工人宿舍与过去破烂小屋相比较的模型，街道及广场在革命前及重建后的模型，以及个别房舍的照片等等。

必须使博物馆观众能看到发生了剧烈变化的工人住宅内部。博物馆应该制作一些模型，说明斯达汉诺夫工作者新住宅及生活设备用品（舒适的家具、无线电、乐器、书籍等）及革命前工人的生活（污秽、潮湿、工人的活动宿舍、房屋及住宅）的尖锐对比。

还必须表现城市全貌的巨大变革，这些变革说明城市生活的重建。以伟大无产阶级作家高尔基为名的城市，就是一个具体的例子：

高尔基一九三五年迁入该城一座幽美的、新建的、高大而雄伟的楼房时，写道："从前，这儿的尘土盖膝，下层阶级的居民何曾幻想到今天这样的建筑物呢？"在苏维埃国家其他城市也发生了同样巨大的改变。

---

① 见斯大林著《列宁主义问题》俄文第 11 版第 499 页。——原文注
② 见斯大林著《列宁主义问题》俄文第 11 版第 457 页。——原文注

博物馆应搜集并陈列各种文件材料（照片、图画、重新设计的街道、广场的建筑草图、房屋草图、建筑计划及城市的改建、地方机关的决议等等），还应该制作图片、模型、地图以及其他能说明城市新计划、街道、海滩、新筑建住宅的外貌、城市绿化、城市照明、市内交通的发展及自来水、下水道系统的发展的艺术性科学辅助材料。

地志博物馆也应该鲜明地并显著地表示出农村中集体农庄的崭新外貌和新生活。应该在农村以及个别设备，重新设计的建筑草图、模型、图片及照片中表现出在地方农村中集体农庄庄员们新式的、设备优良的住宅，公共文化建筑物，花园、区域电气化、街道的正确设计等新面貌。还应该制作集体农庄庄员的住宅或其中一个附设日常生活用品的房间的绘图（都市的家具、无线电、留声机等等），这就证明了城乡生活间的区别已逐渐消灭，并反映了适合当地经济条件，民族特征的家庭生活。

还应说明地方居民——工人、集体农庄庄员、知识分子——工资的提高。因此就须陈列集体农庄庄员们数年来的账本，这些账本很鲜明地反映出他们在劳动日中所得的金钱与物质的增加，或陈列有关当地企业工人，知识分子薪水增加与战后提高地方劳动人民物质福利的文件材料。

人民福利的陈列须表现出国家保证了劳动人民休息的权利，年老和病中物质保证的权利，陈列休养所、新型医院、疗养院，其他保健机构及其设备的模型或照片。

陈列中应特别注意，须鲜明而充分地表现出地方文化建设，文化生活的提高。博物馆在这部分陈列中应说明苏维埃政权期间地方学校系统及求学人数的发展，文教机关系统（俱乐部、阅览室、图书馆、博物馆等），电影院、剧院的发展、陈列地方优秀学校，优秀文教机关的外貌及个别工作时间的照片。

在地方剧院工作方面，陈列剧院戏目发展的材料，优秀的苏维埃或其他戏剧演出的个别场面的模型，主角的照片等，是具有特殊趣味的。

陈列文化的提高绝不能仅只限于地方文化机关的工作。在苏维埃政权期间，苏维埃人民从根本上改变了，成长了。

我们的人民每天都在提高又提高，日丹诺夫同志在有关《星》和《列宁格勒》杂志的报告中这样说：今天的我们就不是昨天的我们，而明天的我们又将不是今天的我们；我们已经不是一九一七年以前的俄罗斯人了，俄罗斯已经改变，我们的特性也已经改变，我们随着我国面貌的根本改变而改变了，成长了。

地志博物馆在这部分陈列中的最主要任务，就是反映地方劳动人民、工人阶级、集体农庄庄员、知识分子的文化增长。

我国人民自觉的创造性的发展，是文化增长中的鲜明现象之一。在这部分，地志博物馆的主要和有成效的任务，就是表现地方人民大众的成就。

在陈列中插入能反映我们社会主义时期所特有的，人民创造性的发展的民族学材料，在完成任务中具有特殊意义。

我们的博物馆应该研究人民的实用艺术，搜集并陈列具有高度艺术性的作品。必须以现代人民艺术作品：木制、金属、陶冶及骨雕的艺术品；工艺品的模型、刺绣、花纹刺绣来充实博物馆的陈列。应该陈列人民日常生活中的人民实用艺术作品：衣服、家常用品、文化用品、布匹、器具及装饰品。

应该搜集并陈列地方劳动人民智慧的创造性中的模范：小说、歌曲、叙事诗、民谣。

在苏维埃时期陈列中的人民创造性的材料，在巨大价值，因为它们是苏维埃人民创造的，并且反映出英勇的苏维埃气质。

值得介绍的是，把主要的民族学材料集中于地方文化提高这部门，因为它清楚地说明了地方劳动人民文化及创造性的增长。此外，其中有些个别材料还可以在专题部门中陈列。例如纪念伟大的社会主义十月革命而献给革命领袖及鼓舞者列宁和斯大林的地方人民创造性资料，如民间艺术品，文工团艺术，民间创作，就可以陈列在题为"伟大社会主义十月革命，地方劳动人民参加了革命的准备工作和进行革命"这部分；而有关伟大卫国战争及我们胜利的鼓舞者、领导者、组织者斯大林的天才的资料，就陈列在地方参加伟大卫国战争这一部分。

我国的新型社会主义人民知识分子的出现，是苏维埃人民文化发展的最显著现象之一，斯大林同志曾称他们为"我国文化革命的最主要成果之一"。博物馆陈列须以个别难忘的例子来表现地方的新知识分子。

如所周知，莫洛托夫同志在第十八次党代表大会的报告中，举了一个这样的例子，这个例子极其清楚地说明了在苏维埃时期库勒斯基省人民大众的知识分子的出现。

"一九一三年中小学的学生共有三千人，而到一九一七年就有二万四千人，农艺家本来只有七十人，而现在已有二千二百七十九人。"

这种现在和过去的比较，非常显著地表现出地方的文化水平。搜集并研究本村、本市、本区的这些类似材料，并且把它陈列出来，将是地志博物馆及其积极分子的一大功绩。这些材料将很清楚地说明了知识分子干部在数字上的增长，他们革新的社会政治面貌，职业成分，将是地方知识分子干部组织的新源泉。

我国农村在集体化时期内，在集体化的基础上提高并成长了无数新型知识分子干部——从前的集体农庄庄员、小队长、拖拉机手、联合收割机手，而现在已是农艺家、农业技术家了。工业运输业中的斯达汉诺夫工作者，对新型知识分子的产生有很大的作用。

联共（布）党第十八次代表大会的决议指出："社会主义经济体系，社会主义所有制，社会主义劳动组织，已在苏联取得绝对统治地位，在今日的条件下，为祖国人民及全体劳动人民利益而工作的共产主义觉悟，将对我们事业的成功有决定意义。……苏维埃知识分子要学会布尔什维克式的工作方法，争取劳动人民的文化程度及共产主义觉悟的提高，这类知识分子的作用将大大提高。"地志博物馆应在陈列中反映地方知识分子干部如何完成这项在共产主义建设中光荣而重要的任务，他们如何实现联共（布）党中央委员会有关思想工作的历史性决议，以及他们如何争取对劳动人民的共产主义教育。

因此地志博物馆应该在陈列中反映出地方知识分子的创造性及其成就：当地作家的艺术作品、图画、雕刻、科学著作、发明、当地作曲家的作品。还应该陈列出当地获得斯大林奖金的作家的著作。

地志博物馆的苏维埃时期陈列包括这些内容，并应按照这些工作方法来举办这部分陈列。在举办苏维埃时期陈列中，地志博物馆担负着这样伟大而复杂的任务，要完成这些任务，首先就要求很严肃地对苏维埃时期地方历史、经济、文化各方面的发展情况进行科学研究，并且系统地搜集苏维埃时期有关的博物馆知识的资料。

博物馆应把搜集并研究苏维埃时期的资料看作举办一个有价值陈列的最重要而且必要的工作，这个陈列能清楚并充分地反映出地方在苏维埃时期所经过的历史道路以及社会主义建设成就。这样的陈列将是苏维埃人民共产主义教育的实际工具。

（景超、惕冰、韫惠、致远合译）

地志博物馆
苏维埃时期材料的搜集工作

M. Π. 西木金著

中央人民政府文化部社会文化事业管理局编印

俄罗斯苏维埃联邦社会主义共和
国所属文化教育机关事务委员会
地志博物工作研究所

地志博物馆
苏维埃时期材料的搜集工作

М. П. 西木金著

国立文教书籍出版局出版
一九五〇年·莫斯科

目　录

一、苏维埃时期材料搜集工作的意义

俄罗斯苏维埃联邦社会主义共和国部长会议所属文化教育机关事务委员会的指令性的文件：省、边区、自治共和国及各大区的地志博物馆陈列基本条例，认为现在地志博物馆的陈列有一些严重的缺点。地志博物馆目前情况的主要缺点，在于它们的"陈列在内容上还不是地方性的，也没有说明苏维埃政权期间地方的改造，和这种改造在苏联社会主义建设中的地位"。

上述文件，着重指出苏维埃时期之部在博物馆的陈列中，"通常没有占到中心的与主导的地位，因之也没有执行自己的思想教育的职务。地方的经济（工业，集体农庄的建设，城镇与道路的管理等），常常用一些呆板的、粗制滥造的图表来表现，既没有吸收企业的产品，也没有说明生产的过程"。

上述文件也揭露了现有缺点的基本原因。关于苏维埃时期之部，以前起过特殊重大作用的是第一次博物馆的代表大会所指给博物馆工作人员的错误方向，即庸俗的社会学的方向，把那些真正具有陈列意义的物品从陈列中排斥了。结果，就削弱了在许多场合下甚至没有做搜集工作——即是将具有地志意义的材料，特别是苏维埃时期的材料，与表现现代地方经济与文化建设成就的材料，来补充陈列品的搜集工作。

在研究搜集工作的问题时，自然应当看到革命前的藏品，是我们博物馆在几十年，有时甚至是几百年里积累起来的。其次，大家知道，伟大的十月社会主义革命，消灭了资产阶级与地主的国家、皇宫、封地，文化艺术的最贵重物品，都从私有者手中归还给人民了，这样便大大扩充了苏维埃博物馆的具有极高价值的材料，这是客观的历史条件促进了革命前资料的积累工作。

以前搜集苏维埃时期材料的事情是完全两样的，上面说过的第一次博物馆代表大会的错误目标（该大会于一九三〇年召开），也给应用到搜集博物馆资料上来了，结果使博物馆工作者将一些次要的，大部分非真实的，没有什么价值的材料补充到博物馆里去，以代替真实的、原始的苏维埃时期的文物——即鲜明地反映苏维埃时期地方历史，以及地方在工业、农业、文化生活各方面的成就的文物。博物馆的陈列和藏品室充塞了没有什么价值的照片、图表，和普通博物馆自己制造的（常常是不大科学的）辅助陈列品。

以上所述，足以解释为什么到现在还没有一个博物馆的藏品室搜集了够广泛与够丰富地反映我们祖国历史上伟大时代——苏维埃时期的博物馆材料。甚至莫斯科与列宁格勒的中央博物馆，如莫斯科的国立历史博物馆、苏联革命博物馆[①]、列宁格勒的革命博物馆[②]，十月革命以后的陈列品，在数量、价值上都不能够与稀有的封建社会时期和资本主义的政治经济制度文化生活方面的大量搜集物相比拟。地方性的地志博物馆在补充苏维埃时期材料方面的工作，就更不必谈了。

通常在上述地志博物馆里，革命前历史陈列品要比社会主义革命与社会主义建设的陈列品丰富得

[①] 现为"俄罗斯现代史博物馆"，1924 年在莫斯科市革命历史博物馆的基础上建成开放，1968 年起改称"中央革命博物馆"，20 世纪 90 年代中期改称"俄罗斯现代史博物馆"。

[②] 现为"国立列宁格勒保卫战纪念馆"，建于 1946 年。

多。在绝大多数的省，甚至区的地志博物馆内，发现搜集了大量的考古学、古币研究学、人种学、反映革命前时期艺术的作品，但在苏维埃时期的历史与现代社会主义建设的成就方面，价值类似的藏品却只有极少的一点点。如果有些博物馆名声好，是因为自然方面的研究工作（恰克图博物馆）、群众工作（契列波维兹博物馆）、地志研究的组织（妥契姆博物馆）、艺术作品的收集（塞尔普霍夫[①]博物馆）等方面的工作做得好，那末，假如说目前没有一个博物馆是以它在搜集苏维埃时期文物方面的杰出工作而出名，恐怕不见得错吧！

有一种观点非常普遍，那就是搜集对博物馆有价值的苏维埃时期的实物与证据确凿的材料，是一个非常复杂而困难的任务。事实上，寻找苏维埃时期必要的材料，正如寻找革命前的材料一样，都是有一定的困难，这种情况，只应该更加紧我们的搜集工作，因为一则补充苏维埃时期的材料，是每个博物馆的当前急务，再则这种补充的困难性是会逐年增加的。

然而应该注意，认为苏维埃时期的材料搜集特别困难，这种观点也未必是正确的。苏维埃国家的历史总共还不过三十多年，任何一地区都有大量的材料，作为该区苏维埃时期历史的不可磨灭的见证。反映目前苏联现实的材料也是数不清的，和我们同时代的也有千百万人可以供给我们原始材料与寻找这些材料的重要线索，因此，苏维埃时期搜集工作的成功与否，大部分决定于博物馆这个工作重要性的认识程度。凡对苏维埃时期真实文物予以足够的注意，想了足够的办法，而该博物馆工作人员真正主动卖力的博物馆，就能获得非常珍贵的材料。

苏维埃时期搜集工作的弱点，也曾恶劣地影响到地志博物馆的全部活动。

苏维埃时期部门材料贫乏的主要而且直接的结果，是在举办苏维埃时期陈列工作中感到很大的困难。由于缺乏苏维埃时期部门陈列的必要材料，常使博物馆丧失了它的博物馆性质，变成了图表摘录与口号的收集处，而没有给观众必要的印象。

现在这部著作的任务并不包括研究如何陈列地志博物馆苏维埃之部的问题，但还是应当指出，没有必需材料，是多数博物馆苏维埃部门不能令人满足的原因之一。

地志博物馆作为一个文化教育、政治教育的机关，它的重要任务，是使广大群众认识苏维埃社会的历史，本区苏维埃时期的历史，宣传伟大十月社会主义革命的胜利，与列宁、斯大林的党所领导的苏维埃社会的成就在世界史上的意义。这些任务，没有充分的材料是不能很好地完成的。然而，苏维埃时期史料系统地搜集工作之所以必要，还不只是为了博物馆的陈列。

地志博物馆的藏品室集中了近代与苏维埃社会现代生活的真实文物，在该区的具体条件下，是有难以估价的科学意义的。为了现代的人与将来的一代，地志博物馆应该搜集这些材料，因为它们是研究世界上第一个社会主义国家，千百万人的英雄生活与斗争，他们建设社会主义并且坚定地走向共产主义高峰的历史来源之一。

最后，有计划地将反映地方经济与文化，地方的工业与农业的材料，充实苏维埃时期之部，对于该省或区的实地工作者是有帮助的，因为他们要解决国民经济与文化进一步发展的某些问题。

地志博物馆收藏部门应尽可能将充分搜集的地方、过去与现在特有的、典型的、工业、农业与文化的真实范例，提供给这些工作者。

这样，地志博物馆所进行的苏维埃时期真实文物的搜集工作，对于该区有广大的科学的、实用的、文教的意义，这件工作的重要性，是完全无可争辩的。

---

① 现多称"谢尔普霍夫"，下同。

二、苏维埃时期材料的数量与质量

社会主义建设时期，地志博物馆材料的实际情况，现在还不能保证满足陈列、保存与科学工作，对于整个苏维埃时期部门高度要求。

绝大多数的地志博物馆，由于搜集苏维埃时期博物馆材料的积极性不够，结果，上述陈列品的量与质都完全不能令人满意。

判定博物馆材料的搜集工作与组成时，应根据两类博物馆来看。

第一类博物馆，包括伟大卫国战争时期，处在暂时敌占区的地志博物馆。这类博物馆多数在战争时期遭到破坏，它们长期间没有进行搜集工作。

第二类包括在战争时期，处在后方的地志博物馆，一般来讲，它们没有停止活动。

我们据已有的一九四八年博物馆材料组成的报导，有关于伟大卫国战争时期处在后方的博物馆的，也有关于沦陷区博物馆的。

这些实际材料，介绍了博物馆苏维埃时期藏品的现况，虽然在列举过的某些博物馆中，在最近一两年来，情况略为好转。不过，一般来说，苏维埃时期材料的搜集情况仍旧是不好的。

试举一些关于后方博物馆的实际材料为例，梁赞省地志博物馆在陈列与藏品室里，总共九万六千三百三十八件物品中（我们这里和以后所说的物品，是指那些保存为藏品，并且在目录簿有登记号码的物品），属于苏维埃时期的一共只有三千七百四十件，即百分之四·二；唐波夫省地志博物馆二万六千五百五十二件中占一千五百三十六件，即占百分之五·八。

解放地区的博物馆中，苏维埃时期材料的比重大一点，该区重新着手搜集工作，而且关于伟大卫国战争的材料占大部分。

斯摩棱斯克省地志博物馆就是这样的，总共三万一千二百一十件物品中，苏维埃时期的有三千七百八十四件（百分之十一）；库尔斯克省地志博物馆，六千九百一十一件中有一千六百三十五件（百分之二十三）；在接近战线的格罗兹内省地志博物馆，物品的总数是一万五千四百〇二件，苏维埃时期的占二千六百三十三件（百分之十六）。

大后方的区地志博物馆，搜集了大量的苏维埃时期的材料，契列波维兹地志博物馆，六万四千二百五十件物品中就有一万七千四百七十七件是苏维埃时期部门的，即占百分之二十七·二；妥契姆地志博物馆[1]，二万四千三百六十件中占六千五百九十四件，即占百分之二十六。

自然，根据这种对比关系，还不能说该博物馆在现有的藏品基础上，可以布置一些有充分价值的苏维埃时期部门的陈列。

地志博物馆搜集品和它们对于苏维埃时期地方历史的源泉价值应如何使其充实，是一个很重要的问

---

① 现多称"托季马地方志博物馆"，建于 1915 年。

题。现有藏品还远不可能按年代次序随时成立反映苏维埃时期地方历史的一切主要阶段的陈列。

1. 从十月革命到伟大卫国战争（一九一七～一九四一年）的材料

关于苏维埃政权成立最初若干年的材料，国内战争时期军事共产主义时期的材料，新经济政策，斯大林五年计划的材料，总之，从一九一七年到伟大卫国战争开始的这一时期的材料，在地志博物馆的藏品里是特别少的。

在苏维埃时期卫国战争前的地志博物馆藏品中，缺乏或者极少保有苏维埃人民在恢复时期的文物，特别是在反映农业经济，最初合作社的活动，以及地区的阶级斗争的物质材料与文件的那一部分，新西伯利亚地志博物馆[①]，鞑靼自治共和国国立地志博物馆与其他一些地志博物馆，在这个题目上有相当珍贵的材料（旗帜、伟人遗物、纪念品），可惜在这方面不是典型性的。

地志博物馆的藏品里，也很少有材料可以光辉地、明了地表现地方上所存在的为工业化、集体化作斗争，与实现斯大林宪法的、党的天才路线。

敌占区的地志博物馆，一九四一年以前所搜集的苏维埃时期的物件，大部分散失了。在斯摩棱斯克，上述时期材料的搜集工作，实际到一九四七年才开始；库尔斯克博物馆现有的藏品，主要是在战后累积与建立起来的；格罗兹内博物馆的一九一七年到一九四一年的藏品也在撤退时期散失了。

搜集工作的结果，是能大量地补充已散失了的材料，但是应当指出：藏品在战争年代中受到了损失的博物馆，并非全部都进行了这样的工作。大体上可以断定省与县的地志博物馆所搜集的一九一七年到一九四一年这一时期的材料，都是很不够的，而在这方面，急需进行大规模的工作。

现有的伟大卫国战争爆发前的陈列品，不仅需要在量的方面加以补充，而且需要靠重新收集起来的一套，彻底地改进博物馆的价值。

现在，绝大多数地志博物馆的陈列品，是由画片与文字的材料构成的，有时甚至还不是真的；至于比较贵重的、真实的物品材料——武器、日用品，稀有的革命斗争的遗物，都是极少的。这时，价值次要的材料占优势，不仅是敌占区的地志博物馆（主要是重新建立起来的）陈列品的特征，而且也是藏品没有受到战争灾害的地志博物馆的特征。

让我们举几个具体的例子来看：

梁赞省地志博物馆，一九四八年共有一千八百六十六件物品，其中战前的物品占一百七十三件，照片占一千六百一十五张，直到最近，博物馆才能够累积比较大量的物品材料。格罗兹内地志博物馆的情况也是一样，该馆一千二百九十一件战前物品中，三十五件是实物，文件占二十二件，而照片是九百一十八件。斯摩棱斯克省地志博物馆，战前的文件与实物很少；该馆战前时期的最珍贵的物品，直到最近还是一些造型艺术的作品。只有个别的一些地志博物馆搜集了战前时期广大的物品材料。这类的博物馆，有契列波维兹地志博物馆，该馆一九四九年的一万二千六百七十六件物件中，已有五千七百零五件物品，四千九百张照片。但契列波维兹地志博物馆的例子是一般情形的例外，普通的，对于战前地方历史没有什么直接联系的照片材料，显然胜过直接反映地方战前历史的物品与文件的材料，这情形是很明显的。

2. 伟大卫国战争时期的材料

以反映苏联人民与法西斯德国匪徒英勇斗争的伟大卫国战争年代及战后的材料，地志博物馆搜集了许多。伟大卫国战争材料的搜集，如所周知，是所有苏联博物馆——中央的也好，地方的也好，在战争

---

① 建于1920年。

年月中所解决的重要问题之一。这个工作使得博物馆大大地充实起来，比如依照文化教育机关事务委员会博物馆管理局资料部门的实际材料，国立历史博物馆在一九四一年到一九四五年中，添增了一万三千八百四十八件以伟大卫国战争为主题的物件，苏联革命博物馆添增了一万二千三百五十九件，列宁格勒的革命博物馆添增了一万五千六百二十四件，某些省与县的博物馆，正从事补充伟大卫国战争材料的巨大工作。

但是，正像苏维埃国家历史前期的藏品一样，引人注意的是大量的照片（其中有印过许多版的）与文件材料，而真正实物材料，是添增得比较少的。就像列宁格勒革命博物馆，一九四一年到一九四五年所收集的材料成份中，有一万〇六百〇三件笔录，即文件，二千六百九十四件真实照片，只有五百二十九件实物。莫斯科革命博物馆，有四千三百一十八件照片，五千六百件文件，七百五十八件实物。

地方性的地志博物馆——省与县的地志博物馆，所搜集的伟大卫国战争的材料质量较高，现有藏品的成份中，具有唯一的与纪念意义的实物，占了显著的地位（如后方企业品的标本，苏联英雄的武器与物品等）。

梁赞省地志博物馆九百一十四件伟大卫国战争的搜集品中，在一九四八年就有八百件实物与七十二件照片；库尔斯克省地志博物馆五百一十五件搜集品中，有八十件实物，二百六十五件照片；格罗兹内地志博物馆八百〇八件搜集品中，有一百一十六件实物，与五百〇二件照片。

个别地志博物馆搜集了一些非常珍贵的反映地方参加伟大卫国战争的实物与文件的材料，如萨拉托夫省地志博物馆[1]，当时得到了著名的萨拉托夫集体农庄庄员费拉波特·加罗瓦特赠给红军的第一架飞机、高尔基号飞机，这是高尔基省飞行英雄塞米梁尼金的坐机；有些地志博物馆保有斯大林同志对于为苏军捐募慰劳品致谢的电文。科米自治共和国地志博物馆，有表现战争年代中，地方工厂企业的状况与发展，及地方工业支持前线的最珍贵的材料，搜集有企业的照片，产品标本，生产工具标本，著名斯达汉诺夫式工作者的画像，工艺学的图表、著述及普通的文件材料。

地志博物馆所在区经过战争的，搜集实物材料的可能性较大，特别是武装、军服以及其他从敌军夺过来的战利品的标本。这是很自然的，在后方的地志博物馆里，地方物品的"军事上的"材料自然是很少的。例如契列波维兹地志博物馆，一九八九件伟大卫国战争的物品中，只有六十九件是实物，大多数的搜集材料（一五七七件）都是照片。

所搜集的伟大卫国战争的材料中，最重要的是卫国战争的英雄与游击队运动的纪念性的实物与文件的材料，各种从敌军夺过来的战利品，地方企业的军事产品的标本等等。

临时敌占区的地志博物馆（斯摩棱斯克省地志博物馆、加里宁省地志博物馆[2]、阿尔洛夫地志博物馆、库尔斯克省地志博物馆等），在自己的藏品室里添增了文件的、照片的与实物的材料，表现了游击队的运动（日记、信札、军令、照片、游击队的武装与配备等），同时也表现了苏军正规部队在该区的军事活动。许多地志博物馆搜集了大量的战利品材料，如旗帜、武器、军服，说明法西斯分子的兽行的文件（命令、指令），这些都是苏军部队在与德国法西斯军队作战中所夺来的。

莫斯科省地志博物馆[3]，大量聚集了在军队与游击队中所搜集的材料，游击队战报与游击队誓词原文那样精采的文件。

但是，应该指出，地志博物馆在伟大卫国战争期中所搜集的实物材料，大部分还是一大堆战利品材

---

①　建于 1886 年，1889 年对外开放。
②　现为"加里宁格勒州历史美术博物馆"，建于 1946 年，1946 年对外开放。
③　建于 1935 年。

料，法西斯军队的武器，士兵与军官的服装、配备等的标本，作为获得这些战利品的当地地志博物馆的材料，是有一定的用处的。但是，战争时期，在博物馆的藏品室里，常常抛置了大量的各式各样的敌人的军事物资，而这些东西又是对于陈列品并没有什么重大意义的，其中包括成套的衣服、衬衣、日用品、恶劣的装备以及其他一些有时甚至还是来历不明的东西，这样的"搜集品"，在某些地志博物馆里，一直像垃圾似的堆在藏品室。凡尚未清除这种废物的博物馆，都应当用清除废物的观点，将战利品藏品仔细地审查一遍。地志博物馆的藏品室，应放些直接反映该区伟大卫国战争历史的东西（参见下述）。

至于伟大卫国战争年代里，后方地志博物馆进行的搜集工作，应当肯定它的规模是不够大的。因为大家知道，当时主要注意的是馆内及馆外的群众政治教育工作。然而，后方地志博物馆仍旧搜集了一些材料，介绍地方工业、农业、文化机关在保证对敌胜利的事业上所作的贡献。这主要是工业与农业的制作物的标本，反映工业与农业工作的各种不同因素的照片，伟大卫国战争时期中，前方与后方名人的物品与文件等。在这方面，莫斯科、卡查赫斯坦、沃洛果达①、阿尔汉格尔斯克、唐波夫②、梁赞等地志博物馆搜集了一些有意义的材料，撒马尔汗③省地志博物馆的例子，是足为模范的。它搜集了一些极好的照片与文件材料，关于发尔哈德水电站与卡图——库尔干水库，即乌兹别克海的建筑工作（建筑者会议的照片，建筑工人向同乡集体农庄庄员作的宣言，集体的与一些个别的斯达汉诺夫式工作者的社会主义工作任务等）。博物馆也获得了关于战时扩大播种面积的珍贵的统计资料，农作物新种的标本等。

地志博物馆所搜集的，以伟大卫国战争为主题的材料，其基本特点简单的说就是这样。

3. 战后的材料

地志博物馆对于反映省区战后历史时期，及现阶段工业、农业与文化成就的材料，做了不少的搜集工作。但是直到现在，所搜集的材料的量与质，都不能适应省区各方面的研究工作，与在陈列中展示今天地方生活的日益增长的要求。大多数地志博物馆里，介绍现代文物的搜集工作，只是偶然做做，并不是经常不断地与博物馆陈列，与科学研究工作的总方针联系着的。

在好的方面，应该肯定大多数地志博物馆已命名的材料里面，有许多真实的，主要属于地方工业、农业生产品标本的东西。对于某些地志博物馆，特别曾是敌占区的地志博物馆，敌后的材料与伟大卫国战争的陈列品一样，都是极其珍贵的。

就像库尔斯克省地志博物馆，其藏品差不多全部在德寇占领期间散失了，在战后进行了大量的搜集工作。在一九四八年，博物馆里所有苏维埃时期的藏品总数中，就有将近一半的是属于战后的年代的，这样，战后所搜集的材料中，实物材料的比重，大大增加了。这时实物陈列品与其余的（照片、文件、绘画的材料）之比，战前的材料是一比十五，伟大卫国战争期中是一比十八，而战后的材料是一比三。格罗兹内地志博物馆藏品的情况也是一样，该馆苏维埃时期的二千六百三十三件陈列品中，有五百三十四件是战后的。格罗兹内地志博物馆战后藏品中，实物的对比优势，是更其明显，战前实物与其他材料对比关系是一比一百，伟大卫国战争时期是一比八，而战后是一比五。

这种对比关系，即使是有某些条件，都证明战后所搜集的材料中，实物材料的比重无疑地提高了。应当注意，不但省的，而且区的地志博物馆（妥契姆，契列波维兹等）战后所积累的实物材料，对于地方的历史是非常珍贵的。

总之，归纳我们所掌握的极不完全的关于博物馆陈列品的量与质的成份的实际材料，应当得出这样

---

① 现多称"沃洛格达"，下同。
② 现多称"坦波夫"，下同。
③ 现多称"撒马尔罕"，下同。

的结论：即在省、区地志博物馆搜集苏维埃时期文物的事业上，应去进行宏大的工作；要填充我们藏品室现有的空白，力求使苏维埃时期（无论它的历史部分，也无论现代部分），博物馆搜集物的数量，是最广博而充实的。

但在正确地选择苏维埃时期博物馆材料的主题时，应当努力使这些材料具有高度的价值，即要将大量实物与文件的文物吸收到博物馆的藏品室里来，使摹制品完全精确地符合原物，同时要有高度的艺术水平。

有了社会主义建设的历史方面的、充分价值的材料，应该多方面地使用它们，首先要布置一个有意义的、高度科学的，同时又生动的陈列，这样才能使大家都知道，这是每个地志博物馆刻不容缓的任务。

三、苏维埃时期材料的选择与分类

在着手搜集苏维埃时期材料时，博物馆工作者立刻遇到一个必需解决的问题：那就是作为地志博物馆材料选择与分类的基础，到底应采取怎样的一个原则？

这时应该遵循的总原则是：认识藏品部门与陈列的基本任务，"用陈列地方历史、经济、文化、自然方面的，过去与苏维埃现代文物的方法，来反映地方生活的各方面。也就是陈列技术、经济、生活方式、文化，对于该地区某时代是典型的物品，自然的真实标本，有关历史事件和活动家的纪念品、艺术作品（图画、雕刻、图表等）、笔录的文件，原始的图表与照片、以及其他类似的材料"（参看《基本条例》第六条），这样可以确认：地志博物馆苏维埃时期材料的成份中，应包括下列地方，十月革命后历史文物的几个基本组别：

（1）实物材料：其中应包括苏维埃时期技术、经济、生活方式及文化的物品。

（2）书面材料：主要是其中所包含的原文，属于此类的材料，有各种性质不同的苏维埃时期的抄本和出版物。

（3）美术作品（油画、雕刻、图画）。

苏维埃时期的材料，还应当分列一类，即：

（4）照片与一部分电影材料。

我们认为上列类别，差不多包括了所有该区居民的苏维埃时期的各种文物。苏维埃现实的每一个物件，都是对于说明某种事实与现象有利的，并且明确能够供作当代——特别是未来研究（现象事实）之用。经过几百几千年之后，科学家们如要研究我们苏维埃时代物质生产的发展，他们就会对现在的任何一样东西感到兴趣，不管这件东西现在在我们看来是多么地平凡。然而，不应该由此就说，所有落到博物馆工作者视野里的东西，都要搞到藏品室去，也不是说，不花费任何努力就可得到的。我们不能让苏维埃时期的藏品成为一堆没有一定目的性所搜集的偶然物件，另一方面，企图搜集到所有的文物，即使一个年代很短的时期，也是注定要失败的。因此，从一开始，就应该对苏维埃时期材料的搜集工作，划一个极严格的限制范围。一个时代保有文物的数量愈大，则这个范围应该愈紧。苏维埃时期文物的收集者应该完成与考古恰相反的任务，如果考古学家的任务在于搜集一个时代遗留的所有的文物，那么补充苏维埃时期材料的任务，在于严格地选择这些文物。

在环绕我们周围的无数物品中，我们究竟应该选择哪些作为地志博物馆所应永久保有的藏品呢？当博物馆工作者具备了对自己所在地区过去与现在各方面生活知识的时候，才能够解决这个问题。

必须在科学研究的基础上，了解地方劳动人民在列宁、斯大林的党的领导下，过去如何为社会主义进行斗争；以及他们在现代的条件下，在我们国家里进行伟大共产主义社会建设事业中所作的贡献。为了很好地解决这个问题，就必需很好地了解该区的历史，它的经济、文化与生活。

只有在仔细地研究了本地区苏维埃时期的主要历史阶段之后，在弄清楚对于它的历史有关键意义的重大的事件之后，在熟悉苏维埃时期主要的地方活动家，断定了该地区在政治、经济、文化生活的发展中的最重要事实之后，才可知道应该根据那些主要部门来搜集材料，也才能知道应该在什么地方去找这些材料。

下面我们将论及搜集苏维埃时期材料计划的问题，这里应当指出，首先应该搜集的苏维埃时期材料的主要类别。

1. 实物材料

苏维埃时期博物馆藏品最珍贵的一类是实物，和平的社会主义建设时期与同敌人作战的年代中，地方居民的实物材料。

对于苏维埃时期的每一个阶段，对于每一省或一县，地志博物馆的实物材料，自然是会完全不同的。它们的成份，将完全依赖于该县在社会主义建设时期，历史道路的典型的特点，它（县）的自然条件，它的居民生活的特点。这样广泛的范围，务必预先要严格地选择值得在地志博物馆藏品室里占一席位置的文物。

每个地志博物馆中苏维埃时期实物材料的构成，可以包括：

（1）地方工业与运输——工厂、作坊、家庭手工业工厂，过去以及现在所使用的生产工具的标本（器具、装备、机器），同时还有原料、半制成品与制成品的标本。

（2）地方农业和直接与它联系的工业，过去以及现在所使用的生产工具标本（器具、装备、机器），同时还有原料、半制成品与制成品的标本。

（3）说明地方科学、数学、文教与文化生活、机关活动的实物材料的标本。这类标本有实用教材、教学用具、医学器具与说明体育状况的用具和设备、戏院、电影院、无线电学校设备等等。

（4）由于该区劳动人民争取建立与巩固苏维埃政权的武装斗争，以及内战时期和伟大卫国战争时期该区进行军事行动所积存的实物材料的标本，这一类的实物材料有武器、装备、军服、旗帜、徽章以及苏军、游击队与活动于敌后苏联爱国者的遗物，从侵略者与占领者的手中夺取的战利品及其他标本。

（5）当地居民日常生活物品的标本，家具、生活用具、服饰、鞋靴、装饰品等。

补充地志博物馆苏维埃时期实物材料的主要类别就是这样，他们的价值首先在于他们的真实性，实物材料的真实性表达了它具有历史的第一源泉的意义。

只有当时，由于满足居民物质与精神要求的工业、农业、家庭手工业生产所储存的物品才是真实的（在某种程度上说），对于该区与一定时期才是特有的与典型性的。任何的摹制品，不管它是如何地酷似原物，也不能当作第一源泉看；虽然在某种程度上说，它将是关于原物的知识的源泉。

不消说，没有一个博物馆能搜集当地过去与现在所有的或大部分的苏维埃时期的实物材料。博物馆搜集活动的范围，在这方面，应该一开始就给以限制。即在绝大多数的情况下，应该只搜集标本，也必须估计到不可能或很难在任何情形下收集与保存大量粗笨与复杂的原本物品（例如：汽车、拖拉机、巨大的农业机器、火车头、牵引机车以及其他许多东西）。要将生产联合机迁移到博物馆藏品室里来，那是根本不可能的。

同时，地志博物馆又必须将上述原物集中到自己藏品的搜集物里来，因为那些原物对于反映地区生活最本质的方面常是最重要而最富于特性的。在这种情形下，博物馆只好仿制类似原物的摹制品，模型、复制、塑物。模型、复制、塑物是按照原物的形式有时缩小有时放大仿制。虽则在本质上模型、复制、塑物都是摹制品，它的来源的意义，比原物是小得多；不过，好的摹制品，当实物不可能收集或保有的时候，还是可以用来填补空白的。应该注意活动模型的特别价值，这些活动模型是精确的机械的标本，不仅对于机器外形作了明了的介绍，而且关于它所进行的工作也作了明了的介绍。同时代的按照机器原物摹制的模型，其价值是特别大的，它们几乎具有与原物一样的史料意义，例如：为了对苏维埃国家历史上的纪念日子表示纪念，我们许多企业集体制造的最复杂的机器与器械的模型就是这样的。一九四九年许多这样的模型，因为纪念斯大林同志的七十寿辰而制造出来，它们因为传达原来机器构造的主要特点与基本的工作作用是非常精确的，这样便有了极重要的历史源泉的意义。

复制只是再制物品的外部形式。有时，利用模型，可以恢复地方所特有的房屋与建筑物的外部式样，恢复最重要的生产过程的外表设备等等。

至于塑物，大部分是为了仿制当地所特有的天然样式，不能保存起来的植物与动物的外部形式，这些塑物精确地传出物品的形式与颜色以及外部的构造（例如：当地米丘林果实与当地家畜品种等的标本）。

到底怎样的真实物品材料才能算作地志博物馆的资料呢？

首先，博物馆应该努力收集唯一的物品。唯一的物品是指特别珍贵的物品，而且是独一无二的。自然，唯一物品的价值并不决定于它的物质的价格（这只有次要的意义），而是决定于该项物品在苏维埃时期历史上的意义。大部分唯一文物的很大价值，因为它常常是与著名的事件分不开的，这样也就具有了纪念的意义。

对于这样的独特物，如像"曙光号"的大炮，它的吼声宣告了人类历史上社会主义纪元的开始。马格尼托哥尔斯克的第一块生铁铸块，斯大林拖拉机工厂的第一架拖拉机，伟大卫国战争时期斯大林工厂所制造的"吉斯"式的第十万尊大炮，对于这些独特物，博物馆应该特别珍视。苏维埃时期历史的独特物的价值是特别大的。无论我们以怎样尊重的态度对待稀有的旧石器时代与新石器时代的古物，对待中古物质文化的古迹，对待记载资本主义与帝国主义政治历史的文件材料，对于我们说来，苏维埃时代的实物材料还是最珍贵的。因为这些实物材料是人类生活的最伟大时代——斯大林时代，由社会主义过渡到共产主义时代的不可磨灭的文物。在每一省每一县的范围内，无疑地能够发现关于当地伟大十月社会主义革命准备与行动、国内战争、战前斯大林五年计划、伟大卫国战争、战后斯大林五年计划各时期的极好的纪念品。至于宣告该县苏维埃政权胜利的第一面红旗，或在国内战争年代中英勇的游击队轰击白卫军与干涉军的自造的大炮，或当地第一个集体农庄（这是我们祖国历史上最深刻的革命转变——农业集体化的肇始）的第一架拖拉机，或是在战争时期歼灭了希特勒匪徒的当地劳动人民捐献的飞机，或是当地工厂制造的超出战前产量水平的第一架机器，这些，对于当地的每一个人——苏维埃的爱国者，难道不是珍贵的绝无仅有的东西吗？这样，地志博物馆工作者的任务，就在于查明当地历史上唯一物品的所在地，并将它们添加到自己的藏品中去。

唯一文物的价值是能够增加许多倍的，如果这些文物直接联系着苏维埃时期著名人物和生活与事业。这样的物品，有大革命活动家和国内战争与伟大卫国战争杰出英雄的物品，社会主义建设先进者的生产工具，斯达汉诺夫的鹤嘴锄与苏联英雄亚力山大·马特罗索夫①的步枪，维克多塔拉力辛的坐机，格拉西蒙·萨波罗惹兹的掘煤机，这些最珍贵的物品——和平劳动与流血斗争的纪念品，在中央和地方地志博物馆的陈列与藏品室中，任何时候都应占最光荣的地位。

每个地志博物馆都必须进行搜集纪念品的巨大工作，要搜集对于当地苏维埃时期的历史与现代具有意义的物品，例如：当地十月革命与国内战争的杰出的参与者的武器与衣着、社会主义竞赛的发起人、

---

① 现多称"亚历山大·马特洛索夫"（1924～1943），下同。

共产主义星期六、斯达汉诺夫运动的突击队的组织者的生产工具、当地伟大卫国战争的出名的参加者、英雄与苏联的双重英雄（既是杰出的司令官又是社会主义的劳动英雄）的各种物品（武器、装备等）也是很好的。

但是并不只是唯一的与纪念的物品具有价值，在许多平常的与所谓千篇一律的环绕着我们的物品中，可以选择当时最典型的，最有特性的保存起来，作为博物馆的藏品。比如说这与地方工业企业的生产量有关，假如问题是要以地方工业与农业生产的标本来补充陈列品，那么收集典型标本就是非常重要的。大家知道，甚至我们最大的企业——除了很少的例外，都没有一个博物馆收集了并且展出了逐次替换的与逐次发展的该企业过去与现在所出产的产品标本。根据现有的实际材料，只到近时，才在几个企业中建立了博物馆，这就是"红色的萨尔摩弗"工厂里的日丹诺夫博物馆（在高尔基城），列宁格勒的波罗的工厂的阿尔琼尼奇则博物馆，巴达尔斯克的格鲁霍夫综合工厂的历史博物馆，塞斯特罗列兹克①的器械工厂的博物馆，"罗蒙罗索夫"②与"真理"瓷器工厂也有博物馆。在已述的企业里，或多或少地搜集了相当数量的制造品。然而，我们要重复一遍，企业中这种搜集工作乃是普通规律中的例外。我们认为地志博物馆应该尽可能地填补这个空白，即使一部分也好。自然，在许多场合下，如上面已经说过的，地志博物馆只能提出关于如何仿制该厂出品（制造模型、复制）的问题，但是在许多工业部门中，特别是轻工业部门，能够将实物标本收集到藏品室里来。

伊万诺沃省地志博物馆的例子是值得表扬的，它具备苏维埃时期地方纺织工业的一切成品，有时收集产品标本的个别部分与零件（例如：工厂的小包、布包、纸包和标本）也是非常有用的，因为它们也可以说明企业的出品。

我们认为，博物馆应该努力取得工业品与手工业品所有新的类型、式样与种类，采用并出产这些新的工业品，就是生产有重大进展的明证，只有在这种情形下，方可以完美无缺地指出物质生产的发展道路。

由此必须指出，选择新的物品，对于工业与农业发展历史极重要的，对于苏维埃时期生活改善、文化繁荣极重要的。它的原则和选择珍贵物品与典型物品的原则一样，是正确地补充材料的重要条件之一。必须及时地注意新物品出现，决定它们是以什么形式表现出来的，以相当的实物（以及别的）材料来充实藏品室。

这样，及时地搜集了新的工业品的标本，与根据米丘林、李森科先进学说创造的新的农作物品标本，就能解决非常重要的问题。博物馆掌握了并且确定了地方物质生产与居民精神生活领域中产生的新的重要的环节，用适当的实物材料来记录这些新颖的现象，甚至这些物品还没有普及的时候。地志博物馆收集产品的标本是有很大的科学利益的，因为工业品的顺序改变，不但指出了该县的生产特点，而且也说明了整个国家工业化的发展过程的特点，以后研究地方经济历史，相当的工业部门等的历史的时候，博物馆就能引用它所收集的材料。

博物馆也应该收集表现地方居民生活方式与文化的典型物品。典型的实物材料证明该区人民苏维埃时期的文化水平与生活状况。许多物品可能是非常多而又各种各样，现在看来很平常，并没有任何历史意义，但是经过一定的时期，就会变成珍贵的历史资料。我们老祖宗日常生活的任何文物，对于我们现在说来就是重要而珍贵的。既然这些文物的数量比较有限，而现代的历史家只好满足于研究过去偶然保

---

① 现多称"谢斯得罗列茨克"，下同。
② 现多称"罗蒙诺索夫"。M. B. 罗蒙诺索夫（1711～1765），俄国百科全书式的科学家、语言学家、哲学家和诗人。

存起来的物品。文物的古代性本身就赋有历史趣味。

苏维埃博物馆的工作人员，在补充博物馆的反映苏维埃时期的历史与地方现状的搜集物的时候，根据上述的主题收集到的不是间断的、零碎的、偶然的物品，而是有充分价值的资料，明显地展示并说明我们现代苏维埃社会生活。

这时，博物馆应该为后代子孙将苏维埃时期真实的物品材料收集到藏品室里来。这些材料不仅要说明地方历史上与现代的突出事实，而且要说明现代人日常的生活状况，它们的文化水平，它们生活方式的特点。除了上述的唯一的与有纪念意义的物品之外，还要表现出当地当时的典型材料。

苏维埃时期之部的工作者，在上述方面，具有较历史部门更便利的条件。因为树立典型性——换句话说即普遍性，他们（苏维埃时期之部的工作人员）能够直接观察当地苏维埃现代具体的实物材料。所有该区居民在日常生活里碰到的那些物件，首先就会是地方广泛要求的东西（标本）。博物馆应该给自己的藏品室选择最普遍的，因之也是最典型的，地方在苏维埃现实中过去与现在的衣服式样，而且要包括全社会主要人群（工人、集体农庄的农民、知识分子）所特有衣饰；同样，也应该介绍家具的式样。地志博物馆应当认识，怎样的一些家具或一套家具才是当地城市与乡村住宅所特有的，而且要把上述物品保存到藏品室里来。博物馆工作者，如果在藏品室里收集了地方苏维埃时期历史上特有的生活，那就是解决了一个大有成效的问题，不论电灯、收音机、瓦斯设备之类，与其他文教与文化生活（什物）的真实式样，现在对我们看来，是如何平常，它们也应该在地方的博物馆的藏品室里占一席地位。

沃洛果达省地志博物馆①将先进工人与集体农庄庄员现在生活方式典型的物品，如照相机、自行车、摩托车，留声机等等，也收罗到自己的搜集物中去。像这样来进行苏维埃时期之部的收集工作，是完全正确的，这种例子值得我们模仿。

许多年以后，将来的史学家应该在地志博物馆找到的，不只是衣服与十七、十八世纪的布帛，而且要找到现代苏联工人的作业服，集体农庄庄员的日常的与星期日的服装，与苏军士兵的制服。和农奴时代农民的手工业技术的杰作一样，苏联地方工匠用以满足人民需要的艺术作品，也要在博物馆的藏品室中占显要的位置。

地志博物馆搜集了珍贵的革命前的衣服、布帛、用具、器皿等，反映我国人民过去的生活方式以及艺术；同时它也应当具有苏维埃时期完整的搜集物。

这样，地志博物馆的陈列品，依靠真实的物品材料，替历史永久记载了伟大十月社会主义革命带入俄罗斯人民生活中，对他们的文化与日常生活的根本改变。

不能只依靠我们中央国家历史博物馆将所有典型的与特有的东西收集到藏品室里去，地志博物馆务必在自己当地的范围内，收集所有这方面，从研究地方历史的观点看来有价值的东西。

地志博物馆在进行补充苏维埃时期陈列品的工作时，不应忘记收集鲜明地描写我们时代人民创作的兴盛，与借以表现出新的苏维埃的情调的人文志上的实物材料。苏维埃时期地志博物馆所进行的人文志材料的收集工作，直到现在还是做得不够的，虽然也有个别一些博物馆收集了许多东西，例如楚瓦什自治共和国的博物馆，单只近年来，在研究集体农庄生活方式的基础上，收集了现代民族的衣服、木刻、刺绣等，纳尔契克②博物馆收集了一些卡巴尔达人民精致的手工业品。

在撒马尔汗文化博物馆③的陈列品里，有说明乌兹别克人新的苏维埃生活方式的各方面的，带画陶

---

① 现为"国立沃洛格达历史建筑与美术博物馆"，建于 1885 年，下同。
② 现多称"纳尔奇克"，下同。
③ 现为"撒马尔罕乌兹别克斯坦民族历史文化艺术博物馆"，建于 1896 年。

器的优秀样式，铜和青铜的精致制品，苏维埃时期的精巧镀金作品。莫斯科省的地志博物馆里，保存了札哥尔斯克州的许多珍贵的人文志的材料（包括木刻），许多费多斯金的箱子，与惹斯多夫的托盘、锦绣等。

在收集描写苏维埃人现代生活方式的实物材料时，应确定（即使摹制品也好）该区典型的住宅，因为地志博物馆不能像对待文化古迹一样地保存全部或甚至一部分在这方面有用的"物品"。

因此博物馆根据实在的情况，做出来的一些模型是有用处的，这些模型将新的苏维埃的生活仿制出来。沃洛果达省立地志博物馆就准备仿制新式集体农庄村庄的外貌，有集体农庄庄员们的美丽房子，行政与文教机关等。撒马尔汗文化博物馆创制了乌兹别克村庄中集体农庄新住宅的模型，而波兹杰列布斯克地方名叫马克思集体农庄的一个社会主义劳动英雄的房子，用来作模型的摹仿物，其布置陈列，都是一应俱全的。

2. 书面材料

实物材料是博物馆苏维埃时期陈列品的重要构成部分，但是手抄与印刷的书面材料，也有很大的价值，它们的特点与根据是里面包含的原文。按书面材料的性质说来，属于苏维埃时期的，也是多种多样，并不亚于实物材料。

苏维埃时期的文献昂苏维埃机关、企业与团体活动的结果，过去储存与现在储存的档案材料。同样属于书面材料的还有定期性的与非定期性的印刷品，即杂志与书籍。但是地志博物馆的任务既不是像国家档案处那样收集真正的档案材料，也不是像图书馆那样收集印刷品。

档案材料复写本和印刷品之所以被吸收到地志博物馆里来，大部分是为了陈列，或在许多场合下（印刷品）作为描写该区一定的人物或机关活动的物质与精神文化的文物。

虽然地志博物馆并不同国家档案处和图书馆"竞争"，但是它应该将（介乎图书馆与档案处之间）那样的材料，如像宣传画、传单、广告、宣言、墙报等，收集起来作为陈列品。

宣传画是一些文件上面常常有鲜明的、生动的、难忘的文章和鼓动性的图画。宣传画的历史意义是没有疑问的。大家知道，苏联国家革命博物馆所保存的丰富的苏维埃宣传画，乃是研究国内战争恢复时期苏联斯大林五年计划历史的珍贵根据。伟大卫国战争时期宣传画收集工作的意义特别大，宣传画刻画了当代最迫切的问题，反映了苏联人民对重大政治事件的评论。

因此，如何将地方的宣传画收集起来作为藏品，必须列入地志博物馆搜集工作的计划中去。

当地发行的传单，常常包含了对地方居民的简短宣告，对于地志博物馆的陈列品，也有不少的用处。应该指出，在劳动人民最高苏维埃与地方苏维埃竞选运动，与人民法官竞选运动的时候，发行的传单是特别有价值的，附有候选人自传的传单，区选举会议的宣言，及其他一些与准备和实现选举有联系的，同时这样就记录了当地苏维埃时期历史上最重要阶段的传单，应该及时收集起来作为地方博物馆永久藏品。

国内战争时期与伟大卫国战争时期，苏联爱国志士在敌占区秘密发行的宣传画与传单，必须别立一类。不管它们印制方法怎样，手抄的也好，机子印的也好，石板印的也好，那些材料都是非常有价值的。这里必须指出，为了在敌占区传播而秘密印刷出来的文献，也应该算作地志博物馆的藏品，作为苏联人民反抗侵略者而进行斗争的直接证明文件。

地志博物馆的收集物中应该包括墙报、告示、战报，并其他地方企业、机关、学校、集体农庄出的布告，因为这些具体的书面材料都是有历史价值的。地志博物馆也应该收集具有历史价值的当地组织与企业的广告与宣言，因为他们或多或少地证明了当地苏维埃现实的重要事实、事件与现象。例如：博物馆所收集的当地文化宫通知居民去听工业的著名斯达汉诺夫式工作者、社会主义劳动英雄——该区生长的人民的报告或讲演的广告，就是非常重要的历史资料。

广告与宣言都可能是发现苏联人民在国内战争与伟大卫国战争时期同干涉者与侵略者作斗争的最好书面材料，并且常是鲜明的富于暴露性的文件。例如苏联公民驱入德国进行登记的布告，或者法西斯刽子手处决苏联爱国志士的通告，都活生生地表现出德国法西斯占领统治的恐怖。

这些书面文件材料，虽然是"平面"的东西，但它们的潜移默化的力量对于博物馆说来，并不见得比实物的意义小，这一点是没有疑问的。有所区别于"不能说话的"实物的是：文件用它包含的原文来讲话，讲得清楚明白，不再需要任何注解。

除了上面所说过的手抄与印刷材料是可以作为真正的文物之外，地志博物馆应该经常主动地去找寻另外一种书面材料，那就是事件的参与者与目击者的回忆录。这种回忆录，应包括苏维埃时期的所有历史阶段，起自伟大十月社会主义革命的准备与行动，迄于现代。

组织回忆录的收集工作，与向目击者、证明人请教，这件事是与补充苏维埃时期基本材料的工作有机地联系着的。

根据参与者与目击者所说的话记录下来的事件，或他们自己写下的回忆，是有很大的历史价值的。但是回忆的历史价值的大小，要看它们符合历史真实性的程度，而且大部分要依靠参与事件的个人的特性。通常根据参与者的谈话记录下来的回忆录，不是保存在藏品室里，而是保存在博物馆的科学档案处。特别是碰到这样的情形，即假如回忆录与记录是博物馆由于考察和科学采访得来的，并且是科举采访报告的附录，这里我们觉得应当划出地志博物馆的藏品室和科学档案处的界限。

藏品室集中的是地方土地上与它们范围内过去和现在所有的文物，或者确实地反映了该区过去与现在的生活的文物，其中也包括这些文物珍贵的摹制品。

博物馆的科学档案处收集的书面材料是由于博物馆本身活动的结果得来的，那就是准备与实现陈列、科学研究与藏品工作的材料。

应当考虑到地志博物馆，除了收集实物的、书面的、造型的材料之外，必须对苏维埃时期该区过去与现在生活的各种报导进行最重要的调查工作，并且将已获得的报导精确地记录下来。这种报导可以用各种各样的手段与方法得到，可以到图书馆、档案处去进行工作，可以同当地机关、企业与组织领导人以及普通工作者谈话，或与其他能提供关于苏维埃时期的过去历史和该区现在情况的人进行谈话。

地志博物馆应当积极在该区进行收集苏维埃时期传说的工作，工厂与集体农庄中的民歌、民谣、谚语、格言，鲜明地反映了社会主义建设时代的英雄主义。这些人民的口头创作的历史价值是大家都知道的，苏联文学奠基人高尔基说过："如果不懂人民的口头创作，就不可能懂得劳动人民的真正历史"，这个意见完全是对苏维埃时期而发的。

苏维埃人民关于工人与农民的英勇斗争，创作了不少的故事和传说，歌诵他们建设苏维埃政权所作的斗争，歌诵苏维埃爱国志士在国内战争与伟大卫国战争期中所完成的功绩。特别是在那些曾进行斗争的地区，如伏尔加流域以及乌拉尔山附近，人民创作了许多关于著名的夏伯阳师团以及它的传奇式的师长的传说、传奇与故事。而且南方的各县，是关于第一骑兵队和它的英勇的司合官——伏罗希洛夫与布琼尼的，是关于卫国战争的英雄们苏军战士与游击队员们的。

地志博物馆应就能力所及收集这些存在工厂与作坊，存在集体农庄与国营农场中的故事与传说，并且用它们来充实自己的文件材料。

苏维埃时期产生了并且发展了一种新的民歌，那就是游击队的、赤卫队的、红军的、集体农庄的、工人的歌。地方歌曲的记录是非常珍贵的，伟大十月革命、国内战争、战前斯大林五年计划、伟大卫国战争与战后五年计划，给了各地区创造人民口头创作的新的主题。人民叙事诗的新的情调，鲜明地证明了苏维埃时代劳动人民，不仅是生活方式大大改变了，而且他们的意识也改变了。新的苏维埃的传说，只有一小部分发表了，并且记录下来了，地志博物馆应该担任起发表并收集当地人民叙事诗这个光荣的任务。

地志博物馆的工作人员，如果在企业里，在集体农庄中，收集了人民关于领袖与革命英雄，关于地方的著名人物——国内战争与卫国战争的参与者，突击队员与斯达汉诺夫式工作者所创作的新歌，那么他们实质上充实了博物馆的藏品，同时有助于地方的研究。上述主题的民谣材料也是很有趣味的。抒情主题的民谣也要收集，因为里面也常常鲜明地反映了新的生活现象。苏联的民谣来自群众，产生于田野中、晚会上、集体农庄的广场上。它们的歌唱者与创作人常是当地的优秀人士，如工厂、田庄的斯达汉诺夫式工作者、共青团、青年学员等。民谣是劳动人民新生活与新创造特有的证明，博物馆科学的珍贵材料。

民间创造的收集人也要记录地方的谚语与格言，它们可以反映出人民对新的苏维埃时代的事实与现象的态度（例如：对集体农庄，对工业化，对农业集体化，对突击队员与斯达汉诺夫式工作者的态度），对革命与苏联人民的领袖列宁与斯大林的态度，对党与政府的态度，对共青团的态度，对新文化的态度等等。

除了收集上述的材料（事件的参与者与目击者的回忆与访问记录和民间创造）之外，收集各类关于该区国民经济与文化生活的报导，对于地志博物馆以及补充苏维埃时期材料的工作，是具有很重大的意义的。这些报导带着叙事的性质，它们的来源可能是文献与文件的材料。博物馆本馆研究苏维埃时期的专论，对于博物馆的资料说来，其重要性也是无可争辩的。

统计资料必须另归一类，关于地方经济与文化生活的统计报导，在陈列方面是有很大的困难的，但是作为研究该区历史的根据，统计报导具有的意义，不会估计过低的。

由于收集地方各方面生活的报导是博物馆无可争辩的责任，于是，关于必需确定目前事件的问题，对于博物馆说来（但也不仅对博物馆）具有很大的意义。

地志博物馆应该担负起本区苏维埃时期历史"年鉴"的特殊作用，应该按年月次序将该区所有重大的事件、现象与事实记载下来。为了获得适当的报导，利用一切可能的来源，这种年鉴或者编年史对于该区的历史是很珍贵的，对于博物馆本身，这样编年史也是很重要的，因为它直接地帮助了陈列和收集工作。

博物馆将明白它们应该首先拿出什么来陈列，在补充陈列品的时候什么样的　些材料要予以注意。为的是反映当地生活中最主要与最新的因素，博物馆所制订的编年史，可以作为研究该区历史的珍贵源泉来看。上面我们说过，用相当的实物材料来确定新的发展的现象的重要性，年鉴或编年史将是那些现象的记录。这样的年鉴，有些博物馆已着手编了，莫斯科省地志博物馆在一九四五年到一九五〇年这一时期中已编纂了将近一万四千份的记录。

3. 照片材料与电影材料

在苏维埃时期的陈列品中，照片与电影（新闻的）材料应该占一个出色的地位。

照片材料，如所周知，能够由阴片（玻璃的或软片的）和从它们印制下来的阳片构成。真正的照片材料是阴片，也是从阴片直接印制的阳片，至于从阳片再摄制的照片就不是原版而是复制品，对于电影的（新闻的）材料来说，原版应该是指所有的阳片。

地志博物馆中，苏维埃时期陈列品中的照片与电影材料的意义是特别大的，因为照片与电影在记录苏联时期现实的现象与事实的作用大大地增加了。

照片的掌故价值特别大，照片与进一步的电影能够将苏维埃现实完全准确地、非常完善地表达出来，印下杰出活动家的外貌，使意义重大的事件的情况永存，因此，地志博物馆的藏品室，应该尽可能地收集很多照片的电影的材料。这些材料要完全客观地将苏维埃时期，该区历史道路上主要阶段展示出来。地志博物馆必须这样地组织照片文件的补充工作，即创造一种苏维埃时期该区历史的纪录片，在纪录片中记下该区历史的过去与现在。

用照片来记录本区范围内，或是省或县的中心范围内的最出色事件，个别博物馆已具有若干经验。加里宁省地志博物馆系统地摄取了加里宁格勒的恢复与建设的基本阶段，沃洛果达省博物馆有计划地将描叙地方工业、农业、文化与生活方式顺序发展的照片来充实它的陈列品，达格斯坦自治共和国博物馆也进行了类似的工作。足资模仿的例子是：沿海边区的阿尔森尼也夫①博物馆，有系统地以适当的照片记录了地方苏维埃现实的新现象（例如地方开始的共青团员们和青年们建设花园和运动）。

无疑地上列各博物馆所收集的照片材料，对于陈列与科学研究工作是有很重要的意义的。这些材料对于其他科学机关也是有利的。

上面列举过的苏维埃时期文物（实物、文件与照片的材料），绝大多数都是有头等意义的博物馆材料，因为它们要就是当地苏维埃过去或现在的实物（实物的与书面文件的材料），要就是一些完全准确地表达了现实的事件、事实与现象的"记录"（民间创作、统计、报导、照片的一部分）。

这些博物馆材料的价值，首先在于它们对当代人与后代都是历史源泉，根据这些源泉，可以研究过去，也可以判断未来。

4. 美术作品

历史过去的与苏维埃时期的作品，乃是博物馆材料中很重要的构成部分。

艺术作品是创造这一作品的地区文化发展的一定水平的证明。任何的图画或雕刻，都可以同时当作反映一定社会集团利益的美术家来评判作者，从这种观点看，艺术作品应该当作一个时代的文物来估价。它应当按年代按纲要放到适当的苏维埃时期的历史部分里去。在这种情形下，艺术作品的主题还是次要的，但是假如艺术作品计划用来在博物馆里陈列它所反映的主题（博物馆也应该这样对待艺术作品的创作），那么放在博物馆里的美术作品的价值，自然要看以下两个因素：第一、看所反映的情节是否符合历史的真实；第二、看作品的艺术性。照片精确地反映了现实，因而具有头等的历史源泉的意义；美术作品则有所不同，它不能不带着某种程度的主观性质。因此，在选择艺术作品作为博物馆的陈列品时，应该极力使它们（艺术作品）尽量准确地表达历史的实际情况，在这方面应当极力保持接近于历史的真实，只有这样，作为博物馆陈列品的图画、雕刻、图表，才是对实物与书面文件材料的珍贵补充。

为了说明美术家与博物馆工作人员有时对待美术作品的创作态度不够严肃，我们试举以下事实为例，一九三六年艺术家裘契可夫替克拉斯诺雅尔斯克地志博物馆②画了一张画，描写列宁留居苏辛村的情景，列宁给美术家画成给他的流放的同志们围住了。当图画的照片落到克鲁普斯卡娅③的手中时，她寄了一封信给博物馆的馆长，照我们看，这封信是具有很大的原则意义的。克鲁普斯卡娅写道："美术

---

① 现多称"阿尔森尼耶夫"。

② 现为"克拉斯诺亚尔斯克边疆区地方志博物馆"，建于 1889 年。

③ 列宁夫人。——译者注

家裘契可夫的图画的照片，除了我以外，其他非常熟悉弗拉其米尔·伊里奇①那时情况，与所有我们那时的同志们，也都看过了，总的印象是，画上的弗拉其米尔·伊里奇完全不像当时的伊里奇，他那时根本就没有打领带，他的面貌也不是那样忧郁……我们觉得这样的图画不应该画，在图画里面总要有些微合乎情理的东西。"②

保持起码的逼真，这是对于美术家的基本要求，遗憾的是我们的美术家常常做不到。

美术作品要在地志博物馆里陈列，要完成向观众介绍地方的自然历史与现代的任务，它的真实性不应该只是最低限度，而是最高限度。应该注意，在某些情况下，美术家的作品，按照它的来源的意义说来，接近于照片的材料。问题是在于写生画，我们知道，伟大卫国战争时期，美术家一事件的目击者所作的战地图画，就是博物馆藏品与苏维埃时期陈列的珍贵材料。地志博物馆藏品中有许多写生画，是当地的美术家（受博物馆的委托）在实地考察时制作的。这些画的艺术价值在许多情形下是有问题的，但是对于描写该区苏维埃现实的各方面，它的自然条件、工业、农业，当地居民的文化与生活方式，这种图画是非常重要的。例如卫国战争年代中，画家吉伯里克受撒马尔汗文化博物馆之托，画了一些写生画，描写苏军乌兹别克战事的各种战斗学习与开赴前线，这些画都是最珍贵的材料。

但是当美术家替博物馆创作关于该区苏维埃生活历史过去的重要事实与现象的作品时，他（美术家）就具有较其他画家优越的条件，因为地志博物馆能够给他必要的帮助。

大部分的博物馆帮助了画家，我们试以莫斯科省地志博物馆在这方面的工作为例，根据博物馆的约定，画家创作了一些关于列宁各个时期的生活与事业的画片，博物馆工作人员事先就研究了所有关于列宁在莫斯科省某一县居留的文献和确实的材料。此外，博物馆工作人员还与画家一块到图画题材所指定的地方去，到那里去询问目击者，弄清楚值得记忆的事件，发生的情况，这样博物馆工作人员可以给画家宝贵的意见，在绘制图画的过程中帮助他。例如画家创作的三幅图画《列宁抵雅诺波列兹》、《卡辛③的第一所农业发电站》、《雅诺波列兹之住宅》，就以高度的历史真实性见称。根据博物馆订做的，以伟大卫国战争为主题的油画方面的情形，也是这样的。通常，博物馆工作人员直接追随事件来确定最重要的事实，那就是说，由德寇法西斯占领下解放出某一县之后，马上可以进行这样工作，因此，画家由博物馆得到的不仅只是关于事件发生的地方，以及与必要的报导相联系的来源的指示，而且可以得到关于过去发生的事实及其情况的直接意见。画家瓦奇莫维的图画《都波塞可夫之战》——关于二十八位英雄们的故事，就是这样画下来的。同样的情形，有米洛诺维奇的画，马洛雅诺斯拉维兹的第一个德国人纳斯卡卓夫的画，德国人在雅诺波列兹的兽行等等。

地志博物馆的工作人员，提供给画家创作苏维埃时期的作品任务的时候，比起遥远的时代来，他们能够接近精确地表达历史现实。图画是否符合历史的真实性，不仅可以用历史文件来核对，而且也可以用证明人与历史事件参与者的话来核对。

在对美术作品创作的科学研究态度方面，库尔斯克省地志博物馆的经验是有用的。现在它具备了一些关于该区游击队运动的图片，在一次考察该省游击队时，库尔斯克省地志博物馆同游击队运动参与者建立了联系，游击队实地重演了一次对希特勒强盗的诱击，游击队联合司令部的会议，游击队出发执行战斗任务，这些事件参与者创造的特别的"表演"都给摄制下来了。后来，这样获得的照片成为当地画家的图画的基础，这些画是一九四二年瓦斯克列斯别墅之战以后埃米特力也夫部队的游击队员们，游击

---

① 现多称"弗拉基米尔·伊里奇"，即列宁。
② 这是我们摘引的。——原文注
③ 现多称"卡申"，下同。

队员与米哈伊洛夫卡村的集体农庄庄员们的秘密会议，集体农庄庄员输送支援游击队的物品，库尔斯克游击队，在杰留吉诺车站爆破列车等等，这些都精确表达了库尔斯克省游击队运动历史上的最重要关头。

依照库尔斯克博物馆的请求，若干游击队员——事件的参与者——特地到战斗的现场去，并且很准确地重演纪念事件的情景，这样，一张在林中设置防御线的土窑与炮位等的地形测量图，就当场给一个参与者画出来了，在上述材料的基础上，博物馆定做了一个模型。

博物馆工作人员，仔细研究地方生活的现象与事实，与以后同美术家创作的友谊关系，自然，不仅是在创造艺术画幅时是必要的。楚瓦什自治共和国博物馆，进行了对一个集体农庄（伏罗希洛夫集体农庄）的深刻研究，创造了《斯大林改造自然计划》的陈列画；这幅画非常真实地表达了集体农庄的植林区，草谷轮种制与贮水泊的建筑。当地艺术家创作《顿河南部泥煤企业机器化采煤的情形》、《札苏尔良种养马场》透视画时，博物馆工作人员也作了同样的工作。加里宁省地志博物馆，密切地同艺术家合作，并且根据博物馆工作人员在专门科学考察时收集的确实材料，也制作了彻尔杨霍夫县斯大林集体农庄土地使用的模型，表明该农场轮种制的田地。当艺术家制造古里也夫①县马特洛索夫集体农庄的新住宅区的模型，以及两座新的典型的房屋模型时，该博物馆也提供了许多意见。

博物馆的科学工作人员，对于制造模型、标本的艺术家和专家的帮助，应该保证博物馆所订做的美术作品高度的历史真实性，以及摹制品精确地符合它的原来样式。

涉及苏维埃时期博物馆材料的问题时，应该也提到另外一些东西，它们并不有机地算作材料的一部分，但是直接同材料有联系，这就是博物馆所制造的用来补充主要陈列品的材料，如原文、透视画、图案、纲要、地图、蓝图等。正像上面说过的摹制品（模型、标本）一样，这些叫作补充的与说明的陈列品，应该根据确凿而合理的实际材料制造出来。

制造得不正确的辅助陈列品，不仅在陈列时要混淆视听，就是把它们从陈列上撤除，放到藏品或科学档案里去，在以后研究该区苏维埃时期的历史与博物馆本身的历史引用的时候，也要引人走入迷途的。

---

① 现多称"古里耶夫"。

四、苏维埃时期材料的补充计划

搜集苏维埃时期材料的最重要问题，是关于搜集材料计划的问题。

上面说过，地志博物馆的陈列品应该全面地反映苏维埃时期地方的历史。为此，必须有两个条件：

第一、地志博物馆的陈列品应该主要是包括地方性的材料，而且要把说明该区苏维埃时期历史，以及现代生活的文物列入地方性的材料之内。

地方性的材料主要是存在地方范围之内，博物馆应该表现地方的生活。但是，当说明地方的文物是在离开该地，甚至是在离开该地很远的地方的时候，地志博物馆的工作人员不仅要能够，而且也必须走出地方的范围。

第二、材料的补充计划不应该完全依从于当前的陈列任务。通常，陈列不能也不应将所有的藏品陈列起来。因而，苏维埃时期材料的补充计划应该比博物馆同一部门的主要陈列计划广大得多。

苏维埃时期材料补充计划订立的根据和划分，是建立苏维埃时期地方历史陈列所应遵循的那些历史阶段。根据地志博物馆苏维埃时期之部所搜集的材料，应说明：

（1）地方参加伟大十月社会主义革命的准备与行动的工作，在国内战争与外国干涉的时期中，参加保卫革命成果的工作（一九一七～一九二〇年）；

（2）地方在战前和平社会主义建设时期（一九二一～一九四〇年）；1. 地方为恢复国民经济而斗争的时期；2. 地方在战前斯大林五年计划时期。

（3）地方参加伟大卫国战争时期（一九四一～一九四五年）；

（4）现阶段（战后时期）地方的国民经济与社会主义文化的成就。

在上面列举的年代阶段的划分内，地方苏维埃时期历史的材料，应该搜集起来，并且将时期作更细的划分。

这时必须注意，如果在苏维埃时期之部的陈列中，苏维埃时期历史的许多区划是几个主题联合起来表现的，那么，在材料中要搜集有足够详细说明地方在苏维埃时期所经过的历史道路的所有阶段的材料。

搜集与保管藏品时，苏维埃时期材料的分类工作，主要应按照地方历史阶段的具体条件，以及材料的性质。

将材料根据历史时期分别开来，在一定的历史阶段内，形成主题组与小组，这就可以作为分类的基础，也能根据一定的主题按年代顺序划分（根据五年计划年代）来搜集和保存藏品。

这样，伟大卫国战争前的时期中，说明地方参加十月革命的准备与行动和国内战争，战前和平社会主义建设的材料，主要按照《联共（布）党史简明教程》章目上的时期来作补充计划。在伟大卫国战争时期中所收集的关于地方历史的材料，应按照一定的主题分类：战争时期中，地方的工业与农业，本地著名的战争的参与者，战时人民的创作等。

至于战后的材料，因为没有规定的时期，就按国民经济、文化与生活的一定部门来划分。

最后，对于苏维埃时期的材料，正像对于革命前的过去的材料一样，也可以按照普通的分类法（陶器、布匹、美术品等）来搜集和保存。

决定了补充苏维埃时期材料的年代范围，并且明确了它（补充工作）的界限之后，我们就要论到材料的性质。

大家知道，在博物馆的藏品室中，应集中苏维埃时期的任何文物，过去与现在地方所有的，或者与地方有关系的，不管它们的材料大小，制造方法如何，只要在研究与陈列上述物品的基础上，能够表现该地生活、历史的真实情景。

我们试举出物品的与文件的材料的主要类别，因为按照苏维埃时期各个阶段补充陈列品的时候，是应该注意这些材料的。

下面引证的和列举的说明苏维埃时期的文物，决不是要求完整无缺。给吸收到博物馆里来的材料范围，决定于该区历史与苏维埃现实的特点；自然，不应也不可能有这样的计划，即要举出全部或大部分具体的物品与文件。

然而，我们认为，博物馆的工作人员如果愿注意某些从我们观点看来对于苏维埃时期每个历史阶段是重要的，必须首先收集的博物馆材料，对于他们不是没有好处的[①]。

1. 伟大卫国战争前的苏维埃时期（一九一七～一九四一年）

在伟大十月社会主义革命的准备与行动时期，应当搜集反映当时地方党组织活动的照片和报告文件：党委会和会议厅的照片，布尔什维克用以暴露临时政府地方机关的反革命政客及社会革命党员孟什维克调和主义者的叛逆活动的小册子和传单，党员的照片，工人和劳动农民的入党申请书，工农反对临时政府政策的罢工运动的抄本，以及对临时政府不信任的决议等。

必须特别注意搜集反映推翻临时政府和建立苏维埃政权的革命时期的材料。在博物馆藏品里，应该有地方党组织对于彼得格勒十月变革的反应，地方苏维埃关于地方政权过渡到苏维埃的决议，建立苏维埃政权的领导者和参加者的照片，赤卫队的旗帜和武器等；如果可能，还要有十月事变的照片（会议、游行与临时政府守卫队的武装冲突）。

为了反映地方人民在战后时期的生活——为巩固初期建立的苏维埃政权而斗争——很重要的就是要陈列文件和某些物品材料的画片，用以说明资产阶级政府机关的崩溃和苏维埃政权的创立，苏维埃政府在地方实现了历史性的法令，地方苏维埃决议组织各部：国民经济、人民教育、保健、财政、粮食及其他，还有掌握地方民政与军政的军务处，苏维埃机关的首届领导者的照片，以及——如果可能的话——多数苏维埃机关的机要文件，所刊行的标语、传单、小册子，所有这些都应该收集在博物馆的藏品室里。具备了上述资料，地志博物馆就有可能在本区内把历史具体化，例如：列宁土地法的实现，指出企业中工人如何执行监督，以及工业和贸易国有化，尤其是关于银行国有化的基础。总之，要具体地指出，在当地，苏维埃政权是如何建立和巩固的。

应该特别着重于搜集在农村中巩固苏维埃政权的材料，尤其是贫农委员会与富农阶级作斗争的活动，例如：地方苏维埃关于贫农委员会组织的主要决定，贫农委员会及其活动的极有价值的总结报告（抄录的），领导者及参加者的照片，以及贫农委员会组织的通告等等。

---

① 有时，计划中提到的文件材料（计划、报告、决议等），保存在国家档案处里，而苏维埃之部的陈列中又必须展出这些材料，如果该项文件的内容在相当的布告、宣传画、广告、传单或小册子里找不到时，就应当去找寻并搜集抄本，或那些档案材料的影印本。——原文注

地志博物馆应当贮备充分的藏品，以反映该区在国内战争时期及外国干涉时期，为苏维埃政权而作的斗争。如果该区某地曾经是战争的现场，那么，博物馆应当陈列基本的作战命令、摘要和地图，来说明战役的过程，并最后的歼灭苏维埃政权的敌人。应当搜集国内战争时期参加者亲身的文件、枪炮、刀枪，红军的服装和装备，以及夺自白卫军和干涉者的各种战利品，这些都是国内反革命与英、美、法、德等帝国主义者相勾结的证明。其他如号召与敌斗争，参加红军，与强盗行径及逃兵作斗争的标语和传单，也应该收集在博物馆藏品之中。在国内战争时期被白卫军所统治的区域，地志博物馆要搜集地方工人、农民恢复苏维埃政权而斗争的什物和文件材料。这里有白卫军镇压罢工运动，压迫农民，以及布尔什维克的照片——如地下斗争的领导者，游击队武器，法庭对于工农革命运动的判决，布尔什维克党在占领时期所发行的秘密传单和标语，以及证明地方人民参加国内战争的前线与白卫军作斗争的什物和文件材料及其他等等。

博物馆的陈列品不仅要反映劳动人民在地方与白卫军及外国干涉者军队所作的武装斗争，还要反映当时的后方工作，如工业、农业、苏维埃、党和文化机关等工作。

为了反映地方经济在国内战争时期的崩溃和严重，应该搜集那些崩溃的和暂时歇业的企业的照片。当时的工业和贸易是生产衰落、国内饥馑的见证，例如：打火机、木板鞋、蜡烛、煤油灯、炉子、食品卡片。当时流通的钱币及其他在国内战争时期为红军生产武器、军服、装备的地方企业及上述各什物，都应该收集在博物馆的藏品里。

抄录地方企业国有化活动及其上级机关的审查决议等报告，是极有意义的。博物馆陈列品的什物和文件，可以说明当时农村的情况，这些有：首先是派遣到农村去的工人食物队（报告、照片、参加者个人文件及其他），当时所组织的第一个国营农场，公社和劳动互助组的文件、照片以及可能搜集到的什物材料。博物馆应当从国民教育档案处、保健处、公营经济处里，选择一些重要的，有关修建小学、医院、住宅（劳动人民从地窖里迁移到私邸和漂亮屋舍里）等材料，以及有关为失业者组织社会工作，采用劳动服务，地方剧院、电影院、俱乐部活动、音乐会等材料，还有相当的一些传单、招贴画、标语。

地志博物馆的藏品中，应该完全地、多方面地搜集一些实物的和书面的文件，来说明地方在新经济政策的基础上，争取恢复国民经济时期的历史。还有，地方苏维埃组织完成中央执行委员会一九二一年三月二十一日关于分配粮食税的代用条例，关于实现人民委员会粮食自由贸易和解散狙击队的决定，合作社活动报告，政府收购农业产品和租赁工业企业，地方苏维埃贸易活动等资料，对于博物馆陈列在一九二一年～一九二二年的当"贸易问题变成了党的实践的问题，变成了经济建设的问题"时期的历史，那是非常必要的（《斯大林选集》俄文版二十七卷第七十六章）。要搜集地方党和苏维埃工作者向工人农民解释新经济政策本质的演说全文，国民经济处，农业处和军务处等总结报告——从这些材料里，可以摘引出有关农业提高（尤其是一九二一年秋季播种的顺利进行），工业及运输的恢复，最后的肃清强盗行径和巩固工人和劳动农民的联盟等有利资料。当时，一方面是巩固的国家贸易和合作社事业与私人资本（主要是在贸易方面）的斗争，另一方面也可以根据地方苏维埃财政部的材料来研究。应该搜集当时国营商店和合作社的照片。

这样，搜集的材料就能够说明地方劳动人民在党的领导下，有效地恢复了国民经济，推行了正确的经济政策，决定了在与资本主义因素抗衡并利于社会主义的斗争中"谁战胜谁"的问题。

在民族自治州和共和国的地志博物馆里，应着重搜集当时列宁、斯大林关于民族政策付诸实现的材料。例如：苏维埃地方代表会议关于民族自治州和共和国教育的决议及其在俄罗斯联邦的执行，代表会议出席者及第一届政府委员的照片，政府的主要决定（例如将沙皇时期被俄国地主和富农所掠夺的土地，还给地方国家农民的报告，以及除了俄文作为国语以外，可操本民族语言的决定，及开办民族学校等）。在民族区域的博物馆里，也应该有一些文件，以说明中央苏维埃政府和伟大的苏联人民所给予从前被沙皇蹂躏的各族人民的具体帮助。

布尔什维克党和苏联政府的创始者列宁同志的逝世，引起全国的震惊。在各区的工农会议上所通过的每一个决议都和列宁的逝世结合着，工人响应列宁的号召，纷纷要求入党，城市、街道、工厂、乡村等纷纷以"列宁"命名，以上这些材料，对于地方历史，都是极宝贵的。

在藏品中应该搜集地方农业处和国民经济处的统计报告，地方工业的恢复，家庭手工业和地方工人的增加，巩固农民经济，国家给贫苦农民的帮助，以及社会主义经济形态比重加强等材料。特别是要搜集信用贷款，畜产和农业组合等条例。在藏品中，根据边区一九二四年完成改革以后所流通的纸币的集体合同及其真实价值的资料，就可以断定恢复末期，财政状况的巩固和劳动人民物质生活的提高。

在搜集苏维埃时期的材料时，应该特别注意按照年代的原则，亦即按照五年的原则，搜集斯大林五年计划时期——地方国民经济的根本改造时期的资料。但是，尽管这样，在尽力将博物馆的各种藏品和依年代所可能搜集的同类资料必要的配合，大部分总存在着实际上的不便。因此，最好按基本的主要问题作一些补充，如果必要时，在内部可以基本划分为主要的和次要的。

关于地方社会主义工业及在斯大林五年计划时期所推广的各种资料，主要有赖于地方历史发展的具体材料。如果本区在工业化时期，修建了新型的重工业工厂，和轻工业工厂，并在新型技术的基础上，改造了旧式企业，修建了大量的电力站和重要的电路，那么博物馆的陈列品就应该尽可能的搜集有关建筑过程和经营等材料。至于反映地方工业化过程的材料，例如：中央和地方苏维埃及党组织关于开工的决定，基本建筑阶段的照片，建筑和生产过程中的优秀领导者和工作队的照片；以及，如果可能时，建筑和生产过程中所采用的机器和工具，产品的模型等等都应该首先收集在博物馆里。如果该时期的地方农业中，国营农场和农民经济创造了对于工业是必要的谷物，那么，博物馆陈列品就应该用谷物作业的模型和产品，来推广这些谷物。

苏维埃和党的领导者，将有关工农业增长，和在工业化的第一年度里地方全貌渐变的极有价值的材料，都包含在庄严会议的报告中，作为对伟大十月社会主义革命十周年纪念的献礼。至于地方经济行政机关，关于在地方企业和机关中执行严格的经济制度的决议，国家工业收入的文件资料，地方信用借贷机关和储蓄银行流动资金的通知，地方工业建设供给资本的国家决议（苏联人民委员会、人民委员部）等材料，都应该能够回答工业化资金来源这个问题。

地志博物馆的重要工作，就是要搜集在斯大林五年计划时期，地方人民为农业集体化而斗争的实物文件和资料。

还在一九二九年，正如斯大林同志所指出，发生了伟大的变革："这个变革，意味着社会主义工业的辉煌成就，而在农业方面的第一个伟大的成就，就是中农参加了集体农庄，开展了群众性的集体农庄运动。"（《联共（布）党史简明教程》俄文版第一八六页）

搜集材料，明确而全面地反映地方集体化的历史，这是每一个地志博物馆的光荣任务。在这种情况下，有关集体化的材料，应当非常丰富，以便根据它们来研究"最深刻的革命变革……这个变革，就其效果而论，与一九一七年的十月革命有同等意义"（《联共（布）党史简明教程》俄文版第二九一页）。这就是将小的个体经济转变为社会主义的集体生产。因此，就不仅要搜集集体农庄和国营农场的材料，而且要搜集过去地方个体农民典型经济的材料。材料中应该包括主要农业的工具和用具设备，农民住宅的照片，以及各种有关耕地质量的经济统计，商品经济的等级，面包和其他产品的保证等。至于在富农经济中采用雇佣劳动，苏维埃政府给贫农和中农经济的扶助（免税、贷金等），并采取组织步骤以排斥地方富农经济，粮食采购运动文件（一九二八年），没收阻止政府收购粮食的地方富农的剩余粮食的法律裁判，地方和中央报纸农村通讯员的通讯等材料，对于研究和表现当时在农村中与富农进行阶级斗争，都是极重要的根据。

在地方集体农庄运动的历史材料中，应该搜集农民会议关于集体农庄组织和集体农庄庄员的名单的决议等材料，农庄组织者和农庄主席的照片，以及来自城市的"千公担"① 工人的照片等。

地方第一个集体农庄所使用的真正的生产工具，对于地志博物馆来说，是极有价值的材料。博物馆陈列品应该详尽说明农民从一九二九年——伟大变革的一年开始，集体参加农庄的决议，农庄的普及组织，农庄在该区所占的农业场所，以及其他象征地方农业过渡到大规模集体化途径的一切资料。另一方面，已经大规模集体化的地方苏维埃关于驱逐富农出境，没收其土地、农具、牲畜，转交集体农庄的各项决议，反映了作为一个阶级来说，富农阶级——国内最后的一个剥削阶级的被消灭。对于在集体农庄建设事业中，歪曲并曲解党中央委员会正确路线的地方，地志博物馆也应该收藏这些资料。还有地方苏维埃和党组织关于检查偏向和错误，（有些集体农庄，如"巨人"农庄，非法地偿还农民集体化的牲畜和禽鸟，以及撤办歪曲路线有关人员等）的决议，向党和政府致感谢的信件，以及斯大林同志论文《胜利冲昏了头脑》出版的通讯。此外，地志博物馆还应该收集有关巩固地方集体农庄，农业经济劳动组合的增长，新型的现代化的农业工作法，新文化的繁荣，新畜种，农庄收入及庄员劳动日个人收入的提高，集体农庄乡村文化的增长等什物的和书面的材料，其他如地方集体农庄和国营农场所使用的新型农业机器模型，拖拉机，联合收割机，集体农庄的规则，交付农庄的什物，固定使用的耕地，集体农庄会议的记录，集体农庄庄员设备良好的住宅，集体农庄现代化建筑经营的照片，乡村实验室活动的报告，劳动组合的纪念照片，集体农庄突击队员的照片，庄员劳动表册，集体农庄和农业机械站的合同，农业机械站和地方国营农场的组织活动的照片，以及集体农庄俱乐部的工作报告等。这些都是博物馆的关于地方社会主义农业的增长和巩固，国家集体农庄的胜利的丰富材料。

搜集本区劳动人民完成第一个、第二个及第三个斯大林五年计划的资料，对于博物馆是很有意义的工作。

第一个五年计划时期，应该搜集地方基本企业的生产计划和完成该计划的总结，工厂和运输工人的合同，工业财政计划，车间，突击工作队和突击队员的社会主义合同，新型企业和发电站的照片，产品的模型，最后地消灭失业者的资料（职业介绍所封闭的决定），企业和地区关于在第四年完成第一个五年计划的报告，以及反映在本区的地方工人和农民中，提拔苏维埃生产技术，知识分子的创造过程的文件（高等学校和技术学校采访的照片）。

从大部分材料中，应该能够判定本区完成第一个五年计划的主要总结，例如新型的改造企业及该企业的产品，集体农庄的成绩以及在地方国民经济中社会主义生活方式的胜利等。

至于地方历史在第二个斯大林五年计划时期的补充材料，除了已经指出的资料以外，还应该注意什物、照片，地方企业和集体农庄、国营农场斯达汉诺夫运动等书面历史资料的选择。

党组织关于维护并推广地方斯达汉诺夫式工作者的创造的决议，斯达汉诺夫式工作者的照片及其工作法，第一个斯达汉诺夫式工作者所使用的工具，机器的详细图表，确立斯达汉诺夫运动竞赛纪录的会议，和大会的照片与纪录，由别区来本地指导或交流经验的斯达汉诺夫式工作者的照片和书面资料，斯

---

① 见本书第四百五十八页第七段第三行的解释。——原文注

达汉诺夫式工作者的薪金帐目簿，所有这些材料，就反映了地方劳动人民实现了斯大林同志一九三五年五月"干部决定一切"的口号。

地志博物馆藏品中必须备有地方参加苏联政府有意义的历史阶段——一九三六年准备和实行伟大的斯大林宪法，和一九三七年苏联最高苏维埃的第一届选举的材料。如一九三六年地方劳动人民讨论新宪法草案的会议纪录，以及推行新宪法的大小会议，群众对宪法和选举形势的解释（企业、集体农庄、机关的群众鼓动的纪录、谈话、大小会议的照片），地方印行的选举前夕的文献、标语、传单，代表候选人的传记等。地方选举委员会委员和甚孚众望的人物的照片，像盛节大典似的第一届选举的照片，选举委员会办公室内的用具及陈设，选举委员会的决议等纪录，对于地志博物馆都是极重要的材料。

地志博物馆应该搜集材料，明确而且使人信服地说明在斯大林宪法的阳光下国民经济和文化的繁荣。而且这些物质的和精神的纪念品，也说明了地方参加了并完成了第三个斯大林五年计划所规定的任务。在搜集有关新建筑，现有企业，集体农庄，国营农场等材料时，要特别注意用能够证明劳动人民物质繁荣和文化水平提高的材料来补充。也要搜集由德国法西斯突袭我国所中断的地方和平、幸福而生动的生活。这些材料就是：小学、中学和大学的活动及地方科学研究院的照片，地方文化教育工作，图书馆、俱荣部、博物馆、阅览室、文娱公园、戏院、电影院、音乐社的发展照片等（广告、招贴画、曲目等）。材料还应该包括在地方战争前夕所出刊的书籍、杂志和报纸。地方工业斯达汉诺夫式工作者薪金提高，庄员的劳动记录，集体农庄突击队员劳动日的经济统计，劳动人民疗养院和休息室的照片，以及其他有关本区居民生活的提高等材料，也都是极有意义的。

社会主义竞赛新的高涨，如所周知，是联共（布）党第十八次代表会议所号召的。应该搜集登载在地方刊物上，为庆祝党代表会议而提出的集体或个人的社会主义保证和响应，以及地方党组织所派遣的代表的照片。

在材料中应该搜集地方工人、集体农庄庄员、知识分子响应并参加苏维埃政府的主要历史事件的资料，正如第十八次党代表会议所指出，要参加到社会主义社会的完全建设时代，并且要逐渐过渡到共产主义社会。这也就是一九三九年关于乌克兰和白俄罗斯合并组织的劳动会议的决议，粉碎芬兰白卫军并巩固苏联西北边疆安全，苏联——罗马尼亚会议关于比萨拉比亚问题的和平解决，一九四〇年组成立陶宛、拉脱维亚和爱沙尼亚的苏维埃联盟，可以利用国防航空化学建设协会地方组织及防空部的材料，在地志博物馆中反映地方工人、集体农庄庄员和知识分子准备捍卫祖国的情况，以及地方自愿社会运动家关于军事体育工作等。

苏维埃时期战前时期的补充材料计划、问题和材料的范围大抵如此。

2. 伟大卫国战争（一九四一～一九四五年）

伟大卫国战争时期的补充材料，对于地志博物馆是具有特别重要的意义的。在这里，战时敌人占领区的地志博物馆的补充计划是和当时后方地志博物馆的补充计划，根本有区别的。

首先，应该特别注意于在敌人统治政权下本区防卫、居民与占领者作斗争，地区解放和恢复工作等什物和文件材料的选择。

其次，就是要注意用地方保证前线供应的工业、农业和文化机关及居民与法西斯侵略者展开武装斗争等材料，作为地志博物馆的补充材料。

战争的爆发为地志博物馆藏品提供了多方面的材料。例如：有关法西斯德国突袭苏联的大小会议的照片，会上发言和决议的原文，劳动人民志愿参加红军的书信和宣言，地方苏维埃和军事机关（苏维埃执行委员会、军事委员会）根据政府决议和国防部关于军事形势的分析和灯火管制（招贴、告示、传单）的决议所作的急要命令，劳动人民对于斯大林同志一九四一年七月三日演说的反应（会议的决议，参加人民后备军和歼敌团的宣言，入伍表，地方苏维埃和地方企业、机关、集体农庄、国营农场领导者号召居民参加边防建设的命令和措施，国防照片等）。

在靠近前线地区的地志博物馆，应该搜集材料，以反映居民、工业企业和文物的后撤工作的准备和实行（官方的命令、通知、宣言）。

在暂时被敌人占领的区域里，必须将详尽无遗地复制好了的德国法西斯军事民政统治所建立的"新秩序"的什物与书面材料，集中在地志博物馆藏品里。这些材料就是：地方德寇的行政命令和部署，法西斯统治者的决议，德寇军事法庭的判决，敌人用作肉刑和拷问的凶具（绞首台、绞索、鞭绳等），法西斯恐怖牺牲品的文件和什物，专门对付居民和战俘的集中营的"设备"物等。在藏品中收藏非常委员会和地方委员会调查德国法西斯在本区罪行的记录，以及敌人兽行、野蛮和破坏的照片，也是很重要的。

地志博物馆搜集有关占领统治的材料以后，还应该同时将人民在布尔什维克党领导下，对法西斯政权的英勇反抗的事迹，集中在藏品中。地下共产党员、共青团员、苏维埃公民的活动，以及人民游击队的运动。在这方面，地下组织人员名单及其照片，地下组织所刊行出版的传单、手册、秘密文献，游击队司令部办公室和会议室的照片，以及地下组织人员的武器、用具和文件（党证和团证等），德国法西斯法庭的判决和审判的材料，都是特别有价值的材料。关于游山活动，可以提到游山队的记录，团体和个人照片，队旗，武器（刀枪、弹药、大炮），制服或其他配备符号的服装（通讯员、工兵、经济工作者等）。也应该搜集反映军事活动，和红军的配合关系的命令和部署的材料，居民援助游击队，游击队和德寇及其走狗作斗争，游击队法庭的审判，以及游击队内部的政治、文化教育工作等材料。

在红军及游击队与敌人进行战斗地区的博物馆，还应该在藏品中收集有在本区夺自德国法西斯军队的大量战利品的材料。也要搜集敌人的各种武器模型、旗帜、符号、勋章、奖章、德国军队的制服式样，尤其是各种靴鞋和衣服，以及没收并抢夺战俘财物的模型等。

关于必须根据历史的价值意义，严格的选择战利品的材料，我们在上面已经提及。

被占领地区的地志博物馆也应该搜集反映从占领下被解放的材料，红军进攻和游击部队重返解放区的照片，军事当局维持秩序和维护和平生活的第一个命令，公营经济、电讯、粮食和工业生产品的贸易组织。还应该搜集党和苏维埃组织、机关（首次会议的照片，收复后的第一个命令和部署）的初期工作，地方居民庆祝解放的会议照片，以及在会上通过给苏维埃政府，党和斯大林同志感谢解放的信件。

后方地志博物馆必须搜集地方支援前线，战胜敌人的充分材料。

地志博物馆还要搜集象征地方工业改造的材料：战时产品的模型，战时斯达汉诺夫优秀工作者的照片，企业中女工和童工的工作材料，以及被他们所掌握的新型的职业。对于地方的历史来说，改造的企业以及自前线近郊撤至本区的企业的照片，荣誉证书，红旗，以及上述地方企业、机关、社会团体对于优秀工作者所授予的其他奖章。

反映战时地方农业活动的什物和书面材料，也是类似的性质。例如优秀集体农庄、国营农场、农业机器站的工作报告，斯达汉诺夫工作队、工作组，和优秀的斯达汉诺夫式工作者，尤其是斯达汉诺夫式工作者的照片，播种面积的经济统计资料，拖拉机的数量，农业机器，工人的牲畜，支前的谷物样品等。如果供给和超计划地供给政府以粮食及其他产品的文件与照片，也属于国防材料一类，那么，我们就大致地确定了材料的范围，这些材料都说明了本区社会主义农业劳动者保证前后方有效工作的伟大贡献。

地志博物馆应该搜集战时广大城乡给予红军以具体帮助的什物和书面的材料。在这里，由于给医院的援助（伤病员的礼物选择、群众文化工作的组织等），地方劳动代表开赴前线（代表团与战士们的前线会见，发言的记录），参加输血运动（输血记录，地方优秀输血者的照片），以及组织慰劳品的选择等等。更重要更有意义的是，地志博物馆要搜集斯大林同志给本区工人、集体农庄庄员、知识分子代表的电报。在这些电报里，斯大林同志表示了对红军武装力量的关怀，并且将自己的储金交付作建设航空联队和坦克纵队之用。

应该尽力使地方劳动人民所捐献的，并曾参加与敌作战的战斗武器，收集到藏品里，即使是一部分也可以（一两种）。地志博物馆也应搜集爱国人士的照片（因为他们捐款援助了红军），以及他们给斯大林同志的信件。还应该搜集在卫国战争前线，用上述武器战斗的战役材料。

其他如在本区所组织的小队、部队和联队的材料，最高大元帅关于军队命名的命令，兵士长官收到领导上的谢电，以及军队的武装和装备模型等，都应该在地志博物馆藏品中，占着重要的位置。

以伟大卫国战争时期（这种情况，通常是地方居民或其活动在边境进行的最后一仗的时期），优秀活动家的什物和文件作为陈列品的补充材料，是有重大的意义的。这里首先是苏维埃英雄以及在战斗中著名的卓越的司令官。确定了与这些有名人物（或其亲戚）的关系以后，地志博物馆就应该广泛地搜集各种纪念品，例如衣物、武器、装备、个人记录（特别是奖赏），及其军事活动的照片等。如果这类材料搜集得非常充分，那么，这些材料就是在反映地方苏联人民参加伟大卫国战争和法西斯斗争的材料中，极有价值的一部分藏品。

又如人民娱乐和一九四五年五月九日地方劳动人民大小会议的照片，会上的发言记录，地方人民听取斯大林同志五月九日的历史性发言的记录照片，劳动人民和社会团体得自苏联红军的祝贺通讯，传单，旗帜，口号以及其他装饰庆祝建筑物的一切装饰品等，都说明了本区人民热烈地迎接反法西斯德国胜利庆祝日的盛况。

3. 战后时期（一九四五年到现阶段）

地志博物馆在战后时期的重要任务就是要搜集可供研究社会主义经济和文化现状的主要来源的材料。现代博物馆材料搜集的主题计划应该研究得特别仔细，以便此计划实施的结果，能够举办一个最现实的陈列，并通过这个陈列，进行地方工人、集体农庄庄员、知识分子、社会主义劳动模范的政治教育的宣传任务。搜集的材料应该指明本区完成斯大林恢复与进一步发展国民经济（一九四六——一九五〇年）的五年计划的历史，以及在本区所发生的主要政治事件。特别是在材料中应该搜集地方居民参加苏联最高苏维埃代表的选举，以及自治共和国人民参加地方苏维埃人民法官和审判员的选举的什物和文件材料。

地方战后历史的主要标志，就是定期召开地方党的会议，党领导召开的全体会议，劳动人民代表地方苏维埃会议。在这些会议上，要讨论地方人民经济和文化等现实问题。部务会议对于地方历史也是极有用的。地志博物馆应该在藏品中搜集上述指定会议摄影材料，以及在上述会议中所通过的主要决议。

如所周知，在会议上或是在工厂、农庄的纪念日里，地方文化机关经常要进行工作总结，并发表宣言、报告和号召。有不少的上述文件贴着精致的工艺品样本、基本生产作业的照片簿，杰出的改革者等模型。很明显地，地志博物馆的大量什物和文件材料，占着重要的位置。博物馆应该搜集地方工人、集体农庄庄员、文化工作者的集体社会主义契约和合同的原文（或抄本），以及最优秀的代表的个人合同。

地方在战后五年计划所指定的，对于完成任务有重大作用的主要事件，就是苏军退伍军人的重返祖国。地志博物馆必须搜集前线战士与地方居民热烈的会见照片，会上演说的记录，士兵回到工厂、集体农庄、国营农场的材料（参加工作和学习等命令）等藏品。

此外，地志博物馆应该搜集战后社会主义和平建设的详细材料：地方工业、运输、农业的成就，社会主义文化和人民创造进一步的发展。

由于战争结束，工业企业转入和平时期的生产。而这种生产品的模型，应该搜集在地志博物馆藏品里。为此，在地志博物馆藏品中应该有某些什物和文件材料，以反映（联系着五年计划的完成）新企业的建设、推广，并介绍现有的企业，以及达到并超过战前生产水平的一切成就。

可以使用照片，如果可能时可使用模型将企业各部分的外观记录下来。博物馆也应该尽量搜集在企业中被采用的主要机器装备，和主要工具的模型和实物模型。还要搜集地方矿物、植物、动物、原料、燃料和地方工业用的其他辅助材料等模型，生产技术方面要有适当的目录、图式、模型及其他。

在有关工业的材料中，要尽量搜集所有典型的和新式的产品，以及证明本区生产逐渐改善和文化一般增长的工业企业产品。因此，地志博物馆搜集地方工业产品的模型，并不是简单地搜集物品，而是要客观地反映地方工业的发展。战后地方工业的补充材料，必须搜集在地方企业中和运输中所开展的斯达汉诺夫运动社会主义竞赛的形式和什物及文件材料。在材料中也应该有优秀的斯达汉诺夫式工作者的照片以及被他们采用的方法的详细记录，工作运行图和产品模型。要尽量搜集革新者、合理化建议者、优良质量队，关于在地方企业中，推广高度的创造，加速流动资金的周转，生产过程中的文娱和清洁工作，超计划的累积资金等材料和决议。

本区企业给斯大林同志的社会主义合同的录文，以及给斯大林同志报告完成规定合同的录文，对于地志博物馆材料来说，都是极有价值的。

对于大部分的地志博物馆来说，搜集战后有关地方农业恢复和发展的材料，那是非常重要的。

地志博物馆搜集农业发展的材料时，必须与反映人们改造自然的现实主题紧密的联系起来。每个博物馆都应该用这样的资料，以反映被米丘林、李森科的先进科学所武装的苏联人民，如何达到了农业经济各部门的强大高潮，并进而规定了在国内创造丰盛的粮食资源和工业原料的重要任务。

被搜集的什物和文件材料，要提供研究地方集体农庄、国营农场和农业机械站完成在给斯大林同志的信中所提出保证的历史资料，以及地方一九四七年二月联共（布）党中央全体委员会，关于战后提高农业生产，和苏维埃部长会议及联共（布）党中央委员会一九四八年十月二十日，关于护田护林，及一九四九年四月十九日，关于发展畜牧生产的三年计划等历史性决议的材料。

搜集地方集体农庄、国营农场和农业机械站的典型材料，这乃是最合理的。

地志博物馆要注意搜集有关耕播面积的恢复和增长，农业机器和工具数量的增加，牲口总数的增加，主要谷物收获的增加，以及富裕庄员的增加等经济统计的资料。也应搜集战后时期的指示通告，以便调查集体农庄经济发展的动力。

地志博物馆应该搜集战后农业方面经常用以耕地、播种、主要种子和技术农作物的收割的各种农业机器和工具的基本模型。应该尽量将地方农业最广泛最典型的农业机器和耕具，如拖拉机、犁、播种机、刈草机及各种收获机，包括最近的最新式的机械化和电气化的技术成就在内，虽然是部分地，要用实物陈列出来。如果不可能搜集到实物时，就要尽力搜集机器的模型，或至少是机器的图。藏品中也应该包括地方农业所采用的机器生产的材料。

将农业机器（或复制物——模型、图样）搜集在藏品里，仅仅只是介绍了地方农业生产组织的一方面。地志博物馆还应该搜集其他农业技术企业机械化的材料：谷草制和改良轮种制的推行（轮种制的图样和模型，轮种制谷草的自然模型，采用谷草轮种制土地的改良模型，及地方集体农庄、国营农场的土地耕种计划等），以及矿物肥料、种子品种的采用。地志博物馆应该根据地方集体农庄、国营农场农业工作的基本发展阶段和发展情况，搜集有关的照片材料。

地志博物馆搜集地方牲畜发展的充分材料，也是非常重要的。地志博物馆也应搜集有关集体农庄和国营农场牲畜增殖，达到并超过战前水平的材料。至于本地大小牛、羊、马、猪、鸟、兽等畜类，都应该搜集相同的兽类模型、塑物作为藏品，而突出的标本就是照片簿。还要搜集牲畜圈、马厩、养禽场、养蜂场，以及其他豢养牲畜等房舍的照片，看管牲畜及其经营的主要工作照片（如挤牛乳、剪羊毛、选蜂蜜和养鸟等），地方集体农庄和国营农场所采用的为看管牲畜和牲畜繁殖的工具和机械，例如：自动水槽、电动食槽、分食器和饲料及其饵食调制方法的材料等。

在护田护林区域的地志博物馆，应该搜集一些相关的材料：造林的地图和计划，植林机器和工具模型，植林照片及树苗的模型等。应该搜集根据苏联部长会议及联共（布）党中央委员会一九四八年十月二十日，关于防旱和提高产量的决定，有关灌溉、修建池塘、水槽等措施的什物和书面材料。

地志博物馆在搜集地方农业战后发展的材料时，必须要特别注意于搜集什物和文件资料以反映地方社会主义耕种优秀先进者，特别是米丘林式工作者，斯大林奖金获得者，及社会主义劳动英雄的成就。材料中还要搜集地方有名人物的照片和自传，及其附有说明的工作方法图表（照片和图样），以及被他们所采用的工作工具和机器。

战后地志博物馆陈列品的主要部分，应该是本区物资条件的改善和城乡居民文化提高的资料。正如上面所指出，在某些地区，由于敌人占领，军事活动和空袭而受破坏或遭受损害，那末，这个地区的地志博物馆就应该搜集有关恢复工作的各种材料。应该搜集住宅建筑，公共建筑改建的计划和草案等材料，建筑照片，新式舒适住宅的模型，以及有关电气化、煤气化、暖气设备、自来水设备、排水设备、城内运输和绿化等工作的材料。

地志博物馆应该搜集地方工人标准宿舍内部设备的各种器具：家具、食具、乐器、日用品，这些器具都说明了工人住宅的富裕和文化的气氛。应该搜集地方一切标准住宅的模型，以供研究的必要材料。

关于地方集体农庄庄员的住宅内部，也应搜集类似的材料。例如具有小学、医院、俱乐部、疗养院等，使苏联村庄恢复新面貌，并由扩大的集体农庄转化为社会主义新型农业城市的新型集体农庄的计划和模型。

搜集地方工人和公务员工资的增加，及集体农庄庄员劳动日收入的增加等资料：工资增加的统计材料，战后斯达汉诺夫式工作者和集体农庄庄员增加工资的决定，劳动表册，以及实物的金钱的支给等等。

提高居民生活的重要阶段就是一九四七年的币制改革和购物证制的改变，因之，地志博物馆就应该搜集地方推行这些措施的材料：增加实际工资的资料，地方商店无证券交易的照片，以及增加商品流通贸易网的决定等。关于减低物价的阶段，特别是一九五〇年三月一日苏联部长会议及联共（布）党中央委员会，关于减价和实行减价的决议，也应该搜集类似的材料。

地志博物馆搜集战后关于保健、国民教育及文化教育活动等材料，是极有价值的工作。

上述材料的性质，可以分为：增加疗养院、休息室、医院、医疗室、施疗院、产院、托儿所的决议，增加职工医药设备及边远区域的医药服务等资料，各种方式的医药服务的材料，保健机关的计划和模型，本区的优秀工作者的照片，消除传染病、社会疾病和外伤（与保护劳工联系）的统计资料，劳动人民施诊所的决定等。地志博物馆就是用这些材料，来说明地方保健的概况。

国民教育的各种材料就是：小学、中学、职业学校（高等职业学校、职工学校、技术学校、短期训练班等）。要搜集推行七岁义务教育及国民教育的各级学校的数量的资料，各个时期各种类型的教育纪念照片，新型学校的照片和模型，地方小学生的学习情况，人民教育的优秀工作者和中学及高等学校校长及毕业生的照片等。

用地方高等学校及科学研究机关的材料作为必要的补充陈列品，是地志博物馆极有意义的一部分。这里有大部分材料，是和上面的材料相似的：如统计的报告，房舍的照片，地方学者和高等学校教师的科学室和实验室（讲堂、化验室），集体或科学家个人的科学著作，各种科学研究的成品和现代新型的实物标本等。

地志博物馆里应该有地方戏院和电影院的照片，最饶风趣的戏剧模型，杰出演员的照片，戏院和电影院观众的通讯等。也要搜集俱乐部和文娱公园活动的类似材料。

地志博物馆的光荣任务就是选择战后人民创作的各种材料：如民谣、民歌、童话，这些都是人民根据伟大卫国战争，斯达汉诺夫运动，描写地方富裕和文化生活所创作的艺术主题。

地方艺术作品应该在地志博物馆里占重要位置，因为这些作品可以反映出社会主义文化繁荣的苏维埃艺术活动的主题。自然，这些作品的性质，完全有赖于当地的具体条件；但是，不管它的"名目"如何，地志博物馆还是应该收集一些造诣很高的艺术创作。

必须搜集关于地方文工团发展的资料：大企业、集体农庄、机关参加者的名单，文艺竞赛会和运动会的表演照片，文工团优秀演员的报道和照片，地方人民艺术宫的文件和照片等材料。

战后地方文化、体育运动的情况和发展，在陈列品中应该占据显著的地位。在这方面，可以搜集到：例如地方运动场和体育场的照片（有时是模型），群众体育运动发展的资料，各类竞赛（足球竞赛、象棋竞赛和角力赛等）及地方杰出的运动员和创纪录者的照片（其中包括地方运动会工作所搜集的资料）。

城乡无线电的发展和广播节目可以说明地方居民的文化和生活方式的改变。

战后，演说宣传广泛发展，甚至传播到遥远的边区。地方文化教育工作的概况，应该作为地志博物馆的主要材料（政治、科学普及、教育、地方社会部的工作计划和总结报告、讲师和讲堂的照片、有意义的特别是带有地志特征的课程原文）。

地方的城区图书馆，特别是阅览室的活动，反映了工人、集体农庄庄员和知识分子文化水平的提高。藏书室、阅览室、图书馆工人和农民读者的签名簿等资料，说明了苏维埃一般人民文化生活的高度增长。

地方印刷和出版工作的状况与发展等资料，对于地志博物馆地方文化的材料，是极有价值的。首先要搜集地方出版品的样本——定期的和不定期的。应当着重指出这里所谈的这些出版品的样本是作为物质的和精神文化的纪念物，它不同于一般图书馆的图书补充，把图书作为传播知识的源泉和工具。

和出版品的样本一样，地志博物馆应当收藏出版工作的材料。搜集书籍贸易和扩张印刷业的报告，对于博物馆是有无可置疑的用处的（书店工作、种类，书报杂志等预约者数量等材料）。

地志博物馆（科学档案处）应该搜集地方群众和地志工作的报告，博物馆的工作计划和总结，及博物馆的主要陈列计划，这样，不仅对发挥博物馆本身的性能有帮助，而且是研究地方历史的根据之一。

五、苏维埃时期材料的补充来源

为了适当地组织地方苏维埃时期材料的补充工作，地志博物馆需要怎样做呢？

首先，地志博物馆工作人员应该认清过去的那些方针的错误和缺点，因为事实上，那些方针只是使博物馆一般地放弃搜集真正的文物，苏维埃时期的材料当然也不例外。只有在系统地、有计划地补充苏维埃时期真实材料的条件具备之后，才能成功地解决全体地志博物馆所面临的这问题。

正确地解决关于苏维埃时期材料的补充来源的问题，对于保证地志博物馆搜集工作的成功，具有极重要的意义。应当指出，苏维埃时期材料的范围和以往文物的搜集工作比较起来，是广泛得多的。

1. 地志考察、科学采访、同地方人士的联系

在省或区内进行地志工作，对补充苏维埃时期材料有很重要的作用。

假如地志博物馆自己进行了地志领域内的工作，参加了地志活动的组织，同时与这个活动取得了联系，那末，这件事本身就能保证经常不断地收集到关于地方工业、农业、地方参加伟大卫国战争的珍贵材料。

从进行地志工作成功的博物馆例子来看，我们可以相信，由于开展地志活动，以及同地方人士联系所搜集的材料，构成了博物馆苏维埃时期藏品的大部分。在这方面，可以作为模范的是契列波维兹地志博物馆，该馆获得了组织地志工作的盛名。一九四八年该馆搜集到的一七四七七件物品中，五七九六件或百分之三三·二是由当地人士获得的。地方人士在充实妥契姆地志博物馆藏品中给了很大的帮助。这个工作在高尔基与莫斯科省立地志博物馆也进行得不坏。应当注意，使用地志工作来补充当地博物馆的材料，在地志工作获得了一定的组织形式的地方，更能够广泛地发展起来。

地志工作充实博物馆材料的主要方法，是考察与科学采访。正确地组织了这些工作，苏维埃时期材料搜集的考察方法可以得到非常良好的结果。考察方法，作为一个最复杂的与最宝贵的方法，应当用来搜集对于地志博物馆最需要的苏维埃时期的真实材料，这些材料首先是用作陈列的。地志博物馆的领导人，在作考察计划的时候，博物馆作为科学研究与文化教育机关所面临的一般性的任务出发，并努力使博物馆的考察工作同其他的有关（中央的与地方的）机关的性质相近的工作配合起来。在许多情形下，地志博物馆能够参加科学院与其他中央研究以及地方科学研究所和高等学校主办的考察。

考察方法的优越性，首先就是考察集团不同于个人的搜集，它能够非常全面地研究并搜集对于该博物馆有利的苏维埃时期及现代的材料。但是要想考察有成功的收获，只有进行了正确的工作组织才行。在搜集苏维埃时期材料的考察工作中，不应多于三个到四个人。考察的成员中，应该根据可能性包括历史家、经济学家、摄影师或艺术家。考察的参与者应当详细地研究考察计划，在这个计划中必然要规定考察的任务与考察的详细路线，以及每个参与者的具体任务。搜集苏维埃时期历史材料考察的计划，应规定如下：

（1）采集真实的材料——实物的纪念品、文件等（机关的与个人的）；

（2）如有档案，应审查并研究地方档案材料；

（3）和苏维埃时期著名事件的见证人和参与者谈话以及他们的回忆录；

（4）拍摄与著名事件有关的建筑物和各种物件的照片；

（5）拍摄不能得到原物的实物与文件材料的照片；

（6）拍摄事件参与者与见证人的照片。

在出发之先，必须周详地熟悉所有与考察主题有关的文献，并研究地图上的考察路线，然后出发。所有参加考察的人员应按时出发，这是很重要的，经验证明，因为个别的参加人员耽误了时间，常使考察工作遭到损失。如果将出发的目的地——集体农庄、企业、乡苏维埃等，出发的日期和它的任务，事先通知，这件工作就能作得更妥当些。同时，考察人员也应掌握关于有意义材料所在地的线索；在当地刊物上预先登载有关考察的通知也是有益处的。地志博物馆除备有普通的采访证外，还应该给考察人员到地方机关与社会团体去考察的特别通行证。

到达现场后，考察人员经过与领导者认识以后，就向当地的群众（工人、集体农民、居民等）说明来意，然后每个人就可直接去执行自己的任务了。如果考察是在集体农庄里进行的，那么，考察的一员开始去查集体农庄管理处的书面材料，另外一员从集体农民搜集实物材料，第三个人员记录民间创作的材料等。

日记对于考察工作有重大的帮助。在日记中，应该记上考察路线，关于所搜集材料的所在地，与所有人的报道，以及所有属于材料搜集工作的意见。日记应当经审查，看看要做的事是不是都做了，那些事是原先拟定的，以后的注意力又应该放在那些问题上。以后，日记上的记载可以在做工作报告时用作参考。

材料经过第一次分类（按照物品的等级、主题、收集地等）之后，必须缮制清单，并注明搜集地点与搜集时间，或加一些说明，这些说明将作为鉴定材料是否真实的根据，按照清单将材料编列登记号码。

通过考察工作，在许多场合下，能获得苏维埃时期过去各个历史阶段的珍贵材料。例如：在一九三八年，库尔斯克省地志博物馆，按照卡斯多尔诺依——旧鄂斯科尔——新鄂斯科尔——伟大的米哈依诺夫卡这一路线，进行了大的考察工作。这次考察的结果，搜集了许多关于斯大林同志在国内战争时期抵达库尔斯克省这个主题的珍贵材料。考察工作搜集并且记录了八十三位第一骑兵队出征的参加者与目击者的回忆录，正确地确定了斯大林同志到米哈依诺夫卡村的时间与地点。考察采取同目击者谈话的方式，这样，库尔斯克省地志博物馆就搜集了许多关于地方集体化的材料。一九四九年，博物馆组织了对省内第一个建立的集体农庄的特别考察，考察人员善于使农民对他们的集体农庄感到兴趣，同时从集体农庄的领导人与庄员搜集了许多有意义的材料，如群众集体化时期的真实文件，参加集体农庄的宣言，财产社会化的方案，第一次劳动组合的章程，劳动成绩簿，奖励和批评等等。同年，库尔斯克省地志博物馆为了搜集说明先进的多部门的集体农庄的材料，在雪贝金区的"快乐生活"集体农庄进行了考察，由于得到了庄员的帮助，获得了说明恢复并超过战前农业生产水平的集体农庄的重大成就。

在库尔斯克省地志博物馆所进行的考察工作中，目的与方针是明确的。这样，还在战时，博物馆就在库尔斯克省游击队活动地区进行了两次大规模的考察，而且游击队员本人也给吸引来参加考察工作。考察的结果，博物馆获得了游击队员的个人物品，他们的武器，作战地图与作战计划，战报，地下报纸等珍贵材料。

库尔斯克省地志博物馆做得完全正确的，是特别注意搜集在库尔斯克弧形阵地的著名战斗，这次战斗正如斯大林同志所指出的：使德国法西斯军队陷于覆灭的境地。库尔斯克弧形阵地的战斗，是库尔斯克省卫国战争历史上的最重要的事件，为了搜集材料，地志博物馆在不同的时间，在弧线南部普洛霍诺夫卡到贝尔各诺得①战区，以及北部波内利②到却普洛依战区进行了考察。这些考察，也由居民搜集了许多珍贵的陈列品，如传单、战报，关于在战争中杰出的苏军战士，与关于当地居民支援前线的照片与文件。在波内利战场，地志博物馆工作人员搜集了许多炮弹的破片与一尊已经坏了的四十五公厘的大炮，这尊大炮的炮手是在战争中立了功勋的。这些材料，正如以前考察所搜集的材料一样，都给用到陈列中来了，并且给绘画、制造模型的艺术家用作参考。

我们认为，其他博物馆在补充苏维埃时期藏品时，也应该替自己决定"主要打击的方面"，同时应考虑到干部的条件及材料的来源，应该首先从事最重要的、对于地方最迫切需要的搜集工作，个别地为此可以采用考察的方法。

一九四九年，鄂木斯克省的契卡洛夫地志博物馆③组织的考察是有很美满的成绩的。地志博物馆为了保证搜集工作的成功，事先就做了准备工作，例如和鄂木斯克企业工作联合各部取得了联系，这些部门在提供真实物品材料方面，给了博物馆最大的协助。它们免费替博物馆全面制造了模型，各部门提供线索使能迅速找出有关企业的材料。除真实物品的材料外，对于博物馆非常有价值的是企业生产的许多照片册子，其中反映了工艺过程，还有先进的斯达汉诺夫式工作者的照片等。由于与博物馆建立了联系，鄂木斯克的企业，在考察工作结束后，还继续送给博物馆一些最珍贵的真实材料和各种模型。同时，地志博物馆也和其他企业有联系，例如农业机器制造厂送给博物馆整套的农业工具。

对于大部分地志博物馆来说，长时间的和参加人数众多的考察工作，并不是常常能够举办的，为了搜集必要的博物馆材料，也可以由一两个工作人员，在比较有限的时间内组织科学采访来进行工作。在这种采访中常参加了摄影师。这种采访，如所周知，几乎所有的地志博物馆都做过，在灵活的工作组织与采访者的积极工作下，常常能有非常具体的收获。足以作为模范的是沃洛果达省地志博物馆工作人员，在集体农庄科学采访方面的工作经验。在沃洛果达省"镰刀与斧头"集体农庄里，曾由一个博物馆的工作人员同一个摄影师去采访，他们在短期内，发现并且得到了珍贵的材料，例如在集体农庄管理处，发现了第一次农民组织集体农庄的会议记录。他们还记录了庄员的回忆，农民们过去的生活是如何困苦、凄惨，而在苏维埃时期的集体农庄的生活又是如何的幸福、富裕。摄影师在当地集体农庄的俱乐部里拍摄了庄员小组学习农业课与党课的照片，同时也拍摄了住宅与农村图书馆的照片。无可争辩的是，上面所说的材料，对于沃洛果达省地志博物馆的陈列品说，是有很大的意义的。但是搜集者不能局限于当时搜集的照片材料，博物馆的陈列品，是要用苏维埃时期该村历史上最珍贵的物品材料来充实。博物馆的工作同志又由一个地方集体农庄庄员那里获得整套的农具，其中包括一些从十月革命后到集体化时期农民使用过的犁头。

那次，博物馆还获得了保存在集体农庄庄员家里的，由于农民富裕起来之后就不使用了的一套简陋生活用具（木匙、木碗等），以及其他材料。

科学采访正如考察一样，事先要有精确的计划，但是，如果博物馆得到了关于有意义的陈列品所在地的报道时，那就要组织计划外的采访。计划外的采访，可以作为成功的例子的是：莫斯科省立地志博

---

① 现多称"别尔哥罗德"。
② 现多称"别雷"。
③ 现为"国立鄂木斯克历史地志博物馆"，建于 1878 年。

物馆的科学工作者所进行的搜集工作，他们在巴夫洛夫——巴萨得区①的斯维尔德洛夫丝织工厂进行了该项工作，博物馆下厂采访的人员，成功地得到了最珍贵的企业制作物，其中有列宁与斯大林的绣像，以及该厂织品的样本簿子。此外，在荣誉册中有名的工厂的优秀人物，还给博物馆以自己的自传和照片，企业的老战士所讲的工厂历史上的故事，也都记录下来了。

由于在战时组织了科学采访，莫斯科省地志博物馆在由德国法西斯占领者手中解放出来的各区：克林、纳诺弗明②、鄂斯塔斯可夫③、伊斯特林等，搜集了珍贵的文物，如武器、文件、战利品。滨海边区海参威的阿尔申也夫博物馆，由于组织了科学采访，在区里的哈山湖得到了大量的关于一九三八年哈山事件的材料，大家知道，当时红军是给了日本侵略者致命的打击的。博物馆工作人员找到了事件的参加者与目击者，向他们请教过，同时记下了回忆，结果，博物馆工作人员成功地搜集得一些物品材料，其中有在哈山战役中牺牲的苏联英雄马哈林的物品。

地志博物馆为补充苏维埃时期材料所进行的科学采访与考察工作中，可以争取其他有关机关的帮助，例如：楚瓦什国立地志博物馆④与当地研究农业问题的科学研究机关建立了联系，每年参加考察工作，以搜集说明农业，特别是畜牧业现况与发展的材料；加里宁师范学院同地方师范学院的学生进行了科学采访。一九四九年在台里也夫区的"国境守卫兵"集体农庄中举行的考察，得到了许多珍贵的材料，如集体农庄年报的抄本，社会主义工作计划，"战报"壁报，先进工作者的照片等等。

考察与科学采访工作，是搜集苏维埃时期材料的最重要的方法之一。

但是除了尽量使用上述方法之外，博物馆应该利用同地方积极分子的联系，作为充实材料的源泉，因为这种联系，无疑地能够产生很好的结果。

地方受爱戴的人物，散布在地方各地，他们能够经常搜集材料，利用博物馆原有的线索，并按照地方人士（如教师、学生）的固有的积极性，就可能在与之接触的居民中，以及其他的来源中，搜集到大量的有关地方历史与现代的珍贵材料。

我们从沃洛果达省立地志博物馆搜集工作的实践中，引用下面的例子：一九四七年由于废除了配给制并实行了币制改革，地志博物馆工作者决定搜集城里与省里过去的食品配给证与日用品配给证，以及旧钱币的标本。然而搜集配给证，并不是件容易的事，当时地志博物馆就对自己的积极分子地方教员谈，结果，这些教员为了搜集必需的材料，动员了许多学生，过了些时，一套完整配给证就给送到博物馆的藏品室里来了。

为了发现并研究珍贵的、真实的、实物的地方苏维埃过去历史与现代的材料，许多地志博物馆应当吸取地方的知识分子，首先是地方教育与师范学院的教师和学生参加工作。博物馆的科学工作者必须知道，关于以苏维埃时期和地方现代历史为题的毕业论文与学位论文中有哪些重要源泉与文献，在可能范围内，补充相当的材料时应注意到这些源泉，这样才能发现有意义的档案材料。另外，定期的与不定期的刊物，当代人的回忆录等等，也是补充材料应该注意的文献。

近来，地志博物馆由地方米丘林学者得到了对于苏维埃时期之部与自然之部非常重要的材料。这些博物馆有莫斯科地志博物馆，滨海地志博物馆⑤，加里宁地志博物馆，乌斯曼地志博物馆，与其他许多

---

① 现多称"巴甫洛夫斯基镇"。
② 现多称"纳罗－福明斯克"。
③ 现多称"奥斯塔什科夫"。
④ 现为"楚瓦什国立博物馆"，建于 1921 年。
⑤ 现为"普里莫尔斯克地方志博物馆"。

地志博物馆。

地志博物馆的搜集工作，常常直接与研究地方志问题的工作联系起来，例如莫斯科省立地志博物馆，在写集体农庄专论的时候，顺便搜集了有关博物馆的珍贵材料，其中有集体农庄发展五年计划的抄本、社会主义劳动英雄的自传，集体农庄的新作物的标本。

该馆将研究莫斯科省内与列宁、斯大林的生活与活动有联系的纪念地点列入自己的科学研究工作计划之内，拍摄了一系列莫斯科省列宁到过的许多区；其中如哥尔克、可斯丁、波多尔斯克、卡辛、阿尔汗契尔斯基、米赫涅夫等区的建筑物的照片；对于斯大林居留过的许多建筑物也拍了照片。除了照相之外，还使用写生画，例如塞尔普霍夫的斯大林同志在国内战争时期居留过的建筑物，就画成了图画。这样，地志博物馆的材料基本上就用珍贵的照片与写生画充实起来了，而这些照片与画幅是具有很大的地志学意义的。

2. 同当地机关、企业和组织的联系

补充整个苏维埃时期、特别是现代生活的材料的重要源泉，就是地志博物馆同当地党与苏维埃的机关、企业、集体农庄、国营农场、科学研究机关、学校、文化教育机关、文化生活的以及其他机关的联系。如何使当地企业供给地志博物馆所需要的材料，是一个非常迫切的问题。地志博物馆应该努力使每个企业、集体农庄、国营农场，将物品的与书面的真实材料，有系统地充实博物馆，而且将这件事看成自己的义务。

为此，必须在企业中，在集体农庄与国营农场里，进行解释工作，并且要和当地党与苏维埃机关取得联系。地志博物馆的工作人员应当恳切地向企业、机关与组织的领导人说明：有计划地、系统地将必要的物品的和书面的材料——说明地方工业和农业的材料，交给地志博物馆，这件事不应该看作仅仅是帮助当地博物馆搜集苏维埃时期的文物，而是应该看出对于改善整个区和省的工作的功效。当地的工厂、集体农庄、国营农场、文化机关应当关心这件事，即是使它们在区里起的先进作用，能在地志博物馆中得到反映，使得斯达汉诺夫式的工作者与先进经验，通过博物馆的陈列得到宣传，并由此能够在该区、省，甚至于全国普及开来。为了达到这个目的，地志博物馆应当掌握有一切关于地方工业、农业所有部门活动的必要材料，关于地方文化与生活状况的材料。

应当指出，同地方企业与机关建立联系，有系统地充实材料，这大部分要依靠地志博物馆在该省与该区所享有的威信。

还在战前①，在个别省与区里，由一些党和苏维埃机关的领导者发起，通过了决议，责成地方企业协助博物馆，提供实物的标本和模型。例如一九四一年，新西伯利亚省就通过了这样的决议。根据这个决议，并经过适当的解释工作之后，博物馆获得了一些珍贵的陈列品，当地"劳动"工厂制造的复杂机器的活动模型，打铁车间的模型，车间，优秀的斯达汉诺夫式工作者的照片，以及斯达汉诺夫式工作者的工作方法的记录。在库兹涅茨克的斯大林冶金综合工厂里，制造了模型，画了一些图画和透视画，说明炼焦的工艺过程，熔铁的、马丁炉熔铁的和展钢车间的工艺过程，非常珍贵的熔铁炉的模型，交给了博物馆。

伟大卫国战争结束之后，在其他省里，也颁布了关于协助博物馆，提供陈列品的法令。白俄罗斯苏维埃社会主义共和国部长会议，于一九四七年十一月十一日颁布了《白俄罗斯苏维埃社会主义共和国各博物馆，社会主义建设时期陈列的改善办法》的法令，责成各部、各主管机关、和省苏维埃执行委员

---

① 伟大卫国战争前。——译者注

会，无偿地交给博物馆主要的与新颖的产品式样，建筑物的模型，工艺过程的设计，机器的模型，最重要的斯达汉诺夫式工作者的建议、发明、装置、以及照片、文件、图表。上述决议的公布，对于以苏维埃时期必要的材料补充白俄罗斯地志博物馆的工作，有非常良好的影响。在达格斯坦苏维埃社会主义自治共和国，也有类似的苏维埃机关的指令。而在其他自治共和国、边区、省出现的类似文件，也能产生良好的结果，这是没有疑问的。

但是应当着重指出，并不是企业、机关和组织提供的所有的材料，毫无例外地应当在地志博物馆的藏品室占一席地位。我们必须批判地对待提供给博物馆的东西，同时，在每一个别的场合考虑材料的历史价值（典型性、独特性、珍奇等），以解决合理地将这些材料补充苏维埃时期陈列品的问题。

不管当地是否有决议责成地方机关与企业将博物馆需要的材料交给地志博物馆，或这种决议还没有通过，科学工作人员，必须直接地下厂去，到集体农庄去，拟定具体的搜集工作计划，努力使计划逐日实现。只有当地志博物馆的科学工作人员积极地对待从企业与机关取得材料时工作，才能保证有系统地补充苏维埃时期的陈列品。

地方工业和部分农业的发展，应当在当地博物馆的陈列品上得到应有的反映，首先就是典型的劳动工具（器机和机器），以及所采用的原料和制成品的标本，必要的文件材料——记录，设计的样本等等。很好地解决补充所举出的材料的问题之后，地志博物馆就能够在陈列品上记载该地在斯大林五年计划的年代中，工业和农业所经历过的最重要的历史阶段。这样，就向当代人和后代指出了那种"飞跃，我们祖国凭借它，由落后的转变成为先进的，由农业的转变成为工业的了"（斯大林）。

但是，正确地解决以反映工业和农业状况和发展的真实材料补充陈列品的问题，是有很大困难的，不能仅靠地志博物馆工作人员的力量来使其实现。地志博物馆应该大规模地将地方工业与农业的，能够帮助选择博物馆所必需的材料的专家，吸引来帮助博物馆的搜集工作，因为选择劳动工具与工艺过程材料的问题，正如上面已经说过的，是地志博物馆的最重要问题之一。在这方面，一九四七年编纂工艺博物馆总的主题计划时，一些威信很高的专家拟定了机器纪念品估价的原则，这些原则在选择劳动工具与工艺过程材料方面是有一定的利益的。收入地志博物馆藏品的纪念品估价原则：

（1）各个生产方式的国民经济意义的估价；

（2）从反映材料加工方法的特点的观点，对于某一工业部门所特有的劳动工具和工艺过程的估价；

（3）从劳动工具和工艺过程是否能阐明社会主义技术（电气化、机械化、自动化）发展的特点和成就，来估价劳动工具和工艺过程；

（4）各个劳动工具与工艺过程在科学技术上的独创性；

（5）物品对于说明技术发展重要阶段的科学历史的意义；

（6）物品在阐明本国科学家、技术家、发明家的优先地位上的意义，以及这种贡献在科学工艺过程方面的意义。

根据上面的原则选择技术物品时，地志博物馆工作人员在当地专家的协助下，能够用比较有限的材料，展示技术发展的最重要的阶段，清楚地显示主要的与最本质的一些因素。

土拉省立地志博物馆①可以作为博物馆与企业建立联系成功的例子。土拉地志博物馆工作的收获是：土拉的最大的企业都将自己厂里典型的机器、设备、联动机给予博物馆，由于不能将实物放入藏品室，企业还制造了相同的模型。

---

① 现为"图拉州地方志博物馆"，建于 1937 年。

由于建立了这种联系，雅罗斯拉夫里省、伊万诺沃省、高尔基省、契列波维兹、莫洛托夫省以及其他城市的地志博物馆，大大地补充了材料，这件事也令人信服地证明这条道路的合理和功效。

某些机关，考虑到这件事的重要性，按照地志博物馆的任务，主动地搜集有意义的材料，为的是以后将这些材料转交给地志博物馆。例如：库尔斯克省共产主义青年团委员会，接受地志博物馆的请求，搜集了说明伟大卫国战争时期，库尔斯克省共青团员英勇精神的文件、物品与照片，其中有极珍贵的材料，如像给子弹打穿的格里哥里也夫·可瓦列夫同志的共青团的团证，关于共青团员卡冈雷克与苏联英雄弗达维琴柯英勇牺牲的传单，关于共青团员开赴前线的宣言等。库尔斯克省共青团团委会搜集了这些材料，并将它们交给了地志博物馆。

由于同当地军事机关建立了联系，库尔斯克省地志博物馆获得了一些珍贵的实物材料，证明伟大卫国战争期中，库尔斯克保卫者的英勇——防空战士们所拆下的德国炸弹，和一切必要的补充的文件材料。

同某些省立机关建立联系之后，地志博物馆能够立刻得到一整套的，说明地方国民经济、生活与文化状况和发展的，必须补充的材料。例如：库尔斯克林业管理处，一九四九年给了当地博物馆一份丰富的树木品种标本的材料，那些树木品种，是库尔斯克省遵照一九四八年十月二十日苏联部长会议和联共（布）党中央委员会颁布的法令，以及植树规则所种植起来的。

在这方面，乌斯曼区立地志博物馆的经验是有益处的。这个小博物馆努力的收获是：当地机关按照博物馆的指示，搜集了甚至还修饰了关于地方工业与农业工作的具有充分价值的主题性的材料。例如：地方森林化学业赠给博物馆一套实物标本，其主题是"松树在化学工业中的用途"；采煤劳动组合的赠品的主题是"地方泥煤的种类及其来源和用途"；当地的农业部每年供给该博物馆农作物的收获标本；联合烟草原料社供给烟草的标本；国立树苗场供给该地种植的一年的树苗的标本。

由于同地方企业取得了联系，撒马尔汗省文化博物馆由"基纳普"、"红色发动机"工厂、罐头工厂等获得了珍贵的制品标本。各企业也都给了博物馆一套生产先进人士的画像（照片和绘画）。现在撒马尔汗省文化博物馆有了许多材料，并且该博物馆获得这些材料的时期，不仅有伟大卫国战争时期的，而且有战后时期的。

沿海边区的地志博物馆搜集了一些丰富的全面介绍许多地方企业的材料。其中由"扎鲁比诺"鱼品综合工场搜集的材料（设备、出品的标本）是有意义的。为了介绍沿海边区制鱼工业的发展，"千公担"工人的照片也是有很大的价值的（鱼品工业的斯达汉诺夫式的工作者，他们争取捕获一千公担鱼类，因此叫做"千公担"工人），还有他们的劳动方法的记录，先进掌网者（捕鱼裁判者）的照片与模型等。

沃洛果达省立地志博物馆，同当地企业建立了联系，在补充苏维埃时期材料的工作方面，具有实际的经验。博物馆的科学工作人员从地方企业方面，有系统地获得实物的与文件的材料，特别是其工作利于在苏维埃时期之部陈列的那些企业。博物馆工作人员的坚持性，以及解释苏维埃时期博物馆材料对于地方历史，对于文化教育工作的意义，这样做就已经产生了良好的结果。

地志博物馆的工作人员，经常访问当地的企业，同经管人和社会团体的代表谈话之后，可能搜集到所需的材料。例如"北方公社社员"工厂和沃洛果达的机械工厂，给了博物馆产品的标本，给了一些模型。搜集了当地斯达汉诺夫式工作者的社会主义的工作契约，他们在工作环境中的照片（例如：斯达汉诺夫式工作者在装饰着斯达汉诺夫工作的小旗或标志的车床旁边的照片）。在庆祝节日游行的时候，地志博物馆的摄影师应当拍摄城里企业全体人员的队伍，队伍携带着旗帜，报告与标语，说明完成和超额完成生产计划。

同当地文化教育机关和科学研究机关建立联系之后，地志博物馆就能够替自己收到重要的材料。这样，可以收到当地定期的与不定期的出版物，学术著作，当地科学与文化的杰出活动家的照片。这时，必须指出，博物馆可以从而得到一些材料，反映当地科学家的最新成就应用到地方的国民经济和文化中去的事实。例如：太平洋渔业与海洋学院，除了该院先进学者的照片和著作以外，还交给海参崴地志博物馆一些机械和实验标本的样品，因为这些东西都能说明科学研究院的成就应用到地方工业、捕鲸工业、制蟹工业等方面去。撒马尔汗省文化博物馆替自己的藏品室提供了许多陈列品，反映地方科学机关的活动。陈列品中有地方高等学校与科学研究所的照片，这些机关发行的书籍，优秀科学家的照片，学生的作品等。楚瓦什自治共和国地志博物馆也搜集了类似的材料，它的陈列品反映了当地高等学院——农业与师范大学的活动。

3. 同居民的联系

如果与当地企业、集体农庄、苏维埃机关和党建立了联系之后，可以获得说明工业、农业、文化与生活等的材料，那末，要获得苏维埃时期历史的、地方实物的、书面的和照片的材料，就应当与居民取得联系了。

老布尔什维克们、苏维埃的工作人员们、普通工人们、集体农庄庄员们、职员们——这些人都可能保存着地方苏维埃以往的珍贵文物。因此，通过地方刊物、无线电等直接向居民请教，是能够产生很大的效果的，而且这件工作应当经常不断地进行。

某些博物馆的工作经验证明，苏维埃时期（甚至不仅是苏维埃时期的）地方历史和地方现代生活材料的搜集工作，是能够广泛地吸引居民的。假如地志博物馆在这方面发挥了必要的积极性，那末它就能够培养一些热心的搜集人员，替博物馆搜集材料。

在这方面，伊万诺沃省伊林村立地志博物馆的工作经验，是可以作为模范的。伊林博物馆的工作人员，为了要获得对于博物馆有意义的材料的所在地的报道，经常请教观众。现在，博物馆备有特设的登记簿，专门用来登记告诉博物馆这种物品所在地的观众的姓名和住址。现在所登记的地址，将近九百处，而且多数都给博物馆找到了非常珍贵的地方历史的物品、书籍等等。伊林村与附近的居民找到了他们认为有历史意义的物品时，总要将这些东西赠送给博物馆。为了在居民中普及搜集文物的意义，从而得到苏维埃时期的最珍贵的材料，其他的地志博物馆也无疑地能够接受伊林地志博物馆的经验的。

4. 用地方展览会的陈列品补充地志博物馆的材料

关于各个企业、国营农场、集体农庄、文化机关，以及该区整个工业、农业、文化和生活展览会举办的结果，可以大量地，或者所谓一次地补充博物馆的材料。这些展览会的珍贵陈列品，在展览结束后，可以全部置入博物馆的藏品室。通常依照谨严的主题或年代的原则成立的展览会，其展品在某些场合下是不宜分割的，因为它们能够用来陈列，同时又用来作科学研究。为纪念伟大十月社会主义革命三十年，博物馆在各地组织的展览，在补充材料方面，是具有非常巨大的意义的。上述展览，在许多场合下，有地方苏维埃时期历史和现代的陈列品，实物实事的良好陈列品。这些陈列品一部分应当拿来在博物馆陈列，一部分应保存到地志博物馆的藏品室里去。

牟诺姆区立地志博物馆，就是依靠展览会上展出的材料，大量地充实了自己的藏品的。

伊尔库茨克省立地志博物馆[①]，由于同当地领导机关取得联系，从一九四七年的伊尔库茨克省研究生产力会议的展览会，获得了关于当地工业的珍贵材料，如煤、云母、盐的标本、当地工厂机械与设备

──────────

① 建于1782年。

的模型（车床制造厂、茶叶制造工厂等等），一些专为展出制造的模型，如一个云母出产地和煤矿工业企业的模型，也交给了博物馆。

加里宁省立地志博物馆经常获得许多陈列品，作为苏维埃时期之部和自然之部的材料。例如：从一年一度的区农业展览会的陈列品中，获得了当地新的农作物的标本，这些标本是能说明米丘林的品种应用到地方的集体农庄和国营农场里去的事实的。楚瓦什国立地志博物馆，在结束一九四八年的"地方的和合作制的工业的成就"展出工作之后，大量地补充了藏品。获得了家具的、制毡的、制鞋的及其他生产部门的成品标本。伊尔库茨克省立地志博物馆获得了许多说明地方文化状况的（文学、艺术、科学等）陈列品，其中有刊物，也有照片。

5. 同个人的联系

从个人方面得到材料，对于苏维埃时期陈列品的补充工作，应该具有首要的意义。反映这些人物的生活和事业（或多或少地）对于地方历史是有意义的。这件工作的准备阶段，应当是发现该区的优秀活动家，因为他们可能有苏维埃时期地方历史的实物材料、书面材料和照片材料。以前苏联革命博物馆联谊会，做了许多工作，由革命运动和国内战争的参与者搜集了一些材料。现在，具有对于苏维埃时期的历史有价值的材料的人，是更加多起来了。不仅仅只有伟大十月社会主义革命和国内战争的参与者，而且还有卫国战争的英雄们、勇敢的地下工作者、英勇的游击队员们、在和平社会主义劳动战线上的著名的先进工作者。只要地志博物馆作了适当的努力，从上述人物获得材料，也不是一件难事。重要的是，现在就要进行工作，不要错过宝贵的时间，因为现在或在最近不搜集的东西，在历史上在现代人或后代人就可能永远得不到了。

地志博物馆的科学工作人员，在研究地方苏维埃时期的历史和现代生活的时候，应当从书籍中，地方期刊中，以及和本地居民的谈话中，获得尽量完全的关于人物的报导，关于他们出色地参加重大事件的报导。这些报导要用适当的卡片记载下来，作出基本的关于每个人物的履历资料。对于地方最有名的活动家，还要作一些工作，如保存自传、个人的文件（原本与抄本）、剪报、照片等。

我们的地志博物馆，和个人建立了联系之后，大多数都得到了非常珍贵的材料（如高尔基省地志博物馆，雅罗斯拉夫里省地志博物馆，鞑靼自治共和国国立地志博物馆，牟诺姆地志博物馆，契列波维兹地志博物馆，妥契姆地志博物馆等）。

嘉桑地方鞑靼自治共和国国立博物馆的经验，是可以注意的。嘉桑的博物馆工作人员有系统地登记了所有参加了革命运动的革命家，和苏维埃时期历史上的著名活动家，以及他们的亲属，和他们建立了联系，在博物馆里开会，和他们会面，从而获得关于最珍贵材料的报导。例如：这样就发现了赤卫队的武器，革命运动历史的珍贵文件等，这些武器和文件都交给博物馆了。

沃洛果达省地志博物馆，和十月革命的参与者、地方苏维埃建设初年的积极参与者建立了联系之后，依照他们的指示，发现了一些很珍贵的实物材料。例如：因为和沃洛果达省执行委员会的前任工作人员保持了联系，博物馆确定了地方苏维埃政权初年历史的实物材料的所在地。沃洛果达的现在还活着的老布尔什维克，提供了国内战争时期中的身份证、回忆录和实物材料。

撒马尔汗文化博物馆编制了十月革命参与者的卡片记录；博物馆也同撒马尔汗省里参加苏维埃政权建立和国内战争的人建立了灵活的书面联系，由于这种联系，获得了在历史方面非常有意义的材料。例如：仅在一九四一年，博物馆得到了国内战争参加者的私人武器、他们的身份证与通信集。由一九一八年国内战争时，牺牲在白卫军手中的一位战士的家属方面，得到了这位战士的整套衣服。

拉里契克斯克①地志博物馆，登记了国内战争年代中，为建立苏维埃政权而斗争的著名游击队员的名字和事迹，同许多游击队员的亲属建立了联系。经常在博物馆里会面，也是拉里契克斯克地志博物馆发现积极分子的方法之一。

契卡洛夫省立地志博物馆也同十月革命和国内战争的参与者建立了联系。参加过十月革命和国内战争的老布尔什维克们，给了博物馆国内战争时期的照片、身份证和一些实物材料。地方上一个参加了国内战争的战士，将伏龙芝将军私人送给他的刻了名字的手表，转赠给博物馆了。

莫斯科省立地志博物馆与十月革命的参与者建立了联系之后，确定了一些具有纪念意义的、十月革命时发生过革命事件的房舍，拍了许多照片，将这些珍贵的材料，充实藏品。

梁赞省立地志博物馆，近来由一个梁赞省著名的十月革命的参与者，得到了许多珍贵的材料。梁赞省的执行委员会主席给了博物馆自己珍藏的照片与身份证的抄本，由于同在梁赞工作过的塞列得（著名的老布尔什维克）的家庭的联系，博物馆也得到了一些珍贵材料。

但是，对于战前和平社会主义建设的杰出的参与者：苏维埃和党的优秀工作者、斯达汉诺夫运动的发起人、集体农庄最初的组织者、地方上著名的文化与科学的活动家，如地志博物馆很少同他们建立联系，或从他们得到材料，那末，在这方面，地志博物馆无疑还要做许多工作。

差不多所有的中央和地志博物馆，现在都在找寻地方上杰出的伟大卫国战争的参与者，首先是苏联的英雄，并设法同他们建立联系。

契卡洛夫省立地志博物馆，同本地卫国战争的英雄们建立联系之后，将他们的消息，登记到特设的"履历表"中去。履历表中有英雄们填写的调查表（调查表的格式，由博物馆制订）、他们的自传。在履历表中也放置了赠给博物馆的身份证的抄本（与原本），通信集等。上述材料，配合着英雄们的私人物品，能够非常完全地反映当地知名人物的生平，及其功绩。

当地博物馆由英雄本人和他们的亲属，获得了伊尔库茨克苏联英雄的珍贵照片材料，以及奖状的抄本。拉里契克斯克博物馆获得了卡巴尔达自治共和国当地苏联英雄的私人用品、照片与文件。例如，由苏联英雄米里奇扬茨家里，得到英雄的共青团的团证、他的笔记簿、他的集钞票的簿子。现在博物馆还有苏联英难可苏普、拉乌鲁左夫等人的物品。

莫斯科省立地志博物馆，编制了莫斯科省当地苏联英雄的特别登记卡片。卡片包含了每个英雄的简短的传记材料。从许多英雄和他们的家属，例如从飞行员鲁得涅夫、塔拉里赫辛等人的家属建立联系之后，就得了一些珍贵材料。从苏联英雄鲁得涅夫的家属得到了他的书籍、日记簿、自画像的照片，鲁得涅夫家属写的传记，获得苏联英雄称号的证书的影印及其他材料。此外，博物馆还同本地其他一些苏联英雄及其家属建立了书面的和私人的联系；由苏联英雄游击队员松涅契也夫、苏联英雄库尔仟柯夫兄弟、萨姆辛等人获得了珍贵的照片的、书面的和实物的材料。

通过党组织的领导人，去了解事件参与者的情况，是有很大的效果的。如果事件发生在不久以前的过去，这种访问的结果，是非常良好的。例如：布良斯克博物馆写信给所有游击运动的参加者，请求将他们所有的关于伟大卫国战争的材料，寄给博物馆，这个请求引起了活跃的反响，结果，博物馆得到了关于布良斯克森林中游击运动的最珍贵材料。仅只苏联英雄作家维尔希葛尔一个人，就赠给博物馆五十件以上的照片，这些照片都是反映布良斯克游击队英勇活动的。

沃洛果达省地志博物馆从地方知名人物，搜集了物品的与文件的材料，而且在多数情形下，博物馆

① 现多称"纳尔奇克斯克"。

所搜集的材料，可以用来研究沃洛果达知名人物的生平。例如：在考察契列波维兹区的"海风"集体农庄时，从农业先进生产者，社会主义的劳动英雄，克里木夫同志处，博物馆收集了伟大十月社会主义革命时期的实物的、文件的和照片的材料，当时克里木夫同志参加了冬宫的袭击。另外的一些材料中也有关于他参加集体农庄，关于在社会主义的田土上的突击工作，因而得到了政府所颁给的社会主义劳动英雄的称号经过情形的说明。

许多地志博物馆，由当地文化与科学的活动家，获得了珍贵材料。例如：梁赞省立地志博物馆从梁赞本地人获得了有意义的陈列品（主要是照片），这些本地人里面，有苏联人民演员比诺沃夫，俄罗斯苏维埃联邦社会主义共和国的人民演员波葛留波夫，作曲家罗维可夫等，博物馆同他们建立了直接的联系。莫斯科地志博物馆仅在最近，就由作家史库列夫与波奇雅也夫家里，得到刊物手稿和照片。同时也调查了和他们的生活与活动有关的地点，然后将这些地方画下来，或拍上照片。其他博物馆（如沃洛果达博物馆，鞑靼自治共和国的中央博物馆，雅罗斯拉夫里博物馆等）都由科学、文化与艺术的活动家，搜集了许多材料。

至于由个人获得地志博物馆所需要的材料的方法，多数都是由这些物品的所有者无偿地交给博物馆的，而博物馆作为赠品来收下它们。所有属于地方知名人物——苏联英雄，社会主义劳动英雄，文化的杰出活动家等的材料，都收作赠品。在个别的情形下，当地志博物馆要收买物品时，须遵照一九四九年四月十七日颁布的《俄罗斯苏维埃联邦社会主义共和国部长会议所属文化教育机关事务委员会系统中博物馆购买委员会的条例》。

6. 同档案机关的联系

对于搜集并补充有关苏维埃时期历史材料的工作，同档案机关联系是具有很重要的意义的。首先这里应当注意的是内务部系统的国家档案处，因为一切地方企业、机关与组织所积存的最丰富的画面材料，都保存在档案处里。但是应当注意，依照法规，在机关保存期满十年的材料，才交给地方十月革命档案处，因此，除了经常要在内务部档案处作找寻和补充工作之外，博物馆还应当同现在机关的档案处建立联系。关于该区或该省历史的文件材料，不仅是保存在当地的档案处里，而且也可能保存在国立中央档案局里，特别是国立十月革命与社会主义建设中央档案局，与苏联红军国立中央档案处。派遣工作人员到这些机关里去，并依照事先拟定的工作计划和机关签订合同，这样做常常是很适宜的。如果地志博物馆在档案处找到的材料，只是抄本的，那末这文件材料的陈列价值是会降低的。虽然文件的认识价值并不受影响，但为了更接近原物，对于最有意义的、最珍贵的文件，还是应当摄制照片的。

7. 同地方与中央期刊的联系

对于补充苏维埃时期之部材料的另一可能得到重要材料的源泉，就是地方和中央的定期刊物。采取研究期刊的方法，以及由于同地方报纸的联系，可能得到关于地方工业、农业、文化机关的活动的报道，和关于地方优秀活动家的报道。大家都知道，许多地志博物馆在经常阅读地方期刊的时候，发现了材料所在地的珍贵报道。我们只要举一个例子来看：梁赞省立地志博物馆的工作人员，检视了一九二五年的地方报纸之后，确定了梁赞党组织，和梁赞省所选出的出席第十四次联共（布）党代表大会代表的名字。这些代表的某些人现在还有在梁赞省里住着的，可马诺夫同志就是其中的一个，他赠给了博物馆很宝贵的陈列品，如梁赞省的代表和斯大林同志在一块照的相片。

我们的地志博物馆在实践中，用这种方法来充实材料的事实，是屡见不鲜的。应当注意的是：地方报纸的完整合订本、主题剪报，以及中央报纸的剪贴，对于地志博物馆的藏品说来，本身就是珍贵的材料。附带我们要注意的是：地方刊物对于吸引广大的社会人士注意社会主义建设的材料的补充工作，是有巨大意义的。在地方刊物上，刊载说明搜集材料意义的文章，在报纸上直接刊登启事，这样就一定能得到珍贵的实物、文件与照片的材料来充实地志博物馆的藏品室。

8. 照片与电影材料的来源

中央与地方的定期刊物，可以作为取得地方苏维埃时期历史和现代重要资料照片的源泉。但是这种刊物上的照片，严格地说，还不是原物，就性质看，它们有时也没有收作藏品的价值，不要说是用作陈列品了。照片原物——阴片和直接从阴片印制的阳片，才是对于博物馆最有价值的东西。

搜集当地真正的照片材料的方法，各式各样，因为它的出产地是各不相同的。至于说明苏维埃时期地方历史的往事的照片，在中央有声电影照片保管处是有一些的，应当向这个机关去请教。同时也必须和塔斯社的编年照片保管处取得联系。在苏联革命博物馆的照片保管处，以及苏联电影保管处和它的地方组织中，可以找到对于地志博物馆具有收藏和陈列意义照片。某些地志博物馆，如加里宁省地志博物馆，就是由上述来源取得有意义的材料的。

关于苏联人民在国内战争和伟大卫国战争时期武装斗争史的照片材料，中央红军博物馆的藏品室中有许多，地志博物馆可以采取询问或检视材料的方法，在该馆找寻自己所在地区的材料，并提出如何取得这些必需照片的问题。

通过苏军政治局，也可以从"画报"保管处，得到类似的材料。

地志博物馆的工作人员，也可以在省的档案处，地方报纸的档案处，或从照片采访员（前任的与现任的）发现拍摄了地方历史上某方面重要一瞥的照片。有时从国营的与合作的机构，以及个别照相者的当地照片中，可以发现地志性质的材料。在上述照片档案处中，也有关于地方活动家的珍贵的照片材料。

地志博物馆的最好材料，就是电影片，因为电影片能够重演该区的生活，或将地方境内当地人活动的事实记录在影片上。苏维埃时期地方电影文件材料，保存在上面说过的中央有声电影照片保管处和苏联电影保管处及其地方组织中。地志博物馆应当找寻最有意义的影片，同时，在有保存的适当条件时，将这些影片充作藏品。

9. 馆际的藏品互换

在地志博物馆之间，正确地组织互换藏品的工作，对于补充苏维埃时期的材料，是具有很大的意义的。经常清理并研究博物馆的藏品，就会按计划地发现有些材料，不应该属于本馆，而对于其他博物馆却是非常需要的。在成立新省时，这个工作具有特殊重要的意义。现在只有中央博物馆，如革命博物馆，历史博物馆，将自己藏品中的重复的陈列品供给地方博物馆。地方地志博物馆，在自己这一方面，应当将可有可无的藏品，交给那些缺乏这种材料的博物馆。

不能让地志博物馆的藏品中，保存着完全不是本区的，而同时却是别的地志博物馆所亟需的材料。遗憾的是，这种事实，直到现在还是有的。例如：一九四九年，在库尔斯克举行的博物馆工作人员大会中，发现阿尔洛夫①博物馆保存了布良斯克博物馆的陈列品，而库尔斯克博物馆又保存了阿尔洛夫博物馆的陈列品。无疑地，类似的事实还可能多一些的。

地志博物馆，应相互间建立直接的联系（或间接通过文化教育机关事务委员会博物馆管理局），解决重新分配博物馆的藏品的问题，博物馆的藏品须适合本馆的需要，不得保留一件对于本馆没有用处的东西。

---

① 现多称"奥尔洛夫"。

★　★　★

我们已经列举了许多来源，从这些来源可以得到地志博物馆所需要的苏维埃时期的材料。当博物馆实地进行搜集工作时，不难看出，这些来源之间的紧密联系。例如：由于同地方定期刊物熟悉，得到了关于地方苏维埃时期历史的杰出活动家的报道之后，博物馆工作人员就去访问这些人物，由这些人可能得到不仅是对于博物馆有利的实物与文件的材料，而且也可能得到类似材料在某个档案处，在某个企业和某个机关的线索。在档案处，除了文件材料的抄本之外，还可能得到对于决定组织考察和科学采访计划的有益的指示。考察或采访可能不仅有利于直接搜集材料，而且也有利于决定关于其他来源（个人、企业、机关等）的报道是否正确。

在搜集苏维埃时期的文物方面，我们所感到困难的是：指出那个来源是获得材料的主要来源。我们认为，所有或至少上述来源的大部分，都应当尽量地（自然要看具体的条件）利用。苏维埃时期的搜集工作经验证明，如果地志博物馆忘记了这点，忘记必须利用所有的来源，那末补充工作的效果是会大大地减低的。

从所搜集材料的数量来看，结果最良好的：第一，是同地方企业、集体农庄、机关的联系；其次，是考察工作；第三，是地方人士的活动。在这方面，契列波维兹地志博物馆的例子是比较典型的，根据一九四八年的资料，该馆三分之一的苏维埃时期的材料，是当地人士所搜集的，另外三分之一的材料是在企业，在集体农庄，在机关中搜集的，十分之一以上的材料是考察的结果，其余的材料，则是从居民得到的，在别的博物馆发现的等等。地志博物馆对于来源的意义和各个机关同个人在参加苏维埃时期材料搜集工作中的地位，作了如下的叙述：

"在社会主义建设之部陈列品的构成中，当地人士占主导地位……在材料的搜集工作上，联共（布）党市委会、市苏维埃、区苏维埃，协助从市与区的主题展览会中取得地方材料，它的帮助是很大的。第三个主要的搜集源泉是博物馆办的考察工作，研究了地方工业、工业合作社、采煤、伐木、主要的集体农庄、斯达汉诺夫式工作者的劳动方法等。

组织了临时的报告性质的展览会的工厂企业和工业合作社，在补充材料的工作上，是起着重大的作用的。可以购买适当的材料，以满足雕刻、石印方面的陈列要求。"

六、搜集工作的组织条件

以契列波维兹地志博物馆为例，契列波维兹地志博物馆一例之所以令人感到兴趣，不仅是在下列一点：即估定苏维埃时期陈列材料的搜集中，对当地企业、集体农庄、机关等的联系，以及采访工作、地方研究工作等等所应占的比重；而且也在于地方上占领导地位的党组织与苏维埃机关在搜集工作组织中所起的那种作用。

一个健全的搜集工作机构，在保证自己的成功这一点上，具有重要的意义。全体地志博物馆人员应当很妥善地筹划搜集工作的机构。

在具有相当规模的博物馆内，苏维埃时期材料的补充应按两个独立的方面来组织：一方面是有关地方苏维埃时期材料的搜集，另一方面是有关地方文化与经济现况的材料的搜集。补充史料工作应委托给历史家，而有关现况材料的搜集则应委托给经济学家，他们将为地方上所有机关、企业、组织取得联系。同时，一切不直接参加此项工作的科学工作人员，也应彻底明了搜集材料充实藏品的必要性。应当把在这方面所有能引人兴趣的东西登录下来，诸如足以说明地方上苏维埃时期历史与地方现状的那些物品、文件、艺术品、文学、以及各种精神文化与物质文明的文物等等。

在地志博物馆工作的全盘计划中，关于苏维埃时期材料的搜集，应占有重要地位。博物馆领导方面有责任将此项工作的进行置于强有力的管理下，因为整个博物馆各项工作的成果，和它在当地的威信等等，都大大有赖于这个管理的成绩。为搜集真实文物而作的采访与科学考察，和以地方苏维埃时期为题的优秀艺术品的创作等等的必需费用，应编入博物馆的预算。只有在材料编配工作所必需的组织条件与经济条件都已具备时，搜集工作的结果才能卓有成效。

七、利用材料与拟订补充工作计划的问题

有系统、有计划的补充苏维埃时期材料，同时，也应预先筹划，以后这些材料在各方面的利用。

苏维埃时期材料的主要用途，就是这些材料在陈列方面的利用。苏维埃时期之部的材料的陈列方法问题，不能纳入真正工作的范围内。我们只能强调指出：在掌握充分材料的情况下，而博物馆主要陈列中实际上都没有苏维埃时期之部，这种情形是完全不能容忍的。

在不易举办苏维埃时期主要陈列的情况下，搜集得的材料，应在经常的或临时的、有关地方苏维埃时期的历史问题与现代问题的展览会上陈列。此等展览会上，在伟大卫国战争诸年代中曾广为风行，但那时，主要地是展览一般文献材料或实物材料，一部分与地方并无直接关系。现在博物馆将展览会的题目与基本旨趣跟地方具体任务结合起来后，已有可能在临时的或经常的展览会上列举有关工业、农业与文化等等的材料了。

鉴于展览会工作结束后，展览会上的陈列品可充分补充博物馆藏品这种情况，地志博物馆可以参加党组织、苏维埃机构与经济机关为某些纪念日、大会、会议等等所举办的展览会。

地志博物馆苏维埃时期材料应被利用于科学上。但遗憾的是：直到现在，在这方面作得很少。可以举出某些个别例子，例如：《英雄的格罗兹累人》，《格罗兹累——有着战斗光荣与劳动光荣之城》两本随笔集，就是根据对格罗兹累博物馆[①]苏维埃时期之部材料的研究写成。契列波维兹地志博物馆材料也利用了研究地方富源、地方手工业者的生活、地方民间创作等等的旅行科学考察。

然而，大部分地志博物馆中，苏维埃时期材料是在我们学者注意之外的。而保存在博物馆资料中的苏维埃时期的精神的与物质文化的真实文物，可以而且应该成为科学研究的对象。它们会充满了吸引力，因为它们是解决有关苏维埃时期历史问题的珍贵补充材料；并且在许多场合下，给予了地方经济与文化状况的最鲜明的概念，并将有关地方优秀活动家的文件资料提供给研究者利用。

地志博物馆的任务，首先是对自己所有材料作研究。研究博物馆材料，便可以作出有关陈列品的科学记述（登录证）。根据最使人感到兴趣的个别纪念品和搜集品，可以写出科学论文和专论。陈列品的历史与起源问题，将从这些论文和专论中找到解答，它们对当地历史与文化的意义将更为有根据，同时也须指出与登录材料有直接关系的专题书报目录。

对材料所作的科学研究，在过去曾很好地及时提供给中央博物馆，尤其是苏联革命博物馆中。对博物馆中所保存的精神与物质文化的纪念品所作的深刻研究，以及对描述革命主题的巨型艺术品所作的深刻研究，正如在科学记述科学登录证中一样，在《苏维埃博物馆》杂志上所刊载的论文中，也得到了反映。

中央博物馆与地志博物馆应恢复和发展对材料的科学研究工作。有关苏维埃时期材料的科学研究工

---

① 现多称"格罗兹尼"，俄联邦车臣共和国首府。

作有特别的重要性。在许多场合，这种工作不仅对博物馆，而且对整个历史科学，都会有意义。

然而，同时还应当注意到，关于材料的精确的初步登记，是科学研究工作的必要的准备阶段。尽管近年来这方面的巨大工作正在进行，但是并不是各地都进行得很顺利，在某些区博物馆，甚至省博物馆中，直到现在还没有关于苏维埃时期之部的材料成份质量精确的藏品。

当举行意义重大的陈列品展出时，博物馆有责任在这些陈列品的基础上，进行有关地方社会主义建设与文化建设诸问题的广泛的科学咨询工作。工业、农业、运输等方面的工作人员，不仅应当在博物馆中获得有关过去的历史知识，而且也应当获得关于地方原料资源、地方旧有矿产地等的提示。手工业者应当在博物馆中得到老匠师们的产品的样本及其他等等。

如所周知，在战争的年代中，掌握有这些知识的许多区（契列波维兹、妥契姆、罗尔斯克①等等）的博物馆工作人员，对地方工业曾给予许多有价值的帮助。用这种材料对地志博物馆藏品加以补充、登记，在某些场合下，旧矿山的实验开采机构——所有这些都是与对这独特的博物馆"资料"的科学研究工作分不开的。

最重要的，苏维埃时期材料补充工作的胜利的保证，就是在这项工作中贯彻计划性。在这一方面，地志博物馆和中央博物馆还没有足够的经验。高尔基地志博物馆已制订了苏维埃时期之部材料补充工作发展计划。鞑靼自治共和国国立地志博物馆，业已拟订伟大卫国战争时期材料补充工作发展计划。我们看到，鞑靼自治共和国国立地志博物馆所拟订的计划，尽管是限于战争期间，但仍然在广大的博物馆工作人员中引起了巨大的兴趣。

鞑靼自治共和国国立地志博物馆计划条文规定了必须充实下列各项：

（一）主题的名称；

（二）分题的名称；

（三）需要补充的：（1）实物材料，（2）图片与复制图片，（3）文件，（4）插图、图解、画片，（5）数字材料；

（四）搜集的对象；

（五）搜集的种类；

（六）搜集的时间。

鞑靼自治共和国国立地志博物馆所进行的工作，对于其他地方的地志博物馆，尤其是位于后方的博物馆，具有特别价值。在该馆的工作中，有许多可供其他地方地志博物馆采用。

为了说的更清楚起见，我们可以引用博物馆拟订关于伟大卫国战争时期材料搜集计划的某些具体例子。

在"一九四一年六月二十一日战争前夕"这个题目下，决定搜集如下各日期的材料：普通学校与专科中学毕业晚会入场券，文娱公园戏报，电影院广告，疗养证与旅行证，六月二十二日的地方报纸，劳动者集体游戏的照片，一九四一年六月二十一日各生产企业工作的照片。

在"伟大卫国战争时期对老幼的照顾"这个题目下，鞑靼自治共和国国立地志博物馆决定搜集保育院照片，以及在该自治共和国与喀山地方于伟大卫国战争中被充作保育院与养老院的那些建筑物的图片，关于收养父母牺牲了的孤儿的文件，在伟大卫国战争初期与整个时期中被收养的儿童数目的统计材料。

---

① 现多称"诺里尔斯克"。

在"战导初期处于战时状态中的喀山"这个题目下，决定搜集各种图片材料与文件：国防委员会关于若干省区宣布战时状态的决议，关于城市通行证的决议等；关于灯火管制的地方决议；战时司令官所颁布的灯火管制命令等等。

在"伟大卫国战争年代中鞑靼自治共和国的工业"这个题目下，按照鞑靼自治共和国国立地志博物馆的补充计划，决定搜集当时生产品的样品，以及符合党组织与政府机关决议的各企业中优秀人物的照片。

计划中"搜集的对象"一栏，指出可以从那里搜集材料的那些具体的党组织、苏维埃机关、与单独个人的姓名（省区战时司令官、艺术家协会、喀山工厂与制造厂等等）。

"搜集的种类"一栏，决定搜集材料的方式（采访、抄录、谈话等等）。

虽然鞑靼自治共和国国立地志博物馆所拟定的补充计划也有某些缺点（材料不充分，过分注重美术品材料的补充），但是这个文件还是有巨大意义的。这个意义就是：由于这个文件，博物馆得到了依照严密计划进行补充，并具有用最大陈列价值的材料来补充苏维埃时期陈列品的可能性。

当然，并不是所有的地志博物馆在人员配备与预算方面，都有力量能拟订如此庞大的计划。我们所指的仅仅是那些省区的和某些最大区的地志博物馆，至于其他的一些博物馆，那么，在计划的开端，自然应当经过苏维埃时期之部材料的补充。首先应补充博物馆目前陈列和科学研究工作所急需的那些材料。按照博物馆工作的一般方针，这些材料应当是关于过去历史、尤其是关于现代的最实际最重要的问题的材料。

最大多数社会人士的注意力，应该转移到最重要的苏维埃时期博物馆材料补充事业上去，只有在这种条件下，苏维埃时期材料的搜集才会具有一个适当的规模，而博物馆也才能为完成自己所担负的巨大任务而创立一个基础。在每一省和每一区内创立搜集苏维埃时期物质的与精神的文化纪念品的藏品室，必须依靠博物馆工作人员的能力和主动性。根据这些纪念文物，现代人和后代人将要研究伟大的十月社会主义革命的历史，和世界上第一个社会主义国家——这个国家的各族人民在伟大的列宁、斯大林党的领导下正满怀信心地向共产主义迈进。

（惕冰、景超合译）